国家出版基金项目
NATIONAL PUBLICATION FOUNDATION

马丽华 著

北京十月文艺出版社
西藏人民出版社

青藏光芒

经由探索史 揭示演化史

中国科学院青藏高原研究进行时

序一

青藏高原科学考察研究的回顾与展望

孙鸿烈

青藏高原地区总面积250余万平方千米，海拔高度一般在4000米以上，素有地球第三极之称。青藏高原由于其独特的地理条件和人文环境，长期以来，备受国内外科学界的关注。

新中国成立前，对青藏高原地区的科学研究几乎处于空白状态，只有极少数的外国探险家、传教士到过高原，收集过一些零星资料。新中国成立后，党和政府极其关心青藏高原的社会经济进步和科学事业的发展。半个多世纪以来，中国青藏高原综合科学考察研究工作走过了不平凡的历程。

从20世纪50年代初至60年代末的近20年里，我国科技工作者对青藏高原进行了一些区域性、专题性的科学考察研究工作。如1951年政务院委派中国科学院组织随军工作队进藏开展科学考察，1959—1960年、1966—1968年两次对珠穆朗玛峰地区的科学考察，1959—1960年对西部地区南水北调工程的综合科学考察，1960—1962年中国科学院西藏综合考察队对局部地区进行自然条件、地质、农牧、水利和经济等专业考察，1964年中国科学院和国家体委共同组成希夏邦马峰科学考察队，1966年再次组成西藏科学考察队开展以农业资源开发为主题的科学考察。这些工作为以后的科学考察研究奠定了基础。

自20世纪70年代初至今，随着我国经济实力的加强和科学事业的发展，中国科学院青藏高原综合科学考察事业处于发展和深化阶段。中国科学院于1972年制定了《中国科学院青藏高原综合科学考察规划》，其中心任务是“阐明高原地质发展的历史及隆升的原因，分析高原隆起后对自然环境和人类活动的影响，研究自然条件与自然资源的特点及其利用改造的方向和途径”，并于1973年成立中国科学院青藏高原综合科学考察队，拉开了对青藏高原进行大规模综合科学考察的序幕。从1973年到1980年，考察队先后组织有关研究所、高等院校、生产部门数十个单位，40余个专业，770余人次参加考察研究工作。考察区域从喜马拉雅山脉到藏北无人区，从横断山区到阿里高原，考察队员的足迹几乎遍布青藏高原全境。他们克服了各种艰难困苦，获得了数以万计的第一手科学资料。例如：发现了多条蛇绿岩带、喜马拉雅地热带、三趾马动物群化石、恐龙化石、盐类矿床和油气显示；观测到珠峰旗云、珠峰地面的强力加热作用，冰川风；采集到野生大麦和野生小麦、7 个植物新属、300 多个植物新种，以及 20 个昆虫新属、400 多个昆虫新种，缺翅目昆虫的发现填补了一个“目”的研究空白。经过 5 年的野外工作和近 4 年的室内总结，撰写出版了“青藏高原科学考察丛书”共 36 部 41 册专著。1978 年全国科学大会上，中国科学院青藏高原综合科学考察队受到国务院嘉奖；1980 年在北京举办了青藏高原国际科学讨论会，开始了高原科研国际合作的新局面。“青藏高原隆起及其对自然环境与人类活动影响的综合研究”项目于 1986 年获中国科学院科学技术进步特等奖，1987 年获国家自然科学一等奖，1989 年获陈嘉庚地球科学奖。在 1980 年以后的 10 多年间，青藏高原综合科学考察队又相继组织开展了横断山区、南迦巴瓦峰地区、喀喇昆仑—昆仑山地区和可可西里地区的综合科学考察，编写出版了“横断山区科学考察丛书”“喀喇昆仑山与昆仑山科学考察丛书”“可可西里地区科学考察丛书”等 34 部专著、两本论文集，以及一部《青藏高原地图集》。其中可可西里科学考察成果获 1998 年中国科学院自然科学二等奖。这一阶段的主要科学贡献在于：初步阐明了高原隆起是近百万年来地球历史上最重要的地质事件之一，划分了七个地层区和五条缝合带；初步揭示了高原生物区系组成、起源和演化的过程及规律；对高原境内的自然条件和自然资源进行了系统考察，划分了青藏高原的自然地带，阐明了各地带的资源利用方向与主要途径；揭示了高原气象变化对东亚大气环流的影响。

20 世纪 90 年代以来，青藏高原综合科学考察队的研究工作进入了一个崭新时期。在这个时期，科学研究一方面更紧密结合青藏高原地区社会经济发展需求，积极开展青藏高原资源合理开发和经济发展规划的研究工作。1989—1992 年考察队开展了西藏“一江两河”（雅鲁藏布江中游及其支流拉萨河、年楚河）综合考察研究工作，编制了“一江两河”的资源开发和社会经济发展综合规划。1993 年开展了西藏昌都地区农业发展规划工作。这些工作对促进西藏当地农业资源的开发利用和社会经济发展起了重要作用。另一方面，在青藏高原科学前沿领域，开展了有关学科的基础研究。1992—2003 年的 12 年间，相继承担了国家三项重大基础科研项目，即：（1）国家“八五”攀登计划、中科院“八五”重大基础研究项目“青藏高原形成演化、环境变迁与生态系统研究”；（2）国家“九五”攀登计划预选、中科院“九五”重大基础研究项目“青藏高原环境变化与区域可持续发展”；（3）国家重点基础研究发展规划项目“青藏高原形成演化及其环境、资源效应”。这一系列基础研究取得了丰硕成果，共发表学术论文1600余篇，其中SCI论文近400篇，*Nature, Science* 各1篇，出版学术专著13部，论文集5册。通过12年来的大量基础研究，在大陆岩石圈碰撞过程及其成矿效应、青藏高原的隆升机理与过程、高原隆升过程与气候环境变化、高原现代表生过程及其相互作用机理以及青藏高原区域可持续发展等方面取得了许多新的认识和进展，将青藏高原的研究水平提到了新的高度。

自青藏高原综合科学考察队成立以来，造就和团结了一大批具有科学献身精神的人才，他们当中既有以40余位两院院士为代表的老科学家，又有一大批活跃在青藏高原科学考察第一线的中青年科学家。可以说，已经形成了一支积累雄厚、学科综合、老中青结合的科研队伍。

除了中国科学院青藏高原综合科学考察队对青藏高原进行的大规模综合科学考察外，中国科学院院内各有关研究所也分别开展了很多专题研究。

进入21世纪，我国科学研究事业经历着深刻变革。同样，中国的青藏高原科学考察研究事业也面临着新的机遇与挑战。我深信，这项青藏高原科学考察研究事业将会持续进行，并向广度和深度进军。将从地球科学、生命科学、信息科学与社会科学等多学科角度，研究青藏高原形成、演化及其资源环境效应以及与全球变化的互动作用；将会更加关注与青藏高原的社会经济发展的结合，为资源合理开发利用、环境保护、生态建设、经济发展、社会进步提供更多的科学决策依据和咨询，服务于国家和地方建设目标；将进一步深化各学科的定量、动态研究，加强野外观测试验网络的建设，特别是各学科间的交叉、渗透、综合，在地学与生物学、地学生物学与信息科学、自然科学与社会科学间，加强合作和联合攻关，重点研究高原资源环境变化、生态演化与人类活动间的关系、高原环境变化与全球变化间的关系，研究高原可持续发展的机理与途径。青藏高原不仅是中国的，也是世界的。青藏高原科学研究领域的国际合作，必将蓬勃发展。

让我们共同努力，继往开来，再创青藏高原科学考察研究事业的辉煌！

2017年元月于北京

作者为中国科学院院士，著名地理学家、土地资源学家，于1973—1992年组织并领导了第一次青藏科考，担任中国科学院青藏高原综合科学考察队队长

序二

一部非凡的“青藏之书”

姚檀栋

继《青藏苍茫》问世18年之后，马丽华新作《青藏光芒》就将出版了！

最近几十年来，公众对于青藏高原的关注度日益增高，以青藏高原为题材的作品随之增多，所涉领域也十分广泛。而《青藏光芒》的突出特点，就体现在大幅度的跨界写作——一位文科出身的写作者，能够将几代科学家的科考历程和研究成果融会贯通，转化为自己的科学认知与写作资源，再以文学形式转述给大众，终于成就了一部别开生面的科学人文之作，实属不易，值得嘉许。

中国科学院对于青藏高原自然奥秘的探索和系统研究，贯串了中华人民共和国成立以来的大半个世纪。然而青藏高原之于我们这些研究者，绝不仅仅被作为审察的对象——我本人就是青藏高原的“铁粉”，在我周围聚集有一大批青藏高原的“粉丝先生”，但像马丽华这样的“粉丝女士”，我最钦佩的有三位，除了马丽华，还有陈琴和邱瑾。不论在珠穆朗玛，在古里雅，她俩都曾勇敢地跟随科考队登上海拔6000米以上的冰川，进行现场直播或向世界报道青藏研究的最新进展。鉴于本文是为马丽华新书作序，就不具体谈及她俩的故事啦！

马丽华是一位超级的青藏高原粉丝。正如她在书中所说，进藏工作那一年，正值青藏科考队1976西藏科学大发现的丰收年，从接受启蒙教育到深入了解，波澜壮阔的自然演化史激动人心，她曾为此写诗作文，并“最终成了为青藏高原、为青藏研究事业树碑立传的那个人”。40年过去，初心不改，依旧在跟访，不断刷新着对于青藏大自然的认知。2012年，她和我们一起去了西藏阿里的四大江河源（狮泉河、象泉河、孔雀河、雅鲁藏布江的源头）；2015年，又和我们一起去藏东南考察，与孙鸿烈院士和我三人同乘一车，一路上问题就没停过。即使在往返墨脱的颠簸山间便道，她也在不断地提问和专注地记录。我折服于她的忘我精神和专注耐力。

马丽华是一位执着的青藏高原粉丝。当年她为写作《青藏苍茫》去兰州采访，直接找到我家，也不在意我们没有接待她，当时我一边吃饭一边回答她的问题。这一次为写作《青藏光芒》，不仅阅读了大量论文资料，她还数度出行外地采访，至少在三个夏天里"驻扎"在拉萨的青藏所，遍访所有她能遇到的来自各地的研究人员，不管是年长的还是年轻的，也不管是哪一学科专业的，随时随地攀谈起来。这本书的采写时间可谓旷日持久，来自她的坚持不懈——她总想了解得多一些再多一些，总想把青藏高原研究每一最新进展尽可能多地收录进这部大书里。

马丽华还是一位多产的青藏高原粉丝。我读过她的多部作品，曾经最喜欢的是《青藏苍茫》，因为这是第一部将青藏高原研究成果和科学精神全方位展示给大众的科普化的文学作品。这一次我通读了《青藏光芒》初稿，其科学性、广泛性、系统性、普及性、文学性等等都远超《青藏苍茫》。亮点之一是从中所体现的学科交叉性。我相信，每一位普通读者都将会从《青藏光芒》所展现的众多研究成果的万花筒中进一步认识缤纷多彩的青藏高原科学世界，同时也为不畏艰险、忘我工作的科学家们的青藏精神所激励。我同时相信，每一位从事青藏高原研究的科学家读者，也会从《青藏光芒》所转述的别人的研究成果中汲取营养，并且也会为自己和同行的精神风采而感奋而自豪。正当新的一年开始之际，第二次大规模青藏科考将要拉开帷幕，"第三极国家公园"的宏伟蓝图也正在设计中——正当此际，《青藏光芒》适时面世，自有其里程碑意义在。

一位著名的科普作家说过，"科学并不是无情地探讨客观信息。科学是一种创造性的人类活动。天才的科学家更像艺术家，而不是信息的拥有者"。在这里我们不难看到，青藏高原研究事业所秉有的科学之光和艺术之光，就将经由《青藏光芒》字里行间绽放！

2017 年元旦于北京

作者为中国科学院院士，国际知名冰川学家，中科院青藏高原研究所所长，中科院青藏高原地球科学卓越创新中心主任。在 2017 年启动的第二次青藏高原综合科学考察研究中担任队长

目 录

青藏高原的范围与面积

青藏高原南起喜马拉雅山脉南侧，与印度、尼泊尔、不丹毗邻；北至昆仑山、阿尔金山和祁连山，以 4000 米左右的高差与亚洲中部干旱荒漠区的塔里木盆地及河西走廊相连；西部为帕米尔高原和喀喇昆仑山脉，与吉尔吉斯斯坦、塔吉克斯坦、阿富汗、巴基斯坦和克什米尔地区接壤；东部以玉龙雪山、大雪山、夹金山、邛崃山及岷山的南侧或东侧为界；青藏高原的东及东北部与秦岭山脉西段和黄土高原相衔接。我国境内部分西起帕米尔高原，东至横断山脉，横跨 32 个经度；以南起自喜马拉雅山脉南缘，以北止于昆仑山—祁连山北侧，纵贯约 15 个纬度，范围为北纬 25°59′37″ ~ 39°49′33″，东经 73°29′56″ ~ 104°40′20″，面积为 258.37 万平方公里，约占我国陆地总面积的 26.9%。

在行政区划上，青藏高原范围涉及 6 个省区、212 个县（市），即西藏自治区（错那、墨脱和察隅等 3 县仅包括少部分地区）和青海省（部分县仅含局部地区），云南省西北部迪庆藏族自治州，四川省西部甘孜藏族自治州和阿坝藏族羌族自治州、木里藏族自治县，甘肃省的甘南藏族自治州、天祝藏族自治县、肃南裕固族自治县、肃北蒙古族自治县、阿克塞哈萨克族自治县以及新疆维吾尔自治区南缘巴音郭楞蒙古自治州、和田地区、喀什地区以及克孜勒苏柯尔克孜自治州等的部分地区。

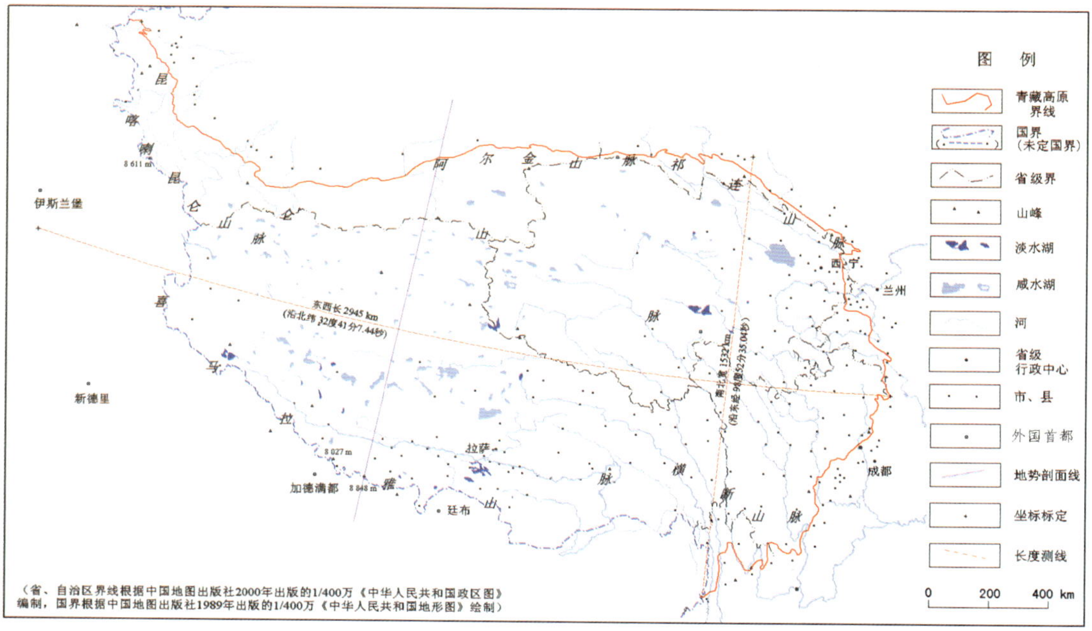

青藏高原（中国境内）范围示意图　引自张镱锂、李炳元、郑度《地理研究》，2002

青藏高原范围内行政区*分布及其面积分析

省区	县（市）	面积（万平方公里）	行政区范围
西藏	74	120.23	除错那、墨脱和察隅等 3 县小部分地区海拔较低，均属青藏高原
青海	40	69.58	除互助、乐都和民和等 3 县小部分地区外均属青藏高原
新疆	14	30.31	塔什库尔干县全部地区，乌恰、阿克陶、莎车、叶城、皮山、墨玉、策勒、于田、民丰、且末和若羌等 13 县部分地区
四川	47	25.49	甘孜州的 17 个县和阿坝州的 9 个县及木里县的全部地区，以及九寨沟、松潘、平武、北川、茂县、绵竹、什邡、彭州、汶川、都江堰、温江、崇州、芦山、宝兴、天全、泸定、石棉、冕宁、盐源等 21 县（市）的部分地区
甘肃	27	9.37	合作、碌曲、玛曲、迭部等县（市）的全部地区，夏河、卓尼和临潭等县的大部分地区，阿克塞、肃北、肃南、民乐、山丹、武威、天祝、积石山、和政、康乐、岷县、宕昌、舟曲和文县等 20 县（市）的部分地区
云南	10	3.39	贡山、福贡县全部地区，德钦和中甸（香格里拉）县的绝大部分地区，宁蒗、丽江、维西、兰坪、泸水等 8 县的部分地区
合计	212	258.37	

* 省界、县（市）政区界线以中国地图出版社 2000 年 12 月版的《中华人民共和国政区图》（1 ∶ 400 万）为准

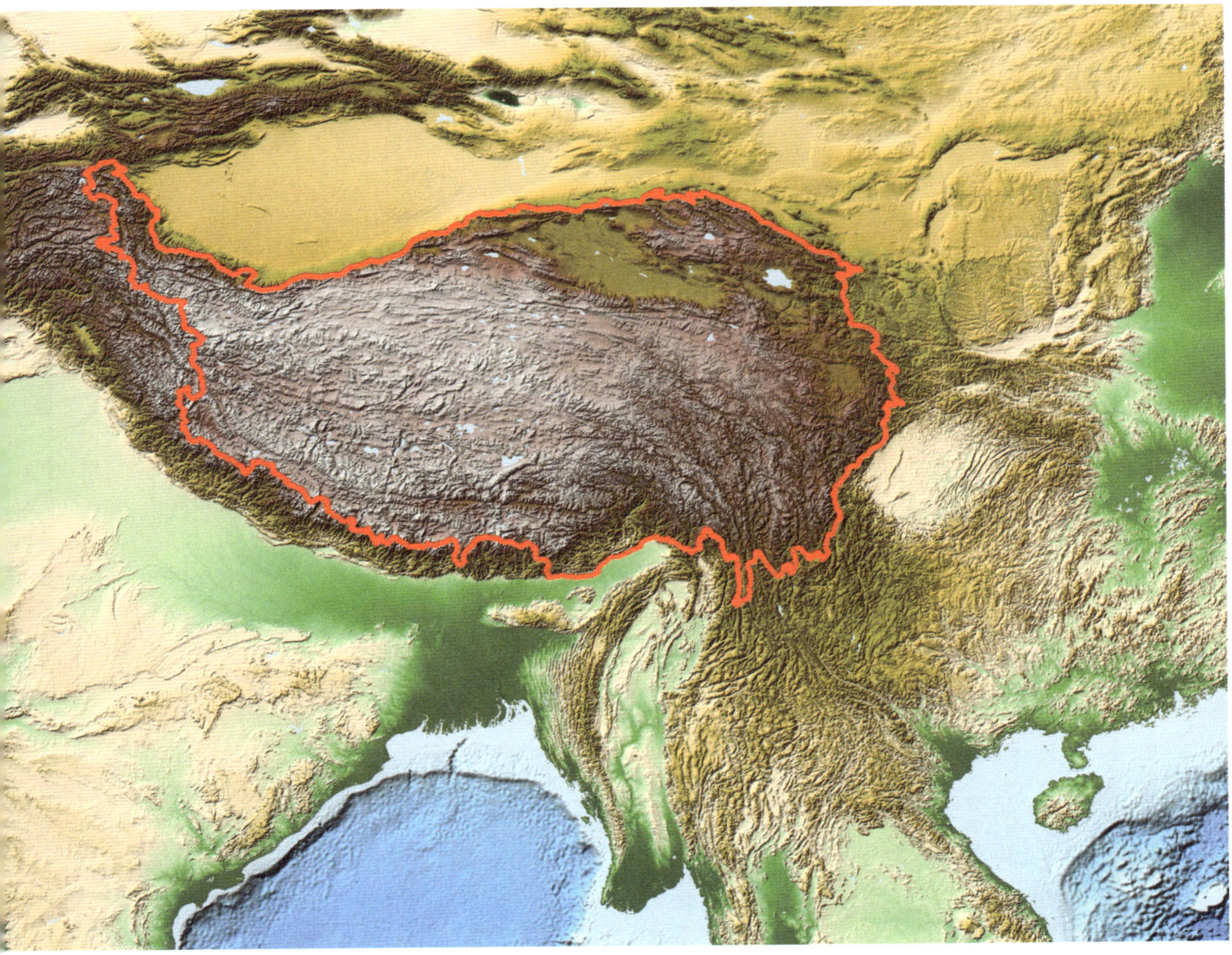

青藏高原及其周边地区地势示意图　刘林山、张镱锂 / 制图

1～3 页矢量图 / 文引自张镱锂、李炳元、郑度：《〈论青藏高原范围与面积〉一文数据的发表——青藏高原范围界线与面积地理信息系统数据（DBATP）》，载《地理学报》2014 年 8 月第 69 卷增刊。DOI:10.3974/geodb.2014.01.12.V1（http://www.geodoi.ac.cn/WebCn/doi.aspx?Id=135）. 本次引用经原文作者修订。

回望一条青藏高原科学探索史脉，如何延伸而来，就其行色阵容，阶段特征，已经有人大手笔概括过——

这项事业已在时间隧道中穿过了斯文·赫定和金敦·沃德的拓荒阶段，新中国登山科考及综合考察的科学大发现阶段，从专题研究到理性认识的深化阶段，现在已进入“后现代时期的青藏高原研究”阶段。青藏研究正在解释全球，而全球的研究同时丰富了青藏研究。

这段话来自刘东生院士的一次与会发言，荦荦大端又颇具分量。时在 2005 年，面向的是中国科学院青藏高原研究所学术指导委员会成员。从时间、场合到内涵，无不传递了密集信息：青藏研究百年史各阶段节点，特点，从点到面的进展，由表及里的深入，最终使得一个地域性认知活动演变而为中国科学界一项伟业，进而成为国际地球科学界一门显学。

在我认识的科学家中，刘先生是最富有激情文采的一位，智商情商均属高绝。听他讲话，看他文章，无不受益良多。这里所涉及的历程回顾，又恰是本书将要铺叙展开的，于是心想，何不借此谋篇布局，时间为经，空间为纬，或者换一种说法，以科学探索史为经，以自然演化史为纬，就好比借助于“通经断纬”的缂丝工艺，正反两面图案花纹如一，勉力织造，结构成篇。

如此一来，开篇第一章的“线头”也就有了，就从史话“序幕”开始。这是基于本书以 1973 年中国科学院青藏高原综合科学考察队成立为纪元，那么之前的，就归之于“史前”好了。

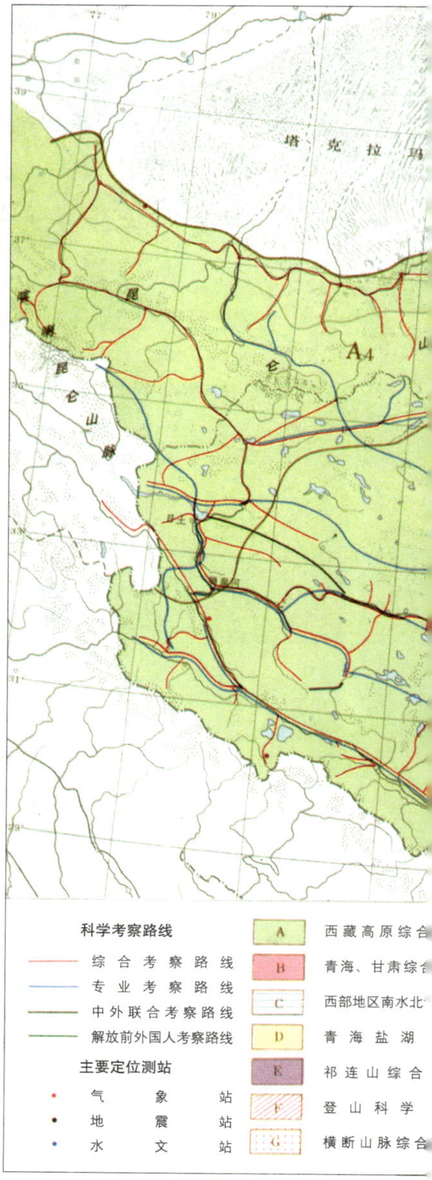

第 1 章　拓荒年代，奠基年代

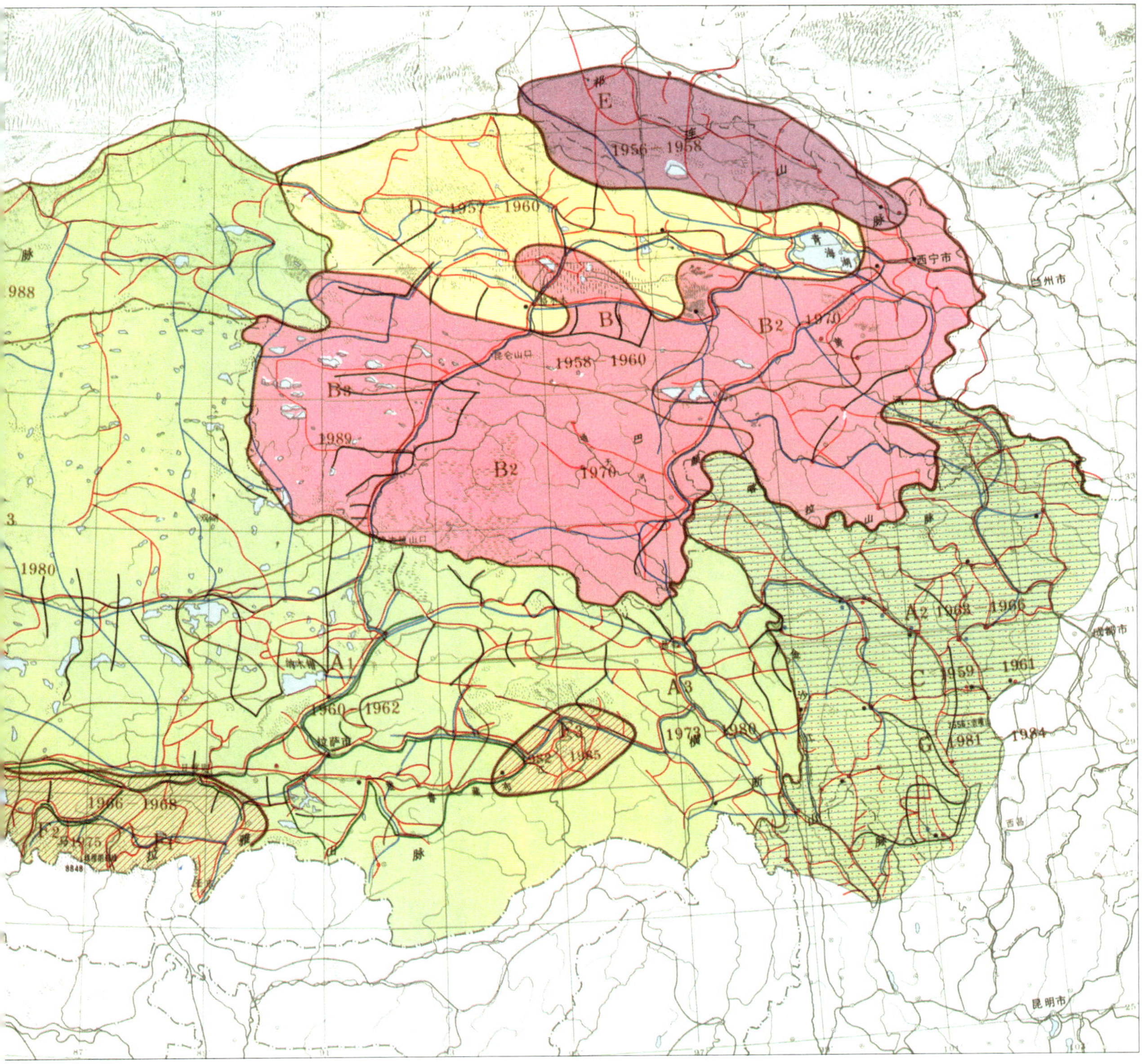

截止到 1990 年的青藏高原科学考察路线和观测台站示意图　温景春编图，引自《青藏高原地图集》，科学出版社 1990 年版。图中的中国国界线系按照中国地图出版社 1980 年出版的《中华人民共和国地图》编绘，行政区划资料截止到 1987 年 12 月

不同历史时期的青藏高原科学考察路线图

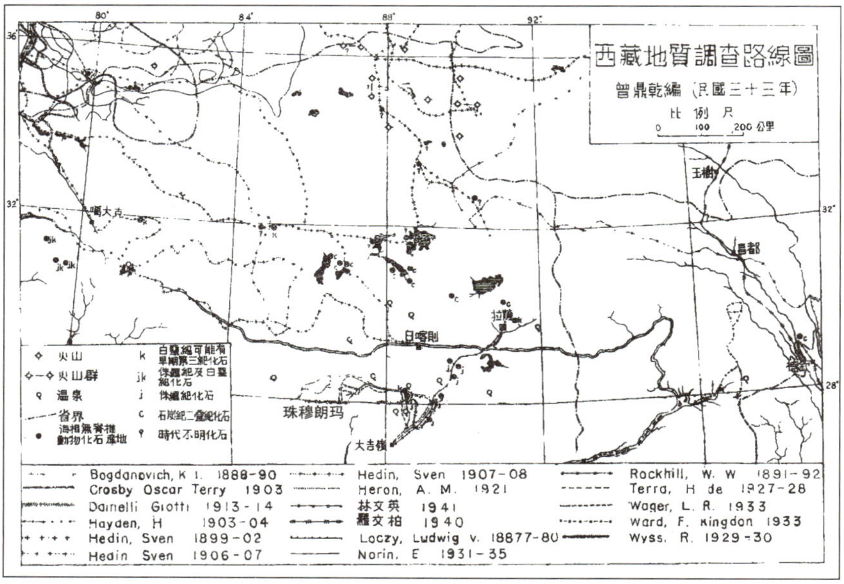

曾鼎乾所绘西藏地质调查路线图示（《地质论评》，1944. 本次引用有修订） 张镱锂 / 供图

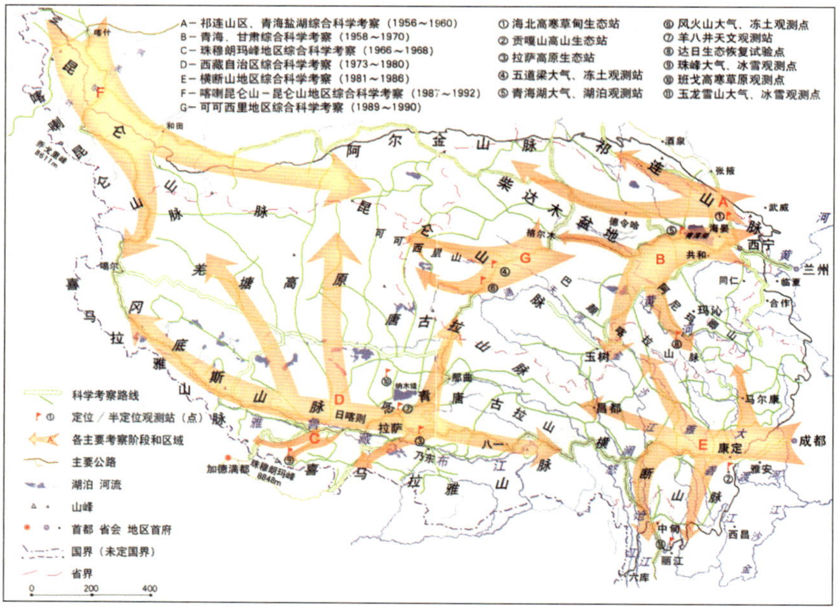

1950 年代至 1992 年青藏高原科考路线及观测站点示意图　张镱锂绘制，引自《追寻青藏的梦》，2003。图中行政区划及国界线资料分别截止到 2000 年和 1989 年

第 4 ~ 5 页标题图说明：《青藏高原地图集》是第一次大规模青藏科考（1973—1992）重要成果之一，本书从中引用路线图及专业图总计 8 幅，作为反映我国青藏高原科学考察历程的宝贵资料，同时作为科学 + 艺术的人工手绘之美呈现给读者大众。

本书还搜集到数份青藏科考研究各时期图示（如本页图），作为历史痕迹，仅作示意之用，其中的国界线、省（区）界线仍请参照现行标准地图。特此说明。

青藏科考前史述略

西方人踏上青藏高原的历史，可以追溯到很久以前；以科学名义的进入，约略可从19世纪下半叶起算。从那时起往后百年里，可谓道阻且长，因为其中真正得到当时中国政府准许的，仅有屈指可数的几位，其余的大都为不请自来，一向被国人称为“潜入”“擅入”或“闯入”者。这些不速之客形形色色，即使专职或兼职从事地理发现和动植物标本采集者身份也很复杂，有科学家有探险家有传教士，还有特定历史背景下，为殖民利益服务的间谍，装扮成朝圣香客什么的，总之鱼龙混杂。作者为此做了多年功课，将多方搜集来的素材线索整理过后，虽然仍嫌零散不全面，好在与本书相关的人物事件都在其中了。

早期进入青藏高原的科学家中，名气最大、广为国人所知的首推瑞典探险家斯文·赫定。广为人知的主要原因之一，是他的中国之行系列作品中的游记部分早已译成中文，字形从繁到简，版式从竖到横，如此一版再版，影响好几代人。此君历时半个世纪的探险生涯中，大部时间在中亚、在中国，经常是独行侠式一个人，带上一群雇工和驮畜，每一出动，往往历时几个月、一两年。组团带队的时候也有，1927年中国科学界组建西北考察团，首开中外合作先河，中方团长由地质学家徐炳昶、袁复礼相继担任，这位赫氏就任外方团长；成员中17人来自欧洲，考察活动持续8年之久。论规模，论成果，论意义，这次行动是彪炳了中国科学史册的。

在此之前，斯文·赫定于1899年到1908年间，三次深入青藏腹地，尤其穿越藏北高原的路途艰苦卓绝，连这个一向英勇无畏的人也似苦不堪言，自称“以死为侣”。巨著《亚洲腹地旅行记》《南藏》8册及多本地图册等等，记录了考察经历和系列成果，在中国科学界尤其青藏研究领域影响之巨之久，不是哪一专业，而是众多学科都会拿他说事儿；不是一时之说，而是百年之后仍在提及：地质地理，河源水文，动物植物古生物，莫不如是。以湖泊测深为例，20世纪初，斯文·赫定测量过的玛旁雍错湖深数据，过了70年，我们的青藏科考队出书时仍在沿用；又过了30年，正好凑足百年，直到21世纪初，方由青藏队的后续研究团队拿出新数据。即便如此，当年的湖深作为参照比较，也岂止不过时。所以说这是一个好生了得的人物，不仅在他生活的时代首屈一指，堪称最后的博物学大家，即便今天，科学技术空前昌明然而专业划分甚细的今天，像他这样文理兼备——学问做得好、游记写得好，且擅长作画，连自配插图也将朴拙、灵动集于笔端的通才，反属稀缺。正因赫氏贡献巨大，

斯文·赫定

博格·步林（右侧站立者）在1929年冬季的考察途中

多年前有人发起题为“斯文·赫定的遗产”的国际计划，研究此君生平和业绩，中国科学家亦有参与其中者。

同为瑞典籍的古脊椎动物学家博格·步林，1927年来中国，原本是被周口店考古发掘吸引而来，并因发现“北京人”一枚人类下臼齿而扬名，两年后应斯文·赫定之请，加盟西北考察团，就此别有天地、别开生面——1929年11月他率队从内蒙古踏上征程，于次年盛夏到达甘肃地界，旗开得胜，从北山的南坡首次发掘出恐龙和哺乳动物化石。这之后发生了一事件：秀才遇到兵，考察队遭遇马仲英军队抢劫！按说本是坏事一桩，步林先生一度沮丧，却不料因祸得福，柳暗花明，成就了此行最大收获：被迫取消西进新疆计划，就近南行，从而接触青藏高原，就在祁连山北麓和柴达木盆地，相继发现了距今3390万年到2303万年前的以小哺乳动物群为主的塔奔布鲁克动物群，距今2303万年到533万年前的以大型哺乳动物为主的柴达木动物群。论文发表，所赢得的国际声誉之隆，意义之大，岂止是发现者所始料未及，这一开拓性工作，同时为青藏高原及周边地区新生代哺乳动物进化研究奠定了最初的基础。后人为之扼腕的也有一点：考察途经兰州，却不知仅仅南行100公里，即可见临夏盆地好大一座古动物化石群富矿，储量之丰，历时之长，如果算不上世界之最，至少在亚洲首屈一指，可惜了失之交臂。不过，后人出于感念，替他略作弥补：半个世纪后，古生物学家邱占祥院士特意命名了一种“步氏和政羊”，以纪念这位先驱者开拓之功——漂亮的和

金敦·沃德

约瑟夫·洛克

政羊化石，唯临夏盆地独有，且是同期动物群体中的标志种。

英国植物学和园艺学家金敦·沃德（中文名字华金栋）考察活动范围，主要集中于东喜马拉雅，持续时间足够久：1909 年至 1958 年，半个世纪里倒有 14 次深入这一地区，据称总计出版专著 25 部、文章数百篇。有意思的是，他在后人那里被提及，频率较高的往往并非本专业成就，而是某些地理发现。试举一例：他最早实地观察并描述了“三江并流”奇观，这在并无航拍条件的年代，能够“看”到金沙江、澜沧江、怒江于不足百公里狭隘之地并排南流，实在了不起。再举一例：他曾描述过雅鲁藏布大峡谷中的“虹霞瀑布”，后来青藏队遍寻不见，确认它已消失于 1950 年特大地震中的地貌再造。而地震发生时，金敦·沃德恰好就在大峡谷以东、现在的西藏自治区察隅县境。在地震监测台站稀少的旧时代，国际上正好凭借这位亲历者的现场报道确定了震级烈度，并把震中位置确认在察隅或以南的印度阿萨姆，直到 1973 年青藏队亲临墨脱实地探访，对于震中和震级，方才做了相应更正。

除了地震史，金敦·沃德还在地缘政治史上留下浓重一笔。1935 年他辗转于藏南一带，在六世达赖喇嘛故乡门达旺地区考察时，西藏地方政府视其为非法进入，予以扣押。英印政府为交涉此事，查阅资料时不经意间发现了一图，正是距此二十多年前由麦克马洪用红笔画过的那幅地图，即国人所称非法“麦克马洪线”。这一“发现”令英印当局喜出望外，从此千方百计将藏南大片领土攫为己有——一个偶然小事件，引发了另一个更大的且持续至今的领土争端。

金敦·沃德历次西藏之行所拍摄的大量照片，为后来的青藏科考提供了难得的参照。例如他当年为察隅阿扎冰川“立此存照”，几十年后乃至从今往后，都是冰川前进后退之类动态变化的参考坐标。须知在航测及卫星图片尚未问世之前，不仅实地考察者的摄影图片难得，即便文字描述也很宝贵。例如，最早描述喀喇昆仑山口克亚吉尔冰川的是 K. 马森和 A. 德西奥，他俩先后于 1926 年和 1929 年来过，所见略同：巨大冰舌横卧克勒青河谷，阻塞主谷形成克亚吉尔特索湖。几年后有荷兰韦塞夫妇前来考察，冰湖依旧。然而 40 年过去，1976 年我们的航空像片显示的，却已面目全非：冰舌退出主谷，湖相变而为河流相。过了两年再从卫星图片上看去，冰舌又伸向对岸啦！封锁了河谷以至于 6 公里长度的湖泊再次现身。然而这一景象为时不久，该冰湖于 1986 年再度溃决……克亚吉尔冰川进退并非孤立现象，结合其他冰川观测资料和历史文献，我们的冰川学家得出 20 世纪青藏高原冰川曾有过两次相对稳定或小幅前进的结论。当然，气候变暖以来的总趋势，依然是波动退缩，相对稳定甚至小幅前进的冰川，不是没有，是鲜见。

与金敦·沃德能有一比的是，美籍奥地利人约瑟夫·洛克在当代中国声名鹊起，重要原因之一，也是凭借了他留下的成千上万张珍贵老照片。其中一幅是 1923 年的白马雪山垭口，雪山、森林、草甸同框，为当代中外植物学家所珍视。2003 年，有西方学者站在当年位置再拍一张，实地测量计算，得出一数据：80 年间树线位置垂直上移了 67 米；算上坡度，实际距离 270 米！

洛克沿着茶马古道走了多年，所拍多民族风情、骡帮背夫，成为今天茶马古道研究热和沿途旅游热的形象装帧；后来醉心于纳西文化，成为人类学家是其最终完成。就洛克一生轨迹来看，足证一个人可能的选择有多少，可做的事情有多少：最初接受美国某科研机构派遣，主业是采集动植物标本。1922 年至 1959 年，主要活动在横断山区，工作效率之高，体现在采集并托运回国的标本不计其数，其中许多耐寒的花种和插条，经哈佛大学阿诺德植物园培植成功，陆续引种到北美和欧洲许多国家。横断山区的自然美景令他惊叹，早年在美国发表的报道图文，被视为传奇“香格里拉”缘起，据信为《消失的地平线》小说及电影提供了灵感，香格里拉遂成理想国代名词；持续发酵至今，云南抢占先机，将中甸县更名为“香格里拉”，继之为滇川藏相邻旅游圈共享，“大香格里拉”招牌由此而来。刚好被划在圈外的甘南地区颇有些不服气，说洛克对甘南的赞美有过之而无不及，于是在旅游宣传中也打起“洛克牌”，并非虚构而是确有所本——1925 年至 1927 年，洛克的确把甘南写进书中：“我平生从未见过如此绮丽的景色，如果《创世记》的作者看见迭部的美景，就会把亚当和夏娃的诞生地放在这里……”迭部是甘南高原一县名，紧邻川北若尔盖，同属横断山区大地貌。继续北行，洛克在卓尼大寺发现了一种稀罕的花，紫斑牡丹，是僧人从深山采来种子，养在花盆里的。洛克讨得花种，寄回美国。数年后，当他听说卓尼大寺被乱兵所毁，又从美国寄回了种子。移居国外的名花有了新名字——“紫斑牡丹洛克类型”。这段“归去来”的佳话由藏族学者考证出来，为甘南人津津乐道。

青藏高原东部，横断山脉的高山峡谷中，以动植物考察为主，是西方园艺家的最爱。将高原名花之一全缘叶绿绒蒿引种到西方庭院的，是英国园艺家爱尔勒斯特·亨利·威尔逊。由于移植栽培的品种足够多，以至于他把中国称誉为“世界园林之母”，他自己呢，也被西方称为“打开中国西部花园的人”。另有一位身兼传教士和巴黎自然历史博物馆标本采集员双重身份的法国人阿尔芒·戴维，于19世纪70年代前后6年间，就近在夹金山下的四川宝兴县境内，发现动植物新种数以百计，采集标本6万多份。正是他把大熊猫的存在告知西方，并寄回了这种“黑白熊”的皮张标本，时人不信，还以为他造假呢！现在，当年采集的众多标本就存放在法国国家自然历史博物馆中，供后来者参观和研究；以他为荣的家乡，则建起“中国植物园”，以鲜活的实物样本，生动展示了他当年从中国带回的植物种子如何开花结果。一个宗教传播者就这样最终被定位为物种传播者和中法文化交流使者，开花结果的不仅仅是花草树木。

像戴维这样的兼职牧师神父还有一些，从17世纪初到19世纪末，西方传教士频频进入高原，艰辛备至，坚定执着，结果最终也没能战胜不那么提倡“执着”的佛教，以至于时至今日，仅在横断山区滇、藏接合部，尚存有限的几处天主堂，反倒是在物种发现史上业绩斐然，在西方庭院的枝叶花朵中，留下了实实在在的印迹。

涉及地质地理，1807年至1860年间，以英国人为主，多在西藏南部和西部的喜马拉雅、喀喇昆仑等西藏边地活动。步其后尘，19世纪下半叶起，更多西方国家学者频涉喜马拉雅及喀喇昆仑山区，并且逐步扩展接触西藏中部和北部，以及藏东金沙江和澜沧江之间，从事地质、地层、古生物学调研……

截至新中国成立前，曾经沿青藏高原周缘地区考察者多乎其多，有人统计过，名见经传的50人以上，来自英、俄、法、德、美、印、奥地利、比利时、瑞典等国；不为后人所知者更多，仅就西部西藏的冈仁波齐神山一带，自1808年至二战结束百余年间，就曾有数以百计的外国人来过，除了经商的登山的狩猎的，就是为绘制地图的、为探测河源的、为采集标本的。这些旧闻来自一本英文版图书《神山》，早年我在阿里见到，未见中文译本。神山冈仁波齐在阿里地区普兰县境内，冈底斯山脉西部高峰，国际上旧称凯拉斯。

然而擅入者能够进入腹地西藏的却少之又少。地质学家曾鼎乾整理出《西藏地质调查简史》一文，发表于1944年的《地质论评》，附有路线图示（见本书第6页），列举1880年以来，共有十数位西方地质学家抵达西藏地区，而腹地的腹心拉萨，则无一人抵达。这其中的原因，主要是清朝中晚期的闭关锁国政策虽已被列强打破，然而连遭1888和1904两次抗英斗争失败的西藏地方，愈发恪守将西人坚拒门外的做法，即使像斯文·赫定这样手持清政府官方准入文书的人，对于拉萨也同样望尘莫及——当他"以死为侣"穿越藏北荒原，正待举步拉萨时，即遭阻止，只剩下在当惹雍错之滨的达尔果神山向拉萨方向张望的份儿，然后西行出境。出于同样的原因，当法国女子大卫·妮尔得以化装潜入拉萨，居然会在西方世界引发轰动，并为她在布达拉宫前的照片真伪问题长时间争论不休。

另有一批批英印派出的间谍密探，乔装成游方僧、朝圣者，进藏获取情报，在世界间谍史上很有名气，屡被提及；借科学考察之名行窃取情报之实的，也不乏其人。当年英帝为侵占藏东南领土，炮制"麦克马洪线"，就曾密遣贝利上尉，以科学调查为掩护，实地测绘藏东南一带地形图，作为后来强加给西藏地方政府的《西姆拉条约》的依据；就连以武力入侵西藏、双手沾满西藏人民鲜血的英国军官荣赫鹏，也公然将他的侵略军名之为"考察团"，江孜之战的烽烟尚未散尽，居然就开始发表所谓"科学调查报告"。不限于英印方面，明火执仗的武装"考察"团队首领还有沙俄军官普尔热瓦尔斯基，曾多次经新疆青海进入藏北，因为沙俄直到20世纪初还在试图与英人争夺西藏，那都是另外的话题了。所以地理学家徐尔灏曾在1945年出版的《青康藏新西人考察史略》书中，一语中的评判道："各国探险家来我国考察者，初意或出于学术动机，而负特殊使命者居于少数。但其结果，因我国对于边地之忽视，任听外人进入我境窃绘山川险要，私记边备宝藏，结果遂启野心之觊觎。探险家之足迹，常成侵略势力之向导……"

俱往矣！这一令国人忧心的局面就将告终，即便是在民不聊生的民国年间，中国科学家也是挺身而出，奋笔主写现代科学史的崭新篇章。

先行者这样走过

黑颈鹤是全世界15种鹤中最晚被记录的一种，并且它还是唯一生存于高海拔地区的鹤类。作为藏族人心目中的吉祥神鸟，这一群翩翩舞者的形象以片花形式每每插播在央视纪录频道，连同“1876年由俄国探险家在青海湖发现”字样，让黑颈鹤及其发现者在全中国家喻户晓。

这只是随手拈来的一例，类似被外人发现和命名的不限于物种，沙俄时期的普尔热瓦尔斯基武装考察队一路发现“普氏野马”“普氏原羚”“普氏玄参”，将区域物种统统名之“唐古特”，连黄河源固有的扎陵湖、鄂陵湖之名，也被篡改，重新命名为“探险队湖”和“俄罗斯人湖”……

引用黑颈鹤例证，一来为说明旧时代里，发现与被发现的角色定位，大抵取决于国力强弱；更重要的是为说明科学发现与传统认知的区别。一部西藏地区古代科技史，不乏智慧高光，单单一个藏医药领域，上自天文，下至地理，植物学、动物学、矿物学尽皆囊括其中，可是如同中医命运，传统文化一旦与现代科学相遇，必得遵从国际规范，重新“包装”。科学发现也是这样，非经专业化鉴定描述并发表公布，不得被收录被认可。

就这一意义说来，20世纪之前对于青藏高原的科学调研，中国学者基本缺席。其中原因不难判断，归咎于国力衰微、社会动荡固然没错，但无法解释在时局不稳、兵荒马乱的民国年间，却是中国现代科学萌发生长的年代，所以说，根本原因还在传统认知——长久的教育和科举制度不鼓励学习数理生化，统治者视其为“奇技淫巧”（慈禧语），全社会则“唯有读书高”，像徐霞客那样的旅行家只能算是非主流人物。有观察者对此做出过评价：19世纪西方地质学家李希霍芬在他的中国之行后说，中国知识分子喜欢在窗明几净的书斋中吟诗作画，不喜欢跋山涉水到野外观察大自然，若干年后其他学科领域或可发展，唯有地质学不见得能有多大进展。

这样的局面随着清王朝覆灭迅速改观。中华民国初期，一大批科研机构、学术团体和自然科学期刊纷纷问世，先内地，再高原，野外考察热潮兴起。一批批笃信科学救国的志士，不畏艰辛走向青藏边缘及腹地，堪称国内青藏研究之先驱。常被后人感念的两位独行侠式的传奇人物是植物学家刘慎谔、气象学家徐近之。刘慎谔从法国学成归来，担任北平研究院植物学所主任，1932年完成西北考察团新疆考察任务后，取道西昆仑古里雅山口，穿行藏北高原西侧，进入印度境内。其间所经历的千难万险，可以想象又难以想象。其中途经藏北高原遭遇过惊魂一幕，秀才遇到了持枪劫匪。据说幸好对方只谋财，不害命。想来更可能的情况是，在杳无人迹的荒原上，刘先生的出现反倒把人家先吓了一跳，随之又让人家大失所望：这个奇怪的人一头长发、满脸胡须、破衣烂衫，随身行囊里只翻找出一些（处理标本用的）旧报纸和花花草草，哪有什么值钱之物。再三打量的结果，放行。一年多杳无音信，家人和同事莫不以为先生早已遇难，直到大喜过望地接到他从印度发来的求寄路费的电报。那一年，刘慎谔带回两千多号标本。

刘慎谔走过的无人区路线，后来被青藏队反复走过；他经过的西昆仑古里雅山口，现在人尽皆知：2015 年秋冬之际，来自多个国家的冰川学家齐聚古里雅冰原，钻取冰芯，由于中央电视台的助阵造势，通过现场直播《问鼎昆仑科考记》专题报道，一度将这偏远极寒之地“炒”成热词。

1934 年，26 岁的徐近之受时任中央研究院气象研究所所长竺可桢委派，担任资源委员会青康藏调查员，随商队自青海进藏。途程将近 3 个月，一路观察气候，记录温度，测量高度。测高方法是使用煮沸法，以沸点高低换算海拔高程。他在拉萨建起高原上第一个测候所，八廓街房顶上第一次摆放了量雨筒。在藏三年，还曾策马北上纳木错湖区，绕湖一周 28 天，进行水系、成因、流域及水生资源、气候特征乃至当地人文风情的全方位考察，写下《西藏之大天湖》等多篇专论；还曾西行后藏日喀则，专程前往珠峰地区。仰望珠峰，观察“旗

徐近之先生

云”，将这一天气现象首次记录下来：“珠穆朗玛峰东南面上升的潮湿气流和强烈的西风相遇时，山头遂有向东伸出的旗状云。”20 世纪 30 年代，他在《地理学报》《方志月刊》等期刊推出一系列有关青藏高原地理、气候的文章，其中《横断山间露宿两月日记》，是在奉调返程中，特意绕道横断山，从藏东、川西至云南，穿行考察了两个月的见闻记录。

青藏情结就此相伴一生。徐近之后来远赴英美留学，获得爱丁堡大学博士学位。这期间《拉萨气候简介》等论文就发表在美国气象学会会刊。1946 年归国回南京，就职于中央大学，教书育人的同时，致力于地理文献学，代表作之一《青康藏高原及毗连地区西文文献目录》，将此前一个多世纪相关科学文献穷搜博采，后经补缀，五千余条集大成，资料来源包括英、德、法、意、俄诸语种，尚有荷兰、波兰、匈牙利、捷克、瑞典、丹麦、拉丁文等等各小语种；内容包括地质地理地形、岩石与古生物、冰川、气候、动植物，以及测量制图，乃至文史宗教等等，总计 26 类。并非简单的目录罗列，而是兼及背景介绍、调查史要，并附调查者小传。先是内部油印，1958 年正式出版。新中国成立后，首次制定科学技术远景规划，青藏高原综合考察列入国家 57 项重大任务之一，亟待整理相关资料做工具书参考，徐近之欣然受命，一个人以 6 年时间编写完成《青藏自然地理资料》，包括地质、地文、气候、植物 4 册，于 1960 年出版，正好赶上多个考察团队出征高原——西藏综考队、南水北调西线工程考察队、登山科考队，无不视若珍宝，人手一册。身为受益者，老队员们每每忆及，无不感动满满，向我这个采访者说得最多的一句话是，省却了多少从茫茫书海中查找资料的时间和麻烦！

与刘慎谔从西北方向穿越青藏地区差不多同时，高原东南部也迎来一波考察热潮，有中山大学组织过中外科学家在横断山主峰贡嘎山进行地理与生物的考察，有植物学家王启无深入西藏察隅察瓦龙地区所做的植物调查采集，吴征镒先生则于抗战期间登临白马雪山……若论从事横断山区地理和社会综合考察的先驱人物，不能不提到任乃强先生。为筹建西康省做准备，1929 年他首赴川西高原十数县实地调查，运用圆锥投影、经纬度定位，并以汉藏英三种文字合璧方式，绘制出我国第一幅百万分之一康藏标准地图和十万分之一西康分县地图，同时详细考察分析了各县地质、土壤、气候、物产等自然环境，以及农牧商业、民族宗教等社情，为西康建省提出交通、茶务、农经、矿业等等一系列开发建设规划。此举既是对启蒙老师张澜先生“经世致用、实业救国”理想的践行，也是他在北平农业专门学校（北京农业大学前身）就读农业经济地理专业的学以致用，更来自心中块垒：痛感当时国人对边疆地区的隔膜，当政者的忽视，以致在“西姆拉会议”上“但凭英人所制简略之地图为讨论依据”，任乃强先生遂立志于藏区研究，创办康藏研究社，出版学术刊物《康藏研究月刊》，撰写出

1974年，任乃强先生（左二）与考古人员在岩屋前

版《康藏史地大纲》。另有《西康图经》之境域篇、民俗篇、地文篇三部，1933年起在南京《新亚细亚月刊》连载，后由新亚细亚学会印行出版，今有中国藏学出版社新版。跨越自然地理和人文学科，任老先生终成一代藏学名家。

高原另一侧，地质队的驼铃响起来了。1935年，以翁文灏为主任、黄汲清为副主任的中国地质图编纂委员会，委托孙健初负责甘、青、宁夏地质调查，孙健初和周宗浚因此成为首批跨越祁连山南北进行地质填图的先行者。当日寇发动侵华战争，封锁了中国各沿海港口，危亡之际，孙健初再赴玉门，为国家寻找急需的石油。1939年当第一口钻井原油涌流，宣示了中国石油工业从此奠基，被誉为"中国石油之父"的孙健初先生，为中国现代工业建立了殊勋。曾有过那样的时刻：孙健初与常书鸿相遇在鸣沙山下的敦煌莫高窟，科学与艺术之手紧紧相握——兵荒马乱的年头，灾难深重的中国，这样的一幕意味深远。此时的孙先生不会想到，多年后，儿子孙鸿烈会沿着自己当年走过的祁连山、青海湖，重新走过，较之父辈走得更高更远更久——从1961年涉足西藏，70年代担任中国科学院青藏高原综合科学考察

孙健初先生

队队长，90 年代担任国家重大基础科学研究“攀登”计划青藏项目首席科学家，之后长期指导青藏研究，作为这一事业的灵魂人物，孙鸿烈院士迄今已躬耕了半个多世纪。

20 世纪 40 年代在高原东部留下足迹、体现在曾鼎乾所绘路线图示上的中国人，是从事工程地质勘查的罗文柏和林文英。是在 1940 年 5 月，他俩率调查队从青海玉树出发，经昌都、宁静（今芒康）、盐井和云南的德钦，行程数千公里，于同年 9 月到达昆明。他们随身携带的工具和仪器仅有地质锤、指南针、无液气压表，所用地图也是印度测量局出版的百万分之一的“印度及其邻邦地形图”。考察结束后，两位地质学家分别著有《青康游后刍言》和《江流索隐》等文，对藏东一带地质情况及人文地理做了较为详细的报道论述。

这之后的 1941 年，还有一次半途而废的公路工程勘测。其时抗日战争进入最艰苦时段，中国大部沦陷，而同盟国援华抗战物资唯一陆上通道滇缅公路危殆，国民政府亟欲在大后方开辟经滇藏至印度萨地亚的公路，遂于 1941 年 5 月，派遣叙昆铁路工程局副局长袁梦鸿为队长，率中印公路勘察队，从西康出发。然而行至昌都南部和察隅一带，屡遭西藏地方阻挠，被迫放弃。作为反法西斯战线盟友，美国政府支持这一计划，英国起初赞同，后来反对。之所以态度反复，患得患失，尽皆出自在藏既得利益的考量。总之英印政府在其中扮演了不光彩角色，而西藏地方，也在二战期间憾失一次出力机会。

曾鼎乾本应在自己绘制的地质调查路线图上留下行迹的，遗憾未能达成。那是在 1940 年，国民政府委派大员吴忠信先生前往拉萨，主持十四世达赖喇嘛坐床典礼。地学前辈黄汲清先生得知这一消息，嘱托地质学家曾鼎乾作为随员进藏考察。然而代表团借道印度入藏，须向英印当局申请签证，尽管曾鼎乾隐瞒了科学家身份，仍被察知，就这样，唯独他一人被公然拒签！

最终圆了高原梦，已在10年后的1951年。受中华人民共和国政务院委托，中国科学院组建了首批西藏科学工作队，随军进藏，任务是从科学研究最基础处入手，进行路线考察，填补区域空白。曾鼎乾参与其中，感慨万千。虽然由于健康原因，最终没能渡过金沙江，但是他目送了队友们走向高处远方——

科学工作队隶属18军，全部装备来自部队，队员们清一色军人打扮。57位队员分为5组：地质地理组、农业气象组、社会科学组、语言文艺组、医药组。地质组9人，由工作队队长、39岁的地质学家李璞兼任组长；崔克信年纪最大，43岁；汪缉安最小，18岁，是从甘孜补充来的两名西南军政大学学员之一。过昌都，到波密，工作队渐渐走在了进藏修路部队之前。1998年采访时，我仅能找到这批队员中年纪最轻的一个，也已在中科院地质所退休。汪缉安先生回忆当年经历种种，如何在澜沧江上源之一的扎曲河附近，采集到早侏罗纪似盘齿西藏硬齿鱼；还是在昌都，找到了一座几天都走不出来的大型石膏矿；如何在冰雪中开道进入雪山和森林环抱的波密；如何与山林中的土匪对峙，云云。说起恩师李璞随身携带的专业工具，一只测距用的计步器，一只测高用的气压表，一只从英国带回的罗盘——李璞是留英归来的地学博士。就凭借如此简陋的装备，从1951年到1953年，地质组完成了东起金沙江，西抵珠穆朗玛，北至藏北高原伦坡拉盆地的路线考察，编制了沿途1：50万路线地质图和重点矿区图，编著了《西藏东部地质及矿产调查资料》，首次进行了地层划分，古生物化石的发现同样相当可观。

农业气象组由北京农业大学教授、土壤学家李连捷任组长，成员包括气象学家萧前椿，植物学家钟补求、崔友文，农学家庄巧生、郑丕尧，牧草专家贾慎修，以及森林、畜牧、兽医、园艺、水利等专业共17人。从1951年起3年间，农业组先后考察了西藏东部的察雅、左贡、邦达等地的垦殖业，藏南农区、那曲牧区和亚东林区的自然条件，连同相关农林牧发展问题思考，编成《西藏农业考察报告》。在系统总结本次考察资料的基础上，对进一步发展西藏高原的农、林、牧生产提出具体建议；在协助西藏地方举办农业干部训练班，指导建立农作物和园艺试验场方面，成效彰显。专家们指导下建立的拉萨七一农场，如今是西藏自治区农牧科学院所在地，引领着西藏自治区现代农业科技的前锋导向。有意味的是，间隔半个世纪，终于有了一个契机，让西藏人民给当年创业者的继承者以直接回报：在七一农场、农科院大院里，无偿提供100亩地，用以兴建办公楼、实验楼——2003年，新成立的中国科学院青藏高原研究所在此挂牌。

新模式登山科考

1956 年“向科学进军”，国家制定《十二年科学技术发展规划》，西藏地区和横断山科学考察正式列入 57 项重大任务，由中国科学院主导。同步进行青藏工作的，尚有一系列兄弟单位，包括国家测绘局、中国人民解放军总参谋部测绘局、地质矿产部、石油工业部等等。各职能部门所开展的，皆为常规基础工作：在大片空白处圈点标注。勘测绘制的重要成果是在上世纪七八十年代陆续问世的，正当其时地为青藏科考队提供了罗盘和坐标——青藏高原 1：10 万航测地形图，1：100 万地质图及重点矿区地质图、地层图，诸如此类，第一时间拿到手，就在帐篷里指指点点，在野外按图索骥。

国家气象、水利和地震等部门在高原面上相继布设了观测网点，开始获取基本数据资料；同属高原的川、滇、甘、青、藏各省区科研机构也都没闲着，尽管多以应用研究、服务于当地生产建设为主，但历年积累的信息资料何其宝贵，每当科考队员拿到那些简装油印本，无不如获至宝。当几十年后气候环境变化成为热点，作为现代地表过程研究的参照依据，旧资料不仅仍然有用，而且价值更高了，作为“有记录以来……”，为多学科领域专家所借助。

国家“十二年科技发展规划”实施期间，仅在中科院，就连续组织了一系列青藏高原科考活动——

1957 年，配合中华全国总工会组织贡嘎山登山科考。

1958 年，施雅风率队开展祁连山冰川考察。

1959—1960 年，配合国家登山队首次攀登珠穆朗玛峰，46 名科学工作者在以珠峰为中心的 7000 平方公里范围内进行综合考察。

1959—1961 年，中科院南水北调西线工程综合考察队，主要活动在川西和滇西北一带横断山区。

1960 年开始进行青藏公路沿线冻土考察，并在藏北腹地土门格拉建立冻土定位观测站。

1960—1962 年，“西藏综合考察队”10 多个专业 100 余名科考人员，分赴川藏公路和青藏公路沿线调查，外延至东部黑（黑河即那曲）昌（都）公路和西部新（疆）（西）藏线，同时考察雅鲁藏布江中游地区。

1964 年，配合国家登山队攀登希夏邦马峰，以冰川学家施雅风和地质学家刘东生为领队的科考队阵容空前。

同年，中科院兰州冰川所派员赴西藏波密境内，首次开展泥石流调研。

1966—1968 年，第二次珠峰登山科考中，刘东生和施雅风再度联手，兵分两路：一路面向珠峰地区，另一路前往藏东南林芝地区调研，以发展农业、开发资源为目标。

将帅人才就在这一系列考察活动中历练而成，到 1973 年组建中科院青藏高原综合科学考察队的时候，理所当然成为中坚力量。在青藏高原的旗帜下，集合起各路盟军，相互支持，相互借鉴，各得其所又相得益彰，这一点，构成了半个多世纪以来青藏研究一大特色。

另一显而易见的特色，是新创建的登山科考模式，即登山运动加科学考察。该模式颇富中国特色，体现了举国体制的优越。首倡者是谁？贺龙元帅。这位戎马一生、为新中国诞生建立了殊勋的老帅，国务院副总理，兼任了共和国第一任国家体委主任；副总理中分管科研工作的又是哪一位？聂荣臻元帅，他后来还兼任了国家科委主任、国防科委主任。所以说，战场转换，风采未减，一声令下，迅速集结，延续的是战争年代协同作战的传统。登山科考首开先河在 1957 年，并且新成立的中国登山队首次独立登山活动也在同一年。这里面还有一个背景或说是激励因素需要略作交代：此前一年，中苏联合攀登西昆仑主峰慕士塔格，当登顶成功，举国欢庆之时，有偏见的西方媒体说了风凉话——中国人“是被苏联人扶上去的”。这类嘲讽若是搁在今天，或许未必介怀，但在那个特别强调争气争光的年代大不一样，尤其此言其实果真触及“痛点”：新中国成立后最初几年，中国人参加的中、苏境内多次攀登活动，均以苏联为主导。有鉴于此，决意甩掉“东亚病夫”蔑称的贺老总，一手推动了中国登山队和中国登山协会的创建，并决意尽快组织一次中国人独立登山活动，且以工人阶级打头阵，目标锁定横断山主峰贡嘎山！邀请科学工作者参与的创意，正是由贺老总适时提出的。大意是：登山仅仅作为一项体育运动，登上峰顶报道一下也就结束了，但如果有了科学考察的内容呢，就不会有完结，意义又大又长远。贺老总在中国登山协会成立大会上讲了话：“中国这么大，高山这么多，山多宝多，解放的中国人民要踏上祖国的每一座高山，要给每座山峰做出结论，这是光荣的职责！”

这番话是几十年后从“老青藏”们那里听来的，“多亏了贺老总高瞻远瞩”，每说起依然心怀感佩，多少人最初的青藏经历，无不与搭上登山队“顺风车”有关，从而结缘终生。

落实贺老总指示，尝试迈出第一步，登山队特邀北京大学地质地理系年轻的教师和研究生崔之久（地貌）、马文甫（地质）、丁行友（地球物理与气象观测）三位随队考察。

竺可桢先生参与了指导。身为中科院副院长，正在密切关注全球气候变化，正为国内将要开展的现代冰川研究做准备，所以在约见崔之久时，主谈冰川。现今的崔老，那时多年轻啊！ 24 岁，两年前才从南京大学地理系毕业，因为学业优异，被保送到北京大学地质地理系读研究生。身体好、业务棒，被选中已是心花怒放，接到竺老约请，受宠若惊又大受感动。一番谈话后，就将专业方向从黄河研究转向冰川学。竺老教他如何进行冰川观测，送他一本英国人描写 1921 年珠峰登山的英文版图书，扉页题词：之久同志将去贡嘎山，赠此书以壮其行。竺可桢。

贡嘎山壮丽的冰川是最初的课堂，唯一教材是苏联专家编写的《现代冰川考察指南》手册。照本宣科，崔之久按照手册提示的各项要求一一测量记录。

然而，贡嘎山第一课，却是雪崩洗礼，濒死体验——

1957 年 6 月某一天，登山队第一次适应性行军，三个结绳组共 15 人行进在海拔 5500 米山道上。阳光照耀在高耸而辽阔的雪原，世界晶莹且寂静。积雪厚度 1 米多一点，崔之久所在小组在前开道。一条尼龙绳拴在腰间，依次 5 个人，崔之久第二，前有组长初懋孔，后有同事丁行友，新华社记者张克松殿后。人们屏气敛声，因为冰雪世界脆弱，哪怕阳光下融溶到一定程度或一小点儿声响扰动，都有可能引发灾难。当快速穿过一条雪崩甬道时，崔之久一眼瞥见上方的雪壁有异动，只来得及惊呼一声“雪崩”，连人带声音已被铺天盖地的溃雪卷裹而下。——来势迅猛，雷霆万钧，猝不及防，这就是雪崩。

感觉到翻滚停止，崔之久手脚并用钻出雪堆，只见不远处刚刚脱险的记者不失时机地举起相机，抢拍到崔之久爬出险境的镜头。这时，才发现已下跌数百米，置身于半山腰一个冰洞口。隐约听到哪里传来呼救声，崔之久赶紧向后一扯，只拉出一截绳头——拉力为 1200 公斤的尼龙绳已然绷断；向前一拉用上力了，遂拼了命地拿双手去刨，又嫌速度太慢，改用冰镐，忙乱中差一点儿出错，差一点儿刨到脸上——一张因憋气呈紫酱色的面孔。初懋孔获救，而身后的丁行友，却因并未随雪崩席卷而下，原地掩埋过深，牺牲了。丁行友是北大地球物理系助教，牺牲时那样年轻，前不久路过雅安时，还被同伴们簇拥着去看望他在雅安工作的未婚妻，那个充满青春气息的夜晚，年轻人热热闹闹开了一大堆玩笑……归途中少了这一人，崔之久甚至不忍向雅安方向再看一眼。

少了的不仅是这一个人，此次登山科考总共牺牲了 4 位队友。这项事业从一开始就显现出它严峻到残酷的一面。是以高昂代价换来的，崔之久考察成果《贡嘎山现代冰川初步观察》一文于 1958 年发表在《地理学报》24 卷第 3 期，被视为中国现代冰川学第一篇研究论文。

作为首批中国登山科考事业参与者，中国现代冰川学先行者，崔之久在 10 年间参与登山科考转战青藏高原南北，贡嘎（1957）—念青唐古拉（1958）—慕士塔格（1959）—珠穆朗玛（1960）—公格尔（1961）—希夏邦马（1964），1966 再上珠峰。崔之久并非在册的青藏科考队员，可以算作协同作战的盟军：青藏队西藏面上考察过程中，20 世纪 70 年代中期的 3 年里，他受国家科委和中科院委托，为青藏铁路选线做沿途冰缘、冻土调研；90 年代与青藏研究队伍并轨，率领硕、博士生众弟子参与青藏科考“攀登”项目，继续跋涉在昆仑山、黄河源，年过花甲，风采依旧。

贡嘎山之后的目标更高，从北坡攀登珠峰随即被提上日程。贺老总再次强调将体育运动与科学考察相结合，指示建立综合队伍，并且召集地质、地理、气象、卫生各部门和军队负责人会议，亲自部署。自此以后，登山科考形成固定模式，互补双赢：在常人难及的高处，登山健将代为采标本、做实验，科考人员例行工作之外，则于突击登顶期间全力协助，共襄盛举。践行半个世纪，成果斐然，尤显当年决策之英明。当年决策时国家穷，或许还出于节省经费的考量，反正一只羊是放，一群羊也是放吧，但是到了 2005 年，又一次珠峰测高的大规模行动，早已告别资金短缺，仍是登山加科考组合，足见其科学性和可行性，因而具有持久性。国家体委和中国科学院这两个形象反差较大的机构，反倒成为不时牵手的亲密伙伴，多少年来传为美谈。

出于物质条件的考量是有道理的，因为囊中羞涩，不惟《十二年科学技术发展规划》难以落实，紧接着三年困难时期，正在进行中的国家大项目也难乎为继，例如拟议中的青藏铁路下马，南水北调搁置；1960 年开始、1962 年中止的西藏考察亦可算是一例。此次考察活动，本由中科院自然资源综合考察委员会（简称综考会）组织，上百人的“国家队”规模空前，尚且如此，其情可知。当时或有中印边境紧张因素，但战事为时不久，且限于局部地区，之后再未重启，与后续支持乏力不无关系。

中科院西藏综合考察队由多个研究所、大专院校及生产部门科技工作者组成，下分自然条件、农学、畜牧、水利、地质、经济等专业组，依据任务需要又组成藏南、藏北两个分队和经济、盐湖地质两个直属小队，于 1960 年、1961 年间对西藏重点地区进行了野外综合考察。1963—1964 年进行室内总结，编写《西藏农业概况》《西藏南部地区林业考察报告》《西藏那曲、日喀则、江孜地区畜牧业考察报告》《西藏地区的超基性岩及其铬尖晶石类矿物特征》《西藏中部的植被》以及综合考察论文集，1964—1966 年由科学出版社出版。

新学科应运而生

当瑞士科学家阿伽西在阿尔卑斯山麓的下鹰冰川着手测量冰川运动，19 世纪中叶的世界就多了一门新学科，后来的冰川学家把阿尔卑斯的古冰川、现代冰川研究得足够透彻，从古冰川堆积物中研判归纳出地质第四纪的四次大冰期循环，事关地球环境演化过程的冷暖交替。中国科学界跟进较晚，直至上世纪二三十年代，地学前辈李四光先生最早关注中国的古冰川，写下《冰期之庐山》等论文，为半个世纪后围绕庐山及多地冰期的大讨论埋下了伏笔。然而长久的战乱和动荡的社会，何谈学科发展，其结果仅止于纸上谈“冰”，所以中国现代冰川学正式发端注定要等到 1957 年：一边是崔之久在高原东部贡嘎山单兵作战，一边是在高原北侧祁连山，施雅风率领大兵团出征。随后十年间，一举登临珠穆朗玛、希夏邦马、念青唐古拉等巨峰，冰川考察成为每一次登山科考必不可少的重头戏。

这一年，地理学家施雅风初识祁连。其时身份，是中科院地学部副学术秘书，兼任全国第一次科学技术长远规划编制工作的地学组秘书；此行目的，是为撰写自然地理区划草案充实资料，其中对于冰川作用及其分布范围的调研，又是必做的功课——祁连山脉横亘数千公

1976 年拍摄的祁连山老虎沟冰川气势磅礴　引自施雅风主编《中国冰川概论》，1988

1958 年春夏之际，道尔古辛（左）、施雅风（右）行进在祁连山托来山南麓　蒲健辰 / 供图

里，20 世纪中期气候寒冷，冰川总量较今为多，体量亦大，置身于冰与雪的世界，施先生赞叹之余，不由得心生一念：坐拥固体水库宝藏，受益的却只有“金张掖、银武威”小片绿洲，河西走廊大部地区干旱缺水，冰雪资源有没有可能被善加利用，哪怕只是解决农田灌溉用水呢！野外归来兰州汇报中谈到这一点，省领导深有同感，认为值得一试，当即发出邀请。中科院非常重视这一院、地合作大项目，委派施雅风挑选地理所、大气所、地球物理所专家，从北京赶赴兰州；那一边，甘肃地方也迅速调集人马：所在地县领导和科研、生产部门骨干，兰州大学、西北师范大学等高校师生，联合组建中科院高山冰雪利用研究队（简称冰雪队），一下子召集起两百多人。兵分七路，3 个月时间里，共攀登冰川 60 条，建成多个冰川观测站、气象站和黑化冰雪试验站——试验用煤灰和草木灰人工“黑化”冰雪。时值 1958 年，“三面红旗”正如火如荼红遍大地，从组织到实施，一切行动都带有时代印记：“大会战”规模，“大跃进”速度。

急用先学，速成式培训，苏联冰川学家道尔古辛现场教学，第一堂课就设在祁连山七一冰川跟前，洋教授介绍冰川学基础知识，指导插花杆测量方法。教材有一本，俄文的《现代冰川考察指南》已被译成中文。开设的课程另有地形地貌考察，由施雅风主讲；气象观测则由大气物理学家高由禧主讲。

就这样，从七一冰川到双支冰川、乌兰达吾冰川、瓦奥寺冰川，从路线考察到定点观测，一年下来，《祁连山现代冰川考察报告》成稿，满足了省领导“当年考察、当年出书”要求。

而祁连山冰川群，就此成为中国冰川学策源地。

遗憾的是第二年各地主导融冰化雪的努力并未奏效。此前当地人曾在冰雪上撒土石屑以促使融化，用来浇灌田地、缓解春旱；相传旧时军阀马步芳淘金，为解决用水难题，也曾用草木灰“黑化”过冰雪，看来这一经验或在局地小范围管用，想要大面积推行，无异于杯水车薪无用功。

以上情况主要来自冰川学家郑本兴的访谈追忆，当年他毕业于南京大学地理系，工作在中科院自然区划委员会，跟随施雅风先生参加冰雪队。亲历“黑化”祁连冰雪过程的王树基，当时还是兰州大学大三学生，与三名同学一起被选拔为冰雪队队员。头一年学习考察，次年春季行动开始，先是在酒泉地区一条大冰川前建立半定位站，进行以河道沙石融化冰川与河冰试验，收效甚微；夏季里重型轰炸机出动，做轰炸冰舌试验，但是投掷了两枚炸弹，冰舌也没能像预想的那样垮塌，只不过炸出两个大洞，第二天又重新冰封。多年后追忆往事，他不由感慨道：为当地造福的愿望出发点是好的，敢想敢干，大搞群众运动也是当时的作风，但是真正解决大西北干旱困境，还是需要讲科学，另辟蹊径。文见王树基《鬓霜雪白忆当年》，收录于《求实创新 伟业卓著——恭贺施雅风院士九十华诞文集》，中国科学院寒区旱区环境与工程研究所主编，甘肃科学技术出版社，2009年5月版。

攀登在祁连山冷龙岭冰川

两个年轻人：苏珍和许世远

说是无用功也不尽然，失败的仅限于“黑化”冰雪的尝试，当盲目热情退尽，只剩下科学本身，甘肃地方收获了长远利益：为本省也为所在大西北干旱区、为毗邻的青藏高原，吸引来以施雅风为首的一大批高端科学人才，纷纷举家迁至兰州，相应科研机构设立，基础研究与应用研究并行，直接或间接推进了当地经济社会和科研教育事业的发展成长。有这样一支国家队存在，也为后来西部大开发国家战略提供了智力和科技支撑。以兰州大学为首的一众高校作为“近水楼台”，率先获益，一方面密切合作参与诸项科研课题，一方面源源不断为科研机构输送人才。

祁连山地貌考察

探测柴尔龙海子

祁连山考察期间的苏珍

冰雪队部分队员合影

这组珍贵图片，是由苏珍先生保存提供的，为后人留下了中国冰川学初创阶段的情景和一个群体的青春记忆。

中国冰川学就在这样的背景下诞生，冻土学犹如孪生兄弟，同时呱呱坠地。1960年，施雅风奉命筹建冰川积雪冻土研究所，人员组成中有北京来的专家，有从冰雪队里选留的学生，均非科班出身，而是“半路出家”。北京来的专家有郑本兴、唐邦兴、杜榕桓，经受过冰雪队历练的有苏珍、李树德，这二人毕业于西北师大自然地理专业，当李树德听从安排改学冻土，一开始连冻土是什么都没听说过。那时全中国留学苏联攻读冰川和冻土的不过三几位，真正的专业人才谢自楚，刚毕业就分配到兰州大学任教，另一位周幼吾，则被施先生从北京调至本所任冻土组组长。

冻土研究之被提上日程，与国家建设息息相关。已建青藏公路需要改造，拟议中的青藏铁路需要评估——中低纬度、高海拔地区的冻土与苏联的极地高纬地区冻原差别很大，后者冻土层厚达600米，温度常年低至 -8 ℃以下，路基稳定，足可承载铁路运行，而青藏高原冻土层厚薄不均，不少路段常在0 ℃上下徘徊，直接影响到铁路选线：走青藏抑或走川藏，讨论了许多年，多方权衡后首选青藏一线，冻土问题能否解决是拍板关键。还有同属国家大项目的南水北调西线工程，同样存在冻土问题有待查明。

冻土组创业当年，周幼吾即率队参加青藏铁路科研大会战，负责西大滩—昆仑山垭口段冻土工程地质调查。定点研究的冻土观测站，是与西藏交通科学研究所合作建立的，地点选在唐古拉山南麓、青藏公路以西的土门格拉煤矿，海拔5000米，冬季最低温可达 -40 ℃，永久冻土层可达百米之厚。1962年起3年里，冰川冻土所科研人员出动，首次在高原冻土区进行辐射观测、冻土力学试验和冻土物探工作，同时承担的工作还有一样：开采过程中井下安全措施的研究设计，避免冻土煤层掘进中易发的塌方冒顶事故。外业结束后，留守4 ~ 5人，转入常规工作：负责5个冻土场地、1个气象观测场所的气象要素、冻土地温和物候变化的观测记录，春夏秋冬不间断。那时矿上条件极其艰苦，四季不见青菜，唯有方便运输、方便保存的黄豆和海带。高寒缺氧中年复一年地坚守，说是半年一轮换，其实做不到，许多人一待就是一年以上，李树德时间最久，23 个月。1965 年秋季上岗半年多，左等右等不见来人接班，原来是“文革”开始，科研工作无人问津。1967 年 9 月终于“下山”，所里安排他去青岛疗养院休养。三个月里，李树德胃口大开，“醉氧”状态也让他每天昏昏欲睡。青岛医学院得知此事，前来邀请做活教材——作为低地人类在高原长期极限生存的标本，此君里里外外都被直接观察或被心电图、X 光等一切检测手段所显示——脸色为何黑红，嘴唇为何青紫，心室因何扩大，还有脉搏、大脑、肺部、肠胃的种种异常，综合症状说明了什么？典型的“高山适应不全症”！

1963 年的青藏公路还是简易土路，施雅风率队前来土门格拉检查工作，五道梁，唐古拉，几百公里冻土带上，亲见历经夏季热融、冬季冻胀的路面凹凸不平，俗称“翻浆”，都是冻土作的“怪”。土门格拉之后到拉萨，西藏交通部门的总工找上门来，说川藏公路波密段，常有冰川暴发，冲毁公路，你们搞冰川的，能否去看一下，想一个整治的办法。

新学科泥石流及其治理，就这样不期然“撞”过来，施先生笑称为“遭遇战”，后来成为他一向倡导的“以学科带任务，以任务促学科”范例。

此前西藏人并无“泥石流”概念，连工程技术人员也只称其为“冰川暴发”。在交通厅总工程师杨宗辉陪同下，施雅风一行去了藏东波密境内的古乡。318 国道川藏公路通过的地方，每年多发泥石流，屡屡阻断交通。1963 年尤甚，就在现场踏勘过程中，泥石流频发，就好像专为考察者演示。施先生和杨总工达成合作考察方案，回到兰州，立即着手组织队伍，当年分配进所的五六位本科生，不论专业出身，全部进入该领域；施先生还请图书资料部门帮忙查资料，英文的、俄文的，居然找到苏联专家《泥石流及其防治》专著做教材。经过数月强化学习即上阵，野外也是大课堂。

第二年，当施先生挟着攀登希夏邦马峰的“余威”而来——当年小同事章书成在回忆中这样形容恩师前辈之风采——他们已在波密县古乡扎营俩月，大本营竖起“中国科学院冰川泥石流考察队”大标牌，一杆测量红白旗迎风招展；沿 2800 ~ 4300 米海拔高程建起三处营地、三个气象站、两个冰川水文站、一个冰川站，测绘组则布设了三角控制网。施先生冒雨攀爬，把所有站点全部走过。我国第一篇泥石流论文《西藏古乡地区的冰川泥石流》在《科学通报》1964 年第 6 期发表，作者施雅风、杨宗辉、谢自楚、杜榕桓。

再一年，继续协同作战，施先生组织冰川所和植物所、西北大学、河海大学，以及西藏交通和水文总站等单位，10 多个专业 40 余位专家，另有医务后勤人员、解放军一个警卫班，再赴古乡，加上当地协助工作的藏族百姓，总计达百人之众。有研究，有治理，两年野外工作，论证了古乡泥石流成因、潜在的泥石流物质储量，通过观测资料和简易的现场水槽实验，提出阻力特征及防治对策。

施先生别出心裁，通过国家科委邀请上海科教电影制片厂拍摄纪录片，片名就叫《泥石流》，全国热映。我还记得年少时观看此片的情景，银幕上的泥石流滔滔而来，奔涌而下，排山倒海，摧枯拉朽，既壮观又恐怖。听说此片后来在某电影节上，拿到了一个国际金奖。从此，不仅西藏人，全国和全世界都知道了，世界上除了洪水、地震、火山爆发等自然灾害，在青藏高原某些地段，还有泥石流为害甚烈。

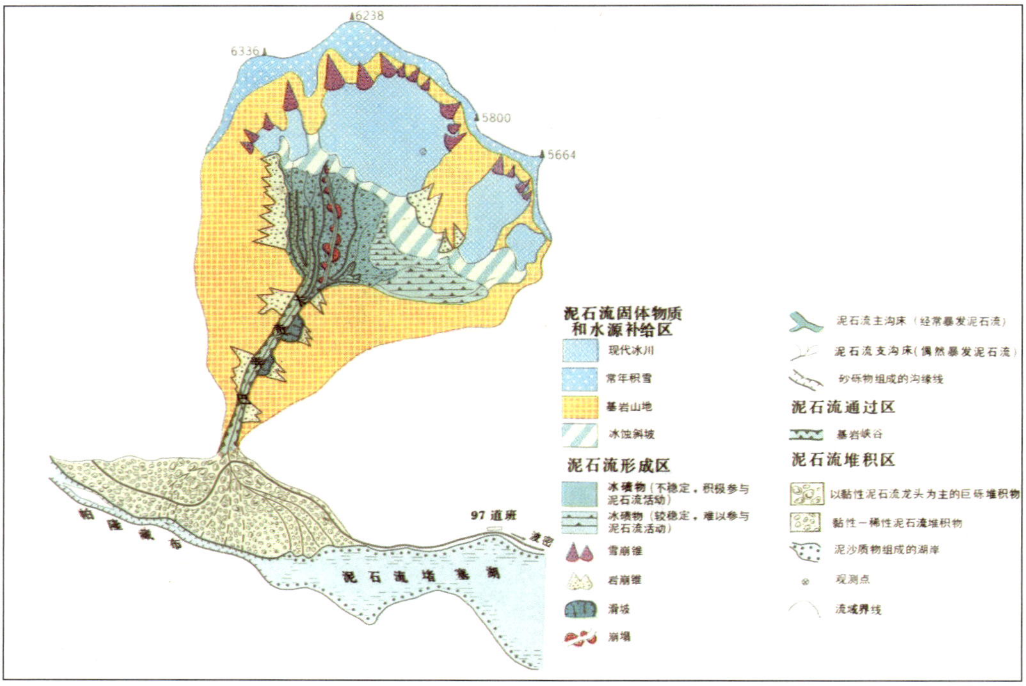

卡贡弄巴（古乡）冰川泥石流（1 : 110 000）　杜榕桓绘制并文，引自《青藏高原地图集》，1990

古乡沟（又称卡贡弄巴）位于西藏波密县以西 37 公里处，主沟长 6 公里，系古代冰川塑造而成。冰川退缩后，在围谷内留下厚达 300 米的冰碛物，总储量达 4 亿立方米。古乡沟上游区最高处海拔 6336 米，下游最低处海拔 2600 米；其中 4500 米以上山地常年积雪，并发育有 6 条现代冰川，冰川总面积 4.38 平方公里。当冰雪融水和降雨同围谷中的冰碛物汇聚，凭借陡峻地形，极易转化为泥石流，从而形成国内外罕见的一条大型冰川泥石流沟。

自 1964—1965 年由中科院冰川冻土所与西藏交通部门联合进行古乡泥石流综合考察和定位观测以来，相关监测研究工作持续至今。

冰川、冻土、泥石流，三学科创建一气呵成，集中在短短几年里。到后来各自如何成长壮大，在基础理论研究尤其生产建设中如何发挥作用，可谓一言难尽。各自所达到的制高点，有一现象似可佐证：三学科各有院士当选。半个多世纪里机构调整，兰州分院内部分分合合，研究所名称不时更换，冰川冻土所与沙漠所、高原大气物理所合并，更名为寒区旱区环境与工程研究所，泥石流专业则整体转岗至成都地理所，后来更名为中科院／水利部成都山地灾害与环境研究所。不变的是施雅风先生谆谆教导的"学科为生产服务"的宗旨，是"无私奉献、不断创新、勤恳实践的施雅风精神"（刘东生语）。

1963 年即在施雅风先生门下就读研究生的季子修，搜集了各媒体报刊书籍中对先生的种种荣称，计有"中国冰川学开拓者、奠基人""中国现代冰川之父""中国冰川学泰斗"等等，然而刘东生院士则认为这些称道均不足以概括其科学贡献。2005 年 3 月，施雅风院士获得"甘肃省科技功臣"荣誉后，刘先生接受《科学新闻》采访时有一番评价："他是中国地理科学，特别是自然地理学等领域的开拓者和领导者之一。他有一种值得大家尤其是年轻人学习的无私奉献的精神、不断创新的精神、勤恳实践的精神，归纳起来应该称之为施雅风精神。"文见季子修《与地理界一位伟人的接触》，收录于《求实创新 伟业卓著——恭贺施雅风院士九十华诞文集》，中国科学院寒区旱区环境与工程研究所主编，甘肃科学技术出版社，2009 年。

新命题一触即发

正当施雅风率队奔赴祁连山，开创冰川学之际，1958 年，刘东生领导的黄土高原纵横 10 条大剖面的调查同时展开。3 年后，中国的黄土研究第一次登上国际讲坛所引发的轰动效应是空前的：1961 年第六届国际第四纪联合大会（INQUA）在波兰召开，刘东生与会，并作《中国的黄土》学术报告；40 多年后，黄土研究史专家、英国学者 Ian Smalley 回首当年，犹自感慨："刘的报告介绍了中国黄土的研究成果，在国际上，这一成果第一次证实了中国黄土的奇迹。……山西午城一个 120 米厚的黄土剖面有 17 层古土壤，表明第四纪至少有 17 次气候变化旋回。要知道，那时候国际第四纪学术界都信奉阿尔卑斯的 4 次气候变化模式，而中国的记录给出了第四纪气候变化更为复杂的图景，中国第四纪黄土研究走在了世界的前头。"文见 *Progress in Physical Geography*, 2006。

没错，中国的黄土研究一直位居国际前沿，因为中国黄土得天独厚，尤因这门学科的开拓者一直保有敏锐的洞察力、鲜活的创造力。从黄土出发，进而为中国第四纪研究、全球变化和环境科学研究奠基。超前，超越，是刘东生科学人生的主题词。青藏研究何其有幸，迎来这样一位引路人！而对青藏研究的参与，也在相当程度上丰富了黄土研究——高原上的冰期—间冰期沉积，可以与黄土—古土壤序列相对应，共同提示着古气候环境的旋回和律动。

初涉青藏高原，起点在希夏邦马。

也是因缘际会。西藏归来的施雅风接受了一项任务：配合中国登山队攀登希夏邦马峰，组建一支科学考察队。正当此时，与刘东生相遇，愿否同往？当然当然。刘先生刚刚完成一本黄土专著书稿，正在拟订下一步工作计划呢，恰好是个空档。黄土研究整十年，心中久存一疑问：欧美有黄土，成因在冰川，由冰川研磨而成，与中国黄土大不同；那么我们的黄土与遥远的冰川、高耸的青藏高原究竟有没有关系呢？况且李四光先生说过，研究第四纪必须研究冰川；黄汲清先生也说过，研究古冰川需要从现代冰川做起，将今论古一步步追溯上去。这些未知，或许有望在青藏探索中得到解答？

中科院分管领导竺可桢先生十分满意这一组合，委任二人为正、副队长。

施雅风、刘东生联袂主持的 1964 年希夏邦马科学考察，由于超强的阵容、丰硕的业绩，堪称完美，至今仍为中国地学界称道，被奉为野外工作榜样模板。那时三年困难时期刚过，正逢"文革"前黄金时段，而施、刘也正当盛年，45 岁和 47 岁，科学家的黄金岁月。当这

1964 年 6 月 26 日，李四光先生接见希夏邦马科考队队员。中排：尹赞勋（左二）、竺可桢（左五）、刘东生（左六）、李四光（左七）、杨钟健（右一）、张席禔（右三）、乐森璕（右四）

1964 年 6 月 26 日，中国科学院院长郭沫若会见希夏邦马峰科学考察队部分队员。左起：崔之久、张明亮、施雅风、郭沫若、刘东生、熊德明、张康富　刘丽 / 供图

施雅风（左）解析冰洞形成原因

置身于希夏邦马冰洞中的科考队员。右二为施雅风

施雅风过冰桥

随队摄影记者马竞秋记录希夏邦马冰川考察的这组镜头，已成经典。

对黄金搭档的目光一致瞄准这片科学沃土，一项事业从此奠基。

不过在希夏邦马地区所做的，起初仍属填补空白的基础工作。希峰北坡现代冰川发育，冰塔林自成世界，主冰川野博康加勒冰川（后更名为达索普冰川）长达13.5公里。施雅风带领崔之久、郑本兴、谢自楚、季子修等一众冰川学家攀至6200米高度，观测低纬度极高山的气候与冰川特征，绘制冰川测图，细察冰结构、冰温度、冰川形成条件、冰塔林发育和消融形态，对于古冰川作用也予以关注探讨，一系列基础资料为后来人提供了本底参照。后来人——施雅风培养的博士姚檀栋比前辈走得更高，拓展更深：1997年，姚檀栋带领他的团队在希夏邦马峰达索普冰川7000米处，钻取了3支分别长达160米的冰芯。

冰塔林是低纬度高海拔山地特有的冰川奇观：因为海拔高，巨厚冰川得以形成；因为纬度低而阳光角度高，导致冰川蒸发、消融与升华的不平衡。冰塔相对高度自数米到30米参差错落，形态简单的如丘如堡，复杂的则仪态万方。穿行在晶莹闪耀的冰塔林中，宛如步入仙境。四处张望，但见冰路通幽，幽处依然是冰；冰塔崖壁间，散落着明镜般的冰湖，贯穿着迂回的冰沟和深邃的冰洞；冰沟与冰洞之上或见雪桥，沿雪桥悬挂有流苏般的冰钟乳。还有遍地的冰芽、冰笋、冰蘑和冰杯，冰塔环状生长处，犹如莲瓣绽开，真正美丽而神奇。水晶园林中全然忘怀了海拔五六千米的高度。众人大喘着气议论纷纷，赞不绝口，一致认定，希夏邦马峰纵有风情万种，最最引人入胜处，当数冰塔林！

满心骄傲感的施雅风由衷赞叹：冰川事业真是一项豪迈的事业，是勇敢者的事业啊！这句话后来成为一句名言，成为中国冰川学人的座右铭。

古生物学家在希峰地区首次发现了含大量腕足类、苔藓虫、三叶虫、瓣鳃类和珊瑚类等化石的早石炭系和二叠系地层；聂拉木地层中的鱼龙化石也是本次考察中发现的，这可是全世界鱼龙化石海拔最高的产地啦！后经杨钟健先生鉴定，命名为“西藏喜马拉雅鱼龙”。这正是刘东生最初的专业，师从杨钟健先生研究古脊椎动物。转向黄土这一中国科学界优势资源，是在 1954 年。现在呢，又暂且放下黄土，回头做起地质学家对于科学荒原的常规工作：建立地层系统，进行地质填图，把希夏邦马从古老到晚近的地层逐一命名：希夏邦马群—港门穹群—雪拉群—野博康加勒群……

生活于三叠纪的鱼龙类是古爬行动物的一目。适于游泳，生活于海洋中。性凶猛，以动物为食，卵胎生，侏罗纪最繁盛。中国西藏发现的喜马拉雅鱼龙，体长达 10 米。

刘东生专心致志地与石头打交道。说来也巧，这一年中尼公路正在施工，劈山开道，封存了亿万年的岩层裸露，真是一个事半功倍的天赐良机。刘东生流连其间，近乎贪婪地去观察，去寻找。但新开辟的路段危险，滚石塌方时有发生。某天野外作业时，忽听有人惊叫，一块巨石自天而降，刘东生左右闪避不及，唯有扑向山根死角。目击者们呆傻半晌，方才冲过来——还好还好，正在拍打浑身泥土的当事人，只不过擦伤一点点皮肉而已。

此时板块构造学说正躁动于母腹，尚不知喜马拉雅和包括鱼龙在内的海洋古生物化石来自遥远的南半球，但是一个证据的出现，却引发了一个超前的新命题，促使“高原隆升”先于“板块碰撞”被提出。

高山栎叶片化石

夏季某一天，收工回营地，北京地质学院教师张康富交来一块植物化石，说是在海拔5900米处冰川一侧捡到的。刘东生细加端详，但见轮廓和叶脉清晰，是一片阔叶，不禁心有所动。这类阔叶林生长在藏东南海拔3000多米位置，化石却出现在高于上限两三千米处，几乎寸草不生的地方，说明了什么？如果它是来自几千万年前的遗物，也许不足为奇，因为当时国际地学界认为青藏高原高度久已存在，隆升时间从未作为问题提出。但是，假如这片树叶生长在较晚近年代呢？

这只是个开头，类似化石后来被采集到多枚。回到北京，产自希夏邦马的这批叶化石和孢粉化石径送北京植物所，请徐仁先生做鉴定——结果激动人心：叶是高山栎的叶，年龄仅有两三百万年！

这就意味着，青藏高原隆升到目前高度是晚近发生的事件，而且似应在两三百万年里上升了两三千米！相关论文发表在中科院主办的英文版《科学通报》，在国际地学界引发了不小轰动：由于从未想过，难以置信，更多是惊奇。

喜马拉雅到底有多年轻，这次采集的花岗岩标本也提供了证明：请李璞先生用钾－氩法测年，较老地层的一组样品3500万～3600万年，古近纪产物；另一批样品年龄仅有1000万～1700万年，新近纪产物，皆属新生代喜马拉雅期岩浆活动产物。

1964年希夏邦马登山科考双丰收：这座全世界14座海拔8000米以上高峰中最后的未登峰被拿下，10名登山健儿一举站上峰巅；此前海拔高程在文献和地图中不一致，现在被精确测定为8012米；同时为希夏邦马正名：原在地图上中文标以"高僧赞"，系出梵文意译，改为当地传统名称——希夏邦马在藏语中含有地势高峻气候严酷之意。

科考队圆满完成预定任务，额外提出"高原隆升"命题——青藏高原形成演化与环境变迁，从"青藏高原隆起时间、幅度和阶段"课题，到"喜马拉雅隆起及其对自然界与人类活动的影响"课题，正所谓"一石激起千层浪"。由一枚化石引发的新命题，意义之重大之深远，历经半个世纪，愈发凸显，辐射到地球科学多领域，成为国内外青藏研究热点之一，持续至今。

至于心中久存的疑问，黄土形成与青藏高原之间的关联，要等到多年后高原隆升导致的环境变化效应被解码，高原周边冰川作用下的黄土堆积被认识，黄土物源中增加了"冷黄土"——要等到那时候，答案自会呈现。

希夏邦马之后，施雅风先生马不停蹄赶往藏东南。为时两年的古乡泥石流考察尚未结束，刘东生又找到施雅风，酝酿另一大项目，直指珠穆朗玛。与上次相同的是，再次搭乘登山队"顺风车"；组合有不同，两位先生正副队长角色互换，队伍也有所扩大。年富力强，豪气干云，事业腾达，是他们也是其时中国科学界的写照。“文革”前的几年里，在“运动”与“运动”间隙，“抢”出了他们迭有建树的黄金时段。

这一次动作够快，1966 年的春节是在拉萨过的。3 月份，科考队已就位于珠峰脚下。不幸的是，6 月初“文革”开始，被迫撤离。从谢自楚两下珠峰的遭遇，可见此次考察活动之一斑。

留学苏联毕业于极地冰川专业的谢自楚，是当时全中国唯一的冰川学科班出身，1960 年归国，先在兰州大学当助教，两年后“归队”，调至施先生麾下，担任天山冰川观测站站长。第一次上珠峰，他带领第三专题组——冰川与气象组，在 3 月份的严寒中，沿东绒布冰川海拔 5440 米至 6600 米步步为营，设立自记气象点和冰川观测点。按部就班中忽有“运动”消息传来，同时传来指令，要求提前撤队，回单位搞“运动”。谢自楚舍不得放下手中的活儿，力争留守未果，只好忍痛离去。不等到家，就在途中的拉萨，即被本队造反派打成“反党分子”；回到兰州当晚，例行的欢迎会改为批斗会，纸糊的高帽事先备妥，上书“反革命修正主义分子”字样，留苏背景是现成的靶标。

野外考察就此搁置，直到 1968 年春被再度提起，听说是当时主持科委工作的聂荣臻元帅发了话。得以再上珠峰，谢自楚重返故地，只见原先金碧辉煌的绒布寺废墟一片，前年布设的测量花杆失踪，6600 米观测点的百叶箱散架。找来找去，只找到一支温度表。这支专业用表记录最高温，水银柱上去了下不来，奇怪的是它居然停在 47 ℃高位，让谢先生百思不得其解。

珍惜来之不易的工作机会，恨不得把两年损失一下子补回来，这一天谢自楚忘我投入，在冰裂隙区跳来跳去，在冰碛丘中攀上爬下；只身前往东绒布冰川，补拍粒雪盆照片，这是测绘组同事委托的额外任务。返回营地已在午夜，这一天总计在海拔 6000 米上下行走 20 个小时，负重 20 多公斤，行程约 30 公里。这一天他观察到珠峰独特的渗浸冻结成冰作用，对于冰川学来说，当属探索珠峰冰川成冰之谜的重要发现。

历尽艰辛并满载而归，迎接他的却比上次更惨：回兰州刚下火车，直接押送批斗会场，当晚进“牛棚”，新罪名是“保施（雅风）反革命集团头目”，皆因施先生已被升格为“现行反革命分子”！

施先生怎么啦？一个家国天下、壮怀激烈的人，青少年时期就显现出非凡抱负和品格的人——17 岁撰写《德意志第三帝国与欧洲政局》（刊登在《南通中学生》杂志），18 岁撰写《战时中国的生存线》（《五山日报》连载 5 日），预见性地提出抗日战争遭封锁时可开辟西南国际通道的设想。这一年国家大事有“七七”事变，个人大事有考进浙江大学史地系。战时

1972 年 10 月珠穆朗玛峰科学考察讨论会在兰州举行

的浙大在老校长竺可桢先生带领下一再西迁，师生们在课间军训，独有施雅风一度辍学参加战地服务团；在动荡的生活中、移动的课桌上完成学业，学士论文《遵义南部地形》，研究生论文《华中水理概要》；就职于中国地理研究所，1947 年秘密加入中国共产党，从事地下活动……

正所谓荒唐年代荒唐事，颠倒世界颠倒人，受难的不是哪一个人，“运动”初期如冰雪崩，坏消息不时从各地传来，同事老友受迫害几乎无一幸免。为新中国解放事业和建设事业立下汗马功劳的施雅风，这位科学家和革命者，忍过了两年的批斗，“现反”罪名却成压倒骆驼的最后一根稻草，才有了 1968 年某个夏日午间，选择了兰州黄河大桥上的纵身一跃。

“投身”黄河的故事，是 1998 年我在兰州听施老自己讲的，作为笑谈了。何以“未遂”？施老说因为判断失误：想当然以为高落差入水必发昏，没想到入水瞬间骤然清醒，于是自行游向河心沙洲。故事结尾是，追踪而来的人们着急下水，这一边朗声阻止：“这儿水大，不要过来，我会回去的——”

“那时黄河水确实大”，说这话的时候，略带黑色幽默，“现在啊，这一河段差不多已经干涸。”

问起当年究竟说错了哪句话，以至于被“现反”？施老说，“牛棚”岁月，每天早请示

兰州会议参会人员合影 韩家懋/供图

晚汇报斗私批修。有一晚忽然想起，忘记了一程序——“今天还没做祷告哪！”本是心中所想，一不留神脱口而出，被人听见举报了。

相传曾留下“绝命诗”一首：“丈夫此生欲何求，冰川冻土泥石流。事到如今唯翘首，黄河载我向东流。”更像是集体创作，爱他的人杜撰的，当然是在有惊无险之后。

据说当时也并非无人怀疑过，一个擅长游泳的人会选择投河了结？看似说不通，实际却奏效：这一极端行为吓坏了“造反派”，居然成为转折点，从此获得批斗豁免权，定罪也从轻：“犯严重错误的干部”，下放到五七干校。1971 年重回冰川冻土所担任生产组副组长，可以重操旧业了，一面耐心等待“间冰期”到来。

果真等到。1972 年，鉴于国内基础科研停摆有年，著名科学家周培源向周总理汇报工作时，已有加强基础理论的意见提出。周总理对此明确表态：基础研究非常重要，一定要抓好，不要说过了就像浮云一样过去了。总理指示迅速传播，闻风而动者大有人在，搁置几年的珠峰科考总结被乘机重提，施先生得以召集旧部。不限于本次考察，1960 年参加珠峰登山科考的专家也应请而来，有贵阳地化所的王明业、南京大学的王富葆等人，协力整理出一套《珠穆朗玛峰地区科学考察报告》七分册，包括地质、古生物、第四纪地质、自然地理、现代冰川及地貌、生物及高山生理、气象及太阳辐射，终得出版面世。

是年秋，中科院在兰州召开珠峰登山科考总结会，会议貌似波澜不惊，实则暗潮涌动。孙鸿烈担任会议秘书，并且执笔会议拟定的青藏科考十年规划，申报中科院即获通过。谋定而后动，1973 年，重新披挂的中科院青藏高原综合科学考察队踏上征程，向着梦想中的高地进发——30 年后，当年的青藏队员们撰文结集，书名就叫《追寻青藏的梦》。

青藏队，全称“中国科学院青藏高原综合科学考察队”。按照国内科考活动惯例，是一临时单位而非实体机构；按照 1972 年兰州会议拟定的科考规划时限，可以存在 10 年。然而 10 年过去，20 年过去，尽管随着喀喇昆仑—昆仑山—可可西里考察于 1992 年圆满完成，青藏队使命终结，但直到跨了世纪，旗帜仍在——从事应用研究的青藏队员们活跃在“一江两河”（雅鲁藏布江、拉萨河、年楚河）地区，继而是尼洋河、“三江”（金沙江、澜沧江、怒江）流域，为农业综合开发，为扶贫或旅游开发，为自然保护区建设乃至青藏铁路建设各项生态工程，总之在为西藏和青藏高原其他省区可持续发展设计蓝图，不论以群体还是个人形象出现，“老青藏”都是他们的光荣标记。西藏当地习惯沿用“青藏队”称号，视为自家队伍，以感佩的心情长久纪念——我所见到的当今《中华通鉴·西藏卷》《西藏通史》《西藏科技志》一类史书，莫不将青藏队连同史上历次科考活动施以浓墨，使之永驻史册。

当青藏队渐成历史名词，与之一脉相承的机构相继问世：1990 年中国青藏高原研究会成立，2003 年中科院青藏高原研究所挂牌，2014 年中科院青藏高原地球科学卓越创新中心建成……把一项区域考察任务最终做成一项事业、伟业，做成国际科学界品牌，仅仅用去一两代人时间。作为采访者，当我从大堆素材中理出头绪，仍觉难以置信——从起步开始，走到今天，或顺势而为，或逆境突围，检索每一转折处，居然未见哪一次机会被错过！无论怎样坎坷艰辛，总有动力，总能找到前进的道路，是青藏研究事业得以持续进展的一大特征。

所以青藏队的故事，需从一个人讲起，看他如何不改初衷，方见始终。

第 2 章　青藏队，我们出发

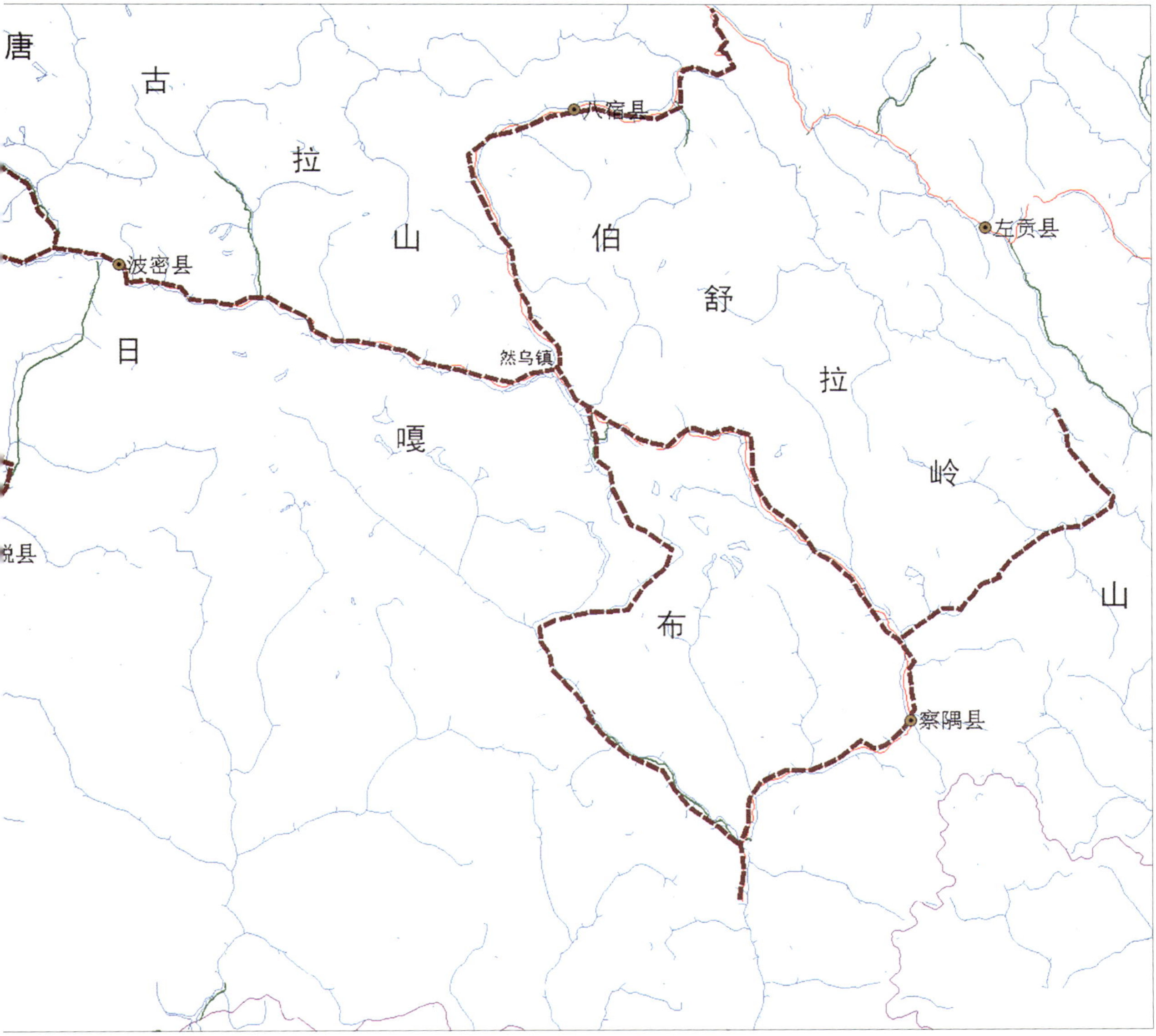

1973 年青藏队藏东南地区考察路线示意图　李炳元 / 制图

察隅县是为期八年的西藏科考第一站，图为下察隅僜人村落，风情别具 谢罡 / 摄影

青藏科考队出征第一年，主要活动在西藏东南部的察隅、墨脱、波密和林芝等地，参与学科计有：地球物理、地质构造、地层、古生物、岩浆岩、沉积岩、变质岩、第四纪地质、水文地质、工程地质、地貌、地热、盐湖、气候、冰川、河流、湖泊、水文、土壤、高等植物、地衣、苔藓、藻类、鸟类、鱼类、哺乳类、爬行类、昆虫、农业、牧业、林业、水利等。

领军人是这样炼成的

听孙鸿烈先生讲经历，若说留下最深刻印象的一幕是“看电影”，是不是有些奇怪？可是电影并非一般的电影，是《创业》；也并非寻常年头寻常地点，是在1975年的拉萨。

其时西藏科考进入第三年，条件大为改善：青藏队队部已在拉萨西郊的格培山前安营扎寨，建了基地，后勤保障加强。格培山就像一列屏风，横亘拉萨市区以北，既不雄伟还有些荒凉，只在山褶处可见绿树，山下则是大片湿地牧场。基地大本营位于自治区第三招待所大院内，一大片相当像样的建筑，自治区党校从藏东的易贡搬迁至此，是后来的事情；做了校址，拉萨人依然习称“三所”。三所有座大礼堂，兼做电影院。当年春夏之交，正值空中和地面各路人马齐集拉萨，大礼堂一连三晚放映《创业》，孙鸿烈一连三晚端坐观看。影片主人公，那位饱经忧患、矢志不渝、为中国石油工业建立殊勋的总工程师形象，正是以孙鸿烈的父亲为原型塑造的。新中国诞生前夕，甘肃玉门油矿总地质师孙健初先生，既谢绝了美国同行的邀请，没有出国赴美，也没按旧政权要求撤往新疆，而是和工人一起留守护矿，迎接玉门和平解放；新中国成立后，任职于石油管理总局并担任中国科学院专门委员。为了永远的铭记，玉门人、家乡人、中国人为之塑像立碑，象征着“中国石油之父”精神不朽、业绩长存。

电影《创业》的公映也经历过反复。特殊年代里，由于影片正面刻画颂扬了知识分子，曾一度禁演，幸好毛主席说了“此片无大错”，复又开禁。看过一遍再一遍，孙鸿烈说，每当他凝望着银幕上的父辈形象，都会情不自禁，热泪盈眶——父辈形象，由父亲一代救亡图存的中国科学家群体叠化而成，就像一面令人高举远慕的旗帜，从血脉到精神，从事业到命运，感召着、指引着自己的一生一世。

孙鸿烈先生1932年出生于北平，1937年抗战爆发，举家迁往南京。父亲又远赴玉门找石油，行前托付地质调查所同事好友照顾家小。南京沦陷前，母子俩由父亲的同事保护，挤上渡船，经南昌、长沙撤至重庆……这就是童年孙鸿烈最初的经历。记忆里有逃难的人群，有日寇飞机的轰炸，有重庆北碚“难民村”泥巴糊的竹篱家院。同住一院的，恰是地质调查所土壤研究室专家，后来皆成大家：陈恩凤、马溶之、熊毅、李连捷、刘海蓬，等等。有一组统计数字很有意思：新中国第一批院士（时称学部委员），倒有半数经历过重庆大轰炸——国难当头，仍不忘调查研究做学问，话语间出现频率最高的是“土壤”，从此这两个字深植

少儿时代的孙鸿烈，与父母合影于甘肃酒泉

于儿时记忆。

1941年随母亲辗转来到玉门油矿附近的酒泉，一家三口终得团聚。在酒泉读过小学读初中，兰州读高中，喝了三年黄河水。在西北师院附中，少年孙鸿烈不仅学业优异，尤其数学拔尖，担任班主席，同时身兼学校话剧团主力。师院附中校址在兰州远郊的十里店，作为住校生，他虽然热爱校园生活，最盼望的还是假日，可以回到父母身边。暑假期间，甚至可以跟随父亲的地质调查队到野外，骑马骑骆驼。在青藏高原北缘祁连山下，极目大漠旷野，雪山草原，少年情怀中，“野外”是最初的召唤和向往。

1950年高中毕业前夕，父亲调至燃料工业部石油总局任职，全家搬回北京。父亲老友李连捷和刘海蓬前来看望——“难民村”里的邻居，日机轰炸的硝烟里还不忘讨论土壤的这两位，正好都在北京农业大学土壤系当教授，眼见当年的毛头小子已成青年才俊，满心欢喜，听说正为高考选专业，二人遂力荐土壤学。一心想要向父辈看齐的孙鸿烈，就这样考进北农大土壤农化系。不久后李连捷教授随军进藏，任科学工作队农业组组长，沿川藏线考察土壤资源，在拉萨指导建立农场、农业试验场。西藏，正在此时让青年孙鸿烈有了最初的概念。

大学生活丰富多彩，名师教导下的课堂听讲，打下了良好的专业基础；当班主席、当学生会主席，锻炼了组织管理能力。尤其暑假中的野外实习，到过张家口、呼和浩特、包头、银川各地，实地考察草原、荒漠中不一样的土壤类型，不同海拔高度的土壤分布规律，在未来的土壤学家那里，全都是十分有用的知识和经验。

青年时代的孙鸿烈，作为大学生代表，参加国际农科学生代表大会

野外大课堂：考察土壤和植被

大学毕业，就业第一岗是留校，在北农大土壤研究室当助教。正赶上1954年开始的国家大项目“黄河中游水土保持综合考察”启动，年轻的助教带着更年轻的学生加入考察队。在黄河流域调研黄土，与刘东生先生相遇，从此结下半个世纪的情谊。当时已是学部委员（院士）的李连捷教授十分赞赏刘东生，特请他来给学生们上了一课，主讲野外如何观察，如何做记录。孙鸿烈看到了刘先生工整的野外笔记，钦佩之情油然而生，心想我也要像刘先生那样认真做学问。

两年后继续学业，考入沈阳林业土壤研究所，做了宋达泉先生的研究生，主攻土壤地理。时值中苏合作考察黑龙江流域，林土所承担土壤、植被和林业资源专题，孙鸿烈主研黑土的形成与分类，完成相关论文之外，还编制出1：250万东北土壤图。这期间苏联土壤学界一流专家李维罗夫斯基、柯夫达、格拉西莫夫都来了，使得东北土壤研究甫一起步即直追国际水平。

第一次去西藏，是在1961年。研究生学习阶段结束，刚刚调至中科院综考会，任命同时下达：参加西藏综合科学考察队，担当学术秘书。就这样，以父辈工作过的青藏北缘为起点，纵向穿越，一直走到喜马拉雅，并且翻山而过。出发前赶做案头，查阅了一批资料，所见旧时外国人考察活动居多，不由得心情沉重，下决心借助这次机会，在科学空白区有所作为。此时本轮科考已进行了一年，队领导已将考察定位在应用，要求查明西藏有多少荒地可供开垦，有哪些矿产可供开发，凡此种种。尽管孙鸿烈认为基础研究不可偏废，可是初出茅庐的人没有话语权，只能是在服从安排、完成任务的同时，珍惜难得机会，做自己认为该做的事情。就这样，在喜马拉雅南坡的亚东，当他率一小组正沉迷于自然条件和垂直地带分布规律观察时，竟被召回，被指走偏方向，是“路线错误”，不免郁闷。

终得释怀，是在考察归来，从竺老那里得到的肯定。时任科学院副院长兼综考会主任的竺可桢先生特意听取他的汇报，一边详做笔记，所关注的恰是海拔高度、温度和降水量，自然条件与分布规律之类基础数据，以及雪线、林线、湖泊、土壤、植被变化趋势。遗憾的是，其时正值国家经济困难时期，本次西藏科考不得不半道中止。尤其令人拊心扼腕的是，竺老这位青藏研究的倡导者，从上世纪 30 年代选派徐近之进藏，后来指导勉励过崔之久、孙鸿烈，部署过 60 年代希夏邦马、珠穆朗玛登山科考，历经磨难，刚刚目送青藏队再出发，来不及看到业绩涌现和人才辈出，即与世长辞。然而在孙鸿烈心目中，竺老何曾离去，以他名字命名的科学界奖项——竺可桢野外工作奖，不仅由青藏队集体获得过，青藏研究的后生们也有多人获此殊荣。

西藏科考未能重启，孙鸿烈参加中科院西南考察队，主持川滇黔接壤地区分队，转战青藏高原东南缘。此后 50 余年不离不弃，由将才而帅才，作为青藏研究群体总领队，长期居于首席位置，完成一个终生交付。不过眼下还要再等一等，等待时机，等到具有远见卓识的大师级人物出场，等到他自己加入青藏研究事业顶层设计之列。

这一等就是将近十年。这期间经历了“运动”，一应业务按下了“暂停键”。由于尚年轻的缘故，孙鸿烈没有成为被批判的主角，只被冠以“修正主义苗子”“反动学术权威的孝子贤孙”站台陪斗，所以成为最先解脱的一批。解脱之路直通五七干校，在湖北省江汉平原上，跑运输，修旧房，建新房，种庄稼，经历类似脱胎换骨的改造，孙鸿烈扛起两百斤水泥袋也可以健步如常。这期间有过一次机会，参加了综考会组建的考察队，是应青海省海南和玉树两个州之请，前去调查宜农荒地资源和草场资源。再度重操旧业令人振奋，可惜好景不长，青海归来还得重回干校，等待单位撤销就地分配。忽有小道消息传来，说周总理认为综考会还是很重要，撤不得。无从分辨确切与否，能够确定的是由周培源传达的周总理关于加强基础科学研究的指示，这就足够了。随后群体的和个体的命运改观，孙鸿烈接到通知：返回京城，地理所上班，任综合自然地理室土地组副组长。

随后是忙碌的也是喜悦的：副组长孙先生接到的第一个任务，赴兰州参会。什么会？珠峰科考总结会。然后在总结的基础上，研究制定青藏高原综合科考长远规划，即十年规划。就这样，此前历次考察过珠峰的骨干队员齐集兰州，风云际会，运筹帷幄，决胜千里，奠基百年，对于一项事业来说，“兰州会议”的意义有多重要，说堪比“遵义会议”之于中国革命也不为过。可是当事人说起，往往一语带过，孙先生只说是担任秘书，负责起草了规划，而施雅风先生自有评价：青藏队自此一往无前，兰州会议上孙鸿烈是立了大功的！

没错，出征仅仅两年，就以战果业绩显示了实力，领军人物已然炼成，脱颖而出。至于“科学战略家”的最终炼成，尚待担任了中科院副院长、统揽全国资源环境全局之后的建树作为。

此刻，在三所礼堂观看《创业》的那个人，每每热泪盈眶，思绪万千，心中长存无以弥补的缺憾：轮到自己创业了，敬爱的父亲却不在了——早在1952年因意外事故，孙健初先生不幸英年早逝。孙鸿烈觉得父亲留给自己的更多是精神遗产，那是爱国的精神，敬业的精神，在祖国最艰苦、最需要的地方建功立业的精神。跋涉在青藏高原腹地，常常想起几十年前父亲在大西北戈壁荒漠上的身影，每当此时，仿佛进行一次跨越时空的交流，父与子身心是那么的接近。同样是年过四旬，在已被西方地学界断言“贫油”的国土上，父亲开创了中国石油工业新纪元，而自己，却痛失了多少宝贵时光！幸好有了青藏队，幸好正在迈步走向多年理想，孙鸿烈格外珍惜这次考察机遇，从谋篇布局到专业统筹，无不竭尽全力，自然环境的恶劣、生活条件的艰苦，全都不在话下。即使在率队阿里考察时，被告知疑似患了“舌癌”（后被否定）时也拒不回京；同时也格外爱惜这一群知识分子——老青藏们对于老队长全都是有口皆碑，说这位青藏研究第一人正是这项事业持之以恒的凝聚力所在。当然，谦逊的孙鸿烈不同意这一说法，只说是由于事业的魅力、高原的魅力，是青藏研究内驱力凝聚起一个献身事业的优秀群体。

以1973年为节点，此前被称作新中国青藏科考第一阶段。两相比较，既有连接契合，差别也明显。以中科院青藏科考队建立为标志，第二阶段（1973—1992）少了临时性、随机性，从而成建制、规范化，不再是权宜之计，所以一做20年。自然过渡到第三阶段，以1992年孙鸿烈院士首倡并担任首席科学家的“攀登计划”青藏项目为标志，作为多学科大综合的青藏研究事业的基础已经筑牢。路，越走越宽；人，越聚越多。看来不可思议，实则水到渠成：事业成功诸要素已然具备——宏观前瞻的决策力，坚定不移的执行力，骨干队伍稳定，有一位好队长。

起步在 1973

1972 年底着手组建青藏高原综合科学考察队时，孙鸿烈还不是队长，是业务副队长。队长一职最初由延安时期老干部冷冰同志担任，队员主要从地理所和综考会成员中选拔。

自然资源综合考察委员会曾是科学院史上很“牛”的机构，其职能是面向全国，对重点区域自然资源与区域发展方向进行评价。新中国成立之初，由竺可桢先生主导倡建，并于上世纪五六十年代亲自部署了多项大规模行动：黄河中游考察、南水北调多线调研，包括云贵川在内的大西南综合考察，组织过新疆考察队、甘青考察队、西藏考察队……总之所针对的全都是中西部科学资料匮乏区，以及国家和地方重大发展需求。论归属，综考会由国家计委和中科院双重领导，所以不仅自家拥有一批很棒的科研力量，尚有面向全国抽调专业人员的权力，堪称名副其实“国家队”。不过正因专家太集中，非常年代险遭“灭门”：“文革”初起时，有人树起“造反”大旗，就以“砸烂综考会”为号召。1968 年起，合并于中科院地理所待命，业务骨干相继去了五七干校。

业务副队长孙鸿烈握有“实权”，负责遴选队员，50 个专业将近 70 人。此举首先使这个准撤销单位绝处逢生，并在综考会内部连带地理所及在京各研究所引发了不小的冲击波，那些曾在“运动”中颠上抛下、业务上赋闲有年的专家们奔走相告，争相报名。一般人视为畏途的高地，在他们心目中相当于天堂。

“青藏队是避风港！”——差不多所有人都这样说。说这话的人怀着各样心态，使用不同语气：自言自语的是那些被选中的人，心中窃喜但不宜形之于色；语气中颇有失落感的，是那些曾在“运动”中冲锋陷阵的人；发出叹息声的，是那些内定将去干校劳动锻炼的、因政治审查不合格的，更多是因所属专业暂不需要的。

名额所限，上过高原的获得优先权。地貌学家杨逸畴暗自庆幸，不仅因为 1959 年参加过南水北调西线工程考察队，活跃在高原东缘，成为当然人选，即使这些年里也一直处于奔往地震灾区的预备状态：全国各地无论哪里发生了地震，总是第一时间赶赴现场。虽说地震研究距离自家专业远了些，但相比同事们而言仍算幸运。进入青藏腹地是多年梦想，这一回终于成真。正是在 1973 年青藏考察的第一个秋季，他历史性地走向雅鲁藏布大峡谷，此后便是反复的走向，直到距此 20 年后，中国科学家完成了对于世界第一大峡谷的确认——此为后话。这期间穿插了一件搞笑的事儿：一向幸运的人在沉迷于西藏野外三年后，终究还是赶上了五七干校末班车——1976 年，正当西藏地区最大规模考察那年，他却被地理所安排到河北的五七干校。力争无果，只有服从，像所有同事经历过的，种庄稼，收棉花，盖房子，喂猪。

暗自庆幸的还有一人，地理学家李炳元。他和校友兼同事的杨逸畴同样属于“运动”中“逍遥”一派，既未整人也未挨整，一直奔走在地震现场，作为骨干，入选无悬念。当然的入选者还有郑度、何希吾、韩裕丰等业务尖子或具有专业优势的人。

中科院之外，参与单位不多，兰州大学是特例，李吉均教授研究冰川，成为青藏队首批队员之一。森林生态学家李文华并非中科院在编人员，“插队”而入，实属机缘。他本是北京林业大学讲师，暗针叶林专家，有过留学苏联深造、考察西伯利亚泰加林带的经历，所以“文革”中被视为白专道路典型。林大下放到云南丽江，图书馆藏书也堆放在昆明的运输站，作为留守人员驻站，李文华担当伙食采买之余，不光是陷进书堆里，阅读大量英、俄文专业书籍，得便时还可以在昆明周边采集标本，乔木的灌木的草本的不限，就近请教昆明植物所世界级大植物学家吴征镒。那时老先生挨过批斗期正值被“晾”期，有闲也有心指教他。当青藏队筹建的讯息传来，这位李老师心想，暗中修炼多年，该出山啦！由于本人专业资质优势俱足，不用大费周章即如愿以偿，并且担负森林组组长之责。正应了那句老话：机遇总是垂青有准备的人。

非常时期第一次业务行动，说好了保持低调，还是闹到沸沸扬扬，冲击波一度扩散至全国各地。此时中科院在各省的分院、研究所已经下放，成为省辖所，基础研究不被提倡，改行为地方生产服务。以江苏为例，南京地理与湖泊所的专家们正在洪泽湖养萍，开发猪饲料；南京地质古生物所研发沼气，为乡村提供烧饭的燃料……风闻青藏队组队消息，以开创了青藏地理和气象考察的先驱徐近之先生为荣的地理所，自视为当然参与者，所领导蒋宗鲁亲赴北京力争，终因名额已满未能如愿；直到 1976 年西藏考察大扩容，两位专家范云崎和区裕雄才得以同上高原。珍视这份迟到的光荣，该所为两位专家壮行召开“欢送会”，为凯旋组织“欢迎会”，最是热闹。相比之下，古生物所情况好得多，一开始就接到通知，1966 年参加过珠峰科考的章秉高入选，此后 20 年间青藏队历次行动，该所均有专家随队出征。

待到章铭陶风风火火赶来报名，为时已晚。按说身为综考会在编人员，何以近路赶了晚集？那是因为他从年初开始，就在为长春科技电影制片厂写一部反映工业用水纪录片的文稿，一直出差在外。眼见适合自己的岗位工程地质已经有人——地质所的郑锡澜可是参加过 1960 年珠峰科考的老将，攀比不得，又心有不甘，思来想去，找到了一个十分出色的理由：地热，为西藏寻找地热出露，这可是前所未有的工作，不仅可以为我们的考察增添内容，为掌握西藏资源禀赋填补空白，将来为缺电的西藏找到新能源也说不定呢！

这理由足以打动所有人。就这样，水文学家章铭陶入列，不过不占名额，队领导做了变通：要等到9月份考察队结束工作后，再随水利组直接进入雅鲁藏布大峡谷，考察雅江下游水利资源也是本年度任务之一。

真正最后出场的人有一个。青藏队员来自各地，集合地点在成都，以便分乘大卡车进藏。整装待发时，林学家大韩和鱼类学家曹文宣还在成都火车站左顾右盼，焦急等待武素功到来。39岁的大韩名叫韩裕丰，大个子，大连人，年龄也略大些，主要还因为性格厚道，有大哥般的亲切，所以大韩的称呼陪伴了他一辈子。藏东南考察要求植物学专业为多，行前仓促确定再增加一个名额。昆明植物所吴征镒得知消息，私下相告，武素功遂“抢”到这一美差，就像当年当兵时那样，打起背包就出发。武素功与老师吴征镒是一对颇具知名度的师徒，从前追随恩师出野外，背负标本夹；“运动”中又陪着挂黑牌戴高帽，不离左右。此时满心渴望重返山野，从昆明到成都，总嫌火车速度太慢，一下火车就见到韩、曹两位南水北调考察队老战友，心中又添一喜。直奔驻地报到，孙鸿烈倒来的一杯水还没喝完，奔赴西藏的汽车已经发动。

此行何往？藏东南察隅、波密、墨脱、林芝一带高山深谷密林。之所以选择这一地区作为西藏考察第一站，首要原因在于它所处位置：东西向喜马拉雅、准南北向横断山脉和西北侧念青唐古拉在这一带交会过渡，是地质、地理、生物等领域关注的重要地区；加之察隅一带本已列入1960年西藏科考计划，因中途夭折未及成行，仍为科学处女地，充满未知。附带一个考虑则是，“文革”多年刚刚恢复业务，小心翼翼带有试探性质，不宜把面铺得太广。所以青藏队历次野外考察，本年度出动专家最少，活动面限于藏东南林区。

乘坐敞篷大卡车沿318国道川藏公路翻山越岭，一路看过川西的樱桃熟了，藏东的杜鹃红了。从八宿县然乌湖改道南行，到达海拔5000多米的德母拉山口，察隅河谷在望。灰头土脸的队员们刚一下车，立即被扑面而来的察隅风光迷倒——冰川学家视线瞄向山巅冰雪，植物学家面朝山腰以下苍茫林海，水利专家注目于察隅河流向，农学家只见遍野稼禾，研究动物、昆虫、真菌的则急匆匆想要就近察看……

“西藏江南”的察隅，东西毗连横断山脉和喜马拉雅山脉，两大山系的自然面貌交相辉映在这一过渡地区。南面与缅甸与印度为邻，形似一面簸箕开阔地迎向南来孟加拉湾暖湿气流，而北面，高耸的伯舒拉岭如屏风，阻隔了外部世界的同时，也阻隔了北来寒流，使得察隅谷地成为西藏少数生长水稻的地方之一。一壁积雪的山脉，有冰川逶迤入林海；满目青翠，大面积原始森林是动植物的王国乐土；大自然怀抱里生活着的藏、汉、怒和僜人其乐也融融。农田阡陌，稻花飘香，青枝绿叶，硕果累累。好一个世外桃源，真正四季如春，美丽如歌啊！

科学家首次进入，而且一来就是那么大一群，当地人喜出望外。到达察隅第二天，县政府特意宰杀一口猪，拿出珍藏的海带和木耳，满满炖了一锅做招待；县招待所全部换上新被褥，迎接北京客人。久居深山老林的僜人百姓更是热情有加，他们拿很少的报酬当向导，当背夫，提供驮畜，与科学家同行，山道上、湍流中，不时搀一把，拉一下……科考队增补的新成员，来自西藏林业调查大队。“运动”期间业务荒疏，终于等来机会，积极协助工作，也跟着学习，后来这批人员大都成为西藏林业战线业务和领导骨干。

远在拉萨的自治区领导和军区首长格外关心，政府秘书长乔加钦亲自负责各方协调；相当强大的军方后援提供汽油、装备和食品，这在物资供应比较紧张的年头可是极为重要的后勤保障。不仅如此，在察隅、墨脱这样的边境地区，每每派出武装战士全程保卫。直到 90 年代，至少地球物理学家队伍出动时，仍要请舟桥部队实施地下爆破，请通信兵确保数百公里测线上的联络。所以科学家们有一些准军人的感觉了：身披军用雨衣，就寝于部队提供的

两位地理学家 1973 年藏东南地区科考中的马背形象。左图为李炳元，右图为郑度

帐篷，吃的是军绿色包装的罐头、脱水菜和压缩干粮；前往墨脱，就穿部队配发的长筒布袜，防御旱蚂蟥。

地貌和第四纪地质组由李炳元任组长，冰川组由李吉均任组长。此类专业的成员大多毕业于声名煊赫的南京大学地理系。其中李吉均和王富葆是同班同学，杨逸畴低一个年级，李炳元年轻些，低四个年级。同系校友崔之久这次没来，正准备去藏北参加为时三年的青藏铁路考察论证工作，主研冻土。地貌专业综合性很强，凡属地表之上的一应景观均在考察之列。专家们初识西藏，一眼望穿察隅从5000米山地到1000米河谷，垂直排列从寒带到亚热带乃至热带景致，新鲜感强烈，大家由衷赞叹。及至不久后工作范围拓展到波密—林芝—米林，最后是墨脱，大峡谷四县地区，大家方才笑起来，说，我们先参见了“小巫”。

这“小巫”先前已被参见过，参见者就是英国植物学家金敦·沃德，直到50年代的数十年里多次来过，并成为1950年那次特大地震的目击者。由于他的描述，全世界都把此次特大地震的震中位置确定在察隅。当李炳元、李吉均一行前往阿扎冰川考察时，杨逸畴就在察隅走访了一村又一村，听取当事人对那场地震的回忆。这一次获得的资料很重要，同一年稍后他们又在墨脱进行了地震强度烈度的访问和比较，对于后来将震中位置修改为察隅—墨脱提供了充分证据。

在藏东南如期而至的雨季里，考察人员和民工组成的庞大队列，一连好几天冒雨徒步翻山越岭，前往阿扎冰川。冰川学家李吉均有备而来。作为新中国冰川事业第一批参加者，早在50年代考察祁连山大陆性冰川起，就向往着何时一睹藏东南面貌不同的冰川。这一愿望来自一幅黑白照片，1933年金敦·沃德拍摄的察隅阿扎冰川。后来将季风影响地带的冰川群命名为“海洋性冰川”，与高原北部受西风影响地带的大陆性冰川相对应，是青藏队乃至中国冰川学界特有的冰川分类。

这一天终于到来。翻越海拔4640米的阿扎山口，沿峭壁攀过一个山嘴，阿扎冰川蓦然而现——长达20公里的阿扎冰川，一条银甲巨龙，在钢蓝色远山环抱中，淡蓝色云雾笼罩下，从山巅冰雪冠冕处浩荡逸出，漫过高山草甸，穿越风光绮丽的针阔叶森林，直抵人类生活耕作的田野，海拔2400米之地。冰川前缘处，茶树葱茏，木瓜累累。

中国低纬度高海拔海洋性冰川隐藏在青藏高原东南部，这一造化杰作不肯轻易示人，只向不惮艰辛诚心造访者一现真容。在后来的许多年中，不管人们还有过多少发现的惊喜和激动，以至于冲淡了先前印象，但阿扎冰川最初予以的心醉神迷，永难忘怀。

在阿扎冰川中部一个叫穹宗的地方安营扎寨，考察队搭起高山帐篷，民工们则以云杉树皮搭建小木屋。此后22天里每天观察测量，而阿扎冰川每天都是大雨如注，这正好现身说

阿扎冰川　默然／摄影

法地提供了典型海洋性冰川如何发育补给的实例。这种暖性冰川的表面温度仅及冰点 0 ℃，较之大陆性冰川生命力显得格外活跃：测量接近冰瀑处日运动即达 1.38 米，冰川流年速 400 米以上，这是当时测得的国内最大冰川运动速率。

冰川上还存在微观世界，其上麇集着藻类、菌类、雪蚤之类低等生物，可见生命力之顽强。李吉均一边感叹，一边细察，随手拈起一条小小黑色生物，冰蚯蚓！此前听说它的同类生存于阿尔卑斯冰川，在中国则是一个新种发现，后被命名为“中华线蚓”。

昆虫学家也来了，黄复生在阿扎冰川上发现的新种命名为“中国瘤等跳”，一种弹尾目等跳科瘤等跳属下的小跳虫，海拔 4400 米处最密集。身长不过 1.5 毫米，蹦蹦跳跳地生活在广布于冰面的冰杯融水中，水温仅保持在 1 ℃。像冰蚯蚓一样体色深黑，就为更多吸收光热，助其在最短时间里完成生命周期。

冰川表面不易通过，绕道而行，前往冰舌下游。下游冰舌侧旁，有一处古冰碛，名叫“雪当”——藏语“大树之下”，名副其实地耸立着一株堪称树中之王的冷杉树：胸径近 3 米，高度超过 60 米，树冠蓬勃巨大如同一座天然建筑。树龄应当在千年以上吧，李吉均伫立树下，仰望树干树冠，心想这处古冰碛会是哪一次冰期的遗物呢？采集了冰碛上的朽木带回去，碳 14 测定结果，系 3000 年前新冰期遗物。李吉均遂将此一冰期定名为“雪当冰进”。

阿扎冰川后来又被多番考察过。每一回前往，大家都宿营在这棵冷杉大树下，高枕无忧在 3000 年前“雪当冰进”遗迹上。

巨大和古老，壮阔和美丽，就这样和谐地相依存相交织。阿扎冰川近旁小村里，一位名叫南吉平措的藏族老人，把大家请进自家宽敞的木屋。眼前的一切均为木制品：原木的房子，木制的家具，充满了浓郁的森林气息，连同老人，也似一株久历风雪的老树。南吉平措老人又引领冰川学家们来到冰川跟前，凭着 40 年记忆指点冰舌进退——40 年间阿扎冰川后退了差不多 700 米。

距此三年后，李吉均旧地重游。每回造访，总要站在金敦·沃德当年拍照的地方，举起相机。这地点仿佛坐标原点，印证着冰川的进退变化。只是三年后的这次来访，得知南吉平措已然仙逝。

后来站在同一地点拍照的，是李先生的弟子姚檀栋；再后来则是姚院士的弟子们。青藏高原东南部季风型海洋性冰川正在加速消融，阿扎冰川算得上典型案例之一。到 2003 年中科院青藏高原研究所成立，藏东南冰川监测加强，从察隅到波密、林芝，从念青唐古拉东段到东喜马拉雅，冰川变化纳入视野；冰峰雪岭之上，定点观测的自动气象站相继建立起来。

藏东南密集的海洋性冰川成为青藏高原研究所重点监测地区。图为杨威博士带队前往帕隆 4 号冰川

2010 年杨威博士在帕隆 4 号冰川上布设自动气象站

初来乍到藏东南

除了鱼类专家，差不多所有学科都同时到达阿扎冰川一带，各有所获。只有土壤学家李明森无缘一见。将要翻越阿扎山口时，他患了感冒，其严重程度足可引发肺水肿、脑水肿之类可怕后果，被大家劝退，好脾气的李明森怏怏而回，大家也就怜悯地目送他瘦长的身影消失在山林中。不过，实在让李明森气恼不过的是，不待回到县城驻地，就在返程几天里，一应不适全部消失。就这样，阿扎冰川成为终生憾事，许多年后说起，仍不免叹气。

李明森做土壤地理。土壤是反映景观的一面镜子。西藏所拥有的土壤类型多、区域变化大，与地表植被分布规律相对应，就察隅、墨脱一带而言，海拔千米以下最低处，属高温高湿的红壤、砖红壤，随着海拔渐高气候渐干冷，到亚热带的黄壤、黄棕壤，到棕壤、暗棕壤，直到 4000 米以上高山草甸土、高山寒漠土。总而言之囊括了中国大陆从海南的红壤到华南

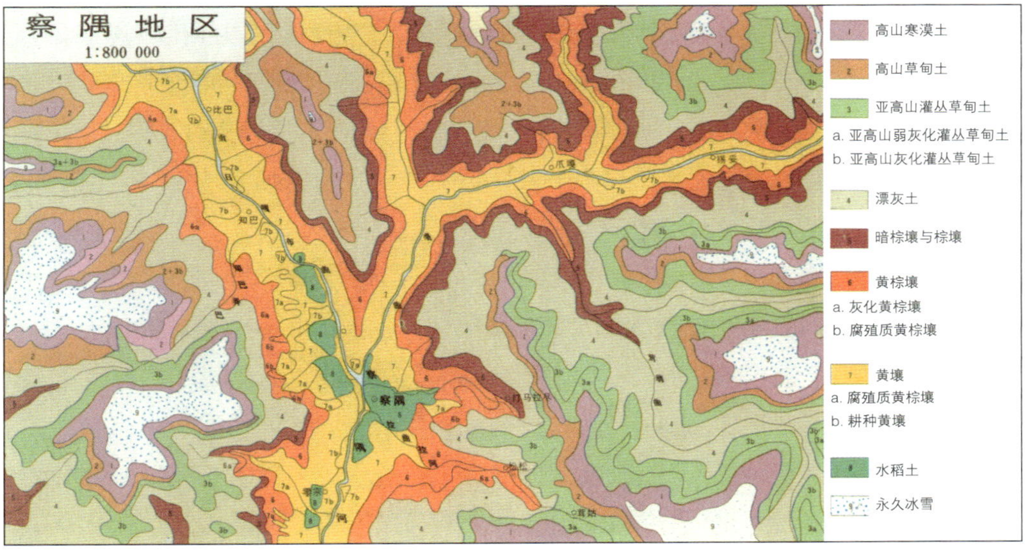

察隅地区土壤图　李明森编制并文，引自《青藏高原地图集》，1990

察隅地区位于青藏高原东南部，属雅鲁藏布江下游支流地区，地形切割强烈，气候暖润，森林广覆，农作物及亚热带瓜果丰富。本区土壤发生类型较多，特别是森林土壤发育，几乎拥有我国自南部亚热带至北方寒温带这一跨度水平地带的所有森林土壤类型，因而组成了我国境内最完整的土壤垂直带谱结构。

的黄壤到东北的黑壤等 20 多个、几乎全部土壤类型，一方面从藏东南到藏西北随地势渐高呈水平分布，另一方面，又在藏东南高山深谷间呈垂直分布。横断山区多条大山脉，地处干寒，但也显现出殷红色彩，那是因为当年它曾经潮湿温暖，土壤中的铁质氧化，例如恐龙时代。所以土壤类型作为最保守的和最稳定的古地理证据，可以从中大致判读出曾经的气温状况和古环境信息。

李明森和中科院南京土壤所的同事们一道，对西藏的土壤地理进行了全面调查，写下了《西藏土壤》专著；再后来，又应西藏有关部门之邀，参与了有关西藏土壤资源和土地资源评价工作，参与了有关土地综合开发利用规划，凭借的是从察隅开始走遍西藏大地的资料。

此刻，这支庞大的队伍正在行进中。青藏队加林调队，另加 40 位民工，8 名解放军战士。越往下走树林越茂密，一路采集标本，直走得人困马乏。说是到达目的地只有 20 公里，怕是 20 海里吧——郑度边走边念叨——不过多走走也好，看得更多更清楚，又这样宽解自己。地理学家郑度此前参加过祁连山考察，1966 年去了珠峰，面向的是宏观地理，专业视野广阔，正在着手青藏高原自然地域系统的划分及其分异规律研究。其后历时 30 多年，最终完善了对这一高地的划分界定：两个高原温度带，11 个自然地带和 28 个自然区。而此刻，他手持的地图还不过是一个大概轮廓，缺乏起码的精度。宏观地理的描述使命得以完成，全凭了一双眼睛和两条腿。从参加青藏队开始，他就成为孙鸿烈的得力助手，始终是青藏科考事业的领导骨干。藏东南考察中他兼管全队的经济命脉，大总管，所有现金钱财一并装入一只布制标本袋，交由一位民工保管，白天背着，夜间当了人家的枕头。

能骑马时还是要骑马，不过第一年出野外，许多人都是头一回与马打交道。察隅的马不备鞍，只系一对皮绳扣当马镫。大个子韩裕丰骑马过河，刚一上岸马就惊了，翻身落马，急切中抽不出脚来，地质学家王连成见状，跳下马背，扑向惊马，而此时骑手已被拖出好几十米远。大韩从此再不敢把脚伸进皮绳扣里，而且凡骑马必选走不动的老马。李文华也有类似经历。那一天骑马走到半道，遇见在察隅工作的林学院毕业生薛志厚，这位学生是把茶树引种在察隅的功臣。见到母校老师格外亲，薛志厚手舞足蹈，一不留神碰到马屁股，那马惊跳起来，摔倒在地的李文华差一点儿背过气去。

早年就曾考察在横断山，此后随青藏队参加了全部野外工作的动物学家冯祚建，因为身材和相貌像极了当时留居北京的某国亲王，外号就叫了“亲王”——更像是动物王国的“亲王”。专业方向本为大型有蹄类哺乳动物，但在这一带深山密林中，藏北高原特有种野牦牛、藏野驴、藏羚羊之类是不存在的，只好一专多能，凡天上飞的地上跑的，都属观察记录范围：鸟类明星藏马鸡、深山二宝白唇鹿和马鹿、珍兽之花马麝、鸟类“蜜蜂”蓝喉太阳鸟，牛科的鬣羚、会滑翔的鼯鼠、珍稀的羚牛，另有海拔 2600 米以下低山宽谷和狭谷地带的狸、豹、虎、麂、长尾叶猴……奇花异木中自有珍禽异兽，他发现南、北方种群既按垂直带谱各自为政，又交相混杂在山地暖温带的针阔叶混交林带中。

体形较大的动物毕竟品种有限且知名度很高久闻于世，若论本学科发现，动物学家的“亲王”远远比不上昆虫学家的“大嫂”。黄复生怎样得了这一雅号很难说，也许因为长相秀气，也许因为格外细心，总之此君的工作令人羡慕。冯祚建形容说，他们搞昆虫的，伸手一抓就是一个新种，一个发现。确实，西藏野外 4 年，黄复生和同事张学忠就采集到十几万号昆虫标本，种类数千，其中 20 多个新属，400 多个新种。作为填补我国空白的一个目的发现——缺翅目，正是由黄复生在察隅首次发现的。

动身进藏前，昆虫学界前辈叮嘱说，全中国迄未发现的目级昆虫有三个：缺翅目、重舌目和蛩蠊目，前二者均为赤道分布热带种，我们国家不可能找到；蛩蠊目生性喜潮湿凉爽，在西藏亚高山地区、近雪线林区的倒木及堆石下有可能找到。为此黄复生做足了功课：翻遍文献资料，查看来自加拿大的标本，牢记了蛩蠊目小昆虫形态特征。现在心怀了见证奇迹的渴望，处处留心，然而珍贵标本虽多，蛩蠊目却始终不见。7 月中旬某一天，当他挥刀砍向一株半朽的风折木，忽见一窝奇怪小虫四散奔逃，行走如飞。不待大脑反应过来，训练有素的手已将酒精泼洒过去。捡起一看，从未见过的模样，不由得纳起闷来。悬念随着这批生面孔一起带回北京，终得破解，方知此为重大发现，命名为“中华缺翅虫”。

门、纲、目、科、属、种，经由全世界生物分类学家几百年努力，科、属新发现尚属不易，遑论目一级！这一发现之令人鼓舞，不限于发现者和昆虫学界，整个青藏队为之振奋并乐道。缺翅虫本为古老珍稀物种，作为昆虫纲中的这一目，之下仅有一科一属二十几种。翅羽退化，习性特别，说是仅存于赤道热带，连印度也未见报道，居然会在北纬 29° 的西藏山林安住下来，确属奇事一桩。昆虫学家继而想到，既然可以在察隅出现，一山之隔的雅鲁藏布大峡谷里也该有吧，还有念念不忘的蛩蠊目，值得一找。遂心急地盼着第二年考察季快快到来。

专捉昆虫的专家第一次进入大峡谷，预想到会大丰收，预想不到的是丰收程度和一系列奇遇。与峡谷中极高的生物多样性和生物生产量成正比，形形色色的昆虫多极了——“最狭窄体现最丰富”，就是多年前采访中听这位专家讲的。古北界，东洋界，雅江大峡谷集中了青藏高原 60% 的生物资源，全球昆虫总共 32 个目，昆虫 6 条腿，蜘蛛 8 条腿不算昆虫，凡此种种，都是 1998 年那次听讲所得。黄先生说，如果不是亲眼所见，很难想象在这偏僻一隅，居然隐藏着、聚集着生物界如此众多的原始古老种啊！举例说，广布世界的金龟子，在这里又以多样形态现身。坚硬的彩甲泛着幽幽荧光，仔细端详其中一标本，不知该把它归于哪一种，都像，又都不像。不，它具有好几个科的特征，当属非常古老的祖先种——想不到吧！金龟子的进化链条居然就藏匿于大峡谷。

蛩蠊目找到了吗？没有。缺翅目呢？找到了。一山之隔，果然在，采到一大群几十只。回到北京第一件事，镜检缺翅虫。说到这里，黄先生用“惊呆了”形容当时感受——不仅与此前所见文献描述不一样，与头一年里察隅所见不一样，完全一新种，更奇的是缺翅型中出现了有翅型。不过这种有翅型个体的双翅均已脱落，只残留两对小翅鳞。这一发现对于昆虫学家意义重大，于是又有了新期待：找到从幼虫到成虫发育过程中有完整双翅阶段的。加之判断蛩蠊目应当有而无发现，心有不甘，黄复生决意争取机会再进大峡谷。

西藏科考第三年，黄复生再三提请求；出于安全考虑，队长孙鸿烈也是踌躇再三，最终还是同意了。1975 年结束了西部吉隆地区考察任务，黄复生离开大部队，只身去林芝，到派区，翻过多雄拉，从拿格到汗密，住进废弃的小木屋，一连五天从早到晚，在常绿阔叶林中流连不归，在枯木腐叶里专注寻找，虽然渴望中的蛩蠊仍未现身，缺翅虫倒是采到不少。考虑到老熟若虫（准成虫）蜕皮后，两对翅膀存在时间可能极短，就将脱落，特意将老熟若虫放进指形管里饲养起来。果如其愿，就在返回拉萨途中，眼见它们相继羽化，终于得到一批满意的完整有翅型个体。

相距察隅不过 200 公里，但隔山不相望，源自同一祖先的物种各行其道，演化而成两个种——察隅“中华缺翅虫”和大峡谷腹地“墨脱缺翅虫”。后来数十只有翅的无翅的小小尤物被分送国内多家院校生物系做教材标本。论文发表后，国际生物学界反响不小，更有国外同行来函索要资料，探讨问题；作为新种发现资料也被收录进国内外多种生物学辞典。

缺翅目—缺翅虫—无翅型成虫
枯木上的缺翅虫，中国目级昆虫新发现

缺翅目—缺翅虫—有翅型若虫　张巍巍／摄影

1980年在京召开青藏高原国际学术讨论会，黄复生提交《缺翅目昆虫和它的地理分布》等三篇论文，这是在中国首次运用大陆漂移学说探讨昆虫区系起源的文章。从缺翅虫举一反三，论述了随着印度板块向北漂移，非洲区系成分被带到北方，并侵入新生的西藏陆地；欧亚成分参与进来，共同组成西藏多源性的昆虫区系雏形；再随着高原抬升隆起，区系雏形又产生巨大变化，最终形成了独特的高原区系。这一认知契合了国际上刚刚兴起的“隔离分化”新理论，为之增添了新证据，丰富了昆虫地理学内容。

正应了有心栽花与无心插柳那句老话，缺翅目不期而遇，蛩蠊目遍寻无果。根据已知蛩蠊目昆虫的生活习性，黄复生判断它有可能在北方的吉林一带出现。果不其然，1986年，中科院动物所同事王书永在长白山发现了它——空白被填补，中国昆虫记录再添一新目。

3万多平方公里的察隅土地，青藏队足迹所至，每天都有新发现。丰富的林下资源使发现多多，例如菌类。不用微生物所菌类专家出动，就是野外归来后的那一会儿工夫，西藏林调队的姚培志就拎来一桶新鲜蘑菇，他的同事桑吉，一位18岁的藏族小伙子，采来一枚猴头菌，足有脸盆大……

与各专业丰产形成鲜明对照，地层古生物一无所获。由于古生物化石在说明洋陆变迁、高原形成过程所扮演的重要角色，组队时特意从北京的地质所、南京的古生物所、贵阳的地质化学所抽调精兵强将尹集祥、章炳高、张玉泉，西藏地矿部门又配备了两名专业人员，可是一到察隅，触目皆是变质岩，原生地层不见，古生物不见，只得脱离大部队，一行8人转战昌都地区八宿、丁青、边坝数县份，那里自有几亿年前古生界奥陶系的老地层在等待。

畜牧专家的重点也不在藏东南林区。综考会畜牧专家黄文秀参与了青藏队西藏科考全程，主要面向的是藏东山地和藏北牧区，1976年参加阿里分队到西部高原，这样就把整个西藏的牧区基本走遍，主笔撰写了西藏科考丛书中的《西藏家畜》，从此以高原畜牧业专家的身份与国内和国际同行进行交流——这是时隔20多年后的采访中听黄先生讲的。讲草地生态和资源，讲牧区可持续发展，我还注意到他所讲的大农业协调发展，农业牧业如何结合，如何减轻冬春草场压力，尤其关注河谷农区的畜牧业发展潜力，而这些，都是后来西藏格外强调的、正在实践的内容。采访时黄先生已经退休，但事业后继有人——他的研究生王中健工作在拉萨农业生态试验站，后来还曾担任过站长。

位于横断山丛中的昌都地区，还有一个资源宝库在等待，等待农学家前来打开——科考队员邵启全一举采集到野生大麦和半野生的小麦种，这一发现振奋人心，意义非凡。继青藏队之后的十多年时间里，农业部、中国农业科学院品种资源所联合组织了持续的考察和研究，在西藏野生大麦方面发现了全新的六棱裸粒野生大麦的6个变种；首次记录了西藏六棱

邵启全等人发现了西藏野生大麦

瓶型野生大麦的 15 个变种、无柄六棱野生大麦的 16 个变种、二棱野生大麦的 3 个集团变种和 22 个变种；运用形态学、细胞遗传、遗传学研究以及分子遗传学的分析技术，确定了它们的学术意义。同时又发现了全新的西藏半野生小麦的 3 个集团变种的 8 个变种，实验研究结果也确认了它们的学术价值。野生大麦地理分布一并确定：从川西甘孜阿坝地区、西藏昌都地区、林芝的米林，沿澜沧江流域，沿雅鲁藏布江流域的山南地区和日喀则地区，到拉萨河流域的拉萨地区宽谷地带普遍存在。西藏半野生小麦则是一个全新的类型，分布在澜沧江流域、雅鲁藏布江流域和隆子河流域。

这一发现惠及当代西藏农业。不久前的采访中，西藏农科院尼玛扎西院长告诉我，这些高原小麦及大麦的野生近缘种已经进入本院种质资源库，笑称相关基因数据需要“保密”，是“宝贝”——在青稞和小麦品种改良中，可以借助野生种顽强的抗寒抗旱抗病基因，所以珍贵；在人类农耕活动密集地区，这类野生之物早已不存，因而稀缺——感谢大自然，将如此珍贵而稀缺的资源慷慨馈赠！

植物学家的盛筵

藏东南还是花卉世界。春夏之际，漫山遍野，五彩斑斓，不管是否有人欣赏和赞美，犹自开得如醉如痴：草本的，木本的，高大的，低矮的，伏地而生的，白得冰清玉洁，红得如火如荼，蓝紫红粉，各逞其艳。其中四大名花龙胆花、报春花、绿绒蒿、马先蒿，均为我国分布最丰富地区之一。尤其杜鹃花，植物界的名门望族，随着高原隆起过程产生了强烈分化，从低海拔高大乔木状的大叶杜鹃，一直到接近永久冰雪带的低矮的小叶杜鹃，种类之多，以至于横断山—东喜马拉雅一度被人认作是杜鹃花起源地，直到后来经由分子生物学确认，始知它的祖籍是在北方高纬地区。并非起源地，并不妨碍这一带作为重要的分化中心之地位。从前西方人采集了进行人工培植，如今成为欧洲名花，庭园装饰。还有牡丹的原生种黄牡丹，野花中高贵典雅一族，是中国西南特有种，在藏东南多有分布。

春夏秋冬的四季划分，对于藏东南地区来说不尽合适，说是旱、雨两季还差不多。从5月到9月，青藏队出野外的黄金时段里，正值雨季，每天不分晨昏昼夜，尽皆雨雾茫茫。大家索性不再穿雨衣，军用橡胶雨衣捂住了内部潮气很不爽，反倒不如淋个透湿来得痛快。间有倏然晴好的时候，阳光穿过云层和叶缝，明明亮亮洒满林间空地，温和地照耀在脸上身上。明媚的时候有了动静，小生灵们开始了户外活动，松鼠在这里那里发出窸窣声响，鸟儿们歌喉清脆。侧耳细听，那些乔木、灌木、草本植物伸展生长的簌簌音响，隐约可闻。大韩一行在湿漉漉的林间穿行，随行小战士背负树木圆盘，那上面可以数出几百圈年轮。多年前采访韩裕丰老师，听他说起藏东南地区针叶林的松树，暗针叶林的云杉、冷杉和铁杉之壮观，全都属于植物王国的巨人部族，高大且长寿；我国北方的针叶家族，两百来岁的年纪，往往开始从内心老朽，而这一年龄段在藏东南正值壮年期，所见大树年龄每在三百岁以上，不见病腐迹象。

青藏高原的暗针叶林主要由云杉属、冷杉属和铁杉属组成，生长在喜马拉雅山脉、念青唐古拉山脉及横断山脉的湿润亚高山地带。处于顶极群落的云、冷杉林，生态系统具有较强的稳定性和较高的生物生产力。冷杉属树种分布广，一般在海拔3000～4100米，最高4300米；墨脱冷杉分布较低，海拔2000～3500米。云杉属大部树种垂直高度变动于海拔2800～3500米范围，只有长叶云杉和油麦吊云杉分布低于2400米；分布最高的是川西云杉，高达 4600 米，创出世界林线之最。暗针叶林面积和蓄积量分别占青藏高原森林总面积和总蓄积量的 48% 和 61%。就全国而言，青藏高原亦是暗针叶林尤其是云、冷杉林分布最为集中的地区，占全国云、冷杉林总面积和总蓄积量的 81% 和 88%。

文见李文华、韩裕丰《暗针叶林之最》，收录于《追寻青藏的梦》，中国青藏高原研究会编，河北科学技术出版社，2003。

青藏队林业组任务定位在本底调查：植物的区系分布、物种分类及资源状况。森林学家韩裕丰具体负责森林蓄积量调查。察隅及整个藏东南地区的森林面貌之好，生长速度之快，生物生产量之高，说是世界之最也不过分。云南松，过去一直以为云南是这一树种的中心，韩先生说其实应该叫“察隅松”才对。他在慈巴沟某处洪积台地上，仰望大胸径的云南松，直呼奇迹，选择最密处做了 1 公顷样方，竟有 2300 立方米！后来发表较为保守的平均数字，为每公顷 500 立方米。

正所谓没有最好只有更好，从察隅来波密，只见一株高大通直的林芝云杉，80 米高度，2.5 米胸径，通身无疤结，单株成材足足 60 立方米！

连森林学家都惊奇，可见果然神奇。能够说明超出经验之外的，有两个例证：一是所携带的专业测量工具例如测高器和轮尺，现在不足以胜任实测了，只好弃之不用；二是林业部为全国统一编制的云、冷杉树种材积表，也因现实的高度和胸径超标，只好另行手工制表，重新换算。从波密开始用上自编的材积表，心中的喜悦无以言表。单位面积蓄积量最高的奇迹出现在波密岗乡，沟谷中的云杉林，平均胸径 80 厘米，平均高度 56 米，80 米高的“云杉王”就在其中。算下来，每公顷一般为 1500 ~ 2000 立方米，局部地段可达 3000 立方米，是我国第一大林区——东北林区单位面积蓄积量的 4 ~ 5 倍，同时也远高于国外同类森林单位面积的蓄积量。

树木圆盘上记录着生长期数百年间的综合信息。大韩用它来测算各阶段的生长情况，资源变化情况。而气候学家林振耀、吴祥定他们，则从中了解“为什么”的问题，那是些有关几百年间的温度湿度情况的记录，数出年轮，是提取过往气候环境变化参数的最初步骤。

此前对藏东南存在了千年万载的植物王国，外界知之甚少，接近一无所知，人们习惯把西藏想象成不毛之地。新中国成立以来的历次考察均有涉及，积累了一些书面材料和数据；西藏林业部门组建林业调查队是在 1965 年，常规调查刚一开始就被“文革”停掉了。青藏队来了，林调队不失时机地跟进，是本职工作也是学习机会。李文华手捧一沓油印材料，感觉珍贵无比，从中得知森林大致分布状况，具体到面积蓄积量，虽有估算，但几年实地调查下来，家底摸清，远超资料所称的几十倍！

1991 年，西藏自治区林业局林业勘察设计研究所与林业部中南林业调查规划设计院、湖南省农林工业设计院及本区相关地、县林业科技人员，组成 180 人的联合考察队，采用遥感和地面实测调查相结合方法，在西藏 30 个有林县内，系统布设 17276 个样地，进行卫星图像目视解释判读，测设固定样群 717 个，获得了西藏森林资源的大量科学数据。西藏有林地面积 717 万公顷，占国家林地的 5.84%，居全国第 5 位；活立木蓄积量 20.84 亿立方米，居全国第一位；森林覆盖率（含灌木林）为 9.84%，居全国第 22 位。其中实际控制线内森林面积 439 万公顷，活立木蓄积量 13.63 亿立方米，分别居全国第 11 位和第 4 位。

青藏队出征第一年，从察隅开始，到波密，到林芝，活动在雅鲁藏布大峡谷外围，藏东南植物王国已打开了自然奇观引人入胜的一章——垂直带谱。这一章的华彩乐段在雅鲁藏布大峡谷达到极致：从多雄拉山口到峡谷腹心墨脱，垂直距离三四十公里，沿途几乎浓缩了北半球所有植被带，三几天路程，说走过春夏秋冬的，说仿佛从北极一路到达海南岛的，都是一个意思。1974 年夏季，沿着数条前往墨脱通道中的主要“干线”：派—多雄拉—拿格—汗密—背崩之路，一众森林和植物学家李文华、武素功、韩裕丰、陈伟烈、张新时等等，走进神往已久的大峡谷，“芝麻开门”，这座罕见的绿色宝库、植物类型的天然博物馆向不畏艰辛前来朝觐的人敞开了胸怀。

阻隔了墨脱与外部世界交流的天然屏障多雄拉山，冰封雪裹，每年难得几个月的开山时节。从派区徒步攀上山口，已是午后 2 时。山顶雾霭浓重，间有疾风漫卷雨雪。当天空重又变得湛蓝，高山植物出现在植物学家眼前，首先是最差生境中被列入“低等”类的生物，覆盖在裸岩上的地衣和苔藓五彩斑斓，作为植物世界的先锋，在任何“高等”类无以存身之处，顽强地守土有责：用它们分泌出的地衣酸，溶解和腐蚀岩石表面，使顽石粉碎为原始土壤，并以自己的死亡之躯为其他植物的生长铺平道路。俯身察看，岩石间积累了细细的土质，数一数，共有几十种植物生长其上，垫状植物、绿绒蒿、雪莲花……风雪中它们绽开了五颜六色的花朵。

由此过渡到高山草甸地带。点地梅、银莲花、报春、龙胆，开得热烈，犹似为多雄拉山戴上一圈花环项饰。

灌丛出现，以杜鹃为主。一开始匍匐在地的，还有伏地柳、金露梅、红景天等木本植物。越往下走，随着海拔渐低，身形越发高大起来。在灌木与乔木交接边缘的拿格站，度过了大

冷杉树上披挂松萝　李明森 / 摄影

多雄拉山口旗形树　杜泽泉 / 摄影

旗形树是多雄拉山口的标志性景观。迎风一面树干光裸，是因每当新枝嫩芽生发，不待长大，必被风雪摧折，致使枝叶只在背风一侧生长。

峡谷腹地第一夜。此次出行，对于李文华来说是一次特别痛苦的经历：膝关节出了问题，每当迈出一步，必得忍受一次刺骨之痛，尖锐而敏感，类似牙神经猝遇刺激时的那种最不堪。咬紧牙关强挺着，不说出来——说也无益，徒增大家操心不说，除非是你自己想要停止前进，返回休息，这对李文华来说绝无可能。作为生态学家，能来大峡谷一走，夫复何求！尤其是，第二天就将进入本人专业——暗针叶林地带。

海拔 4000 米处，冷杉大森林迎面而来。此地冷杉奇大，胸径超 1 米，其高一般可达 50 米，所见最高者，70 米。林下资源之丰富，也为北方同类林区所难比拟。暗针叶林跨越北半球三四十个纬度带广泛分布，至此，李文华已从最北端走到最南端，联想到冰期中植物的南北迁移，不禁心生感慨：正是反复交替的冰期间冰期，促进了物种的传播和演化，造就了今天地球上植被分布的多彩格局啊！毕竟，“在任何区域里，植物终是自然界中最主要的装饰品”（达尔文语）。

冷杉之下是铁杉，气候变得温暖，杜鹃已成大树，植物叶片扩大，由针叶而阔叶——经历了昨天的寒带和温带，第二夜住在汗密时，已是亚热带环境，置身于常绿阔叶林中了。

亚热带常绿阔叶林中，物种更其丰富，景观更其多彩。不仅拥有名贵优良木材，如樟、桂、栲、楠一类耐朽防虫、富含香味的树种，更有珍稀“活化石”的树蕨，桫椤，双扇蕨，

考察队员在林间的宿营地做早餐

东喜马拉雅墨脱考察途中

林业组采集树木年轮标本

喜马拉雅南麓的墨脱树蕨

本组图片由郑度提供

那些生存史长达上亿年的古老物种，在地球环境渐变与突变过程中，别处或已消失殆尽，只在大峡谷幸存。由此，大峡谷又有了“植物避难所”之称。

第三天，由亚热带进入山地热带，夜宿墨脱县背崩村。墨脱县海拔 1000 米以下的河谷低地，为热带常绿雨林，是西藏的西双版纳。通常认为热带植被到北纬 23°37′ 为止，但在墨脱，它突破了这一界线，北上了 6 个纬度。

而且森林中的下木生物如此丰富发达啊！灌木数十属，连同草本植物、地衣苔藓、真菌蘑菇，组合成欣欣向荣的生物世界，一座植物类型的天然博物馆。

暗针叶林是以松科的云杉和冷杉组成的植被，广泛分布在欧亚大陆不同纬度地带。李文华留学苏联时，就从暗针叶林研究起步，先在欧亚大陆最北端的泰加地区完成了副博士论文；继之在温带的大、小兴安岭和长白山做过定位研究；待“下放”到大西南，再登上青藏高原，纵览欧亚大陆暗针叶林数千公里间断分布，看似凌乱，实则有序——李文华用计算机首次定量制作了北半球暗针叶林分布的经度纬度与海拔高度的数学模型。当曲线完成，连制作者本人也不禁吃惊于它如此简洁，如此规整，如此和谐，正可谓“大道至简”！至简大道所体现的规律，破解了自然密码：暗针叶林生长线并非从南至北海拔逐渐降低，而是犹如古典瓦片那样呈现出一个弧形剖面：以青藏高原为顶部，向南一东、向北方向依次降低，从高原海拔 4000 米上下，到华北地区 2000 米左右，及至沿北极圈泰加地区，则匍匐于地平线上。为什么？因为高原的增温作用——当时借用“热岛”一词，现称“加热泵效应”。增温效应使得青藏高原较之同纬度、同海拔高度地区温度偏高，而热量分布规律与植被分布规律两个数学模型正好吻合，西藏以此给出了解释自然之谜的一组方程。

海拔最高，云杉、冷杉建群种数量最多。而越往北，随着地势降低纬度升高，林下“小伙伴”依次减员——南方种在冰后期北迁途中，它们相继落伍。

能够欣赏外在的美与和谐，是赏心悦目的欣喜；穿透表象，洞察到内在结构之美、规律之美，则是如醉如痴的欣喜，是欣喜若狂。通过宏观地理审视，李文华仿佛看到暗针叶林沿子午线整体迁徙的旅程：大自然如何在冰期中将北方的植被向南推移，又如何在冰后期使之重返家园，以致形成现代关山远隔、高差悬殊之地，而类型相同的格局。只是返回北方的一支一路适应，一路丢弃，仅有精锐的少数物种返回，所以暗针叶林和林下生物单调贫瘠；而南方及藏东南一带却受惠于青藏高原隆升，封锁了北来寒流，悉数接纳南来季风，生态条件因此改善。在改善了的生态条件庇护下，创造了新物种，成为新的分化中心，并成为古老物种的避难所——起源于北方古大陆的暗针叶林一族铁杉林，之所以成为地质第三纪孑遗物种“活化石”，皆因北方的温湿度不再相宜，索性不思回归，暂栖地变为永久栖息地，反认他乡作故乡。

铁杉之外，同属第三纪遗存的还有穗花杉、云南红豆杉、三尖杉、百日青和垂子买麻藤等等针叶树种，木兰科、水青树科、樟科、五味子科等阔叶植物以及具有高大木质茎干的树蕨等，无不拥有悠久家族史，但在世界其他地方，它们的同类不幸灭绝于第四纪大冰期，唯在藏东南暖湿的山褶间，能够以古老和原始的面貌示人。

追本溯源，青藏高原本是冈瓦纳古陆和劳亚古陆会合碰撞的产物，大致以雅鲁藏布为界，汇集了两大古陆植物区系，由此极大丰富了我国西南、华南和东南的植物区系和植被，使得长江以南亚热带常绿阔叶林得以形成，使得地中海区系植物在东亚植物区系中占有一席之地。喜马拉雅作为南北植物区系分界、会合与分化中心，是研究世界植物连续分布和间断分布的理想地区，所以吴征镒先生才说，“全世界的植物学家，眼睛都盯着这里”。

这位世界顶级植物学家，60 岁生日是在藏东南的山林中度过的。1976 年 6 月 13 日野外“寿宴”上，他向在场的后生晚辈说了这番话 ：“在西藏过 60 岁的生日，这可难得。全世界的植物学家，眼睛都盯着这里。这是世界最古老的地方，也是世界最年轻的地方。”

有关吴征镒老先生的事迹，最早是从李文华和武素功那儿听来的。每一说起，不约而同先讲吴老惊人记忆力，堪称“植物电脑”——可以随口说出上万种植物的形态、习性、名称，包括拉丁学名。上世纪 40 年代他就到过横断山，从此关注青藏高原并曾安排过考察计划，只因“文革”而搁浅。现在借青藏队大举进藏之机，1975 和 1976 这两年，吴老先生分别沿川藏公路和青藏公路干线考察，从边缘地带的横断山到腹心地带的藏北高原、藏南喜马拉雅地区，全都被这部超级电脑“扫描”了一遍。这对于他长期参与组织领导的《中国植物志》编写，对于未来主持中国植物区系划分，十分有益。此刻在大峡谷，以 60 岁年纪、以难以适应山道的扁平足，手拄木棍，步履艰难但兴致勃勃地行走在高山深谷间。每采得一标本，总由吴老当场口授拉丁学名，学生记录。高效，准确，权威，谁跟着老先生谁受益。不过，跟随者同时承担一项任务，因为老先生手拄木棍还不时失足，需要马上伸出援手。没关系——老先生习以为常，说自己的外号就叫“摔跤冠军”，说不定一不留神摔出新发现呢！——大家相视而笑。这里面有一个典故 ：先前在西双版纳考察，正是一跤摔得好，“锡杖兰”这个植物分布新记录被发现。

自从听说了这段经历，有一帧画面仿佛定格 ：大峡谷上方俯瞰的人群，簇拥着一位老者，那位老者满面喜色，正在指点江山 ；依稀听得一席谈，言说植被分布带，此地的垂直分布规律对应地球植被的水平分布规律，竟是如此吻合，“站在这儿，好像有一个望远镜，再套一个放大镜，把整个世界的热带、亚热带、温带、寒带的植物，全部拉到你眼前来啦！”

西藏归来，科学院安排武素功陪同吴征镒去青岛疗养一个月——只要看到出行时携带的一箱箱来自西藏的材料和标本，即知所谓“疗养”含义了。果然一个月下来，师徒二人编就《西藏植物名录》。此后三年，吴老继续指导近 8 万号标本的整理。五卷本《西藏植物志》皇皇巨著得以完成，固然归功于青藏队群体，但由吴征镒先生主持并担任主编，无疑使它具备了国际水准。首次为西藏的植物全面建档，不仅系统提供了植物种类、区系组成，证实青藏高原的隆起为古老的区系成分提供了避难所的同时，又促进了新的物种的分化和产生，另一方面，也为今后的深入研究和植物资源保护利用提供了宝贵的资料及线索。

追访墨脱大地震

青藏队野外第一年，完成藏东南数县考察任务，大部队即将踏上返程，大峡谷水力资源考察组却要出发了。之所以安排在9月，除了名额限制，主要出于雨季和洪峰过后，方便工作的考量。组长何希吾带领不回家的人和从北京赶来的人：副组长马正发，组员关志华、郑锡澜、杨逸畴、章铭陶、鲍世恒，上海科影厂赵尚元，自称“八条汉子”，雇请来十多位民工，徒步进入大峡谷，测量雅鲁藏布江大峡谷段水力资源，考察地理地貌，兼及地震调查追访。

9月19日到达峡谷入口处的派村，翻过海拔4200多米的多雄拉山口下行，攀峭壁，穿密林，过藤桥溜索，从干流到支流，沿线考察，定点测量，止步于海拔500米的希让村，因为再往下，就是非法“麦克马洪线”以南印方实控区了。

多年后说到大江测流的惊险场面，还会让当事人章铭陶十二分自豪。是在峡谷中段八玉村附近江面，测得雅鲁藏布江最大流速为16米每秒，平均流量4425立方米每秒！这一数据后被广泛引用，却未必知道如何得来。当时的测量方法还比较原始，全靠人力手工。该段江面宽度超过百米，需要把木制浮标抛至江心急流处，杨逸畴试了几次没能成功，想当年他可是南京大学投掷标枪的冠军哪！于是身形矫健的章铭陶上阵，攀上溜索，把自己悬空固定在江心上方，再按照岸边人挥旗示意，朝着滔滔急流一一投放木块，关志华负责掐表。这一过程想必持续太久，以至于引起对岸当地人的注意：有两个人驻足观望，定是以为受困于溜索，鉴于类似事故偶有发生，遂急奔下来意在施救。近前时又见悬于溜索之人连连摆手，方才弄明白，原来人家是在工作。

这一天组长不在现场，哪儿去了？留守村庄为大家改善伙食。进入峡谷时随带菜蔬早已吃光，只余一些罐头和干菜，于是考察中途开始，需要不时从老乡那里采买。一只鸡无论公母、大小一律一元钱，都还好办，这一次也是唯一的一次，是要买猪，难题在于整个村庄找不到一杆大秤。关键时刻知识起了作用：运用杠杆原理，衡量出等重玉米，再将玉米分批称重，总计重量百多斤——很多年后，何希吾先生还在谈论这段难忘经历，说这还不是最难的，宰杀才是，不过是请村里人动手解决的；然后收拾过程麻烦，秋冬之际的峡谷依然燠热，需要学习当地的熏制做法保存，为此大费周章尽了力，但是上路不久，美味还是变了质，只得丢弃。很多年后说起仍旧惋惜不已，当时大家的心情可想而知。

在雅鲁藏布江面测量流速　郭长福 / 摄影

过溜索：上行和下行的索道上有人同时过江

本次考察在峡谷中总计徒步 52 天，沿帕隆藏布走出来，待赶回京城，正好赶上 1974 年元旦——春暖花开时离京，隆冬季节返家，这一年何希吾、杨逸畴诸位在外整整 8 个月。

第二年又是 9 月，青藏队各专业组还在藏南喜马拉雅一线各自为战时，杨逸畴、章铭陶等人提前离队再聚首，重新调整过的大峡谷水力资源考察组再出发。这一次翻越多雄拉，直达峡谷底部末端希让村，往回走一条不仅是头一年没走过，甚至从未有人走过的无路之路，重点考察峡谷上半段。待接近大峡谷顶部一个名叫白马狗熊的地方，又是无路可寻。至此，核心江段共计 90 多公里没能走通。

一访再访大峡谷，振奋又喜悦：从来没有见过、别处再也不会见到的如此美丽的雪峰森林，云遮雾掩中的山光水色；如此丰富的生物群落自然资源，奇花异草，珍禽异兽；大自然将天地灵秀集于一身，从热带到寒带尽在此间。还有此地淳朴的山民、奇异的民俗现象，就这样长久地隐身于喜马拉雅的深山幽谷，才得以保持了如此纯粹的自然面貌，一个令人神往的世外桃源啊！保有这样的心情，虽历万难也值了。两年里的险途经历，章铭陶有一记录：两过藤网桥，两过藤溜索，四过钢溜索，七番往返雅江两岸，其中一次是乘坐掏空了树心的独木舟。

至于其他涉险经历，攀危岩走绝壁，遭遇毒蛇猛兽、蚊叮虫咬之类，皆属峡谷中生活方式内容，不在话下。总之圆满完成首要任务，关于水的：首次查明大峡谷水资源量及分布状况，计算出水能资源储藏量，都是可以用丰富到无与伦比来形容的。同时对开发利用前景做了评估，构想过造福人类的宏伟蓝图——鉴于这是一条跨境河流，即使美好愿景也有待时日。

总之作为资源普查、提供数据的基础工作是出色的，其他专业也各有所获：一片空白之中，杨逸畴忙于地理填图，从未见过如此复杂的地貌啊！章铭陶统计地热出露点，详查了至少8处温泉，最难得的是，居然发现了一处温度为94 ℃的沸泉，位于雅江干流右侧的阿斯登村附近，岩壁脚下的黑灰色片岩裂隙中，沸水奔涌而出，注入热水塘。

各专业之外的成果，要数对23年前特大地震的首次全面调查，虽说迟了些，劫后余生的人还健在。

再次进入大峡谷，提前做足了功课。那时资料有限，从内部的油印本到外文的原著本，凡能找到的都宝贵，所以动身时是心怀了悬念种种的。其中英国植物学家金敦·沃德走过的江段，描写的景物，杨逸畴处处留心察看印证。那位先行者曾命名过两条河床大瀑布为“虹霞瀑布”，《藏东南考察记》中描述了这一奇观，同时拍有黑白照片为证：大江主干上生成大瀑布，在阳光照耀下，飞瀑上方升腾起美丽彩虹……但贯穿徒步考察全程，“虹霞瀑布”始终不见，唯见疑似原址有跌水。访问当地老人，回答是，那都是1950年大地震以前的景象啦！那场地震之大，不仅虹霞瀑布消失，还把村庄夷为平地，山体崩塌截断江流，复又决堤而去，致使下游阿萨姆平原洪涝成灾呢！

1950年8月15日（藏历第十六饶迴铁虎年七月二日）22时许，世界各地的地震仪同时记录到这一强大震波。由于当时地震观测台网稀少，能够确定出大致方位，出现一两百公里的误差也在情理之中。最主要的是，大峡谷闭塞难行，以当时的条件，不具备地震烈度调查的可能。因此这一里氏8.6级特大地震的震中位置，先是确定在印度阿萨姆，由于当时正在察隅、亲历了这场地震的植物学家金敦·沃德的描述，后来就普遍认可了震中位置在察隅。

于是考察队员们又成为现场了解这一灾情的首批科学家，追访，顺访，确认震中位置，评估地震烈度。为此两年间在沿途乡村共召集过19次座谈会，综合幸存者描述，还原灾难降临前后情景：震前狗熊纷纷下山，鸡犬不宁。地震发生时，雪崩、冰崩、山崩，大地抖动轰鸣，除了耀眼的地光，还有四溅的火星火光，想必是石头相互撞击时迸发的燧火，“如毁灭劫数已临”，当年的藏文档案如是说。大峡谷本就壁陡谷深，危若累卵，如何经得起如此震动，一夜间面目全非：民房倾倒，寺院被毁，僧尼百姓蒙难。冰川泥石流紧跟其后暴发，好几个村庄或被掩埋，或被席卷而去。震中附近曾有较大村庄格林村，整体陷落，全村400多口人几乎全部丧生。20多年过去，遗址回归自然，松林生长其间。此地不叫格林村了，地图上标有“格林盆地”字样。

山体垮塌致使多处江面阻断成湖，然而上方来水汹涌，堰塞湖为时不久即溃决。据一位当年曾给金敦·沃德当过背夫的希让村老人回忆，地震后他去过阿萨姆，沿途所见江水断流，

现在的直白村，在地震堆积台地上重建，生生不息　龙虎林／摄影

后来又见大水漫灌了阿萨姆平原。南迦巴瓦峰下格嘎村一位老人则提到，村前则隆弄冰川因地震引发冰雪崩，倾泻而下，掩埋了江边名叫“直白”的村庄，全村只有一人活着出来。

现场察看则隆弄沟口，但见泥石流冲积物呈扇面铺开的乱石滩，居然堵塞了所在江段的一半。则隆弄冰川长约 10 公里，冰舌延伸到海拔 2800 米的森林中，作为一条罕见的跃动式冰川，1968 年曾发生过一次跃动，巨大冰舌一度截断了江水。而 1950 年那次由于地震引发，整个下部冰体裂为 5 段，最末端一段冲出沟口，一举荡平直白村，直下江中，拦腰筑起一道冰坝，江水断流。

直白村唯一的幸存者也访到了，老阿妈卓玛青宗，地震那年她 50 多岁，冰崩袭来时，正在磨坊磨糌粑。巨大的冲击力将她推至磨盘下，冰雪掩埋 19 天，全靠冰块和糌粑维持。待冰雪消融爬了出来，才知道家和村没了，家人村人上百人全都死去。

灭顶之灾，奇迹生还，才得以向外来访客讲述 20 多年前遭遇。回忆还不止这些，半个世纪前的 1924 年，27 岁的她还有一段特别经历：金敦・沃德前来考察，她和村人当背夫，一路见他怎样测量拍照，采集花草。从峡谷顶端的直白村行至中部的八玉村，更换了一批背夫，直白村人返回，八玉村人则陪同老外沿帕隆藏布走出峡谷……

根据调查所得，与上一年在察隅的灾情访问相比较，墨脱受损情况显然具有毁灭性：为地震烈度最高级别的 12 度。报请国家地震局审核，从此这次 20 世纪中国大陆最大地震的震中位置被更改为察隅—墨脱。

调查中得知 1890 年大峡谷中还发生过一次类似规模的破坏性地震。

西藏是我国强烈地震活动区之一。据资料统计，自公元 642 年至 2000 年，在西藏境内发生 5 级以上地震 500 余次。其中 6 级和 6 级以上地震 131 次，并有 15 次 7 级以上地震发生。1950 年 8 月 15 日察隅—墨脱大地震是西藏有史以来发生的最强烈地震，也是我国地震能量释放之最。

1985 年，西藏自治区科委和国家地震局组成联合调查组，对 1950 年 8 月 15 日察隅—墨脱间的 8.6 级特大地震和 1951 年 11 月 18 日当雄 8.0 级大地震进行为期两年的实地调研。综合分析现场考察资料、地震史资料及国内外研究成果，确定了地震的宏观震中位置和地震灾害情况，撰写了专著《察隅当雄大地震》和《察隅当雄大地震资料图片集》。

经考察队实地调查，察隅—墨脱 8.6 级大地震发生时，北至丁青县的色札、类乌齐县协玛，东至芒康县盐井一带，西至拉萨市、浪卡子一带均有震感。南边远至印度的加尔各答和缅甸的仰光都有感觉。Ⅷ度以上破坏总面积达 40.48 万平方公里。极震区（面积 3800 平方公里）达到最高烈度值。地面裂缝纵横，山脉、河岸发生大规模崩塌、滑坡，森林、耕地、道路被毁，河流壅塞成湖。格林村地震前有 90 户 500 余人，地震中丧生 456 人，死亡率达 90% 以上；希让村 8 户 72 人，地震后仅有 3 人幸免于难。据资料统计，我国境内因这次地震死亡约 1800 人，地震压毙大小牲畜 16738 头（只）；印度境内死亡约 1500 人，财产损失约 2000 万镑。

从察隅开始，延续新中国成立以来历次科考传统，为西藏地方经济建设服务与基础研究同步进行。藏东南原始森林考察之后，青藏队在西藏首倡了自然保护区崭新概念，提请建立自然保护区。20 世纪八九十年代，西藏自治区内自然保护区密集建设时段，正是从察隅县慈巴沟综合自然生态保护区、矢朱村云南松保护点和拉日弄巴沟亚热带常绿阔叶林自然保护点这“一区两点”起步的。继之以波密岗乡云杉林、林芝县巴结乡巨柏、大峡谷地区墨脱县全境，然后是喜马拉雅沿线的吉隆、珠峰等地。截止到 2013 年，西藏自治区已建成国家级自然保护区 9 个，面积 37.2 万平方公里，占全国国家级自然保护区面积的 39.7%。西藏各级自然保护区 47 个，总面积 41.37 万平方公里，约占西藏自治区土地面积的 33.9%。通过保护区的建设，125 种国家重点保护野生动物、39 种国家重点保护野生植物及特有生态系统得到了良好的保护。珍稀濒危物种种群和分布范围扩大，保证了生态系统的良性循环与可持续发展。

从察隅开始，察隅自身也是受益者。且不说农业、水利和经济地理专家的到来所给予的具有实际意义的指导，例如水利专家陈传友在察隅河流域考察中，注意到稻粒不够饱满，分析认为是冰川融水的水温过低所致，提出了灌溉用水的改进方案。就这一地方来说，默默无闻千百年，一经科学家们发现，一朝名满天下——青藏队说，察隅真是西藏的江南啊，于是请来上海科影厂拍摄了纪录片《西藏的江南》，主题歌《美丽的西藏，可爱的家乡》，经由才旦卓玛百灵般的歌喉传唱全国。从此西藏也得以正名：西藏并非不毛之地，至少不全是；人们得知西藏还有如此美丽的地方，有如此一大片浓浓的绿，覆被藏东南。

受益是长久的受益。就说旅游吧，现今察隅人即以“雪域小江南”为品牌。2006 年，一个小雨停歇、满山青翠并云遮雾绕的夏日里，我曾在下察隅镇的僜人新村绕行一周，但见从前在深山以树为巢的僜人后代们住上了讲究的新房，全村 52 户中，倒有 42 户兼营了家庭旅馆，上千亩芭蕉林做了观光区，招引来国内外游客赏风景察民情。返程途经林芝县鲁朗镇，由于 318 国道穿镇而过的地利条件，尤因其地的绝佳美景，享有极高美誉度，别名“西藏小瑞士”即是其中之一。中科院青藏高原研究所在此建一定点站“藏东南高山环境综合观测研究站”，所面向的，正是青藏队最初考察之地，为当今的旅游热增添了知性魅力。至于雅鲁藏布大峡谷的名望及热度，更在西藏众多景点之上。

从察隅开始，青藏队同样是获益者。藏东南丰饶的资源成就了西藏科考第一役，不仅让队员们信心大增，期待来年，也赢得科学院的重视支持——就在收队后的这个冬季里，综考会紧锣密鼓落实了院方三大举措：其一，青藏队增员百人之众；其二，加强后勤保障，在拉萨建立科考基地大本营；其三，从驻华北某部队复退军人中选招 30 名汽车司机，从此载着科考队员南征北战，确保车辆司机长期稳定。这在当时的背景条件下，看上去已是最大力度的支持了，其实只是开始。到 1975 年再度扩容，是成建制的，多个研究机构首次参与，自成团队。及至 1976 年，西藏考察最后一年，出野外的、做室内的，总计上千人，拉网式，地毯式，工蜂式，形同“大会战”。这里有一组统计数字：调动协作单位 92 个，其中科学院所属研究所 29 个，国内大专院校 31 所，西藏及其他省份科研和生产部门 21 个；专业包括地球物理、地质、地理、生物和农林牧水等学科 50 多个。对于西藏自治区全面系统的综合考察，历时之长、规模之大、学科之多，在我国乃至世界科考史上，当属空前。

1973—1980 年，青藏队面向西藏自治区，致力于摸清家底、填补空白、定性描述为主的科考活动，由此触发科学大发现的连年“井喷”，虽说超过预期，尚在情理之中；经由媒体报道和科普作品传递到公众层面所引发的反应之热烈，恐怕大出科考队员意料。作为受众一员，我正好在场，敢说那些年不亚于一场科学启蒙运动，一系列新知识、新理念也如井喷般冲击着原有的思想视野，略举大端：最令西藏人着迷的，是脚下大地如何脱海成陆、继而隆升为高原的过程；自然保护区、生物圈之类概念的输入和接纳也属空前；从前说温泉，现在称地热，居然可以发电，这对渴望电力如久旱盼雨云的拉萨人来说，尤为激动人心……具体到西藏社会一侧面的文学界，例如曾为文学青年的我，正在《西藏文学》做编辑，亲见科研成果怎样迅速转化为文学资源：经手处理的以沧海变高原为主题的长诗就有好几首，仿佛同题作；具体到我自己，甚至写过一篇小文《西藏正处于发现的时代》，写过诗歌“从当穹湖到当惹湖，远远近近四十公里，历史走了上百万年，我只用六十分钟”。但我相比当年诗友们走得更远些，最终成了为青藏高原、为青藏研究事业树碑立传的那个人。

想要全景式展现本轮西藏科考历程如何可能，本章再现的，不过有限片段。

野外考察小憩　范云崎 / 供图

考察色林错　范云崎 / 供图

第 3 章　1976：科学发现说丰年

云崎、陈百明、李炳元在藏北高原错尼湖
察　范云崎 / 供图

阿里分队 1976 年 8 月在日土县帕也布也雪山下的帕也曲真温泉边洗澡。站立者左为黄复生，右为孙鸿烈；蹲坐者右起：章铭陶、谢自楚、武素功等　王富葆 / 摄影

阿里分队 1976 年在无人区的营地　郭志芬 / 摄影

作为青藏高原科普知识的受众，现将数十年间读过的部分出版物列单如下。

早期出版的科普读物主要有：

《考察在西藏高原上》，《地理知识》编辑部编，上海教育出版社，1981。

《揭开世界屋脊的奥秘》，中央人民广播电台科技组编，地质出版社，1981。

《世界屋脊的崛起》，郑锡澜编著，西藏人民出版社，1983。

《青藏高原气候纵横谈》，林振耀、吴祥定编著，科学出版社，1987。

其后由青藏科考队员撰写出版的科普图书和纪实文集主要有：

《考察在横断山区》，《地理知识》编辑部、中国青藏高原研究会编，上海教育出版社，1994。

《秘境昆仑科学探险纪实》，吴玉虎著，青海人民出版社，1996。

《神奇的雅鲁藏布大峡谷》（画册），杨逸畴主编，海燕出版社，1997。

《羌塘无人区探秘记》，李明森著，河南科学技术出版社，1997。

《青藏高原二万里》，张文敬著，河南科学技术出版社，1998。

《冰川冻土科学创业之路》，中科院兰州冰川冻土所编印，1998。

《追寻青藏的梦》，中国青藏高原研究会编，河北科学技术出版社，2003。

《眺望地球之巅：走近喜马拉雅》，郑度主编，学苑出版社，2005。

《走进珠穆朗玛》，康世昌主编，甘肃科学技术出版社，2005。

同为“中国科学家探险手记”丛书中的《世界屋脊探行》（李明森著）、《雪域湮没的残忆》（李渤生著）和《真菌王国奇趣游》（卯晓岚著）等，海燕出版社，2005。

《考察天下第一峡》，章铭陶著，（香港）商务印书馆，2006。

《藏北无人区的尘封往事——首次羌塘综合科学考察实录》，李炳元、李明森、范云崎等著，学苑出版社，2009。

《追寻远古兽类的踪迹》，邓涛著，上海科学技术出版社，2011。

《西行札达——发现冰期动物的高原始祖》，邓涛著，上海科学技术出版社，2014。

《踏遍神州情未了——中国科学院自然资源综合考察委员会科学考察回忆录（1956～1999）》，中科院地理资源所编，科学出版社，2016。

沿着雅鲁藏布

青藏队特设干流组，重点考察雅鲁藏布江。这条大江源自喜马拉雅的冰峰雪岭，然后在喜马拉雅和冈底斯两大山脉之间平行流过，东向 2000 多公里，在喜马拉雅尾闾处一个大拐弯，飞流直下，于巴昔卡进入印度平原。

为时 4 年，对雅鲁藏布进行水量水能测量和流域全程考察，成果体现在《西藏的河流与湖泊》。野外工作从下游大峡谷开始（1973、1974），依次为中游（1975）和上游（1976）。为表述方便，让我们从源头处说起；又因中游峡谷地带从前人迹罕至，寂寂无名，而今则因藏木电站开工兴建引发的网上讨论争议而名声大噪，不妨详细一些。

1976 年雅江源区考察，重要地理成果之一，是确认了正源——杰马央宗冰川。此前存在双源说——库比藏布、杰马央宗；三源说——上述两处加马攸木藏布。其中比较权威的说法来自瑞典科学家斯文·赫定，他曾于 20 世纪初经过实地考察，以库比藏布为正源。

斯文·赫定在《亚洲腹地旅行记》中写道，1907 年 7 月，他怀揣一信念，“我要成为第一个进入布拉马普特拉河发源地的白人”，遂由三位当地向导陪同，沿着先前测量上游诸水系中水势最大的库比藏布骑马上行，直到爬上源头海拔 4864 米山巅，感慨说：“全部漫游只花到百五十马克！谁不情愿这样便宜地买到发现地球上的一条最著名河流发源地的荣誉呢！”

青藏高原卫星图片上，蓝色的水系是根据原始数据绘制的。自右至左为：黄河，金沙江—长江，澜沧江—湄公河，怒江—萨尔温江，雅鲁藏布江—布拉马普特拉河，独龙江—伊洛瓦底江。左上角阿里境内的狮泉河、象泉河、孔雀河等外流河，分别成为印度河、恒河的源头或上源支流　杨经绥 / 供图

距此 20 多年后，出现不同说法。印度地理学家普拉那瓦南达踏勘了雅鲁藏布江源，所见杰马央宗长于库比藏布，应为正源；至于斯文·赫定有关两条河流径流量的对比测量，普氏也认为需经更长时间的连续观测，方可采信。这一结果发表在 1939 年英国《地理》杂志第 93 期。正源问题就这样悬而未决。

水资源学家关志华率队从拉孜县加加地方向西，进入上游地区马泉河河谷。马泉河藏语名叫当却藏布，流经日喀则地区仲巴县境，河谷长约 200 公里，呈辫状水系分布。当地牧民说，马泉河啊，是从马鼻子里流出来的。干流组在杰马央宗冰川来水与库比藏布汇流处驻扎下来，每天定点定时测量两河各自径流量，再测两河汇流后的总流量。精准测量为时一周，得出结果：来自杰马央宗的径流量远大于库比藏布。

在诸源中确认正源，一般遵循四条件：一是河长，它必须最长；二是流量，它应该是水量最大的；三是流域面积宽广。三点以外，另有一个人文因素需参考：民族习惯，当地传统看法。一行人策马上行杰马央宗冰川，流下大江第一滴水的地方。那里荒凉而壮阔，随处可见冰川退缩后的终碛垄和侧碛垄，间有一汪汪冰川小湖泊。杰马央宗，藏语是“沙子堆成的雍仲图案”之意。雍仲“卍”（读音“万”），是本土宗教苯教的标志性图案，寓意永恒轮转、万世不息。可见从先民时代起，人们就视河源处为神圣之地。

一路向牧民打听过来，众口一词：历年来杰马央宗水量最大，是民间公认的雅江源。综合流量、河长及流域面积和口碑，中国科学家给出结论：杰马央宗冰川为雅鲁藏布正源。看来当年斯文·赫定受测量时间和次数所限，数据或有误差，又或者江源自身也处于动态变化中，正如马攸木藏布已然自行消失——源于冈底斯山脉的马攸木藏布本是一条季节河，在正源确认中首先被排除。

2012 年 7 月，作者随姚檀栋院士率队的专家组，赴阿里地区各江源布设自动气象站，对于雅江源的考察结果，发现位于普兰县境的昂色洞冬冰川水源，较之杰马央宗冰川要长 10 公里。考虑到藏文典籍和民间口碑皆有一说：马泉河、象泉河、狮泉河、孔雀河四大河流，均发源于阿里冈仁波齐神山四周，因而有建议：雅江可取双源说。

东西平直走向的雅鲁藏布发育于一条深大断裂带，作为印度板块与欧亚板块相碰撞的产物，沿江一线铬铁矿储量丰富。西藏最大的罗布莎铬铁矿就坐落在雅江中游山南境内。这种超基性岩产生于地球深部，它在板块碰撞的剧烈活动中沿裂隙被挤出地面。雅江作为两大板块缝合线，南岸喜马拉雅山脉的地壳厚度仅有 50 多公里，而北岸则陡然增厚至 70 公里，说明印度板块插向欧亚板块之下，雅江是一条沿地壳最薄弱地带发育的构造河。

加加以西上游地区是开阔的高原谷地地貌，中游地段江水穿行在喜马拉雅和冈底斯—念青唐古拉山系间，沿途不时劈山开道，江面宽窄相间，江流或缓或急，呈一束一放串珠态势。从加加到拉孜百余公里的江段远离公路，有峡谷出现；然后才是开阔的后藏谷地；在尼木和曲水一带山丛中重又变得狭仄——20世纪90年代新开通的拉萨—日喀则公路数百公里沿江而行，一路可见山高谷深、激流奔腾的景象，仍可见旧时所建跨越江面的索桥遗迹。

当拉萨河在曲水县境汇入雅江，江面骤然开阔，从此岸到彼岸，十数公里宽的江面需放眼远望，远来游客在即将降落的航班上俯视，可见蓝绿色辫状水系。而当雅江行至中游桑日—加查峡谷，再一次激情澎湃。这一峡谷地区格外封闭，好比世外桃源。旧时西藏将这一地区居民贬称"达古"，含"野人"之意。因为去往这一峡谷的道路艰险，除当地人偶尔出行以猎获物交换日用品和盐巴之外，少有外人涉足。这是中游地区考察中最艰苦一段。

雅江考察任务，除对水文特征——河道、流量、泥沙、水化学、洪枯水位等等进行调查外，还负有水能资源及其合理开发利用、开发方式和工程条件的评价职责。关志华从地形图和航拍照片上、从当地访问中得知，桑日—加查峡谷中有两大瀑布，决定前往探察。为确保安全，山南地区及驻军派出藏族向导和训练有素的侦察兵随行。

先去僧瀑布，骑马绕道而行。翻过藏南有名

青藏队干流组雅鲁藏布江考察，席地而坐者为关志华。上方恰有二人攀索而过，与之同框瞬间定格　关志华／供图

的神山俄得工实雪山，穿过海拔 5000 多米的切那拉山口，迎着突然而至的风雪冰雹前进，于黄昏时分到达勒布角。这是一个仅有 6 户人家的小山村，郁郁葱葱的山林环抱中，但见小片耕地，不见房舍人家，静谧中显得有些神秘。却不料村民早已望见了这群不速之客，就在考察组搭帐篷、架灶具的时候，便有热心人送来活蹦乱跳的鱼。这篓鲜鱼让辛苦跋涉一整天的人们欢天喜地到深夜。

从勒布角到僧瀑布，完全没有路，要在悬崖峭壁区走上一天。某些路段之险，那才叫触目惊心！有一段十几米长的花岗岩陡壁，距离江面数百米，侦察兵先行，在悬崖两端打进岩石锥，拴牢一根 25 米长的尼龙保险绳。不过，要是胆量不够，即使有绳索也难移寸步。据说某位专家都挪到半道了，双腿发抖不听使唤，“搁”那儿了。藏族民工见状，即刻返回，勇敢地趴在石壁上，硬是用手托住那人的脚，助其移步安全地带。

下到谷底，循着震耳欲聋的水声，终于看到了僧瀑布！准确地说，是一处大跌水。在峡谷中最宽段为 66 米的江面上，横亘一块巨型斜面岩，两侧各自形成溢水口，过水宽分别为 24 米和 9 米，水头落差 4.6 米。分析这处大跌水成因，是北岸山体崩塌，巨大的花岗岩块坠江，堵塞河道所致。其余几处小跌水也出于同样原因。江北岸，山体裸露破碎，崩塌现象严重，江边大石块堆积如山。

从僧瀑布去往涅尔喀瀑布，沿河道 20 公里远，但峭壁陡立无以攀缘，只好再绕道前行。这一绕道，需费时两天。路途仍然艰辛备至，但有了这几天翻山越岭经验，倒也不至于太紧张。这一条 V 形峡谷，顶部山峰 5000 多米，与谷底垂直高差约两千米，其上白雪皑皑，其间植被垂直分布，生长着松、桦和杜鹃，不时有獐子、猴子在近前跑来跑去，不为人知的地方，总有意想不到的美景。当晚宿营在山坡林地，向导连夜赶往龙巴堆村备马。所以第二天走了 3 个小时快要到达时，居然听到山野中响起嘹亮歌声，是从高音喇叭传出来的，那感觉既亲切又荒诞，随后就见全村 8 户男女老少全体出动，迎接罕见的远方来客。

涅尔喀瀑布距离龙巴堆村东北不远处，同样两处大跌水，其宽分别为 11 米和 30 米，落差为 5.3 米，比僧瀑布规模更大更壮观！江水由此奔腾而下，所激起的浪花水雾经阳光折射形成美丽彩虹；江水则澎湃汹涌，轰轰声响令整个峡谷为之颤动。涅尔喀意为“鱼在此被卡住”，具象形容鱼群逆水向上游动，在激流处可跃出水面一米高，接着便被急流冲下瀑布的情形；不走运者会被水浪打晕，在瀑布下端水流平缓处浮上水面。所以在当地，人爱吃鱼，牛羊也爱吃鱼，人们还有储存干鱼的习惯。

涅尔喀一带江面宽 55 米，两处跌水构成的涅尔喀瀑布是一处基本垂直于河流走向的、受构造断裂控制形成的跌水奇观。

测量加查峡谷瀑布

在对37公里长的桑日—加查峡谷的科学探险中，发现那里的水利、水能资源极为丰富。峡谷进口处年均流量达1000秒立方。峡谷河段最窄处仅30米，水面落差270米。计算过水能储量，关志华为未来的水资源开发和建坝修电站做出评价。

2014年11月23日，西藏自治区“十一五”和“十二五”规划重点能源项目，历时近8年、总投资96亿元的藏木水电站投产发电。藏木水电站是西藏最大的水电开发项目，也是雅鲁藏布江干流上规划建设的第一座水电站。藏木水电站是雅鲁藏布江干流中游桑日至加查峡谷段规划5级电站的第4级，华能藏木水电站首台机组——1号机正式投产发电。藏木水电站是西藏电力史上第一座大型水电站，电站装机51万千瓦（6×8.5万千瓦），年发电量25亿千瓦时。

将藏木水电站建成西藏地区乃至全国环保示范水电工程，成为承建单位主要目标之一。电站筹建初期，即开展坝体过鱼设施研究，由国际知名咨询公司协作完成藏木鱼道设计工作，组织技术骨干赴北美地区考察当地鱼道设计和运行管理经验。鱼道坡度2%，长度3.6公里，是目前国内最大的鱼道；同时建设鱼类增殖放流站，年培育珍稀或濒危鱼类约10万尾，投放雅鲁藏布江。为此藏木水电站建设增加工程投资2亿多元。

文见《当藏木水电站遇上“生态争议”》，《中国能源报》2014年12月2日（网络资源），记者贾科华

离开桑日—加查峡谷，海拔渐低，江水奔流在山丛密林中。到达米林县派乡境内，以一系列小拐弯开始了著名的马蹄形大拐弯。对于下游江段的考察，前文已述——1973年最初从派乡出发，顺江而行，一直走到白马狗熊地方，实在无路可行了，方才折返；第二年，从派乡直下墨脱，从背崩村沿江而上，直到大峡谷顶端，几近全线考察了水文和水资源状况。大峡谷腹地500多公里河段，是从源头处沿江全线考察中最为艰苦的行程。风光的奇丽、收获的巨大，与路途的艰险和困顿恰成两端之“极”。

走过雅鲁藏布从源头到下游出境处全长2000多公里行程，确定了这条江的多年平均径流量为1395亿立方米，占我国河川径流量的1/20，仅次于长江、珠江，在我国河流中位居第三；天然水能蕴藏量约为1亿千瓦，相当于全国河流水能蕴藏量的1/7，仅次于长江，在我国河流中位居第二；而它的单位河长、单位面积的水能蕴藏量远超长江，居全国河流首位。

地理学家们注目于雅鲁藏布江，首先看到的是它的奇特性——高原面上将近两千公里东—西平直走向。李炳元、杨逸畴等人从源区一路考察下来，另一重要地理认识，是确认雅鲁藏布江当为地质构造产生的先成河，而非布拉马普特拉河溯源侵蚀的袭夺河。“袭夺说”的来历为：20世纪50年代，有前辈科学家注意到雅鲁藏布江发源地与印度河源头狮泉河的源头相距不远，其间仅隔一座并不高峻的分水岭；中游地区主要支流年楚河、拉萨河并非相向汇入而是逆向或直角汇入等现象，曾经设想雅江在地质史中相当晚近的时期，并非由西而东流入孟加拉湾，而是向西而南沿印度河汇入阿拉伯海，然而由于布拉马普特拉河溯源侵蚀的缘故，与雅江东源相接，雅江自此改向，形成今天的面貌。

本次考察中，地理学家们否定了前人假说，不过几十年后至今争议仍存，并且随着对高原地质及河流演化研究的深入，“袭夺说”再度盛行。

现代的湖，曾经的湖

西藏境内湖泊众多。全国湖泊总面积 8 万多平方公里，一半左右分布在青藏高原，其中西藏境内约为 2.31 万平方公里，大多集中在藏北高原。西藏湖泊类型众多，几乎囊括了所有样式：以水系分类为外流湖、内流湖、内陆吞吐湖；以化学分类为盐湖、咸水湖、淡水湖；以成因分类为构造湖、堰塞湖、冰碛湖、风成湖等 8 类，应有尽有。相比内地平原诸大湖，既丰富又复杂，例如长江中下游地区类型比较单一，皆为外流淡水湖。所以青藏高原对于业内人士的诱惑，自是不言而喻。

青藏队组建之初，已被下放到江苏省的南京地理所争取名额未果，直到 1976 西藏科考最后一年方才如愿，而且一给就是 4 个名额：两个经济地理专业，两个湖泊专业。为此两个研究室数十位“适龄”先生全部做了体检，优中选优。该所特别召开了欢送座谈会，并派专人专程送至成都集合地点，可见对出征高原的重视程度。两位湖泊学家范云崎、区裕雄，这一年分别参加了藏北分队和阿里分队，后来又走遍藏北藏南，对西藏湖群补充调查，实际测量湖泊 50 多个。实测绘制湖底地形图的，只有班公湖，是应阿里地区请求，由章铭陶和区裕雄一起完成的。待本阶段考察任务完成，《西藏河流与湖泊》出版，其中的湖泊部分就是两位湖泊学家合写的。

范云崎在藏北分队的雅号是“马戏团长”，因为他的“道具”比谁都多：橡皮艇、各种测深测温测水质的仪器设备，满满装了几大箱。工作方式是以橡皮艇泛舟湖上，沿某一断面测水深、水温、水质，测面积和容量。山光水色，诗情画意，貌似浪漫，其实辛苦，因为好多湖泊地处无人区，海拔很高兼气候恶劣。在此之前，西藏上千座湖泊仅有玛旁雍错、色林错、崩错被斯文・赫定实地测量过，其余大多为未知。

未知意味着潜在风险，需要探险；未知同时意味着发现，所以不乏喜出望外。1976 年藏北小分队考察中，范云崎多次经历了这样忽而忧虑、忽而喜悦的时刻。8 月 1 日他和李炳元、陈百明考察错尼湖，未料到狂风骤起，波滚浪涌，小船颠上抛下，守候岸边的队友们紧盯目标，踪影不见时焦虑万分，旋即浮出水面，又一个惊喜万分，直到平安登陆，方才将悬着的心放了下来。

错尼湖由东、西两湖相连而成，面积 56 平方公里，双湖办事处最初以此为名，“错尼”即“双湖”。后来办事处搬过两次家，带走的只有名字。本次探察的是错尼东湖，发现其中有蹊跷：表层水温 11.8 ℃，往下 20 米，水温下降至 4 ℃，可是再往下，不降反升，30 米深处，水温居然达到 16 ℃！令人百思不得其解，甚至怀疑仪器出了毛病。

带着这一悬念，半个月后再次下水。根据藏北气温日较差显著、大风总是起自午后的特点，这一天范云崎、张知非、陈百明三人结伴，凌晨 4 时出发进湖，中午 12 时结束，连续 8 小时，南北纵穿 8 公里，超过 40 米水深的地方占一半航程，最大水深 58.7 米；实测十数个垂直剖面，证实了上次测量结果，错尼东湖果然存在罕见的不同温度层阶的独特水文现象！

时隔一年半，1978 年 3 月，中科院青海盐湖所专家们在错尼湖上凿冰测温，核实了这一重要的湖泊物理现象。后经湖泊学家、地热专家和盐湖专家共同探讨，结论指向该湖的构造成因——地处深大断裂带，湖底可能有地热水源补给。

有发现的欢欣鼓舞，也有专享命名权的骄傲。穿越藏北之旅中，范云崎为无人区好几个无名之湖命了名，其中一个叫“四汉湖”。为何叫四汉湖，乃因同行者共四位先生——范云崎、李炳元、陈宜瑜、陈百明。

藏北腹地马尔果茶卡考察则纯属搞笑经历。小分队在湖边扎下营盘的时候，没有谁意识到这个面积 70 平方公里的湖有何异样——湖周遭一道道不断退缩的湖岸线，湖滩地布满银白的盐碱壳，天蓝色湖水碧波荡漾——与所有湖泊一样美丽壮观。穿上深筒雨靴，携带超声波探测仪、半导体深水温度仪和野外检测水化学分析箱及救生设备，抬起充足了气的橡皮艇，为开船工作做足了准备。可是一群人前进了 200 米，水深依然仅有一两厘米。弃船而行，开始时还凌波微步小心探路，不久就大摇大摆，活像八仙过海。从此岸到彼岸花了俩小时，湖中心最大水深不过 5.5 厘米！原来这是一大盐湖啊！整个湖底铺满平整而坚硬的白色盐晶，与覆盖其上的浅水同一色调，科学家们不由得大呼上当：别说人走过，就是大卡车也可以如履平地吧！至于盐晶厚度，在湖心处打了 1.5 米的钻孔仍不见底，粗略估算，马尔果茶卡的食盐储量，足够西藏人民食用万年！当然，除了食盐，盐湖还含有芒硝、天然碱、苏打、硼砂等多种矿藏，还有稀有金属的锂、铯、铷等，俨然一座天然宝库。

一部藏北湖泊发生发展消亡史，就镌刻在由高及低的那一圈圈层次分明的古湖岸线上。去往文部盆地当惹雍错的几十公里路程，沿途两侧山峰都布满了清晰可见的湖水退缩遗迹，一层层湖相平台酷似露天体育场看台，只是体量更大。有人数过，总共 16 阶，有人说更多阶，不太明显而已。最高阶竟高出湖面 200 多米，令人不由得联想到自己正在当年的湖底世界遨游——没错，当年我几次往返这条路，并且已经得知当穹湖和当惹雍湖曾为一湖，现今一分为二。“历史走了上百万年，我只用六十分钟”，指的是车程。小诗《从当穹湖到当惹湖》

盐湖马尔果茶卡湖面如镜，可以映出倒影　李炳元／摄影

陈宜瑜（右）、范云崎在藏北高原才多茶卡湖滨分析水质　范云崎／供图

还写到两湖之间一系列山名：供果山、圆根山、虎皮斑纹山，恐怕都曾为湖中小岛吧！

羌塘，藏语，直译为“北方平坝”，泛指藏北高原。藏北高原湖泊群的消长盛衰无疑是青藏高原演化的历史见证。当高原海拔还在两千米左右时，气候温暖湿润，针阔叶林遍布，森林动物活跃。沿东西构造断裂带，藏北地区发育了一系列断陷湖，每逢高湖面时期，大水泱泱。触目可见的湖岸线，是长时间的波涛拍打出来的，是长时间的沉积物堆砌起来的，从这里可以遥想当年盛况：湖面该有多辽阔，湖水该有多深邃；从湖相地层发掘出来的动植物化石看，也可以得出水生动物和湖畔植物何等兴旺的印象。可惜胜景不再，高原隆升了，气候干冷了，古湖发生变化，一些消失，一些迁移，还有一些新生。这情形一直持续于地质第四纪两百多万年间。

距今大约几十万年乃至几万年前，虽历经盈亏演替，仍为藏北古湖的最后辉煌——“大水湖”时期，或如盐湖专家郑绵平院士所称的“泛湖河期”。这位资深专家的研究表明：第四纪早、中期，高原上河湖串联，当时西藏境内湖泊最大覆盖面积，一度占据总面积的 1/5 强，超出现代湖泊总面积 10 倍之多！以西昆仑南坡甜水海为例，延续到晚更新世中期“大湖期”的甜水海古湖总面积达 3000 平方公里；距今 4.5 万年前后，统一巨大古湖趋于消失，分裂成若干小湖，原先广阔的湖盆变成一片湖积平原。而该古湖遗存的现代多座湖泊相加，不过 410 平方公里，之间相差 7 ~ 8 倍。

甜水海古湖如此，古羌塘湖面积更大，13 万年前或距今 5 万年前后间冰期暖时段里，整个藏北高原湖泊数量不多，可以个位数计量，但皆为超级大湖，每一个体动辄数万平方公

西藏西部扎布耶茶卡，是古湖泊退缩为盐湖的代表　车刚 / 摄影

1995 年当选为中国工程院院士的郑绵平先生，是我国盐湖学及其矿业的奠基人和开拓者之一，长期担任中国地质科学院盐湖与热水资源研究发展中心和地矿部盐湖资源与环境研究开放实验室主任。1958 年第一次进藏，在藏北高原班戈湖畔一住半年，此后半个多世纪里致力于盐湖研究，相继在西藏扎布耶盐湖发现了新矿物天然碳酸锂（命名为扎布耶石）和含锂白云石，并发现了一种新型的、巨大的锂矿床；指导发现了一批硼钾锂矿床，并主持勘查了扎仓茶卡新类型硼矿；1989 年在西藏扎布耶盐湖主持建立了世界海拔最高的长期科学观测站并主持该盐湖超大型锂硼钾矿床综合开发利用项目（国家攻关项目）的工作。

里，例如现今西藏地区以面积之大名列前两名的纳木错和色林错，就曾连为一体，称“东羌塘古湖”。近万年来虽曾有过相对的丰水期，但总体处于持续退缩中，湖水减少，盐类聚集，淡水变咸，咸水成盐，或成为干涸湖盆，留下一道道沙砾堤、一处处浪蚀崖洞供后人观想。仅仅从 20 世纪末期开始，藏北高原上的较大湖泊复又进入新一轮扩张过程。

可见古湖变迁留痕又是古环境变化的佐证，所以区域调查之后，湖泊研究转向过去环境变化课题，被赋予全新内容。体现在“八五”攀登计划，是以古湖盆土壤剖面为主，做出几百万年、上千万年古气候环境演化序列；到“973”计划，湖泊岩芯的采集又成主要手段，这里涉及一个国际背景：深海沉积研究之后，国际科学界又把目光投向了陆相的湖泊沉积。

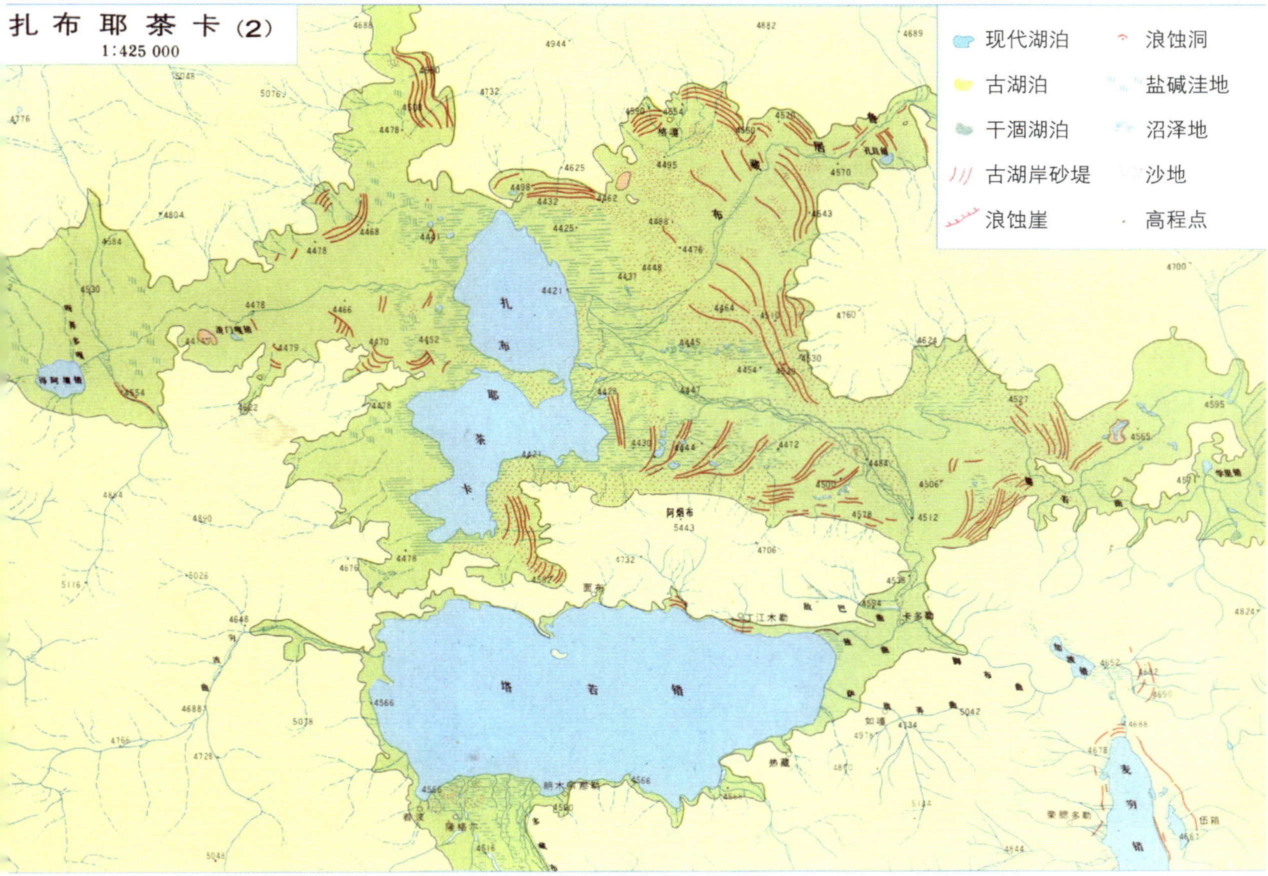

古湖泊退缩图——扎布耶茶卡　罗国社绘制并文，引自《青藏高原地图集》，1990

扎布耶茶卡也是藏北高原湖泊退缩痕迹保留最完整的湖泊之一，东部有 12 ～ 15 条古湖岸沙堤，退缩距离达 35 ～ 40 公里，是藏北高原所有湖泊中退缩距离最长的，也是藏北高原南部最低的湖泊，属构造陷落湖。最高古湖岸砂堤高出现代湖面 119 米。

青藏研究及时纳入这一国际前沿课题，将冰芯、湖泊沉积和土壤剖面作为研究过去环境变化之树的三个分枝，从中收集、汇总古环境古气候信息。李炳元和李世杰于 1987 年在甜水海打下两个浅钻，尽管只判读到几万年，但至少可见两方面意义，一是以较之深海沉积更为丰富、分辨率更高、信息量更大的优势，体现着它的科学价值；二是看来已经死去的生命，以被发掘的方式重新活过。尤为重要的是，青藏湖泊兴衰是一个纯自然过程，最少人为因素干扰，可以忠实反映数以百万年以来的古地理古气候环境与变迁，在科学的意义上具有弥足珍贵的价值。到现在，湖泊沉积研究吸引了更多年轻学者和团队，每年奔赴青藏高原这里那里，在大大小小的湖泊中钻取岩芯。沉积物中无废物，所有一切从土壤颗粒到化石的孢粉、昆虫、微生物，无不在显微镜下重现一个曾经的世界，从而判读出很久很久以来的干湿冷暖。以此说来，高原湖泊是物质的富矿，又何尝不是科学的富矿。

现生的鱼，化石的鱼

把西藏鱼类专列一节，说明它很重要。当高原隆升作为新命题提出之后，是鱼类学家率先拿出了靠谱的证据。这其中的道理，未必需要多么高深的专业知识，单凭日常生活经验也可理解：随着地势的抬升，大冰期降临，生存环境日益严酷，高原面上的物种众生能够存活至今实属不易，可是鸟儿有翅膀可以远距离迁徙，四脚兽类也会找到避风低地躲避寒冬，只有鱼，无处可去，五冬六夏、世世代代困守水中。恰好因了这等别无选择的局限性，其特化过程就成为印证高原隆升诸阶段的指示器，较之飞禽走兽多出了一项优势。

说它重要，还有一原因：这一领域成就了两位研究者当选中科院院士。虽说两位的业务建树不限于高原鱼——在保护长江珍稀、特有鱼类尤其中华鲟方面，可以听见曹文宣先生的权威发言；说到珍稀濒危动物白鱀豚研究的开创者、淡水和海洋水域生态系统联网研究的主要学术带头人等等，则必提陈宜瑜。但青藏经历无疑是他们科学生涯的起点和重要一章。陈宜瑜后来继续从事业务带学生，同时转向科学管理，参与顶层设计，担任中科院副院长期间，亲自指导操办了青藏高原研究所筹建事宜；后来担任自然科学基金委员会主任，把握科研方向，掌管项目决策，皆属相当重要的高阶岗位。

两位专家均为科班出身，当年同在中科院武汉水生生物所供职。年长一些的曹文宣参加过20世纪60年代珠峰科考，被选拔为青藏队首批队员，连续两年出队，已是年届40的岁数，尚未成家。恋爱长跑该有个结果了吧，于是所里明令曹文宣留下结婚，另外派员接替。就这样，陈宜瑜上阵，1975年活动在喜马拉雅南北，次年青藏队兵分四路进发西藏各地，曹文宣归队，这二人一在阿里分队，一在藏北分队，全都属于高原上的高原，裂腹鱼严重特化地区。

河里的鱼，湖里的鱼，青藏高原河湖中的土著鱼一般无鳞，只在鱼肚下方保留两排较大鳞片，仿佛肚皮开裂，被形象地归类为裂腹鱼属。属之下种类有裸鲤、裸裂尻鱼等等，青海湖里的鳇鱼也是，均为青藏高原特有种，同属第三极地区的印度、巴基斯坦和克什米尔高海拔地区亦有分布。为何高原独有而平原地区不见？过去曾有英国人和俄国人做过一些工作，但真正系统研究并揭示其生存之谜，集中在这一轮考察过程，尤其得益于板块学说和高原隆升新理论指导下的重新认识——

青藏地区高峻之前，裂腹鱼的祖先跟鲤鱼、草鱼长相差不多，同属淡水鱼类鲤科、鲃亚

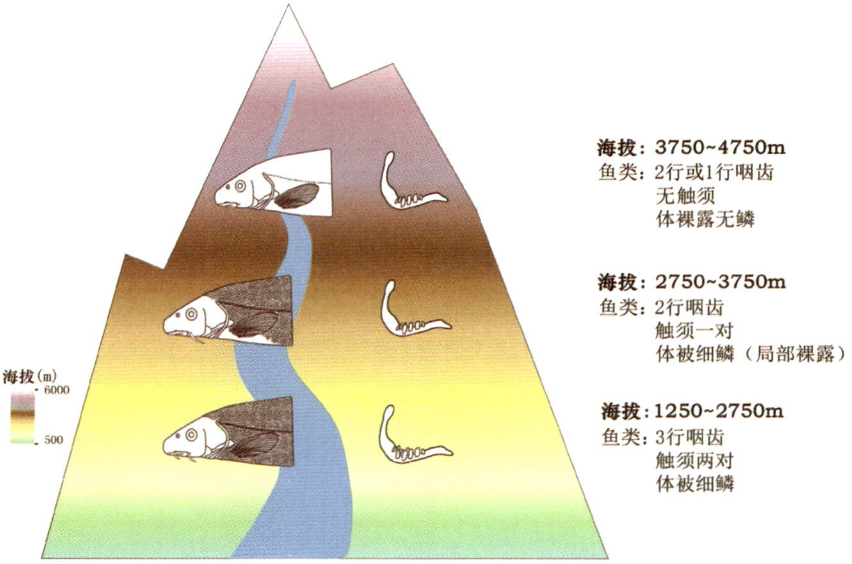

裂腹鱼类演化的阶段性与青藏高原海拔关系示意图　孙赫英／绘制

特化程度与海拔高度呈正相关，高原裂腹鱼粗分为三大类百余种，分布区由外而内呈现三个同心圆：最外圈高原边缘地带，是原始鱼群祖先种的根据地，应当是在高原腹地从千米高度开始隆升时，最先撤出的一批；位居海拔 3000 米左右第二圈层的，是跟随地势的持续抬高而没有离开，适应环境的结果，表现在已有改变，仍算比较原始的裂腹鱼；极限坚守，也是特化最厉害的在海拔 4000 米以上高处。创造鱼类生存世界纪录的是一种小鳅，不过生境非冷水，是在龙木错湖畔的温泉里，地点在藏北高原西南侧，西藏阿里地区日土县，海拔 5200 米。

科，何以特化成这般模样，说来话长。简言之，适用于用进废退原理，外部形态和生活习性随环境改变而改变。比如说，演化特征中最显著的“裸”：气候变冷，水温很低，越冬蛰居长达半年，即便暖季白昼，为躲避强烈紫外线辐射也需潜入洞穴，导致体鳞局部乃至全部消失。那么触须何以退化呢？实因觅食时间如此之短，食物来源又少，哪里来得及选择喜欢什么，不喜什么，正可谓饥不择食，生活习性随之改变，成为杂食类群，努力在暖季摄取尽可能多的营养，供漫长严冬消耗。如此一来，祖先用于分辨食物的触须还有何用，牙齿也相应减少。

由此可知增长缓慢，是鱼类中的侏儒：好几岁的年纪不及平原地区几个月的个头。生命活动降低，产卵量稀少，不及平原地区 1/10。

荒寒的藏北腹地，有一个名叫昂达尔的小湖，面积总共 41 平方公里，一条沙坝将之二分，俨若两个世界：西湖完全封闭，蒸发大于补给，每升水中含盐量高达357克，水中既无水草亦无鱼，缺乏生命迹象；东湖海拔4863米，竟成天上飞的、水中游的一众生灵的天堂。湖心沙洲3000平方米鸟岛，聚集着斑头雁、棕头鸥、赤麻鸭多种飞禽，正值孵育季节破壳而出阶段，生机盎然。湖水含盐量极低，每升仅2克稍多一点，几近淡水尚可饮用，且水中生物之多，足够鸟类享用，也让鱼类专家喜获丰收，一网下去几十条——这可是接近冷水鱼极限生存的高度了。

往北到可可西里，大部为寒旱地区高浓度盐湖，越发不适于鱼类生存；可可西里再往北，直到昆仑南缘，历尽艰难途程的陈宜瑜，最大的发现是“无发现”，唯有少量顽强的所谓“低等”生命如跳虫之类标本可采。

特化过程也与隆升阶段相匹配。在藏北高原伦坡拉盆地海拔4550米的地层中，陈宜瑜发现了鲤科、鲃亚科鱼类化石，经鉴定为新属新种——随海拔渐高正在适应演化的原始近裂腹鱼属。所在地层在地质学上被划分为丁青组，属地质第三纪一两千万年前。这个新属的鱼化石与同纬度平原地区温暖水体中同类的最大区别，是脊椎骨数目增多，典型冷水鱼特征。

伦坡拉盆地位于西藏班戈县和双湖特别区交界地带，面积4000平方公里，海拔4700米。新生代沉积总厚度达4000米，其中丁青组地层近千米，沉积物中产出丰富的动植物化石，包括介形虫、腹足类、昆虫、鱼类和孢粉化石，被视为研究古高度、古环境的理想地区，所以2009年起，中科院古脊椎所的专家在此进行了连续两年的工作，在丁青组中上部发现了第一件哺乳动物化石——原始犀类，近无角犀。判断其年龄在1800万年至1600万年之间，其地古海拔高度可能接近3000米；同时发掘出保存完美的鱼、昆虫和植物化石，可见彼时气候环境较今变化之剧烈。

化石攀鲈现身于距今2600万年的地层中，连同生存之地古环境一并被揭示：棕榈啊，菖蒲啊，天南星科的水生植物……热带—亚热带气候环境；一并被揭示的还有古高度：估计其时的伦坡拉盆地海拔不可能超过2000米。

鱼类何时消失在藏北高原腹地？换言之，环境发生了怎样的改变，致使这一物种消失？后续的研究团队给出了答案。2005年中美合作古生物考察，在高原北部柴达木盆地，300万年前的古盐湖沉积地层中，发掘出一批鱼化石，5条完整骨架中有3条身长超过半米。令专家们大吃一惊的是它们异乎寻常的骨骼，之粗大，几乎不存在可供肌肉生长的空间。继续审察，往下更老地层中，也有鱼化石，但并无骨骼变粗迹象；而在此之上，300万年以来地层中，则再无鱼化石踪迹。由此得出结论之一，它们是柴达木盆地最后的鱼；结论之二，它们是天天喝着“石灰水”长大的鱼——所在地层富含碳酸钙（石灰）和硫酸钙（石膏），所

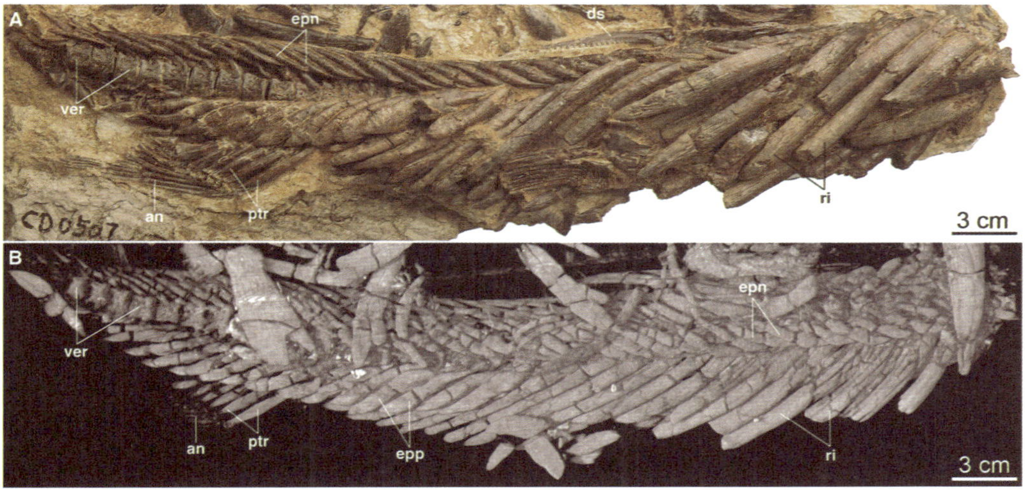

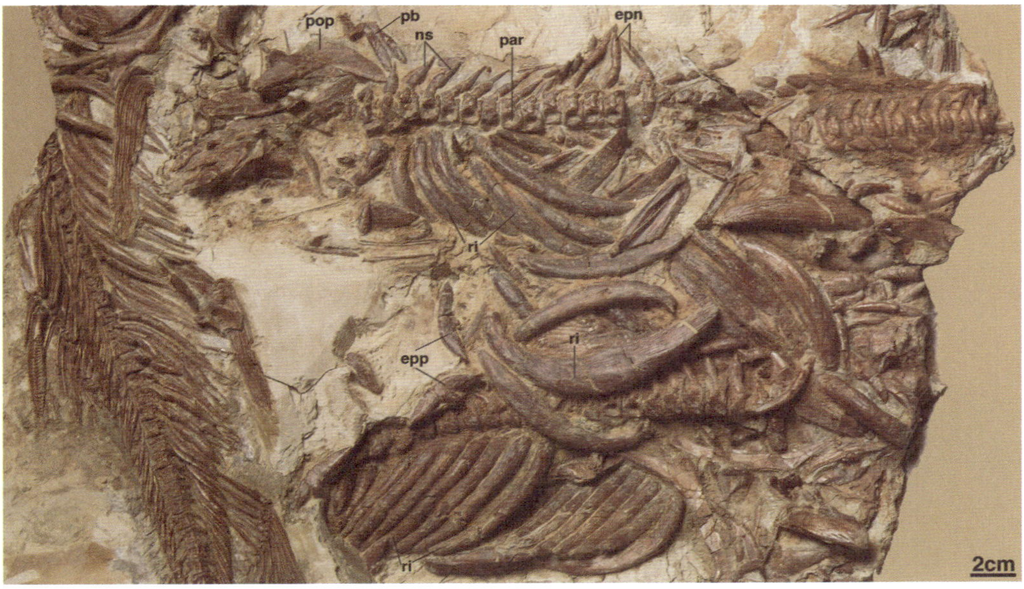

伍氏献文鱼化石，不可思议的粗大骨架　邓涛 / 供图

“伍氏献文鱼”的发现是中国国家自然科学基金委和美国国家科学基金会双重支持下的重大科研项目新成果之一，其意义不仅限于为柴达木盆地的干旱化过程提供新证据，更在于它超越了传统的古生物学研究，把化石鱼类和现代鱼类的系统学及生理学方面的现象与古环境研究联系起来，是多学科综合研究的一大尝试。合作论文刊载于 2008 年 9 月 9 日美国《国家科学院院刊》。正式发表前一个月，该院刊网络版即以醒目标题《发现于柴达木盆地的骨骼超常粗大的鱼化石及其与干旱化的联系》，先行发布报道。

张弥曼院士领衔的中美合作团队，主要研究人员包括美国洛杉矶自然历史博物馆王晓鸣博士、中科院武汉水生所刘焕章博士、美国堪萨斯大学苗德岁博士等。

在环境和应对努力已臻极限，可怜最后的鱼群一直坚守到再无可供产卵的淡水流入，直至连高钙环境中的苦咸湖水也干涸，无意间成为柴达木盆地古气候环境剧变的见证者。

这一鲤科裂腹鱼亚科的新属新种被命名为“伍氏献文鱼”，以纪念我国淡水鱼类研究奠基人、中科院院士伍献文先生。

现代渔夫在西藏的河川湖泊张网时，并不了解国际生命科学的一支——历史生物地理学正在兴起。该学派主张以生命现在进行时的某个瞬间，以生命进化过程及其分布情况，去解释地球发展史。不了解是因“文革”期间对于外界信息的屏蔽，然而不了解人家的，却已不谋而合地实践了，并拿出了实证：西藏阶段的科考告一段落，两位专家的论文《裂腹鱼类的起源和演化及其与青藏高原隆起的关系》发表，并在 1980 年召开的首届青藏高原国际研讨会上宣讲，体现的理念正是生命进化与地球演化同步现象。被视为中国生物地理学从描述向解释发展的第一篇论文，同时也契合了当时的国际前沿，连与会外国专家也不由得赞叹。

这个新学派还有一理论，关于“隔离分化”。在接下来的青藏队横断山考察中，陈宜瑜研究了泸沽湖和程湖的鱼类区系形成历史，提出可用以解释云贵高原特定湖泊区系起源的同域成种进化模式，及边域快速成种的实例，在研究实践中丰富了隔离分化理论。

好一条喜马拉雅地热带

地热是来自地球内部的一种天然热能，与太阳能、风能等新能源一样，是清洁能源、可再生能源。地球内部热量通过地下水和熔融岩近距离涌至地壳，热力得以传导地面。地热异常区或称地热带，主要分布在板块生长、开裂的大洋扩张脊和板块碰撞及其消减、衰亡带部位。据现有资料，中国地热资源量占全球地热资源总量的1/6；西藏是中国地热活动最强烈地区，地热储藏量居全国首位，700多处地热显示区中，近半数具有开发利用价值。其中高温地热资源，在全国总量中占比80%，羊八井地热田是中国最大的高温湿蒸汽热田，率先进行了地热发电的可贵尝试。

西藏境内地热点，在青藏队到来之前，记录在案的仅有46处，4年探察下来，足足超出十几倍，700多处，并且类型丰富、表现强烈——数百处地热显示区计有20多种水热活动类型，几乎集合了地球上为人所知的地热形态全部样貌。虽然整个高原不存在现代火山运动，但地热显示强度不亚于现代火山区，想必是板块之间强烈的水平挤压，在高原巨厚地壳之下可能存在局部的地壳重新融熔所致。重熔的高温岩浆及超变质活动就成为水热活动的稳定热源，在地下奔突运行，在超强压力下寻找地壳薄弱处冲腾而起，表现形式难免任意，率性为之——有常规的热泉热水塘，更有沸泉、沸喷泉、喷气孔、间歇喷泉乃至水热爆炸等极端形式。丰富而活跃的地热现象与高原隆起密切相关，提示着当下青藏高原年轻的大地构造运动仍在进行当中。

当初章铭陶首提增加地热考察内容，出于资源调查、填补空白的需要——进入20世纪70年代，全球地热分布图上的地热条带大致明晰，唯有地中海地热带在穿越青藏高原时虚位以待，让他耿耿于怀。将虚线变实线，遂成最大梦想，至于开发利用，似乎遥远。没想到的是，第一年大峡谷首次考察中“顺带”进行了地热考察，于年底向自治区政府汇报大峡谷水力资源情况时“顺带”汇报了地热情况，却引发了十分积极的回应。时任自治区政府副主席郭锡兰当场就说，能不能再看看其他地方有没有，比如拉萨附近。西藏啊，就缺能源，要是不能发电，哪怕提供热水洗澡也是好的。

说这话的时候，世界第一次石油危机尚未正式显现，包括地热在内的新能源开发尚未摆上各国政府日程。当然西藏与这些背景无关，西藏自有其现实的焦虑。且不论广大农牧区如

羊八井地热田 章铭陶／供图

羊八井热水湖。这个热水湖应当源于历史上的一次大规模水热爆炸，再由地下热水补充而成。羊八井热田开发后，地下热水的水位下降，压力减小，致使热水湖渐趋干涸

羊八井位于当雄县境内，念青唐古拉山前盆地，海拔 4300 米。地热田面积 15 平方公里，计有温泉、热泉、沸泉、热喷泉、硫质气孔、冒汽地面、热水湖塘、热水沼泽、水热爆炸等。1975 年随着中国大陆第一口湿蒸汽井在羊八井诞生，开创了国际上利用中低温地热发电先例。据 1993 年统计资料，西藏地热发电总量已超过 6 亿千瓦时，年发电量达到全区发电总量的 24.3%，占当年拉萨电网的 48.3%；已开发利用的地热资源总量相当于 8 万～10 万吨标准煤。同年，深部热储的评价工作也在进行中。这一清洁的可再生能源开发事业成就了中国工程院第一位藏族院士——多吉。他主持完成羊八井热田深部高温资源开发性勘查项目，负责实施完成热田深井 ZK4001 孔，单井发电潜力达 12.58 兆瓦，是我国第一口地热高产井。

何缺柴缺电，首府拉萨也是一样的窘迫无奈：有限的水力发电在冬季枯水季节停摆，火力发电连照明都难以保障，整个市区分片区轮流断电每晚上演，更不必说烧电炉用电器了。所以一旦得知羊八井具备地热发电潜力，没有片刻迟疑，西藏决策层第一时间拍板：马上进行可行性论证。

来自西藏地方的期待感染了青藏队，第二年出队时增设地热组，章铭陶从母校北京地质学院请来 6 位教师同赴高原，主要活动在拉萨和山南两地市。这一年最大收获是发现了羊八井地热田，而且距离拉萨市区很近，仅 90 公里，就在青藏公路边上，交通方便极了。

不过这一年结束的时候，章铭陶还是更换了“搭档”。说来也巧，正当他们踏遍雅鲁藏布南北寻访地热过程中，另有一支团队在横断山区东南缘也在做着同样的工作——北京大学佟伟率队在云南腾冲进行地热调查，刚刚收队归来，章铭陶登门拜访，热情洋溢中达成合作意向。1975 年再出队，不仅搬请来这个团队原班人马 7 位研究人员，还带来 4 位在读学生，地热组一下子扩充到 12 名成员。这一群真是又专业又敬业，佟伟带队主攻羊八井，与西藏地矿部门一起，做电力开发前期工作，章铭陶则带着两三位学生继续跑面，主要活动在被称为后藏谷地的日喀则地区多个县份，一举拿下 93 处地热出露点!

待第四年阿里地区工作完毕，章铭陶终于全线完成沿喜马拉雅以北的地热调查。而这一线正是西藏地热带集中分布区：在两大板块交接处的喜马拉雅弧形山系与冈底斯—念青唐古拉山脉之间的藏南谷地，从西部狮泉河河谷到东部横断山区，呈东西向 2000 公里展布。待到接下来的横断山脉考察结束，章铭陶自豪地将之命名为“喜马拉雅地热带”，终将虚线变实线，让它从高原西部经伊朗、土耳其、意大利，连接地中海地热带；让它向东向南经云南西部和台湾岛，穿过缅甸、马来西亚、印度尼西亚，连接环太平洋地热带——至此，环球地热带的图像总算完整，章铭陶长舒一口气，内心不由得升起一种叫作成就感的东西。现在可以这样表述了：环球地热带主要有 4 条——

环太平洋地热带：是世界最大的太平洋板块与美洲、欧亚、印度板块的碰撞边界。

地中海—喜马拉雅地热带：是欧亚板块与非洲板块和印度板块的碰撞边界。

大西洋中脊地热带：位于大西洋海洋板块开裂部位。

红海—亚丁湾—东非裂谷地热带。

从当时的地热开发到后来主持西藏区域规划，若问这位主修水文地质出身的水利专家，何以总能得风气之先？回答是：自有其家世渊源。由于他的父亲供职于中国医学科学院图书馆的便利，章铭陶得以在少年时代就从《美国国家地理》见识过黄石，在那个美国、也是全世界第一个国家公园里，壮丽无比的地热间歇喷泉给他留下了深刻印象；从《旅行家》一类

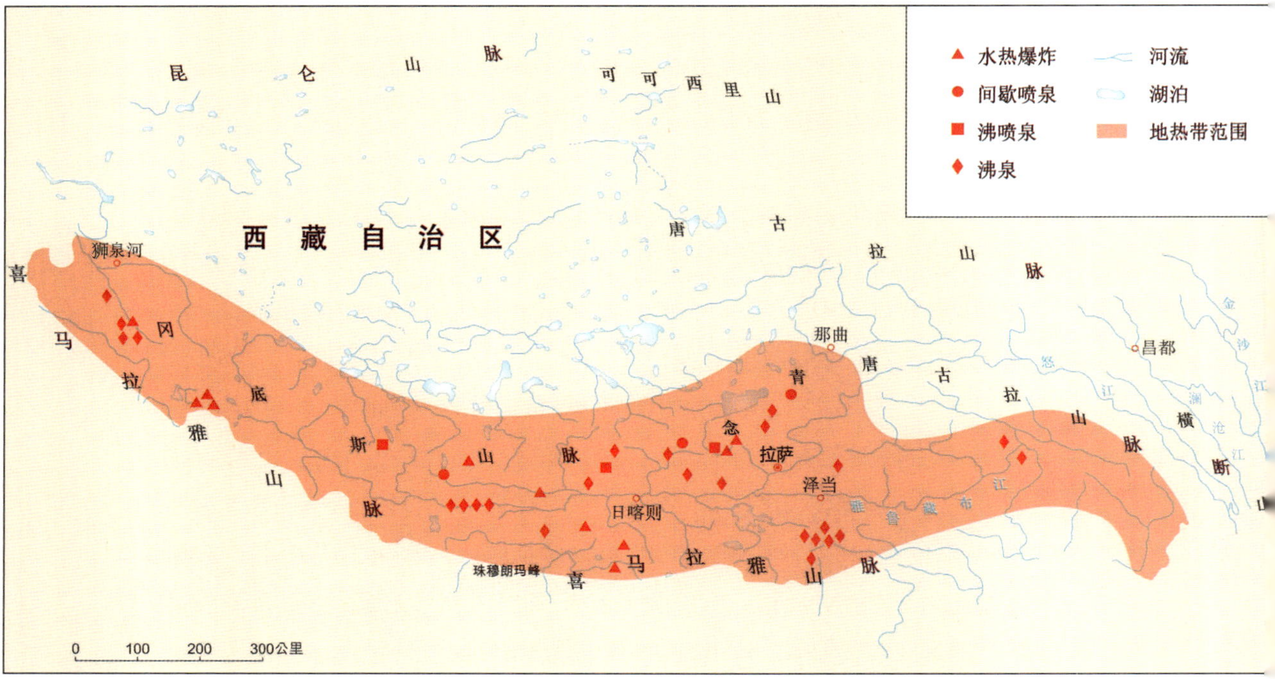

喜马拉雅地热带在青藏高原上的位置示意图 引自章铭陶主编《中国大地》，1991

杂志上读到过西方探险家的故事，则助其励志成长。北京地质学院的大学时代健康阳光，不仅担任过合唱团指挥和乐队指挥，担任过棒球队队长和投球手，还获得过国家跳高三级运动员资质。这些经历当属内外兼修，就仿佛为终生守望高原做准备。

优雅时尚不妨碍在最艰苦地区做一个最能吃苦的人。1975 年的章铭陶是在马背上度过的，一年内实地考察过 93 个地热点。9 月间在谢通门一带活动，为了考察某个间歇喷泉，焦急地等到马匹已是过午。即刻出发，天黑时到达目的地查布。连续观察一昼夜，几点几分起喷，几点几分结束，历时几分几秒，24 小时内共记录 208 次喷发，喷高 7 米。

——14 年后的 1989 年，当章铭陶为“一江两河”中部流域综合开发工程做规划，再度到达查布间歇喷泉，发现喷发规律改变：每天仅喷发 4 次，喷高却达十数米，最高 20 米，气势宏大，震撼人心！确切地说，这一改变实为复原：据当地人回忆，查布温泉从前就是每昼夜喷发 4 次的，1959 年地震以后，不仅泉口位置移动了百余米，且喷发频次骤增；前些年不知怎么了，忽然恢复了老样子。

最壮观的间歇喷泉位于昂仁县以西，接近阿里地区，海拔 5000 米。7 月下旬，章铭陶一行策马来到雪山下的搭各加水热区，那里有 4 处大型间歇喷泉。7 月末内地正值盛暑，但在这高原深处，当晚就被大雪压塌了帐篷。从“雪被”下钻出来，但见大地银装素裹。置身雪原观看热泉腾起，云蒸霞蔚，冷与热奇妙组合，那壮美简直无以复加。4 处间歇喷泉中，最勤奋者是最大的那处，它无时无刻不在喷发，高高低低，起起落落，待它铆足了劲儿，就来一次竭尽全力的突击。第二天下午 3 时，最强劲一次喷高为 20 米！那一刻劲风裹着蒸汽团劈面而来，仪表面顿时模糊不清，测温探头被强大气浪掷向半空，最终也没能测得水温。在场者手、脸所有暴露部位都被热暴雨烫红了，但是心潮何其澎湃——这可是当时在中国、在亚洲发现的最大间歇喷泉啊！

第二处、第三处较稳妥守规矩，间隔五六小时喷发一次。只有第四处喷泉惰性十足，让他们足足等了 30 多个小时，方才以奇异姿态斜向喷发，呈抛物线状落在河对岸，宛如架起一座彩虹桥——这座虚拟桥每隔 30 个小时存在 25 分钟。

搭各加当时是亚洲大陆最大、世界海拔最高的间歇喷泉群，它的发现，一度使中国跻身于全球少数几个拥有大型间歇喷泉群的国家之一。但当多年后章铭陶旧地重访，却发现盛况不再：尽管西藏地矿局已将搭各加间歇喷泉群列为保护对象，但 1998 年因当地修路及建设小水电等影响，还是造成了人为破坏，喷高降低，不再享有“之最”资格了。取而代之的，反倒是谢通门县境内、于 1989 年改变了喷发规律的查布间歇喷泉，其喷高迄今仍为中国第一。

来自地球深部的动力，作用于地表之下的水，同构西藏地热奇观。在人们视线之外，它们千姿百态地自我表现，只让不畏艰辛的人一睹尊容，向之喝彩。这支大自然交响曲最恢宏的一章，体现在水热爆炸。此前这一水热活动形式未见报道，为西藏所特有，也由章铭陶在西藏西南端的普兰县境内首次发现，并为之命名。但水热爆炸现象极为罕见，极不规律，可以每年喷发几次，也可以几年十几年才喷发一次，所以走遍了西藏的章铭陶最终无缘一见。或者说，他刚好错过了一次机缘：在玛旁雍错附近的普兰县霍尔区，听区委副书记说起前不久才发生的一幕：1975 年 11 月 12 日傍晚，他跟随牧人收牧归来，行至塔格藏布河畔，忽听一声巨响惊天动地，牛羊登时四散奔逃。只见曲普方向烟雾弥漫，一股巨大烟柱腾空而起，直冲云天。“就像原子弹爆炸那样”，这位目击者形容说，足有八九百米高呢，过了一阵子才变成一团黑云飘走。爆炸中抛出的石块，足有平底锅那般大，落在 1 公里开外的塔格藏布河对岸……

闻听此言，章铭陶一行当即兴冲冲赶赴塔格藏布河谷。在河流注入玛旁雍错的河口附近，热气蒸腾，一片片高温水热活动区呈现眼前：泉华地貌参差起伏，圆形热水塘星罗棋布，一串串爆炸穴口彼此连接，恰似一群复式火山口，看来此地曾多次发生水热爆炸。在泉华丘西北侧，终于找见最近这次大爆炸的新鲜遗迹——一个直径大约 25 米的圆形沸水池，气雾笼罩下，隐约可见两处翻涌不息的湍流区。沸水池周遭，围起高约 5 米的砂卵石层，想来是被水汽之力从地底掀翻至此。章铭陶揭示了水热爆炸现象的机理：与间歇喷泉在成因机制上有继承关系，出于某些复杂的原因，热水变成蒸汽，体积膨胀数百倍，所产生的巨大膨胀压力，足以于瞬间掀开热储盖层，形成爆炸，表现为水热活动中最为激烈的形式。

气质和个人兴趣接近艺术家的章铭陶，虽说具有绅士风度，但在反差很大的环境里工作，不免时常洋相百出。他本是青藏队公认的善骑者，不想在萨迦县考察一处水热爆炸地点返回途中，天太黑加上速度快，待看到眼前深沟时，吃惊的马收不住脚步，仓促一跃中，将

曲普水热爆炸穴口　章铭陶 / 摄影

骑手重重摔下。快到县城了，同行者才发现马背无人，赶紧回头寻找。昏迷中的章铭陶被抬回县医院，由山东援藏的老大夫彻夜守护。次日苏醒，记忆暂时丧失，醒来第一句话就问这是什么地方，咱们干吗来了。

那一次从谢通门到南木林，沿冈底斯山脉考察，换马不换人，骑马走了整整一个月又半个月，一天中翻越两三座雪山的时候也是有的。一位向导得了雪盲，只好用马尾临时编个眼罩戴上。生怕另一位向导也雪盲了，章铭陶让出墨镜，自己则手抓马尾闭眼赶路。高山缺氧，连马都不肯前行，就用刀背敲打马屁股。这一年中秋节是在南木林山野度过的，为了寻找最后一处沸泉，在那个月亮又大又圆的美好夜晚，四个人露宿在一个没了屋顶的房框里，食物呢，仅有两个圆根（蔓菁，像萝卜）。清冷而丰盛地沐浴了一夜月光，只是饥肠辘辘。最可怜的是章铭陶的助手，来自北大的学生小戴，大小伙子看起来饿得好苦。多年后时常忆及，月光下的山野多么诗意，同时想起来的还有饥饿感。

青藏队时期的章铭陶　本组图片由章铭陶提供

目前中国境内最大的喷泉——查布间歇喷泉

藏南措美县布雄朗古热水区中的瓮形热水塘

历史气候学的西藏应用

历史气候学是一门研究历史时期气候的科学，旨在通过考古发掘和文字记载，研究揭示人类活动数千年间的气候环境变化。在中国，这门学科的创建者是竺可桢先生，早在20世纪20年代，这位学贯中西的地理学、气象学大家业已开始发表古代中国气候变迁论文，集半个世纪研究之大成的里程碑式专论《中国近五千年来气候变迁的初步研究》，充分体现出对于中国浩瀚史料的借助：从经史子集到方志游记，穷搜百代，广征博采。所集“大成”，还包括近现代考古材料，并与世界多国气候变化资料相印证，最终初步构建起上下五千年中华大地气候变化轮廓。

竺可桢先生

竺可桢先生于1925年发表《南宋时代我国气候之揣测》，是根据南宋春季终雪日期较迟，大寒年份较多的事实，推断当时气候比唐代、明代和现代冷，同时分析了太阳黑子对气候变迁的可能影响。至30年代接连发表相关古代中国气候变迁的论文，分析我国东部两千年来水旱资料，赞同气候波动说。1961年发表《历史时代世界气候的波动》，追溯历史时期各国水旱寒暖转变波动历程，以中国历史上的寒冬与欧洲记录相比较，从而发现17世纪后半期长江下游寒冷期与欧洲“小冰期”相一致。《中国近五千年来气候变迁的初步研究》，最初是以英文稿参加1966年罗马尼亚科学院百年纪念会的学术报告，后经补充修订，中英文定稿分别于1972年、1973年发表在《考古学报》和英文版《中国科学》。该文系统论述我国温度变化轨迹，指出5000年中的前2000年，黄河流域年平均温度比现代高约2°C，冬季温度高 3 ~ 5°C，与现在长江流域相似；后 3000 年有一系列冷暖波动，每个波动约历时 400 年至 800 年；并认为气候波动是世界性的。专著发表，在国内外学术界引发广泛热烈反响，美、苏、英、日各国报刊竞相介绍。诚如日本气象学家吉野正敏所言："在气候学的历史中，竺可桢起了巨大的作用。经过半个世纪到今天，他的论文仍然走在学术界的前面。"英国《自然》周刊："竺可桢论点是特别有说服力的，着重说明了研究气候变迁的途径。西方气象学家无疑将为能获得这篇综合性研究文章感到很高兴。"

行文至此，又要提到徐近之先生。20 世纪 50 年代末完成《青藏高原地理资料》4 册编写任务后，徐先生即转向历史气候学研究，对全国各省地方志文献中的气候史料进行系统摘录，结合野外踏勘，到 1982 年病逝前，整理出 24 个省份 300 多万字的气候历史记载，由南京地理所陆续推出铅印本。伴随这一过程，这门学科在 70 年代被推向一个高峰，以全国范围内图书资料机构大协作为特色，利用古代文献，重建各地历史时期的连续气候序列，真正蔚成"气候"。气象学家林振耀、吴祥定随青藏队出征正当其时，首要目标是西藏自治区档案馆。

西藏自治区档案馆馆藏十分丰富，自元代以来以藏文为主的各类档案多达 300 余万件，内容包罗万象，其中不乏有关气候变化、自然灾害以及异常天象的记录。这类颇具科学价值的记载固然未必有意为之，而是主要出自受灾地区请求地方政府减免徭役赋税的呈文报告，然而行文中对于所受风、雪、雹、水、旱、虫灾等灾情及受损情况的描述详细，不意间成为宝贵的第一手资料。作为历史气候学在西藏地区的首次实践，发掘这座历史资料信息库的意义不言而喻，但困难比想象的更多，工程量极其浩大：数百万件档案的编目工作只进行了一小部分，需要从故纸堆里从头翻检查找，藏文原件也需要翻译。所以最初的兴奋过后，重新调整方案，最终成为西藏自治区多家单位参与协作的大项目，成果体现在由自治区档案馆、西藏社科院、西藏农牧科学院、中科院地理所等单位联合编译出版的"西藏地方历史档案丛书"，包括《灾异志·雪灾篇》《灾异志·水灾篇》《灾异志·雹霜虫灾篇》等等。这些来自数百年间的历史信息提供了难得而宝贵的研究资料，例如《雪灾篇》就收录了自 1824 年以来西藏各地发生的 50 余次大雪灾。

20 世纪末，西藏自治区地方史志编纂工作首次启动，多亏了这些经过整理的藏文历史档案信息，包括青藏队编写的科考丛书数十卷，都成为基础资料，现成地纳入各地、县志书和行业志书的自然地理概况、历史事件中，否则面对一大堆原始资料，真不知从何入手。

地方史志的编纂同时借助了社科界、藏学界对于涉藏史料的搜集整理，我们的气象学家也从中受益。汉文史料汇编中，清朝驻藏大臣有泰的日记可谓"至宝"，32 册共 40 万字。这位有心人1903年12月19日（光绪二十九年十一月初一）自四川巴塘起程赴任，经芒康—察雅—昌都—边坝—工布江达至拉萨，历时53天，每日一记：这一天走了多少里程，天气的晴雨风雪，沿途山川植被如何……但凡目之所及，身心所感，一无遗漏；驻留拉萨三年仍是每日必记，阴晴冷暖，可以详尽到单、夹、棉衣的更换。两位专家据此做了专业梳理和研究，列表统计1904—1906年间拉萨气候状况：池塘的封冻、开化时间；降雪的始、终日和降雪日数；不同月份的衣着增减、夏季每月降雨天数。物候现象包括花草、树木、农作物和鸟类，桃、李从花蕾初绽到花盛花谢；柳叶、草叶从展叶到黄枯落叶；候鸟迁徙，雁群哪一天飞来，哪一天离去……

观察细致，心思精致，常人难及，可惜了生逢衰世，又选错了职业，有泰其人为官做人名声不佳，殊不料为后人留下这样一笔遗产，总算有功。不光为专家们绘制历史时期物候图提供了佐证，也为林振耀、吴祥定编著的《青藏高原气候纵横谈》增添了生动一节。以物候现象而论，大致表明20世纪初期的拉萨气候冷湿，其后大半个世纪至七八十年代，经历了干暖化的缓慢变化，这一点与同时期孢粉分析、树木年轮及借助其他材料得出的结果基本吻合。

林振耀1974年加入青藏队，第一年跑面，从川藏公路进藏，一路查阅有泰日记，留意沿途气候景物。及至拉萨，一切新鲜：与气候有关的，天有多么蓝，阳光多么强烈，空气如此纯净，名副其实“日光城”，全年基本无雾、无霾，日照时间相当长。长到何种程度，自有观测数据表明。全年日照时数长达3005小时，而同纬度城市如宁波，2000多，重庆1000多。后来再去日喀则，发现那里的日照时数较之拉萨延长200多小时。再往西，过定日到阿里噶尔县，阳光越发灿烂，年均时长3370小时以上！还有拉萨的夜雨现象。确实，70年代的夏季拉萨，几乎每夜必雨。即便傍晚夕阳灿烂，不久便乌云密布，大雨如注；持续一夜，黎明时晴空万里。那时的拉萨夜雨率高达80%以上。80年代末期以来，受大尺度气候变化影响，雨季中拉萨白天夜晚随时降雨，而且气候变暖，冬天的风季时间缩短，风力大为减小。气候学家对于气候、气温变化是敏感的。林振耀进藏不久，就搜集到一首民谚：“高原气候变无常，一日需备四季装；山上鲜花山下雪，中午烈日早上霜。”观察者更是亲身体会到一天内的气温变化，每到一处必记日较差：藏北最大可达22 ℃，拉萨18 ℃。这是冬季，夏季日较差相对小一些。这些气候现象，虽为西藏常识，但是气象学家们予以量化并做出理论上的解释。

气象学讲究一个“测”字。当时全西藏的气象观测站点不多，且建站时间短，资料有限。所以每到一处，必先安放简易百叶箱，做短期记录。长期记录也有，采集树木年轮，高大长寿的古树有望成为气候历书。这两位气候学家用心物色可用之材，一点一点地前后续接。运气之好犹似神助，正赶上1974年大昭寺翻修，替换掉相传为唐代建寺时原装的梁柱。这可真是千年等一回的天赐良机，不失时机向西藏文物部门提出申请，获准截取了一段。回北京做碳 14 测定，果然是 1300 多年前松赞干布、文成公主时代旧物，自身年轮 600 年，正好将气候序列向前推至两千年！

亲自采集标本毕竟有限，遂请分赴各地各学科队友代劳。林先生准备了一批树木年轮取样钻，分发给隔了行的热心人。比方说，年轻的冰川学家张文敬、单永翔十分乐意接受这一有趣任务，一经点拨就掌握了技巧，只需将直径 0.5 厘米的钻头旋入树干一半深度，一根完整的树芯标本就算完成，既省工，又不至于伤害树木。只是选择样树有讲究，不能选择森林中间的，水土条件优越的，那样的年轮反映不出气候的冷暖干湿；要选就选在海拔 4200 米森林上限附近的，或是森林与草原过渡带的，那样的年轮对气候反应敏感……大家一一领命而去。收队时各组再把采集到的树芯连同地理位置、生长环境等记录交给林、吴二人。

由于林振耀性格热情，又总是三句话不离本行，按照青藏队惯例，他得了个外号叫“气候谝子”。“谝”，北方话“摆谈”之意，这个外号有点儿调侃，所以这样叫他的时候就忍不住发笑。而外号只是野外的外号，一旦回城，大家为人师表，就不好乱叫了。但每当张文敬他们进京面见，口称“林教授”时，又忍不住咧开了嘴。林先生心领神会，赶忙回应：今天天气哈哈哈。

《青藏高原气候纵横谈》是面向大众的科普书，也是青藏研究后来人的入门书，古气候，现代气候，各地气候，未来气候……且听林振耀为我们“谝”西藏气候——

两三千年前，西藏地区经历过较好的一个气候期，拉萨河谷和年楚河谷较低处，有森林覆盖，山坡有树木生长……正是在距今两千年前后的气候适宜期，吐蕃前身雅隆部落在藏南河谷兴起壮大，最终完成了一统高原大业。近两百年来，西藏气候演变周期呈现规律性：19 世纪初高温低湿之后，紧接着 20 年代至 40 年代高温高湿期；20 世纪 30 年代末到 40 年代前期高温低湿，又紧接 40 年代末至 50 年代初短暂的高温高湿。虽然目前看来青藏高原大部地区总体趋势是向干暖方向发展，预计 90 年代的高温低湿之后，还将转入一个高温高湿阶段，此后略转冷。宏观而论，温暖期有利于人类活动和发展，尤其在青藏高原，目前这一变暖趋势总体而言对生产和生活应当是有利的。

《青藏高原气候纵横谈》出版于 1987 年，可见预测中的高温高湿已经提前实现，高原大部地区正处于这一周期。而目前青藏研究中涉及气候环境变化的沉积学、树轮学、孢粉学、大气物理学诸学科，也在前人工作基础上有了长足的发展。不过，即便掌握了至为先进的技术手段，来自档案资料的过往信息依然宝贵到不可替代，由青藏队开创的工作范式同时承袭下来，并从历史气候向历史地理等多领域延伸，这方面有一个很好的例子。

以史为鉴，有序适应气候变化，是中科院地理资源所“青藏高原土地变化与区域适应研究组”的重点研究主题之一。从历史气候的角度，挖掘史书和典籍中的相关数据，推演过去土地利用与土地覆被状况，进而探索服务于高原、“泛第三极”和“一带一路”区域的应对气候变化策略。围绕这一主线，团队负责人张镱锂研究员设计了研究框架与技术思路，组织起拥有区域文化优势的力量展开系统探索，如根据外籍留学生生源地分别探寻高原周邻的印度、尼泊尔和孟加拉国的耕地百年变化与区域适应，国内成员则聚焦于青藏高原百年土地利用变化及其对生态功能的影响，等等。近年来，随着相关成果的陆续发表，在学术视角与研究方法上，找到了历史气候学与土地变化科学的契合点，为历史气候学的应用开辟了新的途径。

研究团队中，有一位来自青海师大生命与地理科学学院的刘峰贵教授。身为藏族，藏汉文兼通，是他独具的优势。2013 年开始“青藏高原典型区域历史时期土地利用格局变化重建”研究，课题组成员分赴陕甘的西安、敦煌、兰州等地博物馆和国家图书馆，走访学者专家，查找河湟谷地汉唐时期、明清时期的数据资料，同时查找西藏地区明清时期有关土地方面的信息线索。虽然数据的连续性和完整性难以尽如人意，但于本项研究仍算得上突破性进展。刘教授多年来奔走于青、藏各地档案馆，通过对文献资料的整理、研究和网格化模型，重建历史时期土地格局序列，以期纵向深入。近期发表的相关论文有《青藏高原东北部河湟谷地 1726 年耕地格局重建》（2014，与张镱锂、罗静合作）、《西藏雅鲁藏布江中游河谷地区 1830 年耕地格局重建》（2015，与王宇坤、张镱锂等合作）等。雅鲁藏布江中游包括干流河谷及主要支流拉萨河、年楚河谷地，即“一江两河”地区，自然环境优越，从古到今，该区人口集聚度和社会经济发展程度均高于西藏其他地区，区域土地利用变化显著，具有典型性，是理想的研究区。最重要的是，留下了历史文档可资凭借。《西藏雅鲁藏布江中游河谷地区 1830 年耕地格局重建》论文就是通过收集、整理《铁虎清册》中记录的雅江中游河谷地区 1830 年的耕地税收数据，将其校正、换算为现代耕地面积，再运用网格化模型，重建 1 公里 ×1 公里空间分辨率的耕地格局。结论之一：从耕地数量分析，本研究区内该年度耕地面积约 895 平方公里，其中政府、贵族、寺庙（三大领主）分别占有耕地 39%、31%、29%；结论之二：从耕地分布格局分析，仅有 27% 的网格具有耕地分布，且呈分散型分布，相对集中在干流和主要支流宽谷地区；结论之三：从垦殖程度分析，平均垦殖率低至 0.6%，程度最高的地区是拉萨，高至 6.3%。《铁虎清册》为汉译简称，是清王朝于藏历铁虎年（1830）在西藏大规模进行户口、土地和差税普查过程中，所形成的文件资料经地方政府汇编成册，是一份极其重要的历史文献，此前一直为社会科学藏学界所借重，没想到一朝成为土地科学研究资源，竟被发掘出新的价值。

冰川冻土学的学科成长

西藏素有“雪域”之称。“雪域西藏”有仿佛被冰雪固化了的含意。当然那只是形容，玉洁冰清遥居群山之巅，通常分布在远离人间烟火的地方。青藏队 1970 年代对西藏冰川的全面考察，实地踏勘范围之广，是空前的。

从察隅美丽的阿扎冰川开始，李吉均率领冰川组遍访了群山中的冰川，从古冰川到现代冰川，现代冰川中的大陆性冰川和海洋性冰川，都留下了他们手持冰镐艰难攀登的身影。在冰川学家的眼中，多姿多彩的冰川不是冷冰冰的无情之物，它有生命，也有性格。感觉亲切的是海洋性冰川，大都分布在藏东南和滇、川、藏结合地带。依次考察过阿扎冰川、若果冰川、恰青冰川和古乡冰川。其中恰青冰川为中国海洋型冰川之最：长达 35 公里。这种冰面在摄氏零度上下的“暖”性冰川，是温润的，总是从雪山之巅出发，穿越林地，到达人类生活的村庄田园。冰川上微小生命麇集，冰蚯蚓，雪蚤，苔藓类的“冰老鼠”；恰青冰川的冰

巨大体量的念青唐古拉东段冰川，是怒江和雅鲁藏布江重要水资源补给地　杨勇 / 摄影

面上，居然可以生长草本、木本植物呢！多年生的小柳树把根部伸进冰层，看上一眼直叫人惊叹感动。阿扎冰川索性陪伴着乡村日子，村民们说它，就像说起村中家院一棵树那样，牛羊走失了，就会说，到阿扎冰川找找去。相比较而言，大陆型冰川严峻许多，纯粹冰世界，仿佛玉石质地，当然的冷性冰川了。大陆型冰川的样貌有不同，壮观的冰塔林是其特色，那是由于缺少了南亚季风的照拂，水汽补充不足，而阳光又如刻刀般耐心雕琢的结果。

冰川组一行十人，乘坐一辆人货混装的解放牌卡车，从一个冰川，到另一个冰川。在众多学科考察的上限，开始了工作起点。安营扎寨，一住一两个月，白天观测冰川水文，运动和消融，物理化学性质，晚间安卧侧畔，以冰为床。那一回在若果冰川，冰川组两位年轻人张文敬和单永翔同住一帐篷，扎帐在冰隙，焐化了冰层而不自知。半个月后的夜晚，两人同时听见从哪里传来流水声，遂起身四下里察看，无果。侧耳辨音，找回帐内，待掀开床垫，赫然发现好深一个冰裂隙已然张开，裂隙下流水潺潺！

还有一回，是在西藏中南部枪勇冰川，一行人初次进入冰塔林腹地，忽然发现身临绝境——迎面一堵数十米高的冰瀑布，在正午的阳光下，冰融水飞流直下，冰崩声四下里作响，眼见危机四伏，李吉均当机立断：原路撤回。但来路不再——浅水滩顷刻间变成深水潭，刚刚崩塌的一座冰塔堵水为湖，水势还在迅速增大加深。危急中，张文敬一眼看到小湖右岸一块新崩塌的大冰块，灵机一动，脱下棉衣，跃入冰水，踩着水推来了冰块，示意上来两个人。就这样，来回五次“摆渡”，全部人马上了岸。李吉均心疼地打量着这个嘴唇冻得青紫的学生，心里赞许，口中却骂他太任性——这可是冰水啊！

青藏队的西藏冰川考察以兰州大学地理系师生为主力，兰州冰川所反而缺席，去哪儿了？原来是接受一项国际任务，去了巴基斯坦北部的巴托拉冰川。1973 年春夏之交，新建成不久的中（国）—巴（基斯坦）喀喇昆仑公路遭遇冰川洪水，一路段、两座桥被毁。中巴双方深为焦虑：原址修复呢还是改道，这是个问题。为科学决策，双方议定由中方派出冰川考察组进行研究论证，预报今后数十年间该冰川的进退变化和冰川融水通道的可能变化。

这一艰巨任务落在施雅风肩头。1974 年 4 月率队出发，专家组十数人，野外工作一做两年。实地调查中发现这是一条正在缓慢前进的冰川，自公路开建 8 年间，已经前进了 90 米。用重力法测定冰川厚度，观察冰川运动与消融状况，结合水文气象观测，绘制出精密的全流域冰川地形图；以首创的波动冰量平衡法和冰川末端运动速度递减法，经过一系列复杂计算，预测出冰川前进的极值和时间，尤其推断出原建公路桥位附近不存在大量埋藏冰，凡此等等。最终结论为：公路无须改道，只需修改原设计方案，适当改变桥位、加大桥梁孔径。筑路工程指挥部采纳了该建议，确保了 1978 年公路全线建成通车。

成功预报，不仅使工程省时省力，为国家节约了巨额资金，还成为冰川学应用研究的经典案例。20 年后的 1994 年，冰川所专家专程前往考察，证实了当年的预估结论正确，或有一些误差也不妨事：由于气候变暖缘故，预测冰川由前进转为后退的时间提前了几年。

与境外巴托拉冰川考察同时进行的，还有两个冻土小组在高原：

一组是吴紫旺、李树德，穿了三年军装，与解放军总后设计单位一起，负责为格尔木—拉萨输油管线铺设提供冻土层数据——1976 年我们这批大学生进藏时，这条全长 1080 公里的“青藏高原能源大动脉”的输油管线刚好全线开通，我还记得西藏歌舞团拿这一题材创作了一台欢庆歌舞。

另一组是程国栋、崔之久等人，与国家多部门合作，承担青藏公路—青藏铁路通过冻土区的线路选择，解决冻土影响问题。从五道梁到唐古拉，不少路段选用不同材质试验，对公路是解决“翻浆”难题，对铁路更其复杂，总之承担的都是国计民生大工程。冻土专业全员出动，费尽心力，而我自己也因经常往返青藏线，不意间成为一系列建设大项的见证者和受益者：从最初进藏，火车终点站在甘肃柳园，改乘汽车到拉萨，一路走了十几天；当火车通到格尔木，再改乘客运大车，到拉萨只需一昼夜；现在则是铁路直通拉萨，又延伸至日喀则……

喀喇昆仑巴托拉冰川位于巴基斯坦北部，是一条长达 59 公里的积极活动的冰川，为全世界中纬度地区长度超过 50 公里的八大冰川之一。八大冰川全部集中在巴基斯坦北部及其相邻地区。中国最长的冰川是位于喀喇昆仑主峰乔戈里峰北坡的音苏盖提冰川，长度为 42 公里，同时它也是我国面积和冰储量最大的山谷冰川

用重力仪测量巴托拉冰川厚度

访问当地老人，了解冰川变化　苏珍／供图

1975 年的巴托拉冰川弧拱　苏珍／摄影

冻土带上不仅承载着西藏经济社会发展大动脉，另有一条神经网络穿行其间——兰（州）—西（宁）—拉（萨）光缆。1997 年我在藏北采访时，沿公路一侧还在开挖，风雪中每见施工者身影；次年在兰州采访冰川所冻土研究重点实验室主任程国栋院士时，这条光缆线已安然通过长达 400 余公里的多年冻土区，全线完工；2000 年在藏东采访，就见“神经网络”全覆盖，光缆通信畅达县乡。

冻土研究在应用实践中发展起来，成长历程更多与工程项目相关；直到接轨“全球变化”大题目，土壤学和冻土学以其特殊价值，主要是在温室气体二氧化碳的收与支、汇与源转化过程中所扮演的角色，又增加了全新研究内容，与冰川学一道，进入冰冻圈科学范畴。

冰川学冻土学成长阶段，大致可以界定在青藏队高原面上考察期间，持续到 1992 年喀喇昆仑—西昆仑收官之战、青藏研究第一期结束时。本阶段重要成果之一，体现在完成区域性和全国范围的雪、冰、冻土编目填图。以冰川编目为例，本来作为一项常规工作，从最初的祁连冰川、天山冰川开始，凡经考察过的冰川相继建档，已有相当积累，后来扩大到全国范围并被列入专项课题的促成因素，则有一个全球背景。联合国教科文组织有个雪冰委员会，为掌握全球水循环及淡水资源，首次启动创建国际数据库计划，拟于 1978 年在瑞士召开冰川编目会议，需要各相关国家配合。为此米勒主席致函中国科学院，邀请派员参会。院方重视，于是施雅风、谢自楚、李吉均赴欧出席，此为“文革”结束后，从事青藏研究的科学家首次参赴国际会议。任务落实到冰川冻土所，1979 年至 2002 年，以 20 世纪 50—80 年代航摄地形图和航拍照片为主要数据源，以手工量算为主要手段，对中国西部 46377 条冰川，按照 27 项指标（含 19 项参数）进行目录编制。历时 23 年，浩大工程竣工，《中国冰川目录》22 卷本出版。联合国教科文组织对中国的工作深表满意，是有比较的：有的国家出于多种原因没能完成，有的国家因为不达标被要求“返工”。所以 2008 年国际冰川学会为开展第二次世界冰川编目召集会议，会址就选定在中国兰州，本身即是莫大肯定。该学会主席楚姆教授不吝赞词，在会上一再表示，中国是该项目完成得最好的国家！

第一次冰川编目由施雅风先生挂帅，时任冰川室主任苏珍具体负责。曾听他讲述这一漫长过程，如何使用最笨拙同时也是很靠谱的方法：人力，手工，画方格、算面积。虽有航测图和航空片做参照，但那是二维平面的，所有大中型冰川皆需亲临现场，实地观测记录温度、运动速度，以探地雷达测厚度。现在第二次冰川编目速度快多了，由学生辈的刘时银负责，到 2012 年以 5 年时间完成，一本书俩光盘，全部容纳。精度也提高了，利用卫星图片，分辨率高达 0.5 米。不过卫片也有不足，像滇、川、藏交界处那些云遮雾绕的地方，难以露出真容。一句话，任何现代装备高科技，都离不开野外实地勘察。

冰川学成长阶段的成果还要算上对于中国冰川从面貌到实质的全面认知。例如不同气候模式影响下的季风区暖性的海洋型冰川、西风区冷性的大陆型冰川，以及介于两者之间的过渡类型等等，这一分类法也是全世界独有的。理论研究方面，至少初步解答了两个科学问题的悬念。

其一是国内讨论的中国第四纪冰川问题。有前辈学者曾推断在地质第四纪冰期中，长江南北广泛发育冰川，这一假说影响颇广。施雅风、李吉均、崔之久则通过对庐山等地的实地考察，结合西藏经验，撰写论文基本否定了这一论断，证实原先被视为证据的冰碛物及其擦痕，实为泥石流堆积。

其二是跨了国界的讨论，一个曾经的热点话题。早在 20 世纪 20 年代，有人指称第四纪冰期中，青藏高原尽被厚冰层覆盖。50 年代旧话重提；80 年代，德国学者库勒来青藏高原考察，进一步提出两万多年前的末次冰期最盛期，青藏高原 200 余万平方公里面积，皆被覆盖在 1400 米厚度的冰盖之下，仅有柴达木盆地和雅鲁藏布江河谷等部分低地除外。

这一巨大冰盖存在与否，关乎高原自身古气候、古环境变迁，旁及动、植物生存演化等等客观真实，也涉及对周边地区乃至对全球气候的影响。参与青藏科考的学者们认真对待这一学术讨论，纷纷出示来自古环境、古冰川、古生物方面的证据，否定“统一大冰盖”观点。以施雅风、李吉均、李炳元为代表的这一结论成为国内学界主流观点，国际著名冰川地貌学家布尔顿教授等人予以肯定，持相同观点。

不过争论尚未结束，包括中国地质学界倾向“大冰盖说”者仍有其人，双方还在各自寻找证据。这情形正如刘东生先生所说，争论往往是理论突破的前奏，“新的更高层次的学术争论有助于推动新的更高水平的研究”。

《中国第四纪冰川与环境变化》作者合影。前排左起：郑本兴、施雅风、崔之久、苏珍。后排左起：焦克勤、周尚哲、易朝路、李世杰　刘时银 / 供图

西藏地区科考8年，连同后来横断山、喀喇昆仑—昆仑山冰川考察的意义在于，是对前人所奠之基的进一步夯实，更是领域的扩展。若从孕育其中、派生而出、后来居上的冰芯科学的当今眼光回望，中国冰川学最初三十年，皆为奠基时期；这一时期的躬行者，皆为开创者。

《中国国家地理》做过一件很好的事情，2010年12期和2011年1期连发“冰川人生”（上、下）专辑，为这一英雄群体造像，将中国冰川学半个多世纪的历程，通过团队骨干成员的事迹展现开来：创业一代有施雅风、崔之久、李吉均、谢自楚、苏珍、曾群柱、米德生，承前启后一代有秦大河、姚檀栋、沈永平，新生代以易朝路、田立德为代表。其中四对“冰川夫妻”感人至深，谢自楚和冯清华，郑本兴和尹世璁，曾群柱和杨针娘，苏珍和刘桂英，均系兰州冰川所初创元老，女将们分别从事冰川水文和绘图专业，唯有刘桂英工科出身，为野外一线服务，研制便携式仪器。按说前辈们年届八旬上下，早已退休，可是当我2015年再访苏珍和郑本兴先生，却见他们依然在忙业务，“冰芯楼”里留有办公室——当年小小冰芯实验室已经建成国家级的“冰冻圈科学国家重点实验室”，实验室大楼号称“冰芯楼”。苏珍先生还在按时上下班，郑本兴先生刚从贡嘎山归来不久，制作了海螺沟冰川的光盘送我，是由他亲自解说的，科普作品。二老依然活跃，不时应邀出席学术研讨会，上一年就结伴去了台湾，今年还要去。为什么？郑先生自有道理：事关冰川学某一问题争议，听说某位持不同观点的专家要去参会，所以才要去临阵“交锋”——必须的。

附录　冰川数据

地球总水量中：海水约占97%，淡水约占3%。

淡水中：液态汽态水约占15%，固态水约占85%。

固态水中：格陵兰约占10.9%，南极约占85.7%，山岳冰川约占3.4%。

中低纬度山岳冰川中：中国约占30%，亚洲其他国家约占36%；南北美洲约占32%；欧洲、非洲、大洋洲合计约占2%。

中国冰川集中在西部，青藏高原是我国现代冰川的主要分布区。据第一次冰川编目资料统计，中国西部46377条冰川，总面积59425平方公里，估计冰储量约5600立方公里，青藏高原中国境内冰川共计36793条，总面积4.9873万平方公里，分别占全国冰川总条数和总面积的79.5%和84%。据第二次冰川编目数据，2010年前后，中国西部有冰川48571条，总面积51766平方公里，估算冰川储量为4494立方公里。按照冰川面积计算，其中西藏约占45.9%，新疆约占43.7%，青海约占7.6%，甘、滇、川分别约占1.55%、0.12%、1.06%。
（相关数据综合自王宗太、刘时银、刘潮海、蒲建辰研究论文，游超整理）

勇者的藏北无人区

1976年6月9日，藏北分队告别此行最后一个居民点——那曲地区班戈县色哇村，挺进无人区。阵容好生壮观：队员32名，当地民工23名，马65匹，牦牛107头。

此前一段时间里，海拔4660米的色哇草原一度成为“练兵场”，适应性训练既是针对海拔高度的，也包括骑马打枪。文人武装，集体行动，是藏北分队特点，其他分赴那曲、昌都、阿里的三个分队皆为按学科划分小组，自行安排考察路线。藏北就是藏北，只因前方有狼有熊有野牦牛，相传十多年前还有土匪出没，总之有太多未知，所以来自十几个专业的队员个个精干。至于队长，还用说嘛，从骑兵团长转业到综考会、拥有多年野外管理经验的王震寰是当然的不二人选。业务副队长也是最合适的，自然地理学家李炳元，从个人的专业到人品都足以统管全队，他被奉送的雅号正是“政委”。另有两名副队长，张知非来自北京大学，地热专家，上一年与佟伟一起工作在羊八井；江措，班戈县革委会副主任，当地派出协助工作，兼任向导。

1976年的藏北腹地，基本上还保有荒天野地原生态，全不似几十年后的现今，无人区里有人烟，气候转暖和人口及牲畜增长两个因素叠加所致。1976年的荒天野地里，果真是飞禽走兽的乐园，所以最高兴的人首推动物学家。冯祚建把“亲王”外号从藏南带到了藏北。此刻他的“领地”和“臣民”已经改换，藏北的大型动物群落令他心花怒放。野牦牛、藏野驴、藏羚羊、藏原羚……总之学名中凡带“藏”字头的，都是珍贵的高原特有种，有些不带“藏”字头，只要带上“高原”字样的，也是特有的，高原鼠兔、高原鼢鼠之类。虽然从1960年起就开始对青藏高原动物区系进行调查，但踏进藏北腹地尚属首次，高原大型动物的组成与藏东南森林地带、与东部横断山脉、与藏南谷地的森林动物面貌完全不同，属于北方区系，更属于藏北高原特有种。

虽然西藏历史上从未有过关于野生动物的数字统计，但据藏文典籍记载，在未有或少有人类活动之前，上部阿里三围是野生食草动物的王国，中部卫藏四翼是毒蛇猛兽的领地，下部朵康六岗为飞禽鸟类的乐园。而现在，大型动物的高原特有种类差不多都集中在藏北高原了，进而言之，是集中在藏北高原的无人区了。而在从前，至少上千年前，它们还在青藏高原广泛分布。敦煌吐蕃文献中发掘有一千多年前的《法律三条》，其中狩猎法有规定，猎取野牦牛时，一旦有人受伤害，例如被角顶了被脚踩了，其同伴若施救，予以奖励，见死不救临阵逃脱者则予以惩处。既入法，至少说明当时野牦牛分布广泛以及狩猎活动作为生产方式的普遍。以野牦牛为首的大型有蹄类动物其实无意与人为敌，不知何时起，它们隐居藏北高原深处，只与游牧人偶尔邂逅。

冯祚建制作标本的工作有两个特点，一是忙碌，程序至少有捕猎、剥皮剔骨，哪怕一个鼠类标本也很烦琐，所以小帐篷的蜡烛总在午夜最后一个熄灭。而鼠辈种类如此之多，每一种所需标本当然是多多益善，所以大家见他每天都在捉鼠。二是他的工作很受大家拥戴。其时虽在野生动物保护法颁布之前，但科学家们的保护意识仿佛与生俱来，满地奔跑的野味只当不见，唯一使吃腻了罐头食品压缩干粮的胃口能够大开的，是处理冯祚建工作的“下脚料”——野牛和野羊的可食部分。

藏北高原，湖泊密集，与动物学家幸福指数相当的，是湖泊学家。范云崎也是第一次进藏北，“马戏团长”的道具不时大显身手。早在色哇草原训练期间，就不失时机地在其香错湖中泛舟；在申扎县昂达尔错再次下湖，发现了鸟岛，此前只有当地牧民知道它的存在，这之后全世界都知道了。只要不是盐湖，通常咸水湖中也有鱼，条件是存在入湖河道，可以逆流而上产卵，否则鱼子就成腌制品了。所以陈宜瑜总会和范云崎结伴而行，真正鱼水之情。在昂达尔错撒网捕鱼，一网下去，几十尾。在这裂腹鱼类分布核心圈内，高度特化的类群皆为高原特有种，裸鲤、裸裂尻鱼和条鳅。实地观察生存环境，分析它们何以被迫改变体态和习性，新的理论就这样从中酝酿生发，特化鱼类就此成为高原隆升过程和地理环境变迁的重要证据。与动物学家相像，陈宜瑜的工作也很受欢迎，因为有鱼可吃。另外他还是全队公认的神枪手，可以猎获兔子之类野味。

地理学家李炳元被称为“政委”，含义多重，原则性较强、平时比较严肃是一个方面，或者仅是表象，所指实质则是他乐于助人的热心肠。在青藏队里有些像“不管部部长”，业务内外的一应事务他都参与，谁的忙他都帮。更何况他的地貌第四纪专业本就是综合学科，所有领域都与他有关联；又况且他的沉默寡言也事出有因：苏南口音比较难懂，只好少说为佳。藏北行程中，艰苦的生活和气候使他的嘴唇干裂，索性连话都说不出来了。这个典型的江南人，一向对酥油茶敬而远之，队友们都劝告说，尝一下吧。硬着头皮喝下去，果然滋润，精神起来。从此后虽说不上格外喜爱，但也习惯了这口味，从中体会到当地传统饮料对于抗缺氧、抗干燥之功效所言不虚。

李炳元的专业既宏观又微观，宏观到整个青藏高原及不同地域的划分，微观到每一自然地理区域的地貌特征。原本是带着藏北高原是否存在过超大冰盖的疑问而来，此刻却对一种微地貌情有独钟。泉冰川这种独特的水文现象，是藏北高原特有的季节性小冰川，是地下泉水在冬季的产物：涌流而出的泉水行之不远就已冰结，源源不断的水流一个冬春就可塑起一座微冰川。然后在夏季阳光下一点点消融，最终消失。消失了的水流滋润了干旱的原野，转换成生命的绿色。多年后藏北分队成员们还念念不忘泉冰川，带了感情色彩——无人区行进的那些日子里，一直为吃水发愁，常因饮用水矿化度高而集体腹泻，满心盼望泉冰川出现。无人区之所以无人，淡水匮乏也是原因之一。

这支准骑兵部队第一个目标是双湖，说好一个月内到达，可是时间已过，双湖仍不见踪影——测绘队画地图时，还不存在“双湖办事处”这一建置呢！班戈人指错了地方，说是在马尔盖茶卡（约基台错），而双湖——错尼（错尼是藏语“两个湖”的音译）的位置，在地图上却被标注成“鱼尾湖”，这就引起了混乱。走过无人区的向导江措，从未到过错尼；每天与双湖办事处电台联络，对方指示又错：向北——其实应是西北；无线电波越来越微弱，口粮和燃料接近告罄，不由得心慌。几天里李炳元和江措早出晚归，全力以赴，终于在离开色哇的第 36 天，望远镜里出现一个红点，是双湖办事处上空飘扬的五星红旗！

开进双湖真像一个历史时刻。36 天的马背生涯，历练出一队好走马、好骑手，最前面的一位高擎青藏队队旗。双湖人全员出迎——全员出迎也不过三四十个人，其中还包括在色哇分手、在此地等候已久的青藏队 7 位驾驶员，个个养得白白胖胖；双湖办事处总共才有 13 顶帐篷和两幢活动板房，因而青藏队一排 7 辆大小车显得格外醒目。就这场面，已使饱经风霜的科学家们深感繁华到奢侈了。

古生物学家文世宣和植物学家李渤生，一道去往双湖驻地不远处的热觉茶卡小盐湖。这一天，荒原上的太阳无所用心地普照，一丁点儿吉祥的预兆也没显示。但突然，他俩眼前一亮，在南岸出露的岩层中发现了异样，海相地层中夹杂着陆相地层。敲下一块，再敲下一块，石封已久的古植物化石群裸露在光天化日之下。叶片的形状，叶脉的纹理，连同至少两亿年前所呼吸的阳光与空气仿佛都扑面而来。后经鉴定，此为我国古生代地层中首次发现的名叫栉羊齿和单网羊齿的蕨类植物。它们既不属于南半球冈瓦纳古陆，也不属于北半球安加拉植物群，不属于欧美，甚至也不属于我国北方的华北型华夏植物群，而是归于华南型植物群！

双湖地区相继发现古植物化石，这些热带、亚热带湿热气候条件下才得以生长的鳞木、轮叶、楔叶、单网羊齿等等，均为华夏植物群主要成分。这一发现的重要意义，是说明藏北高原核心区二叠世晚期与华南广大地域密切相连，应属同一古地理单元。附带说明的至少有两点，一是古地理变迁，荒凉备至的双湖曾经暖热湿润，古纬度偏南，相当于现代热带和亚热带气候类型；二是有关青藏高原形成史，说明大高原并非在同一时间整体脱离海浸，当藏北已成生机盎然的绿色世界（后来又被浅海覆盖），拉萨尚在洋底，喜马拉雅一带还在遥远南方的浅海中。一系列新知在今天已成常识，而在彼时种种探索中，类似这样说明问题的发现，当真是了不起的发现呢！

告别双湖北上，一路迭有惊喜。当日驶过一座圆桶状平顶山，再绕过高高如屏风的条形方山之后，进入巴毛穷宗——由黑色锥状山丛环抱的山间盆地。巴毛穷宗在藏语中是英雄女神之意，在藏北民间传说和格萨尔史诗中，这儿是魔国属地，由魔女阿达拉姆镇守。暮色中果见怪石林立，诡异莫测。王队长命令停止前进，子弹上膛，隐蔽待命。谁去先行侦察？江措、李渤生、陈百明愿往。队长指示：有情况立即撤回，无情况连发三枪。

一个多小时后，寂静山野三声枪响。有惊无险，考察队安营扎寨。

此地位于可可西里山南，海拔 5000 米上下，偶有南部牧民夏季游牧至此。水草比较丰美，植物种类较之周围地区为多，紫花针茅、鹅冠草、青藏苔草，某些地段植被覆盖度可达 60%，这在荒漠无人区实属罕见。后来才弄明白，原来是火山灰肥沃了土壤的缘故，兼有泉水涌流成溪，加之背风向阳，形成宜人小生境：天上有鸟飞过，拟地鸦、岩鸽、沙百灵；地上有四蹄动物出没，野牦牛、藏羚羊、盘羊和岩羊。小动物中野兔居多，还有多种更像硕鼠、仍归类为兔形科的高原鼠兔。生物学家们忙于采集收获，不亦乐乎。做湖泊的、水生物的无所事事，就帮忙采集别人家的标本。陈宜瑜这位好渔民、好猎手，此刻与冯祚建一起出动。

地质地理学家们在玄武岩的石林中流连。玄武岩层历经长久的风吹日晒冻胀作用，岩石沿自身的柱状节理分崩离析，千姿百态，怪眉怪眼——形似石笋石芽的，形似石桌石蘑菇的，形似鱼脊、象鼻或人头的，还有层叠堆积如同欧洲古城堡遗迹的——若非远在天边，早成旅游胜地了。一众人等还在营地附近捡到了 30 多件石器，说明古人早已发现了这个好地方。

火山遗迹先是在营地以西被发现，锥状山体，锥顶中央漏斗状火山口，保持了当年活跃时的基本格局：马蹄形缺口凝固了火山熔岩作流溢状，同时凝固了的还有附近地区熔岩造就的平顶山、熔岩台地和平原地貌——忽然明白，营地周边的玄武岩石林正是当年火山喷发的产物啊！狰狞尊容显示了当年惊天动地、烈焰蒸腾的余威。有一个人如醉如痴地沉迷其中，形状怪异的危山巉岩，在他的眼中无异于绝美艺术品。他爱不释手地抚摸着，凝视着，激动万分。巴毛穷宗之后，他一心一意“皈依”了火山岩，遍访了青藏高原大部分火山群，总共写下有关火山岩的论文 60 多篇。

这个人就是岩石学家邓万明。此后直到中昆仑，就仿佛打开了古远时代火山之门，火山群多期喷发的遗迹接二连三呈现：位于涌波错湖畔的被命名为“涌波湖火山群”，位于中昆仑南麓盆地的两列东西向延伸的火山带，特请江措为之命名：“强巴欠火山群”。强巴欠意谓

“北方平顶方山”。后经实验室年代鉴定，三处火山群爆发年代约在 3000 万年至 100 万年之间。

不是所有人都有幸到得了昆仑山。雨季里遍地泥沼，挖车不止，速度慢又耗油，从双湖出发坚持了十多天后，只好精简队伍，仅派两辆北京吉普、12 个人前往昆仑。

1976 年 8 月 9 日这一天，幸运的人北上，其余的留守。北上的人历尽千辛万苦，留守的人焦急不安——明知最近几天不会回来，还是忍不住从第二天起就开始遥望，站在地面不见，就爬上车顶，拿望远镜看来看去，连他们自己都觉得荒唐。

北上的人越过红色的可可西里山脉。说是山脉，直观看来无非一片缓坡：相对高度 200 米上下，绝对高度约在 5000 米上下。夜宿涌波错湖畔，北纬 35°43′，海拔高度 4881 米。8 月 10 日这天清晨，大家发现毛巾冻得硬邦邦的，李明森拿起帐外的温度表，好家伙！夜间最低温零下 18℃。后来查看与此地同纬度西安同一天温度，竟然高至 38℃！

即使无人区深处，气候环境最酷劣的地方，也有紫花针茅招摇，也有伏地而生但根系发达的小灌木生长，而非“白漠”和“生命禁区”。当年斯文·赫定穿越藏北，只采集到植物 51 种；此次藏北之行，李渤生采集植物近千号，整理下来，700 多种。令他颇感自豪的一个发现是，有花植物生长上限——喜马拉雅高原芥生长在阿木岗日雪峰冰川下方海拔 6100 米处。这株标本现存中国国家植物标本馆，迄今依然保持着有花植物分布最高海拔纪录。

古生物学家文世宣一直自信幸运，此行共采集化石标本 140 多号、总数近 3000 块。原先并无资料的藏北无人区地层古生物化石资料一下子丰富起来——这条路线，不乏斯文·赫定足迹，此君采集过许多岩石标本，并在某些点位标示可能存在古生物化石的问号，潜台词是苦于不见，审慎的作者在文献发表时只好让古生物记录阙如。尤其在昆仑山一带，以往从未有过古生物化石报道，据文先生观察，原因在

色哇营地的射击训练　李渤生 / 供图

藏北小分队从色哇营地出发，队旗开道
李渤生 / 供图

藏北小分队租用了 100 多头牦牛驮运物资
李明森 / 摄影

无人区 13 号营地，发电报与北京联系　李明森 / 摄影

范云崎、郎楷永考察巴毛穷宗火山遗迹

野营早餐

昆仑山上寻化石

1984年10月于河北省抚宁县参加《青藏高原地图集》编撰会议部分藏北分队老战友合影。左起：李炳元、冯祚建、陈宜瑜、范云崎、李明森、文世宣、郎楷永
本组图片由范云崎提供

于山岩变质，化石真正石化。来到昆仑之巅，只能逗留两天，第一天过去，寻找无果，难道好运气不再？于是恳请大家务必帮忙，敲打任何可能的石头。就这样，当最后一天工作结束，文世宣空手下山途中，正郁闷着哪，忽听邓万明喊他，一旁山沟发现石灰岩！精神为之一振，遂快步跟去，但见变质岩中夹杂有沉积岩，连称“有名堂”；待敲开灰岩露出新鲜面，直呼“有希望”！取出放大镜细察之下，大喜过望——䗴类，纺锤虫，二叠纪标志性生物，距今少说2.5亿年之久！

幸运还在持续。回营地路上，遥见一群人正在围观议论，原来是一位驾驶员用工具锤，居然敲出三叠纪的腕足类，距今大约两亿年。在此之上，已是告别海洋的陆相地层啦！

此行要数邓万明收获最“重”：除了采集玄武岩、安山岩等火山岩标本以外，还把几大块昆仑山花岗岩搬上了车。花岗岩属于火成岩，是南来板块向北下插之后，在地壳深部重新熔融形成岩浆，再沿着俯冲带裂隙上升，冷却结晶形成，板块碰撞和造山运动的结果。这些花岗岩标本在北京的实验室里，接受同位素年龄测定，证实昆仑山岩带形成于距今两亿年前。

如此一来，昆仑山地质年代被确定——后经地质学家研判，昆仑地体经历了不止一次的造山运动，几次三番的海进海退，自有中昆仑海相化石为证。

1976年的青藏科考队藏北分队：团结协作，生死相依，艰苦卓绝，功绩卓著。

李炳元为藏北之行成果做总结：获得该地区有关地学、生物学12个专业较为完整系统的第一手资料，并填制了相关专业图件，基本探明各学科涉及的该地基本状况，包括特征、类型、分布等；初步掌握了该区草地资源、地热资源、动植物资源、盐湖和矿产资源；收集了一批古人类、气候、冰川等相关专业研究极有价值的珍贵资料，为藏北乃至整个青藏高原形成演化史提供了有力证据。文见《藏北无人区的尘封往事——首次羌塘综合科学考察实录》，李炳元、李明森、范云崎等著，学苑出版社，2009年。

1976年8月，藏北分队北上昆仑小分队登上喀拉米兰山口。左起：邓万明、文世宣、张玉生、张普金、江措、李炳元、李渤生、李明森、张知非、陈玉新、陈和毅
李渤生／供图

旧时外国探险家笔下的藏北无人区无异于炼狱之行。借用这一比方，那么昆仑之后的藏北分队就已百炼成钢。百炼成钢的这支队伍再次告别双湖后，又去了同属藏北高原的阿里专区的改则和措勤两县，但无疑轻松得多。飞驰的车队掠过了远处伫立的野牦牛，惊逃奔命的藏羚羊，只有藏野驴，藏北野生动物中最为好奇、好事、好胜的一群，只要看见汽车，无不雀跃而来，与汽车赛跑。这是一场友谊赛，车里车外一片欢腾。棕灰色的矫健野驴装扮有白色的唇吻、肚皮和四蹄，像戴了白口罩、白肚兜，穿了白袜子；从头部鬃毛经背脊到尾梢，则有一道黑线贯穿，飞奔起来呈流线型，着实让观众喝彩。长跑健将以不下60公里时速，先是急起直追，与车队平行，然后突然提速，每在第一辆车前迅疾横越路面，并把得意的眼光和神情投向失败了的对手——凡是乘车到过藏北高原深处的旅人，皆有类似难忘经历。

当夜住尼玛区委，人人眼中放光，4个月来第一次见到最诱人的东西：青菜，区干部种的小白菜。区干部执意不收钱，全都拔了送来，眼见他们洗也不洗，像羊子那样大吃大嚼起来。区干部脸上在笑，心里在想，难怪说汉族吃草。

返程路过那曲镇，勇士们与那曲军分区举行篮球比赛，秀才把兵打得落花流水——82：46。科学家们口气大得很：那曲镇不过4500米，我们可是从更高处下来的哈！

牧草刚刚返青时进入藏北，离开时草原又一番黄枯。羌塘之行总计3000公里。

返程渐入佳境，路过当雄，见到了久违的树木；进入拉萨，方知人世如此繁华啊！到了拉萨大本营，从未有过的享受是洗了一个热水澡。返家的路很长，川藏线上十多天的颠簸之后，在四川雅安城，忽见大标语“打倒四人帮”。惊问其故，雅安人好生奇怪，打量他们像看外星人：粉碎“四人帮”好多天喽，你们咋个不晓得？

“天地玄黄，宇宙洪荒。日月盈昃，辰宿列张。”古训《千字文》这样开头，接下来“寒来暑往，秋收冬藏”，从开天辟地的冥古地球一下子穿越到人类活动，这中间被省略掉的几十亿年时光，留白给后人，恰是近现代科学要做的功课。然而直到数十年前，有关我们地球家园的某些谜团才终于有了令人信服的合理解释，板块构造理论因之得以在短时间内传播到大众层面，新知迅速转变为常识。青藏研究直接受益于这一新理论，在科学发现时代的众多成果中，以青藏高原形成演化过程的解读最为深入人心，影响到我们同时代人就足够了，后代人无须刻意影响，天经地义常识化，已被纳入启蒙教育的知识框架。

海洋和山脉都有生命的起点和终点。曾经横贯赤道的古大洋早已消亡，例如特提斯洋；曾经高耸的巨大山峰剥蚀殆尽，例如美洲古陆上可见的“山根”;地心熔流正炽，板块还在移动，江山易容，河流改道，气候变化也不遑多让，即便稳定期也是相对的。地球作为动态有机体，无时无刻不在改变中，只是以我们渺小而短暂的生命不易体察罢了。重大变化每以里程碑式的事件为标志，青藏高原的出现即其中一例。这一章里，我们将要看到的是地质学家的工作，如何沿着地学革命开辟的新通道快步前行，一点一点地去破解青藏大地何以形成的谜团，包括地理和地貌学家所关注的高原隆升过程诸问题，广及中国大地的形成及其面貌改观。按照时间顺序，本章插叙有关青藏研究的首次国际范围的讨论会，看由此开创出中外合作研究先河，如何在新起点上，将青藏研究一步一步推向国际地学前沿。

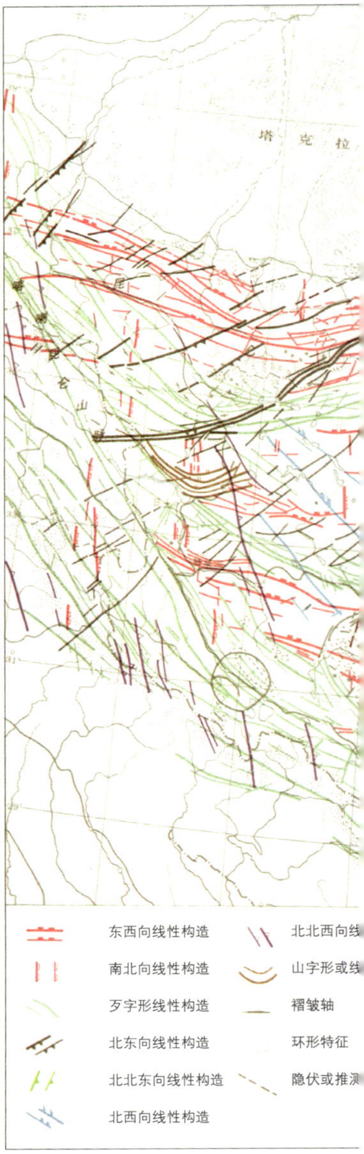

第4章 历经海枯石烂，平川高原

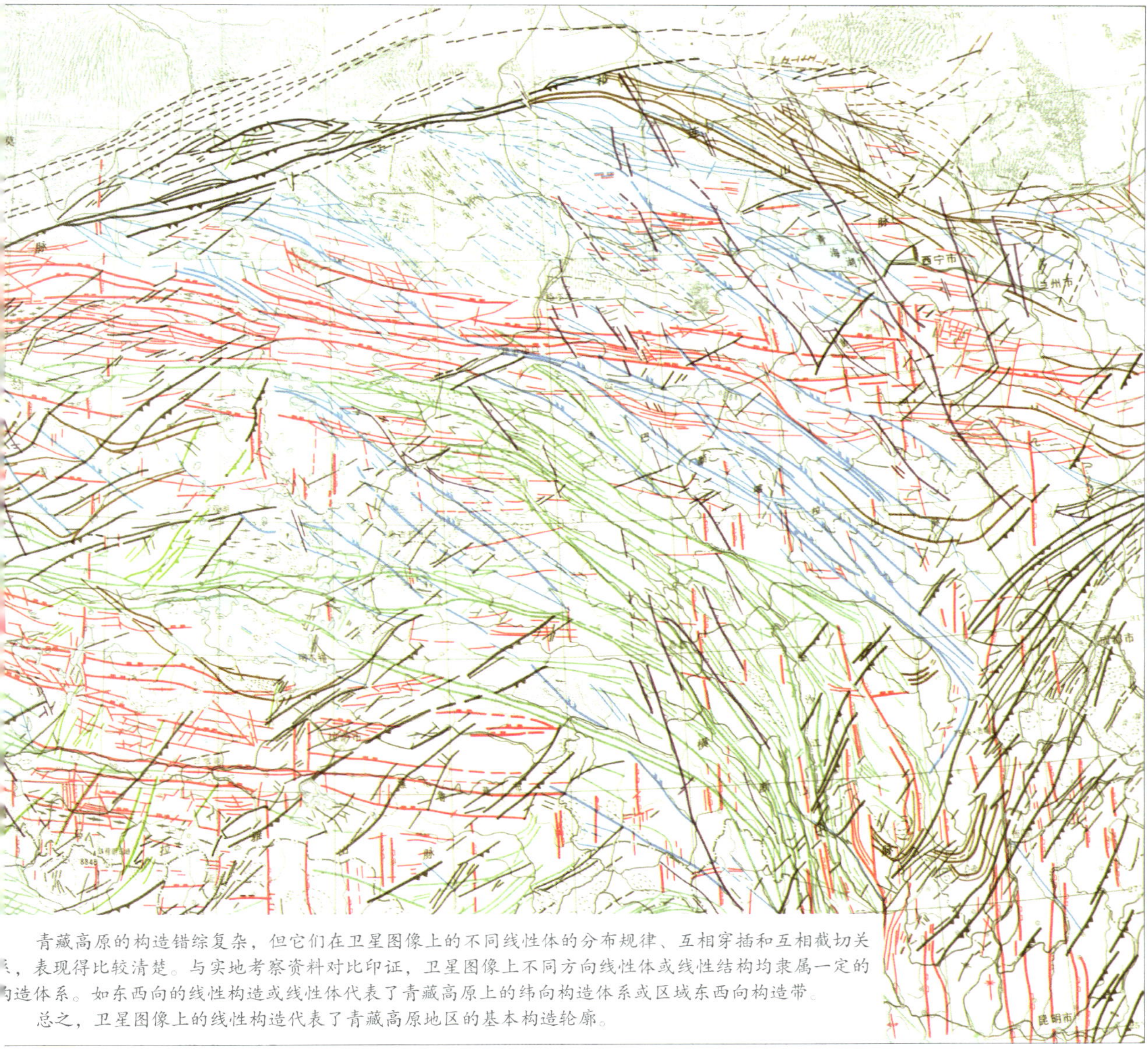

青藏高原的构造错综复杂，但它们在卫星图像上的不同线性体的分布规律、互相穿插和互相截切关系，表现得比较清楚。与实地考察资料对比印证，卫星图像上不同方向线性体或线性结构均隶属一定的构造体系。如东西向的线性构造或线性体代表了青藏高原上的纬向构造体系或区域东西向构造带。

总之，卫星图像上的线性构造代表了青藏高原地区的基本构造轮廓。

通过判读卫星图像绘出的青藏高原线性构造示意图 胡高纯、张长华绘制，引自《青藏高原地图集》，科学出版社1990年版。图中的中国国界线系按照中国地图出版社1980年出版的《中华人民共和国地图》编绘，行政区划资料截止到1987年12月

《辞海》“板块构造说”：一种全球构造学说。认为板块是岩石圈的构造单元，全球共可分为欧亚板块、太平洋板块、美洲板块、非洲板块、印澳板块和南极板块六大板块，而板块间的边界便是洋中脊、转换断层、俯冲带和碰撞带的所在。由于地幔的对流，板块在洋中脊处分离、扩张，在俯冲带处则发生俯冲、消减。板块构造说是以大量海洋地质、地球物理和海底地貌等资料分析为依据，在大陆漂移说、海底扩张说和地幔对流说的基础上发展起来的。它将大陆地质的研究与海底地质的研究统一起来，找出了它们之间的本质联系，比较圆满地解释了许多地质构造现象。

“古地磁学”：利用岩石的剩余磁性，研究地质时期地球磁场的强度、方向、磁极位置及其演变过程等的学科。根据海洋磁测和古地磁场倒转资料对海底扩张的研究有力地推动了板块构造学说的发展，从而引起了对古地磁学的普遍重视。

响应地学革命召唤

20 世纪 50 年代开始的二三十年间，国际地球科学界充满了喧哗与骚动，从实证到理论酝酿出一场惊天之变，变在人类地球观。这场经由工程技术推动的地学革命，起自“大陆漂移”假说，止于经典地学理论被颠覆、板块构造学说新建树。中国地学界无缘参与这场热闹的讨论，但不影响成为率先的受益者和验证者，从而丰富这一理论——青藏队披挂出征正当其时，可以现成地借助思想武器，少走弯道而直奔主题。否则的话，高原面上考察可以至为详尽，地理图像描述可以至为清晰，但是，当地质学家面对从南到北一条条裸露着深海物质的缝合线，地球物理学家面对古地磁测定的岩石形成竟在赤道以南，生物学家面对雅鲁藏布南北两侧迥然有异的古生物区系群落……每当此时，难免困扰。而有了这一学说观照就不一样了，许多问题有了统一答案。就像雅鲁藏布大峡谷考察中，当菌类学家卯晓岚发现了生长在白蚁穴的鸡坳菌，这一赤道附近生存之物居然出现在北纬 29°，发现者只有惊喜而无疑惑——他的确自言自语过，噢，它们的祖先，连同它们的家园，是乘坐印度大船来自南方啊！剩下的问题，只是解释它们何以能够继续生栖于此。

中国地学界之所以缺席，除当时尚未面向世界开放的现实背景外，深部原因或可上溯到天圆地方传统理念。不过，这个远因委实太远，至少在文化人那里早已视地为“球”，并且“沧海桑田”成语古已有之，若问何以从来无人意识到陆地可能的移动，或许事出有因。16 世纪末，意大利传教士利玛窦向中国引进第一幅世界地图，诚为大功一件，并非原图照搬，而是因地制宜、量身定做：适当挪动子午线，将中国版图居中。今人有说此举是对其时国人“世界中心论”的迎合，或许不错；若说是为视图者提供方便，理由更充分，试想总不好让中国人看偌大中国，非得把目光瞥向一侧吧！

但是这样一来，咱们就无法从平面图上观察到大西洋两岸可以契合的现象了。正像传说中从一个苹果落地，牛顿悟出了万有引力那样，魏格纳假说的来历，相传也为偶然发现：某一天，德国气象学家魏格纳闲看地图，忽见某些现象不可思议——美洲大陆似可与欧亚大陆无缝拼接，南美巴西的凸出，醒目地对应于非洲尼日利亚的凹进；依次看下来，远隔大西洋，两侧不规则的海岸线居然两两吻合，凡此等等，好像它们曾为一体而后反向分离。其实在他之前，早有不少人注意到这一图示现象，并为此议论纷纷，只是未做深究，独有这个较真的人想要一探究竟，并从此踏上漫漫求证路，果然让他找到一系列物证：极地有珊瑚化石，南部非洲有古冰川，南美与非洲的古动物群、古植物群彼此相似；印度和澳洲南部的冰川沉积物居然一体相连，似乎共同经历了一次大陆冰川作用……

魏格纳据此大胆推论，现在分属几大洲的陆地，曾经同属一个超级古大陆，位于南极附近，某种力量驱使它们分离，海水填满裂缝，几大板块各自漂移开来。“大陆漂移”假说就这样在 1912 年提出，一些人点头称是，“有道理”；一些人摇头说，“怎么可能”；更多人存疑，拭目以待，毕竟科学最讲论据——此前在地质学界占统治地位的经典理论认为，陆地是由地台和地槽构成的，地台相对稳定，地槽倒是动态，但绝非东西南北做水平运动，而只会上上下下做垂直运动——大陆岂能“漂移”？

遗憾的是功未竟身先死，1930 年魏格纳殉职于北极格陵兰冰盖的冰天雪地。随着提议者的离去，这一假说一度沉寂，但是大地并未却步，若干年后人们忽然发现大陆正在移动，并且这种移动从来也没有停止过啊！

这一“忽然发现”肇始于 20 世纪 50 年代。二战后美国海军为军事目的做海洋调查，通过声波成像技术，首次绘制出大西洋海床地形图，惊奇地窥见了一个新世界——巨长的海底山脉，为纵向的裂隙深切，两侧洋脊的磁性条带呈现规律性展布：从大洋中脊处向两侧延伸，直到浅海大陆架，正向与反向的磁条带相间排列，有条不紊；条带宽度从几公里到上百公里不等，长度可达数千公里。大西洋，太平洋，相继发现这类条带无一例外地存在于所有大洋之底！

正反向相间的条带正是地球史上磁场倒转的忠实记录。同时诞生的古地磁学，可以利用岩石与生俱来的磁性，计算出岩石最初所在位置，例如大西洋两岸对应的岩石形成在同一纬度和地方。呈现规律性分布的，还不限于磁性条带，有人继而注意到大洋中脊处的海洋地壳很薄，年代很新，甚至薄到、新到几等于零；距离洋脊越远，洋壳越厚，年代越老；待接近浅海大陆架，洋壳年龄可达两亿年，渐与陆壳融为一体。分布如此均匀，如此恒定，然而知其然不知其所以然，第一张海底地磁图于 1950 年代末出版时，只提示现象，无从解释。

往下的故事很精彩，可说是一个由技术革命推动思想革命的范例，可说是即使常规科学进展之魅力，也不亚于诱人的天方夜谭。一张神奇的海底地磁图，引发浮想联翩，答案只有一个，看谁捷足先登。这一次不用很久，有人率先提出“海底扩张”说，是对海底运动现象的综合归纳：地球深部熔岩自大洋中脊处喷涌而出，冷却后在两侧固化成岩，形成海底山脉。新的海洋地壳由此不断产生，但陆地表面积并未变大，新生之物哪里去了？有心人的追踪很快有了结果：玄武岩由于致密而分量够重，以至于新生的洋壳推动旧洋壳，必然下沉于两侧具有浮力的陆壳花岗岩之下，重新熔融，以此维持扩张与消亡、创造与毁灭的平衡。

这一过程中，自然会让人联想起搁置有年的魏格纳假说，在“海底扩张”之后补充了一句：由于海底扩张，推动了大陆漂移。综合海底扩张说和大陆漂移说，联系到大陆碰撞，一个激动人心的理论——“板块构造”脱颖而出。新理论的要义是：地球是由相对独立的板块构成的，它们承载着陆地和海洋，分离成洋，碰撞造山，移动板块作用于固定板块，改变着地球的格局和面貌。

假说成真。新理论不仅解释了海洋的形成、陆地的漂移，也解释了大陆碰撞的逻辑理论。一系列新理论构成国际地学革命的核心，人类对于地球的认知因之大大向前迈进了一步，可称之为里程碑式重大进展。伴随这一进展的争论激辩持续到 20 世纪 70 年代初渐趋平息，再晚些时候，已成主流观点，进入教科书，进入全世界各文种词典辞海。到今天，更进一步的认知是，就人类目前掌握的宇宙星河信息，只有我们的地球，是唯一拥有板块构造的星球！

为此有人不无遗憾地说，可惜诺贝尔奖未设立地学奖……

缺席新理论创建，不妨碍后发先至。中国地学界的贡献在于：率先将诞生于海洋的理论应用于陆地，印证在陆—陆碰撞的青藏高原研究中。以 1973 年为界，之前国内外对于山脉成因的认识，是以传统地学经典理论解释的，可以称作“固定论”。其核心要点为，一切变化就地发生，相应描述为：雅鲁藏布以北是一巨大地台，曾被浅海覆盖；喜马拉雅则为深海之下的地槽，有物质在其上不断堆积，由于受到挤压而形成山脉。至于翻上地表的深海熔岩蛇绿岩，则被视为地下物质体的侵入，是地幔中熔融的岩浆沿着地壳深大裂隙，侵入到地壳上部冷却而成……然而多年的考察实践，难以自圆其说，令人疑窦丛生。

正是在这一国际地学新旧交替时代，“常板块”的故事应运而生。

1960 年，地质学家常承法第一次进藏，乘坐“跃进牌”大卡车，从格尔木出发，到达拉萨已是半个月之后。去雅鲁藏布，喜马拉雅，使用的是原始而经典的三大件：罗盘、铁锤、放大镜，把计步器拴在马腿上数步，换算距离……后来他又参与 1966—1968 年珠穆朗玛科考，野外工作积累了相当丰富的第一手资料，可以想见，一旦被新思想照亮，必将产生质变飞跃。

这个“一旦”出现在六七十年代之交，常承法从海量国际地学信息中，敏锐地捕捉到正在讨论中的板块学说，顿时豁然开朗——脑海中静止的青藏大地活动起来，那些不同年代的地体，地体连接处的条带，蛇绿岩令人生疑的来历……似乎都在争相诉说。就像一个面临着山重水复境地，又忽见峰回路转的旅人那样，激动地拿起作为路标的板块理论，并非简单套用，是创造性应用。就在 1973 年，正当国际地学界还在讨论从海洋发展而来的板块理论是否适用于陆地时，常先生已在英文版《中国科学》发表论文，提出青藏高原由北向南多个地块、多次拼合的概念，各板块之间缝合带的概念，以此解释青藏地质过程，初步搭建起高原大地构造基本框架。

这一框架——确切地说，是这一主导思想的确立，对于刚刚踏上青藏考察途程的多个学科所具有的意义自不待言。那一时期不仅常承法言必称“板块”，所有人也都跟着“板块”“板块”起来。按照青藏队野外习惯，大家给他取的雅号就叫“常板块”。

有了新理论武装，对于地球深部的探察就成为必需。青藏队首役藏东南告捷，1974 年扩容，地球物理即为首先考虑的新增学科，且是阵仗可观、动静最大的一支。这一年滕吉文率队前来还只是预察，次年再来，浩浩荡荡几十部车、上百号人，战线也长，几百公里乃至上千公里布防，做什么？人工源地震！

这就体现了工作形式的差别。地质所是简称，全称是中国科学院地质与地球物理所，兄弟学科面对同一个固体地球，相辅相成，一在浅表，一在深层；一个是手持地质锤的敲打叩问，一个是动用了 TNT 的大声断喝；地质学家寻找观察裸露于地面的一条条缝合线，地球物理学家穿过地表，侦测印度—欧亚板块陆陆碰撞；地质学家不负责测算地壳、岩石圈厚度，那是地球物理学家的分内事。新中国成立 30 年间，青藏研究一直都由中国人自己在做，但即便占尽地利之便，在地球物理方面仍是困难重重，唯有借助这样的大规模考察之机，才有可能上马；唯有借助多方力量，才有可能完成——头一年预察之后，决定了第二年计划：从藏北纳木错到藏南、直到喜马拉雅南麓的亚东，要在长达 400 公里地段若干湖泊实施水下爆炸，进行国内有史以来第一条人工源地震实验，也是人类历史上首次在青藏高原进行的地球物理探察。要求爆炸激发的地震波向下传导不少于 80 公里，直达上地幔，以从中获取的信息数据，去反演地下结构属性、介质空间，及其深层动力过程——这实验有些像 X 光透视，只不过是通过地震波，看不到实景而已——要做到这一点，首要的工作是架设地震台，以便从事重力观测，地磁场的、地热场的、地震波场的等等一系列观测，一项浩大工程。

准备工作从北京到成都，滕吉文去总参，去成都军区，征得关键支持：特派一个运输连队，无偿提供并运送首批 500 吨炸药；西藏军区特派舟桥部队和工兵现场操作，特派通信兵负责联络。鉴于 400 公里战线漫长，观测人手不足，滕先生又从成都地质学院（后更名为成都理工学院）“借”来一个班 40 名大学生，权作实习课程。待大大小小几十部车辆满载各种设备和人员大举进藏时，这个地球物理分队在青藏队得一最“牛”雅号：“机械化部队”。

就这样，书生联手工兵，任务圆满完成。如此形成的军地合作模式，恐怕举世也无双，以至于 1980 年青藏研究向世界开放，第一次与法国人商讨合作事宜，滕吉文一群专家在业务方面侃侃而谈，主导了话语权，一旦涉及资金投入，不免语塞——以往人力物力大部由军方无偿支援，其余部分国家投入，历来不计成本，不操心钱，对于经费预算，概念全无。

通过最初几年的工作，滕吉文、熊绍柏、尹周勋等人就发现了从恒河平原北缘穿过喜马拉雅直到雅鲁藏布，宽度足有 500 公里区间两大板块碰撞挤压过渡带，北界在藏北南缘的当雄县境，印度板块的物质俯冲到此才算消停；提供了雅鲁藏布江这一深大断裂带南北两侧地壳的初步模型，测得雅江地区以及高原主体，地壳巨厚，最厚达 75 公里，是平均为 35 公里的地球陆壳厚度的两倍多一点；但在高原边缘，例如喜马拉雅，却只有 50 公里厚度，当属异常现象，因为按照重力均衡补偿学说，山势高，之下地层必厚，犹如水中横木，浮出部分高，下沉部分就深，换言之山有多高，根就有多深。20 世纪初该学说创始人、美国重力学家艾瑞，就曾断言过喜马拉雅山的重力是均衡的，但我们的地球物理学家做了重力场测量结果，大感意外：这座世界最高山竟然没有山根！从中说明的科学问题是，内部深层还在进行着剧烈的物质和能量的交换，隆升尚未停止，来不及均衡。

在对于高原巨厚地壳成因讨论中，早年曾有西方科学家推论为“双层地壳说”，中国科学家则依据爆炸地震、重力和大地电磁测深所得各项数据，提出此为印度板块“楔入”藏南下地壳模式，最终形成完整地壳的论点。

在接下来对于高原隆升机制和动力学过程研究中，各方观点众多，各有所据、各执己见。据《青藏高原研究学科发展报告（2009—2010）》所列相关高原隆升的地球动力学模型，统计国内外权威机构各研究团队所建立的，各有 5 种，共计 10 种。不过，对于我们普罗大众而言，在那些不同之间，似乎看不出天差地别，满眼皆是动态词组，刚性地体之下，仿佛始终处在不眠不休的运动之中：洋壳俯冲、地壳增厚、陆内汇聚、重力均衡、挤压楔入、拆离滑脱、反向逆冲、断裂倾斜、推覆变形、走滑拉张……沉降的，重熔的，逃逸的，一度安静下来又被激活的……

总之，从板块运动到隆升机制，涉及地球深部最原始的驱动力，多少年多少人都在努力探讨，可是迄今依然为“之谜”。或者虽能自圆其说，但是难获公认共识。所以有人感慨“在地质学上没有最后一句话”，更多人则寄望于青藏研究，“打开地球动力学的钥匙在青藏高原”这句话，就是这样来的。即使现代科技之高超，向上可达深空，向下可抵深海，唯独对于脚下大地深处，迄无良策直接观察。曾有苏联科学家雄心勃勃想要一探究竟，最深钻孔不过 10 多公里，劳民伤财，收效甚微，影响到全世界跟着灰心，迄今无人尝试。

地球物理的学问距离现实生活很远，一般人可以完全不懂也不妨碍什么，只有极少数人才会去孜孜以求。还有更难懂的最学术的，一般人听来一头雾水，个别人却如获至宝。比方说，1980 年在北京召开青藏高原科学讨论会，十几个国家的科学家赶来参会，美国学者皮特・莫尔纳一见到滕吉文，迫不及待询问青藏高原的上地幔速度，滕先生马上回答：8.15 ± 0.05 公里 / 秒。那位已很著名的科学家一听，高兴得竟至于跳将起来——这就是专家与大众的区别。

国际合作从地质学起步

西藏自治区 120 多万平方公里的面上考察连续进行了 4 年，1976 年秋冬之际收队，青藏队工蜂式采集劳作告一段落。其后虽有各专业自行组织过补点考察，但总体进入室内研究、总结、撰述阶段，又是一个 4 年。基于此，西藏人写科技史，会说青藏队第一阶段的西藏考察为时 8 年。

战果至为辉煌：皇皇巨著、洋洋大观，“青藏高原科学考察丛书”第一批成果问世，1 套 36 部 41 册 2331 万字，包括西藏地球物理场特征与地壳深部结构、西藏地层、西藏古生物、西藏南部的沉积岩、西藏岩浆活动与变质作用、西藏南部花岗岩类地球化学、西藏第四纪地质、西藏地热、青藏高原地质构造、西藏自然地理、西藏气候、西藏地貌、西藏冰川、西藏泥石流、西藏河流与湖泊、西藏盐湖、西藏土壤、西藏植被、西藏森林、西藏野生大麦、西藏家畜、西藏农业地理、西藏植物志、西藏孢子植物、西藏哺乳类、西藏鸟类志、西藏昆虫、西藏鱼类、西藏水生无脊椎动物、西藏农业自然资源与农业发展分区、西藏水利……西藏……西藏……一部西藏大自然百科全书。

这项成果，一举为青藏队斩获中国科学院首届科学技术进步特等奖，国家自然科学一等奖，陈嘉庚地球科学奖。青藏队集体荣膺竺可桢野外工作奖。

室内研究人员不限于野外工作者，以 5 卷本《西藏植物志》为例，即是从全国范围内择优选调 70 多位植物分类学家，以两年多时间合力完成。这一次安营扎寨在北京动物园，原先植物所楼前临时搭建了木板房，有一张行军床属于吴征镒先生，这位中国植物界的三军统帅担当主编；另一张行军床是武素功的，他是业务秘书，同时担当蕨类植物分卷主编。来自各地的专家将西藏采集的 2 万多号 10 万多份标本一一分类，文字描述和手绘图示植物 5766 种，其中 1000 多种此前从未被记录过。这是一项极为耗神费力的工作，是否新种，是否上过名录，经常需要从多国文献中查找。也是中国的植物学界有福气，有“植物电脑”美誉的吴老先生坐镇，事半功倍：上万种植物形态包括拉丁学名存储在脑海，每有疑难处，请教于他是捷径。

描述基础之上，是各学科和青藏研究理论框架初步建立。这一时期所提出的重要问题是，有关高原地质演化的理论，有关晚第三纪以来高原隆升的理论，以及生物方面，拟将喜马拉雅区独立为一大生物区域的理论，凡此等等。

青藏研究事业向世界正式开放在1980年，以在北京召开的国际会议——青藏高原科学讨论会为标志。与其时中国全面改革开放大背景有关，与中国科学家做好了准备有关，也与某些来自国外的因素有关。

自从地质学家常承法1973年在英文版《中国科学》发表了以板块构造理论解释青藏高原成因的论文，将源自海洋的新理论，或者说，将西方地学革命新鲜出炉的成果，如此之快地率先应用于陆地，以往不怎么关注中国人文章的西方地学界，这回不仅有人注意到，刮目相看的同时，难免心有所动，接下来风闻西藏地区正在连年进行大规模考察，终于沉不住气了：中国不是早就恢复联合国地位了吗，与西方多国包括美国不都恢复邦交了吗，做科研为什么不让我们参加？于是若干国家多位科学家联合呼吁，通过联合国教科文组织向中国“施压”，要求准入。1978年交涉，1979年成行——关门闭户许多年，国门终于向西方敞开。这个以教科文组织名义组建的团体，由来自8个国家的10位地质学家组成，以当年最时髦热门的“板块构造代表团”名之。中科院方面特派潘裕生当向导，走318国道中尼段，一路察看板块碰撞痕迹，从拉萨到中尼边境，总共考察了两周时间。代表团成员满意极了，回国后每人都做了信息传播媒介，于是所在国家、更多国家纷纷向中国提出合作要求。

是时候了。青藏研究决策者刘东生、施雅风、孙鸿烈一起酝酿了本次国际会议，时任中科院院长方毅非常重视，指示以高规格筹办：由著名科学家钱三强担任会议主席，刘东生和孙鸿烈分任大会正、副秘书长。这可是“十年动乱”后首次举办的国际范围学术会议，各研究所中青年业务骨干分别参与各专业的组织联络工作；举全院之力抽调精干人员组建会务组、翻译组；后勤保障由训练有素的综考会负责——多么难的野外考察尚且应付自如，京城会议和会后西藏考察哪里还在话下！紧张的筹备工作就这样操办了一年。

1980年5月最后几天，青藏高原科学讨论会在京召开，迎来18个国家近百名科学家和300余名中国科学家。最年长者来自意大利，80岁的德意修；另有一位年近七旬的地质构造专家来自瑞士，自20世纪30年代开始研究喜马拉雅，1939年即出版《喜马拉雅地质》，被国际地学界奉为经典，他本人也被尊称为“喜马拉雅大师”——当这位长着一部花白大胡子的学者自我介绍他就是甘塞尔时，全场掌声雷动。甘塞尔先生在会上演示了幻灯片，其中一幅是40多年前他在西藏考察，赶着几头牦牛、一群羊子走在荒野上的身影。为参加此次盛会，老先生特别准备了在喜山北坡的合作考察计划，然而到了会议第二天，却放弃了，因为他听到了常承法的发言，发现中国同行所做的，已超出他的计划预期。可是再上高原的想法没有改变，机会降临在1985年，老当益壮的甘塞尔参加中英联合考察队，从拉萨到格尔木，到高原东北缘，走过了他向往太久、终于成行的地方。

中国地学界“三老”。左起刘东生、罗开富、穆恩之，1979 年在西藏亚东考察合影　郭长福 / 摄影

1980 年刘东生与瑞士科学家甘塞尔考察青藏高原合影　韩家懋 / 供图

参加本次青藏高原国际会议的近百位外国学者来自 18 个国家：澳大利亚、加拿大、荷兰、印度、孟加拉、意大利、日本、尼泊尔、巴基斯坦、新西兰、瑞士、瑞典、南斯拉夫、土耳其、美国、英国、法国、德国。会议宣读论文 253 篇，其中中国学者 184 篇。会后出版英文论文集两册，一为地理生态，一为地质岩石。

以往是望其项背的跟从，现在终于有机会同台竞技，为迎接这次国际盛会上的“首秀”，多年间置身于青藏野外的专家们，匆忙捡起荒疏有日的外语，临阵磨枪，许多人直到登台也没能演练得自如，好在所有的英文演讲稿包括论文提要，全部由刘东生和罗开富两位地质学大师把关订正；好在业绩摆在那里，无论主会场、分会场，每每发言完毕，总有同行的老外冲过来，与演讲者热情握手，表示祝贺。有人当场提出合作要求，有人直接向个人发出访问邀请。相互隔离多年，外国科学家所说最多的是“没想到”——听说中国“文革”十年，许多工作停掉了，没想到青藏研究取得了长足进展；原以为中国封闭缺乏交流，没想到那么多领域的研究居然走在国际前沿！最兴奋的当数各国地质学家，构成地学革命的一系列论点，如海底扩张、大陆漂移、板块碰撞，最终集合而成的“板块构造”理论，没想到在青藏高原的形成演化研究中得到了如此完美的验证！

没想到的还多，西方各国生物学大发现时代逝去已久，分类学已然式微的今天，没想到还会有那么多新种新属乃至新目发现啊！具体到各专业领域，对于藏北和藏南的三趾马动物群化石发现反应热烈，对于高原特有种高山虫草——冬虫夏草的讨论感觉新奇；以往美国的真菌学家对中国菌类未太在意，听了臧穆关于西藏高等菌类的报告，田纳西大学的皮特逊教授回国后，直奔存放中国菌类标本的哈佛大学做研究，果然从中发现了新种……还有国际生物学界刚刚形成的“隔离分化”新说，没想到在高原鱼类、菌类、动植物类广大领域，集中展示了如此之多的典型案例！外国专家说，本打算告诉中国同行许多，结果反倒学到了许多；一些专家赶紧把刚刚获得的信息数据补充进已提交的论文中。有些专家本来就是带着悬念来的，就像美国学者皮特·莫尔纳，身为板块构造学说创始人之一、国外较早研究青藏高原的著名地球物理与新构造学家，一见到我们的地球物理学家，来不及寒暄先发问：“滕先生，请你快快告诉我，青藏高原上地幔顶部的速度是多少！”

最后的一个没想到，是见到了邓小平。美国著名科学家瑞普雷一到北京，迫不及待提要求：此次来中国，最大心愿是见到邓小平！

所以会议最后的高潮，是小平同志出席闭幕式，接见，合影，这本来也在会议日程中。会议召开前夕及会议进行期间，他已两次听取汇报，尤其听到青藏研究成果在会议上引发轰动效应，深表满意，欣然同意出席；汇报中提到有法国专家希望从西藏采集岩石标本带回国的要求，小平同志的回答是：“中国的山那么多，那么大，打一两块石头大山还在嘛，给他们有什么关系嘛！”

谈笑间一道禁令就此开释。外国科学家可以采集标本带回去，这在当时还是一件了不起的大事呢！根据小平同志指示，院方赶紧制定了外宾在中国采集标本的规定和办法，既满足了要求，又维护了必要原则。被拿走的西藏的

1980 年，邓小平副总理接见出席青藏高原科学讨论会的中外科学家
郭长福 / 摄影

1980 年，邓小平、方毅（左四）与会议代表合影（局部）

1980 年 6 月 2 日，邓小平接见青藏高原科学讨论会代表
韩家懋 / 供图

石头、花草和昆虫标本就此进入世界各地的实验室，认真的西方人凡有所发现必向中国同行通报交流。就这样，一个人，一句话，成全了一件功德无量的好事情。

合影场面一度混乱，外国科学家不顾提前安排的顺序，纷纷挤在小平同志周围。甘塞尔先生本来是安排在小平同志一侧，却被挤出圈外，孟辉见状，用力将这位白胡子老者推了进去。为此老先生在会后的西藏地质旅行途中，特意采一束野花献给她，答谢合影时助他“加塞”之情。这次会见给老外留下的记忆之深刻，有一例可资证明：许多年后，刘东生先生在意大利拜访地质学家德意修，见他家客厅显要位置悬挂着与邓小平同志谈话的大幅照片。年近百岁的主人言说当年，依然动容，他说能与小平先生合影很荣幸，说这位世界级伟人“是个具有远见卓识的人，他对你们是宝贵的，对于我自己，也是珍贵的”。

如果再追述一点会议花絮，表现在餐桌上。小平同志出席晚宴本不在议程中，盛情难却，顺其自然的结果，随机安排了。与中国科学家的拘谨守规矩不同，外国人热情洋溢，成群结队向主桌敬酒。不远处的范云崎注意到一个细节，小平同志动过的筷子，不时被老外“顺”走，至少有三双——这情形是不久前再见范先生时听说的，当年中国尚未时兴“追星”一族，让他看得稀罕。

会后安排拉萨—樟木口岸地质考察路线，刘东生、孙鸿烈和青藏队骨干武素功、杨逸畴、潘裕生等随行作陪。西藏自治区政府作为此次国际会议的主办单位之一，由政府副主席李本善担任了会议副主席，承担会后西藏地质旅行近百人的接待任务，这在西藏还是第一次。那时西藏的物质条件和硬件设施多差啊，只能是紧急动员中尼公路沿线，抢修公路，抢建厕所，改善食宿，甚至在聂拉木和樟木口岸两地赶建了新宾馆。

各国科学家们心情激动，踏上了高原土地——这片多年间他们只能在南缘西缘的印度、尼泊尔、克什米尔、巴基斯坦引颈遥望的土地。终于迈步其上，不由人不以热忱的近乎贪婪的目光放眼远望就近细察。所有人在所到之处，无不尽情采集：土壤、岩石、昆虫、植物……就像中国民间传说中贪心的老大那样。一位美国专家携夫人和两个孩子前来，每在晚间出门去捉昆虫，他自豪地说，带回美国就我一份儿；日本人见到水塘就挖掘，采集藻类；另一位美国人询问中国同行，你们知道大英博物馆里有一条江孜的蛇吗？谁能帮我抓一条海拔 4000 米以上的蛇带回去，总统会奖励我的。

从拉萨到樟木口岸，担任此次旅行向导的是地理学家杨逸畴，特意停步在曲水大桥中央，豪迈宣讲：雅鲁藏布江，两块曾远隔重洋的古大陆缝合线，你们看，我们正在跨越，这只脚踏在南半球的冈瓦纳大陆上，而这只脚，则踏在北半球的欧亚大陆上……

面向世界发言的同时，也从世界获取。有这样的机会与国外同行面对面，对于中国学者来说，何尝不是一次绝好的学习机会。一应新思想新理论新进展新的研究手段，无不令人眼界大开。试举感触较深的一例：一直以来我国学习苏联模式，分科过细，这次会议注意到西方学科交叉的优势，开阔的首先是思想视野。所以这次会议就成为一个转折点，青藏研究阵容及格局有所改变，“请进”“走出”成为常态：请进来联合考察研究，走出去做访问学者、读取学位，或同在一个实验室工作。总之在开放中进步，在交流中成长，在合作中双赢。

国际盛会的尾声，体现于一封信。是在完成西藏地质旅行，外宾出境尼泊尔，从加德满都寄至中科院的，信中写道：“作为青藏高原科学讨论会及其以后的地质旅行的参加者，在中国的日日夜夜给我们留下了十分美好的印象。中国科学家高水平的研究成就令世人惊喜，会议组织工作无懈可击，尤其使我们兴奋的是，在北京期间受到了邓小平先生的接见，中国科技界得益于他是十分幸福的。”

国际盛会结束，中外合作启动，法国拔得头筹，当年即达成协议。法国科学研究中心先是向中国科学院提要求，尚未等到答复，转而求助于地矿部（现为国土资源部）地质科学院，马上有了消息。所以1980—1982年中法合作，中方以地科院为主，邀请中科院地质所滕吉文等人参与。

合作项目题为“喜马拉雅地质构造与地壳上地幔形成演化”，瞄准的是“莫霍界面”在地壳之下的起伏，求出一个深度剖面。所谓莫霍界面，以发现者南斯拉夫学者莫霍洛维奇的名字命名，特指地壳之下、地幔之上，一个总厚度数千米的过渡带，即使在21世纪的今天，以国际最先进的技术装备，都还无法直接观察它。20世纪50年代初，曾有一批雄心勃勃的美国科学家提出海底钻探构想，想要在地壳最薄弱的海底洞穿莫霍界面直达地幔，该计划可惜中途夭折，迄今为止依然需要借助自然的和人工的地震波。中法合作，选择藏南藏北地质关键地区进行一系列爆炸地震试验：南北方向珠峰—那曲，东西方向萨马达、浪卡子—色林错、佩枯错，穿越4条深大断裂带，清晰地观测到来自莫霍界面的反射波和来自下地壳的强反射波组，显现出地下几十公里处图像轮廓，证明珠峰下方地壳厚度为53 ~ 55公里；在珠峰以北仅45公里远，地壳厚度突然增至70公里；由于地质构造带作近于东西方向的展布，地壳厚度在横向上缺乏变化，而在南北方向则变化剧烈；藏北地区下地壳结构复杂，不仅存在几条深达上地幔的断裂，并在下地壳中可能有将近20公里厚的壳—幔物质混合带，而莫霍界面的深度仍在70公里以下。

观察资料结合卫星图片和航片解释，证实了西藏高原中南地区确实存在大规模近南北向的正断层。同时在崩错一带首次实地发现大规模的地震地表破裂，认为与当雄1951年特大地震的发生有关。

中英合作地质科学考察随后启动，由英国皇家学会和中国科学院共同组队。常承法担任中方首席科学家，正式队员 16 名，来自中科院地质所、南京地质古生物所和贵阳地球化学所，专业有构造地质、岩石学（包括蛇绿岩、火山岩、花岗岩和变质岩）、古生物学、地层学、沉积学、同位素地质、古地磁、地质填图等。另有辅助人员 24 名（包括司机 17 名）。英方首席科学家由皇家学会资深会员沙克尔顿担任，英方队员共 13 名（包括 1 名医生），实际是由多国知名科学家大师级人物组成，如板块构造学说创始人之一、著名地球物理与新构造学家皮特·莫尔纳，喜马拉雅地质学权威甘塞尔，板块构造的顶尖人物 J. 杜威，小构造知名专家 M. 考瓦特，地球化学著名专家 J. 皮尔斯，等等。其中沙克尔顿和甘塞尔当年已是 70 多岁高龄。

沿青藏公路纵穿青藏高原，进行路线地质调查。1985 年 6 月 4 日至 7 月 28 日，中英联合考察队从拉萨至格尔木，野外考察历时 55 天，考察路线总长约 1600 公里。青藏公路沿线以外，还包括那曲—班戈、安多—东巧—伦坡拉，东巧—纳木湖西南岸的德庆乡，拉萨—林周和拉萨—墨竹工卡，那曲—聂荣，二道沟—巴音查乌玛，格尔木—锡铁山等多条支线。野外考察工作分五组进行：古生物、地层、沉积组，岩石学组，构造地质组，地质填图组，古地磁组。

高起点，高水平，真正权威，不愧为国际知名学者，在他们的指导下，合作顺利，成果丰硕，众多新发现问世，都是深奥科学问题，例如泛非事件的提出，高原隆升的两个阶段与两种完全不同的形式，垂直面应变模式的提出，岩石圈拆离与平流，南北向缩短和垂向伸展增厚的估算，主要走滑断层走滑量的估算，昆仑山中 4 亿多年前的花岗岩的发现。至于各学科的新数据，则体现在拉萨至格尔木各块体古地磁数据及古地理的复原等。1986 年 9 月，在北京召开学术交流会，实际算得上一次小型国际学术讨论会，除中英双方队员外，还邀请了英国、美国、瑞士、意大利等国 10 多位知名科学家。会后同样组织了从拉萨至樟木的地质考察，为时两周，接续上一年考察路线，正好完整地纵穿了整个高原。

两国科学家共同执笔编著的考察专著，由英国皇家学会安排于 1988 年在英国出版，成为英国当年最畅销的两本科技书之一。1990 年中方人员将之译成中文，对部分章节加以补充修改，书名《青藏高原地质演化》，由中国科学出版社出版，被视为青藏地质经典，主流观点，至少是阶段成果制高点——随着研究的持续深入，还将有不同观点出现；面临挑战，也是经典学说的命运，科学进步的必然。

与法国、英国的合作是开端，此后数十年来迄今，中外合作已成常态。不限于地质，随着全球环境变化热点兴起，各团队各专业各有长期合作伙伴，在青藏高原研究中，联结成广泛的国际统一阵线。

倾听大地岩石发言

在《中国科学》发表论文时的常承法已年过半百，后来继续青藏工作十余年，范围主要限于高原中南部，在未能亲自走过的北部和西部，借助了推论，因之草成的轮廓中仅有 4 条缝合线、5 块地体和大约 3 亿年时间。一代人足力毕竟有限，补充完善有待后来人。

中法合作地质考察与横断山考察同时进行，潘裕生接受委托，从横断山开始，将本专业的地震研究转向大地构造，从前辈勾勒的高原时空边界轮廓出发，从此在每一板块缝合处驻足凝神，倾听过往大洋涛声，陆地相撞之际的绝响，遥望海洋一波波消隐，陆块一片片升起，尽享天地造化大壮美。

以上几句为诗化描述，寻找证据的过程其实漫长又辛苦，更经常的是浪漫归零。潘裕生成为青藏队忠实一员，高原大地基本走过，一应脚力驮畜全部使唤遍了：马匹，牦牛，毛驴，骆驼，途中倒毙过多少都有具体数字，让他多年后说起还觉心痛。就这样东起横断山脉，西至阿里高原，南自喜马拉雅和冈底斯之间最晚近形成的第一条：印度河—雅鲁藏布缝合带，依次北上查找第二条：班公湖—怒江缝合带；第三条：西金乌兰—金沙江缝合带；第四条：昆仑南缘缝合带，直至最后发现最北一条，也是最古老的、常承法框架中缺少的第五条：西昆仑—阿尔金—祁连山缝合带，同时查证了五条缝合线所连接六块地体各自所在的古纬度位置和碰撞时间，将特提斯大洋第一期上溯到 8 亿甚至 9 亿年前，将青藏高原北部最初形成史推往 5 亿年前，并图示了青藏高原在何时、如何自北而南一块块拼合而成。

每一缝合带在中国境内的长度都在两千公里以上。这是由南及北，从东到西，整个青藏高原几乎走遍的寻找过程：寻找缝合带，寻找古海洋遗迹——蛇绿岩带。

蛇绿岩是什么？古洋壳残余。大洋扩张时期，由地球深部沿大洋中脊喷涌而出的炽热物质，冷却而成新洋壳，包括玄武岩，与它成分近似的辉长岩，有些变质的蛇纹岩，等等。待海洋关闭，陆—陆相撞时，大部潜没，少量被挤出地面，年深日久，呈现绿色蛇纹面，地质学家称它为蛇绿岩。沿雅鲁藏布一线出露的蛇绿岩套最为典型，穿针引线般把冈瓦纳大陆和欧亚大陆缝合起来，因而名之为“雅鲁藏布地缝合线”。昔日广阔洋面被挤轧成如此之窄一条带，江河发育其上，不可谓不沧桑。

由于雅鲁藏布缝合带显而易见，不存在争议，所以它虽在最晚近的 5000 多万年前形成，地质学家还是首先认定它为第一条，然后才是第二条，第三条……越往北，缝合带年代越古老，形象愈发模糊，正所谓海枯石烂之后，又被接二连三的构造运动折腾得面目全非。

狭义地质学三个主力学科中，构造地质外，尚有岩石学和地层古生物学。岩石圈的形成、演化及其动力机制是地球科学基本问题之一。随着板块学说的兴起，至今都是国际地学研究的热点。因此要说明地质问题，岩石学专家邓万明就成为潘裕生的好搭档。与潘裕生性格不同，邓万明激情满怀，1966 年在北京大学地质地理系毕业晚会上，邓万明朗诵了个人诗作《绿野放歌》:“喜马拉雅山啊，你为什么拔地而起，这么年轻！”没想到一念成真，居然决定了一生都在寻找这个“为什么”，一直寻找到不再年轻。先从岩石圈里寻找，花岗岩，蛇绿岩，直到 1976 年在藏北高原深处巴毛穷宗闯进火山岩区，一发而不可收地沉迷于此，从此专找火山岩。在邓万明的眼里，地球是活的，石头是有生命的。每当他凝视一块岩石，就仿佛听到石头隐约的诉说，它曾经和现在的故事——来自地球深部，高温滚烫，当它滞留在某一部位并冷却下来，就成为深部的岩浆岩；当它具有足够能力喷发到地表，就成为火山岩——石头的生命历程历历在目，据此得知岩石组成和物质成分，结构特征，与地壳地幔的关系；测度了它的年龄，可以进一步追寻它何时形成岩浆，或何时喷发，因何在青藏北部有着如此密集繁复的火山群组合。

专找火山岩。南部，阿里狮泉河；北部，龙木错—羊湖，库尔勒—若羌—木孜塔格以北，罗泊湖—绿叶湖，楚玛尔河—可可西里，有 6 条考察路线穿过火山带，抵达 30 多个火山区，火山地貌皆为大陆环境条件下喷出的新生代火山岩构成。辽阔壮观的火山地貌、保存完好或不完好的火山口，平台状的桌状的山，一系列激动人心的发现，无不令他流连忘返。1988 年与潘裕生一道去阿什库勒考察火山，尽管艰苦卓绝，尽管否定了它的近期喷发，但当放眼莽莽苍苍这片漂亮极了的火山群，内心的热情如同火山喷发。1994 年，中日联合考察可可西里火山区，向南一直突击到唐古拉山。无人区途中经历过雪夜迷途，两辆丰田车，4 个日本人，5 个中国人，差一点儿回不了营地。

第二年邓万明应邀访日。巧得很，研究火山多年的邓万明终于一睹活火山喷发盛况：云仙火山，浓烟滚滚，夜晚可见火光通明。日本同行说，这次火山专为你喷发。

是的，高原已无活火山，腾冲以西的中国大陆不存在火山的现代活动。对火山岩使用热发光法测年的结果，以藏北高原北部火山群为例，巴毛穷宗火山地貌为渐新世末期至更新世多期火山活动的产物，年代为距今 2000 万 ~ 2860 万年之间；强巴欠火山岩年代 1490 万年；涌波错熔岩方山形成于中新世至上新世，年龄值为 940 万年；第四纪 260 万年以来确曾有过火山活动，高原上最后一次火山爆发约在 100 万年前，而今生命体征，看似不存。

值得花费一生去破解，至少找到了初步的答案——

回答是，这与整个特提斯带有关，与青藏高原晚新生代以来的剧烈隆起有关。

特提斯带火山岩这一长链，从藏北向西，连接中亚—阿拉伯—罗马—西班牙；从藏北向东南，贯通横断山—泰国—马来西亚—印度尼西亚，最终与环太平洋活火山衔接。藏北一线曾是特提斯带岩浆活动的重要一环，长达数亿年的地块拼接过程，遗留下碰撞型的花岗岩—蛇绿岩带，是大洋的残余之物；羌塘断块两亿多年来地壳结构一直比较稳定，岩浆活动微弱，而新生代以来的火山活动，则伴随着青藏高原各期隆升重新复活，是最新地壳构造运动的明显标志——大自然就这样半隐半显地提示着过往信息，让科学家们历尽艰辛、费尽心机去解读。

解读者中少不了地层古生物。古生物化石是地层和岩石的时间码，指证着漫长的青藏演化史中那一番番海陆沉浮，沧桑变迁。历经几次大洋、曾经充满浅海盆地的海生世家动物种群，一代代固化成石，或稀疏或密集地遗落在高原面上、岩石层中。藏族百姓把盘旋着节纹的菊石叫“羊角”，把形似鸟头的腕足类贝壳叫“小鸟”。作者本人就见过，藏北双湖附近有座山，这类“鸟”化石俯拾即是，捡了一大堆回来。

地质古生物这一学科发端于 19 世纪初叶，一位名不见经传的英国土地测量员史密斯发现可以用贝壳化石来确定古代地层的大致年代，建立地质史序列。后来的人们便利用化石带划分了地质时代，例如寒武纪等等，大都依据生物的大灭绝及其后的生物大“爆炸”在地层中的记录以断代。再后来由物理学家发明了一系列放射性测年法，使年代精确。

中国海洋古生物学权威机构——中科院（南京）古生物研究所在全世界都很有名，曾在相当长的时期内被誉为全球三大古生物研究基地之一。另两家，一在俄罗斯，一为大英博物馆。该所自 1966 年珠峰登山科考参与青藏研究，从此撑起地层古生物领域大半江山。都是古生物学家，方向有不同，章炳高主研微体古生物的有孔虫，文世宣主研双壳类，王义刚主研头足类，孙东立主研腕足类，比老队员们年轻的是沙金庚，主研双壳类，赶上了青藏队末班车——可可西里考察。

1937 年出生的章炳高，29 岁上高原，是从珠峰开始的，直到 1989 年，还应西藏自治区政府邀请，为制订珠峰自然保护区规划工作到 1991 年。这期间 30 多年里，参加青藏队考察、中德联合考察、与西藏自治区地矿厅合作考察，足迹遍及西藏各地，例如从班戈一带的白垩系地层到林周县牛马沟下第三系地层，等等，所谓地层古生物框架的建立，就这样一点点完善起来。从中生代到新生代，有孔虫存续时间久，分布面积广，地层出露好，采集样品多。章先生说，6000多万年前海洋最后阶段，最后的有孔虫失去家园，集中在定日的山沟，协噶尔一带，成堆成片的化石裸露于地表。根据化石描述，他向青藏高原科学讨论会提交的论文中，最早确认了西藏地区海浸历史的结束时间，同时指出最后的海洋应当是从高原两侧退出的。

古生物学家文世宣是1966年参与珠峰考察的老资格成员。从那时算起的大半个世纪前，英国人曾在那里考察过，以所见少量化石，推论珠峰地区老地层，最早在两亿多年前的二叠纪；1964年希夏邦马考察，刘东生团队发现了更早的石炭纪，而文世宣这一年的考察，则一举找到了泥盆纪、志留纪直到奥陶纪差不多5亿年前的古生物化石地层！这是青藏高原科考史上具有光彩的一笔，古典气质的文先生情不自禁赋诗一首："山高梦长几亿年，机遇一朝露真颜；从此名山续新史，天下书生另眼看。"10年后的西藏科考中，他又随藏北小分队穿越藏北，找到了侏罗系化石。大洋北界在哪里呢？待到在昆仑山口发现了晚二叠系生物化石，蜓类（纺锤形有孔虫）；海相沉积最晚在三叠纪，那之后的均为陆上沉积了——此前因这一带岩石变质严重，不见化石，难以断代，这一发现明确了昆仑山地区最终脱海成陆时间。

孙东立没能和同事章炳高、文世宣同时加入青藏队，留在南京还在研究开发沼气，1975年才得以进藏，直奔喜马拉雅山脚的仲巴县，山那边就是尼泊尔木斯塘，这一次发现的是二叠系化石，腕足类纺锤虫的蜓。后来古生物所与西藏地矿部门合作，以古生物化石划分地层。1980年在藏北申扎县，某个夕阳斜照的下午，偶然在路边捡到了一块当地人所称的"鸟化石"，一种贝类，约3厘米大小，从未见过的模样。不顾天色向晚，孙东立坚持爬上山，寻找原生地点。在一处灰岩露头处，终于找到了这一优势种群所在。后经鉴定为我国首次发现的隼嘴贝，其生态适应为古海中的热异环境。即是说，隼嘴贝出现的地方，应该是板块碰撞带，碰撞带地壳薄弱才有热流涌出。果然，这里正是班公湖—怒江缝合带穿过的地方。

第二年，孙东立又走向藏南。在羊卓雍湖畔的浪卡子县城，听人说这儿有"鸟化石"。孙东立一看就笑了，又是隼嘴贝！它出露在名叫工布雪的泥质岩上，正是雅鲁藏布缝合带穿过的地方。

多年寻访首先为填补空白，构建地层系统。西藏地层发育良好，沉积物类型多样，古生物类群丰富，仅在20世纪70年代，就发现30多个类别，3800多种。依此将西藏地层首次划分为4个区、11个小区。沙金庚博士留英归来，正好赶上1990年可可西里考察，而可可西里荒原也难得头一遭迎来古生物学家。长达几亿年时间里，海水在那里来而复往，凭借各时段不一样的海洋生物遗迹，沙博士建立起高原北部晚古生代—新生代的化石组合序列和地层层序，从中精细化揭示了长江源区如何从深海到高山的演化史。同时将青藏纳入国际视

舌形巡回蛤

壮丽岔线海扇

锯褶印度海扇

藏石蛏

雄梅异饰蚌

一组海洋古生物化石　文世宣供图并注

似舌形巡回蛤、壮丽岔线海扇。产于喜马拉雅地区岗巴的与澳大利亚相同的化石，时代为早白垩世晚期，约1.12亿年，印度板块向北漂移的证据。

锯褶印度海扇。产于珠穆朗玛峰西北侧，时代为晚三叠世晚期浅海，约2.09亿年。此种化石在雅鲁藏布以北许多地区亦有发现。

西藏石蛏。产地喜马拉雅地区岗巴，为始新世中期喜马拉雅海结束前最后的浅海生物，约4100万年。

雄梅异饰蚌。产于藏北申扎，为湖泊淡水蚌类，为亚洲大陆本土生物，时代为早白垩世，约1.3亿年。

野，把藏北双壳类软体动物化石与其在全球的时空分布联系起来，探讨了西班牙通道的形成时代，说明原本呈两极和泛赤道分布的双壳类怎样穿越赤道，进行南北两极之间生物群交流的，又是怎样由东到西沿古太平洋扩散的。

至此，地层古生物学家已基本建起较为完整的青藏高原地层序列，填补空白的同时，对于古生物群落、迁移、演化、生物区系与板块运动、青藏高原古地理与古环境等方面的研究都做出了重要贡献。

继青藏队开创人工源地震“首爆”20年之后，中科院地质所又部署了一项大行动：1993年和1994年，熊绍柏和刘宏兵西进阿里，在仅有几株乔木的改则县城，远隔300公里接收到来自藏北无人区“三个湖”的人工地震信号。这些信号提示了青藏高原西北部的地球深部结构与构造：班公湖—怒江缝合带为一向北陡倾的岩石圈深断裂，其南侧为一莫霍界面深槽，并有地幔热物质向壳内运移；冈底斯块体向北俯冲下插，羌塘块体向南被动仰冲，整条缝合线的莫霍界面南北错断为10公里的台阶——综合来自青藏高原地下的信息，所表明的，是地壳结构的复杂性质，岩石圈具多层圈的结构特征。

爆破地震提示地下结构，大地电磁进行深度测量，古地磁对于岩石古代磁性的测度，则可恢复岩石形成时的位置和纬度。地球物理与地质构造的资料相互印证，从不同层面解释了青藏地区的形成过程。古地磁证实了印度板块自7100万年来，每年以5～6厘米的速度向北漂移了近5000公里；拉萨地体向北推移了差不多16个纬度带。地质学家认为，冈瓦纳古陆解体后，并非整体向北漂移，而是分裂成一些小块，如羌塘、拉萨、喜马拉雅等，依次先后拼贴到欧亚大陆上。雅鲁藏布一线的碰撞是这一系列事件的最后，也是最重要的一次。

大地构造主要做定性工作，地球化学则给出量化数据。最早介入青藏研究的许荣华，是继开创中国同位素地质的李璞之后，属于第二代专家。20世纪60年代珠峰野外考察没能赶上，赶上了做珠峰岩石标本的室内工作。文世宣、尹集祥所采集的古生物化石，就是被他证实为奥陶纪的——“珠峰地层年龄接近5亿年！”许荣华如是宣布。这项工作既使人兴奋，也让他渴望亲手采集。1974年，终于走进了青藏队行列，此后数十年间，从青藏高原采集背回的石头，据说足可建造一座石头宫殿了。所以他对西藏各地的岩石履历了如指掌，说起来如数家珍。比如说，高原边缘地区的岩石年龄可达一二十亿年，但高原内部最老的岩石在藏北的安多和念青唐古拉一带，仅有5亿多年历史，已变质，所以不见寒武纪生物化石；比如说，拉萨周围的花岗岩，是在大洋消失时，印度板块向拉萨地壳下俯冲，造成岩石重新熔化时被挤出地面的，只有4000万到5000万岁的年龄；再比如说，拉萨以南的花岗岩是地壳成分，最为年轻，只有一两千万年历史，那是沉积岩重熔导致的；拉萨以北的冈底斯

地质工作者在喜马拉雅地区进行重力测量　章铭陶 / 供图

在羊卓雍错湖畔监测人工地震波　章铭陶 / 供图

测量人工地震波，就像给地球做 X 光片。通过在羊卓雍错周围引发小型爆炸，然后分析地震波传导在不同岩层时的速率变化，就能了解高原地表以下的构成与结构。

岩带则主要为地幔成分，4000 万年。所以说，5000 万年是一个形成的重要时期，而 1500 万～1800 万年则是抬升的重要时期——地球化学家就这样从石头里读出成分和年纪，并娓娓道来。

正如同板块的分离与聚合重塑了地球面貌那样，为时 8 年的西藏科考与板块构造新说相遇并相伴同行，可谓正当其时：一方面被照亮被指引，另一方面，向之贡献使之丰富，又何止于以实例印证。当然，现有的板块理论并非无往而不胜，一应疑难并非迎刃而解，它是果不是因，所以应运而生的地球动力学成为新的命题。换言之，究竟是一股来自何方的力量，使得海陆沧桑，板块位移，而几乎每一次大规模造山运动，往往伴随了冰期来临，导致生物灭绝和新生——探索这一大自然的深刻奥秘，是地质科学的根本命题，也是地球科学热点问题之一。

鉴于喜马拉雅晚近脱海成陆、仍在上升，并以裸露的深部物质足可现身说法的特殊性质，被公认为地球科学巨大的天然实验室，以至于有人说过这样的话：打开地球动力学的金钥匙，有望在青藏高原找到。

追记脱海成陆沧桑史

以水深 2000 ~ 3000 米为界，浅者为海，深者为洋。现代的海和洋分别占全球海洋总面积的 11% 和 89%。古老的环球大洋——特提斯大洋 10 亿年来历经三期扩张与消亡，最终关闭后，特提斯海依然存世数千万年，迄今遗迹犹存，地中海和黑海都是。本节内容归纳自潘裕生等多位专家访谈记录，同时参照科普读物《神奇的青藏高原》（潘裕生著，气象出版社，2004 年）；学术专著《造山的高原——青藏高原的地体拼合、碰撞造山及隆升机制》（许志琴、杨经绥等著，地质出版社，2007 年）。

当由北而南各地体依次拼合，青藏地区地理图像完整之际，也是中国大地整合为一之时。所以通过这样一部沧桑巨变的历程，其意义还在于了解国人家园的形成史。最初的生命来自海洋，板块聚散也有赖于大洋的打开与闭合。从头道来，绕不开的是特提斯远古大洋。《辞海》中有关条目，出自地质学家归纳：

“特提斯海：亦称‘特提斯洋’、‘古地中海’。一个主要呈东西方向延伸的古海洋。名称来自希腊神话中女海神名。位于劳亚古陆和冈瓦纳古陆之间。范围主要包括今比利牛斯山、阿尔卑斯山、喀尔巴阡山、小亚细亚、伊朗南部、喜马拉雅山、中南半岛西部和印度尼西亚一带。可能在新元古代晚期就已存在，中生代开始加深，晚三叠世至早白垩世进一步扩大，白垩纪中期开始缩小，古近纪时大部分封闭，形成高峻的山系，直到现代仅残留一些内海，如黑海、地中海。”

——何人、何时、何以命名为“特提斯”？回答是，奥地利地质学家修斯（Eduard Suess，1831—1914），是他在 1893 年最先提出古地中海概念，并诗意地以希腊神话中大地之母盖娅的女儿，海中女神特提斯命名：“横贯欧亚大陆南缘曾经存在过一个巨大的大洋，这个大洋经受挤压，褶皱的沉积物见于高耸入云的西藏高原、喜马拉雅及阿尔卑斯山脉，我们称这个大洋为特提斯。”

显见是在板块构造理论问世之前，以当时盛行的经典地质理论给出的定义。目前一般认为特提斯洋三阶段可以大致划分为：

始特提斯（亦称原特提斯），约 10 亿～ 3.9 亿年前。

古特提斯，约 3.2 亿～ 2.4 亿年前。

新特提斯，约 2 亿 ~ 7000 万年前。据古地磁资料推算此一深水大洋宽度当在 1500 公里以上。

当最后阶段的大洋关闭，残余部分特提斯海，在欧亚大陆以阿尔卑斯山为界分成南北两支。南支位于现代地中海一线，地中海系其残留小部；地中海是海而非洋，但地中海波涛却以凶猛著称，听说那儿的海浪经常激荡叠加，名号“疯狗浪”。北支也称副特提斯海，沿亚洲西部和欧洲中部之间分布，现代黑海、里海和咸海均为其残余之余部，似乎安静些。现今塔里木盆地曾为古海湾，位于特提斯海最东缘，历经数千万年、历次大规模海侵与海退，最终于 3000 多万年前，古海消失，永不再来。

相应地，由于各时段大洋从新兴扩张到闭合消亡的轮回，连带相关板块聚合离散，尤其边缘微型地体，陆块，时常被作为重组的构件——现今称之为中国的大地，正是晚近一次“组装”而成的产物。现在就让我们跟从地质学家的指点，让目光穿越浩大时空，由远及近一路看下来——

按照当今国际上比较公认的一套“假说”推断，地球史上至少存在三次大联合局面的超级古陆，分别在 18 亿年前、10 亿年前（Rodinian，罗迪尼亚超大陆）、3 亿年前（Pangea，盘古大陆或联合超大陆）。这情形正像《三国演义》开篇所言：话说天下大势，分久必合，合久必分。

原始的特提斯大洋已经遥不可见，10 亿年前形成泛古陆的时候，碳基生命还是单细胞，后来组成中国的微地块，还是罗迪尼亚超大陆成员；沿北欧至帕米尔北缘，经昆仑—祁连—秦岭和中国中部，一条巨长构造带上，已经找到 8 亿 ~ 9 亿年前裂痕。该次裂解事件是否说明泛古陆全面解体尚不能肯定，较为明晰的是，约在 4.5 亿年前，这一局部重新愈合，体现在第五条缝合带即西昆仑—阿尔金—祁连山缝合带，已经连接起阿拉善—敦煌地体。

但就在北部愈合过程中，西昆仑南缘开始破裂，到 3 亿多年前两侧大陆漂移开去，古特提斯大洋生成。由于位于赤道附近，古特提斯洋又叫热带大洋、环赤道大洋。

说到青藏地区由北而南依次拼贴，是指最终形式，事实可能是，拼贴过程中，作为组件的多地块都曾被推来搡去。当西昆仑南缘两侧于 2.5 亿年前开始相向而行，待完成再聚首，第四条缝合带即昆仑南缘缝合带出现，宣告亚洲板块增生至可可西里到巴颜喀拉一带，同时宣告的内容，还包括古特提斯洋生命终止。在我国境内长达 3000 公里的第三条缝合带即西金乌兰湖—金沙江缝合带，应是该时期遗迹。

然后轮到南部羌塘地体和拉萨地体之间、拉萨地体和喜马拉雅地体之间上演分离而后再相逢的活剧。这其中的因果关系，或是由于新特提斯洋打开，促使了古特提斯洋关闭，并且

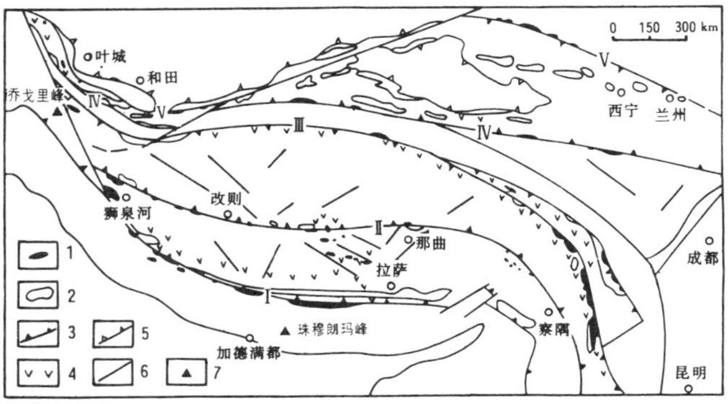

青藏高原构造简图 潘裕生／编图

1. 蛇绿岩；2. 岛弧深成岩；3. 缝合带及其编号；4. 岛弧火山岩；5. 盆地边界；6. 断裂；7. 山峰

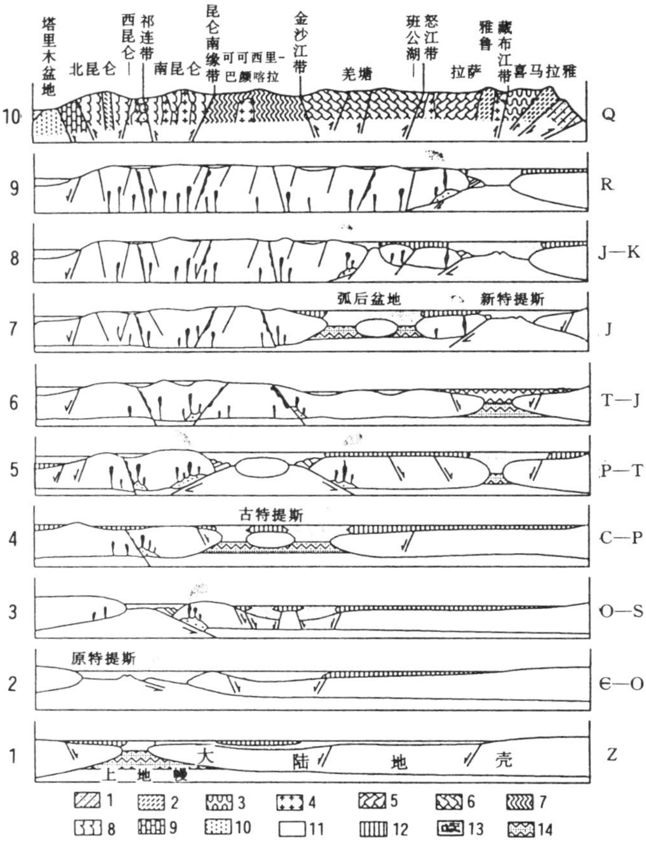

青藏高原构造形成与演化示意图 潘裕生／编图

1. 低喜马拉雅沉积物；2. 基底变质岩；3. 特提斯喜马拉雅沉积；4. 花岗岩；5. 拉萨地体沉积物；6. 羌塘地体沉积物；7. 巴颜喀拉群；8. 昆仑山沉积变质岩；9. 北昆仑晚古生代沉积；10. 昆仑山前中生代沉积；11. 新生代盆地堆积；12. 大洋台地沉积；13. 大洋浅水沉积；14. 大洋壳及深水沉积

由于雅鲁藏布江一线是最早被确认的陆—陆碰撞缝合带，所以列为第一条；若按出现时间计，实为最晚形成。青藏高原六块地体、五条缝合线的确认过程，历时二十多年，贯穿青藏队科考全程。这一大地构造框架迄未受到过重大挑战，为国际地学界普遍认可。

先北后南发育有南北两大洋盆的缘故。青藏中部诸地体或高于海面者为岛链，或低于水面之下为链岛，从古特提斯到新特提斯，两期大洋在这儿呈现的似乎皆为多岛洋盆格局。两亿多年前的陆生蕨类植物化石出现在藏北腹地海相地层的夹层中，也似在提示海陆交替景象。

因此在我国境内长约2500公里的第二条缝合带即班公湖—怒江缝合带所体现的，更接近于岛弧群与大陆的拼合。

相比较而言，雅鲁藏布江缝合带的时与空研究得透彻多了：当印度洋强势打开，至少在7000万年前，以年均15厘米的速度将已脱离非洲大陆的印度板块北向推送，形同运动战，喜马拉雅地区本为印巴次大陆前沿大陆架，可谓首当其冲。直到与拉萨地体相撞，受阻，运移速度方才减慢但未止步，以每年5厘米的速率持续推进5000多万年的结果，足以使得相撞地区南北缩短了上千公里，印度次大陆成为欧亚大陆新成员，先前的大陆架，跃升而为世界最高山。

那么中国呢？

青藏地区形成已很复杂，放眼中国陆地情形更甚。用了多久的时间，走了多远的路程，才能够让那么多分散游离的地块聚零为整！截取中国大地“前传”三两个断面，或许可以简要说明问题，现今中国人赖以生存的家园所经历的从“宇宙洪荒”到“秋收冬藏”的岁月与旅程，何止“沧桑”！一部恢宏史诗，一幅壮阔长卷，时间当以亿年计，空间当以万里算——

早寒武纪 5.5 亿年前，组成未来中国的大部构件，以微地块群、岛弧群面貌浮现在冈瓦纳大陆西北边缘、始特提斯洋盆东缘，纵跨赤道南北；2.5 亿年前三叠纪开始，中国南、北部各地体依旧离散，沉浮于古特提斯洋盆，从赤道两侧到北纬 40°，绵延何止上万里；从那时起再过 1 亿年，新特提斯时期，藏南藏北连同南北中国，还在隔海相望呢！直到 5500 万年前，当印度板块最终与欧亚板块相撞，青藏诸地体拼接完毕，中国大地从此聚合为整体，总算功德圆满，功成名就！至于三级阶地格局的形成，何以“一江春水向东流”，是后来的事情，有待其后几千万年里借助青藏隆升而重构再造。

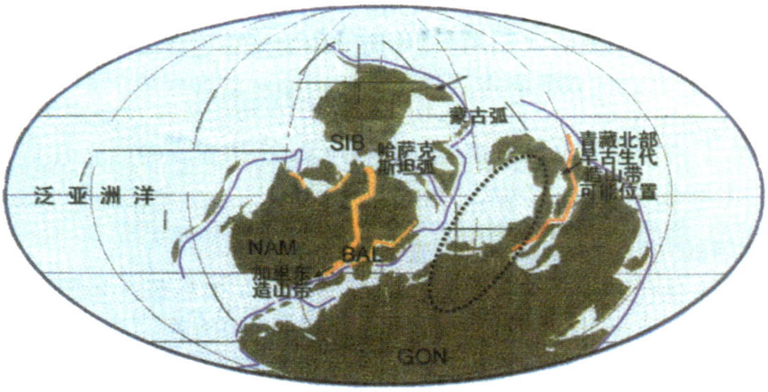

早中泥盆世古地理再造图。“阿尔金—祁连—昆仑”早古生代复合地体和碰撞造山带可能的古地理位置，约在 4 亿年前环绕于古大洋边缘

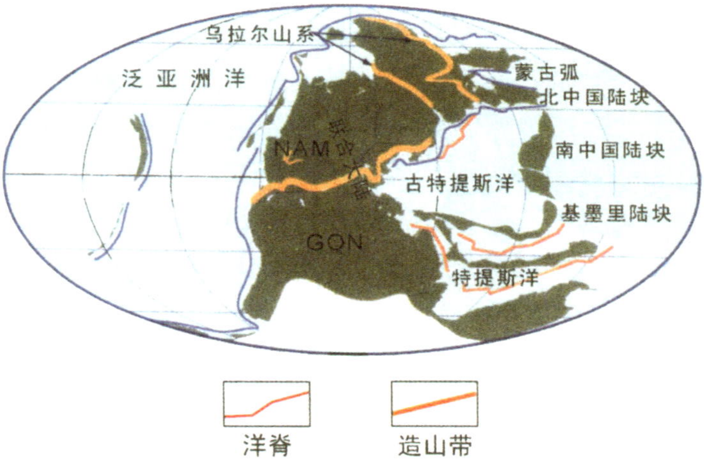

中二叠世古地理再造图。中二叠世约 2.5 亿年前后，南、北中国地块已经接近

以上两图引自《造山的高原》

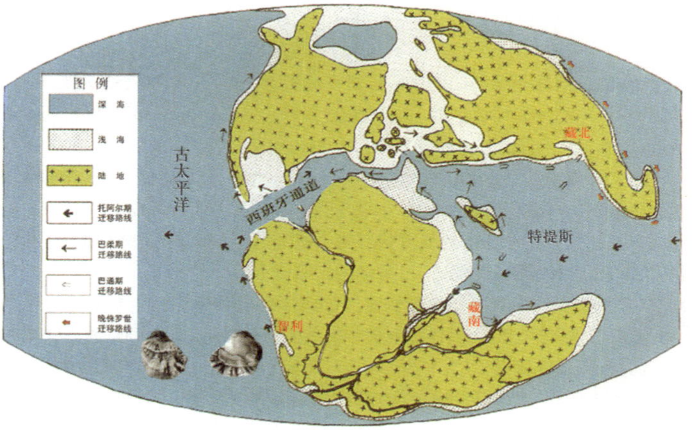

侏罗纪牡蛎迁移路线图

古生物学家沙金庚先生绘制的这幅“侏罗纪牡蛎迁移路线图”，不意间为我们勾勒出 1.5 亿年前青藏地区尚未形成时，藏南、藏北隔海相望的图景

从高原隆升看中国大地貌改观

好了，现在我们知道了，迄今为止，还没有发现寰宇中哪一星球像地球这样拥有板块构造，因而在我们的地球上，没有哪一个地方不是经历过“乾坤大挪移”，方才各就其位，而且这样的移步换景仍在持续。这还只是水平位移。再看垂向运动，从平原到山巅的海相沉积，从青藏高原到阿尔卑斯安第斯，哪一座山脉高地不是无中生有——有隆起必有沉降，新生从来相伴消亡，正像印度大神湿婆兼具了毁灭与创造双重能力那样，世界以此维持动态平衡。文明发展到今天，科学视力的能见度，已可望远到青藏地区海陆变迁的图景，平川旷野而为高拔之地的历程，用人生时间看取何其漫长，但若是换作自然史角度，那可是迅疾的，复加波澜壮阔的，形同延时摄影效果的霞飞云散，白驹过隙，不然怎么叫作地质史上新生代呢！

继地质学家经由板块学说解释青藏地区形成之后，轮到地理、生物等多学科参与讲述由平川进而高原过程中所发生的故事了。高原隆升及其环境效应之所以作为重大科学问题被地球科学界关注，因其关乎对于北半球过去气候环境变化的认知，涉及历次隆升起始和结束的时限、曾经隆升到怎样的高度，对自身及周边地区气候环境的影响程度，凡此等等，旨在回答相关古地理、古高度、古气候和古环境的提问。这一科学命题正式列入议程，是在国家“八五”攀登计划开始实施的 1992 年，延续到跨了世纪的“973”计划青藏项目，并将长踞青藏研究重镇。

说来这个课题本身同样经历了一个“演化”过程。如前所述，隆升问题的提出，肇始于 1964，希夏邦马，一枚叶化石。正可谓一叶知秋，一叶知沧桑；其后西藏考察中，多方新证据涌现。1977 年秋季威海学术会议上，青藏队多学科专家各自出示证据材料，证实青藏高原强烈隆升到目前高度，应当主要发生在晚近两三百万年间。西藏科考之后的横断山、西昆仑等历次考察行动中，高原隆升过程及相应的环境变化均以专题形式列入。李吉均先生据此执笔写成《青藏高原隆起的时代、幅度和形式的探讨》（英文版）一文，在国内外产生的影响之巨，对于当时的中国地学界而言，实属前所未有。综观国际地学界，此前虽有人从专业角度留意过高原隆升问题，例如一个半世纪之前，英国古生物学家法尔康那依据西藏札达县某山口海拔 5800 米处发现的犀牛化石，推测几百万年前此地尚属低海拔暖湿环境，但类似议论似乎到此为止。现在由中国科学家予以深究，观点明确且诸多举证，不由不重燃关注热情，遂成热议话题，以至于李先生的文章引用率颇高，其观点与模型一度被收入美国出版的大学地质教科书——请注意这个“一度”，很快就会说到为什么。

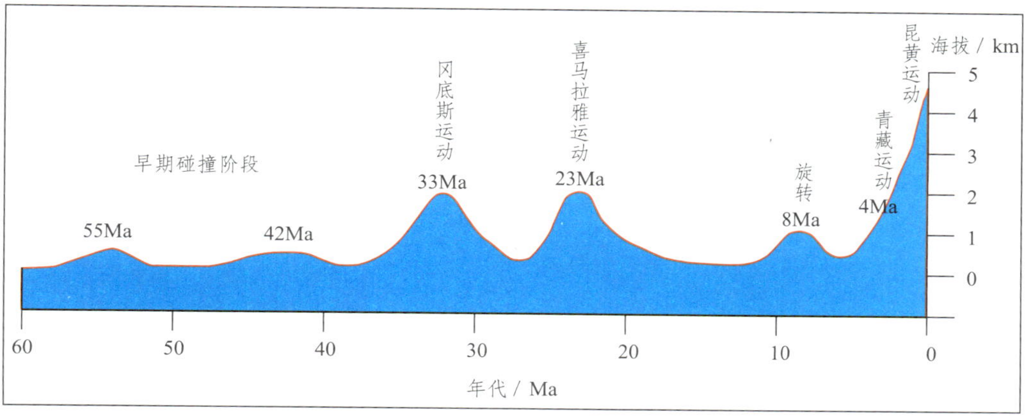

青藏高原新生代隆起过程示意图（Ma = 百万年）

隆升—演化，一体两面，之间既有因果关系，又可作为两大专题细分深究。攀登计划启动之初，延续青藏队形成的思路，李吉均团队原创性提出关于高原隆升时间、形式和幅度及其环境效应的概念框架，已成国际上高原隆升模型主要学派之一。其中三次隆升名称及时间分别为——

冈底斯运动，3800 万～ 3000 万年前；

喜马拉雅运动，2100 万～ 1800 万年前；

青藏运动，360 万年前至今，历经三期或三幕，图示如下：

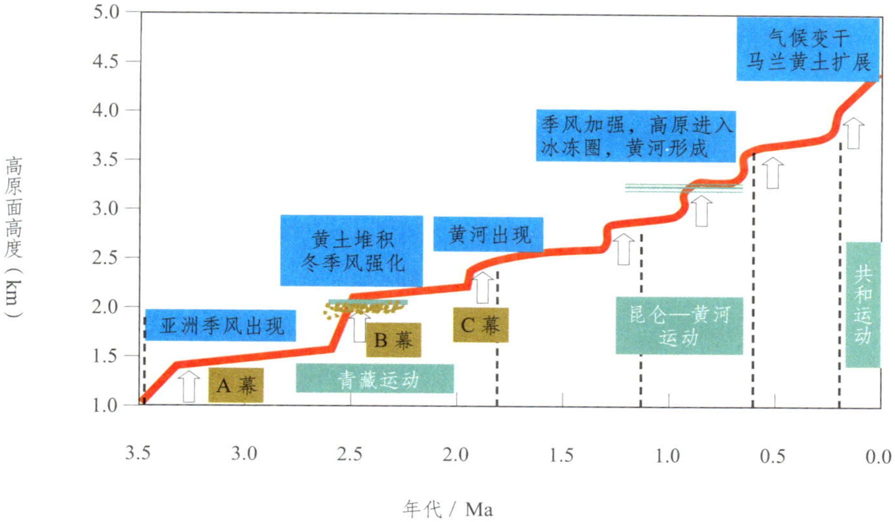

青藏高原隆起过程之“青藏运动”“昆黄运动”“共和运动”及其环境影响示意简图
据李吉均，1995；李吉均、方小敏，1998 郑度 / 供图

综合天然剖面的自然记录和同时进行的夷平面、古岩溶、水系发育、高原外围相关沉积和环境演变资料，以及冰芯、湖芯分析，李吉均确认了青藏高原自第三纪末期 360 万年以来所经历的三期强烈上升，并分别为之命名：第一期“青藏运动”，260 万年前后高原平均高度达到 2000 米左右；第二期“昆仑—黄河运动”，80 万年前后平均高度达到 3000 米；第三期“共和运动”，15 万年前开始至今，高度迅速上升为 4500 ~ 5000 米，迄今仍在强烈整体隆升过程中。上升速度，每年约 1 厘米。

这一图示后来获得更多证据支持。然而正因证据多了，发现这第三次隆升应当始于 800 万年前，系缓慢隆起：大幕是徐徐拉开的，300 多万年以来的强烈隆升即“青藏运动”正剧开始，方才上演 A、B、C 三幕。

隆升问题研究迄已历时数十年，从一个团队到多个团队，尤其是在 20 世纪 90 年代国际“地圈生物圈”计划（即“全球变化”研究）推动下，吸引了国内外众多学者参与，目前仍处于证据获取和观点呈现阶段——并非无定论，恰恰相反，是结论太多，诸说并存，能够达成共识的，似乎仅有常识一点：偌大高原的确是后天隆起的。这样说来，仿佛回到原点，显然又非原点，分歧遍及隆升机制、形式以及时间、幅度、方位等等所有方面。诚如前文所说，仅就高原隆升机制及其动力学过程研究，各方观点之多，国内、国外各研究团队所建立的高原隆升的地球动力学模型不下 10 种！

至于隆升形式，有主张阶段性的，主张渐进式的，甚至一步到位的；对于古高度的争论聚焦在上升到现代高度的时间节点，说晚近到两三百万年以来的，说高原早已高原，早已于 800 万年前乃至 1400 万年前，就已达到现代高度的。更有甚者，是近年来的一派新说，早在 4000 万年前，高原就已停止生长，开始垮塌，或仅有喜马拉雅还在长高。各成一派之言的，中外学者皆有，当然结论不是随便下的，或依据地质地貌学数据研判，或借助生物化石年龄说事儿。有时面对同一现象，也会见仁见智，做出大相径庭的解释。试举一例：西藏南木林县发现古植物化石群，斯派塞（Spicer）等人进行了叶相分析，结合古气候和热力学原理推测，结论有了：青藏高原南部 1500 万年前就已达至目前高度，并且一直以来保有这一高度。有中国学者不认同，对同一批资料做野外调查、做室内研究，发表了不同意见，说，怎么可以用现代北美植被做比较和类推呢，你看这批化石产地高度在海拔 4300 米至 4800 米之间，这一区间在高原面上，仅有黄华属和杜鹃属生长。于是以栎属高山栎最接近现代类群的分析方法，重建古地理，推测古高度，最终得出不一样的结论：中新世 1500 万年以来，南木林地区“长”高了 1300 米。文见《栎属高山栎组植物化石推测青藏高原的隆起》，《科学通报》第 52 卷第 3 期（2007 年 2 月），作者为中科院昆明植物所、生物多样性与生物地理重点实验室周浙昆等。

来自古生物化石的证据也并不支持青藏高原早在4000万年前已达现代高度的观点。藏北腹地伦坡拉盆地海拔接近5000米处现身的热带鱼类攀鲈化石及其生境，佐证了2600万年前这一地区的暖湿气候，以及海拔仅有1000多米的高度。

就这样异见纷呈，李吉均团队最早给出的“概念模型”自然而然成为“靶标”，持续接受质疑和挑战，弄得教科书编选者无所适从，“一度”收入国外课本的独家发言又被“拿”了下来。

关于教科书这一“进”一“出”，是多年前从李吉均先生那里听来的。当时我还曾担心，不再作为国际权威论点了，是不是有点儿“那个”，但在李先生看来却很正常，反倒希望有争鸣似的。没错，争论与挑战无疑也是动力，应战者会以加倍出色的工作来说明自己，正如刘东生先生所说：激烈争论往往是产生科学思想的前奏。所以近年间再访李先生的学生潘保田教授，见他还在孜孜求证，以不断获得的新证据充实完善原有模型。同时这一来自青藏队共识、现被兰大团队坚守的观点，目前在国内仍被视为主流观点或传统观点。

从模型出发，李吉均教授最早向我们描述了青藏高原隆升对于中国地理大格局的影响：涉及地貌和环境，现今东部季风区，西北干旱区，高原高寒区，大致对应三级阶地；涉及对大气环流影响，导致地球上最强大季风系统的发生，不仅对北半球环流产生重大影响，对于中国的改变尤其深刻：本应如同北非撒哈拉和阿拉伯半岛沙漠气候的长江中下游和华南地区，变成暖湿的鱼米之乡，而大西北却因此日益干旱；同时改观的，还有黄土高原的出现，长江黄河流向的变化——伴随着青藏高原隆升过程，中国渐变而为今天的模样。

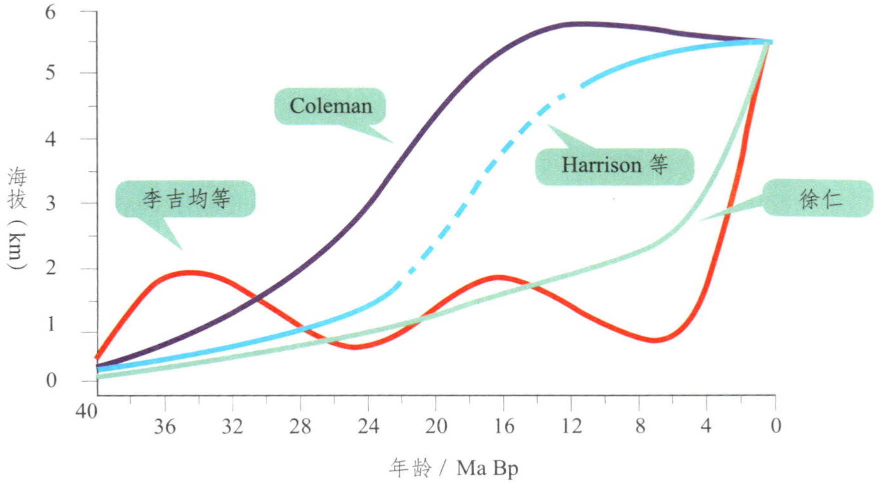

对于青藏高原隆起过程不同观点示意图（尚未包括4000万年前已达现代高度的观点） 郑度 / 供图

可以说明数千万年以来中国古环境变化格局的，还有来自地质学家和古土壤—黄土学家的研究成果。这组示意简图直观呈现了中国大陆从行星风系主控型改变为季风风系主控型，这一变化对于环境的决定性影响；间接暗示的则是中国地貌决定性改观始自两千多万年前，远早于李吉均教授给出的结论。

古近纪中国古环境格局：a,b,c,d

新生代期间亚洲环境格局的变化一直是学术界关注的重要问题。我国学者从 20 世纪 70 年代起就对此提出过深入的看法。1990 年，汪品先先生已发现古近纪的中国为带状气候格局，而新近纪则出现与今天类似的格局。1996 年刘东生等根据我国第三纪动植物标志、盐类沉积（钾盐、石盐和石膏）和煤层等地质环境指标的分布，绘制了古新世、始新世、渐新世、中新世、晚中新世—上新世和上新世 6 个时段的古环境图，揭示出我国古近纪的气候主要受行星风系控制，南方目前受季风控制的湿润地区在当时则为干旱区。近 10 多年来的研究工作积累了一批新的、有年代和环境意义的地质环境指标，使更精细尺度的环境格局变化研究成为可能。足够数量的指标显示早—中渐新世的干旱带依然呈大致东西向的带状分布，环境格局仍属“行星风系主控型”。

新近纪中国古环境格局：e,f,g,h

中新世初期以来基本连续的风尘堆积的存在，指示出亚洲内陆干旱环境和亚洲季风主控环境至少形成于 2200 万年前，且形成以后一直没有消失而持续发展至今。中新世早、中、晚三个时期的环境格局基本相似，均以南方湿润、西北内陆干旱、黄土高原地区半干旱为特征，这表明季风环境至少在中新世早期已经建立，与中国北方风尘堆积的下界年龄大致相当。当时气候带的地理分布与第四纪的轮廓已十分相像。

风尘堆积与环境空间格局研究也指示了另一个十分重要的现象，即亚洲内陆荒漠与季风主控环境的起源是一种同时性的协同演化，不具有明确的先后顺序，表明它们受统一因素控制。上述重大转变对亚洲内陆地区来讲是一个干旱化过程，而对季风水汽能够到达的地区（季风区）来讲则是一个湿润化过程。

文、图摘自郭正堂《22 — 8Ma 风尘沉积记录的季风演变历史》，丁仲礼等编著《中国西部环境演化集成研究》，气象出版社，2010 年。

古近纪和新近纪中国的古环境格局 Ma= 百万年

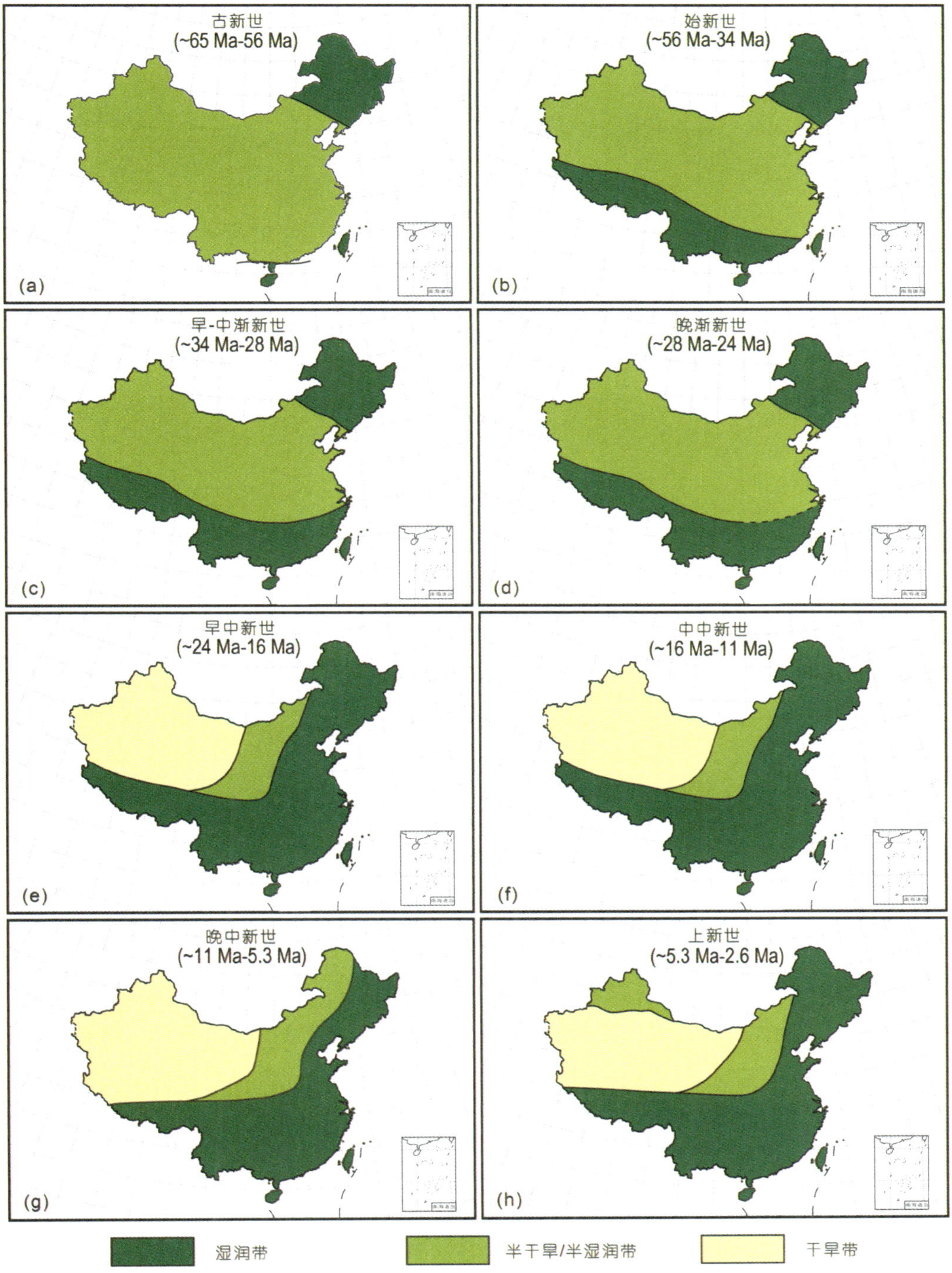

在我继续深入这一领域，并有机会接触到持异议者的时候，发现了一个有趣现象：不同意见更多来自地质学界。

当“三次隆升两次夷平”及其各时间节点提出之际，地质学家们还在专注于陆—陆碰撞和地壳地幔诸问题；参与原由地理学家主导的隆升问题讨论，有待新一茬地质学家成长起来，列举地质学证据，就有了不同结论——细察郭正堂的中国古环境格局图示，看似未涉隆升，实则暗示早在两千多万年前，高原已基本达至相当高度，中国三级阶地已见分晓；而按照新锐一派、少壮代表丁林对于青藏隆升古高度的重建，则与李先生所讲版本大相径庭。

现任中科院青藏所大陆碰撞与高原隆升重点实验室主任的丁林研究员，早在中科院地质所师从钟大赉先生读博期间，已从雅鲁藏布大峡谷开始面向青藏高原，主要研究地区集中在最后碰撞阶段的雅鲁藏布缝合带南北。新世纪之初，他就以“垮塌论”名著一时，引发国内广泛报道和一场讨论；十多年后又在大陆初始碰撞地点、南部两大山脉隆升及南亚季风加强时间等方面，提出一整套新论点——

这个漫长故事的开头，可以追溯到上亿年前，拉萨地块尚在海底的时候，海陆转换过程已在悄然进行中。6500万年前，伴随着新生代古新世同时到来的重大地质事件，是在印度板块俯冲之下，拉萨地块作为欧亚板块最前沿，首当其冲与之发生碰撞，继而才是向东、向西的依次碰撞，所经历过程之漫长，足足用去上千万年时光，最终以巴基斯坦北部地区印度板块与亚洲大陆两两相撞，于5500万年前完成全线拼接。

丁林认为，碰撞前的原始高原，是由北部的羌塘地块和南部的冈底斯山脉以及夹于其间的尼玛—伦坡拉盆地组成的“两山夹一盆”的地貌格局；即使碰撞拼合之后，残留的浅海即陆表海在喜马拉雅和冈底斯之间仍然滞留了很久。待终于完成海陆过渡，刚刚开始隆起的喜马拉雅地区生长起以棕榈、桉树、榕树为代表的热带植物群落，而隔了一条雅鲁藏布江缝合带，冈底斯山脉已是接近5000米的海拔高度！

喜马拉雅山的隆升及对南亚季风的影响，是中科院青藏高原研究所大陆碰撞与高原隆升重点实验室丁林研究员团队、中科院植物研究所兼职教授 **R. A.** 斯派塞和杨建博士及印度相关机构科研人员联合开展的跨喜马拉雅山国际合作研究。本项成果定量刻画了青藏高原与喜马拉雅山的抬升历史：不同于安第斯型冈底斯山，喜马拉雅山在印度板块与欧亚大陆碰撞之际才开始抬升；随着大陆碰撞作用的持续进行，喜马拉雅南向生长；当高度超过原始青藏高原时，引起了高原内陆气候的强烈干旱化，并最终奠定现今南亚季风格局。该项研究成果发表于国际地学刊物《地质学》（*Geology*）杂志。

上千万年时间，沿冈底斯上千公里一线，火山喷发，岩浆奔涌，迄今在拉萨附近林周盆地，两三公里厚度的火山岩堆积依然清晰可见。喜马拉雅则快速隆升，2100 万年前至少达到 2300 米高度，1500 万年前即达现今高度，甚至比现代还要高，影响到大气环流，南亚季风由此加强……

以上结论自有古植物、古生物化石及其古纬度、古温度、双同位素等等证据支持。相关论文相继提交国际地学刊物《地球与行星科学通信》（*EPSL*）和《地质学》（*Geology*）等期刊。由于丁林团队提出的雅鲁藏布江缝合带中部首先碰撞，然后向西变新的模式的新论点，与国际地学界主要是西方地质学家所认为的陆陆碰撞最早从西部开始、两大山脉或许同时达到同一高度等传统观点相左，该刊曾派出几批专家数十人次前来现场勘察核实，最终获得认可。论文发表后，更权威的《自然》（*Nature*）杂志以《比喜马拉雅更早的西藏山脉》为题予以报道，综述了这一研究成果，以及所引起的广泛争鸣，有肯定的，有不那么赞成的，然而事关古高度和亚洲季风演化，同属重大科学问题，对于以往认知需要“重新审视”的态度应是不言而喻的。

几千万年间的地质演变毕竟遥远，让我们以轻松一些的话题结束本章。请教丁林老师的问题更多属于常识方面，比如拉萨南北的群山归属。从地图上看，西部阿里延伸而来的冈底斯山脉像是终止于拉萨，由念青唐古拉向东接续。可是从丁林那里得知，地质图上的冈底斯却是西起阿富汗，东至缅甸，全长 2500 公里，长过了喜马拉雅！而念青唐古拉则是冈底斯支脉。体现于地图明显考虑了人文因素吧，就像江河源的认定中，约定俗成也很重要。提问中代表大众好奇心理，比如老话题“垮塌论”，丁林说总体而言是这样，由于自身重量的原因，青藏高原不可能一味抬升，到达一定高度后必然垮塌；然而具体到喜马拉雅多条山脉，情况复杂一些：珠峰所在的高喜马拉雅不再上升，次喜马拉雅如西瓦利克以及雅鲁藏布大峡谷那样的局部地段还在抬升中。从丁林那里还听到一个有趣细节：相比前辈学者以曲水大桥比附连接两块大陆更近，在山南首府泽当镇附近一处地层出露中，真正可以做到一只脚踏在欧亚板块，另一只脚踏在印度板块——未来可将那儿作为地质旅游的地标了！

那么，不论碰撞还是隆升，前辈科学家的结论中究竟有没有被国内外地学界公认的？这位一向以标新立异形象出现的少壮派人物终于有了肯定答复，唯一的，那就是关于六块地体、五条缝合线的划分最“铁”，尽管曾有人画出更多线条，但最基本的仍是常承法、潘裕生给出的框架，此为中国科学家的特别贡献。

横断山区范围：自东而西为岷山（岷江）、邛崃山（大渡河）、大雪山即贡嘎山（雅砻江）、云岭—沙鲁里山（金沙江）、宁静山即芒康山（澜沧江）、他念他翁山（怒江）、伯舒拉岭—高黎贡山。以行政区划体现，东界在甘肃文县—四川都江堰—泸定—盐源一线以西；西界在西藏类乌齐、察隅—云南腾冲以东；北界在青海囊谦、四川色达至南坪及甘肃玛曲附近，以南则截止在云南龙陵—南涧—下关—丽江一带。囊括滇西北的怒江州和迪庆州全部，大理州、丽江州和保山地区局部，川西阿坝州和甘孜州近于全部，凉山州、雅安地区小部，藏东昌都大部及甘、青沿边很少部分。

1981 年开始，横断山综合科学考察为时 5 年，其中野外 3 年，中科院地学、生物学各研究所，北大、兰大等高校和地方生产部门，总计出动 230 人，涉及 40 多个分支学科。青藏队老队员分散在各专业组，担任骨干或领队。预察之后，做了访问学者的队长孙鸿烈去美国，郑度也去了德国，两年后归队，所以本轮考察实由常务副队长李文华总负责，章铭陶、韩裕丰、王震寰任副队长，谭福安任业务秘书。考察重点选在川西和滇西北，涉及藏东昌都地区；顾及行政区划完整性，在云南一些地区约略超出青藏高原范围，实际考察面积超过 38 万平方公里。

第 5 章　穿行于横断山区

横断山主峰贡嘎山，群峰峥嵘　杨勇 / 摄影

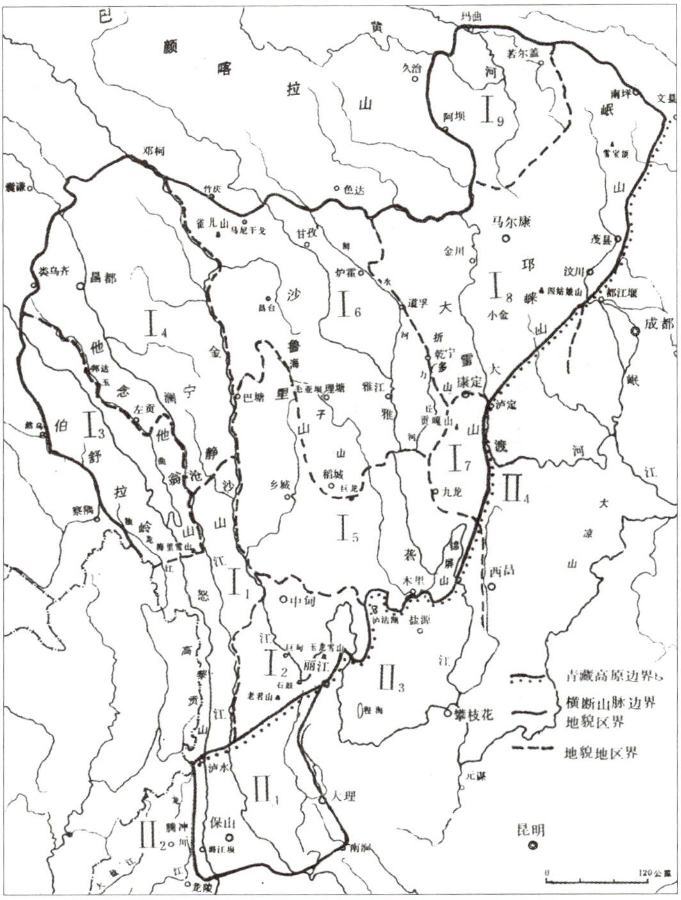

横断山区地貌区划图 李炳元编图。图中行政区划资料截止到 1987 年 12 月

这幅横断山区地貌区划图大致涵盖了青藏科考队 1980 年代横断山考察区域，附发于《山地研究》1989 年 2 月第 7 卷第 1 期李炳元论文《横断山区地貌区划》。这篇论文概述了地貌区划的基本原则和划区依据，在分析横断山区地貌特征的基础上，将该区地貌划分为 2 个大地貌区：I. 横断极大起伏大起伏高山山原地貌区；II. 云贵川高中山山原地貌区，13 个地貌地区，并分别论述了各区主要地貌特征。

作为横断山综合科考成果之一，地理学家李炳元在汇总了国内地理学界对这一地区多年研究成果，并在解译了 1：10 万航测地形图和 1：50 万卫星影像图的基础上，结合实地调研，编制出 1:50 万横断山区地貌图（初稿）。

本次横断山考察行动设定 7 课题：横断山脉形成原因和地质史；横断山区自然地理特征及其与高原隆起的关系；自然垂直地带的结构及其规律；生物区系的组成；自然保护与自然保护区；农业自然资源评价及其合理开发利用；动能与矿产资源的开发技术经济评价及工业交通布局。

“突围”的陆块

从成都前往拉萨的空中旅行甫一开始，仿佛还没来得及过渡呢，当机翼穿云破雾而出，一下子就从盆地凭眺了高山。峰岭相连，江河成线，湖泊点点，间有积雪的峰峦银白如绸，为刚硬的质地覆被柔和。俯瞰山族的盛大仪仗，初次相见者欣喜惊异，即便多番进藏的人，忍不住还要凭窗张望，再一次体会心动感觉。

1300 公里航程，近半飞临横断山区上空。往西，可见喜马拉雅，冈底斯，念青唐古拉。但见仪仗改变了列队方向，由纵而横，当然更应当倒过来说，先横后纵——这正是横断山特别之处：构成青藏高原主体的超大山脉，从最南端喜马拉雅，经冈底斯、念青唐古拉、唐古拉，到北方边界的昆仑和祁连，无一不沿循纬度带呈东—西或准东西方向排列；到达东部边缘，忽然拧转，“横断”了的是人的视线，是通往高原的陆路交通。转向同时，空间距离被压缩，某些地段不足百公里宽度，甚至狭仄到 60 多公里，竟可容纳四山夹三江比肩而行——群山高耸，河谷深切，如此大面积的高山峡谷地区诚为稀世之有。

西藏大地走遍，国际盛会已毕，青藏队再出发，奔赴横断山区。1980 年，孙鸿烈带队先行预察，跑面选点。地理学家李炳元随行，确认该区范围是他的首要任务。行前做案头，查资料，“横断山”概念出处，最早见诸教科书，出现在北京大学前身京师大学堂《中国地理讲义》中：“……迤南为岷山、为雪岭、为云岭，皆成自北而南之山脉，是谓横断山脉。”

横断山东南边缘玉龙雪山　杨勇 / 摄影

横断山丛中的沙鲁里山和红色丹霞山　杨勇 / 摄影

至于确切范围，不仅这份教材未曾论及，直到本次大规模综合考察前，对于这片山地的划界众说不一，计有“三脉说”“四脉说”“五脉说”“六脉说”乃至“七脉说”（三山夹二江、四山夹三江，依此类推），此为东西界；南北界起讫位置同样模糊，特别是与云贵高原颠连一气，缺乏哪怕不太明显的标志。

依据地质构造、相对高程、地貌地形、习惯认知，结合卫片地形图和实地踏勘所得，李炳元认可宽度的“七脉说”：西界为伯舒拉岭—高黎贡山，东界至岷山；前人不曾描述的南北界，也首次得以确认：北起类乌齐—囊谦—邓柯—马尼干戈附近，东北延至玛曲，南界大致位于盐源—丽江—泸水一线。这样算下来，横断山区总面积 36.6 万平方公里，其中近 90% 隶属青藏高原。

——不仅横断山区，连同青藏高原边界轮廓，我们今天所知 250 多万平方公里的高原面积，也都是自然地理学家郑度和李炳元最早给出的，待地理所年轻同事张镱锂加入，共同厘定，结合信息技术方法，对青藏高原范围与界线位置进行了精确的定位和定量分析，进入地理信息系统数据库。

横断山，中国陆地第二级阶梯，基本骨架由高原主体山脉延伸而来，一同经历多次洋陆变迁、拼合造山过程。这是地质学家给出的解释：在印度洋板块俯冲之下，大高原难以向北推进，皆因华北地体和塔里木地体这类古老陆块构筑起坚固防线，青藏高原被迫南北缩短兼向上长高的同时，巨大体量的物质唯有东向“突围”，但前方又有连接华南地体的扬子板块阻挡，因此改向南逸。然而印度板块仍以不少于 5 厘米的年速持续北进，这一地带不免纠结了地球内部运动的矛盾，不仅地质构造复杂，千百万年来的新构造运动也相当活跃。即便当今，仅在川西龙门山断裂带，2008 年和 2013 年就相继发生汶川 8.0 级、芦山 7.0 级大地震，盖因应力积累至临界点，从而集中释放。

自打 1973 年地质学家常承法提出青藏高原多地体、以多条缝合带多次拼合的理论框架以来，寻找证据和验证理论的工作，就成为大地构造学家潘裕生历次考察的重要内容。此时他已走过西藏中、西部，这一次轮到东部了，目标明确：追查第二条、第三条缝合带踪迹。

寻找缝合线就是寻找代表海洋地壳的蛇绿岩套。蛇绿岩套系总称，一系列岩石混合物，学名包括超基性岩、基性岩、中基性火山岩、枕状熔岩，以及覆盖其上的深海相沉积物——放射虫硅质岩，以此证实深海大洋盆在此确曾存在。所以地层古生物学家总会与地质学家结伴偕行。

寻找第二条缝合带进展顺利：根据已掌握的线索，判断这条来自西部阿里班公湖、连接怒江的缝合带，理应通过藏东丁青县境南下，遂远行丁青，果然不负所望，一举拿下——

扎营在县城东南30公里外沙贡区驻地，“岩石侦探”们每天上山下山，往返于海拔5154米的打加拉山，每天都是满载而归：头一天在北坡发现了辉绿岩岩墙群，那是洋壳组成部分，大洋中脊扩张的证物；第二天从山顶到山底，又见辉长岩、辉石岩、橄榄岩、纯橄岩层理交互出现，那是洋壳的重要标志；第三天继续清理剖面，计算出这一重复出现的堆积岩层出露厚度达五六百米，宽度上千米。三天一个剖面，以足够快的速度，圆满完成丁青东岩体从沙贡到打加拉北坡的经线地质调查，确认了第二条缝合线的东部存在。

相比之下，考察金沙江缝合带就没那么轻而易举，首先是走了很远的路，从云南境内白马雪山山顶，经川、藏交界沿江一线，北上青海玉树，总计穿越四省区，一路追踪而去，一路屡见保存完好的沿江蛇绿岩套，经历相当丰富，可说的故事就多。比方说，怎样在白马雪山3500米到5000米坡地发现两亿多年前一整套蛇绿岩保存最好的连续剖面；比方说，来回六渡巴塘河，让从没见过大卡车像船一样过河的当地人看够了新奇，直夸司机“胆大艺高”。后来当笑话讲的，是这个地质组出过的一次“洋相”。

是在横断山野外第一年，刚刚结束了夹金山考察，跟踪线索来到金沙江畔得荣县海拔2900米的下绒村。由于缺乏对干热河谷这类特殊地貌的了解，哪里知道垂直高差气候多变，从炎热到严寒不过十数公里呢！潘裕生带队从营地出发，要去一个名叫“甲背”的山脊寻找硅质岩。河谷里9月中旬的阳光依然燥热，动身时大家身着单衣，随带一件薄毛衣，心想上得山去足够了。岂料沿坡上行到林带，已感阴凉；走出密林虽是正午，然而气温骤降，飘起的雪花渐变为鹅毛大雪铺天盖地，竟是寒气袭人了。大家一个个缩头耸肩，仓皇奔走，但疏林中不见聊避风寒处。正为难间，隐约听到牛叫声传来。寻声而去，还好，看见林间草地上的牛了，看见草地上的小窝棚了，还看见钻出窝棚的放牛人。

一老一少两位藏族人，热情迎进这伙狼狈而来的不速客，加旺了火，小小窝棚暖气四溢。大家脱下湿淋淋的衣服烘烤，一边等待天气转好。可是左等右等，纷飞大雪没有稍息的意思，无奈冒雪下山。下山的路走得飞快，钻出密林再回首，那雪只下在山上，河谷地带岂止无雨雪，夕阳灿烂辉煌。大家好气更好笑，说，一整天好像就为体会严寒和寻找避雪处，老天爷真会开玩笑！

好在为第二天积累了经验，什么都可以不考虑，唯独鸭绒衣不可不带。山路走得熟悉，半上午就到了昨天避雪的牛厂小窝棚。往上走，灌丛草甸里，岩石露头多起来，心里正想着硅质岩，硅质岩就迎合了期待现身啦！硅质岩内含放射虫化石，依此可确定岩石的形成年代。当潘裕生站上甲背顶峰，意会了这个地名多么形象：夹金雪山北延的甲背山，原来是一条古冰川鳍脊，呈龟鱼背脊状的狭窄山梁啊！尽管大雪飘飞如昨，但大家满面是喜，从内到外感觉暖洋洋。

——金沙江缝合线的西向延伸，至可可西里西金乌兰湖畔，之被发现，已在 1990 年另一次考察中。再往西，就同其他四条缝合带一样，全都越出国境线。横断山之后，还要考察西昆仑—喀喇昆仑和可可西里，涉及第四条缝合带重新确认和第五条缝合带被发现，到那时青藏高原大地构造轮廓才算得上完整清晰。

由中科院地质所、古生物所、地球化学所共同承担的“横断山脉形成原因和地质历史”课题，搜集到多方面证据：上述构造关系、沉积特征和蛇绿岩套以外，古生物地层提供了横断山区首次发现的中奥陶统距今 4 亿年前的古生物化石，其后二叠纪 2 亿多年前的箭石菊石化石；老第三纪古桉树化石群；发掘到包括老第三纪、晚始新世到第四纪几千万年以来的脊椎动物化石群十余处……

横断山区海陆沧桑的来龙去脉初步弄清，潘裕生做了最初的描述：大约 4 亿年前，这里不见陆地平原，广阔大陆架为不深的海水覆盖。浅海中气候温暖，生物繁盛；日复一日，古生物遗体沉埋于各种砂岩、页岩、石灰岩中，变成化石。之后地壳产生破裂，继而扩大形成深海槽或串珠状深水大洋盆地，水深可达数千米，之间被尚未露出海面的陆岛隔离。此为特提斯第二期海洋——古特提斯阶段，现今横断山区当时尽在洋面之下。古特提斯洋的消亡与 3 亿年前的冈瓦纳大陆破裂、破裂的地体向北漂移并推挤这一地区有关。过了 1 亿年，距今大约两亿年前，海水向西退至怒江带，横断山区全部脱海成陆。

新大陆出现生机，新大陆生机勃勃，经历爬行动物时代，恐龙为王。温暖期持续上亿年之久，但是不必等到 5000 多万年前印度板块撞上来，这个地区造山运动先行一步，并且在白垩纪时已隆升到一定高度，以至于恐龙世家也不必等到全球性的灭顶之灾，就已提前离去，群居在四川盆地继续称霸。待到印度板块撞上来，只是青藏各地体拼合的最终完成，横断山从此与高原主体一道，共同经历脱胎换骨的改造，360 万年以来被命名为“青藏运动”的新构造运动，最终使它变成今天我们所看到的模样。

早于“青藏运动”概念提出的，恰恰是“横断运动”。提出者是中科院成都地理所（山地灾害与环境研究所前身）陈富斌先生。由于地利之便，该所一直作为横断山脉的守望者、研究者和建设者，自称是青藏研究“独立支队”，很有自豪感。1979 年，原地理所负责人程鸿先生提议研究横断山—贡嘎山，特设横断山研究室，钟祥浩和陈富斌分任正副主任。老所长丁锡祉主张从气候地貌角度研究，第四纪地质学家陈富斌则从地球内部动力角度予以补充，主攻横断山新构造专题。野外考察历时数年，他发现了距今 360 万年前横断山的隆起，与高原边缘外围断陷盆地的生成，以及统一夷平面的解体，三者同步的迹象，遂名之为“横断运动”。《横断事件：亚洲东部晚新生代的一次重大构造事件》1992 年在《山地研究》发表后，国内学术界认为这一理论突破，解决了多年来对新构造运动的下限争论，是对青藏研究的重要贡献。继后，依据青藏高原多方面证据的宏观观照，李吉均院士正式提出“青藏运动”，合并了“横断运动”：最近一次高原整体、强烈隆升的新构造运动，始于距今 360 万年前。

是建树，也是靶标。正像所有新理论新假说那样，有待后人去证实或证伪。本来位居高原东缘的横断山区就是研究地壳隆升、增厚、挤压缩短、地表侵蚀以及与邻近地体间相互作用的关键地区，2008 年 5 月 12 日汶川 8.0 级大地震发生后，更是促使地质学者检讨已有的认识，进一步思考青藏高原形成的动力学机制以及能量聚集和释放方式、条件和背景。国内多家机构多个团队利用最新最精密技术手段参与研究，都是科学问题，观点不一，其中关于这一地区新生代以来的隆起和高地形的形成年代，看似有别于上述青藏队结论。有两种新观点：一是一次性隆升，约在 1300 万～ 900 万年前；二是两时段隆升：3000 万～ 2500 万年及 1500 万～ 1000 万年前。后者论文《青藏高原东缘新生代两阶段隆升》发表于 2012 年 9 月出版的《自然》杂志（*Nature Geoscience*），美国加州大学戴维斯分校 Michael E.Oskind 在同一期刊发表评述文章，题为《活化的青藏高原东缘》，对该论文的科学意义予以高度评价。文见《青藏高原研究学科发展报告（2012—2013）》“青藏高原东缘隆升过程与机制研究新进展”一节，中国青藏高原研究会编著，中国科学技术出版社，2014 年。

别样的“表情”

洋陆变迁、板块碰撞的产物既有地缝合线，亦有地热带：喜马拉雅地热带自西藏延伸而来，随江山走势分布，于此间拐弯南下，吸引了地热组追踪而去。章铭陶不再是单枪匹马一个人，北京大学早在西藏科考阶段即加盟，完成了羊八井热田开发前期工作之后，佟伟小组作为地热考察主力继续跟进，集中工作在金沙江、澜沧江、怒江三江流域，北起川西理塘巴塘，止步于滇南西双版纳，就为完整记录喜马拉雅地热带在中国境内的绵延路径。三年野外一鼓作气，总计调查川滇两省水热区 1031 处，就数量而言，竟占去中国温泉总量 1/3 之多！就类型而言，一如高原腹地，温泉沸泉热水塘，喷汽孔，间歇泉，几乎一样都没少。也有高原腹地不复存在的，例如今后有可能苏醒、再度喷发的活火山——腾冲境内海拔 1460 米、汽雾蒸腾弥漫近 10 平方公里的热海热田看上去已够惊心，再看数十座火山锥南北向一字儿排开，尤其壮观。以同位素钾 - 氩法测得最老火山，早在中新世两三千万年前即喷发过，最年轻火山马鞍山，则活跃在晚近的上万年前。以此说来，腾冲是横断山区唯一的近代火山区，或许仍为生命体，正值休眠期。

腾冲系我国四大火山群之一，现已建火山地热国家地质公园。火山群面积 221.36 平方公里，火山地貌包括火山锥、火山熔洞、熔岩石地、火山湖等。97 座新生代火山锥中，形态保存完整的 25 座，其中万年左右的 4 座。

腾冲大龙潭火口湖

腾冲黑空山

腾冲火山地热群 章铭陶 / 供图

地质复杂，地貌嶙峋，置于太平洋和印度洋两大季风系统之间的金沙江、澜沧江、怒江三江峡谷，成为仅次于雅鲁藏布大峡谷的高原第二大水汽通道，带来丰沛的然而并不均衡的降水，皆因地势高差悬殊所致。各处小气候、小环境遵循自然规律分布，以至于同在横断山区，自身差别大极："十里不同天"，"东坡日头西坡雨"，类似地质组一天历尽寒暑的体验，是考察队员们普遍的经验。虽说久闻横断山区立体气候之名，多雨之地却存在"西南干旱中心"，尤其沿江河谷竟成缺水之地，这些现象连同"焚风效应"早在多年前就为从事南水北调和大西南综合考察的队员们熟知，但是从面上考察的描述到定点观测的数据，从理性的分析到面向大众的科普，皆由本次考察中气象组专家一并完成，例如对四川得荣至云南奔子栏一带金沙江河谷何以成为"西南干旱中心"，被合理解释为多道山脉阻截，多次焚风效应叠加的结果，且看季风降水如何三起三落——

缅甸北部迈立开江边密支那，年降水量近 1600 毫米，沿高黎贡山迎风坡北上，到中国云南泸水县海拔 3000 米的片马山口，年降水量可达 3000 毫米，森林十分茂密；但越过山脊下到怒江河谷的谷底贡山、福贡一带，年降水量分别只有 1638 毫米和 1360 毫米，然则河谷两侧山坡尚见森林植被；越过怒江山脉，降水量显著减少，怒江山东坡海拔 2300 多米的兰坪和维西，年降水量在 1000 毫米上下；及至澜沧江畔，400 多毫米的年降水量足以造就干热河谷。不过随着海拔高度抬升，云岭西坡重又变得湿润，山脊东西两坡中上部均有云杉、冷杉等高山暗针叶林分布，但东坡 3000 米往下，旱象渐显，最干旱数据来自奔子栏附近的上桥头水文站，年降水量仅 203 毫米，与大西北干旱地区好有一比。文见《多彩的横断山区气候》，作者林之光、张谊光，收录于《考察在横断山区》，上海教育出版社，1994 年。

察瓦龙怒江干热河谷大面积的仙人掌
李旭 / 摄影

所以说，同属青藏高原，但与腹地相比，横断山区生就一副别样的表情、另类的风情。不论从上空鸟瞰尊容，还是地面上行走其间，无不让人感觉自成一世界。你看纵向的隆升运动，水平的东西向推挤，造就了高山高、峡谷狭的大地貌，再看一系列断陷盆地窄而长，星散其间的湖泊多而小——究竟多么多，多么小，湖泊组最先知道。在这青藏高原东翼奔波3年，统计湖泊总量3300多个，可是足有97%的湖泊面积未超0.5平方公里，超过100平方公里的仅属个别。重点考察的较大湖泊，包括西藏的易贡湖、然乌湖、莽错，云南的程海，川滇交界的泸沽湖，等等，面积也仅在两位数。若论其大，在全中国湖泊界实在排不上号，但在范云崎眼中，就其分布高度、成因类型、水文情势、生物种群的显著差异，外延至社会人文，都有其与众不同的研究价值。

湖泊组这一次重装上阵，一行9人中，水文气象、水生生物、地质古生物和地貌第四纪，以及水化等各专业力量完备，仪器设备的行头满载了一卡车。范云崎“马戏团长”的雅号被重提，是因当见到他们卸载大小数十包装箱时，果真有当地人围观发问：“你们该不是来表演马戏的吧！”

相比藏北湖泊的安详，横断山区天气变化无常，第一次下水程海，当头迎来风大浪急，拟在程海湖面均匀布设的24个观测点，花费了3天时间勉强完成了3个，木船几次险被掀翻，有一回还被迫上岸当纤夫，3小时拖船行进三几公里——那时条件差，所谓测量船，是租借当地乡民的，只在尾部配挂从南京带来的20马力操舟机，改装成“机动船”，再拖拽起充气橡皮舟，方可确保各专业就座，便于同步操作。

好在随后几天虽然仍是冒雨出航，但风浪小多了，顺利到不足半小时即可完成一个点位的同步采样：水深、水色、透明度、分层水样、浮游生物、湖底沉积物、大气温湿风垂直梯度等等各项指标，尽在其中。

湖泊演化过程也是湖泊组调查内容之一。海拔 1503 米、面积 77 平方公里的程海原属淡水湖，外流汇入金沙江，只是由于 17 世纪末以来的干旱，从 1690 到 1965 仅仅 275 年间，水位下降 37 米；又据 1961 年开始的逐年观测资料，到 1981 年 20 年间，湖面持续下降 3 米多。水量减少，矿化度必然升高，就这样，外流淡水湖变身为封闭咸水湖，就发生在最近三两百年里。

泸沽湖依然保持外流淡水湖姿态。这座海拔 2691 米的高山湖泊，发育在因地质构造运动而形成的断陷盆地中，是比较典型的构造湖。虽小于程海，面积 48 平方公里，但最大水深近百米，远高于程海最大水深 35 米，以至于两湖总容积相当。在此之前，地理学家们虽然公认泸沽湖是一外流淡水湖，至于出水方式，由于并非直观的河湖相连，尚无人做过专门研究，直到当下亲临东岸实地调查，眼见数百平方公里草海沼泽，方才首次得以确认和描述：泸沽湖水经由大草海湿地排入金沙江支流盖祖河。

正因具备了丰富的实地踏勘经验，让范云崎成为青藏高原湖泊权威发言人，在编著相关图文时得心应手。继完成《西藏河流与湖泊》之后，相继参与《青藏高原地图集》《中国湖泊志》编写工作。2013 年再见时，听他说退休后的这些年里，接受水利部任务，刚刚完成“中国河湖大典”丛书中的《青藏高原河湖》分册。全稿 50 多万字，细分到每湖一条目，逐条编写，仅西藏地区就有 405 条。听这位工具书编著者感叹说，虽然现有卫星遥感图片高清无比，但是怎能取代考察资料和几十年惯用的 1∶10 万地形图呢！既有河湖之名，又有湖区环境信息。说来说去，无论高科技手段如何尖端，实地考察的亲眼所见都不能被偏废。

横断山考察期间，湖泊组的水生物专家专研藻类微生物，藏北好搭档陈宜瑜没有同行，他率领的小组专研水生动物，由武汉水生生物所和北京、昆明动物所等中科院 3 家研究机构 7 位专家组成，同样是一辆解放牌卡车，把人和行李设备一并混装，同样有一个环境比较，说山高路险，远不及藏北一马平川来得畅快啊！看看考察路线可想而知：走滇西，独龙江—怒江—澜沧江；由滇而川，泸沽湖—程海—九寨沟。在时隔几十年，路况大为改善的今天，这些山道依然以险著称，可以想见当年有多难，且行车的路往往盘踞山顶山腰，而河里的鱼、湖里的鱼，全都在谷底，每每背负仪器工具攀上爬下去采标本，需要耗费好大气力，在这样的时候，难免念着藏北高原的好，至少有随时停车在河边湖岸的便利。

可是话又说回来，大地貌的复杂意味着生物的多样，拥有丰富的材料和条件，才能创造出更多新事物，给人以意想不到的惊喜。如果说西藏考察中发现鱼类演化及特化现象与高原隆升过程相关联，那么横断山区的鱼类则可进一步说明隔离分化理论，且因版本的缩微而加强——就凭面积不足 50 平方公里的泸沽湖，由于具备了足够的水深条件，居然发现了近亲缘的 4 种裂腹鱼。据陈宜瑜分析，这个断陷盆地上的湖泊，原本河湖相连，或曾在较短时间

水生物组 1981 年金沙江峡谷考察　陈银瑞 / 供图

陈宜瑜（左一）1981 年碧塔海考察　陈银瑞 / 供图

段内发生堰塞，河道阻断，诱发同处一湖的鱼类因生态位、栖息地改变而产生“同域分化”现象。

程海鱼类更极端，极端在物种演化速度之快。程海之水原本通达金沙江，封闭历史不出 300 年，可是程海鱼同长江鱼既像又不像，疑为新种或新亚种，似乎有悖常理：按说新种形成大抵需要 10 万年光阴，区区几百年怎么可能？尽管匪夷所思，是否可视为分布边缘区经由隔离而快速分化的案例呢？

论文虽然发表多年，这位鱼类学家认为证据还可以再扎实些，遂布置他的研究生借助分子生物学新手段，继续这项研究。然而意想不到的情况出现，他们被告知已经采不到野生鱼标本了，不过一二十年时光，程海、泸沽湖，从前数量之多可以“棒打鱼”的原生鱼群不见了，取而代之的是人工养鱼。就连川西的一种猫鱼也找不到了，此鱼又名哲罗鲑，与新疆大红鱼相似，其同类现生于北方，严酷冰期中未及撤离，兀自困守阿坝的壤塘，十分珍稀，堪作远程隔离分化的经典样本。每一物种都是历史的延续，存活至今大不易，被人为灭绝的物种名单里，适合美味食材者首当其冲。就这一点而言，口腹之欲是不是更甚于自然灾变。

换一角度再想，早年的考察行动多么可贵，否则连描述机会也没了。

最终成果体现在专著《横断山区鱼类》，新论点是关于动物分区的。考察初期，生物学家们对于横断山区的动物区系归属意见不一，说东洋区的，有；说古北区的，更多。陈宜瑜在这本书中明确提出将青藏高原作为一个独立区系，与东洋区和古北区并列，同为二级分区。现在这一观点已成国内学界共识。共识或说主流观点还包括对横断山区科学价值的定位：冰期中生物庇护所、物种分化中心、生物多样性宝库，等等，皆为横断山考察期间提出。

穿越原始森林

虽说累计雅鲁藏布大峡谷之外所有沿喜马拉雅、沿横断山脉的山口所输送的水汽总量相加，也比不过一个大峡谷，但三江水汽通道仍然重要。当年采访时听大气物理学家高登义介绍，三江水汽通道以西南季风为输送动力，将来自太平洋和孟加拉湾的湿润气流向东北引领，在高原内部居然可以作用到念青唐古拉山脉南麓，向东北，远达青藏高原以外——威力与影响所及，1983 年 7 月末发生在陕南、川北的特大暴雨，正是这一水汽通道与某些因素相遇合力酿成。

受惠于水汽通道直接作用，首先体现在植被类型之丰富：既集中展布于垂直自然地带，又使全区由高及低、从理塘高原向南过渡到滇中高原，呈现水平地带变化。动植物各区系在这里交汇共生，欣欣向荣；又因古气候环境变迁而重新分化，并富含古老和孑遗物种“活化石”，堪称生物避难所，弥足珍贵的物种基因库和生物多样性宝库，一直以来都让植物学家心神俱往，直到跨了世纪，还在反复前往：现任昆明植物所所长、中科院生物多样性与生物地理学重点实验室主任孙航研究员于 2003—2010 年间主持了两个国家级重点项目，都是关于横断山的，一为“横断山区植物多样性起源和进化研究”，一为“横断山区重要植物区系成分的生物地理学研究”，体现了横断山科考的延续和最新成果。不过那都是后话了，而孙航比之武素功，已年轻了一代。

此刻作为前辈的武素功正在负责植物区系调查，将在此次考察中完成一项壮举：穿越独龙江流域原始森林无人区。本来此君就以“冒险家”著称，这个外号一方面说明他勇敢，另一方面也暗示了某些人的摇头不赞成，例如地理学家郑度就时常调侃他不注意地理方位。虽然被批评者从来就不服气，但独龙江流域考察确属极其冒险的探险性质——滇西北至藏东南偏僻一隅，中缅边境这片原始林区，当时的情况是这样的：不仅滇、藏地方“两不管”，不仅科学家从未涉足，说是国界边境，甚至一无值守巡逻的边防军。至于周边百姓，打猎的人和采药的人，顶多活动在林区边缘，没听说有人曾经深入何况贯通走过。然而正因如此，正因从各种角度而言皆属“真空”之地，才有如此诱人的魅力，如何抑制一走愿望！武素功反复向队长孙鸿烈游说宣讲，填补空白的意义，研究植物演化及迁移通道的意义，凡此等等，听者心动，终于答应下来，拨付 3 万元经费支持。

1982 年 7 月 1 日从云南贡山县出发，翻越高黎贡山（西藏境内称其为伯舒拉岭），沿途

高黎贡山，雾锁丛林 李旭／摄影

走过独龙族、怒族、傈僳族聚居地，走过山地热带、亚热带和温带，到达终点——西藏察隅县日东地方。加上返程，结束在10月20日，总计112天。10人小分队分别来自中科院所属北京和昆明的两个植物所，其中两位女专家——可真不简单，因为往后几个月的时间里大都为山地徒步，充满危险不说，还时见极限运动才有的场景和动作。尤其8月7日告别此行最后一个居民点，穿越原始森林无人区，一个多月后方见人迹的这段路程。

这是武素功和小分队全体成员科学生涯中颇感自豪的一段经历。在未经人类扰动的原始丛林里，你将会看到什么呢？多年前采访武素功先生，听他这样比喻：如果云南是植物王国的话，这儿就是王国中的王宫啦！他讲到高黎贡山林中一株珍贵植物秃杉，高达119米！讲到中缅边境热带丛林钦郎当，统计一株大树上的附生植物，24种！在无人区的云、冷杉林中，看到一片新鲜生命：树高均在30米以上，胸径1.5米左右，一株株就像彼此复制，整齐划一，且林中少见腐朽之木，树干上少有寄生菌类，说明这片森林正值盛年……

近年见热心人撰文发动“寻找中国最高的树”，此行考察或可提供线索。这株高达119米的秃杉，应当位于贡山县一个叫“期期”的地方不很远，海拔2000多米的阔叶林中。遗憾的是武素功先生已经不在了，他在《考察在横断山区》中的《深入独龙江流域》一文中留下了一段记录：

“这里已深入到常绿阔叶林的腹地，主要种类除柯、青冈外，以木兰科的木莲、含笑，金露梅科的合掌木，安息香科的山茉莉，山茶科的木荷占优势。林冠郁郁葱葱，远看像一片墨绿色的海洋，时而可以发现一些灰绿色与总体色泽很不协调的大树，突出于绿波之上，像飘荡着的帆影，直到跟前才知是我国珍贵的植物秃杉。树干高大通直，一般高达 35 米，胸径在 1.5 米以上。我们实测了一棵高达 119 米。秃杉是裸子植物，属台湾杉属。全属两种，一种分布于我国台湾省的阿里山区，一种分布于高黎贡山一带，这种残留分布的格局，已充分说明了它有古老的历史。奇怪的是它的幼苗和小树在林下却相当之少，这可能预示着这一古老树种，已竞争不过生命力正旺盛的阔叶树，逐渐为自然所淘汰。遗憾的是人类活动正加速这一过程，有些人利用它纹理细致、芯材呈红色的特点，砍伐后加工成家具，而当地干部却熟视无睹。我们要大声疾呼：秃杉——国家的一类保护植物的命运已岌岌可危了。”

一路采集几千号高等低等植物标本，多有新种发现。真菌学家同样收获颇丰，臧穆先生参加过 1975 年墨脱大峡谷考察，次年又陪吴征镒先生重访藏东南，见识了这一带真菌世界的丰饶与特别，新种和特有种之多，以至于后来再去欧美多国考察，不免发出曾经沧海之叹。

这也是横断山考察中最为艰辛的旅程。一路山高水低，一路险象环生，一路毒蛇猛兽，一路蚊叮虫咬。云南部队特派军医等 7 名军人随行保驾；从龙元开赴无人区，雇请了 80 位民工当背夫，其中 5 位手持大砍刀在前开道，斩断挡路的箭竹，或者放倒大树搭建独木桥。喜欢文学的武素功触景生情，念起南宋诗人杨万里名作：“莫言过岭便无难，赚得行人错喜欢。正入万山圈子里，一山放出一山拦。”这一年，武先生 47 岁，仰仗多年出野外身体素质还好，日常行走还算应付得了，但需攀爬跳跃时未免稍感力不从心，有一次差点儿跌进激流中。还有一次更吓人：远看一树葱茏，何以长出粗大的白色枝条？遂凑近了细察，才辨别出竟与一条巨蟒面对面！一惊之下连忙开枪。那一晚这条两米多长的蟒蛇做了盘中餐，只是由于缺少必要作料，土腥味难免。臧穆打算留下蟒皮做二胡琴蒙，不过条件简陋很难处理好，加之雨季潮湿，发霉了。

这个细节来自臧穆日记。臧穆年长武素功 5 岁，不仅擅长二胡弦乐，还能诗会画，十分古雅。工笔素描的蘑菇堪称艺术品。专业之外，也画花草昆虫，山川风貌。白天赶路采集，晚上烤制标本，画出轮廓再涂色——还要再过好几年，他才拥有第一部相机。油灯下做完这一切，最后写日记，每在后半夜入睡。本来他很享受这样的野外生活，吃苦受累大可忽略不计，若是没有牛虻蚊虫不分昼夜骚扰，让人奇痒难忍的话，那才叫十全十美。

行至滇藏两省区交界地方，不见明显标志，但原始林区走到尽头，边缘处壁立一座 60

多米高的悬崖。战士和民工齐动手，把一条活藤和一根救生绳分别固定好，一众人等鱼贯而下，宛似“空降”。据说这里已是西藏察隅地界了，这一天是 9 月 6 日。

前方有惊喜等待。翻过一座 3700 米的垭口，一眼望到几堆新鲜牛粪时，这群栉风沐雨风餐露宿的人居然欣喜若狂，欢呼起来：一路的发现中，此刻牛粪当属最为亲切的发现。果然，他们不但看到了牛，还看到远远的炊烟和原木搭成的房屋，喝上了热情的藏族人捧来的热腾腾的酥油茶，而日东的边防连队已派人在此迎候了两天。第二天到达终点站日东。到达日东这天是 9 月 12 日，部队设宴款待，一向不喜喝酒的武素功这一次开怀畅饮，大醉酩酊。

还有一个惊喜在等待。在这海拔 3200 米高处，初秋时节降了雪，臧穆居然在雪地里找到一株疑似竹荪类的蘑菇。采回房间等待开蕾，从早上一直守到过午，忽有类似丁香花的浓香扑鼻——这就是香笔菌的发现过程，臧先生用“欣喜若狂”形容当时的心情：其一，“属”一级的鬼笔菌，本来世居热带和亚热带，而今它却出现在高原上、冰点下；其二，鬼笔菌一般味臭且有毒，而这一种不仅香，且可食。发现者将其命名为“臧氏香笔菌”，后来在云南个旧又发现它的芳踪，再后来，已可人工培育。

若论地球生物大家族之最，除昆虫外，首推真菌。已知全世界真菌 20 余万种，青藏高原就有 8 万种以上（不含地下菌类）。

菌类学家臧穆参加青藏队，在西藏波密、米林、昌都、察隅等地采集标本，仅 20 世纪 80 年代在《微生物学报》《真菌学报》《山地研究》《云南植物研究》等期刊集中发表论文多篇，计有《我国西藏担子菌类数新种》《滇藏高等真菌的地理分布及资源评价》《我国东喜马拉雅区鬼笔科的研究》《南迦巴瓦峰地区数种热带真菌分类地理》《我国东喜马拉雅及其邻近区牛肝菌目的研究》等。王云璋、臧穆主持编写的《西藏真菌》，是西藏科考丛书 36 部之一，由中国科学院微生物研究所和昆明植物研究所及院校等 5 单位共 30 余人参加标本鉴定和分类研究，是我国第一部比较全面系统记述西藏地区真菌的专著，为西藏农、林、牧各业发展和资源利用，以及真菌病防治提供了重要科学依据，为西藏菌类的研究发展奠定了基础。

从日东踏上归程，与战士和民工惜别说再见，他们原路返回，事后听说途中遭遇了洪水，幸好无碍，安全还家；专家小分队则取道梅里雪山方向，翻过索拉山口，沿澜沧江河谷到达德钦。这条路线的大半，正是茶马古道，也是 20 年前武素功参加南水北调考察时走过的。传说中古道十二分艰险，然而在经过无人无路原始地带历练的人们眼中，哪里还在话下。只不过当德钦在望，一脚踏上久违的公路时，有人当即趴伏路面，说，再也不想“走”了。

动物考察奇遇记

与植物种类丰度成正比，横断山区也是野生动物的天堂，洋洋大观地萃集了来自南、北各方的飞禽走兽，有许多是历经冰期旋回，在此间避难而幸存下来，某些原始动物在对环境的适应过程中演化成新种，所以特有种多多。

中科院北京动物所和昆明动物所兵分两路，北京的为北路，活动在川西一带；昆明的为南路，范围滇西北。所有学科中，动物考察一向最生动，虽然也危险，也艰苦，横断山区尤甚。

与藏北环境别如天壤，考察对象面貌迥异，种类更多。动物“亲王”冯祚建这一回踏入的是森林王国，该说是“重返”：1960 年毕业于中山大学，刚刚就职于动物所，接连两年出野外，横断山都是考察目的地。一别 20 年，再见珍禽异兽展开的缤纷画卷，感觉自己也成了画中人。山道上一路行来，但见满山遍野怒放的花朵熙熙攘攘，蜂飞蝶舞；灌丛中各种美丽的雉类出没，成群结队，叽叽咕咕；待到深入林中，红腹松鼠、长吻松鼠和花鼠们跳跃穿梭在树枝间，见有闯入领地的生人，好奇地盯望片刻，然后一溜烟跑开……处处新鲜体验，大森林令人心旷神怡。

野生动物考察不光是猎获标本，就近观察生活习性并详加描述，也是基础工作之一。这需要蹲守潜伏，耐心等待。冯祚建这一组接近过矮岩羊，这种数量稀少的动物别处未见，似乎仅存于金沙江中游谷地，集体活动在海拔 2500 ~ 3500 米的狭窄石坡。这一天，先是望见崖顶上有两只雄羊哨兵，脑袋忽左忽右转动，很机警的样子。观察者自以为悄无声息“摸”到近处，抬头再看，哨兵及群羊早已消失无踪，只见到一地新鲜羊粪蛋儿。矮岩羊身形矫健，善行裸岩地带，四脚猛兽休想侵犯，唯一天敌是猛禽类金雕、胡兀鹫，它们会以俯冲之姿，猎取羔羊。

另一次在木里县“打埋伏”，偷窥水鹿如何觅食，如何舔食水坑中盐渍。水鹿这种热带亚热带森林动物系亚洲特产。另一特产小熊猫，生活在亚洲东南部森林。按照动物分类学，早先将之归属于食肉目浣熊科之下，后来听说更改为小型山地熊类，又听说被单独列为一个“小熊猫科”。不过这些都是人为划分，不管跟谁是亲戚，小熊猫安之若素，眼下大树枝杈上有一只正在午休，全身放松，后肢下垂，懒洋洋很可爱的样子。其实呢是假寐，闭目养神罢了，不时站起伸个懒腰，打个哈欠，动作表情酷似家猫。冯祚建和同伴从中午一直观察到黄昏，才见它从容不迫下得树来，从箭竹丛中取食竹笋和竹叶，细细咀嚼，时不时揉擦一下脸面。看着它走走停停吃吃，一直走出视线外。当地村民见状，索性活捉一只送来。专家们每

红腹角雉

红腹锦鸡

川金丝猴 本组图片由章铭陶提供

天拿馒头、水果、蔬菜、奶糖和鸟肉喂它，它乖乖地什么都吃，从不挑食，一周时间养得肥肥胖胖。待告别这个村庄时，才放它重归山林。

冯祚建的专业是大型有蹄类哺乳动物，算是兼职客串，从藏北野外开始也做鸟类，不限于标本猎取，形态的观察和描述也是分类学家本职工作。落实到文字上可能仅有短短几行，但是观察过程不那么容易。高原东部特产的雉类珍禽是美丽尤物，阿坝有雉鹑，横断山区特有种，名列一级保护；盐源有貌似凤凰的红腹角雉，还有奇异到貌似孔雀的，在宝兴县云雾岗——宝兴，正是法国传教士戴维当年采标本，1869 年运抵欧洲一张大熊猫皮，从而名扬世界的地方。冯先生一大早守候在海拔 3700 米山林中，等待绿尾虹雉闪亮登场。从俗名“贝母鸡”“孔雀鸟”听得出基本样貌和习性：吃贝母，很漂亮，非同一般的漂亮——脑袋上冠羽高耸，其色彩，前若青铜后若红铜；通体霓裳大部若紫铜，微微泛起金属质感的蓝绿荧光；至尾羽，蓝绿底色，上缀银白细斑，真正华丽尊贵，“闪亮”登场！不过，这种极致美仅限于雄性，至于安步在侧的伴侣，难免显得其貌不扬啦！

充满生机的山林存在一条看不见的生物链兼食物链，一应生灵各循其道各安其位。此刻昆明动物所专家韩联宪，正隐匿于怒江东风吊桥侧畔，观察一种叫蜂虎的小鸟。教科书上说，这种佛法僧目蜂虎科鸟类嗜吃蜜蜂，所以叫蜂虎。这一次观察者眼界大开，现场直击蜂虎捕食蜜蜂全过程。翠绿色蜂虎在天空飞翔，姿势与燕子没有多大不同。一只蜂虎本来安静地待在枯树枝上，突然间展翅冲飞，闪电般咬住一只昆虫，重回枯树。韩联宪连忙举起望远镜，没错，被猎获的果然是只蜜蜂！只见蜂虎正用长而弯曲的尖喙咬住它的细腰，先将其头部猛撞树干，然后换个位置，咬住腹部，在树干上蹭几下，是为去除蜂尾毒针吧！最后，再次衔起腰部撞树干，确信蜜蜂死亡无疑，吞服——好生厉害的小鸟，怎会归于慈悲为怀的佛法僧三宝“目”下呢?

把灵巧的织布鸟归于文鸟科就很合适。在高黎贡山，韩先生正在追踪这种精灵，看它从采集苇叶备料，到编织成巢全过程。伞状的和葫芦状的小巢精美到无以复加，巧夺“人工”。织布鸟与麻雀同属文鸟科，先前唯知织布鸟名下共有 70 多种，几乎全部栖居南亚和非洲热带地区，仅有两种在云南南部，没想到这种黄胸织布鸟竟可以向北更远，抵达高黎贡山区。

最惊险也最戏剧化的遭遇，是与眼镜王蛇的对峙。眼镜王蛇性情凶猛，剧毒无比，行动迅捷，俗称“过山风”。相比别的毒蛇更危险的是，会主动攻击人。有一天在高黎贡山道上，韩联宪一行与一条眼镜王蛇猝然相遇。那蛇浑身布满淡白色横纹，扁平颈部“人”字形花纹醒目，此刻脑袋扬起，目光凶巴巴。赤手空拳的人们全无防备，一时僵住。当地向导反应还算快，见势不妙，随手捡起一木棍，准备迎战。就在此时，又一个意料之外，那蛇非但没有发动攻势，连脑袋也颓然垂下。机不可失，向导立即用木棍摁住蛇头，众人齐动手，居然活捉了!

不过一面行动，一面满心狐疑，什么情况?细心人很快发现了问题，蛇嘴里有东西——居然是条蛇尾巴!当即上前抓住，硬是拽出另一条完整的蛇!一条黑底黄斑的王锦蛇，已窒息而死。

令人惊诧的事还没完呢，已死王锦蛇口中，露出两只鸟爪。赶紧用手术刀开膛剖肚，刚刚吞进的小鸟完好无损，是只红喉山鹧鸪。

至此，众人方才大悟，怪不得可以如此轻易脱险呢，原来是大蛇贪吃过度，差点儿撑死，丧失了进攻能力啊!

多亏是由专家捕获了它，使我们有了准确概念，不然让别的什么人遇上这事儿，只会拿手比画：这条蛇有多粗，那条蛇有多长。测量称重结果：眼镜王蛇身长 3 米，体重 6 公斤；被它吞下的王锦蛇，长 2.04 米，体重 2.1 公斤；王锦蛇腹中山鹧鸪重达 400 克。不是亲眼所见，说一条 6 公斤的蛇可以同时吞下 2.1 公斤的蛇和 0.4 公斤的鸟，谁会相信。可真是世界之大无奇不有，戏剧性在于，此蛇伺机捕鸟，不知彼蛇在侧；彼蛇吞食此蛇，当在同一瞬间。巧极了，瞬间之后又遭遇捕蛇专家。

云南最大的候鸟越冬地在哪里?在原名中甸、现名香格里拉的纳帕海。在藏北高原度夏的棕头鸥、斑头雁、黑颈鹤们，每逢秋季必携儿带女飞临这海拔 3300 米的湖泊湿地，只有少数飞越喜马拉雅。昆明动物所专家们专程前往冬季的纳帕海，清点越冬黑颈鹤数量。这种长颈长腿的美丽尤物，是我国特有鹤类，全世界鹤类 15 种，唯有这一种栖居青藏高原。此刻它们正享用着纳帕海，成群结队，一字儿排开，以优雅之姿齐步向前，用长喙在湖沼中觅食草根和黄苋。待到天气转暖，它们将再次举家远征，在藏北举行种族繁衍的盛典。

贡嘎山，海螺沟

贡嘎山巍峨壮丽，以海拔 7556 米高度，统领横断群山，古来即享“蜀山之王”盛誉，以至于新中国首次登山科考，贡嘎山成为当然首选。名扬国际也已百年之久，有人查阅过，最早来贡嘎山探险考察的，可能是奥地利人劳策，时在 1878 年；继之而来的是英国人普拉特，一连两年进入海螺沟采集植物标本。20 世纪上半叶很可能成为一个热点地区，探险家登山家接踵而来，计有英、美、意大利、加拿大、日本等国至少 14 个团队进入这一地区。中国学者也有，1930 年由中山大学组织过中外科学家前往贡嘎山考察，那都是新中国成立前的往事了。

1957 年首次登山科考之前之后，国内科研机构和勘测部门都在贡嘎山做过工作，大多为单学科专项任务，像青藏队这样的横断山区多学科综合考察还是第一次，贡嘎山、海螺沟

金色贡嘎山，浮现于云海　梁江川 / 摄影

横断山主峰贡嘎山，南北长达 80 余公里，东西宽约 60 公里，最高处海拔 7556 米。地处四川甘孜藏族自治州境内，隶属亚热带季风气候区。从大渡河谷至主峰峰顶水平距离 29 公里，高差足有 6400 米，从干热河谷亚热带到高山冰雪带，垂直分布自然地理各气候带景观，集中呈现于东坡海螺沟，历来为地学生物学科研宝地。1987 年建立“贡嘎山高山生态系统观测试验站”；1988 年建成国家级风景名胜保护区；1998 年荣列国家级冰川森林公园。

仍为考察重点。尤其是海螺沟，所有从事冰川与环境的研究者必至，反复来过。贡嘎山冰川发育，共有大大小小冰川74条，总面积256平方公里，论规模未必数得上，但地位特殊：是我国最大最典型的季风型海洋性冰川群，且最接近人烟稠密地区，海螺沟冰川末端位置海拔2850米，缓缓运动于茂密森林中。

杜鹃花盛开的季节，冰川学家来了。那时公路只通到山脚磨西镇，进入海螺沟的山道全靠步行，山上“蹲点”两个月的给养装备由人力背送，一行近50人一走三天。此前一年的1980年，兰州大学李吉均教授带着几位硕士生乘坐一辆敞篷大车，跑遍了横断山区选点预察，确定了海螺沟这条贡嘎山最长的冰川为第二年工作重点。此番前来，正值雨季，雨中行人拖泥带水，第二天走到一个叫大岩窝的地方走不动了，又冒雨宿营。大岩窝是一斜立的巨大岩石，可聊避风雨，但背靠背坐着也仅能解决不到一半的人，其余的只好另谋生路。学生们挥舞冰镐，在两块大岩石间掏出一个可容纳三人的大洞当寝室。

三位学生是谁？秦大河、姚檀栋、周尚哲。他们今后将各有建树，其中秦、姚二位在许多年后，还将步李先生后尘，入选中科院院士。这之间尚有好远的路要走，但最初的行程就在当下崎岖路，就在泥泞风雨夜——好一个大岩窝，院士成长的大岩窝！

就这样钻进睡袋，睡袋上覆雨衣，既凉且湿中一个个酣然入梦。事后笑称，雨衣上“小

海螺沟冰川世界　黄世贵／摄影

湖泊”汇聚，“塌方”“泥石流”应有尽有。

在大冰瀑附近安营，一连几天好天气。雨后乍晴的山林格外清新，垂直高度上千米的巨大冰瀑布在阳光下闪射着银白之光，冰瀑底部镶嵌着冰川弧拱的美丽花环，清凉世界气象万千，洁净壮丽——自峰顶冰雪之冠下方，规模巨大的粒雪盆发育了中国高大之最的冰瀑布，其高可达 1080 米，最宽处 1100 米，一条超级伸张流，气势磅礴又相当活跃，终年皆有冰崩雪崩发生，尤其夏秋时节，小型冰雪崩平均每天可达上千次。在危险区外静观其变，可见一次次冰飞雪舞时的白蓝之光闪烁，听闻动人心魄的天籁轰响。冰瀑下端冰川流，则在阳光与风水的雕塑下变幻着千姿百态：尖锐的角峰，峻峭的刃脊，浑圆的冰斗，冰桌、冰蘑、冰洞、冰桥，形如卧熊的，形如企鹅的，形如城堡之门的，悬挂着冰钟乳形如水晶宫殿的……犹似玄幻之地。冰舌伸入原始森林中 6 公里之遥，直叫人感觉神奇美丽到无以复加。

好天气，好心情。考察第一天，大家兴致勃勃登上冰舌，测量冰瀑布冰雪密度，观察冰中气泡，例行成冰作用常规考察。这一天工作得相当愉快，只在临近黄昏收工时发生了意外：学生们依次跃过一条冰裂隙，先生却失足掉进去了。虽然冰缝不算很深，但伤势却严重，被救起的李先生已经站不起，剧痛来自膝盖，腰间则布满“冰川擦痕”。冰天雪地没有医生，赶几天路下山求医也不现实，在医疗措施全无的情况下，李吉均咬紧牙关硬挨着，卧床几天疼痛略略减轻时，就起坐看冰川，琢磨起冰川运动速度问题。20 多天过去，已经可以为考察归来的同事和学生们端上亲手做的油炸土豆片了。

两个月后考察结束下得山来，拍片检查，膝盖骨严重损伤，肋骨折断两根。

尽管如此，次年李吉均又率队再进贡嘎山，完成西坡现代冰川贡巴冰川考察之后，前往稻城，在那里开辟了古冰川研究新领地，在国际冰川学界具有相当知名度。从理塘去稻城，翻越海子山，仿佛置身古冰川遗迹博物馆，公路两侧轻易可见一漫坡的奇石兀立，有些巨大如房，皆由第四纪冰期数百万年间冰川运动搬运而来。

从那时起，周尚哲就在李先生指导下主研中国第四纪冰川与环境变化课题。2012 年在兰州大学，我听过周教授以此为题的讲座，不限于青藏高原，面向的是全中国时空范围。反观贡嘎山，他在《海螺沟冰川探奇》一文中“史话”了这一过程——

与青藏高原强烈隆升期同步，第四纪冰期降临。其时贡嘎山遍被银装，一片琼瑶。冰川最盛时，末端从东坡一度伸向大渡河岸。历经气候几番变化，在山麓附近留下冰碛物和冰水堆积。距今上千年前，冰川再度前进，海螺沟冰川末端曾抵达大岩窝海拔 2600 米处；20 世纪以来，贡嘎山冰川处于退缩中。

正式考察第二年，现代冰川考察任务交由兰州冰川所接手，冰川所几乎全员出动，全面

古冰川遗迹：稻城海子山古冰帽石海　杨勇／摄影

海子山古冰帽位于四川甘孜州稻城和理塘两县境内，总面积3287平方公里，是青藏高原最大、最典型的古冰体遗迹。地质遗迹分布在海拔4500～4700米的山原面上，有角峰、古冰斗、U形槽谷、冰蚀洼地、冰斗湖等类型丰富、形态完整的冰蚀地貌，也有终碛堤、侧碛堤、冰川基碛、蛇形丘、羊背石、冰川漂砾等完整的冰川堆积地貌，构成海子山国家级自然保护区主体。保护区内分布有1145个大小湖泊（冰蚀岩盆），其规模密度在中国独一无二。当地人称湖泊为“海子”，海子山因之得名。

涉及横断山区冰川、冻土、积雪，为冰川编目、冻土制图搜集第一手资料。届时参与国际计划的首次冰川编目工作已然启动，苏珍率队，不啻一次面向雪山的巡礼：白马雪山、玉龙雪山、梅里雪山、九寨沟雪宝顶，多属普查性质；其中重点，依旧锁定在贡嘎雪山、海螺沟冰川，不仅1983年在那里度过一个考察季，横断山区项目结束后几十年里，又多次去过。只是变化太大，通往海螺沟的道路修通了，从前徒步两三天的山道，现在一小时车程即达。国家级冰川森林公园名声响亮，旅游开发热火朝天，原先难得一见的大冰瀑，尽在缆车上的目光俯瞰中了……

苏珍先生的贡嘎山经历中，有些故事颇富寓意。中国冰川学开创，苏联专家是第一位老

苏珍先生在贡嘎山冰川考察中

中苏冰川学家在贡嘎山生态系统观测实验站合影
苏珍 / 供图

师，但是中苏之间的合作可谓命运多舛，历经波折——此前不为人知，可能从未报道，或许是由本书首次披露的“独家旧闻”两则：头一次是在20世纪50年代末，说好的联手考察珠穆朗玛，苏方投入的部分设备都运抵珠峰脚下了，人却没能到位，由于大国间政治冰期突然降临，戛然而止。待到冰融雪化，可以握手言欢了，这一次是在20世纪80年代中后期，早年留苏归来的谢自楚先生终于可以重返母校莫斯科大学，终于可以洽谈青藏高原冰川合作研究事宜。两下里一拍即合，苏联方面甚至同意出资100万美元，这在当时可是一笔巨资。但是，正如我们所知，随后那里发生了什么，一场政治大地震，把先前说好的一切都“休克”掉了。

幸好赶在解体前，最后的苏联拨付了部分项目经费，最后的苏联专家也还来得及连续两年前来：1988年希夏邦马冰川，只是预察性质，次年便是海螺沟了，是详察，后来还出版有《中苏联合青藏高原冰川考察》（第一集·贡嘎山），但是第三年拟议中的考察中止，论文集也再没了下文。

在海螺沟，苏珍先生亲见苏联专家有多么喜悦兴奋，一路频发赞叹声，因为这儿的冰川与他们司空见惯的极地冰川雪原有多大不同，与山岳冰川，甚至同为海洋性冰川的阿尔卑斯冰川有多大不同。面貌如此多样，流速如此之快，多彩而充满活力，尤其冰川流可以延伸至原始森林6公里之遥，与欣欣向荣的动植物世界、与人间烟火共生共存，诚为举世罕见。

同为海洋性冰川，为什么特色独具？阿尔卑斯冰川发育在西风带海洋性气候环境中，降水集中在冬季，全年气温变化不大，冰川相应稳定；而贡嘎山冰川发育在东亚季风气候环境，属季风型海洋性冰川，降水集中在盛夏，该季同为冰川补给季、消融季，海拔5000米以上

施雅风先生 1993 年 5 月在海螺沟考察途中
蒲健辰 / 供图

2003 年 5 月，85 岁高龄的施雅风院士考察贡嘎山冰川。左起为施雅风、赵桂久、钟祥浩、李世杰，右一为郑度院士 李世杰 / 供图

积累区每年承接 3000 毫米降水量，收入高，支出多，活动性强，流动速度每年可达 200 米以上，夏季冰面消融强度日均接近 10 厘米，而极地冰川和一般山岳冰川，年流速不过几米至几十米。

对于贡嘎山故事的继续讲述，涉及青藏项目在此地的定点观测研究，涉及科学工作者为贡嘎山—海螺沟旅游开发所做的努力和贡献。

1998 年我在成都山地所采访时，正值四川省政府特邀亚洲旅游协会 8 位专家前来本省进行旅游资源评价，其中涉及横断山区两处，九寨沟和海螺沟。见诸报端的专家评价为：九寨沟，世界一流，绝无仅有，中国、世界之瑰宝；海螺沟，是容易进入的冰川，有着对情侣和家庭极具吸引力的温泉，有保存最好的原始森林，有可与澳大利亚塔斯马尼亚相媲美的森林植被，有高耸的瀑布和独特的民族风情。

两“沟”被开发，相同之处在于科学家参与倡导设计。海螺沟旅游开发构想来自一个契机：1980 年，钟祥浩和陈富斌两位专家应邀前往罗马尼亚喀尔巴阡山考察，其地为阿尔卑斯山脉著名旅游胜地之一。可是目之所及，不由得感叹贡嘎山风光犹胜之，贡嘎山，真正是“养在深闺人未识”啊！其后贡嘎山科考的同时，又增添了一项内容：争取旅游资源的开发。这是一项动腿又动口的活儿，从省里到地区再到县上，游说各级领导和旅游部门：海螺沟有多么壮观美丽的现代冰川、原始森林，有多么丰富的植物群落、珍稀动物，有多么重要的审美和认知价值，有着怎样的旅游开发潜力，能够创造怎样的经济、社会和生态效益，等等。改革开放初期，旅游开发观念刚启蒙，各地政府意欲为之，愿意听从建议，只是某县旅游局负责人好奇发问：冰川是什么？

听起来像笑话，其实呢事出有因：冰川本来就在那儿，不过当地人习称雪山。“冰川”一词的确是从科学界“下凡”到民间的。1975 年珠峰登山科考中，就连随队记者也初知冰川一词，并且惊讶于冰川是从积雪“变”来的。

至于九寨沟旅游开发，最初来自当地报社记者呼吁，继之由青藏队提出九寨沟自然保护区设想，后来由山地所亲力亲为，承担了滑坡泥石流治理工程设计，对于山地灾害的长期监测则持续至今。

两个著名景区的生态保护同时被提上议事日程——1984 年当陈富斌等人相关建议被采纳，政府随之做出一项决定：停止森林采伐。就这一意义而言，说科学家是贡嘎山是九寨沟的守护神不算过分。

建立贡嘎山站的设想与旅游开发的思路共生，建站过程与风景区建设同步进行。陈富斌提交《泸定县海螺沟旅游资源考察评价报告》，在贡嘎山海拔 3000 米处建设一座气象站，经中科院成都分院批准并资助，由泸定县人民政府海螺沟开发办公室协助，于 1987 年建成。紧接着中科院给予项目特别支持费、运行补助费，助其建成多学科综合观测站；到 1992 年纳入“攀登”计划青藏项目，作为三个野外定位站之一，由成都山地所牵头，兰州冰川所和成都生物所参与，合作共建院一级贡嘎山高山生态系统观测试验站——从配合海螺沟旅游资源开发的气象站开始，气象站—综合观测试验站—高山生态系统观测试验站，贡嘎山站成长起来，进入中国生态系统观测研究网络（CERN）。

在基础科学研究领域，贡嘎山站的研究方向为：以高山多层次自然生态系统及其与人类活动的相互作用为主要内容，从环境的整体出发，多学科综合研究高山生态系统的生产力与调控原理、高山隆起与冰川消长及其对高山生态系统的影响，监测环境动态、预测大区域环境变化趋势，为合理利用山地资源与保护环境以及青藏高原和全球变化研究，提供科学依据与资料，并通过长期观测与研究积累，建立并发展山地学。联系生产实际方面，贡嘎山站置身于较晚近开发的我国面积最大的国家级风景名胜区内，责无旁贷地承担着资源利用、环境保护、导游、防灾、农业综合开发等一系列生产任务。这类特别使命，属于中国特色，在全世界那么多的高山站中，贡嘎山站或许是唯一承担这一角色的。

上观风云与下接“地气”

云南西北部集中了一系列低纬度大雪山，玉龙、哈巴、白马、梅里等等。皆因各方气流在此相遇，导致大面积高强度降雪。山顶终年白雪皑皑，雪线以下森林茂密，飞瀑流泉，历来是令人神往的登山旅游胜地，白马雪山原始森林更是名列 2005“选美中国”最美森林之一。白马雪山垭口大雪封山的日子每年最长可达 195 天。数据来自白马雪山定点观测站记录，雪封期间，这个观测点与世隔绝，由 4 位藏、汉族年轻人坚守。

横断山区的“立体气候”虽然早已为世所知，从前但凡来过的中外科学家、探险者，都曾形象描述过这一特征，但定点观测的工作此前无人做也没有条件做。青藏队在横断山开创了面上考察与定位、半定位观测研究的最初实践，大气物理观测和定点气候观测即在其中。

早年在大、小兴安岭和长白山就从事过定位观测的李文华，亲自指导了跨越金沙江、澜沧江的横向大剖面和白马雪山垂直气候剖面观测。1981 年他和农业气候学家张谊光一起选点，确定在植被垂直带分布完整的白马雪山东、西坡，布设 6 个垂直气候剖面观测点。就这样，从 1982 年 1 月 1 日到 1984 年 12 月 31 日整 3 年，40 名观测员坚守阵地。观测人员的组成，是应青藏队请求，云南省气象局从全省各地本系统技术人员招募来的志愿者。常规观测以外，他们还参与了对于太阳辐射分光观测，风对降水影响的试验，高山草甸牧草动态产量测定，以及山谷风无线电探空等。3 年里获取原始数据 48 万个，首次取得横断山区比较完整的第一手资料，这对于掌握气候特征规律以破解自然奥秘、为解决山区农林牧生产问题和相关应用学科研究提供了珍贵的依据。张谊光说，多亏了这些年轻人！

多亏了这些青藏队的编外队员，多亏了地方上的支持。在这远离人烟的寂寞之地，艰难困苦不必一一述说，谁参与了这个阵营，谁就准备着吃苦和付出。回报是事业给予的，从金钱、待遇方面说来是谈不上的。当我追问这群年轻人的野外补贴额，张谊光先生还都满心的歉意不安——有谁能够相信呢，观测员们起初半年里，每天得到的野外补贴仅仅 5 分钱，不过后来好了，大幅增加——1 元 5 角！

观测计算结果表明，横断山区气候垂直变化较之我国其他地方都要显著得多。就年平均气温而言，垂直递减率由下往上增大：海拔高度每上升 100 米，气温就将下降 0.7 ~ 0.8 ℃。降水特征也十分明显。白马雪山距水汽来源较近，按说降水量本该丰富，其实不然。它只在高山上部降水较大，而且较之西部群山降水已大为减少。这是因为近南北走向的山脉河流几

位于云南迪庆州横断山区境内的垂直气候剖面观测点白马雪山站 张谊光 / 供图

乎与西南暖湿气流迎面相遇，但大量水汽在白马雪山以西的高黎贡山、碧罗雪山迎风坡凝结降落，到云岭—白马雪山一带势头已减，俯冲而来却不及大量降落，即越山而去，在背风坡上部落下。所以白马雪山降水特征与众不同：最大降水量不在迎风坡而在背风坡上部；一日最大降水量不在雨季而在冬季。

参加过 1966—1968 年和 1975 年珠峰考察的天气动力学家高登义，先是主持了从腾冲到独龙江的高黎贡山剖面观测，第二年又被选调至南迦巴瓦登山科考队，从雅鲁藏布大峡谷到怒江、澜沧江、金沙江三江流域，正好将东喜马拉雅与横断山合并考察，加上此前的珠峰资料，参照喜马拉雅西段阿里普兰及巴基斯坦境内兴都库什山区气象资料，高登义就成为放眼数千公里大地形的第一人。比较沿线各水汽通道规模、对于天气系统的影响以及降雨时空变化异同，第一次拿出了量化数据，山地环境气象学的“最权威”就是这样炼成的。

陈传友的水利组在云南迪庆的林场建立一个森林水文观测站，以三年时间观察测量森林采伐前后的温湿度变化及水文效应：原始森林涵养水源的作用、采伐迹地上的水土流失情况，给出量化数据；韩裕丰和赖世登负责的林业组，在云南中甸林业和水文部门协助下，同样以三年时间对森林内外小气候进行定位观测，旨在解决暗针叶林天然更新的气候因素影响问题。……

横断山工作另一大特点，是接“地气”：应用研究与基础研究并重，为地方建设和生产实践服务。说来这也算不上创新之点，而是作为青藏研究基因存在，原生于中国科学家情怀，从章铭陶经历中可见一以贯之的延续。

中科院综考会组织1964—1966年大西南综合考察队，孙鸿烈担任川滇黔接壤地区分队长，30岁的章铭陶是其中一员。当年他第一次来到以出土元谋古猿化石而著名的县份，不见远古的诗意浪漫，所见皆为现实的艰难：因为缺水，土地贫瘠，人民贫困，当地人说“有水万物茂盛，无水一事无成”。章铭陶实地踏勘，设计了全县水利改造方案，次年提交县委县政府。

随之而来的“文革”使百业俱废，小小水利方案没了下文。一晃多年过去，1981年春节期间，即将奔赴横断山的章铭陶，忽从收音机里听到一则新闻：元谋的蔬菜行销北京市场！闻言跳将起来，章铭陶不敢相信自己的耳朵，难以把干热河谷与蔬菜外销画上等号。不久后重返横断山，一头扎进元谋县，直奔水利局老局长家，细问端详。

退了休的老局长笑呵呵：不错，正是当年的水利方案！不错，元谋全县已实现水利化。老局长感叹说：当年老县委书记拿这方案当宝贝，受冲击，遭批斗，兜里还揣着它呢！所以啊，“文革”后期刚一“解放”，恢复工作第一件事，就是兴修水利。请跟我来——老局长陪同章铭陶来到县城中心十字路口，指点一幅彩色图画，请看——

章铭陶不禁热泪盈眶：当年绘制的水利规划图，已被油漆彩绘在墙面！本意无疑是为激励元谋人民艰苦创业，但对科学工作者来说，何尝不是同样的激励和鼓舞呢！

网上搜索“元谋蔬菜”：海拔1350米以下，金沙江流域典型干热河谷地带占全县总面积40%，干旱少雨，年均气温21.9℃，四季不分明，全年基本无霜，如同天然温室。元谋现以蔬菜产业为本县支柱产业，农民的“钱袋子”，中国南方重要的蔬菜集散地，以其绿色和有机招牌，供应国内市场之外，远销欧美和日本。

受益的不仅是当地，当年的水利工程居然能够惠及今天的西藏，这一点谁又能想到呢！这个信息是从西藏农科院听来的，院长尼玛扎西博士是青稞专家，重要工作之一是培育良种。他讲到本院的良种基地为什么会选在元谋，就因干热河谷中粮食作物一年三熟，春季播种的青稞成熟后，可以在拉萨河谷再种一茬；良种从培育到推广通常需要十年时间，有了元谋基地，可以节省一半时间！

当我把这个好消息转告章先生的时候，没见到预想中的激动，他的表情好像更接近难以置信。

为地方服务也是考察计划制订者孙鸿烈一以贯之的指导思想，之所以相较此前此后历次考察活动更显突出，正因该地区情况特殊，表现在横断山区接近内陆较发达地区，人口相对稠密，相比开发程度较低的西藏自治区，已属半开发状态，因之解决环境生态问题、资源的合理开发问题更其迫切：森林过伐、草场过牧、河谷干旱沙化、水土流失、泥石流灾害较为严重等等。尤为重要的是，这儿还是长江上游金沙江流经的地方，生态环境状况直接影响到中下游广大地区，事关全局。所以预察之后，决策者们就议定了诸项专题要求：为时 5 年的横断山考察，要在大量获取这一地区宝贵的地质学、地理学、生物学等资料基础上，论证这一地区自然地理和生物区系形成演化过程的同时，着重进行与横断山区人民生产和生活密切相关的五个方面的综合专题：农业自然资源评价与综合制图的研究，地方能源综合评价与开发利用的研究，畜牧业战略布局研究，亚高山暗针叶林采伐更新研究，干旱河谷环境条件与农业资源的评价及开发利用问题研究。

更何况从考察队主持者李文华、章铭陶、韩裕丰、谭福安的专业组成看来，突出生产应用研究这一主题也是题中应有之义。

230 人组成的横断山考察队伍，除地质、地球物理、地球化学等专业为基础学科研究之外，从事应用研究者阵容庞大，分组细致：林业、动物、鱼类、植物、土壤、农业、畜牧、水利、沼泽、地热、泥石流，等等。各有选点，各自为战，在某地往往一待就是三年。他们中的许多人自横断山开始，大都走向与环境、与资源开发有关的研究和实践，尤其在西藏。所以到后来，可以不必再具体称他们为这个“家”那个“家”了，统称为区域开发专家没错。韩裕丰就是其中的一个。他担任组长的林业组，三年间不仅观测记录，还要动手做试验。云杉和冷杉是原始植被的顶极群落，在脆弱的高原生态环境中，一经破坏难再恢复。专家们观察到，在原始森林阴湿的林下，云冷杉幼苗生长良好，而在采伐迹地，早先的云冷杉领地已被高山松取而代之。看来采伐后云冷杉不能自然更新，只能人工培育。所以三年时间里，致力于人工育苗越冬实验，称得上是“攻关”项目，其中冷杉育苗取得突破性进展——成功秘诀是模仿森林生境，采取遮荫和保温措施。不过推广起来有难度，麻烦：需要精心呵护，并要等到三年过后主干长成方可移栽于自然环境。

——许多年后，我在四川的炉霍、西藏的江达和芒康诸县苗圃里，看到了培育技术已臻成熟的云、冷杉幼苗。三年生幼苗去向，专供跨世纪的“天保”工程——金沙江天然林保护工程，封山育林。

一系列定位、半定位研究都与当地资源开发和农牧业生产相关联——佟伟的地热组在云南腾冲的热海热田进行的天然地震及地球化学的半定位观测，为热田开发和发展地热学研究积累资料；黄文秀的畜牧组在云南丽江进行坝区马的发展与最优畜种结构的研究；李明森所在的自然地理组在川西北从事干旱河谷生态研究；生物学家发现了一批具有开发利用价值的植物微生物；水资源组提出洱海流域综合治理的跨流域调水方案被付诸实施；泥石流组为防治泥石流山地灾害提交的方案亦被当地采纳；对于森林合理采伐更新问题、干旱河谷与沼泽湿地生态及治理问题、湖泊水产资源利用及管理问题等等，都在大量的调查研究基础上提出了科学建议。

多学科、大规模的横断山考察史无前例，吸引了各方媒体连年跟踪报道，报道科学发现，也报道应用研究实例。各地政府注重科研成果转化也在情理之中，于是一个始料未及的局面出现：三年野外尚未结束，中科院成都分院领导就找上门来：队伍不要散，接着做。原来他们受大西南“四省区（川滇黔桂）五方（加重庆）经济协调会”委托，盛邀青藏队为这一区域联合、综合开发的大战略提供科技支持，也算是青藏科考的延伸。所以横断山考察后来方向有所转变，从事农、林、牧、水等专业人士继续奔波在横断山区更大范围，也更接“地气”，直接为各地生产建设、经济发展服务——原本打算出版一套二十几部的丛书没能完成，结果只出到 12 部；为“四省五方”后续任务出版的专著倒有 40 部，并于 1993 年荣获了国家自然科学二等奖。而这一次为地方综合开发做调研、做规划的实践经历，也为后来在西藏进行“一江两河”农业综合开发做规划积累了丰富经验，几年后应西藏自治区政府之邀，原班人马集体赴藏，去创造青藏队的最后辉煌。

40 部专著中并未包括一部图集：丽江纳西族自治县农业自然资源遥感和综合系列制图。章铭陶先生解释说，此为应丽江地方请求所完成的“次一级”工作，但同属发挥多学科优势，运用现代科技手段，为经济建设服务的一次成功尝试。参加考察和制图的共有地理、土壤、植物、遥感、地图等 8 个专业的科技人员，野外考察加上来自卫星图像的参照，共编制了地貌、植被、森林分布、土地利用现状和农业自然分区等 18 幅地图。这些地图不仅为当地制订农业区划和农业发展规划提供了科学依据，也为专家们认识横断山区自然条件的特点和规律提供了典型区域的基础资料。理所当然地，系列制图受到当地欢迎——是的，与西藏人民一样，横断山区各族人民也不会忘记。

峡谷是雅鲁藏布大拐弯峡谷；山是南迦巴瓦峰。谓之“最美”，本义指其真实存在的高颜值，名义来自《中国国家地理》2005年发起的“选美中国”活动，一无悬念，实至名归，双双荣列“最美峡谷”和“最美山峰”榜首。连带榜上有名的峡谷内外最美森林、最美瀑布群，好一似锦上添花，相互加分，以最优组合的集群效应，同构中国最美风景地。

一山一峡一世界，美誉度来自丰富度。全长2000多公里的雅鲁藏布江，与喜马拉雅山结伴平行，从容流贯藏南谷地，到达米林的派镇。在这东喜马拉雅尾闾处，海拔7782米的南迦巴瓦峰和海拔7294米的加拉白垒峰隔江对峙，俨若峡谷之门。当江水穿门而过，环绕南迦巴瓦一个大拐弯，飞流直下，刻画出地球表面地形转折最为剧烈的造型。孟加拉湾暖湿气团溯江而上，峡谷两侧氤氲其中，天造地设出一方锦山绣水——多样性，奇异美，诚为大自然赠予人世间的一份厚礼。

广义的雅鲁藏布大峡谷地区，包括藏东南林芝、米林、波密和墨脱四县，方圆2.5万平方公里。狭义大峡谷，特指腹地秘境——墨脱。青藏队于1973年首次造访之后，历经七八十年代地质、地貌、植物、动物、气象、水文等诸多学科的多番考察和科学论证，终于在1994年，经由新华社向世界公布了一项重大地理发现——雅鲁藏布大峡谷为世界第一大峡谷。

第 6 章　最美峡谷最美山

南迦巴瓦峰　张捷 / 摄影

江水在峡谷中蜿蜒激荡，一系列弯道中，此处为著名的马蹄形大拐弯　杜泽泉 / 摄影

配合南迦巴瓦登山活动，中科院组织科考队，于1982—1984年间，以南峰为中心，涉及周边米林、墨脱、波密、林芝等四县，进行大规模多学科综合考察。考察内容围绕五课题：

1. 喜马拉雅山的形成及地质历史。

2. 南峰地区动植物区系的形成、演变及迁徙规律。

3. 南峰地区气象气候规律。

4. 南峰地区自然地理特征与高原隆起的关系。

5. 南峰地区自然资源的保护和综合利用。

出版成果"南迦巴瓦峰登山科学考察丛书"包括《南迦巴瓦峰地区地质》《南迦巴瓦峰地区自然地理和自然资源》《南迦巴瓦峰地区生物》《南迦巴瓦峰地区昆虫》《南迦巴瓦峰地区登山综合科学考察》。这套丛书同时也是整个"青藏高原科学考察丛书"的一部分。

南迦巴瓦登山科考

江水激流环绕的南迦巴瓦峰，雄峙于东喜马拉雅群峰之巅，若论其高，固然屈居于海拔8000米以上14座高峰之后，位列山族第二梯队，但若论其美，你很难找出“无与伦比”之外的词汇表达：它兼具奇伟与秀丽，阳刚与阴柔，特别的地理位置使它有别于喜马拉雅群山中的任何一座。天气晴好的时候，棱角分明的三角体峰顶直插苍穹，银光闪闪；当气流袭来，云海漫卷，云瀑浩荡，上有旗云轻移，之下层云缠绕，沟谷气流则蒸腾而起，缥缈犹似仙境一般。当地百姓相传，20世纪初曾有一些外国探险家来到这里，希望一睹真容，拍下一组照片什么的，但整整等待一个月，南峰始终为云雾掩蔽，只好望山兴叹，抱憾而归。

那一定是在望山不见的夏季了。就大峡谷地区物候而言，虽有四季变化，但明显表现为干湿或旱雨两季，干季只在每年3—5月和9—11月俩时段，为观光最佳季节，其余时间多为雨季，雨季的峡谷通常大雨如注，周遭群山满布雨云。欲睹南峰真面目，当选干爽季节进行，此为探险、旅游、登山者须知。

说到登山，直到进入1980年，当全世界14座8000米以上高峰皆被“征服”，南迦巴瓦仍为未登峰，令登山健儿们跃跃欲试。沿袭登山科考新传统，为配合国家登山队和西藏登山队攀登南迦巴瓦，中科院再次组建科考队，分属地学、生物学、大气物理学等26个专业的队员来自24家单位，另有从事科教电影和新闻摄影的人员随行。实为1973—1980年西藏科考的延伸，上一期参与者又成为本次考察的领导和业务骨干；由于比青藏队横断山综合考察晚了一年，其中某些专业例如气象气候大气物理的专家们，横断山考察和南峰考察两下里兼顾，说明共性之多，以至于后来进行青藏高原动植物区系划分时，横断山—东喜马拉雅可以合并，同为次一级的独立单元。队长刘东生拟定了课题，组建了队伍，但南迦巴瓦之于他，已不比当年的希夏邦马和珠穆朗玛，可以亲临现场、一线始终了。作为改革开放后首批当选的院士之一，此时刘先生身居中国地学界要职，多重身份计有：中国第四纪研究委员会主任，兼任全新世专业委员会主任及黄土专业委员会主任，同时兼任中国科学技术馆首任馆长；参与组建中科院环境科学委员会并出任副主任；中国科协书记处书记，主管国际部。与国际组织有关的职务计有：国际大地测量与地球物理学联合会（IUGG）中国国家委员会秘书长，国际岩石圈中国委员会主席，IGCP中国国家委员会委员，PAGES工作组长，INGUA副主席，且是中国第一位在该机构执委会任职的科学家……

罗列这么多“头衔”，一为说明中国科学界的全线复苏繁荣，二为说明在大师级人物指导下，南峰科考如何不上新台阶。刘先生选中杨逸畴、高登义担任南峰科考队副队长，可谓百里挑一，再合适不过：若论对南峰—大峡谷地区熟悉程度，没有几人比得过地理学家杨逸畴；而这一地区之所以独特，全赖一条水汽通道，大气动力学的参与显得格外重要，曾任1975 珠峰登山科考气象组组长的高登义成为当然首选。青藏队老队员还有李渤生，此前一年已参加横断山综合考察，也被调整过来担任生物组组长，将要率队进行的大峡谷腹地越冬考察非他莫属。当年跟着导师李吉均在藏南枪勇冰川等地实习的学子，现在已成骨干队员的张文敬，则一力承担了南峰冰川考察任务——当时他工作在兰州的冰川所，后来调至成都的山地所，2006 年我去米林采访，途中偶遇，他还在跟踪观察包括南峰在内的藏东南季风型海洋性冰川呢！

三年野外，一年室内，多年研究，若问南峰科考取得了哪些成果，一套“南迦巴瓦峰登山科学考察丛书”（科学出版社，1993）是交出的答卷。丛书包括南迦巴瓦峰地区地质、自然地理和自然资源、生物、昆虫及登山综合科学考察等分册 5 部。其中大开本图文册《南迦巴瓦峰地区登山综合科学考察》，介于学术、艺术、科普之间，三位正副队长以《喜马拉雅东端科学考察的新成就》为题作了概述，各专业集中推出一批相当可观的发现。

真正面向专业之外读者受众的，是后续由杨逸畴主编的画册《神奇的雅鲁藏布江大峡谷》（海燕出版社，1997），亲历者们撰稿时尽量以通俗文字从容道来，过程与结果，现象与原理，配以彩图展示，从方方面面揭示了神奇何在，可视为满足世人猎奇大峡谷的百科全书，归纳要点如下：

神奇的构造结：说到喜马拉雅，不由自主想要冠以“雄伟”二字——雄伟的喜马拉雅山，高峻而绵长，2500 多公里长距离，筑就大高原南缘屏障。向南，它俯瞰海拔几百米的印度平原；向北，则统领着高原面上的万水千山。仿佛就为对应，在它的东西两个端点，各有一地结：藏东南的东喜马拉雅构造结、巴基斯坦境内的西喜马拉雅构造结，像极了两个地楔，锁定并分别支撑起两大高峰——南迦巴瓦峰海拔 7782 米，南迦帕尔巴特峰海拔 8125 米，连名字都像兄弟，是不是很神奇？各有一水绕山而行，南下而去，东南行的是雅鲁藏布江，上源名叫“当却藏布”马泉河，流出境外改称布拉马普特拉河；西南行的是印度河的上源狮泉河，先是西北流向巴基斯坦北部巴尔蒂斯坦（小西藏）过程中，当地人仍以藏语称它“森格藏布”狮泉河，绕过南迦帕尔巴特峰才称印度河。两大江河虽然各自源于喜马拉雅和冈底斯两大山系，相隔却不远，直线距离不过百余公里，但当它们以相反方向流过几千公里，各自流向孟加拉湾和阿拉伯海，最终归宿却同为印度洋，是不是很神奇？

神奇的时空经历：强烈的构造运动和区域变质，导致南迦巴瓦峰体较深程度的混合岩化，形成变质岩系。地质学家通过铷锶等时线法测定了岩体的绝对年龄值为7.49亿年，相当于寒武纪到来之前的新元古代中期，与古老的印度地台年龄相仿，在整个喜马拉雅中国一侧数它最古老，显见本为陆地，系印度地台突出的北延部分；显见曾为地台然而早已改变了面貌，不仅高度有变化，历经新构造运动，岩石变了质，火成的岩浆岩少见，水成的沉积岩尤其少见，从而解释了本次考察何以各学科皆大欢喜，独有古生物学家空手而归的原因所在：南京古生物所研究员夏凤生，跟着地理组转战大峡谷南北，白白吃了许多苦，饱受过蚂蟥、蚊虫和泥石流袭扰，眼热地旁观别人大丰收，自己却连一块古生物化石也没找见。想当年，古生物所前辈文世宣、章炳高等人在珠穆朗玛科考中硕果累累，一举发现完好的奥陶纪、志留纪、泥盆纪古生代地层和古生物化石，以及广泛分布的海相中生代和新生代地层，同属喜马拉雅，此峰彼峰间，差别何以如此之大？

古地磁测量表明，中生代白垩纪的南峰所在位置，相当于现在北纬13° 左右的地方，而今却在29°37′处，北移超过16个纬度带，将近两千公里呢！这还不包括白垩纪时空之前的南半球旅程。赶了那么远的路，携带了那么多沿途信息，从而解释了大峡谷腹地从大型植物到微小生物，那么多的现生物种“活化石”，原籍何以在热带，或在遥远的非洲大陆。

神奇的生物世界：大峡谷集中了高等植物3000余种，约占西藏高等植物种数的2/3，从世界分布最北的热带雨林到山地亚热带常绿、半常绿阔叶林，从亚高山寒温性常绿针叶林到雪线以上冰缘植物带，是植被类型的天然博物馆，构成世界山地最完整的自然垂直带谱；大型真菌400余种，约占西藏大型真菌种数的80%，我国大型真菌种数的60%，谓之曰真菌的天然“菌种库”；鸟类记录到16目，46科，232种，占西藏鸟类种数的49%，全国鸟类种数的1/5；两栖动物20种，爬行动物25种，新种两个即网纹扁手蛙、平鳞树蜥；国内新记录一个，南峰锦蛇；西藏新记录一个，眼镜王蛇。采集到25万号昆虫标本中，分属19目197科1170属，近2000种，其中昆虫有8个新属，145个新种，另有蜱螨目1科4属5种。目一级的，是在墨脱发现的缺翅目昆虫，罕见稀有。

神奇的水汽通道：多样性，丰富度，皆拜大峡谷复杂的地形地貌和优越的水热条件所赐，否则历经第四纪冰期一轮轮酷寒来袭，古热带物种何以存活下来。相关论证工作由大气物理学家来做，1983年，高登义在大峡谷地区施放过数以百计的探空气球，从3000米、5000米到7000米，气球上的无线电波传回了每一层面的数据。定量化研究证实，大峡谷河谷这条水汽通道，是青藏高原最大的水汽通道；虽然高原南侧多有山口，利于南来水汽通过，但所有通道输送的水汽热量相加之总和，尚不足大峡谷通道的1/5。印度洋暖湿气团经

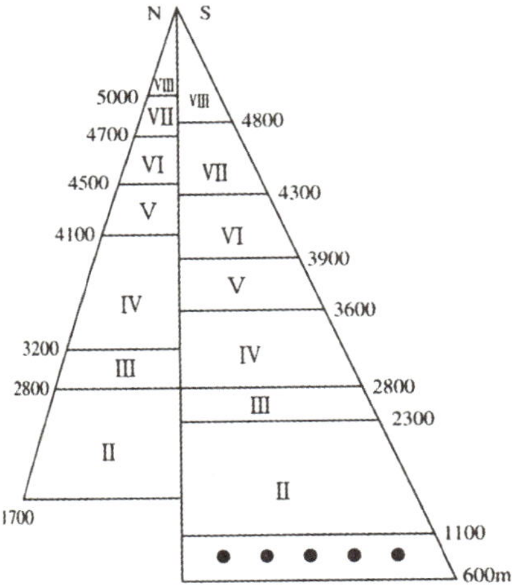

●●● 河谷准热带季风雨林带
II 山地亚热带常绿阔叶林带
III 山地准亚热带常绿阔叶林带
IV 山地暖温带针阔叶混交林带
V 山地寒温带暗针叶林带
VI 亚高山寒带灌丛草甸带
VII 高山寒带草甸带
VIII 高山冰雪带

南迦巴瓦峰垂直自然带 彭补拙／制图

由大峡谷，犹如“湿舌”伸向高原，使雅江谷地成为高原面上最为温暖湿润地区的同时，大峡谷率先获益——热带随气流向北挺进，一举突破纬度防线千里之遥。同时发现的还有，这条水汽通道对高原降水量和雨季起始时间所具有的重要影响。

……

神奇不限于自然风光和科学领域，神奇还体现于这一带宗教文化历史传统和生存外貌也有别于高原面上的藏民族。大峡谷腹地从前的聚居人群以珞巴族和门巴族为主，国际藏学界通常将其乡土文化界定为“喜马拉雅文化”，以区别于藏学。即使历史上的拉萨人也不免感到隔膜，对于这一地区的态度在后人看来真是扑朔迷离：一方面把它看作未经教化的荒蛮之地、潮湿不洁的瘴疠之地、发配犯人的流放之地，另一方面，经书上记载的、民间传闻的，是那里的圣地白玛岗。白玛岗本身即是殊胜圣地，更何况那儿藏有打开通往极乐世界神门的金钥匙。于是从前几百年里，一拨拨虔诚信徒抛家舍业，

大峡谷终日笼罩在云海气团中，恰是青藏高原最大水汽通道的形象演示 杜泽泉／摄影

扶老携幼，从四面八方赶来，翻过积雪的山峰，沿着险峭的山道，穿过旱蚂蟥、毒蛇和毒蜂盘踞的险恶之境，一走好些天。湿热环境和劳累困顿让许多人沿途倒毙，幸存者到达神山神湖环绕的白玛岗安顿下来。现今大峡谷地区的藏族人、门巴族人，多为历史上朝圣者的后裔，久而久之人口反而超过了原住民珞巴族。

墨脱，是“花儿”之意，白玛岗，是“莲花山”。

说到民间传说，不妨约略提及有关这一地区的社会人文考察活动，以示社会科学与自然科学的研究并驾齐驱。最早进入墨脱县的文化学者，可能是中央民族学院佟锦华教授，他于1950年代中期进行过语言学调查；后有新闻工作者和社会学工作者陆续进入，1973年，新闻记者李佳俊综合报道了墨脱县的古往今来；1976年，中国社科院民族研究所在此进行了规范的社会调查，出版有《珞巴族社会历史调查》。进入80年代又掀起一轮文化考察热，50年代初即工作在墨脱的冀文正先生整理出一批民俗和民间传说作品；1982年，承担文化部下达的西藏歌谣、谚语、民间故事“三套集成”任务，西藏文联的民俗学家廖东凡和次丹多吉深入墨脱境内，沿村访问，记录了门巴和珞巴各自的历史、传说、农俗、猎俗和民间故事。西藏民族学院文化学者于乃昌教授，从1979年到1993年间，先后6次前往大峡谷地区的米林县，其中1986年进入峡谷腹地墨脱县，写下有关门巴族和珞巴族文化、文学史等专著达10余部之多。涉及珞巴族民间信仰，是以万物有灵的灵魂崇拜和巫术活动为主要特征，例如人死后的灵魂走向，与其他民族和宗教正好相反：作恶之人和非正常死亡者的灵魂升天，而一生行善者的灵魂才有资格入地，这是基于珞巴以大地为母亲的观念——灵魂入地，意味着永生在大地母亲安全又温暖的怀抱。

文化是环境的产物，而文化又共同参与了地理环境，所以奇异大峡谷中的人类生活和文化现象就成为奇异中的最奇异。在“选美中国”中之所以入选诸多“最美”，自然风光的叠加效应之外，人类生活、奇风异俗算得上潜在的加分因素。譬如在这里，传统的巫师职业不仅不含贬义，其实可视为本土文化载体。2006年，当我前往南峰脚下的米林县南伊珞巴民族乡琼林村，采访博嘎尔部落最后一位巫师亚崩老人时，是怀着猎奇心理的。问及珞巴人创世传说，老人一开口，便是一部宏大叙事的开场白：“最初世界上一无所有，直到天空和大地结了婚。”然后再讲，由于天空和大地结了婚，世界生动起来，并且生下了人、虎、猴三兄弟，由于秉性不同，所以各奔了前程。山林民族的创世神话和传说故事，无不充满了自然崇拜及万物有灵的特质。亚崩老人的女儿亚依，是西藏歌舞团编导，写诗作文都很出色，她记录的一则珞巴传说，讲述了人与老虎的亲戚关系：从前有猎人两兄弟，对他们所捕获的猎物，弟弟吃熟肉，哥哥吃生肉。结果哥哥就变成了永远吃生肉的老虎“阿崩”，永远归隐森

1982年的墨脱珞巴村落民居　杜泽泉/摄影

林，分手时两兄弟盟了誓，“互不侵犯”。传说之后跟着一个民间故事：德根部落的一位妇女，在林中遇见阿崩。珞巴女人心中害怕，哆哆嗦嗦向躺在地上的阿崩问好。看到阿崩缓缓站起身来，女人瘫倒在地，以手掩面，以为必死无疑。但老虎环绕女人走了一圈又一圈，发出的声音疑似乞求，还把前爪伸向她。女人壮着胆子偷望了一眼，发现阿崩的前爪被猎人的暗器扎穿了。明白了阿崩的意思，帮它拔掉了暗器。阿崩向她绕行两周然后离去。

故事接下来说，那位珞巴妇女夜行森林迷了路，又累又饿又恐惧。忽然闻到一股浓烈的大蒜味，心知阿崩就在不远处。循着气味走去，果见一只无头獐子。那女人在林中空地燃起篝火，享用了阿崩奉送的礼物——按照珞巴猎人习俗，猎物的脑袋是祭祀之物，人们无权享用，看来阿崩还没忘记从前当猎人时的规矩。

“当代徐霞客”情之所系

距离首次访问大峡谷，间隔8年，我们又来啦！地理学家杨逸畴心潮澎湃，这一次重归与前不同，不仅是身为第一副队长、实际总领队的身份变化，而且这期间从源头开始，已经走过雅鲁藏布江上游、中游全程，回头再看下游大拐弯，重新打量中一样又不一样。得以宏观描述高山峡谷大地貌，亲切又豪迈：垂直地貌、成层地貌、山体河谷地貌、古今冰川地貌，地貌发育过程及其对自然环境的影响……

大峡谷以动态的形象迎接这群科学探险家。1950年那次特大地震引发的动荡早已沉寂，1973年第一次造访中所见陷落成盆地沼泽的村庄遗址、遗址上再生的树木杂草，10年里继续生长越发茂密，抹去了人类生活痕迹，回归了自然荒莽。这期间虽无大震巨灾发生，但地表以上的运动从未止息。此次南迦巴瓦登山科考，杨逸畴在海拔5000米营地、在随登山队员向主峰挺进途中，一连两天目击过两场声势浩大的雪崩场面，既壮观又恐怖；继而又在大峡谷顶部的帕隆天险，亲历一场特大泥石流。

大峡谷地区冰川密布。活跃的海洋性冰川每年运动可达数百米，冰崩、雪崩频繁，雨季形成洪水猛兽般的冰川泥石流。念青唐古拉山南麓有一条我国最长的恰青冰川，33公里。川藏公路通过波密通麦、帕隆这一带，几乎每年遭受冰川泥石流袭击，交通一断数月。1983年7月间，自然地理组来到帕隆藏布江畔。二十来户人家的排龙村坐落在距江面高出20米的阶地上，考察队则在全村最高一处房子宿营。凌晨2时，沉睡的人们被大地剧烈的抖动、似远又近的轰响惊醒，还以为是地震呢，遂

大峡谷，杨逸畴　杜泽泉 / 摄影

考察冰川泥石流遗迹　杜泽泉 / 摄影

一跃而起，冲向屋外。只听得整个村庄像开了锅，大人叫，小孩哭，群狗哀嚎。七八只电筒的光束集中射向声源方向，隐约可见江面公路桥正在拱曲变形，桥栏、大树、巨石缓缓移动，江边房屋漂流而去像船一样。方才明白哪里是地震，分明是泥石流暴发啦！赶紧回屋收拾仪器笔记本之类要紧物件，冒着大雨，随全村老少向后山高处仓皇撤离。

杨逸畴走在后面，边走边等南京大学、南京地质古生物所的两位队员。叫人又急又气的是，这二人有轻敌思想，说，泥石流有啥呢，一副从容不迫的样子。眼看泥石流漫上高地路面，还未见踪影，心急火燎返回寻找，见他们刚刚收拾停当。正待离开，才发现糟了糕：房门被封打不开了，再去推窗，眼看泥石流涌至窗台。这一来南京人慌了神儿，三人奋力从后窗跳出，落在路下方一座房顶上。双腿陷入泥浆，险些拔不出来。一口气跑到山上，大雨仍在肆虐，逃难者一无遮雨御寒之物，直冷得牙齿咯咯作响。凄风苦雨中，泥石流伴着沉闷轰响滚滚而去，犹如一部灾难片，为考察者提供直观感受——

天蒙蒙亮时，帕隆藏布一带浓雾弥漫，排龙村狼藉一片。大桥和公路不复存在，公路边道班房昨晚停放的拖拉机推土机被冲走了。川藏公路这一段已堵塞了长长的车队，数一数，87 辆。被困的行路人在山坡上搭起帐篷准备持久战。然而这天下午，泥石流再度来袭，杨逸畴一行亲见那 87 辆汽车被一一推裹而去，就像玩具车那样。幸好人已上山，无恙。

科考队因而临时增加一项考察内容：去念青唐古拉源头处追溯此次泥石流暴发原因。杨逸畴请来当地民工带路上山，原因找到了：冰川末端的冰湖溃决所致。这座冰川湖本不存在，是由冰川流推来冰碛大石形成自然堤坝，冰川融水持续注入，形成湖泊的速度够快。再去查阅易贡气象站资料，发现近几天连续超常高温，高温天气使冰川融化加速，来不及细水长流，比房子还大的冰块接连脱落，其势汹涌，终于冲决湖坝，扫荡河谷。观察结果，印证了施雅风团队 20 年前的泥石流成因结论。

徐霞客曾有言：问奇于名山大川。杨逸畴正好与徐霞客同乡，正好从事自然地理地貌专业，与山川为伍，比起前辈探险家走得更高也更远。“当代徐霞客”美名来自家乡的报刊，乡人以这位世界第一大峡谷的主要论证者为荣耀。自从 1960 年前后参与南水北调西线考察，就与青藏高原结下不解之缘。作为青藏队主力队员，西藏大部地区走遍；作为当年南京大学篮球校队主力队员，江苏省排球队主攻手，身体素质应当超棒，但是可惜了，1980 年青藏高原科学讨论会后，他在陪同外国科学家进藏考察时第一次休克昏倒，往后每上高海拔，格外当心仍防不胜防。几次险情发生过后，无奈于 1987 年一别高原数年，转而研究塔里木盆地，先后六次深入塔克拉玛干沙漠腹地，那是与高原野外有别的另一份艰苦，何尝不是为青藏事业换个方式的继续努力：正因青藏高原隆升了，塔里木盆地才下降了，干旱了，一部大沙漠形成史，堪与青藏研究互为参照，属于遥相关；更何况他曾长期关注雅鲁藏布河谷沙化问题。但半生都已交付，如何割舍得下，所以重返西藏，再进大峡谷——“否则死不瞑目”。

这些情况这句话记录在我的采访本上。1998 年 3 月间一访再访，三次请教，主题围绕大峡谷。到底是地理学家，宏观描述中留下深刻印象的，既有喜马拉雅东西两端的构造结，也有站在曲水大桥上，“一脚踏在冈瓦纳古陆，一脚踏在劳亚古陆”。扩展的内容也有，例如南水北调西线考察，“那是一项共产主义工程”，意在论证长江上源之水——金沙江、大渡河、雅砻江补充西北黄河的可行性。那一次从川西到藏东，三年考察的最后阶段是在虎跳峡，自认解开了一个科学疑团：金沙江是一条构造河而非曾被袭夺过。

1973 年初探雅鲁藏布大峡谷之前，有关这条大江与金沙江一样，也存在着“袭夺”一说：前辈科学家从地图上注意到沿江支流反常的直角式注入，设想地质历史上雅鲁藏布或曾有过由东往西的流向，后于大拐弯处遭溯源侵蚀“抢”了水，方才由西往东反向流淌，形成现今水系格局。然而终因未得亲临现场而成悬念，峡谷成因就成为地貌学家首先需要解答的问题。第一年实地考察，就给出了答案：并非河流袭夺所致，而是沿地质构造断裂带自然发育的先成河谷。杨逸畴认为证据就摆在那儿：峡谷中广泛分布着高出现在水面五六百米的平台阶地，在某些大支流河口段的分水山梁尤为显著，那是在地质运动相对平稳时期形成的古河谷，较今宽阔许多倍；现在的河流呈现深切嵌入曲流形式，大致为地质第四纪更新世中期，随山体迅速上升而沿着断裂线强烈下切的结果。另有晚近时期形成的河谷，高出现在水面百余米，阶地之下的河谷更为深邃，多呈陡峭峰谷状，支沟悬谷及瀑布增多，表明中更新世后新构造运动的剧烈隆升及间歇：隆升使河流下切，间歇造就阶地。

当年采访时，杨逸畴先生已是六次往返大峡谷。之所以每次都以不同路线进入，无论有路无路，就为多看看。六进大峡谷路线计有：

之一，米林派镇—翻多雄拉山口—拿格—汗密—背崩。

之二，米林派镇—格嘎—加拉—白马狗熊—加热萨—墨脱。

之三，波密帕隆—沿帕隆藏布下行—扎曲过溜索—八玉—加热萨。

之四，波密古乡—过帕隆藏布—翻随拉山口—八玉—加热萨。

之五，波密县城—翻嘎隆拉山口—过溜索—达木—墨脱。

之六，波密—达兴—过金珠拉山口—格当—墨脱。

每每沿马蹄形大拐弯的峭壁或密林行进，每每近千里行程，却仍有 90 多公里未能走通：直上直下的峭壁实在无路可行，古往今来就连当地人也没走过。这成为杨先生心事一桩，何尝不是一大诱惑：未来谁将是徒步走完大峡谷全程的世界第一人？

水文专家关志华、地理学家杨逸畴、植物学家李渤生、冰川学家张文敬与测绘专家一致确认了大峡谷入口处位置，并决定在此设立基准点的那一刻 杜泽泉/摄影

1998年重返大峡谷的关志华（右）与测绘人员正在对大峡谷进精密测量 杜泽泉/摄影

1998年4月间，“首次徒步穿越世界第一大峡谷”部分勇士途中会师

刘东生院士与世界第一大峡谷发现论证者杨逸畴、高登义、李生合影 李渤生/供图

十几年心事终于了结。1998年3月31日，由高登义、杨逸畴、关志华、李渤生率领的科学探险队，以“首次徒步穿越世界第一大峡谷”为目标，中国雅鲁藏布江大峡谷科学探险考察（预察）出发仪式在北京举行。这一壮举完成了对于从前未能走通的核心河段的全程考察，不过并非由哪一个人完成，是两个小分队相向走通，是由中国人集体徒步穿越的。虽然“虹霞瀑布”已成历史，由于地震它变而为一处小跌水，然而正是在此次徒步穿越中，他们在大江主干上新发现了四处大型瀑布群。每一瀑布群都由一条主体大瀑布和多级小瀑布、大跌水组成，其势巍然，堪称世界奇观——藏布巴东瀑布群，在《中国国家地理》“选美中国”之“中国最美六大瀑布”中，名列前茅。

参与首次徒步穿越大峡谷活动，西藏体委选派了四位世界级登山家随行——他们可都是登上过珠峰的英雄啊！不过就连英雄们也觉得大峡谷的日子更艰苦。我有幸在拉萨见证了科学探险队的荣归，62 岁的杨逸畴风尘仆仆，笑容满面，特地请来最年轻的登山家接受采访谈体会。丹真多吉就说了，自己攀登过好几座 8000 米以上雪峰，却还从来没有体验过像大峡谷之行这样的苦和累呢！想来登顶更单纯些，一鼓作气拼的是爆发力，若论凭耐力长时间消耗，实在比不过科学家。

那么多年来对于大峡谷地区考察的艰苦经历和频频发现，令那么多钟情于大峡谷的科学家们魂牵梦萦回味不已，唯有一个重大发现近在咫尺唾手可得而浑然不觉——论证并正式公布大峡谷为世界第一大峡谷的地理发现。此前虽有大峡谷的考察者关志华、章铭陶等人分别在专著中、在画册里把它称之为“世界第一”，但任谁也没起意走一个程序，正式论证并报国家认可。这一问题长期被忽略，与只知埋头业务的传统和观念有关。直到 1994 年初，杨逸畴、李渤生、高登义同赴台湾参加一个学术研讨会，有台湾同行通报美国人正在准备论证雅鲁藏布大峡谷为世界第一大峡谷的信息，杨逸畴等人方才大悟，返京后第一要事，是把所有原始记录一股脑儿找来，埋头演算，据称“一个月后才从资料堆中抬起头来”。经刘东生院士审核确认，1994 年，经由中国官方通讯社新华社，向全世界公布了中国人在 20 世纪末的这一重大地理发现——确认雅鲁藏布大峡谷为世界第一大峡谷。

大峡谷旅游探险热的第一缕风就这样乍起于青萍之末，民间探险家组织的“雅漂”也在同一年进行。为大峡谷代言，杨逸畴著书立说出版画册，说：“不看看雅鲁藏布大峡谷，就不能说是真正看到过人世间最壮丽的山河！”展望并断言：21 世纪，必将开启雅鲁藏布大峡谷的新时代！

水汽通道上的南来物种

1982年沿南迦巴瓦东坡北麓一带考察，接连不断的发现令人振奋不已，次年将要挺进大峡谷腹地，怎不叫人加了倍的心驰神往。菌类学家卯晓岚这一年就在峡谷边缘处采集到大型真菌——俗称蘑菇近800号，不等返回就已经盼着再来啦！可是回京后例行体检，竟被查出转氨酶过高，所在单位中科院微生物所领导态度相当坚决：不得再出野外，另派两人替换你！这一下卯先生傻了，思来想去的结果，一不做二不休，索性在家除了吃饭就是睡觉，一个月后去复查——

"那可真是个严峻时刻，就像等待法庭宣判。"去医院取复查结果那天，卯晓岚说他紧张得透不过气来，取来化验单攥在手上，不敢看，一口气跑到公交车站，好一阵踌躇徘徊，方才横下心来一下子打开：正常！大喜过望，左顾右盼，只见大街上人来车往——多年后说起当时情形，还很激动。我问卯先生，左顾右盼做什么，回答是，他当时就想握住随便哪个人的手，连声说谢谢。

有了这样的开头，往下的访谈充满喜气。第二年如愿成行，虽说蚂蟥如期而至，好在这一回有了充分准备，用各种装备把自己包裹得严严实实。为什么这样说，事出有因，"生物组被小生物惊吓"的笑料就发生在上一年。生物组8位成员，全都是第一次接触大峡谷，哪里知道海拔2400米至1800米处有"埋伏"。有一天在嘎隆拉地方，事先未得到提醒，误入蚂蟥领地，随即——那情形可想而知，伴随着大呼小叫，这群专业的捕蛇人、捉虫子的和采蘑菇的人，不知恐惧为何物的人，居然魂飞魄散，夺路而逃，一口气冲过"雷区"，第一件事就是各自清理，然后互相清理，再然后一起跑到江边，洗，据说江水颜色瞬间变红，听来有夸大其词的嫌疑。

同类型笑话还发生在一位同事身上。青藏队考察大峡谷那年，有位菌类专家采集的食用蘑菇里，不知怎的混进了有毒的，结果有人中了招，幸好无大碍，只是连累专家丢了面子。所以野炊时卯晓岚格外小心，亲手采摘，亲自把关，时常提醒大家：造物主既公正又神秘，每创造出一种美味诱人的食用菌，往往会"孪生"出有毒的另一种。就像同在针叶林下的羊肚菌和鹿花菌，看起来形色相似，味道同样鲜美，但是误食了鹿花菌，有可能引发溶血性中毒。

大峡谷上下无论草地林间，形形色色的菌类无所不在，卯晓岚考察大型真菌走过全国那么多地方，从未见过种类如此丰饶，产出量如此之高。中国名菜"猴头燕窝"的猴头菌、稀有珍菌绣球菌，每一个体直径动辄三四十厘米！羊肚菌西欧人喜食，松口蘑日本人最爱，散发着水果香气的橘黄色鸡油菌，无论中外，地球人都知道它好吃；就连河谷草地上的粪生菌类也化腐朽为神奇，四孢蘑菇、红鳞蘑菇都是上好野味。这类菌物被卯先生美其名曰“跟随牲畜环游的真菌”，实指着生于牛羊马粪上的菌类，它们分解粪便中的纤维素，吸收有机物而快速生长，依据所在海拔高度和温湿度，种类和面貌不同，分为可食用的，不宜食用的。包括个体微小的膜鬼伞、粪鬼伞，含水量可达 90%，生长期之短，只在一个夜晚，每当太阳升起即水化，真正的暮生朝死。然而同在“鬼伞”名下的毛头鬼伞、小孢毛鬼伞，同是林间草地常见的粪生真菌，个体巨大，味道鲜美，已可人工培养，上了餐桌。

令卯晓岚遗憾长存的是应该发现块菌而未能发现。块菌是学名，通用名叫“松露”。在欧洲，黑孢块菌价格几与黄金等值，甚至被称作“黑钻”和“餐桌之王”，因为它所含微量元素氨基酸之类营养价值极高，也因为它不接受人工培养，而且生长于地表之下极其难寻，西方人训练猪和狗，靠灵敏嗅觉做松露猎手。川西和云南已有块菌发现，当地人叫它“猪拱菌”，从来就让它充当优良猪饲料，后来才知可以出口创汇。理论上我国西南地区应有一条块菌分布线，理论上应在大峡谷地区有所发现。为此卯晓岚一直抱怨自己的工作还不够深入细致。客观说来，也存在一个运气问题。

就这，已是满载而归：采集大型真菌标本 1600 多号，计 500 余种，加上前人考察的 600 多种，仅科与属来说，足足占去全国种数总量半数以上，其中属于国家新记录的 100 多种，属于西藏新发现的 200 多种。

满载而归的形象，还表现在卯晓岚扛回了一把漂亮“小伞”——是多年生的红缘多孔菌，表面褐红，背面有如木质，且如树木年轮那样一年一圈生长线。这把小伞的年龄接近而立之年。它生长在杉树上，近旁有杜鹃灌丛，一根杜鹃枝条不知在哪一年穿透了它，招摇于扇面，生叶开花，两个本不相干的生命体就这样共生共荣。卯晓岚觉得可爱，一并采集，其实也难以分开，是扛着杜鹃枝上的大蘑菇踏上归程，继而成为办公室装饰的。

多年生菌类还有灵芝。藏东南分布广泛的树舌灵芝，长寿到 70 高龄。

橙盖伞

紫薇红菇

鸡油菌

猴头菌　本组图片由卯晓岚提供

南迦巴瓦登山科考进行时，板块理论已成新经典，所以面对一些反常物种的出现不再困惑，“它们是乘坐印度板块大船来的！”卯晓岚如是说。在大拐弯上部，南峰以东地区，见有发光簇生小管菌，顾名思义，夜间可见荧荧之光。这一菌种现生于非洲马达加斯加和东南亚热带地区。翻过宿瓦拉山进入加热萨途中，歇脚在海拔近4000米的山坡，残雪斑斑。卯晓岚就地躺下小憩时，见身旁一丛小灌木，定睛看来竟是伏柳枝！不由不感叹植物的顽强：曾为乔木高大挺拔，迎风起舞，随着山势升高，气候恶化，为生存计，算是把身段降低到尘埃里，就只有3厘米身高啦！这样想着，情不自禁又多看了一眼，这一看非同小可，登时跳起来了，叫起来了。

队友们围拢过来，被他上了一课——

这是牛肝菌，这是鹅膏菌，它们与柳树根相伴共生，恐怕已经有几百万上千万年历史了吧！不管环境怎样由热到冷，海拔由低到高，不管柳树形态怎样变化，植株由高到矮，以致面目全非，但它们早已搭帮结伙，生死不离了。你们看，树根为菌类呵护着基本小生境，而牛肝菌又以其分解的有机物为庇护者提供着必不可少的养分。你们看，这儿的夏季都有雪啊，它们就这样相依为命……

是造化的奇迹也是生命的奇迹，现场听众被感染，纷纷赞叹，不由得心怀了敬意。

这类共生关系所传达的生命礼赞，在大峡谷各地此呼彼应。海拔1200米以下林缘地带，白蚁群依托枯木朽株筑巢，与白蚁有着密切生态关系的白蚁伞属的真菌多种，植根于蚁巢，珍贵的鸡纵菌即其中一种。鸡纵菌拉丁学名本意即为“蛋白质”，是一种营养价值很高的食用菌，之所以傍生于白蚁，用商业术语讲是互利共赢，带些感情色彩的，可说是相濡以沫、同舟共济：白蚁是菌孢的传播者，它带回了孢子，在蚁巢中模拟出热带雨林的温湿度供其生长，作为高级美食专供蚁后和幼蚁享用；雨季里菌体拱出蚁巢，就为释放孢子，再被工蚁搬回培育。蚁、菌共生，原籍在冈瓦纳古陆，热带非洲，乘坐板块大船而来，定居在北纬29°家园，然后再通过低山河谷向东迁移，到达长江以南地区。

密环菌与天麻也属共生关系：天麻负责提供生境，密环菌负责提供营养，没有密环菌的天麻并非不能存活，是种子不易萌发，块根小质量也差。从前大峡谷内外不知天麻可作药用，时常掘来当猪饲料，后来才知原是名贵药材，进而人工培植成功，可以创收了。

除去特定物种之间的共生关系，相互依存现象普遍存在。朽腐菌体中多见各类昆虫及虫卵，一方负责提供食物和育儿室，另一方则负责把孢子传播开去，正如花朵与传媒者之间的协作。自然界中任谁都不能够独自芬芳，所有物种之间、物种与环境之间有着千丝万缕的关联，构成一个复杂又有序的统一体；而动植物的多样化，则构成了人类生存的基础。

本次南峰科考，卯晓岚在《真菌学报》《山地研究》等期刊发表了《南迦巴瓦峰地区大型真菌的垂直分布》《东喜马拉雅高山大型真菌及其适应特征》《西藏经济真菌资源》《西藏鹅膏菌科的分布特征》等论文。主编《西藏大型经济真菌》一书由北京科技出版社 1996 年出版，系统记述了食用、药用、有毒、木腐、菌根等各类有经济应用价值的菌类 588 种，175 属，45 科。考察真菌走遍全国各省份，后来致力于食用、药用菌类研究，旨在为开发利用提供基础资料。参与主编或撰稿的专著有《中国大型真菌》《食用蘑菇》《中国药用真菌图鉴》《西藏真菌》等。著有科普兼游记作品《真菌王国奇趣游》，海燕出版社，2005 年。采访听讲以外，本节一些生动细节也是采自这本书。

中科院微生物所同事兼队友庄剑云研究锈菌，发现峡谷中分布的夏柄锈菌、密集柄锈菌、砖红柄锈菌等等，均为南美洲和大洋洲热带种，同样是通过印度板块漂移至藏东南。不过锈菌作为重要的植物病原真菌，说种类有多丰富，说南峰地区汇集了我国已知锈菌的 3/5 属和近 1/4 的种，听来不像是好消息。庄剑云这两年在南峰地区采集了 800 余号标本，通过鉴定和系统分类研究，报道了 209 种 35 属 12 科，其中新种 15 个，中国新记录 28 个，西藏首次记录 76 个。在此之前，还无人在西藏锈菌方面做这么多的工作呢！以此说来，这项研究既是基础科学的也是为应用服务的，所以凡事皆有两面，即使致命毒蘑菇，例如白毒鹅膏菌等，所含毒肽类毒素，经过生物技术提取，据说价比黄金；未来随着科技发展，西藏毒菌作为另类资源将在开发利用中身价倍增也说不定呢！

植物、动物、菌类是生物圈三大门类，植物是生产系统，动物是消费系统，菌类是分解系统，三者合力完成一个地球表面生物循环过程。考察队生物组的寻常日子也充满了生机。每天晚上各自制作标本，又烤又晾，以免霉烂生虫。做植物和蘑菇的比较安静，做脊椎动物、两栖爬行动物和鸟类标本的就热闹许多。每晚入睡前，大家都不安地盯住成都生物所小李装蛇的袋子，生怕不慎蹿出一条。卯晓岚怕蛇，睡觉也不安心，老想着同在一帐篷，与蛇共眠啊！深夜忽觉有响动，原来是自然博物馆的脊椎动物专家老王，念念叨叨说我的羊头哪里去了，一定是你们的狗给叼走了。大家说咱们哪里有狗呢，是牧场上的狗吧！只好打着电筒陪他四下里寻找，找了一夜总算找到。

每天早上出发，动物和鸟类专家先行一步，以免人声惊扰了那些会跑动的家伙们。蘑菇、苔藓和地衣专家略迟一些出发。那天走出不远，忽见前面有人跪伏在地，双手捂住脑袋，一副顾首不顾尾的架势。近前一看，还是老王。听见有人过来，也不改变姿势，只是说，我要有你们那么多头发就好了！声音凄惨，模样更惨，大家心疼又好笑：光秃秃的脑袋上全是新

李胜全正在专心整理眼镜王蛇标本　杜泽泉/摄影

鲜的正在隆起的包，原来是前面有人捅了马蜂窝，正好被他赶上蜂群来袭。下午返回路上，大家想替他解气，建议说拿枪把马蜂窝给端了吧，老王赶紧劝阻，不要和它们过不去，是我们打扰了人家的生活。

大家最佩服的是年轻人李胜全，四川人个子小胆子大。去大峡谷上方帕隆藏布那一路，蛇特多，尤其头天下过雨，草丛里湿漉漉，大大小小的蛇都跑到通风的路上，连民工都不敢在前开道。每当这时候轮到小李大显身手，有一次竟活捉一窝。在冈朗村附近扎帐时，有人惊呼："蛇！蛇！"小李抢前一步，用手钳一下子把蛇提了起来——这条近一米半长、棕中带绿的蛇非同一般，是大峡谷地区首次发现的锦蛇属的一种，原只见于印度阿萨姆等地，居然在南迦巴瓦北坡地带出现，遂命名为"南峰锦蛇"，有关这一物种的地理分布因此更改。

对于眼镜王蛇的地理分布此前也存在争议。眼镜王蛇一般分布在两广、云南气候炎热地区，曾有英国人在西藏捕获过眼镜王蛇，但就像"黑白熊"——大熊猫的存在当初令人难以置信那样，有人不信，还以为造假，争论由此而起。现如今毒蛇中最大最凶猛的眼镜王蛇在大峡谷现身，猎获它的过程可谓惊心动魄。

大峡谷下端希让村，考察告一段落，正收拾行装准备开拔，一位门巴老乡慌张跑来，门巴话加汉话加比画："大的朴西纳（蛇）有，大的朴西纳有！"原来他在江边热带雨林中发现一条碗口粗的大蛇，赶来报告。门巴人将蛇视为神物，经再三动员，才勉强同意带路。大蛇还在那儿，盘踞在草丛平台上。小李手持一根长树杈，打算用它叉住蛇脑袋，却不料大蛇猛然耸起，发起进攻。胆大包天的小李也不禁惊叫一声，同伴小杨慌忙开枪，被激怒的蛇毒液喷射，再度进攻。小李迅速叉住蛇头，示意报信的门巴人接过树杈摁住了，自己好腾出手来捉蛇。哪知那人太害怕了，把树杈一扔，转身跑开。那蛇再次扬起了头，千钧一发之际，勇敢的小李用双手死死卡住了蛇的七寸！垂死挣扎的蛇缠住小李，小杨冲上前合力按住蛇头，终于将大蛇制服。好险！在场者无不惊出一身冷汗。检查蛇窝，25 枚蛇卵铺了 5 层。正在孵卵的正是眼镜王蛇，长 2 米，重 4 公斤。

大峡谷腹地的飞禽走兽也随高差有一个相对垂直分布——海拔 4000 米以上是荒漠、草原动物部落，黄羊啊，马麝啊，高原兔和地鸦、百灵之类；最下方，海拔 1100 米以下的热带、亚热带季雨林中，是各种麂类、猴类、太阳鸟和鹦鹉类的天堂；中间地带，海拔 1100 米到 2800 米左右，常绿阔叶林和针阔叶混交林中，则以南方森林动物为主，羚羊、松鼠、林麝、毛冠鹿、小熊猫、孟加拉虎。这是一个野生动物的乐园，当地的地名也多以兽类分布名之："档木龙"，狗熊出没的山谷；"阿格"，猴子玩耍的坝子；"格当"，野牛的家乡；"京朱"，意为"猎者唾手可得"之地。土著珞巴人敬畏自然，平等看待所有生命。珞巴人管老虎叫"阿崩"。遗憾的是历次考察中，动物学家都未亲见老虎。墨脱县境内的孟加拉虎难以精确统计，不时见诸报道，往往根据伤害家畜的数量判断，当地人估计，出没于山林中的这种老虎可能有数十只。

卯晓岚是个豪爽快乐的人，他负责的生物组不仅团结好，与民工的关系也好。民工辛苦，背着东西翻山越岭，脊背常常磨起血泡。看得卯晓岚心疼，一到营地就取出碘酒，为他们涂擦伤口，以及蚊叮虫咬处。民工不嫌苦累，晚饭后又歌又舞，一天下来累个半死的队员们，也跟着唱啊跳的。随着考察进程，不时更换一拨民工，每一回都不舍，民工们常说，恐怕今后再难见到了，于是辞别前一晚都要歌舞联欢。跟当地乡民关系也好，擅长画蘑菇的卯晓岚时常应请留些画儿给人家，那一次画了工笔牡丹，门巴老乡把它陈列在簸箕里，来人就展示。有一天在加热萨地方，一位门巴族老人带了一罐曼加（鸡爪谷）酒，慰劳科学家，坐等在山梁。唯恐辜负了美意，卯晓岚赶紧接过一碗。民工们围拢来，大眼瞪小眼，示意不要喝，但他还是一饮而尽。据传从前墨脱地方有放毒陋习，并非仇杀，是出于迷信：外来人凡有才有貌有福气者，都要当心好运以这等方式被转移到施毒者身上。从派区来的藏族民工行前皆被家人提醒过，卯晓岚明知此事，事到临头也顾不了许多。酒里当然无毒，此前此后几十年科考活动，从未听说这类事端发生——传说止步于传说。

大峡谷越冬考察

在大峡谷腹地进行越冬考察，是南迦巴瓦登山科考计划中的一项特别行动。为此特选富有野外经验、特别能吃苦的李渤生担任生物组组长。上一年已在横断山考察队就位的李渤生深感荣幸，告别白马雪山和梅里雪山，转战南迦巴瓦。1982 年秋季，当大部队在南峰北坡的考察结束返家时，越冬考察小分队背道而驰，举步向南。不经历全年观察，不足以了解植物、植被生长全貌，在这个充满了奇迹的峡谷里，谁知道冬季里还隐藏着怎样的秘密呢！

小分队五壮士：植物学家李渤生和程树志、苔藓学家苏永革、昆虫学家韩寅恒、摄影师林再，开始了毕生难忘的冬季之旅。不过实际上，在这与世隔绝的深山峡谷中，在这北延的热带丛林中，并不存在概念上的冬季。一样的湿热，一样的雨雪，一样的蚊叮虫咬，一样的艰难困苦。有充裕的时间走过了峡谷腹地的每一条山沟，每一片原始森林，森林中几乎每一种乔木灌木；走过了每一个村庄，认识了几乎每一位墨脱人，从中生发多少动人故事。不论多少年过去，那些闪闪烁烁的经历都不会磨灭，而那些意料之中与意料之外的发现种种，一笔笔添加着物种宝库的记录：此行共采集植物标本 8000 多号，从中发现新种 30 多个，新属 2 个；新分布科 4 个，新分布属 31 个，新分布种 27 个。重要成果还包括发现一个新的植被类型——半常绿阔叶林，其意义在于找到了从常绿到落叶演化过程的中间环节。

由北而南，对于下端热带雨林的考察是此次越冬考察的最后阶段，也是最危险、最艰难的行程。每天翻山越岭是必做的功课，那些蚂蟥、草鳖子、跳蚤、蚊虫的叮咬无奈只好习以

大峡谷越冬考察中的李渤生

涉越激流，右一为李渤生　杜泽泉／摄影

为常了。最危险莫过于过溜索，藏东南深山峡谷中特有的交通工具。这类索桥通常用木质的藤合股制成，几年一更换。架桥方法是先将细绳用箭射往江对岸，再以细绳引粗绳过江，两端固定，一条下凹的弧形桥就算架好。藤圈挂在溜索上，过江人钻进藤圈，手脚并用攀爬而过。有些溜索不用藤圈，只用一块牛轭状的凸形木扣于溜索，过江人将绳索绕过腰背，两头挂在木槽上即可。溜索距江面通常一两百米，悬在半空看奔腾江水，将生命系于一绳，那感觉没有谁会怡然自得。好在随着时代的进步，藤索更换为钢索，保险系数总算大多了。算来此次越冬考察十几次过溜索，动作相当娴熟，当地人看了都惊奇。

翌年 3 月间，从地东出发，要过一条长约两百米的溜索到对岸。一位门巴老乡闻讯，特意赶来，报告说江边桥头新近来了一群毒马蜂，万不可贸然过江。李渤生和小苏前去侦察，果见群蜂飞舞，小苏的眼睛不幸被蜇，半个脸立马肿起。望向江对岸那片原始森林，听李渤生说无论如何也不能放过一个空白点，向导布尔巴就建议说，要躲过毒蜂，只有在大雨天或夜间过溜索。

当晚恰巧是个雨夜，小分队和民工们打着火把上路了。江边毒蜂归巢，崖下江水咆哮，昏暗火光下，第一要务是检查过桥用具。一看之下不得了，破旧的凸形木刻槽被严重磨蚀，门巴向导赶紧找来一块弯木将之并绑——幸亏如此，不然非出事不可：当第一位民工安全到达彼岸后，李渤生第二个上溜索，然而滑行了十多米的时候，原先那块木头就断裂了，而钢索就将滑开。李渤生强自镇定，先将双腿攀上溜索作支撑，腾出一只手重新挂好木块。雨骤风紧，荡秋千一样在半空中摇晃，意识到此时已是生死之搏，唯有奋力向前，反而镇定下来。透过雨湿的镜片，隐约看见江岸上的火光，那是同样悬着心的民工家人在祈祷过江人平安。李渤生心头一热，一股勇气升起：纵然木头、绳子都断了，我也要用双臂的力量攀过江去！200 米，如同死亡与再生之距，当先到的那位民工伸出手来用力一拉，将他拖上彼岸，顿时心生重返人间的感觉。

江那边没有辜负冒死前来造访它的人。晨雾茫茫中，一行人走进原始森林，但见确属原生态，从未经人扰动过，现成地展示着由热带树种组成的季风雨林景观模板：四周一株株高逾 30 米的巨树，双臂难于环抱的树干挺拔，10 米往上才开始分枝，高高的树冠巨伞般遮天蔽日，它们是热带树种千果榄仁，此前只知生长在西双版纳，居然在这里现身！千果榄仁的伴生树种小果紫薇，通直修长，甚至越过千果榄仁，将冠顶覆盖其上，足有四五十米高度。门巴人给它取的名字很形象："猴子哭"——连猴子也难爬上去的树。千果榄仁和小果紫薇共建雨林最高一层乔木，二层乔木也均为热带种的多脂橄榄、小果榕、斯里兰卡天料木、长棒柄花和马蛋果之类，繁枝密叶充填了森林的中部空间。争夺空间之战使一些大树采取了从光裸树干上开花的战术，以方便昆虫传授花粉，此为热带雨林中常见的“老茎生花”，到秋天累累硕果将缀满树干。林下阴湿灌木丛生，灌木之下是草丛，而数层群落间，凡空隙处，无一不被各种藤类兰草类填塞得满满当当。

与考察队员们一道进入森林的还有一个成员，小猕猴“南迦”。几个月前它随猴群溜进农田掰玉米，遭人轰赶，妈妈径自逃离，成了弃儿。小苏见它可怜可爱，朝夕相处一路带着它，彼此间感情可以交流了。这一回来到大森林，正好碰到一群猴子，猴群招呼它，不想小南迦不识同类，竟吓得躲进小苏怀里。

沿雅鲁藏布江东岸继续南行，攀悬崖，走绝壁，前往一个叫“蒙古”的地方。蒙古原是一村庄，正是被当年那场大地震摧毁的。向导民工随时砍来藤条，帮助大家攀缘；遇有小河，就临时搭一独木桥。终于又走进一片栲树林，在这里与野猪遭遇：猎手桑杰多吉在前开路，不料他的猎狗太超前了，从远处撵出一只野猪来，与猎手撞个正着。桑杰多吉本能地拿枪抵住猎物胸膛，扣动扳机，糟糕的是保险未及打开。野猪蹿将上来，咬伤猎手额头，又继续前冲，后面的人连忙卧倒。万幸的是，这是一头攻击性不太强的母野猪，否则就完啦！当地猎人为猛兽排名次，第一是野猪，第二是狗熊，第三才是老虎。大峡谷里应该是有孟加拉虎的，可惜一直未见——还是不见为好。

穿过常绿阔叶林，在德阳拉 1800 米地方，雪流遍布，一步一滑。好不容易爬上雪流坝顶，放眼望去，忽见奇怪风景：苍郁的铁杉林下方，一大片红褐色林带！枝干上一无绿叶，似有红嫩新芽冒出。不会吧，李渤生心想，山地热带怎会有落叶乔木呢？一口气冲下山来，俯身捡起落叶和果实，再砍一块树皮观察，内部显现粉红。李渤生激动起来，高声宣布半常绿阔叶林——一个新的植被类型在这里被发现啦！

大峡谷松林口森林景观　张巍巍 / 摄影

大峡谷那拉错附近景观，现称“阿凡达森林”　彭建生 / 摄影

这片半常绿阔叶林是以喜马拉雅特有树种薄片青冈和西藏青冈为主组成，以往总把它们当作常绿看待，是因为考察的不连续，夏季野外工作为主，秋季也见它一身绿装，其实它们只在春季集中换叶一两个月，若不是越冬考察，恐怕很难发现这一秘密。而这一发现对于植物学家之所以重要，就在于其中隐藏着落叶如何从常绿演化而来的基本信息。

德阳拉之后，踏上返程。其时已弹尽粮绝，体力也濒于极限。请一位跑得最快的民工先行返回，赶紧拿粮接济。大部队一直走到第五天，中途遇到送粮人，一群民工家属，背来的却是一筒筒酒——竹筒里装满鸡爪谷酿就的米酒。大家开怀痛饮，说不尽的艰难困苦，说不尽的别后经历，都在一醉方休中。结果第二天，原定四天的路，一天就走完了。全村男女老少总动员，迎出村外，抢过所有人大大小小的包，每一家都发出了邀请，村人们为先到谁家争执不休；每一家都是先敬一瓢酒，不喝完跟你没完，而下一家就等在门口……

难忘大峡谷的岁月，难忘大峡谷的热情，一切的付出都这样值得啊！距此 10 多年后，李渤生还将一返再返，将“世界第一”的美名远播，并在继珠峰保护区规划制订之后，将自然保护区管理与生态旅游新理念运用于雅鲁藏布大峡谷这一国家级保护区的建设，为它量身定制一份生态旅游规划。

踏上归程，李渤生用文字记录了 1983 年春夏之交的沿途风光和心情。这是一趟自下而上的走出，轻松而抒情，且让我们借助这位植物和生态学家的视线，跟着一路领略——

“春汛的到来使冬季碧蓝的雅鲁藏布江变成黄色，涨满河槽。江边半常绿季风雨林换过叶的树冠现出一片新绿。我从背崩出发，跨过解放大桥，前行不远就进入雅江支流多雄曲。当海拔表的指针跳过 1100 米刻度，我开始进入到山地常绿阔叶林带。此时，林中的优势乔木瓦山栲正进入盛花期，顶生的黄色花序布满树冠组成的绿毯，给绿毯镶上淡黄、鹅黄、浅绿的斑块，像一幅清雅的画卷。海拔表越过 1800 米刻度，我又一次来到半常绿阔叶林带，此时西藏青冈与薄片青冈已身着淡绿的春装，呈现出雅致、柔和的色调。毛叶玉兰那硕大洁白的花朵不时从林隙中探出，而绒叶含笑拥至路边，用满树精致小巧的花朵向我致意。这林中的一草一木对我来说都是那么熟悉，我一边走一边默默向它们做最后的道别。海拔已过 2400 米，前面就是由苍翠的云南铁杉和墨脱冷杉组成的亚高山暗针叶林带，在此，一切明快色调几乎都被高大挺拔的参天巨树所形成的浓郁树冠所遮蔽。刚一踏入这遮天蔽日的密林中，一种恐怖感立即袭来：地上、树上长满绿茸茸的苔藓，甚至在高大乔木的枝杈上也结成一团团苔藓球。在阴暗的林下生长着高大美丽的乔木杜鹃花，高达 3 ~ 5 米，枝顶数朵大花团簇在一起，形成如篮球般大小的花团，其色鲜红如血，美丽得近乎华贵了。杜鹃枝干上裹满翠绿的苔藓，大如手掌的叶片碧绿光滑，将花朵衬托得更加艳丽。

“踏着毡毯般的小路走到 3800 米的林线附近。在此墨脱冷杉逐渐变成 3 ~ 5 米高的矮树，在山风和雪粒的吹蚀下，其树冠呈旗形，枝叶集中生长在背风一侧。而丛丛糙皮桦在冬季覆雪的重压下向坡下倾伏着。多雄拉山口终于到了，眼前顿时明朗开阔起来。碧绿的高山杜鹃铺满了整个山坡，而在杜鹃灌丛之间，则是繁花似锦的高山草甸，这里是人间最美丽的天然大花园。在尼泊尔嵩草织就的翠绿欲滴的草毡上，紫晶报春鲜红的花朵像星星烛火在燃烧；各种绿绒蒿身披淡蓝、鹅黄的舞裙，在春风中翩翩起舞；独花报春高举着喇叭状的花冠，像是在为它们伴奏。在高山灌丛和草甸上面，则是覆被皑皑白雪的山峰，它们像慈祥的白发老人，用自身融就的涓涓春水，呵护着山下众生。

“在短短几天时间里，我从山下的热带半常绿季风雨林中走来，穿过山地亚热带的常绿、半常绿阔叶林，穿过山地暖温带以及寒温带的常绿针叶林，抵达亚寒带的高山灌丛草甸带。这是一趟多么神奇的旅游，就像我从海南岛出发，纵越东亚大陆来到了北极的苔原。更令我感到弥足珍贵的是，我所途经的乃是我国唯一具有从热带到寒带的世界上最完整自然垂直带谱的山地。”

踏上归程，并非返家，是回到南峰脚下科考队大本营，与再次前来的大部队会合，迎接新一年的南峰北坡考察任务。累计越冬考察及此前此后两期野外，李渤生创造了一个“之最”纪录：连续考察 15 个月。

返程中又是大雨如注的天气，又是难行的道路。在汗密地方一座破木房里，存放着李渤生上一年采集的土样。冒雨冲了过去，刚一推开门，却又进退不得地站下了：屋内一女子，正穿着短裤背心在烘烤衣服。

李渤生和徐凤翔，两位植物学家第一次见面就是这场面。一个很不雅，一个很狼狈；一个坐在火旁，一个站在门口，就这样滔滔不绝谈起了森林，生态，大拐弯峡谷话题种种。

徐凤翔教授和她的助手、弟子们是参与大峡谷科学考察的西藏“地方军”。1978 年 47 岁时，在南京林学院当教师的徐凤翔，自愿要求进藏，从事西藏农牧学院生态学教学工作。校址就在林芝八一镇，大峡谷外围，生态学最佳教学现场和实习场地，正好可为西藏森林及生物资源做基础调查，同时为灌输生态环境保护、合理开发利用上下布道，以她著名的“小木屋”为起点，以她的白发和赤子之心为资格，在藏 18 年，她创建了“高原生态研究所”，主旨即为努力揭示西藏高原生态优势，合理开发西藏高原生物资源。以藏东南森林为基地，走过了西藏最为典型的植被地区：往返喜马拉雅，远行藏北、阿里，六渡“三江”（怒江、金沙江、澜沧江），十余次进入大峡谷腹地。野外考察行程总计 12 万公里，其中马背行程 2000 多公里，徒步旅程更在马程之上。

绿水青山 18 年，所有考察经历中最铭心刻骨的第一要数大峡谷腹地之旅。这不仅因为某一天内有 400 余条旱蚂蟥附体，也并非因 1983 年那次罹患恶性疟疾险些丧生，或者日常的艰苦劳累，徐凤翔把深刻感受归纳为大艰辛、大享受和充实感。她曾仰望着林芝巴结乡的巨柏王赞叹不已，为刚刚做出的波密岗乡蓄积量高达每公顷 3831 立方米的数据欣喜万分，而在墨脱的原始森林中，则是全身心的愉悦和升华。她骑马行进在铁杉林中，自感犹似女王，闪耀着金属光泽的通直树干，像是王宫走廊的根根立柱。穿行其间，徐凤翔觉得自己正在步入某个圣洁殿堂，至高境界。那是本义的大自然，造化之尊，我只是个虔诚的朝圣者——徐凤翔说，我不是女王，不是森林女神，我只是个自然之子，是自然界小小组分中一个微不足道的单元，是在自然的庇护之下。此刻，当走马打着响鼻，马蹄踏在经年落叶铺就的松软林地，阳光透过林冠间隙，斑斑斓斓倾洒在充满暖湿气味的林间，那么此刻的意境和感觉，应当怎样措辞呢?

是回归，是融入。

回归与融入的徐凤翔是当年大峡谷科学考察中唯一的女科学家，她的坚毅执着和亲切，给门巴族乡亲们留下了深刻的印象。人们称誉她为“辛娜卓嘎”——森林女神，每当她重返一次大峡谷，门巴妇女都热情地拥抱她，必定会说，我们知道你会来的。

徐凤翔从青年时代开始，直到退休以后的至今，大半生从事生态学的教学和研究工作。她考察过中国南北方的森林地区，走出国门，见识了世界，却依然情有独钟。她觉得地球上没有哪里会比大峡谷地区物种更多样、生态类型更丰富。这种多样性不仅表现在品种方面，还表现在生态景观的多样性和遗传适应的多样性。她亲手拍摄编著了一本《中国西藏山川植被》大型画册，体现专业修养的同时，表达出女性科学家特有的珍爱之心、诗意之心。她致力于研究和探讨西藏珍稀植物的资源与保护，积极主张自然保护区的建立与有效管理，并在合理开发利用方面有着深具科学背景的见解。

无论中科院的国家队，还是西藏的地方军，目标一致，心意相通。杨逸畴将自己主编的画册《神奇的雅鲁藏布江大峡谷》赠送给徐凤翔，扉页上写道：

西藏的山水和人民不会忘记你的深情。

年青一代新起点

累计越冬考察及此前此后两期野外，南峰科考小分队五专家在大峡谷内外连续考察了一年又三个月。尽管东奔西走、北上南下，把考察路线走成蛛网状，尽管收获不菲，甚至堪称空前，仍嫌足力和目力有限，以至于1990年吴征镒先生亲自挂帅，主持国家自然科学基金重大项目“中国种子植物区系的研究”，仍将墨脱列入关键和薄弱地区——说它关键，是指就植物区系而言，大峡谷正好处在生物传播演化十字路口：横断山区系向东喜马拉雅区系、热带印度马来区系成分向温带的泛北极成分的过渡带上，而大峡谷和水汽通道的存在，造就了世界上罕见的完整的山地植被垂直带，以及山体植被由东向西，由潮湿森林向干旱荒漠的经向替代同时并存，自然形成植物区系东西南北交会的“区系结”；说它薄弱，是指正因太关键而亟待强化认知。与之前普查性质有所不同，本次任务要求更明确也更深入：作为该重大项目子课题“西藏雅鲁藏布江河谷植物区系研究”，拟通过对东喜马拉雅植物区系的发生演变规律、物种的分化发展的研究，揭示青藏高原植物区系的性质及来源，乃至中国种子植物区系来源——寄望于借助这个“区系结”纲举目张，大峡谷越冬考察再次提上日程。

然而谁能胜任这项苦差事却颇费思量：业务棒、身体好、肯吃苦是必备条件，同时符合这三样的人选并不多。几经易人，吴老最终决定起用自己的学生们：昆明植物所在读博士孙航，毕业不久的博士周浙昆，实验员俞宏渊。

三位30岁上下的年轻人踏上征程，1992年9月至1993年6月，将近9个月的时间里置身于墨脱境内的深山老林，徒步行程2500多公里。考察范围：从米什米山地北缘到东喜马拉雅腹地及岗日嘎布山脉密林，从南端实际控制线到雅鲁藏布大峡谷纵深处，足迹遍及全县8乡大部地区。考察内容：详细观察记录各种植被类型，不同植被类型的物种组成、群落特点，总共采集标本7100余号，足有3万份，活材料及细胞学材料近700号。其中有多个新属、新种发现。

相比先行者——20年前的吴征镒、李文华、张新时、武素功，10年前的李渤生等前辈们，孙航等人身处的环境几乎没变：公路依然不通，全靠徒步翻山越岭，几经高处的严寒和低处的湿热；密林深处依然需要挥刀辟路，危机四伏的不仅有毒蛇猛兽，喜欢叮蜇咬人的小生物一样都没少。所经历的艰难困苦，无论怎样的描写都显得太过轻松，所以若论相比前辈，野外装备和物质条件虽有改善，也可以忽略不计了。若论新起点新在哪里，是站在前人肩头的再出发：前辈学者历次考察所积累的资料是必要的阶梯，加之武素功、李渤生和倪志诚等老专家从计划制订、路线选择诸方面都提供了现实而具体的指导，尚未动身，已经胜券在握；若论新装备，主要在头脑。几百年来，经典分类学的基础全在视力，相关植物学知识全凭眼观手绘；待到孙航他们求学期间，适逢生物学革命风靡世界——遗传学、基因学崛起，为植物分类学和植物区系地理学开辟了新通道，再出发有了新视角。

一系列改变还体现在国际视野的拓展。野外归来，名录编制工作不限于本所实验室，不限于国内多家机构馆藏的墨脱地区植物标本的鉴定和集成，利用出国访学机会，他们还在英、法、美等多个国家查阅标本资料，以充实完善名录，涉及英国皇家植物园、爱丁堡植物园、大英博物馆，法国自然历史博物馆和美国哈佛大学、密苏里植物园、加州科学院植物标本馆……室内研究近 6 年，1999 年，“西藏雅鲁藏布江河谷植物区系研究”课题成果荣获中科院自然科学二等奖；2002 年，《雅鲁藏布江大峡弯河谷地区种子植物》正式出版，收载这一地区种子植物 180 科 726 属 1679 种（含变种），配图 136 幅。

《雅鲁藏布江大峡弯河谷地区种子植物》，孙航、周浙昆著，吴征镒序，云南科技出版社，2002 年。全书共分两部分：第一部分是植物地理研究，包括自然概况、植被垂直分布特点、植被各类群落的组成状况和植物科、属、种的区系特征；第二部分是种子植物名录，介绍了每种植物分布的具体地点和地理分布区及生态环境，同时每种植物还引证了主要的标本并附上相关文献出处，从中体现了迄今为止对墨脱地区植物和植被最为完整的认识。

经由大峡谷越冬考察历练，孙航和周浙昆后来分别在青

大峡谷夜雨营地，1992 年 11 月

到达墨脱县地东村，1992 年 12 月

墨脱德兴藤网桥上，1993 年 2 月

墨脱县加热萨雅鲁藏布江边留个影，1993 年 3 月
本组图片由孙航提供

藏高原植物分类、植物地理和古植物学方面做出突出成绩。从大峡谷成长起来的年青一代学者不限于植物学家，1992 年起，由孙鸿烈院士担任首席科学家主持的国家“攀登”计划青藏项目中，虽然诸课题仍由青藏队老将们负责，但一线前锋均已换成年轻面孔，大气物理学家刘晓东博士、地质学家丁林博士，都在这里走进走出，从那时起，大峡谷已成博士天下。

固体地球研究正在此时进入大峡谷腹地。作为攀登计划第一课题，“八五”期间为“岩石圈结构、演化和地球动力学”，“九五”期间为“青藏高原深部状态、形成与隆升过程的动力学机制”。这一地区正是几大山系——喜马拉雅、念青唐古拉、横断山脉交集处，东西向构造带在此作南北向大拐弯，地质学术语为“构造结”。对这一地区的研究意义，其一，它是青藏高原和全球抬升最快的地区之一，因为抬升快速，诱发形成大峡谷，可从地质学角度解释大峡谷成因；其二，它是印度板块和欧亚板块的结合部位，是研究大陆碰撞机制的理想地区；其三，地球貌似在此开一“天窗”，河谷深切，岩石圈裸露，从地表到地下 70 多公里的壳幔边缘处，往往直观可见，以此成为国内外地质学界热点地区，成为攀登计划第一课题重点地区之一。

1993 年夏季，中科院地质所一个课题小组进入墨脱，领队是 28 岁的丁林博士，标志着意气风发的年轻人登上舞台，开始扮演主角。他们拥有诸多优势：国际化视野，高学历背景，最新的研究手段，包括计算机操作能力，等等。说到电子计算机，并非仅仅起到数据汇总、计算统计作用，计算机模拟正蓬勃兴起，但见国内国外实验室里，有多少台电脑正忙于青藏高原隆升时间、阶段、机制以及相关效应的模拟，这也是青藏研究进入新阶段的必然。丁林认同这一点，只不过更倾向认为，置身现场仍是前提和必需，青藏研究突破的希望仍在高原面上的踏破铁鞋，野外填图，构造观察，多多益善地搜集资料和证据，以使模拟精确到位，给出答案，并为环境变化和可持续发展提供研究基础。

所以雄心壮志的实现，首先需靠双脚上的功夫。年轻是一大优势，年轻也往往意味着经验不足，以至于多年后，当丁林向我这个采访者话说当年，不提战果业绩，反倒专讲受挫经历，可见了印象之深刻。按说从读研开始，就瞄准了滇西北、藏东南，进入大峡谷也并非头一遭，但每有前辈学者引领和安排，不用操心后勤事务；但这一次当了领队，直奔不通公路又缺乏后援的大峡谷地区，面临大考：只不过 3 名科研人员、7 名民工的小型队伍，后半程却发生了粮荒！原计划够吃一个月的口粮，一周告罄。从边防连队讨来一些压缩干粮，再请求墨脱县一县之长批了条子，也只买到米、面各 15 斤。返程一星期的口粮，仅有 15 斤面粉烙的饼子和煮熟的花生米，平均分发每一人。干粮太轻，而岩石标本太重，民工坐在地上哭了起来。悲凉气氛是很感染人的，丁林说他真想跟着一哭，但没顾上，三位科研人员分担了大包石头，背起来上了路。

明天就要到达目的地波密，向导说，需赶早在 4 点钟起程，以保证中午以前翻过嘎隆拉雪山垭口，否则午后雨雪更大。一位博士生小同事正饱受腹泻折磨，生怕跟不上队伍，主动提议先走一步，丁林没同意。结果走到山半腰，发现人没了。赶紧回头寻找，这一边不见踪影，那一边民工已走出很远，脚印被新雪掩埋，连丁林自己也险些走失了。天黑时摸下山来，此去县城尚有 20 公里，民工说明天再走吧。但走丢了人，责任重大，忧心如焚，丁林和翻译以小跑速度连夜赶往波密县公安局，报了案，再通过微波通报墨脱县公安局。第二天一大早，租来一辆东风车，买上几双鞋，做返回寻找的准备。那位藏族翻译趁机跑到寺庙算了一卦，喇嘛说，无须着急，此人还活着。果如其言，半道上就碰见了。丁林的第一个念头就是揍他一顿出出气，但抬起的手却落在对方的肩头，年轻人相拥着大哭一场。这个因拉肚子全身无力的小伙子掉了队，看不到雪地上的脚印，照直上了山，不意面前是无法攀缘而下的绝壁，只好原路折返，守在宿营地等待救援，当晚幸有行人到达。第二天，丁林返回寻找的同时，他已随新伙伴翻过了嘎隆拉山。

这些肩扛背驮运回来的大峡谷腹地岩石标本多么宝贵，地球深部的秘密隐藏其中有待破解。实验室分析，计算机模拟，丁林和他的导师钟大赉教授从中发现了 15 万年以来，大峡谷地区抬升速度达到每年 3 厘米，是迄今所知全球抬升最快的地区，也是形成全球最深峡谷的原因所在。下地壳物质高压麻粒岩出露于地表，地幔物质在此上升，从中识别出这一东喜马拉雅构造结形态，首次描述了其在印度板块内部由 3 个向外逐渐变新的次级构造结组成，由此模拟出两阶段的俯冲模型。丁林团队后来的研究重点集中在高原南部，包括中部的拉萨地块，巴基斯坦北部的西喜马拉雅构造结，沿冈底斯全线直至缅甸境内。而南迦巴瓦—大峡谷无疑是事业起步的地方，是最初的课堂。

大峡谷是最初的课堂，首先教会了野外生存和作业技能，同时历练了专业的成长——距此 10 多年后，丁林担任总领队，亲率一支庞大的科考探险队奔赴可可西里，已是经验老到、指挥若定，此举曾在全国范围引发轰动；距此 20 年后，当他提出印度与欧亚两大板块初始碰撞的时间和地点，以及对高原隆升古高度的重建等等一系列颠覆前人观点的新认知，引发的则是国际地学界的关注和讨论。

大峡谷继续被发现。依据地质学证据和 1950 年发生的我国有记录以来最大地震的震中位置，参照《中国地球物理图集》中所示此地为一卫星负重力异常区的证据（说明巨大重力低，可能是一深裂谷或“地热柱”或巨型岩浆室）、中国地温分布图所示此地为一高地温区的证据，综合气候与生态环境的种种迹象，例如这一地区降水量之多、生物量之高、生物资源之丰富等等，大气物理学家汤懋苍、地质学家钟大赉、生态学家李文华甚至一度认为：大峡谷地区是地球“热点”（热涡）之一。或者说，虽然未必会是类似冰岛、夏威夷那类“热点”，但在大峡谷地下深处，必定不同寻常。

地矿部及中国地质科学院连番组织的考察活动，将大峡谷地区固体地球科学研究推向了一个高潮。1991—1993 年，由甘肃省地矿局承担 1：20 万波密幅和通麦幅区域地质填图，此为国家地矿部门在大峡谷地区首次进行的地质填图工作。1992—1993 年，中国地质科学院成都地矿所专家与美国地质学家费歇尔先生合作地质考察，三进大峡谷……

此后几乎每一年份，都有来自各方的、中外合作的地质学家涉足其间，同时成为国家地震局的重点观测地区。20 世纪七八十年代，在察隅和林芝相继建立地震台，地震专家在雅鲁藏布江两侧采集了大量古地磁标本，对古地磁极移、旋转和大陆漂移进行深入研究；1985—1986 年，西藏自治区科委和国家地震局联合组队，对 1950 年察隅—墨脱发生的 8.6 级大地震和 1951 年当雄—崩错 8.0 级大地震进行实地考察，出版有《西藏察隅当雄大地震》专著。

距离南迦巴瓦登山科考 30 年后，对大峡谷成因进行深度探索的团队来了，真正的深度：在谷底打下深钻，从数百米巨厚河床覆盖层的底部，钻取到古河道最早的沉积物，经宇宙成因核素测年，得出埋藏年龄，证实南迦巴瓦和加拉白垒块体从 250 万年以来加速构造隆升，致使河道变形，从而形成分隔上游堆积和下游变陡的巨型裂点。结论是：大峡谷内的高侵蚀速率，是快速构造抬升的直接响应；在构造—气候相互作用中，构造是主控因素和第一驱动；喜马拉雅东构造结最近地质时期加速隆升，阻止了雅江裂点向上游的扩展，从而参与了现今有关雅江大峡谷起源的讨论。

这一成果可视为青藏研究从定性描述到定量研究转变的范例。在杨逸畴时代，地理学家们凭借对多级成层、分阶段切割的地貌观察，判断大拐弯峡谷以及雅鲁藏布流向为地质构造产物而非袭夺所致，实为典型的定性描述；现在则以沉积学证据予以精准量化。同时，构造而非气候作为主控因素，也与黄河研究结论遥相呼应——与西方科学界对于河流及地形重塑的传统认知不同，中国的河流主要受构造力驱动，气候因素次之。而在西方主要是西欧，由于古老陆地的稳定性，构造因素不显著，凸显了冰期与间冰期的反复作用在改变大地面貌时，成为主因。

所以当论文《沉积埋藏的古河道揭示构造对雅鲁藏布江大峡谷的控制作用》发表在 2014 年 11 月 21 日出版的《科学》杂志时，足以引发广泛关注：美国、德国多家报刊新闻和科学网站予以报道，同期《科学》杂志载有著名地质与地貌学家科林·惠普尔（Kelin X.Whipple）

评论，认为该论文是对此前西方地学界强调“气候驱动的侵蚀控制喜马拉雅构造结加速隆升”的著名“构造动脉瘤”模型的挑战。

引发关注的背景原因，是由于触及当下地球科学前沿命题——地质构造演化、气候变化和地表侵蚀过程的相互关系。作为印度板块向欧亚板块俯冲、楔入的前缘，喜马拉雅东端—南迦巴瓦构造结是当今地球上构造隆升最强烈、地貌演化最迅速、降雨从量级到强度最大的地区之一，成为研究构造—气候—侵蚀相互作用的热点地区。

新时代，新气象。领衔这项研究的，是中国地震局地质研究所地震动力学国家重点实验室的两位女专家，王萍和刘静。2012 年，她俩的目光一致瞄向藏东南，各自承担的国家自然科学基金项目“巨型裂点形成与河谷演化的沉积学证据”“青藏高原东缘三江地区河流侵蚀递进发育的低温热年代约束”，两项研究在雅江大峡谷交集。由女将们挂帅的还是一个国际团队，参与研究和论文署名的，尚有成都勘察设计研究院的张运达和石定国，以及美国加州大学理工学院和德国波茨坦大学的合作者。

新时代，新气象。大峡谷地区固定的观测研究基地建立起来。“中国科学院藏东南高山环境综合观测站”是中科院青藏高原研究所成立后首批建成的三个野外站之一，站址就在大峡谷外围的林芝县旅游胜地，拥有“东方瑞士”美称的鲁朗镇附近，连到访的科学报记者也不禁惊叹该站与高原上所有野外站相比，自然条件和设施装备之“优越至极”。同样优越的是研究资源的丰富，所面向的生态环境具有典型意义：高山，森林，冰川，湖泊，土壤，水热，大气，等等，一方面以现代过程监测为科研提供基础数据，另一方面，也吸引中科院内外各科研团队来此做课题，同时也是青藏所每年组织的全国大学生夏令营活动的必到之

荣获中国青年建筑师奖的派镇码头　龙虎林 / 摄影

大峡谷迎来八方游客，图为南峰大本营露营地　龙虎林 / 摄影

地——看过西南部的珠峰站、藏北的纳木错站，再看藏东南站，才算领略到西藏全貌。今非昔比，藏东南站仿佛一个象征，目送前辈科学家远去的背影，迎接年青一代的到来。

大峡谷的新时代包含了更多内容，日益敞开胸怀，迎来送往的也不再限于科研人。2004年，当西藏将大峡谷入口处派镇一带的旅游开发经营权交由一家上市公司“西藏旅游”（曾用名“西藏圣地”）的时候，旅游业所需的硬件设施近乎空白，所以足有3年时间，这家公司开辟航道，以船载客，自林芝县娘欧村启程，沿江而下60公里，进入米林县派镇转运站码头，抵达大峡谷入口处。一边是开船，一边垫资修通了米林机场至派镇的70公里等级公路。随着2008年7月24日正式通车，雅鲁藏布大峡谷旅游开发元年也被认定为同一年。由文化人挂帅的企业就是不一样，对雅鲁藏布大峡谷的资源禀赋自有深刻认知，坚持的是政府、公司和原住民社区共同参与共同发展的理念，听说他们拟定了“观光大峡谷”、“人文大峡谷”、“知性大峡谷”三步走战略，在现今4A级景区的基础上，正在努力再上一台阶：争创5个A。

《雅鲁藏布的眼睛》封面

《雅鲁藏布的眼睛》

编著机构：西藏户外协会

出版机构：北京出版集团公司北京出版社

内容简介：本书是西藏旅游股份有限公司下属的西藏生物影像调查机构（TBIS），历时两年的雅鲁藏布大峡谷及其周边区域的考察成果。是目前第一本较为全面的，以专业生态影像方式反映雅鲁藏布大峡谷生物多样性的科普读物和生态观察手册。TBIS机构立足青藏高原生物多样性调查与创新性保护，已陆续在林芝市苯日神山、巴松错、鲁朗花海牧场以及阿里神山圣湖等旅游区开展项目。本书为北京出版集团重点出版项目“环喜马拉雅生态观察丛书”（共3册），已于2013年10月出版。

附录

《中国国家地理》“选美中国”·青藏高原景观上榜名录

2005年，《中国国家地理》举办大型“选美中国”活动，以该刊增刊“选美中国特辑”发布“中国最美的地方排行榜”。青藏高原在其中大放光芒，而藏东南广义大峡谷范围内，尤其炫目，排名第一的最美名山、最美峡谷、最美瀑布，非此地莫属。本章末尾附以“选美中国”青藏高原诸景观入选名单，带“*”标记的，位于横断山区；带“**”标记的，在大峡谷地区林芝、米林、波密、墨脱四县境内。

中国最美的十大名山（7个）：

** 南迦巴瓦峰（西藏，排名第一）

* 贡嘎山（四川，排名第二）

珠穆朗玛峰（西藏，排名第三）

* 梅里雪山（云南，排名第四）

* 稻城三神山（四川，排名第六）

乔戈里峰（新疆，排名第七）

冈仁波齐峰（西藏，排名第八）

中国最美的五大湖（2个）：

青海湖（青海，排名第一）

纳木错（西藏，排名第三）

中国最美的六大冰川（3个）：

绒布冰川（西藏，排名第一）

* 海螺沟冰川（四川，排名第三）

** 米堆冰川（西藏，排名第四）

中国最美的十大峡谷（5个）：

** 雅鲁藏布大峡谷（西藏，排名第一）

* 金沙江虎跳峡（云南，排名第二）

* 怒江大峡谷（西藏、云南，排名第四）

* 澜沧江梅里大峡谷（云南，排名第五）

* 大渡河金口大峡谷（四川，排名第八）

中国最美的六大瀑布（2个）：

** 藏布巴东瀑布群（西藏，排名第一）

* 诺日朗瀑布（四川，排名第五）

中国最美的十大森林（2个）：

* 白马雪山高山杜鹃林（云南，排名第四）

** 波密岗乡林芝云杉林（西藏，排名第五）

中国最美的六大沼泽湿地（1个）

* 若尔盖（四川、甘肃、青海，排名第一）

中国最美的六大草原（3个）：

* 川西高寒草原（四川，排名第四）

那曲高寒草原（西藏，排名第五）

祁连山草原（甘肃、青海，排名第六）

中国最美的六大乡村古镇（1个）：

* 丹巴藏寨（四川，排名第一）

横空出世莽昆仑。昆仑山西起帕米尔高原，东迄川西北，绵延 2500 公里。海拔 5000 米以上，最高峰公格尔峰，海拔 7719 米。喀喇昆仑山脉起初与西昆仑相依傍，不过它自西北逸向东南，相距越来越远。喀喇昆仑，在古老的突厥语中意谓“黑石群”，在维语中是“紫黑色昆仑”。山体全长 500 公里，主体山脊平均海拔在 6000 米以上，是青藏高原西北部最高一列山脉。8000 米以上高峰有 4 座，主峰乔戈里，海拔高度 8611 米，仅次于珠穆朗玛，国际代号 K2，指的就是它。

鉴于过去对中、西昆仑和喀喇昆仑地区研究程度最低，资料最少，中国科学院青藏高原综合科学考察队再次出发，去完成青藏高原科学发现时代的最后一役。时在 1987—1992 年，考察范围 40 余万平方公里，包括东西方向从帕米尔东缘到青藏公路昆仑山垭口，南北方向从昆仑山北麓穿越西部羌塘。这期间穿插一项可可西里科考的特别任务。在对此次考察行动的多人多轮采访中，我注意到至少有三点与此前历次考察有不同：首先一点，项目达成是自下而上的，来自青藏队员们的努力争取；第二点是一向十二分寂寞的科学荒漠区，忽有多支中外合作团队竞相进入；第三点也是比较突出的特点，是经此艰苦卓绝的最后一役，一应参与学科纷纷进入阶段完成时。

第 7 章　喀喇昆仑—西昆仑—可可西里

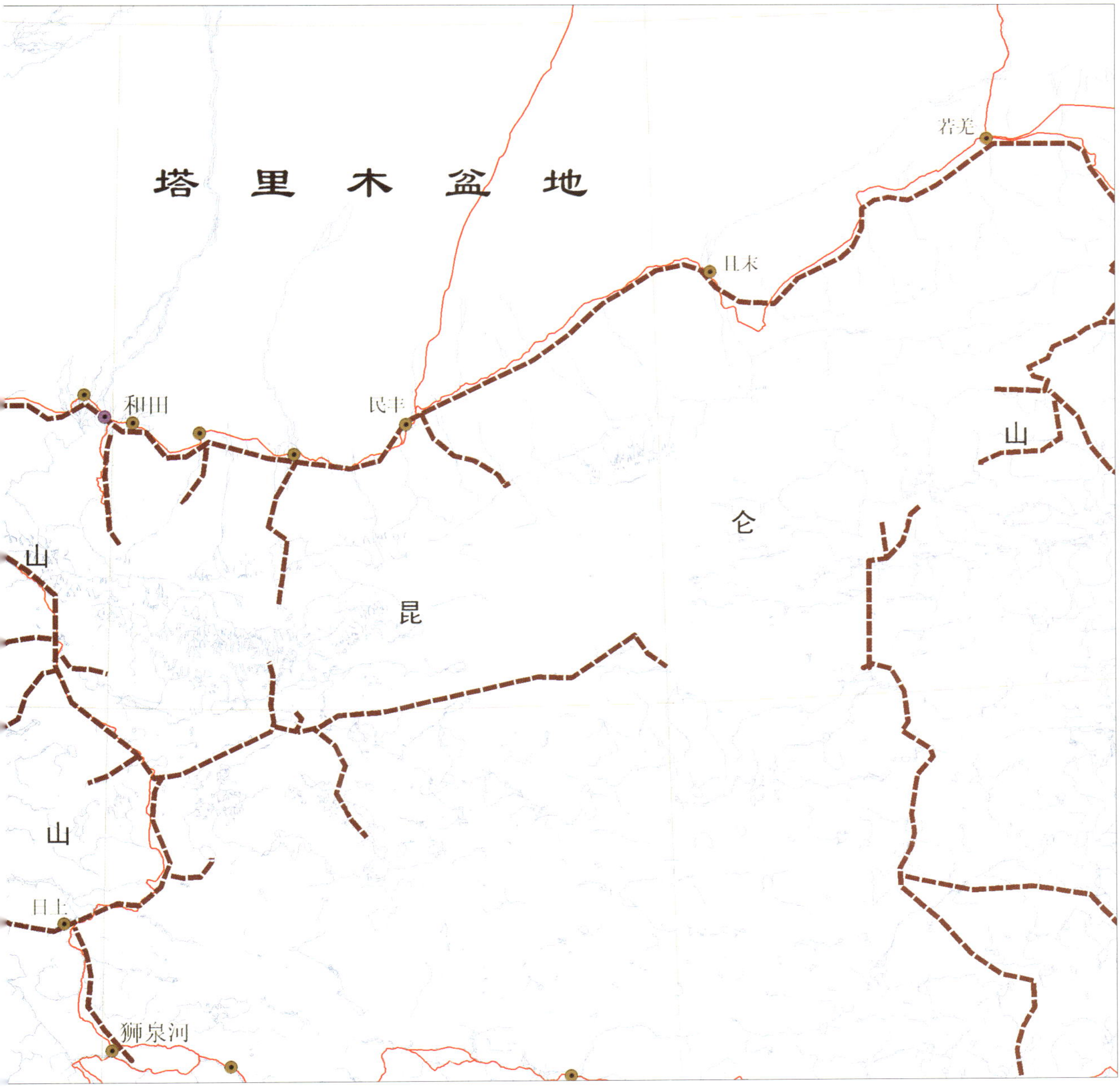

喀喇昆仑山—昆仑山地区考察路线图　李炳元 / 制图

根据需要解决的科学问题，喀喇昆仑—昆仑山科考设定综合性子课题如下：

1. 喀喇昆仑山—昆仑山地区各地体地质特征、碰撞机制与东特提斯的演化。

2. 晚新生代以来喀喇昆仑山—昆仑山地区的隆起过程及自然环境变化。

3. 喀喇昆仑山—昆仑山地区生物区系的特征、形成与演化。

4. 喀喇昆仑山—昆仑山地区自然地理环境的特点、区域分异及演化趋势。

考察队由中国科学院的16个研究所和南京大学、北京大学等单位的50多名科研人员组成。专业涉及构造地质、地层、古生物、岩石、地磁、重力、第四纪地质、地貌、冰川、冻土、地热、自然地理、气候、陆地水文、土壤、动植物、遥感制图、植物区系与动物区系等。

项目进行期间，穿插中科院地质、地理、冰川等各研究所国内外联合考察项目，计有：1988年中日合作西昆仑科考；1989年与国家地震局地质研究所合作，完成喀什—红其拉甫和叶城—狮泉河两条大地电磁测深剖面工作；与法国科研中心合作开展西昆仑—喀喇昆仑山研究，1989年和1990年分别沿新藏公路（从叶城至狮泉河）和中巴公路（从喀什至红其拉甫）进行路线考察，主要专业为构造地质与新构造、岩石地球化学和同位素地质、古地磁、地貌及第四纪地质、自然地理和植物生态。

此次考察行动的直接成果，体现在以青藏队名义编撰的“青藏高原喀喇昆仑山—昆仑山地区科学考察丛书”，包括《喀喇昆仑山—昆仑山地区古生物》《喀喇昆仑山—昆仑山地区地质演化》《喀喇昆仑山—昆仑山地区晚新生代以来的环境变迁》《喀喇昆仑山—昆仑山地区冰川与环境》《喀喇昆仑山—昆仑山地区昆虫》《喀喇昆仑山—昆仑山地区植物志》《喀喇昆仑山—昆仑山地区脊椎动物》《喀喇昆仑山—昆仑山地区自然地理》《喀喇昆仑山—昆仑山地区土壤》等专著，于1996年起由科学出版社陆续出版。

“三五牌”项目攻坚克难

横断山区考察结束，老青藏们的眼光不约而同瞄向西北，尚未走过的喀喇昆仑—西昆仑地区，那片素有“亚洲脊柱”之称的崇山峻岭，近乎空白的未知地区仿佛在召唤，是最终的诱惑。

武素功联络郑度、潘裕生、王富葆等多位青藏队宿将，联名致信邓小平同志，极言喀喇昆仑—昆仑山考察之重要，而老队员多已年届五十，时不我待——总之我们一代人的愿望和使命，是不能让这一地区继续空白。

时值1985年初，改革开放进行时，计划经济正朝向市场经济转型，项目审批制度亦在变更当中。对于青藏科考而言，这意味着后续任务将无人“下达”，有可能中止；对于国内科研机构而言，也是一个转折关头。由于其时国力不强，科研经费受影响，队伍难免扰动，出国留洋的，“下海”经商的，“教授卖烧饼”之类谈资盛传一时。当然不为所动者仍有人在，老青藏这一群就是，初心不改，志在山高水远处，若依当时大背景观之，此举似乎有些不合时宜。

这封言辞恳切的信件，委托曾任中科院昆明植物所党委书记蒲代英同志代转。公事私办却是为何？就因这位老书记是小平同志夫人卓琳的姐姐。从这一反映渠道看来，书呆子气十足的学者们为了事业，也学会了千方百计。

很快有了回应：特殊渠道批转，正规程序运行，国家科委、计委、中科院参与审核立项报告，专家组予以评审，纳入国家自然科学基金委员会重大项目和中科院重点项目，顺利通过！答辩时刘东生和陈述彭等有名望的科学家都在场，陈先生还笑指这一项目是“三五牌”——五十岁年纪，海拔五千米，为时五年。

50岁年纪是就本次考察的十几位老青藏队员平均年龄而言，不含新增年轻力量。按说这一年龄在科学界当属年富力强，可是面对海拔5000米以上高度，算不上优势。

中科院综考会再次组队，队长仍由孙鸿烈挂帅，副队长郑度、武素功、潘裕生。因孙先生已任中科院副院长，郑度成为实际的前线总指挥，常务、第一副队长。召集旧部和新人，专业侧重于地质地理和生物学——农林牧水利等专业除外，要去的那地方既无森林，也鲜见农田牧场，那儿是亚洲的高寒干旱中心，寒旱极，几乎连游牧人也不见的无人区。不过，被“排除”在外的农林牧水利等专业的老青藏们也没闲着，不久后他们将重新集结，仍以青藏

西昆仑山甜水海湖盆，古湖岸线清晰可见　李世杰 / 摄影

甜水海位于西昆仑山南坡，东经 79°31′，北纬 35°21′，海拔 4850 米，年平均气温 −6.3℃，年平均降水量约 30 毫米。干寒气候使该地区成为荒漠戈壁。甜水海湖面海拔 4836 米，湖水面积仅余 1 平方公里。咸水湖，最大水深 3.5 米，湖周围分布有广阔的湖积平原。其湖水面积与水深为 1987 年所测数据。

队之名再赴西藏，为江河谷地农业开发绘制蓝图。

1987 年盛夏 7 月，队员们从天南地北赶来报到，相聚在昆仑山北麓的叶城。甘苦与共，亲如兄弟，说好了不分手，共同面向青藏科考填补空白、基础积累的最后攻坚，满怀豪情踏上征途，去完成青藏高原大发现时代的最后一幕。

沿新（疆）—（西）藏公路向南进发，却不料首场考验迎面而来。

南接羌塘，西昆仑甜水海是进入藏北高原的门户。甜水海这一甘美凛冽的名字何时、何以、何人所命名，不得而知，总之它名不副实。岂止名不副实呢，岂止不是海且水是咸的，它简直就是一座干涸盐湖，简直不敢相信海拔表读数，说比实际高度高出千米还差不多。老青藏们连称怪哉，长期奔走高原，多少五六千米高地都住过，因何“栽”在这区区 4800 多米的地方呢？以至于夜不成寐或呕吐不止，高山反应相当剧烈。难怪甜水海兵站一向冷清，几乎所有知情人，当然主要是常跑新藏线的驾驶员，谁都不肯在此留宿，宁肯起早贪黑或北下大红柳滩或南去多玛过夜。于是甜水海荒寂，方圆百里不见百姓烟火。兵站的小战士说，只有 12 只乌鸦与他们为伴。听到这话，正想打一只乌鸦做标本的年轻队员马鸣，当即打消了念头。

有经验的郑度做了临时安排，请各位前往附近的阿克赛钦地区考察。这一招果然奏效：生就劳碌之命的人一到野外工作起来，尤其身临美丽的阿克赛钦湖滨，顿觉神清气爽，种种不良反应大为减轻。初步考察所得印象：甜水海和阿克赛钦湖曾同为一湖，在不远的从前，例如可能在 7000 年前，或曾是美好的丰水期，面积数千平方公里，至少比眼前的湖盆大上 6 倍。当然，这一现象在广大的藏北高原比比皆是。

地貌学家李炳元强忍不适，在湖畔专心致志打量由近及远、由下而上、一圈一圈古湖岸线，总计 48 圈肉眼可辨！对于甜水海古环境深入考察，靠的是两个钻孔，深度 15 米和 9.5 米，恢复的时间分别为 7 万年和 1.8 万年。打钻人是湖泊沉积学家李世杰、冻土学家李树德，二人从中各得其所——在这片连续多年冻土区，李树德从探坑和钻孔中获知了深部地温变化情况：冻土活动层厚度超过 1 米，年均地温 -3.2℃；年地温变化幅度为零的深度位于 13 ~ 15 米。于是他根据地温梯度公式推算，这一地区的冻土厚度接近 120 米。但接下来用地球物理方法探测到的冻土厚度，却是 84 米。原因何在？联想到此前在昆仑山崇测冰帽南侧海拔 5020 米处开挖剖面，距地表 2.4 米深度，地温竟高达 17.6℃！依此判断，或是由于地热流在西昆仑多年冻土带下所形成的贯穿融区有关。

李世杰收获更大，两个钻孔相衔接，一举恢复该地 5 万年以来环境变化：根据古湖沉积地层分布范围，5 万年前的甜水海古湖面积 3000 平方公里，北与甜水海北湖和苦水湖、东与阿克赛钦湖和郭扎湖连为一体，形成统一大湖；4.5 万年前后分裂成若干小湖；3.6 万年前后，为较前次一级的高湖面期，反映了较暖湿气候环境。然而距今 3 万年至 2.3 万年之间，又经历一轮退缩，然后回升，高湖面持续到 1.5 万年前，那之后气候暖干，湖泊重新大幅度退缩。

小试“牛刀”的两个浅钻，揭示了那么多问题，令人振奋。这也是青藏湖泊第一钻，几年后李世杰在“攀登”计划中承担湖泊沉积研究专题，钻取湖泊岩芯之点，首选甜水海，为青藏高原恢复了 24 万年来的古气候环境变化，那是后话。

翻过海拔 5342 米的界山达坂——无论新藏、川藏、青藏公路，统观整个高原面各公路干线，罕见比它更高的山口。下得山来便是西藏阿里地区日土县境，龙木错位于该县最北缘。龙木错，也像它藏北所有的姊妹湖那样，一圈一圈古湖岸线环绕，湖面海拔 5070 米，较之几万年前高湖面，降幅约为 150 米，其中 1.1 万年以来骤降 70 米。

此番考察，大本营设在南疆的叶城，在龙木错建起的，是前进营地。按说在海拔 5200 米荒凉之地扎营，一般人难以消受，之所以看好它，首先的考虑在于其地依傍新藏公路，交通方便，同时有山泉流过，可以提供宝贵的淡水；尤其重要的是此地还是考察重点地区之一，因而各分队以及各专业组不时在此逗留聚散。这儿也是此番考察范围的南界，1976 年孙鸿烈亲率阿里分队完成了该地区面上考察，潘裕生、武素功、章铭陶、张青松等人都是阿里分队的骨干队员，此系二进阿里，地理学家张青松还兼任了前进营地的联络官。他从事新构造运动研究，利用构造运动的形迹，诸如变形、褶皱、断裂等等，主研晚第三纪以来青藏高原隆升各阶段，诸如整体性、阶段性和差异性。观察现在进行时的隆升情况，有赖于测绘部门埋下的测桩。1960 年和 1980 年，军、地两方的测绘队沿川藏、青藏、新藏、黑（河）阿（里）、拉（萨）狮（泉河）等几条公路干线，每隔 10 公里埋设水泥桩。深埋至基岩的水泥桩是精确度很高的水准测量依据，可以量化提供当地每年上升量。据张青松综合分析，除唐古拉以北因冻土冻融作用使数据有偏差外，20 年间普遍反映了上升，整个青藏高原平均年上升量为 5.8 毫米。越往南升幅越大，年轻的喜马拉雅每年可超过 10 毫米。向北依次减小，到昆仑山北坡上升速率为 6 ～ 8 毫米，只有喀喇昆仑山局部可达 8 ～ 9 毫米。但断陷谷地如叶尔羌河、狮泉河及藏北许多湖盆，则呈下陷趋势。说下陷是相对的，总体来说每年仍然上升 1 ～ 2 毫米。

对于现代上升速率的研究，不仅青藏队，中外许多人都在做。有人用卫星定位方法测量，有人用岩石冷却年龄方法计算，得到的数据略有差异，但当时的回答基本一致：青藏高原仍在整体隆升过程中。

地理组和地质组 26 人在此会合，张青松刚从叶城大本营赶来，自我感觉良好，一连做了三天的炊事员：每天三顿饭，每顿费时两小时。三天下来高山反应加剧，胃痉挛，呕吐，胃黏膜出血。张青松一向健壮，1980 年作为我国首位赴南极考察的科学家而一举成名，这一次却痛苦挣扎在高极地区。潘裕生见事态严重，力主送回叶城，张先生哪里肯听。僵持的结果，达成妥协：去日土。张青松在日土的部队医院折腾了半个月，方才挺了过来，重新归队。

虽说条件艰苦，随后而来的中法联合考察队仍在龙木错扎营。这已是法国第二次青藏高原科考行动，上一次主要与地矿部地质科学院合作，中科院地质所参与，这一次中方则由地质所主导，所以潘裕生、邓万明等多位专家又再次跟进。地球化学家许荣华也来了，他从 1968 年起就参加了历次珠峰科考，不过所做室内工作居多，后来才有了跟着青藏队出野外的经历。这一次再上高原着实令他兴奋。中外专家加上后勤人员总共近百人，不仅阵容庞大且“豪华”：照顾外国科学家生活习惯，特意配备了大型高压锅、专业烤面包机，并特聘一批专业厨师，带上部分西式食材。没想到在龙木错这样的高海拔低气压环境里，现代设备和技术全都走了样：面包发不起烤不熟，米饭下面焦煳上面夹生，最终还得靠富有山地经验的老队员帮厨。龙木错考察一周时间，许荣华体质亏损较大，好在没有倒下，反倒是大部队开进日土县城，海拔骤降几百米，麻痹大意出了大问题：午后的阳光很温暖，他跟着同伴到城边的人工渠擦澡，不料一阵山风吹过，竟至于昏厥在地：大脑严重缺氧，性命危殆。这一次又是潘裕生和张青松陪着他，驱车赶往 120 公里外的狮泉河镇，经军分区医院全力抢救，之后又搭乘部队的直升机飞到喀什，返回大本营叶城，再经过一个多月治疗总算康复。不过主治医生也说了，今后再也不准你上高原！许荣华没有听从，后来照上不误。

在龙木错住了几天，有心人王富葆教授创造了一个世界纪录：在龙木错上方海拔 5200 米处，有温泉流入的小溪中，抓获了一条鱼——小小的“条鳅”。后来送到武汉水生所，鱼类专家惊奇地说，这可是全世界海拔最高的鱼啦！小温泉维持了一个有限的小生境，给鱼类和硅藻们带来一线生机，在根本不可能生存的高度，创造了生物界奇迹。地貌第四纪学家王富葆是南京大学教授，自 1959 年珠峰登山科考开始，40 年间参加了青藏高原的历次考察活动，每有专业内外的新发现，格外有心使他成为博物学家：在聂聂雄拉，他发现了河北珠蚌化石；在玛旁雍错湖畔，发现了石器；在阿里藏族百姓家里，他淘换来一张雪豹皮做标本；西昆仑考察中他发现了冰缘地貌，并背回一块风蚀砂岩标本……王教授历来主张知识面要广一些，事业心要强一些，尽可能地多发现一些，把能拿回来的多拿回一些。

1987 年李炳元在木孜塔格，冰川漂砾当座椅

藏北龙木错营地 郑度 / 供图

王富葆在营地前留影

从英雄地到美马错

在前进营地龙木错，队长郑度着手重组一个藏北分队，抽调地理、地貌、地热、植被、土壤、火山岩等专业 17 人，打算穿越西部羌塘，意在衔接起 10 多年前藏北分队所走过的东—南羌塘路线，完成一个南北大剖面。

离开新藏公路东驶而去，沿途只遇见过一户藏族游牧民，此后再也未见人迹。那一带海拔都在 5000 米以上，年降水量仅有 50 ～ 100 毫米，地表仅见高寒荒漠以及荒漠草原植被的垫状驼绒藜和硬叶苔草，景象远不及羌塘南部的高寒草原约略丰盛些。

这一天拟在西昆仑古里雅山口考察。沿着十几年前测绘队的车辙印迹，车队迂回在开阔地面，渐渐爬上一个平缓山顶。下得车来，四面环视，一派荒凉，山口在哪里？李炳元摊开地图、地形图，看来看去，又比照海拔高度，仔细查找核对，好一会儿才弄明白，身临其地而不自知，脚下不正是海拔 5600 米的“山口”嘛！

郑度不禁感慨起来，50 多年前，植物学家刘慎谔先生只身一人，从新疆到印度，一路沿藏北高原西侧考察，正是从这个古里雅山口翻山而过。听队长这样说，大家顿生敬意，对眼前的一切也都充满了爱惜之情。

西昆仑考察中组建的藏北分队于古里雅山口合影。前排左起：王东安、徐勇、罗辉、雷长山、杨方兴，后排左起：李渤生、李炳元、郑度、司机、顾国安、文世宣、杜泽泉 李渤生 / 供图

山口不远处，可以望见后来名声大噪的古里雅冰帽了。平顶的山巅才会形成平坦的冰帽，400 多平方公里的冰雪之冠何其壮观。当气候变暖，受季风影响的高原南部冰川纷纷融化，唯有地处西风带下的北部表现稳定。不久后就会有人在那上面打钻，300 多米长的古老冰芯记录了数十万年间的自然信息。古里雅冰帽以其所在的平顶山峰，又将以两千多万年前所形成的古老高原夷平面，作为隆升证据，被地理学家一再提及。

此刻，在古里雅山口南侧，古生物专家文世宣和孙东立发现了大片侏罗纪化石群，这对于证实古特提斯大洋北界相当有意义，两位先生兴奋极了，齐声说，我们不走啦！郑度说回头来接他们，带领小分队继续前进，把身后杳无人迹的荒野留给他们。

再次进入藏北无人区，李渤生担任向导。其实 11 年前他参加藏北分队走过的是东羌塘路线，担任向导实在勉为其难，能够依托的，只有测绘队的车辙印，辅以参照大比例尺地形图上的水准点——水泥桩，每隔 10 公里一处，也是当年测绘队埋设的。穿越西部羌塘用了 20 天时间，一直到达东端的羊湖。

1987 年考察在黑石北湖火山群。面向湖泊拍照者是李炳元，观察剖面者是徐勇

黑石北湖火山群（北纬 35°26′，东经 82°45′，海拔 5100 ～ 5200 米）位于可可西里地区西北角，西昆仑山与中昆仑山交会地带以南黑石北湖南岸，是由火山锥、熔岩方山及熔岩平原组成的火山群。这片由安山玄武岩等组成的熔岩丘垅，高出湖面 90 米。

昆仑山区新构造运动更多体现在新生代火山活动。行前，已通过卫星遥感图像和航空照片，查找到这一带火山群遗址。自从 11 年前在巴毛穷宗领略过火山岩魅力，岩石学家邓万明从此着迷，这一次藏北西线之行，满心满眼就它啦！在无人区腹地羊湖一带，他攀上高差两三百米的火山锥颈顶端，采回标本；然后脚踏黑色玄武岩，前往黑石北湖火山群考察。他发现，藏北火山历经多期活动，早期喷发的已剥蚀成小岩丘，后来喷发形成的岩石也被分割成几座七八十米高的熔岩方山或平台；熔岩流大面积分布，紧贴第三纪红层之上，顺着红层上的沟谷涌向黑石北湖岸边。熔岩绳状体、熔岩瀑布、黑色熔岩流中掺杂着红色风化物，色彩斑斓，气象万千，在岩石学家眼里，真有说不出的美丽。两次南北穿越羌塘之旅，所见火山岩的集中分布，为他几年后描绘特提斯火山带行经藏北高原的路线做好了准备，并使之连接起太平洋活火山，从而填补了这条环球火山带的长久空白。

再也未见游牧人，唯一所见人类活动痕迹，是测绘队将近十年前留下的：在拉竹笼地方的泉眼边，有他们使用过的灶台；在英雄地，残存着大本营遗址。听说那是20世纪70年代末某一天，历尽千辛万苦的几支队伍：武汉、成都、兰州三个军区的测绘队，相向而至，在此会师，想来一定是无比激动和自豪的场面，所以将原本无名之地命名为"英雄地"——勇闯无人区的，的确配得上英雄称号。据说，当年在藏北、在可可西里地区从事测绘工作的，皆为军人，有几位战士甚至献出了年轻的生命。每念及此，郑度的心里就弥漫着浓浓的感佩之情：测绘队真是野外考察工作最为艰辛的先行官，没有他们的默默奉献，我们的基础地学研究寸步难行，需要绕行多少弯路，方有所获啊！

西藏的基本地形图测绘，始于20世纪60年代初，完成于70年代末。为填补西藏高原无图区空白，国家测绘总局和解放军总参测绘局系统，以20年时间，对西藏高原进行大地测量和航空摄影测量。国家测绘局系统先后9次编绘、出版1：100万比例尺《西藏自治区地形图》；1989年更新1：50万比例尺《西藏自治区地形图》64幅，并与总参测绘局联合编绘出版1：25万比例尺《西藏自治区地形图》100幅。

在英雄地扎下营盘，随即向远在千里之外的大本营叶城发出电报：藏北小分队胜利到达终点英雄地！

堪比当年测绘队员一样的豪情，犹嫌不足，有人提议，我们也在这儿留下点什么吧，比如纪念碑，没准儿许多年后人们会乘直升机来此观光呢，可不就是文物了？大家听了都说好，于是北京大学青年教师小徐取来以备陷车之用的木板，花费整整一天时间，用烧红的铁条，

英雄地合影
左起：杜泽泉、郑度、李渤生
杜泽泉／供图

一笔一画烙印出“中国科学院青藏高原综合科学考察队 1987 年 8 月”字样，17 位考察队员的名字烙在背面，大功告成！

出野外的人陆续归来，顾不得歇息，一个个欢天喜地在木碑前留影。但是经过一夜思考，某人觉出不对劲了：以后有人来看这碑，说不定以为咱们 17 个人是为科学事业献身于此了呢。大家一听，认为所言极是，真是智者千虑，必有一失，遂将木碑扛下山来，小徐在 17 个名字之后添一“立”字，再扛上去固定好——纪念碑重新落成。

这算是一个令人捧腹的桥段，多年后每说起，听故事的人都忍不住笑将起来。

英雄们在英雄地或有重大发现：青藏—亚洲—世界寒旱极，也许正在脚下！

中国的干旱中心在吐鲁番以东的嘎顺戈壁，那儿低至海平面之下，负地貌，热极了；而地球上的极干旱区域多点分布，以沙漠为典型代表。这里涉及的是高寒干旱核心地带。在西昆仑考察之前，世人唯知极干旱高海拔环境位于玻利维亚—阿根廷—智利结合部，海拔将近 4000 米的安第斯山脉中段普那荒漠，殊不知在这青藏高原西北部更高更寒且干旱。地理学家郑度之所以如此研判，是依据此地一系列自然现象：地理位置、地貌景观、土壤湿度、植被分布，尤其无论西风带降雨还是南来水汽通道皆难以惠及此地，等等多种因素所得——你看青藏高原上的两大水汽输送路径，东线来自孟加拉湾，可以抵达高原北缘柴达木盆地；西线来自阿拉伯海，夏季可越过喜马拉雅进入阿里地区，而中昆仑山内部腹地及南翼高原恰好远离这两条水汽通道，极端寒冷干旱是其重要特征：地势坦荡，干燥剥蚀及寒冻冰缘作用发达，湖泊干涸退缩，湖水矿化度增大。高山荒漠植物占据了优势，也极为稀疏，植被盖度仅 1% ~ 5%。土壤则为荒漠土，甚至出现高山石膏荒漠土。再从中昆仑山主脉的垂直自然带谱看，当属高寒极干旱结构类型，与毗邻高山上发育的极大陆性冰川正相吻合，互为佐证。文见《科学中国人》2015 年第 5 期、郑度：《青藏高原自然环境探秘》。

——对于亚洲寒旱核心区的发现同为西昆仑考察成果之一，后来郑度先生未能亲临彼地亲自验证，提出量化数据，直到 2015 年，有位年轻人以此为课题，在导师张镱锂指导下，初步完成论证工作。几十年过去，论证工作仍属不易，研究区仍是无人区，距离最近的阿里地区日土、改则等县气象站点，也远在数百公里以外，获取资料数据需从布设自动气象站入手。就这样，在前辈们偶尔一去的地方，2012 年以来年轻人却是往返多次，所幸不负重托，首先确定了寒旱核心区的选取原则与划分指标，再据此大致勾画出寒旱核心区轮廓，并非某一点或某一片或近似同心圆，而是以交叉带状的“X”形占据 2.6 万平方公里的荒漠高地。若以著名地望和喻指物象表述，似可这样说：就像一只打开的巨型蝴蝶，停落在昆仑山与喀喇昆仑之间、羌塘高原北缘、可可西里西面；又像一尊威武的变形金刚，自天而降……

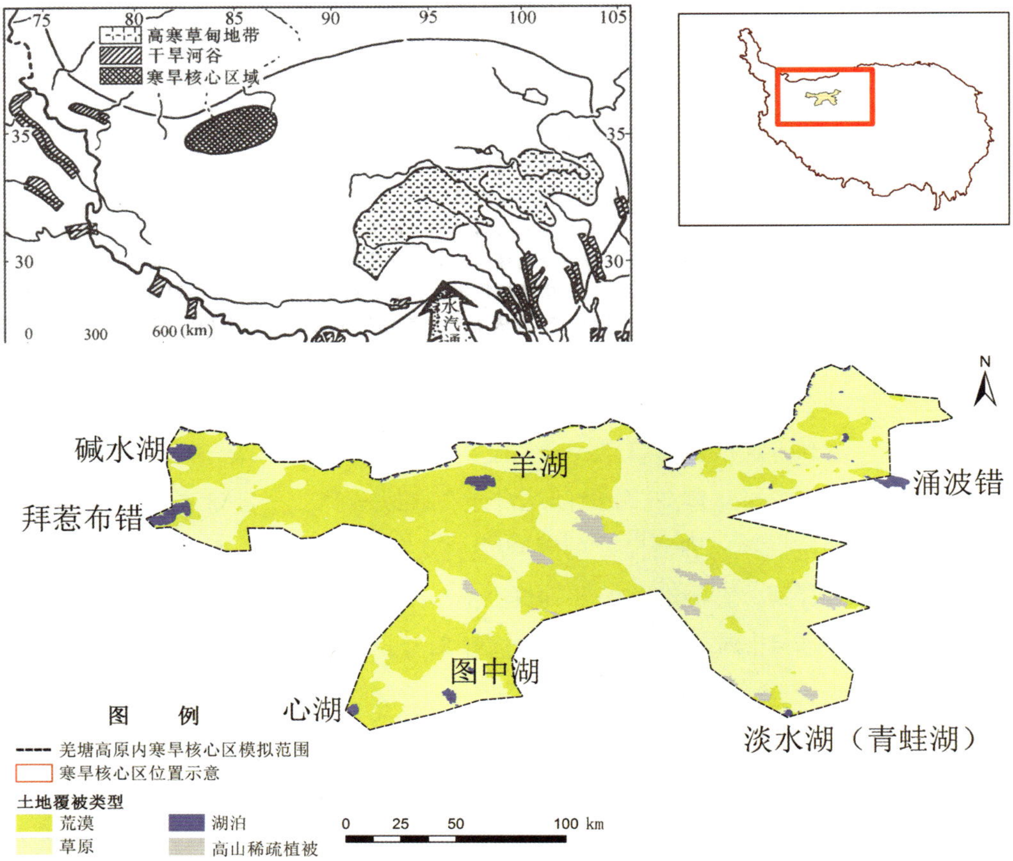

左上图为青藏高原寒旱核心区示意图（引自郑度等，2008）；下图为羌塘高原寒旱核心区模拟范围

以 1 月平均地表温度小于 −14℃，7 月平均地表温度小于 13 ℃，且温度植被干旱指数大于 0.6 为指标，划定羌塘高原寒旱核心区范围为北纬 34°19′23″—36°11′29″，东经 83°0′43″—86°55′43″，面积 2.62 万平方公里。以羊湖为中心，北边以中昆仑山脉为界，与羌塘北界重合，从西北部的碱水湖到东南部的淡水湖（青蛙湖）和石榴湖，从西南部的心湖到东北部的涌波错，呈“X”形分布。区域海拔在 4773—5634 米之间，最暖月均温 3—6 ℃，年降水量约为 20—40 毫米。土地覆被以垫状驼绒藜荒漠景观为主，另有部分紫花针茅草原、羽柱针茅草原、青藏苔草草原以及高山稀疏植被分布。文、图见祁威博士论文《羌塘高原自然地理特征与寒旱核心区范围探讨》（2015）。

从英雄地折返龙木错，发现营地联络官张青松不在岗，原来是到日土的部队医院输液去了。大家议论说，连老张都扛不住了，看来果然一个英雄气短的地方啊！

稍事休整就出发，小分队当晚路经普尔错，盛夏8月里居然先是风雨后是雪，雨水渗透尼龙帐，整夜滴答。有心人一发现下雨，赶紧爬起来“坚壁清野”，以减少损失。太阳升起时，大家忙忙地晾晒被褥，红绿黄蓝铺了大片。其中南京地理所湖泊专家姚宁钢把全部家当都搬出来了，不仅被褥皆湿透，换洗衣物无一幸免，就连测量工具和笔记本，都像是从水里捞出来的。面对全体队员围观，这位姚先生哭丧着脸解释说，不该把塑料布铺在地上，致使雨水汇进被窝。大家忍不住笑，调侃他敬业，人工制造了水池，睡梦中还在测量湖泊吧，哈哈。

第三天从普尔错南下，前往西部羌塘美马错盆地。这一天发生了另一著名桥段“郑度历险记”。在接近美马错的荒原上，郑度和李渤生分乘两辆北京吉普212，远远望见一头硕大野牦牛。为求摄影最佳距离，希望近些再近些。被惊吓的野牦牛始而拼命奔窜，继而转身竖尾，气势汹汹瞪向追击者。李渤生的车谨慎停下观望，队长的车不怕，依然向前，直到距离野牛20米处才停车，郑度手持相机从容下车。冷不防那牛将尾巴一夹，俯首冲来。危急时刻，司机一把将队长拽上车，在另一车人“快跑！快跑！”的大呼小叫中，迅速发动。就在俯冲的野牦牛角触及车尾的瞬间，李渤生摁下快门。

野牦牛见对手狼狈逃窜，自觉无趣，呆望片刻，方才缓步远去。脱离险境，全体人员——地理学家郑度、李炳元、土壤学家顾国安、湖泊学家姚宁钢、植物学家李渤生和两位驾驶员，都来围观那车，但见车尾左侧钢板被挑豁了一裂缝。大家议论纷纷，假如怎么样就怎么样地后怕一番，然后又幸好怎么样又怎么样地庆幸一番。最得意的是李渤生，他取出胶卷，拿纸包好，写上“伟大的瞬间”字样，以示纪念。事后郑度总结说，那一定是一头情场失意的公牛，满心的恼怒。拜托大家注意了，今后凡遇见独自流浪的野牦牛，千万敬而远之。

遭遇野牦牛的第二天到达美马错。美马错湖水退缩后形成的湖成平原格外平坦，小车一溜烟驶向盆地中央，直到一排沙丘挡住去路。信步登上沙丘，忽见沙丘另一侧有清清河水蜿蜒流过，河边沙坡上一望无际的是什么？藏羚羊啊！是母羊和小羊。难怪一路上只见如同手持长矛的皇家卫队一般的藏公羚昂然而过，一直奇怪不长角的母羚和小羚羊哪里去了，却原来它们躲进这个世外桃源，却原来美马错正是藏羚羊的传统产羔地！这真是重要发现，计划外发现！

悄悄接近羊群，还是被发现了。在几只公羚的护卫下，上百只羚羊整齐地排成一列横队，切过山坡向西方飞奔。跟踪走上山坡，又一幅景象令人目瞪口呆：大大小小上百头野牦牛正在安详觅食，一些藏羚羊、藏原羚（黄羊）夹杂其间，不远处几头藏野驴漫步湖畔，好一幅食草动物和谐相处的画面！万万没想到，在西羌塘深处，人烟绝迹处，竟然藏匿着这样一个绿洲，一个野生动物乐园！

算下来，这一天总计所见野牦牛 250 头之多，藏羚羊百余只，藏野驴、藏原羚数十只。

第二年，1988 年，为科学评价这块荒野绿洲上的野生动物，李渤生真正做了向导，陪同美国动物学家夏勒博士等多名中外专家再赴美马错，4 天时间总共见到野牦牛 703 头，藏羚羊 346 只，藏野驴 240 只，藏原羚 51 只，棕熊 1 只，盘羊 20 余只，另见藏狐、岩羊等其他野生动物多种。还见到了名声在外的“金丝野牦牛”，即毛色呈棕黄色的野牦牛，这是青藏高原其他地区见所未见的。

美马错—阿鲁湖一带，生活着如此之多的野生动物固然令人惊异，稍作观察便可明白其中道理：与此地特殊的局地生态有关。波状起伏的羌塘高原，地势较为平坦，但喀喇昆仑东段山脉自西向东延至美马错时，突然群峰高耸，并在美马错西北部急折至北北西—南南东，拔地而起 20 余座 6200 米以上高峰。雄伟雪山冰川发育，便于营造特殊的地形降水中心；冰川融水形成大小河流共计百余条。从河床渗入地下的河水溢出湖泊边缘，构成羌塘高原少见的洪积扇缘溢水地带。加之湖两侧几十个涌量可观的自流泉，以及湖盆区较温暖的小气候，大片湿地草甸提供了良好的栖息条件，使美马错得以聚集多种哺乳动物部落，成为野生动物的天堂乐土。

看来美马错地区是现今青藏高原高寒草原生态系统保存最完好的地区了。外国专家也认为，这一地区在珍稀野生动物保护方面的价值，可以同全世界许多著名的野生动物保护区相媲美。为促成保护区建立，李渤生起草了《羌塘美马错自然保护区的初步评价》。有了这一线索，其后几年里，西藏自治区林业设计院刘务林等专家对藏北高原野生动物进行考察，将美马错范围大大扩展，划定了东起青藏公路—扎加藏布、西迄新藏公路、南至黑阿公路、北抵可可西里，面积为 24.7 万平方公里，占据大部藏北高原的“羌塘自然保护区”。1993 年，由西藏自治区人民政府正式批准建立，列为自治区级保护区。新世纪之初，升格为国家级自然保护区。

羌塘国家级自然保护区，以保护高原草原和高寒荒漠草原生态系统及藏羚羊、藏野驴、野牦牛等大型有蹄类动物为主要任务。仅仅 10 多年时间，保护区内藏羚羊由保护前即 2000 年以前的 6 万多只恢复到 2012 年的 10 万—12 万只，野牦牛由 6000 多头恢复到 9000 多头，藏野驴由 5 万多头恢复到 8 万多头。世界罕见的金丝野牦牛近年来已发展到 170 头左右。

完善自然地域格局与大地构造图景

自然地理学家郑度先生出生在广东，读的是中山大学地理系，可是毕业分配到地理所，从此生活在北方。先是面向西北做干旱区研究，接触到高原北缘祁连山，1966 年参加珠峰科考，自此开启青藏高原宏观地理和山地垂直带变化研究。印象中的南方人似乎“娇弱”，男子汉称谓似为北方专有，但对于长期从事野外作业的人来说就不同了，除了普通话里尚存乡音，除了体型到老也还保持苗条之外，论吃苦精神，论耐受程度，丝毫不比北方大汉逊色。早年采访中听他把自己的专业比作集邮：怀揣“贪得无厌”心理，不仅从不嫌多，反而总觉得欠缺了一点儿，还缺一点儿。一年年积攒下来，大致空间分布算是基本掌握了，但具体内容的充填，只能靠多多益善地多走多看，即使有了航片卫片，也不能取代亲临其境——自然地理最接“地气”，郑度先生可谓“走”出来的院士。就这样，一部青藏高原地理，硬是靠置身其中，用双眼看过来的，用双脚走过来的。然而就是这双遍览过青藏高原壮丽景象的“原装”眼睛，在西昆仑考察中出了问题。是在本次考察的第二年，起初感觉拍照时怎么就是聚不成焦呢，视野怎么就模糊了呢？殊不知纯属白内障作祟，几几乎导致失明，遂于 1989 年 10 月上旬在京手术，左眼换上了人工晶体。可是喀喇昆仑还在等待，只好戴上略显傲慢的镀镍眼镜再出野外，并且穿越了国境：与巴基斯坦科学家合作，从 10 月份的后半月

喀喇昆仑野外的午餐。左一为郑度

到 11 月份，沿中巴公路和印度河上游考察。稍后几年，右眼也更换成人工晶体——从此再看宇宙大自然，当是透过了人工的视线。

到率队完成喀喇昆仑—西昆仑考察，郑度教授为自己、也为青藏队第一期考察历程画上了圆满的句号。新中国成立初期，进行全国范围自然地理区划时，已经认识到高原高寒区、西部干旱区、东部季风区的基本特征，至于何以如此，尚无确切解释。为时数十年的研究积累经由郑度和同事们给出了答案：因为青藏高原的隆起——青藏高原隆起不仅导致自身环境巨变，以构造抬升为主，高山发育冰川冻土，高原面以高山—山地草原为特征，同时对周边地区环境演化产生强烈影响。它改变了大气环流，使西北地区气候不断向干旱方向发展，戈

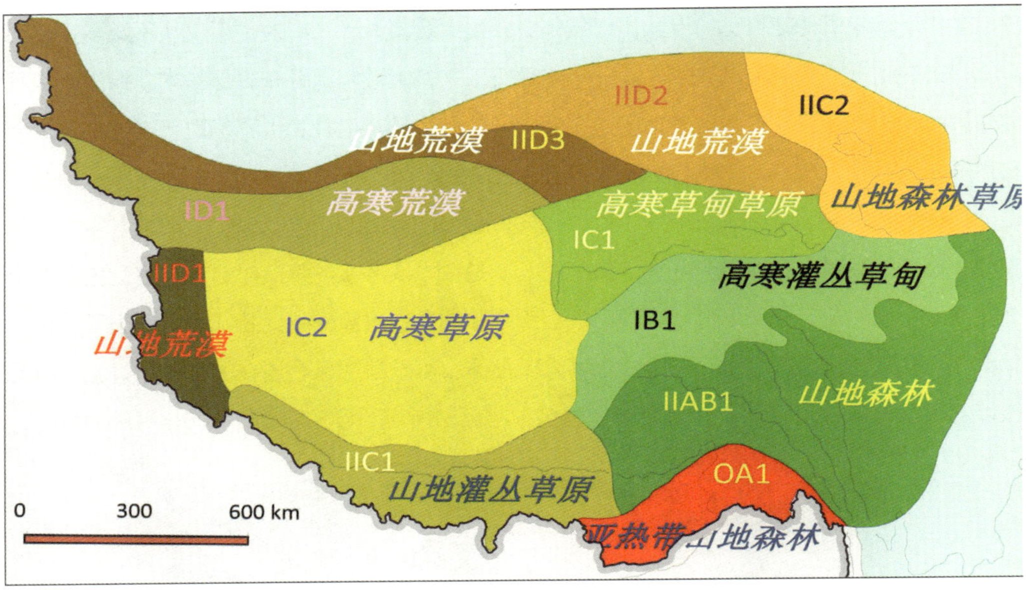

青藏高原自然地域系统　郑度 / 制图

郑度先生于 1999 年当选为中国科学院院士。其学术贡献突出体现在对于青藏高原自然环境的开拓性研究，同时作为我国自然地理学的主要学科带头人之一，在自然地域系统综合研究中，他建立起适用于山地与高原的自然区划原则和方法，提出了中国生态地理区域系统的新方案；在土地退化整治和生态建设领域，他强调要尊重自然，重视地域分异规律，指出干旱区土地和水资源的开发利用要关注区域发展与环境的协调；基于人类与自然界和谐的理念，他积极推动区域发展中环境伦理的研究和应用。

壁、沙漠大规模出现，黄土堆积范围扩大，强烈侵蚀，千沟万壑；而长江以南受季风影响湿润多雨，红色风化壳和红土广泛发育；沿海地区则以构造沉降为主，长期接受沉积。就这样，960 万平方公里的中国陆地依此划分为 5 个巨大的地质环境系统分区：青藏高原环境系统、沙漠—戈壁环境系统、黄土环境系统、红土环境系统和大陆架环境系统。在其后的攀登计划项目中，郑度又主持了其中有关资源、环境与可持续发展课题。在青藏高原自然地理这一领域中，这位自然地理学家的贡献重大：根据气候与植被关系，提出珠穆朗玛峰地区及青藏高原垂直自然带结构类型系统及其分布模式，显示与高原热力作用相联系的巨大山体效应；揭示高海拔区域的地带性和非地带性规律，阐明了青藏高原自然地域分异规律；提出横断山区干旱河谷分类系统，证实并确认了中昆仑腹地及南翼为高原干旱核心区域；探讨山地与高原自然地域的划分原则和指标，拟订了青藏高原自然地域系统方案，阐明高原不同地域单元的环境和发展问题，提出有关对策和建议。专业上的贡献之外，还有作为青藏队骨干与组织领导者的格外付出。

阶段性完成，较为圆满地画上句号的，还有大地构造和地质古生物。

喀喇昆仑—昆仑山地区是研究古地中海东部形成演化及板块碰撞机制的关键所在，晚新生代以来这里隆起剧烈，自然环境演变剧烈。地质小分队沿新藏公路向南进发，翻越阿喀孜达坂、过库地，再翻越赛力亚克达坂。根据从前的理论分析和地理判断，在常承法的大地构造模型中，第四条缝合线应当通过这里。但是常承法当年未能亲临，大家任谁也没来过。潘裕生一路细细察看，循迹找到了位于昆仑山与喀喇昆仑

前往乔戈里峰途中，左二为潘裕生　李渤生 / 摄影

潘裕生在西昆仑考察中发现的这处枕状熔岩（海底喷发的玄武岩），对于确认第五条缝合线起到关键作用

1987 年潘裕生在喀什库勒湖畔，背后是公格尔山

山之间的麻扎—康西瓦纵谷。不错，正是它，第四条缝合带——昆仑南缘缝合带。

逢河必断——高原面上的大江大河多处于断裂带上。麻扎—康西瓦断裂纵谷流淌着叶尔羌河与喀拉喀什河。纵谷南北两侧，在地史发育、沉积历史、岩浆活动及构造变形诸方面明显不同，可见的生物地理也有显著差异：北侧属于北方型或蒙新型，南侧则为青藏区生物区系。这说明从前它们并非同一地体，之间远隔海洋，两地生物才会形成不同的演化轨迹。

50 岁年纪纵有不利因素，50 岁年纪何尝不具备经验优势。在差不多走遍了青藏高原之后，怀着多年积累下来的问题悬念，考察更具针对性。20 世纪 70 年代末，潘裕生编制青藏高原地质构造图，尚存诸多疑问，从横断山到西昆仑，历次考察便是一步步释疑解惑的过程。例如当年描画第三、第四条缝合线时，笔下颇踌躇——它们以怎样的形态向西延伸呢?

与第四条缝合线的确认差不多同时，在麻扎—康西瓦纵谷以北的库地，竟然意外发现了从前框架中不存在的第五条缝合线，似可连接起东部早已被发现的祁连山缝合线。

根据这一线索，为寻找第四、第五条缝合线与东部的连接，西昆仑考察的第二年，1988 年 6 月间，潘裕生率领地质分队开始了为时一个月的艰苦旅行。这既是整个西昆仑考察的艰苦之最，在历次青藏科考行动中，也算得上艰苦之最。

这就是后来被戏称为“死亡行动”的喀什库勒火山区考察。这一名号是陆续徒步前往阿什库勒盆地的各分队年轻队员奉送的。一个单程 5 天，从海拔不足 3000 米的地方翻山过河，攀升到 5500 米。这一过程中，先是一分队地质组创下因肺水肿死亡毛驴 5 头纪录，紧步后尘的二分队地理组，则发生了不堪艰苦的两名民工逃亡事件。连一向壮健的邓万明，身体也每况愈下，水米不进，严重到呕吐的凝血一块块足有黄豆粒大。尽管如此，地质组的勇士们在结束了火山区考察之后，心犹不甘，索性一鼓作气，纵深向南再走上 3 天，经过昆仑山主脊线克里雅山口和中昆仑主峰木孜塔格，总之越过昆仑山脉，与当年王震环、李炳元所率藏北分队羌塘考察北限相接，完成了一个南北地质考察大剖面。

此行艰苦卓绝，也功德圆满：昆仑以北发现了与库地第五条缝合带相同的古海洋化石、相同的火山带和岩石点。据此，潘裕生才敢于声称，从前框架中并不存在的这条缝合带之被发现，也由此才把青藏地区形成时间向前推进了两亿年——作为青藏高原的真正北界，这条缝合带曾位于发育在 8 亿～ 9 亿年前的原特提斯大洋中脊，直到 4 亿～ 5 亿年前原特提斯大洋消亡，大陆重新拼合，成为第一次碰撞造山运动的产物。

第四条缝合带的痕迹通过中昆仑主峰木孜塔格。这条昆仑南缘缝合线历经多番复杂的构造运动，强烈变形，面目全非，以至于 1985 年中英联合考察时，英方专家不肯承认它的存在。两年间的昆仑考察，从麻扎—康西瓦纵谷开始，到木孜塔格的发现，连接起先前发现的黄河源扎陵湖—玛沁一带，这条缝合带终于被认定了。

原不甚清晰的第三缝合带的西侧边界，也出现在其后的可可西里考察中。

第四缝合带与以南的第三缝合带——金沙江缝合带，与以北的第五缝合带——西昆仑—阿尔金—祁连山缝合带，三条带的西端相距不远，正说明了一次次自南漂移而来的大陆块体的强力冲击，遭遇到固若金汤的塔里木地盾顽强阻挡，从而使这一地区在南北方挤压中变形并向高处升起。以地质术语来表达，叫作“左旋走滑”运动。因而地质学家们看到的第四缝合带是一强烈变形带；同时，依据蛇绿岩同位素年龄，发现昆仑南缘缝合带与金沙江缝合带相似，昆仑山与羌塘的古地质（直到三叠纪）相当，为此，大地构造学家潘裕生能够得出的解释是：它们为同一多岛洋盆产物，第三、第四条缝合线同为古特提斯大洋两侧边界。

地质古生物在此次考察中收获多多，新发现古生物新种即达上百种，区域地层系统进一步完善。多年前分别采访文世宣和孙东立两位教授，他俩不约而同说起古里雅山口的惊险一幕，当然是有惊无险之后的笑谈了——

那一天他们坚持留下，两个人的荒原，真正是杳无人迹，连风声也轻微，只有太阳高悬，就连阳光照射大地的时候，也似乎发出嗞嗞声响。沉寂旷野上响起小铁锤敲击岩石的声音，叮叮当当，此起彼伏。不久，孙东立听不到同伴那边的动静了，走过去瞧一瞧，只见文世宣这位老先生竟然背倚着山岩在那儿假寐呢！听到脚步声，站起身，说一声太阳可真好，用他那双远视眼无意中向远处望了一望，忽然紧张起来，“狼来了！”

“在哪儿？”近视眼的孙东立惊慌发问。待两大一小三只灰狼一直走到百米以内距离，方才被他看见。

往下的情节没有多少发展，对峙局面足足持续了20分钟。事后分析，对峙双方都怕，在人这边，唯有的武器是难有杀伤力的地质锤，能够说的话不外就是“要是扑上来就跟它们拼了”；在狼那边，一定同样疑惧，这一家三口大约有生以来从未见过人，更可能的是没把这两个看作“人”：满脑袋花白的毛发，身上红蓝相间，并且双腿直立——对于从没见过的物体，狼很谨慎。

就这样，背倚二叠纪的化石山，面对现代哺乳动物的狼，心中害怕的人强自镇定，一直坚持到对方先行离去，方才瘫坐下来。

从东羌塘到西羌塘，从中昆仑到西昆仑，对于文世宣来说，也是一次完成。至此他已经可以根据古生物化石分布图示，描述藏北高原前身古海消亡、若干地块自北向南相继脱海成陆的时空过程——

北边的昆仑海早期历史记录已经罕见，古大洋沉积物历经高温高压发生了质变；有化石

“文字”记载的史书残片，可追溯到 4.1 亿年前泥盆纪早期，延续到 2.55 亿年前的二叠纪中期末，化石多起来。这期间昆仑海动荡不宁，并随着地壳下沉，沉积了约 2 万米厚的地层。这之后海水退出，于 2.5 亿至 2.05 亿年前三叠纪时期，为低平陆地，有淡水湖泊沉积物和动植物化石；偶有下降，致使海水短暂侵入。走过三叠纪，才成为永久的陆地。

中间的可可西里海只见二叠纪和三叠纪化石。海水一度变深，随地壳下陷沉积层厚达上万米，但为时不久，约在 2 亿年前三叠纪末期脱离海侵，与昆仑地块连片成陆。

南边的唐古拉海则是一向稳定的浅海，海洋古生物生存史跨度为 4 亿年至 1.4 亿年前，从泥盆纪早期直到侏罗纪晚期，说明在羌塘诸地块中，这里最晚成陆，并向北部靠拢，拼合在一起。

昆仑海、可可西里海、唐古拉海，三片海存世时间有先后，恐怕更多时候难免重叠。文世宣从可以自由迁徙的浅海底栖动物相似性，认为即使同为海水覆盖时，之间也并非隔着宽阔洋面，而只有两条割裂大陆的裂谷型海槽。脱海成陆上亿年来，经过来自南北方向的推挤，海槽早已消失在缝合带，各地块也因变窄而成残体——南北宽度削减了不知几多公里，终成高原群山。

众多古洋壳、古生物证据，第三、四、五条缝合带的发现和重新肯定，也使得地质学家们有关 10 亿年来这一地区由北而南曾相继发育过三个大洋——原特提斯、古特提斯、新特提斯——的三阶段各自发展史渐趋明晰。多年来国际地学界侧重于研究与喜马拉雅、与阿尔卑斯和地中海相关的 1.8 亿年来的古海洋最后阶段，中国科学家则把它一再上溯，最终使青藏高原各地块形成时序、青藏高原大地构造图示完整，至少可以自圆其说。潘裕生教授再度绘图时，时空边界已是尽收眼底了。

冰山上，荒野间

喀喇昆仑山脉不以其长，而以高大雄伟著称于世，地球上超过 8000 米的高峰 14 座，位列其间的即有 4 座，海拔 7000 米以上高峰更是多达 15 座。昆仑山系长约 2500 公里，分为西、中、东三段，其中西昆仑（叶尔羌河至克里雅河之间）山势高峻，向南作弧形弯曲的山地大抵在海拔 6000 米以上（昆仑女神峰高及 7167 米），集中了昆仑山系约 2/3 的冰川，其余分布于中、东段，相对低缓的群山之间，也不乏中昆仑木孜塔格、东昆仑玉珠峰那样壮观的冰川群。

现代冰川依托高大山体发育，论面积论体量论密集程度，喀喇昆仑—昆仑山的冰雪世界，早已让冰川学家们心神俱往。现在有了机会，兰州冰川冻土所得以大批量多人次参与，有青藏队在编人员，该所与日本方面合作的冰川考察索性也选在这儿同步进行。野外 4 年，作为本底调查，喀喇昆仑—昆仑山地区现代冰川和冻土数据被大致掌握，并将其分别归类为极大陆冰川或亚大陆冰川；作为科学问题的解决，同时回答了一个困扰多年的疑问——中国西北部这两大山系深居内陆，干旱少雨，自然条件差极，何以保有如此规模的巨型冰川？

且看答案：高海拔的山顶夷平面为冰川发育提供了宽阔的积累区，是其优越的地形条件，而极寒低温又为冰川保存提供了有利的气候条件。例如古里雅冰帽，不仅堪称亚洲面积最大的冰帽，且是除南北极以外最稳定的山地冰川；后来的冰芯研究又向之增加了一个“之最”：保存最久，底部冰层年龄可达数十万年！不过地形和低温这两个条件或许是凭借推测也可得出的结论，实地踏勘只是拿量化数据予以证实而已，所以突破点是对于大气环流作用的新认知：此地在西风环流主导下，与南亚季风共同作用，明显体现在高原夏季特别盛行的局地环流对于山地降水的重大影响，使之成为大陆冰川的主要补给来源。通俗说来，这一作用导致的现象是山上承接的降雨量较山下为多，迎风坡尤甚。以西昆仑崇测冰川为例，山下戈壁滩年降水量仅 50 毫米，但在海拔 5000 米上方，居然可达 300 毫米！

这些情况都是从苏珍先生那里听来的。他和老友张青松、李炳元、王富葆同在地貌组，他担任冰川小组组长，还随带了本所三位研究生，王宁练、刘时银后来都成长为出色的冰川学家，当上了博导。苏珍还特别提到了刘时银受伤一事。正在读硕的年轻人热情高能吃苦，第一次与冰川亲密接触，就来到素享“冰川之父”荣称的慕士塔格，别提有多兴奋，学习态度认真，动手能力也强，不料有一天，打钻用的蒸汽机突然爆炸，正在操作中的刘时银顿时满手鲜血，伤及了皮肉指骨。急送下山回营地，不料与地貌组合用的车辆不在，剧痛中煎熬过一夜，第二天幸有香港一支登山队路过，随队医生替他做了简单的治疗处理，第三天才有车赶来，将他送至喀什的医院。断裂的指骨是用钢针固定的，恢复后的双手略有变形，但并不足以影响到志向情怀，第二年，又跟着苏珍老师上了木孜塔格。再后来，他走遍了青藏高原内外，乃至全中国几乎所有的冰川区，因为他具体承担了中国第二次冰川编目工作。

在木孜塔格，青藏队的冰川小组与冰川所中日合作西昆仑科学考察队合并进行。冰川研究在日本算不得优势，置身雪国却鲜见冰川，日本专家于此大饱眼福，一鼓作气走遍西昆仑南北。青藏老将、冰川学家郑本兴和年轻的段克勤等人沿主脊一线群峰考察冰川冰帽，为当时新兴的冰芯研究提供了基础线索。

动物学家冯祚建所在的生物组没去美马错，他先是在昆仑地区，其后在可可西里，真正从事着自己的主业：对于大型哺乳类动物的观察研究。然而目之所见的有蹄类野生动物种群数量，由于自然环境酷劣，远不及羌塘南部为多；只是仍有好奇兼好胜的野驴群大老远赶来与越野车赛跑，玩超车游戏。按说此距南部羌塘千里之遥，之间似无信息交换，藏野驴怎么生就一样的脾性嗜好，连赛跑规则和细节都一丝不差：不仅非要超过小车，而且一定要在车前方横切过去，超车瞬间还必定要盯住对手，以眼神炫耀胜利。而此时，满车人必定欢呼雀跃，虽败犹荣。这一戏剧化场景一再重复上演，双方乐此不疲，皆大欢喜。

在昆仑地区获得的新鲜经验是，藏羚羊也与汽车赛跑！不仅竖着两根长角的公羚如此，拖儿带女的母羚也如此，有时可以与汽车平行前进好几公里——那儿一定是个闭塞地区，少有持枪者伤害，否则友谊赛进行时，只要有同伴倒在枪口下，必会记忆深刻，再不与人与车亲近了吧！所以尽管冯祚建手持有关部门批准猎取保护动物做标本的文件，但从不在这类欢庆场合有所动作。

正像地质地理学家在此次考察之后完善了各自序列模型那样，走遍了青藏各地的冯祚建完成了青藏高原哺乳动物统计：隶属 9 目 29 科 104 属 210 种，及其各自分布范围栖息地；估算了哺乳动物资源数量，报告了这一资源的现状，提出了保护措施建议。动物学家不无忧虑地看到，东昆仑地区人类活动密集处，野生动物命运堪忧：玛曲西科河一带，由于从前乱捕滥猎，已难觅藏野驴踪迹；查阅资料，从中发现当地曾于 1958—1961 年间，甚至组织过牧民狩猎队，在纳赤台野牛沟、西大滩和乌美图仁等地共捕杀野驴、野牛、藏羚、藏原羚、岩羊和盘羊 4 万余头只，迄今这些中大型有蹄类的种群数量仍未恢复到以前的水平。对于天灾，例如大雪灾，野生动物或难逃一劫，但天生的自然调控能力仍可保持种群延续；可怕的是人祸，现代武器，人为猎杀，那才是致命的。生活在青藏高原无人区的野生动物，大都是珍稀的高原特有种，是大自然留给人类的宝贵财产，我们这一代人的责任，是把它们好生保护起来——出于这一情结，许多年后，冯老先生作为藏北高原野生动物权威专家，应铁路建设部门之请，亲手为青藏铁路设计了野生动物迁徙通道。

生物组的昆虫学家张学忠，与冯祚建一样，参加了青藏队历次考察活动，专捉小昆虫。由于世界上昆虫的种数比所有其他生物种类的总和还要多，而目前为人类所知并加以描述的仅是其中很少一部分，所以昆虫学家大显身手，用冯祚建的话说，就是伸手一抓一个新发现。此次生物区系考察发现的两个新属、185 个新种、6 种新记录，大都归功于昆虫学家。

生物组走过喀喇昆仑和中、西昆仑，环境演变之剧导致区系成分迁移融合复杂，高寒荒漠和高寒草原是这里的主色调，在高原生物群落中也属特别，山地垂直带谱迥异于其他区域。植物区系研究结果：本区的植物区系在喀喇昆仑主峰乔戈里以北划归中亚区，以南划归青藏高原区。武素功的小专业蕨类植物，生长在北温带山区的古老物种，绵延 2500 公里的昆仑山区从前未见发现报道。所以自打一上昆仑，时时留心，处处着意，无奈无发现。倒是年轻的植物学家吴玉虎，不期然中在阿图秀野外营地附近采集到了。这是一株高仅 5 厘米的小小阴地蕨，只有一枚微型锯齿形叶片。就这，已使武素功大喜过望，连忙拖上吴玉虎再去寻找，又找到两株更小的——整个昆仑地区，似乎硕果仅存这三株。这一古老物种之被发现，对于研究昆仑地区植物区系的起源很有意义。

青藏队生物组历来是最活跃的。研究对象本来就是会飞的、会跑的、会游的，即使不会飞不会跑不会游的植物们，也是生动的。每天分头出野外，把凡可驱使的代步乘骑一一骑过：骑马、骑驴、骑骆驼，更多是徒步。到夜晚，张学忠在营地点亮招引飞蛾的汽灯，伺机捕获；咝咝作响的汽灯下，每个人都在整理各种各色标本，写当天工作记录。野外工作虽然

西昆仑考察中，昆虫学家张学忠在营地整理标本

艰苦，但生物组的气氛融洽热烈，曾发生过多起当时惊险万分、危险一过又成笑柄的故事。

故事之一是，“死牦牛复活”。在一处沼泽草地上，老远望见一群野牦牛，听见人声纷纷奔向远处沙梁，只有一头公牛昂首水中，双角直指蓝天，凝视着牛群离去的方向，雕塑般岿然不动。吴玉虎联想起当年在黄河源头考察时所见：牧民所养家牦牛困陷沼泽，无法移动，至死屹立原地的情形，当即自作聪明地向大家宣布：“是头死牛！”摄影记者杜泽泉用他的长焦镜头瞄了好一会儿，肯定了，“没错，是头死牛”，建议骑在牛背上拍照留念。大家振奋起来，脚步由迟疑变而为疾行，一边争先恐后地开始“预订”：“我要牛头！”“我要牛尾巴！”“照完相再分配！”武素功则在岸上大步前进说，“这回我要领先啦！”走在水里的人着急起来，加速为小跑。

距离“雕塑”大约20米，意外发生了——牛尾巴忽然翘起来，紧跟着的动作，是俯首冲向跑在最前面的杜泽泉。所有的人都看到了圆睁的怒目，听到了呼呼喘息，随着杜泽泉一声变了调的“快跑”，人们跌跌撞撞四散而去，惊慌中有人跌了跤又一跃而起，离了弦的箭一般。没命地跑呀跑，直到谁回头望了一眼，才知早已脱险：野牦牛已然从容登上沙梁。看来那庞然大物本就无意伤人，只是不喜被打扰吧，否则休想逃脱。野牦牛不仅双角无敌，可以把人挑起，拿蹄子也可以踩人致死，巨大而粗糙的舌头也是利器。

所有人瘫倒在沙地，先是大口喘息，待缓过气来便开始自嘲或相互取笑。先前打了赤脚的杜泽泉顾不上发言，坐在一旁手忙脚乱地清理：两个脚底板上扎满了硬叶苔草的芒尖。

故事之二是“过河历险记”。在阿羌一带考察，时常与河打交道，河中陷车很麻烦。这一次遇到的是一条20米宽的小河，吴玉虎和马鸣两个年轻人先脱了衣裤下水探路，指挥大车顺利通过，但两辆小车不敢涉险。于是年轻人再次下水，在两岸车上拦河拴一条粗绳，以确保各位老先生安全渡过。当人们相互帮扶着过了河，吴玉虎把自己的背包也送到河对岸之后，第四次返回，背上了杜泽泉托付的两个相机和自己的相机，又抱上一个大西瓜，右手抓住绳子。河水是冰川融水，正在迅速上涨，折腾了一阵子的这当儿，已涨到腰部。水流急，水温低，仗着年轻力壮，吴玉虎仍然无所畏惧。当行至河中心时，绳索晃动，脚下踩翻了石头，立时全身失去平衡，被一个急流打翻。此刻情势危急，吴玉虎连呛几口水，唯有右手紧握绳子才不致被卷走。努力想用右臂之力像翻单杠那样固定身体，无奈未遂。而在这一系列的生死搏斗中，那只左手，依然抱着大西瓜。当事人耳中只有轰轰水声，全然听不到岸上人大喊大叫“丢掉西瓜”，丢掉西瓜的念头是情急中自己意识到的，腾出的左手这才帮上右手。滔滔激流中，双手挂住大绳，终于寻到落脚之处。

冯祚建迫不及待地下水施救，随剧烈动荡的绳子在水中倒下一次又一次。最后反倒是吴玉虎迎过来，救他上岸。

上了岸的人冷得直哆嗦，杜泽泉接过浸了水的相机包一句话也没说，显然很沮丧。事情过去了，这事儿也成笑柄。武素功总结说，荒唐处有两点，一是吴玉虎身处险境，还紧抱西瓜不松手；二是冯祚建老先生过河还要人搀扶呢，居然打算去救人。说来荒唐，不过可作两面解——另一面叫感动。

……

昆仑考察结束，吴玉虎写了一本《秘境昆仑科学探险纪实》，书中就充满了这类故事。孙鸿烈在扉页上题词："献身科学，勇于探索"；武素功为之作序，纪念这段共同经历和生死情谊。那类艰苦很难一一述说，而且青藏队员们全都不以为意。如果稍微涉及一点，就以吴玉虎形象吓人这一细节来说明吧。

那次去往阿什库勒火山区的"死亡行动"中，吴玉虎被抽调到王富葆教授负责的地理分队。每当看到先行一步的地质分队倒毙于途中的毛驴遗体，本队的毛驴们总要停下来，拿鼻子嗅上一嗅，表达物伤其类的哀戚。民工们一路情绪不稳，任凭王富葆一路做思想工作，到底还是有两名民工不辞而别。风吹日晒、艰苦劳累加之营养不良，大家面部浮肿，嘴唇干裂，形象惨不忍睹；体重都有所减轻，最多者减重 10 公斤。考察结束，队部的车送吴玉虎到和田招待所，等候生物分队来车接。在该所餐厅饭桌前，一位女士不经意间坐在吴玉虎旁边，但当她抬头瞄了一眼，仿佛见到怪物，随着一声惊叫，碰翻了椅子，逃也似的走掉了。

这件事情说来并不好笑，说来只是令人心酸。

吴玉虎身为中科院西北高原研究所研究员，参加青藏队考察活动仅此一期，但是所在单位的工作面向，是永远的青藏高原。西昆仑考察之后，他悉心经营本所标本馆的同时，主持了国家自然科学基金项目"澜沧江源区植物区系研究"和《昆仑植物志》四卷本编著工作，完成了《青藏高原维管植物及其生态地理分布》专著，为补点考察继续走向昆仑山、阿尼玛卿山、巴颜喀拉山、布尔罕布达山……

挺进可可西里

1990年对于可可西里的多学科综合考察，带有“搭车”性质，像极了横断山考察模式，不失时机提出要求的，这一次是青海地方。经过一系列申报和协调环节：应青海省政府之请、时任国家科委主任宋健首肯、国家科委和国家环保局参与、中科院和青海地方联手，最终落实到队伍组建并成行。此举亦可视为青藏队“西昆仑—喀喇昆仑”科考中的特别行动。

可可西里地区连接藏北高原，或说本就是它的一部分：北羌塘，位于青藏公路以西、唐古拉山与昆仑山之间包括长江源在内的大片无人区，平均海拔高程5000米以上，面积约25万平方公里。可可西里来自蒙古语，其意为“青色山梁”，清代蒙古和硕特部落夏季游牧在其边缘地带，迄今后人犹在，此地今属青海省海西蒙古族藏族自治州。想来这“青”字非“绿”，近似“铁青”，与金属的坚硬和赤裸色调相关。这一人类极少涉足之地长久寂寞，青海人说它是“神秘国土”，科学界称它为“青藏高原科学考察最大空白区”。20世纪80年代末始为国人所知，缘自西部淘金热，及其负面新闻：金农被风雪泥泞所困，物资供应困难，死亡多人之类；到90年代强化了印象，是因本次盛况空前的科学内容——与以往考察有所不同的是，这一次随行的电视工作者拍摄了一部《神秘的国土》专题片；随行记者“唐老鸭”和杜泽泉拍下大量图片，随行的新华社西宁分社记者党周，将考察成果和见闻于第一时间播报，连篇累牍成系列……总之考察队可可西里的活动进程，仅次于现场直播。

青藏队老将、植物学家武素功出任队长，李炳元、张以弗、温景春任副队长。队长麾下，是12辆北京吉普和8辆解放牌卡车、27个专业的专家连同新闻记者、电视摄制人员共68位汉子。钱袋里不再是当年西进阿里时的万余元，横断山穿越原始森林行动时的3万元，而是4家合作单位凑集而来的150万元！虽然这笔用来维持整个考察季的资金，据说还不足以购买一辆国外进口的设施齐全的野外宿营车，但在武素功看来，已足够奢侈。且不说物资装备和后勤保障，野外工作必需的1：10万地形图已然在握，还有从卫星遥感图上获知的信息：晚新生代火山群、大湖泊群、野生动物群，青海地矿部门提供的砂金矿、盐湖资源等线索，皆有大致方位可循。更何况，为确保考察顺利进行，1989年由地理学家李炳元率领小分队已先行一步预察过，第二年大部队出动，轻松一点儿说，该是“按图索骥”了吧！

然而“索”的过程依然大不易。人为条件可以改善，但哪怕你武装到了牙齿，所面对的自然条件依旧。你照样得忍受5000米以上的高山缺氧，举步维艰倒也罢了，还要不时竭尽全力推挖泥泞中的陷车，忍受每天下午必起的大风沙，夏季高原的酷寒之夜，帐篷里普遍的失眠，风雪袭扰中夹杂着恐怖的滚地雷……人在高处，才会感觉到心脏和肺的存在。50 岁以上的老专家 10 多位，大都曾辗转青藏各地，有着长期的高海拔地区野外工作经验，仍有几位一度倒下：土壤学家顾国安急性高山反应，高烧不退，考虑到土壤学专业仅有自己一人，坚持不离前线；水生物学家武云飞感冒引发肺水肿，被强行送回时发了脾气；冻土学家李树德昏倒了，被送往格尔木，半个月后又从格尔木搭便车返回，重上战场。

被形容为“一去二三里，推车四五回”的经历，集中在前往长江源头各拉丹冬途中。虽说风雪交加，路面却已消融，沼泽遍布。为此，各拉丹冬西侧纵深处终于未能到达，西进小分队被迫中途撤回，在各拉丹冬东侧安营扎寨。

各拉丹冬，意谓高高尖尖的山。与长江正源的身份极其般配，雪峰海拔 6620 米威严壮丽，伴以 50 多条山岳冰川流，而冰塔林千姿百态，银光闪耀，冰川融水昼夜喧响——长江从这里出发，6380 公里行程东流入海。李世杰博士观察测量距主峰各拉丹冬最近的 6 条冰川，核对 20 世纪 70 年代所拍航片和绘制的地形图，发现冰川末端已退后了 150 米，显然是近些年来全球变暖所致。在冰川消融地段，他还发现了死冰——无源、独立、不活动的冰块和冰川作用的冰碛物分布很广。后来李世杰又多次来过这儿，每见冰川持续退缩，难免忧心忡忡。

可可西里科考特点是集体行动，并且集中在 7 万平方公里范围内，总行程 12.5 万公里。历时整整 100 天的考察，收获之多难以尽述，每个专业所获得的每一数据都因了空前而宝贵。按部就班的常规工作，均为历次科考活动的延续，所以本节内容，就从他们所接受的“请托”任务讲起吧！至少有三个悬念，或曰三个谜团有待破解，并且是收队归来就要向请托者交差的。

悬念一，可可西里近期可有火山爆发？

问题的提出，来自 1981 年美国出版的权威专著《世界火山》，其中公布了 1973 年 7 月 16 日可可西里火山爆发，并给出确切的经纬度和火山标高。这则消息对于中国地质学界来说十分重要，火山岂是随处随机可以爆发的，果真如此，那就得重新审视此前对于青藏地质构造的认知。所以 1989 年预察时，李炳元按照书中所示方位直奔而去，但是，月雪山一带毫无迹象，就连新的老的火山岩也不曾见到。第二年，地质学家们扩大了搜索范围，心中渴望“发现”活火山，然而几经失望，倒是在距此近百公里的东南方向，发现一个沸泉群。

可可西里北端，青海—新疆交界处，海拔 6860 米的布喀达坂峰（新青峰），是青海境内最高峰；新青峰下太阳湖，是青海境内最深的湖，也是可可西里地区难得的两座淡水湖之一。

布喀达坂冰川垂挂如练，美丽的太阳湖碧波荡漾。总参测绘队 1972 年标注的 1∶5 万航测地形图上，精准描绘了雪山蓝湖的位置，可是何以不见山前这个地貌特征极鲜明的大型温泉群踪影呢！150 多个泉眼大多集中在 50 米 ×60 米地带，每一泉眼或蒸腾或翻滚，热浪腾空成云成雾。正因航测图上无标示，上一年预察时，李炳元意外发现了它——太意外而无准备，随身携带的温度计仅有 50 ℃刻度，不足以实测，所以才将它命名为“新青温泉”。这一次有备而来，测得最高温为 90 ℃，而当地沸点仅 85 ℃。地质学家郑祥身等人遂将这片热田更名为“新青峰沸泉群”。

温度如此之高，热田如此之大，想来地下必有丰富的高能热储之源，出露在太阳湖断裂带上。特别引起注意的是，热田内砾石风化轻微，泉华堆积仅几厘米厚度，郑祥身忽然联想到：这片年轻热泉在冲出地表喷涌的刹那，定然呈现水热大爆炸形式，卫星图片记录了这一场面，该不是被误读为火山爆发吧！不然何以在 1970 年前后航测过程中一无所见呢？至于美国公布的方位，在当时的卫星图像判读时，有些误差也是可能的。

悬念二，震中位置在哪里？

1988 年，唐古拉一带发生大地震，但因宏观震中位置模糊而使地震研究人员难以确定有关参数。这一回地质学家接受委托，将寻找震中地点作为任务之一。6 月 24 日，在唐古拉山以北的荒原上，陡然发现了一条东西长约 8 公里、宽约 1.5 米、经自然填埋后深度仍大于 1 米的大裂缝。地震工作者叶健青细细察看这条破裂形变带，认为只有 7 级以上的大地震才能造成这样的地裂现象，还好，是在无人区——震中位置应当就在这里。

新近出现的温泉群，新近发生的大地震，反映了可可西里地区地壳最新活动，有助于地质构造、第四纪新构造活动研究。

悬念三，第三条缝合线是否通过这里？

第三条缝合线涉及对古特提斯大洋北部边界的确认。此前对于南界已有较为一致的意见，至于北界，著名地质学家黄汲清先生曾提出极有可能经过可可西里山脉南缘。该条蛇绿岩带东侧出现在金沙江，横断山考察中潘裕生曾循迹将它延伸到青海玉树；再往西，本来还是有机会的，几年前曾随中英联合考察队一度追索到可可西里边缘，正当远远望见疑似蛇绿岩地貌时，甘塞尔老先生不幸摔下马来伤了腰，只得跟着中途折返。这一次有了机会，潘裕生特意叮嘱交代，找到它！

进入可可西里十几天，未见蛇绿岩套现身，地质学家们不免心焦。这一天来到西金乌兰湖畔山地，先是边千韬发现了硅质岩，继之张以弗看到了灰岩和大理岩。不顾天色已晚，兴奋的人们继续搜寻，终于看到一条壮观的枕状玄武岩带呈现眼前。缝合线上的岩群由此露出了真容——西起还东河、东至移山湖一线，长约 70 公里、宽约 8 公里的地段，混杂堆积着具有堆晶结构的辉长岩块体和深海硅质岩、泥质岩；移山湖以西 15 公里处，还有一处比较完整的蛇绿岩剖面。它们属于古特提斯洋壳残余，据此可认定古海洋北界，为可可西里乃至青藏高原构造分区和构造演化提供了直接证据，使大地构造学家在青藏高原构造图上确切画出第三条缝合带：西金乌兰湖—金沙江缝合带。两端延伸，向西大体沿喀喇昆仑北麓进入帕米尔，向东，经苍山西坡、哀牢山南麓进入越南，大致经红河直插南海，仅在我国境内即长达 3000 公里。

这个黄昏的发现瞬间，古生物学家也在场，沙金庚博士喜形于色，因为他一眼就看到了海底古生物化石，二话不说，动手采集。古生物化石可以为古特提斯大洋的存与亡提供确切的年代证据。沙博士留学英国两年整，一朝回国即奔向可可西里。比之风景如画的英国海岸岛屿考察，可以想见的是此地环境真的是天差地别，不过从专业发现看来，舒适惬意之地又焉能比得过我们的荒原！在当年古特提斯大洋的领地，沙博士从石炭纪至第四纪跨度为 3 亿多年的地层中，一举获得了几乎所有代表性化石！尚未计入第四纪孢粉，化石类包括 156 属 283 种！其中一些尚属新发现的属和种。尤其是，早石炭纪至早二叠纪的深水相放射虫动物群和晚二叠纪碳酸岩相有孔虫动物群，是青藏高原其他地方缺失的。而侏罗纪以来上亿年间这一地区皆为非海相沉积，以此呈现的，是可可西里在古构造、古生态和沉积环境方面的编年史，曾经散落过，现在需要重新装订起来。沙金庚博士着手这一工作，据此建立起藏北高原包括可可西里地区大洋—浅海—陆相亚洲型生物序列和地层层序。

如果还有第四个悬念，那就是有心寻找当时正在讨论中的大冰盖是否存在过的证据。

前文提到，数十年来国际地学界涉及古环境领域的争论议题之一，是第四纪冰期中，青藏高原究竟有没有被统一大冰盖覆盖？此前已有初步答案，现在是时候给出最终答案了。在西藏及藏北考察，在横断山考察中，第四纪地貌学家李炳元注意考察冰碛物，得出了否定的意见；此次综合西昆仑和可可西里考察，除在各拉丹冬、乌兰乌拉、岗扎日、马兰山和新青峰周围有冰碛物发现，仅占考察面积 2% 外，其余均不见老旧遗迹；较大湖盆一般属于构造成因而非冰川侵蚀。同时发现的还有，末次冰期遗留冰缘地貌、更早些的火山地貌及第三系泥灰岩保存完好，并无冰层覆盖过的痕迹。据此可以推断，第四纪以来，可可西里地区仅发育过分散的山地冰川，不存在大冰盖。当最终完成喀喇昆仑地区考察，中国地理学家、冰川学家达成一致，纷纷发表文章。李炳元与李吉均等合作主编了第一幅“青藏高原第四纪冰川遗迹分布图”，从整体上阐明青藏高原第四纪冰川的类型、规模、性质、演化历史和高原隆起的关系，进一步证实“第四纪冰期中青藏高原发育连续大冰盖”的观点是错的。

可可西里：雪山和湖泊　沙金庚／摄影

壮丽的布喀达坂峰

西金乌兰湖

滨岸的新月形沙丘

藏北（可可西里）化石序列 沙金庚 / 采集制图

1. 早石炭世（a–c）– 早二叠世（d–g）海洋放射虫动物群
比例尺：0.075mm (a), 0.9mm (b)，0.1mm (c, f, g)，0.134mm (d)，0.82mm (e)

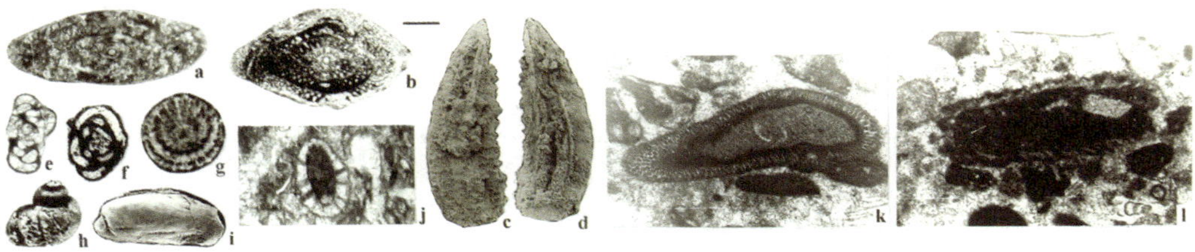

2. 晚二叠世开阔浅海生物群
a，b.；c，d. 牙形类；e–g. 有孔虫；h. 腹足类；i. 双壳类；j–l. 钙藻。
比例尺：0.5mm (a, b), 0.167mm (c, d), 0.133mm (e, g), 0.4mm(f, j), 1mm (h), 6.667mm (i), 0.222mm (k), 0.213mm (l)

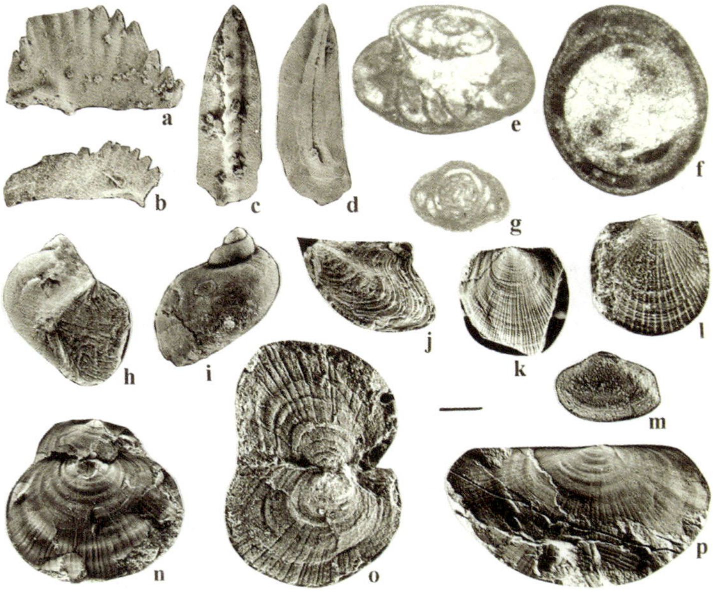

3. 三叠纪海相动物群
a，b. 早三叠世牙形类；c, d. 中三叠世牙形类；e–g. 晚三叠世有孔虫；h，i. 早三叠世腹足类；j–l. 早三叠世双壳类；m–p. 晚三叠世双壳类。
比例尺：0.167mm (a,d),0.2mm (e–g)，3.33mm (h,j,n)，2.5mm (k,m)，2mm (l,o)，6.667mm (p)

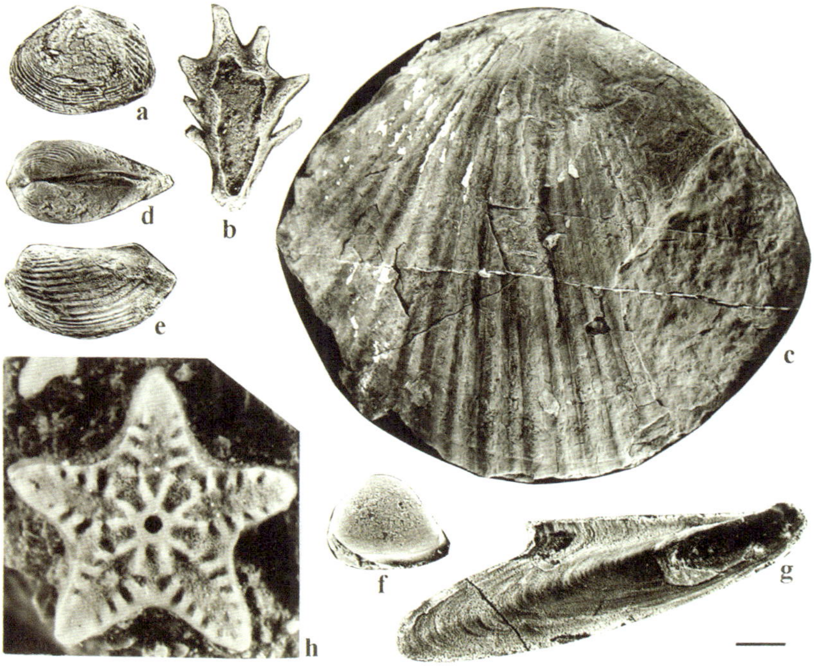

4. 中、晚侏罗世海相动物群
a，d–f. 钻泥和移动的双壳类；b. 黏结表栖的双壳类；c，g. 足丝固着的双壳类；h. 海百合茎。
比例尺：5mm (a)，3.33mm (b，g)，12.5mm (c)，10mm (d, e)，2mm(f)，0.5mm (h)

5. 白垩纪和新生代陆相生物群
a，b. 早白垩世湖相双壳类；c，d. 新近纪中新世湖相腹足类；e. 新近纪中新世湖相双壳类；f. 早白垩世湖相蠕虫；g–k. 第四纪更新世花粉。
比例尺：10mm (a，b)，1.5mm (c)，3mm (d)，1.875mm (e)，15mm (f)，0.03mm (g–k)

可可西里：火山熔岩地貌和泉华　沙金庚/摄影

平台状熔岩

锥状火山颈

沿断裂带分布的泉华

沼泽

据《冰冻圈科学辞典》“冰盖”：面积大于50000平方公里的冰川，地球上目前只有南极冰盖和格陵兰冰盖两个冰盖。通常呈穹状，冰流轨迹呈辐散状从冰盖中心地带流向冰盖边缘。由于冰盖巨大的冰量、冷储及表面高反射率，一方面可调节气候变化，另一方面也通过边缘崩解和冰下冷水流驱动全球海洋环流，影响海平面变化。冰盖内保存有大量反映地球气候、环境、人类活动和外太空事件的记录。目前南极EDC冰芯记录序列长达83万年，格陵兰NGRIP冰芯序列最长达13万年。南极冰芯时间序列较长，格陵兰冰芯分辨率最高。（效存德）

“冰期”词条涉及第四纪冰期内容：对晚新生代大冰期的研究比较详细，业已查明，南极3000多万年前、北半球800万年前就开始形成大冰盖。第四纪冰期时两极和高纬度冰盖迅猛扩张。以距今2.1万年的末次冰期最盛期为例，当时形成劳伦泰德冰盖和科迪勒拉冰盖组成的北美大冰盖，面积达1600万平方公里，斯堪的纳维亚冰盖、不列颠冰盖和巴伦支冰盖组成的欧亚冰盖面积为700万平方公里，加上面积约300万平方公里的格陵兰冰盖，北半球冰盖总面积达到约2600万平方公里。现在只留下不足200万平方公里的格陵兰冰盖，其他冰盖在距今11000年前彻底消失。（周尚哲）

简介可可西里考察一些侧面及部分成果如下：

李炳元、李世杰、李树德在苟鲁错钻取了湖泊岩芯，取得了两万年以来定年较准确、多指标和分辨率较高的环境变化连续记录。

外号“老旱獭”的土壤学家顾国安，发现有龟裂土、碱土、盐土和风沙土4个土类，共采集350个土壤样品，每一样品都需深挖1米。就因他一天到晚掘地三尺，挖土不止，队员们送他这样一个极形象的外号。

荣获“鼠兔”尊名的是气象工作者张琳。他的工作格外辛苦之处是每昼夜观测记录30多次，总在固定时间里蹿进蹿出小帐篷，恰似鼠兔生活习性。就这样，可可西里百日气候被首次记录在案。

“亲王”依然叫“亲王”，尽管考察结束时冯祚建整整瘦下12公斤，以至于脱了相。他想这样也好，减肥。但是窃喜了不很久，回到京城一个月，迅速反弹5公斤；再不久，全面“复辟”。他整理出可可西里野生动物资源的翔实资料，为筹建可可西里自然保护区立下了汗马功劳。

“冒险家”不再具有匹夫之勇的含义。武素功成功指挥了可可西里科考行动，在他的地植物学方面也完成得很出色。可可西里的高寒生态系统不仅在青藏高原具有代表性，即使在世界高山高原环境也可称之为代表性生态系统。对于高寒环境生物区系系统考察的结果，共发现新类群有 76 个，其中植物新种 8 个；另外发现昆虫新属 2 个、新种 55 个。昆虫新种中有一种皮蝇，被昆虫学家命名为“武氏皮蝇”，以铭记他们的队长，铭记可可西里。

2007 年 8 月，武素功重返藏北进行植物考察
张镱锂 / 摄影

算上 1976 年带领藏北分队首次进入西藏境内的可可西里，李炳元先生在其后 30 多年里，总计进入这片荒原超过 10 次。1999 年 60 岁将要退休，还与潘保田结伴到达卓乃湖西，考察夷平面与火山岩，属于“973”计划青藏项目内容；退休以后的 2002、2006 年和 2007 年，是应《中国国家地理》等机构邀约，担任专家，分别从不同路线穿越可可西里。这还并非最后一次上高原，2010 年当他年过七旬，还与《中国国家地理》主编单之蔷同行，从新疆叶城走新藏线，过甜水海到阿里札达，经马攸木山口至雅鲁藏布江河源地区，再绕行聂拉木和樟木口岸，回到拉萨继续东行，去往林芝藏东南各地；2016 年 5 月，重返雅鲁藏布大峡谷等藏东南地区。有些地方是一去再去，有些则是初次到达，至此——李先生很豪迈，说这一圈走下来，至此，青藏高原算是基本走遍！

2007 年 10 月 23 日，李炳元重返姜古迪如冰川

作为 1990 科考活动重要任务及其成果之一，由武素功、李炳元等执笔的《建立可可西里自然保护区的可行性论证报告》呈送决策部门。报告列举建立可可西里自然保护区的意义和价值：诸如独特而典型的高寒草原生态系统、丰富而珍稀的动植物特有物种、多种多样的自然类型、原始的生态环境以及科学和资源的禀赋等等，提出保护区性质应为保护、旅游与科研相结合，从而成为具有多重价值的综合性保护区。这一提案首先得到青海省政府首肯，1996 年，省级自然保护区建立；报请国务院批准，1997 年，可可西里自然保护区升格为国家级自然保护区；2016 年，自然保护区划入三江源国家公园范围；2017 年，可可西里获准列入《世界遗产名录》。

2010 年 5 月 3 日在阿依拉日居，右二为李炳元

可可西里从默默无闻到人尽皆知，1990 年的考察活动

这张照片是2010年5月3日在噶尔至札达间的阿依拉日居垭口拍摄的：李炳元先生正在做GPS定位观测，露出了欣喜表情。他说，小小仪器观测方便，信息丰富，可精确测出所在地点海拔高度及经、纬度，相比1976年藏北无人区科考时连一般地图都罕见，现在的野外工作条件之优越，简直不可同日而语！

从撰写《西藏地貌》(1983)、《西藏第四纪地质》(1985)开始，数十年间李炳元主编或合作主笔的青藏研究专著有：本次西昆仑—可可西里考察两部，《青海可可西里自然环境》(1996)、《喀喇昆仑—昆仑山地区晚新生代以来的环境变化》(1999)和《青藏高原晚新生代隆起与环境变化》(1997)，参与执笔青藏专著有7部，以及大型专业图集《青藏高原第四纪冰川遗迹分布图》及青海省地貌图(1∶100万)(1991、1998)等。近年参与撰文及编辑的有两本精美至极的大型画册：《中国西部地区典型自然景观地图集》(中国地图出版社，2013年)，文字撰写基本上由青藏队老将担纲：尹泽生、李炳元、李渤生、李明森；《中国自然百科·多彩中国》(主编郑度，副主编杨勤业、李栓科，中国大百科全书出版社，2015年)，李炳元、李渤生、冯祚建、尹泽生仍为撰稿主力。

开启先声；之后声名鹊起，又因藏羚羊——围绕藏羚羊的盗猎与反盗猎，藏羚羊守护者索南达杰英勇献身；之后可可西里保护站建立，民间环保组织和志愿者纷纷参与；陆川电影《可可西里》为之推波助澜，恰好不久后由地质学家丁林带队的科学探险队再度进入可可西里，借助影像和网络，吸引了国人的空前关注。可可西里由此超越了自身存在，成为中国环保意识觉醒并起而行动的标志。1986年发起组织“长漂”即长江全程漂流行动的勇士杨勇、杨欣等人，由探险家转型为民间科学家和环保人士——杨欣的环保团体“绿色江河”于1996年在可可西里倡建中国第一座民间自然生态环境保护站，年复一年长期守望；杨勇创办“横断山研究会”，聚焦于青藏高原冰川现状和江河湖、水资源，30 年间高山大川几乎走遍，全凭了一颗赤子心，一副铁脚板。这位科班出身的地质高级工程师，虽在体制外，却以一己之力，以深入的调查和可信的数据，在一定程度上影响到某些开发工程项目的国家决策。近年里他相继进行了青藏高原江河源冰川和气候变化敏感区调查，参与了青海三江源国家公园（试点）规划评估，正在从事的还有高原面上的地理发现考察——因为有了杨勇为代表的社会力量加盟，是不是可以视为国家队、地方军之外，青藏研究阵容扩展，“青藏效应”还在延伸。

当青藏高原大发现最后一幕结束，青藏队使命完成——当 2017 年国家正式启动“第二次青藏高原综合科学考察研究”，青藏科考队的 20 年就被“追认”为“首次”“第一次”。回顾盘点 20 年科考成果，关键词首推“完成”，或者加一限定词：阶段性完成。试看那么多专业初步完成了各自学科框架建构，通观整个高原，地区一级的科学空白就此充填。第二个关键词，似应选“开启”，为紧接其后的第二期深化研究提供了基础和线索。以冰川为例，3 年后，中美合作，姚檀栋率队在古里雅冰帽 6200 米处钻取冰芯；28 年后，仍由中美科学家联手，再上古里雅。此外，甜水海湖泊岩芯的提取只是小试锋芒，证实了新手段的可行性。当“八五”攀登计划青藏项目启动，高原环境演化作为重要课题提上日程时，冰芯和湖泊沉积研究与传统的土壤剖面研究并列为三大支柱，也就顺理成章了。

作为“三五牌”项目的尾声，1992 年 6 月，中国科学院主办的“喀喇昆仑山—昆仑山国际学术讨论会”在新疆喀什举行。这是继 1980 年“青藏高原科学讨论会”后的又一次大型国际会议，是对历时 5 年的喀喇昆仑—西昆仑考察成果的展示检阅，也是国际相关研究成果的相互交流。与会者 148 人，均为该地区（包括境外部分）的研究者，半数来自法、德、美、英、瑞士、巴基斯坦、意大利、俄罗斯等国，其中不少人参加过 1980 年那次国际会议。他们认为较之 12 年前，这次会议所讨论的问题大有进展和突破，在研究的深度和广度方面无疑都有提高。外国地质学家在境外山地做了多年工作，所以对中国学者近年间的新发现表示了极大兴趣：发现第五条缝合带？青藏高原构造单元的新划分？特提斯演化的新提法？还有加里东期构造岩浆带和同位素年代学，等等。有些听来信服，有些不免存疑，尤其对于第三、第四条缝合带的存在及其新发现，是打了问号的。待到参加了会后组织的喀什—喀拉库勒—塔什库尔干—红其拉甫山口路线考察时，依次为这些新发现“验明正身”，疑虑方才打消。外国科学家说，OK！是这样的。

地质以外，在这一地区隆升过程与自然环境变化方面，在自然环境特征及地域分异方面，中国科学家也成为主要发言人。同时，从外国同行那里也得到了许多有益启示，包括分

可可西里索南达杰保护站新貌　杨勇 / 摄影

1994 年杰桑·索南达杰为保护可可西里藏羚羊，在与盗猎分子的搏斗中壮烈牺牲。次年由环保人士杨欣筹资建立以英雄索南达杰之名命名的保护站，于 1996 年 5 月奠基。随着可可西里国家级自然保护区划归三江源国家公园范围，2016 年由北京市和玉树藏族自治州政府出资扩建，保护站纳入政府管理模式。

歧的观点和意见。会上交流，会下切磋，一起讨论今后合作研究的课题，拟订交流计划方案种种——在青藏高原的旗帜下，全世界各路人马都是“盟军”。

1992 年的“喀喇昆仑山—昆仑山国际学术讨论会”成为转折点：青藏研究积累科学资料第一期结束，谢幕，青藏科考队从形式上不复存在，从人员到专业，从此纳入更为宏大的阵容，参与国家重大基础科学研究“攀登”计划，进入面向全球科学研究的第二期，青藏研究最佳期开启。

在地球的自转轴两端，各有南极和北极；在地球的中低纬地区，又耸立起一个高极，或称“第三极”。青藏高原为高极地区，珠穆朗玛即是高极的极点。

关于珠峰，可讲的故事有很多，即使科考，由于世界第一高峰的缘故，历来都是聚焦的焦点、备受关注的重点。20 世纪 50 年代初，第一支随军进藏的科学工作队，首次路线考察就曾抵达珠峰脚下。其后对于珠峰及其周边地区的多学科考察从未间断。不限于中科院，不限于同登山相联系的历次行动，而是多部门、常规化的持续进行中。以珠峰冰川观测研究为例，从兰州冰川所创建之初至今已经守望了半个世纪。最近一次在东绒布冰川海拔 6500 米处钻取冰芯的行动是在 2013 年，领队康世昌已是第三代冰川学家，第八次上珠峰。本章之所以选取三次登山科考若干片段写来，除去本身拥有的史实价值以外，个人原因也是有的：多年里采访过各次多位亲历者，被访当事人年龄跨度，从 80 多岁到 30 岁左右，几代人口述的一手材料，其中不乏“独家旧闻”，意义自在其中了。

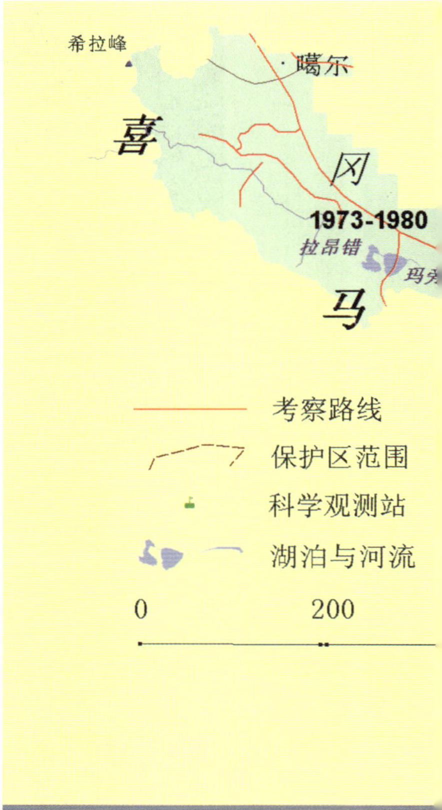

前往珠峰途中，加吾拉山口观景台，一场视觉的盛筵：全世界 14 座海拔 8000 米以上冰雪高峰，有 5 座于此一字儿排开，尽在一眼望去的视野中：从左往右，依次为马卡鲁峰，海拔 8463 米；洛子峰，海拔 8516 米；珠穆朗玛峰，海拔 8844.43 米；卓奥友峰，海拔 8021 米；希夏邦马峰，海拔 8027 米。

第 8 章　珠穆朗玛登山科考

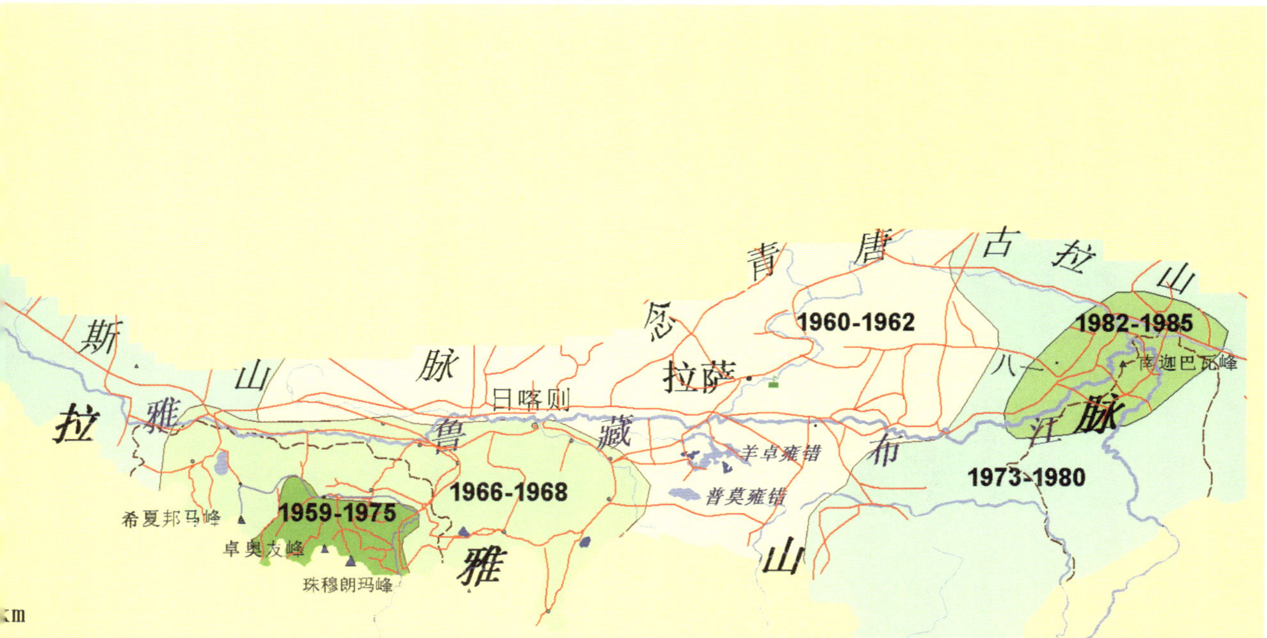

喜马拉雅山脉历次科考区域及路线示意图 张镱锂 / 2005 年制图

喜马拉雅群峰远眺　车刚 / 摄影

珠穆朗玛地区冰川地形手绘图（局部）。米德生绘制，引自《中国国家地理》。在没有卫星遥感和电脑制图的年代，这类冰川地形地貌图全凭大比例尺地图资料和实地踏勘测绘，经工笔手绘而成，额外地具备了个性化的审美价值。

《辞海》“喜马拉雅山”：世界最雄伟高大的山系，由数条大致平行的支脉组成。分布在中国西藏自治区和巴基斯坦、印度、尼泊尔、不丹境内。东西长约2450千米，南北宽约200～350千米。呈向南凸出的弧形，是构造复杂的年轻褶皱山脉。由北向南分为柴斯克山和拉达克山、大喜马拉雅山、小喜马拉雅山、西瓦利克山四带。主脉大喜马拉雅山最为高峻，宽约50～90千米，主要由结晶岩、变质岩、花岗岩组成。平均海拔6000米，8000米以上高峰有10座。中、尼边界上的珠穆朗玛峰（8844.43米，尼泊尔称萨加玛塔）为世界第一高峰。山顶终年积雪覆盖，冰雪面积达1万平方千米。“喜马拉雅”，藏语意为“冰雪之乡”。雪线（4500～6000米）南低北高。南坡降水丰富，1000米以下为热带季雨林，1000～2000米为亚热带常绿林，2000米以上为温带森林，4500米以上为高山草甸。北坡主要为高山草甸，4100米以下河谷有森林及灌木。山间有孔雀、长臂猿、藏熊、雪豹、藏羚等珍禽奇兽及多种矿藏。中国科学院曾多次组织大规模的综合科学考察。1960年中国登山队首次从喜马拉雅北坡登上珠穆朗玛峰。

20 世纪 60 年代，一波三折

开创登山科考模式的首次尝试，正如所期待的那样，在贡嘎山获得双重叠加的成功，合作各方为此大受鼓舞，当即酝酿下一步联合行动，视线齐刷刷瞄向珠穆朗玛，志在世界第一高峰，争得一个从北坡登顶的“世界第一”。

原计划于 1959 年在珠峰之巅插上五星红旗，作为向新中国成立十周年献上的一份豪礼，所以科考先行，提前一年到位，包括为大部队探路打前站。可是由于 1959 年初的西藏突逢历史转折，平息叛乱和民主改革相继进行，导致突击登顶时间延后一年；原计划中尚有与苏联合作之举，不意这期间国与国之间关系不好了，结果可想而知，苏联人不来了。但是对方提供的部分物资装备已提前发运，例如步话机，就是“二战”时从德国侵略者那里缴获的战利品，这在当时的中国，还算是比较先进的设备呢！

遵照贺老总部署，科考先行，时在 1958 年下半年。王富葆是首批就位的科考队员中的一个，那时多年轻啊！上一年才从南京大学地理系毕业，留校任教刚一年，被选中来珠峰，别提多开心。接受的第一个任务在专业之外：联络修路事宜。那时从定日县老县城到珠峰脚下的绒布寺不通公路，王富葆和王明义二人负责运送两箱银圆，找到定日宗本（县长），委托代为组织民工配合部队开辟道路。刚刚从贡嘎山荣归的崔之久，整装再出发，1958 年底到达拉萨。与其他专家不一样，起初他参加的不是科考队，是与登山队员为伍，整整一个冬季，他在藏北念青唐古拉爬山，为适应极高山进行体能的强化训练，即使不做冲顶的登山健儿，也指望能在更高处采集样品。

参加本轮珠峰行动的总共 214 人，其中科考队 46 人，分地质、地貌、测量、气象、水文、动物和植物 7 个组。队员来自中科院相关研究所、地质部、水电部、林业部、国家气象局、国家测绘总局，以及北京大学、南京大学、兰州大学、中山大学等单位，其中北京地质学院派员最多：王富洲等 8 名师生参加登山队，刘肇昌等 3 名教师参加科考队。最终王富洲成为首次从北坡登顶成功的三勇士之一。

考察范围以珠峰为中心，从海拔均为 2500 米的珠峰东侧朋曲河谷、珠峰西侧绒辖河谷，到珠峰北坡海拔 6500 米，总面积约 7000 平方公里。成果体现在《珠穆朗玛峰地区科学考察报告》专著，首次比较全面成系统地报告了珠峰地区的多学科信息：地质组以路线调查为主，考察地层分布、时代及顺序、构造特征、变质作用等等；地貌组以现代冰川考察为重点，在中绒布冰川和东绒布冰川进行了长时间观测；水文组在绒布河沿线建立流量站和临时观测哨，进行水文观察；植物组的植被调查沿用路线考察方式，概述了植被垂直带主要特征、森林带类型、苔藓植物及各类土壤一般性状等，编制而成 1∶5 万植被分布草图，为后来在地形图上填制森林分布简图提供了基本信息；动物组收获颇丰，共采获兽类标本 22 种，隶属 6 目 13 科；鸟类标本 81 种，隶属 9 目、26 个科或亚科，其中两种鸟和一种兽为我国新纪录，另有两个兽类新亚种。……

资料性文字还可以罗列一些，但数据可以更新，认知可以深化，在这一切之上，总有一些什么永不过时，所以我才愿意一访再访亲历者，尤其喜欢听讲那些在学术报告甚至通讯报道中不会出现的情节。距此次珠峰科考 40 年后，我去南京大学拜访王富葆教授。年逾花甲，仍在青藏研究中孜孜以求，从五六十年代之交的珠峰科考，到 90 年代“攀登”项目，从一个人，到带一群学生，结下终生缘分，而最早的珠峰则犹如初恋，历经岁月磨砺，记忆犹新。闲话家常式的访谈中，我得知了许多细节，比方说肩挑银圆的形象，步话机的来历；比方说在那冰雪岩石的高寒之地，踽踽独行的雪豹进入视野不足为奇，居然见有彩蝶翩飞，实在令人惊奇。结果是，他设法捉到一只，送交动物所鉴定，一个新种就此发现。还有日常生活，那时没有高压锅，寻常锅灶蒸出的米饭是夹生的，但也有例外，糯米反而熟得好些。再有就是近在身边的死亡经验：珠峰科考中牺牲了两名队员，北京大学从事大气物理的邵之庆，最后时刻是躺在王富葆的怀抱里的。另一位更年轻，汪矶，兰大尚未毕业，坚持到 6800 米，实在不行了，下撤到 6400 米，依然没能挺过来……

说到牺牲，通常的说法是，一部珠峰登山史，牺牲人数约占总人数的 1/10。不过可能是从前的说法，现在毕竟条件好多了，有经验了，减员率似应降低了。登顶珠峰，最早从北坡尝试。北坡起点高，距离峰顶近，令人想当然认为路线便捷，试过了才知道南坡其实更容易一些。从 1921 年到 1938 年，英国登山队选择中国境内的东北山脊为路线，组织过 7 次攀登，均告失败。最早付出代价的英国著名登山探险家乔治·马洛里，是在 1924 年第二次尝试从北坡登顶时，与同伴安德鲁·欧文失踪于“第二台阶”的。由于遗体未能找到，是否登顶成功不得而知，涉及珠峰登山史中谁是第一，“马—欧之谜”遂成 20 世纪欧洲悬念。马洛里，就是说过名言“因为它（山）在那里”的人。

崔之久最终没能与登山队同行，“下放”归队，跟王富葆同在地貌组，活动在珠峰北坡，主研冰川，测量绘图，在冰川末端设标志，观察它的前进后退。两具登山者遗体就是在冰塔林中发现的。时间在 1959 年 3 月 30 日，地点在东绒布冰川的冰塔林左侧，海拔 6300 ~ 6400 米的地方。周身以帐篷包裹，毛衣碎了，面容及黄头发一看就是西方人特征，想必曾为冰雪掩埋，冰川退缩方才暴露。此情此景，引发物伤其类的感情，他们用石块重新将之掩埋。20 年后当国门开放，王教授有机会见到外国同行，提及此事，对方一听很激动，急切打听细节，是不是马洛里或者欧文，还是 1936 年失踪的两名英国登山者？你们怎么不带回一些遗物哪怕是头发呢？

闻听此言，王富葆也很遗憾，哪里想得到至少应当记方位、留标识，现在这类常识谁都懂得，而当年则无从知晓。

——1999 年，一支美国登山队在珠峰海拔 8170 米处找到马洛里遗体，因为没能找到欧文和照相机，是否为珠峰第一人依然成谜。

王富葆先生讲述中最精彩片段，是有关 1960 年突击登顶时刻。在这个极其关键的节点，整个营地全体人员既紧张又兴奋，不仅气象组全力配合，科考队同样暂停业务，全力以赴。王教授说他一连几天坚守在 7007 米高度的北坳，负责登顶人员与大本营之间的联络，登顶成功的信号弹，就是他在第一时间发出的。

登山队发起总攻那两天，从北京到拉萨，都在紧张等待——北京的周恩来总理守在电话机旁彻夜不眠，拉萨的谭冠三将军守在电话机旁彻夜不眠，珠峰大本营几十双眼睛盯住珠峰山腰的北坳，同样彻夜不眠。北坳只有一个人，王富葆，唯有在此位置能够直接观察到登顶成功与否。

4 位登顶队员到达海拔 8600 米高度，攀登珠峰天险第二台阶，曾被西方人视为不可逾越的一座峭壁，当年马洛里最有可能在此滑坠的地方。现在有一个人做了人梯——刘连满，拼尽气力用肩膀托举起战友，自己却站不起来了。

熹微中，看得见高与天齐的三个剪影，三位英雄终于成功登上峰巅！这一刻是 1960 年 5 月 25 日凌晨 4 时。王富葆激动万分，打开步话机，向大本营报告。但对方只听到一声呼叫，没了动静。这位联络员着急，又拍又打，无奈不灵，这才想起连发三颗红色信号弹——事先约定，上去了用红色，没上去用蓝色；上去几人发几颗。

有人摸黑上了北坳，大本营送来步话机并核实情况，但刚送上来的步话机依然无声——事后查找原因：凌晨时分天气严寒，哈出的热气瞬间凝结成冰，导致短路。

三位登顶英雄是王富洲、贡布和屈银华，他们在共和国登山史上写下了光彩一笔。未能登顶的刘连满也是英雄，做了人梯滞留第二台阶，氧气瓶里所余不多，但他只想留给凯旋者，没吸一口氧，居然坚持到生还，真是奇迹。幕后的英雄也是，一连在北坳待了几天的王富葆，被搀进帐篷，面对烧好的饭，已经既伸不出手，也张不开口，连话都讲不出来了。

正如众望所归，中国登山队 1960 年攀上地球之巅，开创了珠峰登山史上北坡登顶的第一次，随队记者郭超人以极快速度发表长篇通讯《红旗插上珠穆朗玛峰》，为举国欢腾推波助澜。这一壮举本应名垂世界登山史册，遗憾的是，只因缺少一个“立此存照”步骤，国际登山界未予承认。听说是胶片用光了，以致在峰顶既未拍电影也未留下照片。关于这一点，再归咎于别人心存偏见就不客观了。不限于登山界，仅有勇气和热情是不够的，还要学会与国际惯例接轨，遵守既定规则。所以，1975 年登山科考测绘中，再度从北坡登顶成功，调动了一应科技手段，9 位中国登山英雄在峰巅竖起觇标，高举国旗，留下了永恒形象，这一次再无争议。

说到珠峰四次大规模综合考察，一般会讲三次与登山相联系，而把 1966—1968 年那次单列，实际情况则是，仍因登山而起的重新布局。1960 年登顶成功而未获国际认可，国人心中大不服，既然已经“征服”过，再上一回也无妨！国家体委信心十足，中科院乐意配合，有望顺利进行。这中间隔了一个两家合作进行的 1964 希夏邦马登山科考，待到再度联手珠峰行动，议定于 1967 年 5 月正式登顶。刘东生、施雅风担任正副队长的本次珠峰科考，组织近百人团队，整合数十学科，划分为 5 个大专题组，各组划分若干小组：地质、古生物为第一组，常承法、文世宣担任正副组长，文先生同时兼任地层古生物小组组长；第二专题组是地理组，组长张荣祖，包括生物和土壤；第三专题组是谢自楚任组长的冰川组；第四专题组人员由国家测绘部门派出，第五专题组为高山生理专业。总之阵容较前更强，郑度、曹文宣、常承法、高登义等等后来的多位院士和青藏研究骨干，都是队员；考察范围更广，北坡南坡，总共 5 万平方公里。

1966—1968 年珠峰考察主题为“喜马拉雅山脉的上升及西藏高原自然环境的影响和人类生活关系”，分为 5 个子课题：

1. 珠峰及邻区的地质特征和地壳运动的探讨
2. 珠峰地区的自然分带与资源利用
3. 珠峰地区的冰川、气象特征与变化
4. 人类在高山地区活动的生理变化
5. 珠峰地区的大地控制测量及制图

另由上海科学教育制片厂与新华社摄影部负责摄制有关珠峰的科学教育影片和科学考察纪录片及图片集。

照例是科考先行，提前一年上山，孰料国内形势风云突变，“十年动乱”开始，多少计划“泡汤”！其结果是，先行一步的科考险些中途夭折，前文所讲冰川学家谢自楚“两上珠峰”的故事即例证，后续的登山呢，根本就是“胎死腹中”了。

这些背景内幕，是许多年后由地层古生物学家文世宣先生透露的。文先生与青藏高原结缘今生，即得益于此次组队被选中，同事中还有王义刚和章炳高，都是海洋古生物分类专家。南京分院一同前往的还有两位土壤学家。此一去山重水复，但出发时何其潇洒！1966年春节刚过，31岁的文世宣告别娇妻幼子，说今年就不回家啦，明年回，再见！到达目的地，无限喜悦，“珠穆朗玛，我们来啦！”话音刚落地，化石迎面来，地层古生物组喜获“开门红”：野外考察第一天，就在聂拉木县境中尼公路旁的山坡，好几个大时代地层仿佛正在列队迎候——奥陶纪、志留纪、泥盆纪……此前中外人士在珠峰地区根据零星发现，对地层年代有过判断，这一次以可靠证据，一下子把年代上推了一两亿年！不必拿回实验室分析确认，是直观可见的化石当场给出的答案，所以大家欢呼雀跃，“可以说是欢声震动了山谷”，文先生形容说。当晚就向队里报喜，上海科教电影制片厂的专家由队长刘东生亲自作陪，现场拍摄，纪录片《无限风光在险峰》后来全国公映。

开门红，大丰收，令兄弟学科羡慕极了。队友孔昭宸是唯一的古植物学家，一连多日无发现，不由得着急。幸有登山队先捡到一小块带有植物印痕的炭质粉砂页岩，令他激动不已，连忙赶往海拔4600米坡地，寻找原始地层，终于在一个名叫沃鲁隆的小山包上，采集到化石二十几块。后来送请徐仁先生鉴定，这组两亿多年前的植物化石，大多属于种子蕨类的习见舌羊齿，可与印度晚二叠世早期地层中的植物化石进行比对，从而确认它们同属冈瓦纳大陆沉积，进而提出定日县一带原为冈瓦纳大陆的一部分。

古脊椎动物所的专家不用寻找，邱占祥带队，直奔两年前希峰科考中发现并试掘过的鱼龙化石埋藏地，在定日苏热山进行精细发掘，整整装载了40箱！

说是不回家，1966年还是提前回南京，动乱中挨过一年，满心巴望再上珠峰。1967年行程甚晚，8月底才动身，这一次临别时没说今年不回家，但是年底结束考察直奔北京做总结，真就当年未归。在京期间发生了一件不寻常的事情，新华社记者来访，让这些在运动中颠沛已久、斯文正在“扫地”的科学家们受宠若惊的是，记者还说，稿件将送聂荣臻元帅亲自审查，“要像报道原子弹爆炸那样的规格报道你们！”

后来的报道宣传果然轰动，拿文老的话形容，谓之“登峰造极”。先是1968年1月17日晚，中央人民广播电台半小时的“新闻联播”中，有关珠峰科考的新闻占去一半时间；第二天早上重播，继之以长篇报道《无限风光在险峰》。同一天，全国各大报都根据新华社通稿予以转发，可谓连篇累牍：占据《人民日报》头版头条，加编者按“人类科技史上空前伟

20 世纪六七十年代珠峰登山科考

1966—1968 年珠峰冰川考察　苏珍 / 摄影

1966 年珠峰科考中的谢自楚

1966 年珠峰科考中的地质学家们

青藏队在聂聂雄拉发掘三趾马化石　郭长福 / 摄影

早期珠峰考察中最诗意画面：冰川学家宛如走进童话世界
章铭陶 / 供图

1975 年测绘珠峰

大的壮举”，第三版长篇通讯占了整版，第六版，考察图片专版。虽然依当时惯例，报道中不体现个人，皆以“革命的科技工作者”代之，但是作为英雄群体中的一员，大家仍是倍受鼓舞。稍有遗憾的是，这份报纸文先生却没能买到，等他听完广播赶到报摊，早被一抢而光，可见那年头科学信息多么稀罕。后来文先生借出本所订阅的报纸，认认真真手抄了全文，珍藏至今。

1968年，还有一批人三上珠峰，做补充考察。外业三年，搁置三年，1972年由施雅风先生召集专家，总结撰写“珠穆朗玛峰地区科学考察报告”丛书，1974年起由科学出版社陆续出版，时任中科院院长郭沫若题写书名。

“珠穆朗玛峰地区科学考察报告”丛书分为地质、古生物、第四纪地质、自然地理、现代冰川及地貌、生物及高山生理、气象及太阳辐射等7个分册。

地质方面，首次在我国境内喜马拉雅主脉北坡发现奥陶纪、志留纪、泥盆纪地层；对广泛分布的海相中生代和新生代地层作以详细分层和对比，建立起珠穆朗玛峰地区比较完整的地层剖面系统；划分了构成喜马拉雅山主脉的变质岩层序，共分出4个组和5个变质岩矿带，并对变质岩做出同位素年龄测定，从而探讨了喜马拉雅造山运动的年代。结合地球物理资料，初步解释了喜马拉雅山系形成史，提出青藏高原的板块构造模型。

自然地理方面，着重探讨了珠峰垂直地带的分异规律，划分出垂直自然带，提出空间分布模式，阐明各带自然特征；特别是首次在西藏高原进行了土壤微形态研究，对揭示喜马拉雅山地的迅速上升及其对自然环境的影响有一定意义。

气象方面，比较深入地阐明了珠峰地区温度、降水特征；局部环流、冰川风和云的特色；喜马拉雅山脉屏障作用和青藏高原对南支西风急流的影响；在海拔5000米至7029米之间12个高度上取得较为系统的太阳辐射资料，证明该区是世界上太阳辐射最强的地区之一。

第四纪及古冰川方面，证实珠峰地区至少发生过三次冰期和两次间冰期，即希夏邦马冰期、聂聂雄拉冰期和珠穆朗玛冰期，以及帕里间冰期和加布间冰期，还有冰后期的亚里暖期和绒布德小冰期。认为即使在最大的聂聂雄拉冰期时，西藏高原也未形成连续大冰盖。

现代冰川方面，详细调查了冰川的数量、分布、冰川冰结构、冰层温度、消融特征和运动的变化规律；特别是否定了过去外国学者关于喜马拉雅极高峰也和地球两极一样，存在着重结晶的成冰作用的假设，认为在低纬度的极高海拔条件下，存在着完全依靠融化—冻结作用成冰的渗浸冻结过程。本次考察还测制了珠峰地区1∶5万的详细地形图。

1975，再战告捷

1975年登山、测绘、科考三项并举，目标任务：确保登顶成功；在地球之巅立起测量觇标，量出峰顶覆雪深度、测出珠峰精确海拔高程；进行心电遥测，研究人体对特高海拔的适应情况；采集从珠峰山脚直到峰顶的岩石、冰雪样品，为研究珠峰地区的地质、地貌、大气物理提供资料；拍摄记录登顶过程的照片和电影……

本次珠峰行动盛况空前。如果选用一个形容词，非"热闹"莫属：国家体委和中国科学院在全国范围选拔精锐登山、科考队员，人民解放军总参和国家测绘局联合组建测绘队伍，这样算下来，总计300余人开进珠峰。东、西、中绒布冰川融水汇流而成的绒布河畔，十几公里长的河谷地带，被亲切而豪迈地称作"珠穆朗玛广场"，建起登山科考大本营，顷刻间帐篷林立，清一色军用帆布帐篷，体现了军、地之间从人员到物资全方位合作。到后来，"广场"名号没能叫开，海拔5000多米的"珠峰大本营"相沿成习，具有地标意义：前往珠峰旅游者必至，莫不以到过"大本营"为荣。

帐篷不仅扎在河谷，从大本营到海拔8600米一线，登山队为适应性训练建起多个前进营地。至于科考队，隶属于正在西藏境内考察的青藏队的珠峰分队，为配合登山活动，设置专业较单纯：地质组、气象组、高山生理组。地质组由郑锡澜带队，队员尹集祥、刘秉光、林传勇、汪一鹏，总共5位专家，另有两位解放军战士李班长和格桑随行协助。经过前两次有规模的地质考察，这一次任务单纯，考察范围集中，仅限于珠峰北坡由下而上约300平方公里。起初早出晚归，让大家感觉不值得花大把时间和体力往返，索性背起行囊沿途扎帐宿营。

这一年板块构造学说已经深入人心，大家满怀希望而来，志在为这个新理论搜集证据，复原一部喜马拉雅洋陆沧桑履历。具体目标，是寻找与峰顶同一年代沉积岩层，以便测定珠峰地层年龄。选择的路线，是沿一条幽深冰河——哈拉沟溯河而上，随时观察岩层、实测剖面、采集标本、绘图摄影。不时需要去沟对岸观测断层，每每在数十米高的陡滑冰晶体台阶上下来回。就这样走走停停，当费时多日终于走出冰沟，可以望见阳光下的珠峰了！同时望见的，是从峰顶倾斜而下的同一套地层，一路叠摞下来，延伸到哈拉沟顶端近旁，两座灰岩小山！

梦寐以求的地层，记录着珠峰峰顶岩石年龄答案，可以解决一个多世纪以来国际地学界争论不休的问题。此前曾有西方地质学家推测，珠峰北坡可能不存在早古生代地层，或言珠峰峰顶岩层应为距今两亿多年的石炭纪或二叠纪。上一次珠峰考察中，虽有文世宣等地质古生物学家的重大发现，找到过大量的早奥陶纪近5亿年前的生物化石，将珠峰地层年代向前推进了两亿多年，但那一次并未像现在这样接近珠峰。假如此次能在与峰顶同一层位中找到原生化石群，将会更充分地说明问题。期待变为现实，答案就在这里。这天下午，在铅灰色天幕下，阵阵袭来的寒风中，历尽艰辛的人们如愿以偿，终于找到：灰岩小山顶部，原生地层中，那些沉埋经年的海底生命，那些作为种群早已在地球上销声匿迹的古老生命，也正等待着被发掘的命运——三叶虫，追随着寒武纪生物大爆发的物种，个体仅有几毫米到几厘米，却以庞大种群曾经雄踞古海洋，并且是生命中最早进化出新月形眼睛的成功物种，迄今仍以密集的群落形态固守在曾经的海床、现今世界最高处的珠峰侧旁。三叶虫之外，尚有腕足类、海百合，海底世界的居民，曾经的碳基生命，一同展示在几亿年后的现代天光下。

本次科考中，地质组还发现了滨海相沉积及其伴生的动物群和舌羊齿植物群，结合青藏队尹泽生等人同时在定日、定结县发现的同类植物化石，证实了一个问题：冈瓦纳沉积相一直延伸到喜马拉雅北坡。换言之，这条巨大山脉原本属于南方冈瓦纳大陆，是作为一个整体，承载着各类化石群漂移而来，隆升而起。由此引发了对于隆升方式的探讨，包括构造地质研究，基底和盖层变质相研究，等等，板块构造新理论在这里得到了全方位多层面的验证和运用。

相比地质组而言，气象组任务更明确，时效性更强。首先是提供确保登顶成功的准确天气预报。喜马拉雅山脉形同天然屏障，分隔了地理单元和南北气候，高耸的珠穆朗玛受到来自山地南北性质不同的气流夹击，气候超级不稳定，每年仅在4—5月和9—10月两时段，间或出现连续几日的好天气周期，利于登顶。气象组的艰巨任务，正是提前捕捉这一良机；预报准确与否，事关登顶成败，更攸关登山队员生命安危。

大气动力学家高登义担任气象组组长，上次参加珠峰考察时还是最年轻的一个，曾于1968年在珠峰一待6个月，现在则是全组年龄最大、资格最老的一位。气象组17位年轻人，平均年龄只有24岁，几乎都是第一次上高原，施放高空气球，观测天气变化，通过电台接收各地气象台站发布的气象记录，再汇总来自各方信息，综合分析、做出判断、发布预报，是每天必做的功课。那时条件何其简陋，没有卫星云图可供参照，珠峰地区以往气象资料尤其缺乏，教科书以及常规经验概不适用于这一特殊地区，以至于出师不利：首次预报的4月上旬好天气居然连日风雪！导致登山队员在海拔7007米的北坳大风雪中，困守了4个昼夜，天气仍不见好转，只得撤离。

预报失败让全组人痛苦到彻夜难眠。高登义决定改变工作方式，由每天两次放球改为7次、8次，24小时连轴转，根据需要随时放球；为提高施放高度，攀爬到绒布寺以东海拔5700米高处；又从大本营开始，按照登山队前进营地一线布点，梯度观测：5000—5400—

6000—6500—7007 米。观测点位密度加大，观测人员的辛苦程度可想而知。

驻守海拔 5400 米观测点的是两位小姑娘。当年冯雪华正在南京气象学院读书，由于性别原因，经过一番努力才“挤”进来的。这位曾在延安农村当过 3 年知青的高个子女生，年初在京集训时表现突出，被登山队一眼相中，内定为有望登顶的种子选手，把她从科考队调整到登山队。哪知 3 月间到珠峰，第一次适应性行军中，刚刚触及 5300 米，小冯已感高山反应强烈，头痛欲裂，咬紧牙关坚持到 6000 米，突然晕倒在地。如此一来，自然被登山队“淘汰”，重返气象组，主动承担了 5400 米处连续观测任务。一同被裁汰的 17 岁藏族小姑娘关南，做了她的助手。然而这一高度的工作并不轻松，且不说连日不息的狂风伴着飞雪走石天气，奇寒之夜也并不安宁，冰崩、岩石崩的恐怖声响不时传来。某天后半夜，滚雷般的吼声惊天动地，飓风掀翻了帐篷，若不是最后的几根尼龙绳尚未扯断，差一点儿连人带帐被抛进深沟！危急时刻，援军赶到——总参测绘队就在附近，几位藏族战士为她们固定帐篷，用粗尼龙绳把这顶小帐篷与部队的大帐篷拴在一起。清晨 6 时，每天第一次测风测温时间，小冯拼尽全力才钻出帐篷，当即被大风掀翻在地。好邻居再次出现，用又粗又长的尼龙绳捆在两位姑娘腰间，另一端固定在大帐主绳上。当天下午，她们测得风速竟达 40 秒米以上，超过 12 级台风！气温也随之骤降至 -30 ℃以下。就这样，无论清晨深夜，无论风天雪天，她俩坚守岗位，取得了这一站点珍贵的半月气象观测资料。

正是由于气象组夜以继日的强化监测，基本掌握了珠峰地区天气变化规律，成功捕捉到春季最后一个好天气周期，大本营指挥部据此下达了突击顶峰的命令，登顶一举成功。这中间还有一个插曲，当高登义预报 5 月下旬会有一个好天气周期的同时，接到来自北京的消息：中央气象台预报，珠峰地区今年雨季将提前，5 月 7 日以后没有好天气，登山队务必于此前登顶。这一下可炸了锅，究竟哪个对哪个错，气象组紧急动员起来，走访了当地有经验的群众和气象工作者，经反复研讨，最终做出大胆判断：根据今年气温低、回暖晚、气压偏高以及牧草出苗返青迟等多种征候，判断今年雨季较之去年反而推迟，5 月下旬必有好天气。

好天气果然如期而至。5 月 27 日凌晨，当气象组报出“一等天气”，大本营向 8600 米突击营地发出最后一道命令，登山队员向着峰顶迈出了历史性的一步。那时东方天际朝霞喷薄，金字塔般的峰顶金光灿烂。14：30，中华民族九勇士：潘多、索南罗布、罗则、侯生福、大平措、贡格巴桑、次仁多吉、桑珠、阿布钦，屹立在地球之巅，五星红旗在珠峰绝顶处高高飘扬。喜讯通过报话机传达到大本营，又从大本营传播到北京，通过广播电台，迅速传遍全国。

举国欢腾庆祝中，英雄们仍在珠峰顶端的冰雪中工作：测积雪深度（海拔高度需排除积雪厚度）、埋下 3 米高的红色觇标（供山下测绘用），潘多则静静地躺在雪地上，忍受着彻骨

20 世纪 60 年代珠峰科考的大气物理观测

1975 年登山科考最亮点：在珠峰之巅竖立红色觇标

此后几年里，凡成功登顶者，必与觇标合影留念。只是人们发现，觇标在变“矮”，1982 年不足 70 厘米，1988 年，不见了。原因何在？采访中听高登义分析，虽然峰顶终年在 0 ℃ 以下，但阳光强烈，铝合金质地的觇标吸收热量，融化了周边冰雪，导致沉降松动，终致消失。

严寒，为山下的高山生理组提供心电遥测，世界第一份最高峰上的心电图被成功获得。

8848.13 米的地球制高点，取代了世界地图沿用 120 年之久的 8882 米。

经历了珠峰的历练和考验，1980 年南迦巴瓦峰登山科考中，高登义继续承担气象预报工作。对于山地气候驾轻就熟的把握，使他获得了“气象预报诸葛亮”别名。这一次预报得最为成功，长、中、短期：从 3 个月到 10 天甚至 20 分钟以内，几乎屡试不爽。听到赞许，高登义就说，这是运气好，准确预报其实很难，也许下一次就不准啦！

南迦巴瓦之后，高登义去过南极和北极，担任了中国科学探险协会主席，但珠峰行动仍在继续——山地大气物理的权威就是这样“炼”成的，一系列理论建树既是科学问题，尤具应用价值。

1960 年代珠峰考察，尤其 1968 年在珠峰一住 6 个月，发现了来自南方的一个强天气系统，“孟加拉湾风暴”。那年 10 月间，其势汹涌的浓重云团翻越喜马拉雅，东西长达上千公里的山脉地带普降大雪，喜马拉雅各山口提前两个月封山，并在山脉南北侧的聂拉木、定日、帕里和错那县带来了百年最大降水。高登义密切关注这一现象，鉴于西藏地区自 1958 年后方才正式为气象资料建档，只能返回北京查资料，特别是来自印度的百年数据，发现此为百年以来第二大降水系统。20 世纪 20 年代这一地区出现过大降水，3 天内降水 200 毫米，而在印度，3 天内降水 600 多毫米。分析原因，珠峰的屏障作用通常可将南来印度洋暖湿气流阻挡在南坡，南北坡气候显著差异由此造成，但在一定的条件作用下，正像一般人视珠峰为畏途，而少数人却可登上峰顶那样，具有相当强度的云团借助风暴之力，照样可以翻越屏障，在北坡降落。这一发现对于西藏的气象预报具有直接的指导意义。那之前西藏的气象工作人员注意到藏南地区时常秋季降雪原因不明，这一观点发表后，明白了，是孟加拉湾风暴作祟。从此注意其动向，只要见它北移，喜山南北必降大雪，由此提高了预报准确性。

本次珠峰考察中，高登义完善了对于珠峰—青藏高原“热岛”效应理论：高海拔地区太阳辐射强烈，山地加热，反馈到大气圈，形成热岛；加热作用在春夏季表现尤为强烈。理论得以量化验证：在珠峰东西方向各 600 公里处，各选一站，将各站 5 年间来自地面到高空所积累的资料进行比较，发现在 9000 米高度，每当春季西风盛行时，东面的站比西面的站温度平均高出 3 ℃；而在夏季，东风吹起之时，西面的站则比东面的站高出近 1 ℃。这是因为东风弱于西风的缘故。而高空气温直接影响地面温度，青藏高原较之两侧同纬度低山平原地区，气温也要高出 0.5 ~ 1℃——不要以为不过区区 1 到 3 ℃，这在大气物理学家看来是一个不得了的数据：全球平均温度不过上升了 0.7 ℃左右，足以引发有关“全球变暖”恐慌。

还有对于珠峰“旗云”的多年观测，根据飘动方向及形态，判断风向、风速、当日乃至一两天内的天气状况，总结出一套经验，对于短期天气预报尤其把握适宜登顶时间，十分有用。对于“背风波动”效应的发现则是在 1980 年观测到的。所谓背风波动，是指当气流漫过山顶，在另一侧必然下沉。如果飞行员不具备这一知识，不小心接近了背风波动位置，后果将不堪设想。确实，1990 年代中期在珠峰附近，一架“黑鹰”直升机不幸失事，机上人员全部罹难。事后高登义奉命调查失事原因，查阅当天气象记录，有偏西北气流经过，飞机当时正处在背风波动区。那位优秀的飞行员，只是由于缺乏这类特殊经验，当感到气流压力时，按常规操作，结果未能拉起飞机。另一教训发生在 1990 年。日本探险家乘热气球横穿喜马拉雅行动中，特邀高登义做气象预报。探险家把起飞地点选在希夏邦马峰东南方向，高登义劝阻，提醒说这正是背风波动下沉区，建议把地点改在希峰西北。那位曾保持了世界热气球飞行最高最远纪录者没有接受规劝，自信地说，高先生，气象你负责，选点我负责。结果，不幸被言中：正常情况下，几分钟内热气球便可升起，但这一次处在下降风中，整整花费了 45 分钟，耗用了一罐燃料方才升了起来。这就注定了燃料与风速都不能使他按原计划到达目的地——飞行 400 公里后被迫下降。由于过分加热，气球烧坏，人被烧伤并摔伤。高登义立即与总参和外交部电话沟通，从尼泊尔联系了两架飞机，实施了紧急救援。

当登山队凯旋，科考队还留在山上。高登义、冯雪华和气象组成员转向珠峰地区大气环境本底调查：从山脚至山顶、从南坡到北坡，采集冰雪、降水、岩石、土壤、植物、人的头发和指甲、牲畜犄角蹄等35类样品，以此确定珠峰地区自然状态下各种化学数据，建立参照系。这份资料在后来的全球变化研究中发挥了作用——1992年，当高登义又一次率队前往珠峰考察时，发现此地水与大气有所变化，有13种元素例如铁、铜、铅等超过1975年之前5～6倍。这与海湾战争有关，与科威特油田大火有关：珠峰与科威特同一纬度，盛行西风将污染物搬运至珠峰地区，导致洁净珠峰有史以来第一次降下黑雪。随后几年的连续观测，还好，已超标的各种元素污染物降下来了。

冯雪华与科考队业务秘书姚建华从南坡采样返回，继续在北坡采样。有一天，他俩与高登义、科考队支书郎一环、新华社摄影记者范惠琛和体育报摄影记者张小京一道，攀上6000多米的中绒布冰川。起初穿行在冰塔林中的感觉还好，飘飘欲仙——确实是轻飘飘，严重缺氧环境不由人不迈着"太空步"。只是冰塔林中险象环生，全无规则的冰雪建筑布设起一座硕大迷宫，需要不时相互招呼，以免失散；耳边不时响起冰崩的脆响，脚下是随处可见与不可见的冰裂缝。天气真不错，阳光照耀在淡蓝色冰体上，居然感觉温暖。采样工作中午便告结束，郎一环背起冰雪样先行下山，其余几位则陪同艺术家拍照，结果这几个人走散了。先是范惠琛说，你们就地休息，我去去就回。小张心知他要去选好镜头，也跟着走了。这一走就没了影儿。久等不至，高登义着急了，说，我去找，你们千万别动。结果又一个一去不回。眼看太阳西坠，天色转暗，冯、姚二人面面相觑，只得动身下山。夜间难辨下脚的地方，姚建华踩在薄冰上，一下子掉进齐腰深的冰水中，冯雪华上前施救，用冰镐把他拖出水面。

与冯、姚二人上路差不多同时，天刚擦黑时郎一环到达大本营。他从过午2时动身，晚上9点方才到达，背上的冰雪样品越走越沉重，到后来每走几步都要躺下来歇息。而范、张、高三位也是，无不迷失在冰塔林中，无法寻找同伴，只得按照大致方位，踏上归途。继郎一环之后，一个个狼狈而归。直等到半夜，还不见最后两位的影子，整个大本营全体出动，沿可能的来路寻找而去。被寻找的人隔着很远的距离，望见了满山遍野的手电筒光柱，希望在前，挣扎着迎向救星。获救地点在5400米营地，时已凌晨4点。冯雪华瘫倒在地，最后的一个上坡，是用绳子捆在腰间，被人硬拖上去的。

冯雪华回忆起当年往事的一桩桩、一件件，感慨万端。她说每一个数据都来之不易，都是许多忘我的人以心血，甚至以生命为代价换来的。历经那么多的困苦、那么多人的帮助，全都铭记在心，从此投身于青藏研究事业矢志不渝。高级工程师冯雪华后来在中国青藏高原研究会担任过多年办公室主任，为这个团体增添了一道暖色风景。

2005，别开生面

时隔 30 年，登山、测绘、科考再度联手，重装上阵。谈及缘起，用当下时兴热词表述，是为纪念 1975 珠峰行动的“致敬”之作。至于多家机构中谁最先想到提起，连当事人都认为那不重要，更像是不谋而合，而且西藏自治区政府十分积极，参与了动议策划。30 年过去，变化真是大极了，就登山运动而言，攀越世界第一高峰作为成熟的商业模式，不再是职业登山者的特权专利，固然仍属艰辛备至的极限运动，毕竟成功登顶者已达数千人众。所以为此次行动别开生面的，首先是全由女子组成的登山队，其性质更侧重象征意义。一大看点是：中央电视台进行了登顶的全程直播，全国人民可以同步收看；测绘方面最具悬念，国家测绘局出动 48 人的团队，有人甚至跟着上了峰顶实地操作。不仅如此，他们还代为科考队地质组采集七八千米以上的岩石标本。不过珠峰高程新数据，并非当场宣布，是经相当严格严密的室内计算核准后方才公布的——8844.43 米，让各种文字标注的世界地图再更改一遍。在我们这本以科考史为主线的书里，篇幅有限的本节无意全景式描写此次珠峰行动，而有意表现科考队，聚焦于冰川考察和生态环境考察，看又一代新人如何成长起来。

2005 珠峰科考主题，“珠穆朗玛峰地区对全球变化的响应”，科考队人员组成，同样别开生面，焕然一新年轻人——队长康世昌，1969 年出生，时年 36 岁，兼任冰川组首席；同为“60 后”的丁林、马耀明、张镱锂，分任地质、大气物理、生态与环境各领域首席科学

拉山口海拔 5220 米，科考队 2005 年 4 月 2 日合影，背景左侧为珠穆朗玛峰　张镱锂 / 供图

科考与登山营地，海拔 5180 米　张镱锂 / 摄影

海拔 5800 米科考中转营地　王兆峰 / 摄影

海拔 6300 米科考营地　王兆峰 / 摄影

牦牛驮队赴东绒布途中，海拔 5300 米　张镱锂 / 摄影

家，总计 45 人，15 位研究员级别的业务骨干，来自中科院青藏所、寒旱所、地理所及北京大学、四川大学、西藏农牧学院等单位；4 名博士后，另有 26 名“70 后”在读研究生——依托本次珠峰项目，培养出博士和硕士各为 7 名和 6 名。

珠峰冰川本为中科院兰州冰川所“世袭”领地，第一代开拓者施雅风、谢自楚之后，是秦大河、姚檀栋，算来康世昌已是“嫡传”第三代：兰大地理系毕业后跟着李吉均先生读了硕士，接着追随秦大河老师读博士，毕业后就职于冰川所。有意思的是，1975 年大规模登山科考之后，虽然登山活动和专业考察还在持续进行，但是珠峰冰川一直寂寞，像是在等待小康长大成人。1997 年，康世昌跟着导师第一次来到珠峰，到 2013 年 8 次光顾，珠峰没有白等。秦大河看好这位爱徒，第一次带他出野外，就开始刻意培养他组织管理能力：从项目策划、人员组成、日程安排、后勤保障，全方位参与部署实施。而在秦老师一众弟子中，这位小康最具乃师风范：吃苦耐劳不必说了，以相当的个人魅力凝聚团队，豪爽大气很阳光，是其鲜明个性。“这男孩厉害啊，什么都会做，还会唱歌。”——秦大河如是评价。没错，不仅在欢乐聚会时唱歌，即使在海拔五六千米、英雄“气”短的地方也不时地引吭高歌，以鼓舞士气，那才叫罕见尤物。

所以考虑此次珠峰科考由谁当队长，在前辈师长那里，康世昌的确是不二人选，过程之精彩、成果之丰富，也的确不负厚望。不过毕竟过去了多年，访谈中许多细节都已淡忘，或根本无意提及，哪怕曾有过的惊魂时刻，连付之笑谈都谈不上了。只有一次，康世昌顺便讲到遭遇车祸，是在2004年前往长江源各拉丹冬冰川考察途中，在青海湖畔翻了车，断了6根肋骨。至于掉进冰裂隙的最险经历，没讲过，是后来我从刘勇勤博士的日记里读到的。此番科考的副产品《走进珠穆朗玛》，由三位年轻博士刘勇勤、丛志远、仲雷以日记形式为主体架构，再现了2005年科考每一天。他们都是第一次上高原，既新鲜又兴奋，所以写日记，可以想见的是，等到去的次数多了，可能只会以考察日志代之，抒情部分，恐怕就免了吧！

一说抒情，难免“小资”情调嫌疑，可是这些日记，怎么说呢？一想到是在那样极端环境中忍受着何等的不适写下的，任何的评论文字哪怕是赞美，无不显得苍白轻飘飘。总之我用了一天时间，几乎一口气读来，满心感动，心疼，热泪盈眶，不时夺眶而出，忍它不住。是关于个人和群体的成长记录，也是两个月里野外生活的情景再现，总之这个年轻团队给予我这个读者的总体印象是：有条不紊中不乏创意，高效工作的同时生动活泼。

《走进珠穆朗玛》，由康世昌担任主编，甘肃科学技术出版社2005年11月出版。书中刘勇勤博士的日记占去大半篇幅，据此整理如下：

2005年3月23日，集合在中科院兰州寒旱所的科考队整装出发。科考队全名为“中国科学院第4次珠穆朗玛峰综合科学考察队”。沿青藏公路历时5天到达拉萨。初次进藏的年轻人一路上完成了海拔5000米上下的高山反应体验，到拉萨已觉神清气爽；4月2日到达海拔5180米珠峰大本营，还好，并无特别不适。往后的10天里，在康队长指导下每天进行适应性训练：适应的是海拔高度，训练的是登山技巧。就这样循序渐进，越走越高，考察采样工作穿插其中。

科考队在大本营附近架设水文观测场

科考队员在大本营调试自动气象观测系统

冰塔林下的午餐

前往珠峰东绒布冰川运送仪器

东绒布冰川垭口的自动气象观测系统

位于东绒布冰川 6400 米处的气溶胶采集仪

冰塔林采样

钻取冰芯的工作在夜间进行

体现创意的安排，是在晚间的学术讲座，每晚必请一两位专家授课，全都围绕珠峰话题：丁林主讲地质概况，诸如珠峰地标的黄带组、北坳组的形成等等；张镱锂主讲生态环境，珠峰北坡的生物多样性研究及 30 年间环境背景值的比较研究；黄荣福，冰缘植物；马耀明，大气物理；刘景时，冰川水文。主讲大气化学的有北大的朱彤、青藏所徐柏青、生态中心张庆华，井哲帆讲解 1997 年以来观测到的东绒布冰川变化，杨兴国指导如何布点架设自动气象站。国家测绘局张江齐教授介绍的是珠峰测高史，西藏登山队女队员桂桑传授的则是实用的山地经验。还有专讲遗传基因的——来自中科院基因所和遗传发育所的汪健、陈凡两位教授，长期从事高海拔地区动植物与人类基因及其适应研究；还请到一位外国专家参与交流：加拿大的迈克博士，多年来他在喜马拉雅南坡从事大气气溶胶采样，分析其中重金属及持久性污染物。迈克博士一直向往来北坡采样，此番得以加盟科考队，终于得偿所愿。

教学相长，现场犹胜课堂。所谓综合考察，不只是各学科的简单叠加，而是相互渗透交叉，专业之外更多旁及，是对青藏队创建以来优良传统的创造性继承。

更大考验还在后头。5800 米中间营地的短暂适应之后，是徒步 7 公里、历时 6 小时，上行到海拔 6350 米高山营地，落脚在壮美至极的东绒布冰川的冰塔林中。这个高度只是牦牛驮运的终点，却是冰雪采样工作的起点。第一次有女性科考队员登临这一高度，对于刘勇勤这位小女子来说，自豪感足以抵消“高反”带来的一半痛苦。另一半的难过，也被同伴们的英勇无畏化解得差不多了。在她眼中，康队长的“山神”雅号名副其实，如此之高的冰雪路途，犹似闲庭信步，6500 米处攀上爬下，在坚冰中开挖雪坑取样，还不忘高歌一曲《青藏高原》，给大家“提气”。尤其是，号称“高原之舟”的牦牛看似力大无穷，但在海拔五六千米高度，负重不过 40 公斤，可是在牦牛都不肯再走的高山营地上方，装有气溶胶采样设备的麻袋重达 30 公斤，康队长背起就走，直奔 6500 米冰川垭口。一天劳作下来，还要背回样品袋，袋中装满冰雪样的玻璃瓶。要知道，这个人上一年的肋骨损伤还没好利索哪！起初刘勇勤总是落在大家身后，看队长健步前行的背影，总以为他本就秉有超常体力，直到有一天并肩而行，才发现这位“超人”也在大口喘气，同样吃力，不由感叹，所谓“超常”的，看来唯在意志力。

就这样日复一日，任凭涂抹多少防晒霜，也抵挡不了阳光和寒风的双重来袭，一个个面孔像烤焦或冻伤的红薯，康队长的嘴唇暴皮干裂，某天早晨醒来，忽觉异样，原来是血痂粘住双唇。后来他曾把这事儿当笑话讲，却发现听众没有一个笑得出来，就不再讲了。

4 月 23 日，6350 米高山营地，鲜红的党旗展开，刘勇勤入党仪式在雪野上举行。她把这一庄严时刻记在日记里了。战争年代有“火线入党”，严酷的自然环境也似战场，同样需要有人冲锋在前，经历生死考验。组队期间，正值全国范围内共产党员先进性教育活动进行中，康世昌特别提议成立临时党支部，并担任支书，这也是历来的科考队前所未见的风景。既是科学工作者，又以党员标准激励自己，科考队中 10 名党员专家个个都是好样的，时时处处体现先锋模范作用，形成中坚，做出榜样。已经递交入党申请书的，同样个个争先，继刘勇勤之后，陆续有张庆华、丛志远、刘强、井哲帆总共五博士，或在高山营地，或在大本营的党旗下宣誓，成为中共预备党员。经受了珠峰考察的历练，瞄准了看齐的目标，确立了终生的志向，又有 8 位研究生递交了入党申请书。

问起最高可以到达多少米？康世昌说没试过。不过此次考察也算创造了纪录，为采样上过 7200 米！仅仅套上了冰爪，而无其他登山标配例如腰带环、上升器之类，加之当时风大，被登山队撞见，挨了好一顿猛批：太冒险！考虑到队友安全，只好下撤，不然的话，尚有余勇可贾哪！

危险确实存在，最可怕莫过于冰裂隙，那可是所有登山者、

在海拔 7000 米高处采集雪样品

为“重测珠峰”提供数据的探空气球

科考队员查看探空气球发回的数据

本组图片选自《走进珠穆朗玛》
康世昌 / 供图

冰川作业者的噩梦。冰裂隙的出现，是巨厚冰川在运动中，遭遇悬崖等地貌开裂而成，通常深不可测，即便失足者被卡在其间，如未及时获救，也往往因自身的体热融化了周边冰雪而持续滑坠，或因体温迅速下降致死。康队长十分熟悉这一带，一再提醒大家注意安全，特别提防东绒布冰川垭口南坡不远处的冰裂隙。然而万万没想到的是，险情竟然降临在自家身上。

从7200米下来的次日，4月30日，一个寒风呼啸的坏天气里，复又来到6500米处作业。大气化学组的任务是架设大气气溶胶采样仪并进行调试，刘强博士一个人、一顶帐篷，在这个冰雪平台已经坚守了3个昼夜，即使夜间，也需每两小时采一次样，其艰困可知，好几次险些连人带帐篷被飓风卷裹而去。这天早晨，大风刮跑了取样桶，里面盛放的物件散落各处，刘强就近捡回一些。从营地上来的康队长心疼又心急，说这些宝贝工具一样都不能少，顺手拎上一把铁锹，一个人去稍远处再找找看。就这样快步走去，一时竟忘了危险，一脚踏进冰裂隙——好在潜意识里始终有根弦紧绷着，就在坠落瞬间，反应够快，单腿用力蹬出，支撑身体悬停，然而双手已经够不到雪面以上，唯有大声呼救。

关键时刻，几十米开外的队友并未听到声音，万幸的是，他的学生丛志远本来正在专心干活儿，不知怎的忽有触动，先是猛一回头，看见雪地上的铁锹而不见人影，一惊之下，发疯般边跑边喊："康老师掉下去啦！"在场所有人闻声赶来，七手八脚，生拉活拽，方才脱险。

钢筋铁骨是这样炼成的，生死之交是这样结下的。这一天是刘勇勤博士高山营地的最后一夜，半个月里她的冰雪微生物取样工作已完成，将要返回大本营。无论专业训练还是个人修为，成长过程经历珠峰，千真万确算得上高起点——距此10年后，恰如其名，这位勇敢勤苦的小女子以优异的业绩，以对青藏高原冰川—湖泊微生物与气候环境关系的系统研究、首次建立的高分辨率的青藏高原冰芯细菌丰度年际变化序列等开拓性成果，荣获国家自然科学基金委员会颁发的2014年度"国家杰出青年基金"资助。杰出青年基金简称"杰青"，是中国青年科技工作者的国家奖，既属高阶荣誉，也可在业务领域获得实质扶持，对于刘勇勤研究员来说，无疑又是一个新起点。

一同经历珠峰考验的王小萍和丛志远，也先后荣获了国家级的"优秀青年基金"项目资助。

刘勇勤离开后，丛志远和队友们继续坚守高山营地一个多月，配合徐柏青研究员在6500米处钻取浅冰芯。《走进珠穆朗玛》所记录的，由丛志远日记接续，直到6月2日下山。这期间他们站在东绒布冰川垭口工作现场，从望远镜里遥观登山队员的冲顶时刻。这一天是2005年5月22日。

大气物理组首席科学家马耀明的职责，相当于30年前高登义的角色。从珠峰北坡沿

4300—5200—5800—6520 米梯度，架设了自动气象观测站及风温仪、辐射仪等设备，在珠峰大本营则持续进行了大气湍流和无线电探空观测，尤其是在确定了登顶日期之后，全力配合。仲雷日记详尽记录了那几个激动人心的日日夜夜，如何施放高空气球，紧盯气象参数，风速，温度。5 月 22 日，分别在凌晨 2 时和 8 时、10 时，3 次施放气球，是对适宜登顶好天气进行确认，也为测绘队提供气象信息。11 ：08，喜讯传来，成功登顶！大本营顿时沸腾，鞭炮的声响和腾起的烟霭为热闹氛围加码。

成功登顶还要保证安全返回，所以工作继续，12 时、14 时、20 时，仍在放气球；待登山队凯旋而去，仲雷等人仍在大本营多住了半个月，观测大气，完成课题。

科考队生态环境组首席科学家张镱锂研究员，来自中科院地理科学与资源研究所，他担任主任的土地科学与生物地理研究室，其前身正是孙鸿烈和郑度两位院士工作过的中科院地理所自然地理室，所以衣钵相传，渊源颇深。就拿参加本次珠峰科考队来说吧，身为生物多样性与环境变化研究首席科学家，出发之前就做了大量案头工作，找来 1966 年和 1967 年郑度先生所做的珠峰地区植被样地资料，找来 30 年前登山科考时的本底调查数据，再根据现有遥感影像和土地利用和植被资料，做出“珠穆朗玛峰北坡景观生态现状”彩图，一并带上山，意在通过实地调查，一方面反演数十年来生态环境变化情况，寻找变化原因，另一方面，通过现场“目视”，对基于遥感的景观格局图示加以修订。生态环境组承担的任务包括珠峰北坡生物多样性研究，生态系统与气候、环境、垂直梯度的关系，及其对气候变化的响应研究。总之此行旨在把前辈走过的地方再走上一遍，把前辈未必走过，凡遥感解译涉及的疑难区域也尽可能走上一遍，在定日、定结、吉隆、聂拉木 4 县约 4 万平方公里范围内展开环境综合调查，调查和采样工作最高到达 6600 米。首次在珠峰绒布河谷上游的陡峭崖壁上发现常绿灌丛——香柏植物群落，此为绒布河谷唯一的常绿植物；获得了珠峰北坡种子植物分布上限达海拔 5775 米的新纪录；修订了多种野生动植物的分布范围及环境特征；发现了珠峰地区新的森林和灌丛群落类型。

随队的央视记者及时报道了香柏的发现，令人喜悦，可是让专家们忧虑的现象也是存在的：珠峰自然保护区核心区范围内，某些原本属于沼泽湿地或草甸的地方，后来曾被开垦为耕地，继而撂荒，以致沙化。在聂聂雄拉，仅见匍匐地表、格外稀疏的由垫状点地梅等构成的垫状植被，那是草地完全退化后又重新生发的先锋植被，也即退化土地恢复过程中最早出现的植被类型之一种。然而据郑度等 1966 年和黄荣福 1984 年的调查记载，该区域原生植被应为紫花针茅草原——演变而为今天的模样，可知几十年间珠峰地区草场退化十分严重！

说到黄荣福研究员，这位孙鸿烈先生口中的“小黄”，是生态环境组特邀的一位前辈：

绒布河谷上游峭壁上的常绿植物——香柏（海拔 4780 米） 张镱锂 / 摄影

香柏是青藏高原特有植物，一般生长在海拔 3800 ~ 4900 米干旱、寒冷的陡峭山坡，这种特性在松柏植物中比较少见。在西藏主要分布在拉萨河上游以及念青唐古拉山至冈底斯山南坡局部地区；藏东三江流域芒康一带和藏南的定结、定日和聂拉木等地亦有分布，但在绒布河谷发现香柏植物群落尚属首次，为珠峰地区生物多样性研究增添了一项新纪录。

1940 年出生，1965 年于复旦大学生物系高等植物专业毕业后，长期工作在中科院西北高原生物所，参加过青藏科考多次行动，其中有过两次珠峰地区考察经历，在高原植物分类、植物资源和高山植物适应与进化研究方面拥有丰富经验。所以尽管已经退休，依然不时被特邀帮忙，以 65 岁年纪一如既往地坚守在野外一线。此番考察中，他和张镱锂研究员一起奔走在珠峰地区，进行生物多样性、区系组成调查及遥感解译的野外校对工作。

5180 米海拔高度的大本营，只是出发的起点；5800 米营地也仅作为中间一站，以王兆峰博士等年轻人为主力的科考队员，在 6350 米营地一住多日，样品采集到达 6600 米高处。截至 5 月下旬野外考察结束时，生态环境组完成前期采样工作，包括在 4400 ~ 6600 米进行了土壤调查取样并采集了 4500 ~ 5200 米的植物生理样品，同时在定日县境内系统采集了头发样品，各类样品累计近 350 个。任务结束，张镱锂团队交出一份经过修订的珠峰北坡景观生态现状图，新编一份珠峰北坡土地利用与土地覆被现状图。进一步的研究得出：1981—2001 年珠峰植被以稳定为主，退化区域主要分布在保护区南部的国境沿线；区域人口增加等因素引发的过度放牧、耕地开垦、薪炭林砍伐，是草场退化的重要原因。

2005，登山科考双丰收，珠峰科考获得的荣誉有两项：两院院士评选的“2005 年中国十大科技进展新闻”，科学技术部评选的“2005 年度中国基础研究十大新闻”。

完成课题“珠穆朗玛峰地区对全球变化的响应”，隶属青藏所承担的“中科院重要方向项目”之下“青藏高原全新世以来的环境变化与生态系统关系研究”第 6 课题，于 2007 年通过专家组验收，评价为：

该课题于 2005 年实施了珠穆朗玛峰地区的综合科学考察，分别对大气物理及大气环境、冰川变化、生态与环境、地质等方面进行了观测和研究，获得了大量的环境样品和第一手的观测资料，对珠峰地区的大气边界层特征有了系统的认识，调查了珠峰地区的生态和环境现状，分析了近30年来气候和冰川的变化。同时通过新闻媒体对2005年珠峰科考相关报道和科普宣传，提升了公众对科学研究尤其是对环境变化与环境保护等的认识和理解程度。

聂聂雄拉山口，昔日高寒草原，今成类裸地景观（海拔5230米）

2005年珠峰地区综合科学考察的重要进展主要体现在三个方面：

一、系统分析并得到了珠峰地区近地面能量和水分特征，为在该地区进行数值模拟研究和卫星遥感地表能量和水循环研究提供了有力的基本概念和参数；较为系统地分析了珠穆朗玛峰地区边界层特征。

二、完成了珠峰北坡土地利用与土地覆被现状图编制。分析表明：1981—2001年珠峰植被以稳定为主，退化区域主要分布在保护区南部、国境沿线，区域人口增加等引发的过度放牧、开垦耕地、薪炭砍伐等是草场退化的重要原因。并对珠峰地区的冰雪、土壤、植被中不同的化学成分和微生物进行了分析。

三、过去30多年来珠峰地区升温显著、冰川退缩、冰湖扩大。

退化土地上的觅食者　张镱锂／摄影

然而即使撤离了大本营，珠峰地区的工作远未完结，且是一个新开端——位于扎西宗乡曲宗村海拔4300米的自动气象站，将要扩建，青藏所决定建立以大气物理观测为主的珠峰站，马耀明研究员担任站长，从此面向珠峰。

张镱锂（左）和黄荣福（右）考察在珠峰　赵亚辉／摄影

纳木错站同时筹建，康世昌研究员担任站

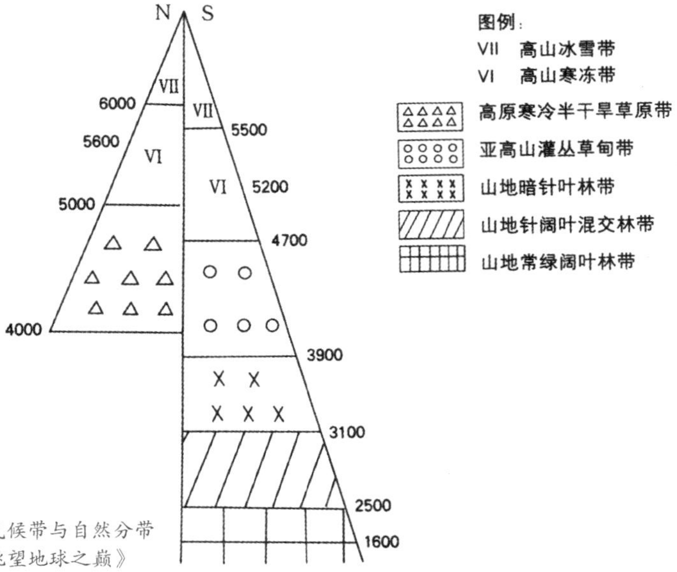

珠峰南北坡垂直气候带与自然分带
引自郑度主编《眺望地球之巅》

长。从活动板房到永久建筑落成，只用去两年时间。珠峰站、纳木错站，同为科学大本营。2013 年，康世昌第 8 次上珠峰，带领团队成员 18 人，青藏所和寒旱所专家为主体构成，在珠峰东绒布冰川 6500 米地点，钻取了 3 支冰芯，总共 300 米长度，其中最长一支“透底”冰芯 142 米。东绒布冰川、远东绒布冰川研究，半个世纪里一直作为关注重点，虽与前辈学者所见盛况无法相比，但因海拔高积累厚，顶部相对稳定，依然是冰芯的理想取样点。近些年里，高原东部和南部许多大型海洋性冰川亏损严重，此前曾有报道说，数十年的持续变暖已使珠峰北坡冰川以年均 5.5 米的速率后退，东绒布冰川下限已退至 5700 米位置，然而通过此次考察观测修正了这一说法——还好，由于冰川末端有较厚冰碛物覆盖，仍在海拔 5540 米左右，当然还处于动态变化中。十几年里 8 次往返，每见冰川融化速度加快，目睹新的冰裂隙发育，冰塔林变薄变瘦，边缘部分陆续消失，让这位观察者难以释怀。

科考任务完成，珠峰地区却从此进入张镱锂团队视野，相关研究持续做下来，其中有三项为国际合作项目。2008 年，地理所与世界自然保护联盟（IUCN）中国分部合作，完成科研项目之余，还编印了一本手册《珠穆朗玛峰国家自然保护区生态旅游指南》，汉、藏、英文三个版本。2009 年，由中科院资助的国际合作项目“气候变化影响下喜马拉雅地区山地地表过程与区域适应对策前期研究”，是由国际山地中心（ICIMOD）中国委员会牵头组织，中科院成都山地所、地理资源所、成都生物所和兰州寒旱所，协同国际山地中心、尼泊尔特里布文大学地理系等合作进行。参与该项目期间，张镱锂又瞄准另一国际项目——柯西河流域项目。柯西河在哪里？发源于中国西藏境内喜马拉雅中部，名叫朋曲，出境后称柯西河，流经中国、尼泊尔和印度，是著名大河恒河上游支流之一。看好柯西河，因其典型性：流域内包括珠峰、马卡鲁峰（海拔 8463 米）和卓奥友峰（8201 米）等海拔 8000 米以上的山峰有 6 座，距离珠峰顶直线距离约 121 公里的孙科西、阿润河与塔姆尔河 3 个支流汇合处海拔仅有 90 米左右，可谓陆地上短距离落差最大的河流，也是南亚地区极为重要的跨境河流之一；同属一流域，尽管自然环境与国情有别，仍可共同开展水资源管理、减灾、土地利用与土地覆被变化、生态系统服务及居民生计等方面的山地可持续发展基础应用研究。有了这一设想，在中科院和国际山地中心合力推动下，由澳大利亚政府资助、流域内三国科学家和澳大利亚及英国和德国学者共同参与的柯西河流域项目于 2012 年开始进行。

同一年，中科院战略性科技先导专项中的“青藏专项”启动，张镱锂主持其中一课题“青藏高原生态安全屏障建设的环境效应评价与优化建议”，珠峰地区仍为关注重点之一。

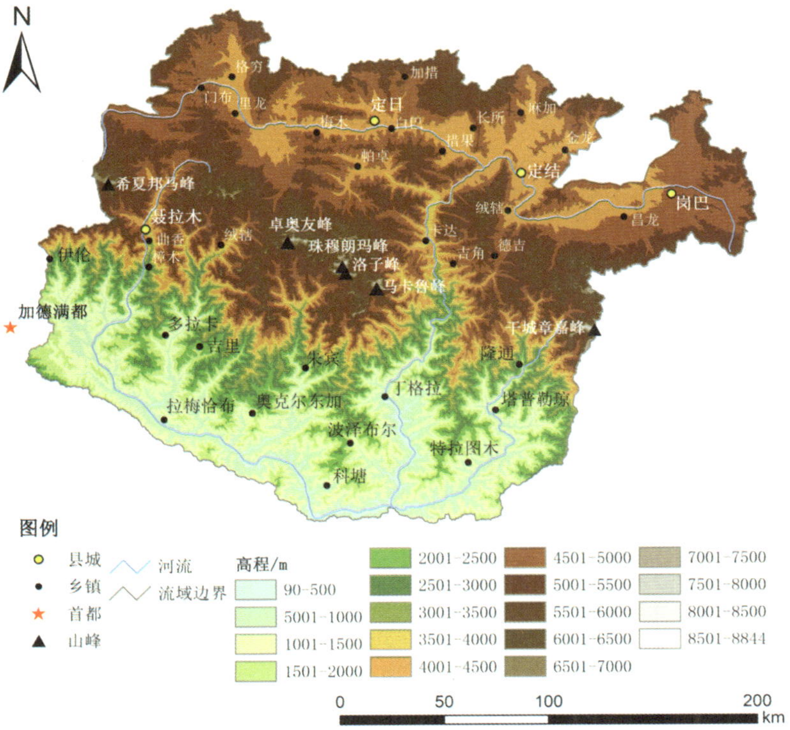

柯西河流域中国、尼泊尔部分示意图　吴雪 / 制图

考察在喜马拉雅南坡柯西河流域　吴雪 / 摄影

春晖正在进行住户调查　张镱锂 / 摄影

一路看下来，张镱锂团队依然年年开赴珠峰地区，2015 年珠峰南坡尼泊尔境内的土地利用与区域适应调查，延续的是柯西河流域项目，别开生面的新气象，是尼泊尔学生通过几年历练可做领队独当一面了。张老师的博士生 Basanta Paudel，取了一个富有诗意的中文名字叫春晖，春晖带领的队伍由加德满都特里布文大学地理系 8 位硕士生组成，以“气候和耕地变化以及居民对气候变化和耕地变化的认知和适应对策”为主题，一个多月时间里，在尼泊尔境内开展野外考察，包括 5 个平原地区、6 个丘陵地区和 4 个山区，总计 15 个具有代表性的地点，涉及尼泊尔 5 个行政区和 3 个生态区，走村串户对农户进行了随机访谈和问卷调查，从中了解当地居民对过去几十年间气候变化的基本认知，并将对全部问卷进行分析，有望从中揭示出耕地变化的主要驱动因素。此外，他们还收集到研究区最近 10 年的主要作物生产详细资料、农业增产或歉收的模式及原因，以及畜牧业状况的资料。从调查内容到人员组成，对于特里布文大学、对于尼泊尔来说，都是前所未见的新事物。

这一年还有一个突发事件：尼泊尔“4·25”大地震，震中位置在珠峰南坡，部分震区正好位于国际合作项目柯西河流域西部，情况熟悉，短短几天时间里，团队就向国家有关部门提交了有关尼泊尔境内重灾区人口、耕地、基础设施资料和应急建议，便于提供援助时做参考——不是任务是义务，国家队就应当这样做，张镱锂如是说。

珠峰自然保护区怎样建起来

喜马拉雅山那边，并非很久以前，当尼泊尔还是王国的时候，年轻的王储曾远渡重洋，就读于哈佛大学。在那里，他与一位美国同学结下了友谊。后来比兰德拉国王执掌了国政，仍不时地求教问策于这位友人。1985 年，两人再次相会于加德满都，丹尼尔·泰勒博士已任美国西弗吉尼亚高山研究所所长。

其时尼泊尔已在珠峰南侧建立萨迦玛达国家公园，并被列入《世界遗产名录》。泰勒博士乘坐直升机前往视察，但见冰峰雪岭下林海浩荡，跨国越界，一直延展到中国境内马卡鲁峰北坡，未经扰动的原生态景观如此壮美，大面积原始森林保存得如此完好啊！赞叹之余，一个想法油然而生。他向国王建言，将现有的国家公园向东部扩展，越境衔接，中尼两国可不可以联手合作，共同打造“马卡鲁—巴隆”自然保护区？比兰德拉国王欣然采纳，当即安排筹建事宜。需要征求中国方面意见，泰勒博士也有办法：国际山地中心的总部就设在加德满都，恰巧中方理事李文华正在出席工作会议。听罢泰勒博士的设想，森林生态学家李文华深表赞同，遂将该创意转达西藏有关部门，很快就收到了积极回应。

找对了人，往下的进展一度顺利。就在这一年，西藏正以空前热情致力于自然保护区建设，首批自治区级的自然保护区一举建成 6 个，大都分布在喜马拉雅沿线。位于珠峰地区的有两个：吉隆县江村，以保护长叶松、长叶云杉和长尾叶猴为主；聂拉木县樟木沟，以保护多种珍稀动物和自然景观为主。新生事物，初建阶段，满心竭诚欢迎各方包括外国机构参与助力，于是在接下来的两年里，西藏方面邀请青藏队骨干队员李渤生、章铭陶、李明森和西藏的专家们一起，陪同泰勒先生沿珠峰一带中尼两侧分别进行考察，一路探讨可能的合作模式，只是苦于国情有别等原因，初始设计难以运作。按照中方专家意见，最好能在中国境内先把保护区做起来。所以直到第三年，泰勒先生委托美籍华人苏君玮女士代表高山所前来接洽，方便了沟通，终以务实态度认可了建立珠峰自然保护区更具可操作性，方才取得实质性进展。

好事多磨。正当西藏农牧厅与美国高山所正式签署为时 12 年的合作协议书时，一个突发情况险使前功尽弃！说“突发”也不尽然，只是此前不知情罢了——多年前日喀则地区就有意在脱隆沟林区开建伐木林场，以满足建设之需；而位于朋曲河下游谷地的这片林区，恰是当初泰勒博士俯瞰过的马卡鲁峰北坡原始森林，之所以幸存，就因山高谷深交通不便。当

泰勒先生和美国高山所专家与西藏林业部门专家讨论建立珠峰自然保护区问题

事人闻讯时，伐区公路基本修通，跨河大桥已然建成，采伐工作正待进行。专家们明白此举意味着什么，不由得心急如焚。天寒地冻时节，李渤生在几位民工陪伴下，冒雪前往林区实地调查，撰写报告提交自治区政府，并向主管领导当面做了汇报。一番紧张努力的结果是，脱隆沟伐木项目被紧急叫停。

这是一个经济发展让位于生态保护的实例，事后李渤生用“壮士断臂”形容西藏领导层的决断。自然界精华得以保留，对于刚刚诞生的保护区而言何其有幸！随后的另一个故事同样属于抢救性质。在保护区范围划界的讨论中，对于吉隆县纳入与否争论激烈。吉隆沟林场存在多年，是日喀则地区唯一的木材产地，划入保护区意味着“唯一”不再，主管部门有官员于心不忍，替地区求情，希望网开一面，为木材稀缺的日喀则留一点可用资源：的确是用于本地建筑，而非“木头财政”为赚钱，更何况吉隆沟林区已建有江村保护区。但是专家们很坚持，耐心说服的结果是，地方利益让位于保护区建设——吉隆谷地不仅拥有高喜马拉雅极特殊的森林生态系统，且是蕃尼古道穿越喜马拉雅的关键路段，历史遗迹众多，自有文化内涵精华在。由此涉及顶层设计的目标定位，这一超大型、综合性保护区包含了对于自然、文化双遗产的保护，贯穿了人与生物圈和谐共存与可持续发展理念。

当时还有人认为此举系日喀则地区的付出，甚至做出了“牺牲”，现在回头再看，岂止值得，所得回报无价，并将随着时间推移而累加。

与珠峰自然保护区挂牌同步，1988 年西藏自治区珠峰保护区工作委员会成立，高规格直属自治区政府，办公室设在自治区林业局；之后日喀则地区及珠峰地区四个县份相关管理机构相继设立。由李渤生研究员任组长的中外联合专家组，起草编制了《中国西藏自治区珠穆朗玛峰自然保护区总体发展战略及 1990 ~ 2000 年发展规划》，20 余万字概述了珠峰地区的地质变迁、地理地貌和生态系统，以及历史沿革、社会与经济概况，文化传统与文化遗产，评价了珠峰自然保护区的价值所在，集中体现了多年来对这一地区的研究成果，是一份有关珠峰地区自然与人文相结合的重要文献。

继续跟进，1996 年李渤生再次应邀担任中外联合专家组组长，主持制订《珠穆朗玛峰自然保护区生态旅游总体规划》（以下简称《规划》）。引入“生态旅游”新概念，作为珠峰保护区旅游业发展的总体规划主题词，同时突出强调以减轻贫困和激励自然与文化资源保护为目标，以可持续发展为指导思想，鼓励当地群众参与意识并从旅游业开发中获益。外国专家参与制订规划，提供了新思路，特别以第三世界旅游业发展的样板尼泊尔为参照，从新的角度和高度对珠峰乃至西藏的旅游业优势、现状和存在问题，对保护区内旅游业设施建设和相关产业诸如家庭旅馆、餐饮业、手工艺品生产和营销策略等提出了一系列建议。

与富有旅游和手工业传统和经验的尼泊尔人相比，珠峰自然保护区内藏族群众的相关观念和参与意识，用时下流行语形容，简直“弱爆了”，同时缺乏相应经验和技能。因此珠峰保护区有关工作只能从较低水平起步，启蒙教育。我在 1998 年第一次采访西藏自治区珠峰办公室，珠峰办主任卓玛央宗向我介绍了近年工作：在珠峰保护区选拔当地文化青年，举办导游培训班，请来外国教师教英语，请来尼泊尔厨师教烹调，学习必要的服务知识，学生中已有 10 多人能够胜任导游工作了。当然，人数不算多，起点也不算高，但在当地，这还是了不起的新事物呢！要紧的还是在观念转变方面多做工作，首先是开阔眼界——组织珠峰地区四县管理干部出访美国和尼泊尔等地参观学习。当地农民也组织起来访

筹建珠峰保护区期间，中外专家在协噶尔考察

保护区建立后，合作方美国高山所专家来到珠峰

1996 年，中外专家为起草珠峰旅游规划进行走访调研

本组图片由李渤生提供

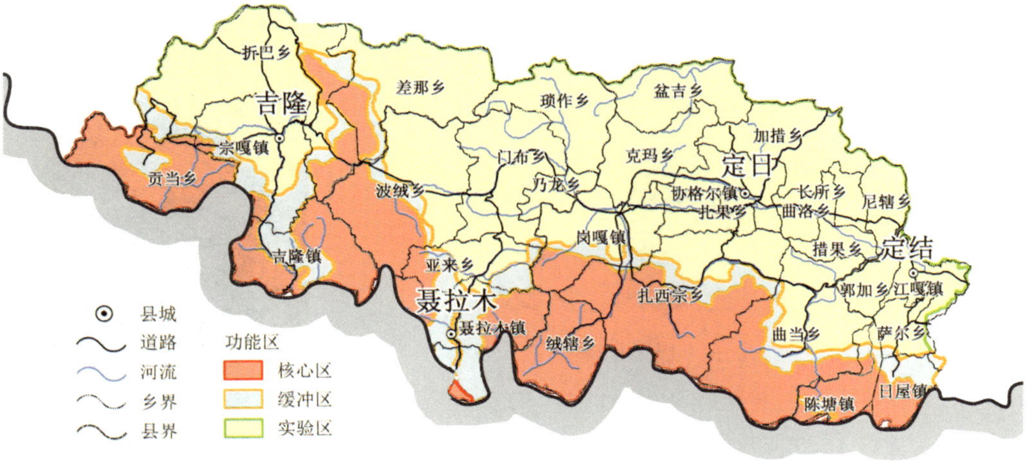

珠峰国家级自然保护区示意图 张镱锂／供图

珠峰自然保护区行政区划包括日喀则专署定日、吉隆、聂拉木、定结县4县。南起与尼泊尔交界的国境线，北至雅鲁藏布江（吉隆县境）和藏南分水岭（定日县境），东以拿当曲与哈曲分水岭、朋曲支流—雅鲁藏布江与吉布下游分水岭、彭作浦曲与拉冬扎乌河分水岭为界，西抵阿母嘎曲、瓮布曲与桑卓曲、希吻得藏布分水岭。338万公顷（3.38万平方公里）保护区内，横贯喜马拉雅山脉最高部分，全世界14座8000米以上高峰有5座分布于本保护区：第一高峰珠穆朗玛、第二高峰洛子峰、第四高峰马卡鲁、第七高峰卓奥友和第十四高峰希夏邦马。1994年升格为国家级自然保护区，2004年加入联合国教科文组织世界生物圈保护区网络。

问尼泊尔的社区工作队、乡村福利员（藏语称其为“潘得巴”）建设，去孟加拉国学习小额信贷扶贫经验，还到过国内的河南、四川、新疆等地参访自然保护区管理，凡此等等，都使当地人思想观念发生着改变，培养自身发展能力有了一个不错的开端。定日等四县珠峰保护区管理局干部作为新型管理者正在成长起来，一点一点地积累管理经验和国际合作交流经验，一步一步地朝向国际水准接近。

在《规划》制定的10个优先发展项目中，保护区群众优先实施了家庭手工业。1998年，芬兰政府和联合国开发计划署为扶持保护区开发传统手工业进行人员培训，投资美元40万。自此以后，许多国家政府和国际组织纷纷看好珠峰保护区，集中投资在定日县乡村的项目有乡村护林员、乡村福利员培训，以及对农民进行医疗保健教育、自然资源合理开发利用的教育；投入乡村发展惠及民众的也有一系列项目。这期间珠峰保护区发起单位之一的美国高山研究所始终参与其中，从做规划到做项目，听说他们正与荷兰政府共同投入 250 万美元，用于珠峰地区的生物多样性保护。

在拉萨采访过自治区珠峰办之后，隔年再去日喀则，采访地区珠峰办，得知珠峰保护区建设正在热火朝天进行中，得到的印象是政府方面扶持的工程规模较大，国际组织更属意人畜饮水工程之类小项目，特点是见效快，很实用。还听到一则佳话：多国志愿者跟着项目来，其中有两位来自欧洲不同国度的年轻志愿者，就是在项目实施过程中相识相恋，并在神女峰下喜结了连理……

正是在 2000 年这次日喀则之行中，巧遇李渤生老师。作为西藏自治区特邀的专家，他还在持续跟进，承担着珠峰保护区建设进程中的评估和指导工作。此时他已和队友们完成了首次徒步穿越雅鲁藏布大峡谷的壮举，借鉴珠峰保护区及其生态旅游的思路和经验，主持完成了《雅鲁藏布大峡谷国家级自然保护区总体规划》，后来又主持完成了整个西藏自治区的旅游规划。

直到 2011 年，李老师再次率队进藏，这一次是接受中国人与生物圈国家委员会委托，为迎接联合国教科文组织“人与生物圈计划”（MAB）在中国实施四十周年，组织“首次中国 MAB 珠峰保护区自然与文化综合考察队”，李渤生担任总领队。是对 20 余年保护区建设管理成果的检阅，对于倾注了一腔心血的设计者来说，当年的愿景蓝图正在一点点付诸实现，还有什么比之更让他欣慰。生态环境好了，野生动物多了，当地人参与意识强了，生活条件改善了……10 多年前听他说初见成效，此番归来听他说大见成效，真是没有最好，只有更好，喜悦之情溢于言表。

考察归来，中国人与生物圈国家委员会主办的《人与生物圈》杂志 2012 年第 6 期为珠峰保护区出版专刊，封面页主题内容为“珠峰社区发展”，主题词为“潘得巴（乡村福利员），全球最成功的可持续社区发展项目”。次年再出一期中国加入 MAB 四十周年的纪念专刊，通篇皆为珠峰保护区自然与文化，李渤生文章《珠峰保护区始建史略》即在其中，李文华院士《西藏森林的价值》做了卷首语——珠峰保护区已成践行生态文明、建设美丽中国的醒目地标。

关于珠峰自然保护区的故事不胜其多，在此主要记其初建时段若干节点，以备未来有心人检视。

进入 20 世纪最后 10 年之际，地球科学界对于行星地球的认知继板块构造理论之后，又完成了一次飞跃：基于“地球是一个整体”的“地球系统科学”概念确立，以“全球变化研究”为实质的“国际地圈生物圈计划”颁行。与上一次地学革命时期不同，中国科学界不再是急起直追的跟进者，而是作为发起国之一，以叶笃正为代表的中国科学家参与了前期预研究。与此同时，我国的经济社会发展也对资源环境领域提出了更高要求。

鉴于青藏高原研究已成地球科学、生态环境科学重要领域，重装上阵再出发时，已置身于国际前沿——当 1992 年“喀喇昆仑山—昆仑山国际学术讨论会”闭幕，青藏科考队老队员们在喀什依依惜别不久，他们当中的许多人又将再度集结在同一面旗帜下，去开创这项事业的新纪元。正像刘东生先生所概括的那样，综合考察的科学大发现阶段结束，紧跟着转向“从专题研究到理性认识的深化阶段”。之所以可以无缝衔接并一脉相承，与国家实施的一系列重大基础研究项目所提供的机遇有关，更与组织者有关——贡献了思想资源的领导者依然在前，继续引领日益壮大的超级团队走到今天。“后现代时期的青藏高原研究”持续进行中，一面致力于学术前沿，一面关乎国计民生，已成新常态。因而从这一章开始，我们将追随他们的脚步，进入新阶段，踏上新征程，将要看到青藏研究怎样去解释全球，而全球的研究又如何丰富了青藏研究。在叙述方式上，也相应地从通经（时间）断纬（空间）的“缂丝”式，转向大色块织染手法，以再现各学科领域现在进行时——青藏高原研究自此有了全新的打开方式。

再度回望，还得从一个人讲起，从两大国家科技计划讲起。

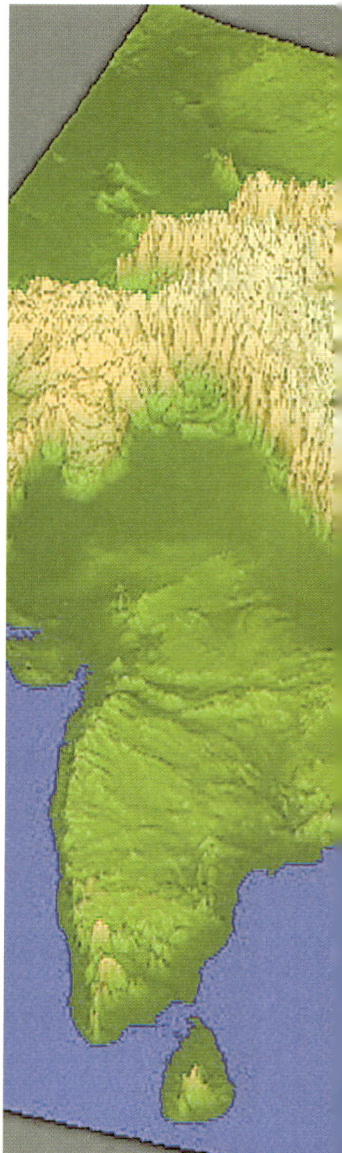

第 9 章　朝向新的高度再出发

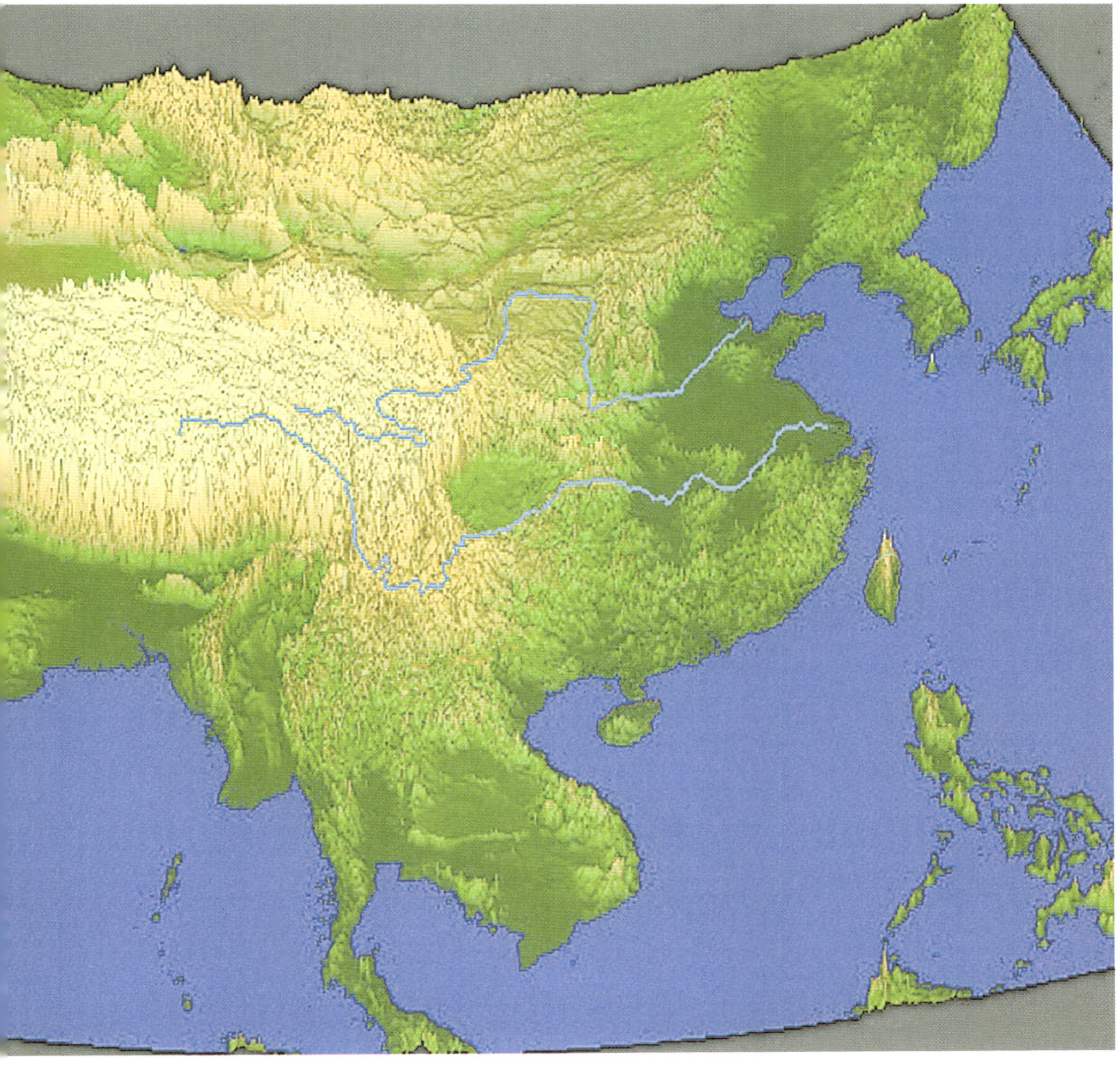

在卫星图片上勾描的黄河—长江全流程　秦大河 / 供图

攀登计划是国家为加强基础研究而制订的一项重大计划，始自1991年。“八五”期间包含两方面内容：以探索和认识自然界客观规律为目的的研究工作；瞄准社会进步、经济发展为目标的研究工作。“九五”期间，结合《国家重点基础研究发展规划》的制定，将攀登计划作为该规划的行动计划继续实施。

“八五”攀登计划青藏项目题为“青藏高原形成演化、环境变迁与生态系统研究”，同时列入中国科学院重大基础研究项目，由包括22个专题的5大课题组成，各课题负责人均由青藏队骨干队员担任。“九五”攀登计划“青藏高原形成、环境变化与区域可持续发展研究”继续；之后纳入“国家重点基础研究发展规划”即“973”项目第一期、第二期，总标题或略有改动，但相关地质、地理的基础研究和为区域经济发展服务的应用研究三大板块一直贯穿始终，且环境领域加码，研究团队增多——从当年一支科考队孤军奋战，到今天不亚于集团军规模，另有众多兄弟单位协同作战——不仅有科技部、自然科学基金支持的国家大项目，教育部、国土资源部以及气象、地震、农林水利等等部委重点科研项目中，也频见青藏研究内容。

“973”项目即“国家重点基础研究发展规划”，是1997年政府采纳科学家建议，开展面向国家重大需求的重点基础研究项目，提升自主创新能力的重大战略举措。因这一决策是在1997年国家科技领导小组第三次会议上做出的，该规划因之被简称为“973”项目。

“八五”攀登计划青藏项目（1992—1996）由中国科学院综合考察委员会组织，科学院下属15个研究所和兰州大学、北京大学、南京大学等共18家单位参加。孙鸿烈院士担任首席科学家并主持了“九五”攀登计划预研究（1997）。其后该项目合并至“973”青藏项目第一期（1999—2003），郑度院士任首席科学家；第二期（2004—2007），姚檀栋院士任首席科学家。随之2010年启动“青藏高原气候系统变化及其对东亚区域的影响与机制研究”，由马耀明研究员担任首席科学家；2012年启动中科院战略性科技先导专项“青藏高原多层圈相互作用及其资源环境效应”，由姚檀栋院士继续担当首席。

第290～291页标题图说明：

大写意，新视角。乍见这幅立意高远的美图，是在秦大河院士某次专题报告中，的确被“惊艳”到了，由此可见科学家的PPT课件也注重了审美元素。由于本章涉及这两条江河的演化史研究，特意讨来做了标题图——且看大江大河如何流贯中国大陆三级阶地，东向入海。

科学战略家与顶层设计

2015 年 9 月 15 日，中国科学院学部与地理资源所共同主办的“纪念中国科学院学部成立 60 周年暨孙鸿烈院士学术思想研讨会”在京举行，包括 16 位院士在内的 160 多位专家出席，其中，多半为青藏研究参与者。孙先生科学生涯 60 余载，无论是在青藏高原野外一线，还是身居科学院领导岗位，从学术思想到奉献精神，都得到与会者高度评价，其中特别肯定了他作为科学战略家的业绩建树：参与领导科学院科技体制改革、领导中科院在资源环境领域形成综合优势，不仅为中科院发挥国家科学思想库作用做出了重要贡献，同时深刻影响了科学界数十年！由他推动的地球科学、生命科学、资源科学与环境科学的交叉研究，终使中国团队在全球变化研究中走在前沿，体现了大国担当。

而这一重要的学术思想，来自长期的科学实践——多学科，大综合，本就是综考会、青藏队一以贯之的工作范式：万物互联互通、学科互作互动，早已融会于思想方法中，一旦迈进顶层设计之列，自然而然地将其“代入”，普适于更广范围。上世纪 80 年代开始，十年里三大步，步步皆创新，孙先生以本专业的土壤圈，联结起大气圈、岩石圈、冰冻圈、生物圈和水圈，成就伟业的同时，他自己也从土壤地理学出发，成为资源环境学家，成为科学战略家。

第一步，学科重组，开拓资源科学综合研究新领地。

1983 年，孙先生履新中国科学院副院长，并继续兼任综考会主任的时候，科学院的业务管理还是按照既有秩序的数、理、化、天、地、生，六大领域各设局级机构分而辖之。时值国内改革开放大潮澎湃，院长周光召同志主持科学院科技体制改革工作，志在除旧布新。作为副手，孙先生主管地学局。地学是“地球科学”简称，包括地球物理、地质、地理、海洋和气象，以及与之有关的学科，当时不含生态。生态在哪里？生物学名下一分支。然而就其所在领域而言，生物学属于实验性科学，专注于动物、植物、微生物各物种“生命形态”研究，发生发展演化规律研究，主攻方向为细胞学、分子生物学和遗传学之类微观世界；其中或有生物地理学及生物与环境之间的关系研究较为宏观，毕竟有限。长期的野外实践使得孙先生看重生态学，认为它与自然地理环境和人类生活环境密切相关，应当是一门系统科学，如果不与天、地、人结合起来，就谈不上学科发展；而缺失了这一环节，地球科学内涵也算不得丰富完整。毕竟，生态系统是地球系统中唯一有生命的自然资产，所形成的陆地生态圈是地球系统各圈层的重要组成部分，是人类社会赖以生存与发展的第一生产力基础。

将生态学纳入地球科学的提议，得到周光召院长支持，随即对专业管理做出相应调整。由于生态学的加入，称呼了30余年的“地学部”“地学局”，自此改名“资源环境与科学技术发展局”，简称“资环局”。

业务重组，名称改变，看似机构改革一举措，实则意义非凡、影响深远。生态学从先前的边缘地位解放出来，不仅利于自身的学科建设，由此自成学科体系，而且从生态系统，生态环境，到生态保护、生态文明建设、生态安全屏障建设，从自然科学延伸到社会科学，一系列现代理念在今天如此深入人心，作为社会共识的此“生态”，较之当年厕身于生物学一隅的彼“生态”，内涵与张力之大，已不可同日而语。即使在生物科学内部，研究生物之间和生物与环境之间相互关系的学问等宏观研究也与微观生物学齐头并进，意味着在面向基础研究的同时，加大了应用研究成分，面向的是国家和地区重大需求，助益当代建设事业。

以资环局名义相继申报和筹建国际地圈—生物圈计划中国全国委员会（CNC-IGBP）、创设中国生态系统研究网络（CERN），可谓名正言顺，水到渠成。

第二步，资源整合，创建生态系统网络研究新平台。

同样来自多年野外考察经验，孙先生深知长期持续观测的重要性——面上考察限于一时一地，某条线路和某个瞬间，而典型地区的定点观测，则可记录每一年度的季节转换，甚至每一天的动态变化。上世纪80年代初，地学领域各研究所自建的野外观测及实验站点总计四五十家，分布于全国各地，但是设施简陋，设备落后，资金投入太少，工作和生活条件差到难以为继。其中最为关键的问题，是各自为战，即便同一类型的观测实验，比如植被，比如土壤，从内容到手段都还缺乏标准规范，即使提供来数据信息，也难以共享。对此，沈阳林业土壤所（后更名为应用生态研究所）的专家们首先提议，可否将各站点统合起来？

1986年，“中国科学院第一次野外台站工作会议”在京召开，孙先生主持会议，引导了资源整合、站点联合，发挥科学院综合优势，共建生态网络的议题。众望所归，响应热烈，沈阳所的沈善敏和赵士洞两位研究员接受委托，负责组织一个调研团队，下设4个专业小组，就构成生态系统的四大类型农田、草地、森林（含人工林）、水体（湖泊海洋），各自制定统一的规范要求和指标体系，同时设定准入“门槛”。整整忙过一年，到1988年，中国生态系统研究网络（CERN）正式建立，经遴选，首批29家入网。

万事俱备，最大困难接踵而来：资金短缺，哪里去找？孙先生想好了：从世界银行借贷！有人担心说非营利单位，如何归还？得到的回答是，先做起来再说。

因远见而超前，有魄力有担当，是战略家本质特色。世界银行看好这项目，反复论证评估后，决定给予公益事业性质的优惠，减免利率、分期归还，贷款 2000 万美元。科学院将其中一部分投入生物学，大部分用于生态台站网，清一色一流进口设备。这笔贷款后由国家来还，不仅还贷，还另外拨付了配套资金，花在了各野外台站的基础设施方面，包括办公和生活条件的改善——借此机会全方位整体提升，面貌焕然一新，对于院属各所的野外台站的激励鼓舞可想而知，创造业绩入网遂成努力方向。其后不久，当生态环境保护被强调，纳入基本国策的时候，当中国以 1994 年加入国际互联网为标志，全面迈入信息化时代的时候，先行一步的院级生态网络 CERN 已经有声有色，提供全球共享，在国际学界声名鹊起，世界银行多番考察评价，都是“满意”“非常满意”“环境项目中最成功的一个”之类表述。

国家高度重视这类网络平台建设，参照生态网模式，几年试点之后，科技部于 2005 年正式建立中国国家野外台站研究网络（CNERN），从全国包括农业部、林业部等部委和各高校科研机构野外观测研究台站择优录选，特请富有经验的孙先生担任该网络专家委员会主任，主持规划和评审。如此一来，形成更高一级阶梯：进入国家级网络又成为院级生态网各台站的努力方向。到 2015 年，野外台站进入院级网和国家网的各有 40 多家，而生态网首批 29 家台站几乎被悉数纳入——说“几乎”，是因仅有一家评审中未过关，落选了。

孙鸿烈“科学战略家”称号就是媒体在报道生态网 CERN 建设过程中率先“冠名”的。历时 20 余年运行，成效卓著：这一涵盖中国主要区域和生态系统类型，集生态监测、科学研究与科技示范为一体的标准化、规范化和制度化的研究网络，已成为世界上体

担任中科院副院长期间，孙鸿烈院士为创建生态系统研究网络和国家野外台站研究网络，在中国大地上谋篇布局

2005 年孙鸿烈院士应邀在西藏大学作“青藏高原环境与区域发展报告”，会后与大学生们答问互动　张镱锂 / 摄影

量最大、功能最强、运行效率最高的国家尺度生态系统观测研究的综合网络，已成为我国及世界长期生态网络建设、观测、研究和示范的引领者。“中国生态系统研究网络创建及其观测研究和试验示范”荣获2012年国家最高奖：科技进步一等奖。

CERN是中国科学院知识创新工程的重要组成部分，是我国生态系统监测和生态环境研究基地，也是全球生态环境变化监测网络的重要组成部分。不仅是我国开展与资源、生态环境有关的综合性重大科学问题研究实验平台，还是生态环境建设、农业与林业生产等高新技术开发基地，中国生态学研究与先进科学技术成果的试验示范基地，培养生态学领域高级科技人才基地，国内外合作研究与学术交流基地和国家科普教育基地。目前该研究网络由16个农田生态系统试验站、11个森林站、3个草地站、3个沙漠站、2个沼泽站、3个湖泊站、3个海洋站、1个城市生态站，以及水分、土壤、大气、生物、水域生态系统5个学科分中心和1个综合研究中心组成。现阶段主要研究方向为：

1. 我国主要类型生态系统长期监测和演变规律；
2. 我国主要类型生态系统的结构功能及其对全球变化的响应；
3. 典型退化生态系统恢复与重建机理；
4. 生态系统的质量评价和健康诊断；
5. 区域资源合理利用与区域可持续发展；
6. 生态系统生产力形成机制和有效调控；
7. 生态环境综合整治与农业高效开发试验示范。

了解这一背景，可知孙鸿烈先生何以在攀登计划青藏项目的课题设计之初，就将野外定位站建设列入日程：加强已有的海北站（高寒草甸生态）、贡嘎山站（森林生态），新建拉萨站（农业生态）。

第三步，因势利导，推动青藏高原研究新进展。

与筹建生态网络平台差不多同步进行的另一大建树，是由孙鸿烈指导资环局一力促成组建了国际地圈—生物圈计划中国全国委员会（CNC-IGBP，1987年成立，叶笃正院士担任首届主席），使之成为中国科协领导下的常设学术机构，运行至今，做出了具有中国特色的国际性贡献。同时，该项计划在国内的实施越来越侧重于为现实、为区域发展服务的特征。如果说生态网络建设推动了野外台站规范发展，有助于科学观察和数据积累，那么此项国际计划在中国的实施，则催生了一大批国家重大科研项目上马，一大批重点实验室涌现，一大批

刘东生院士连续两届担任中国青藏高原研究会理事长。图为他正在宣讲地圈—生物圈计划等一系列国际计划

2001年刘东生院士参加成都喜马拉雅地质会议，会后考察冰川谷，背后为四姑娘山 刘丽/供图

IGBP即“国际地圈—生物圈计划”（全球变化的研究），是1980年代中期由国际科学联盟理事会（ICSU）发起并组织的超级国际科学计划，贯穿了地球是一个整体的“地球系统科学”新理念，其科学目标主要集中在研究主导整个地球系统相互作用的物理、化学和生物学过程，特别着重研究那些时间尺度约为几十年到几百年、对人类活动最为敏感的相互作用过程和重大变化，最终目标是提高人类对重大全球变化的预测能力，为国家和国际政策的制定提供科学基础。该计划具有高度综合和学科交叉的研究特点，标志着地球科学和宏观生物学的研究步入了一个新的深度和广度。

从事全球变化研究的科学家脱颖而出。

国际地圈—生物圈计划中国全国委员会（CNC-IGBP）成立之前，多个国际计划如人与生物圈、世界气候研究计划等中国委员会已经建立，新创设的中国环境科学学会之类机构已在运行中，所以20世纪八九十年代前后对于中国地球科学界来说，是一个活力迸发的年代，接轨国际只是形式方面的标志，全方位深度参与则是其实质所在。当孙鸿烈院士相继结束了中科院副院长和综考会主任任期，目光重新聚焦高原，青藏研究新格局开启：主持完成西藏自治区“一江两河”农业综合开发总体规划，紧随其后的是“八五”攀登计划青藏项目的进行，以及“九五”攀登计划青藏项目预研究。这期间完成了一项卓越贡献，主导推动了一个专注于青藏高原研究的学术性团体的建立——青藏队使命完成，“番号”可以取消，但有了这个平台，青藏研究的旗帜继续飘扬——1990年3月，中国青藏高原研究会正式成立！

在中国科学院新一轮体制改革中，自然资源综合考察委员会与地理所撤销，两家机构合并为“地理科学与资源研究所”（简称地理资源所）；中科院新建机构是青藏高原研究所，和地理资源所一起，成为中国青藏高原研究会的挂靠单位。2004 年国际全球环境变化人文因素计划（IHDP）中国委员会成立，孙鸿烈担任主任委员，依托单位为地理资源所。青藏所，地理所，加上兰州的寒旱所、成都的山地所等等，凝聚起一大批青藏研究的中坚力量，紧随院士们身后，一代又一代专家成长起来。

涉及机构沿革，综考会与地理所有过两度分合：1972 年第一次合并，孙鸿烈曾任职自然地理室土地组副组长，20 世纪 80 年代郑度先生担任过自然地理室主任。20 世纪最后一年，两大机构最终合并时，下属各研究室随之从名称、人员到研究方向，均有大幅调整。其中自然地理研究室历经“资源环境整治研究室”“土地覆被变化与土地资源研究室”，2014 年更改为现名“土地科学与生物地理研究室”（简称土地室），张镱锂研究员担任室主任。

两大机构合并前后，地理所与青藏研究相关的盛事还有几桩：历任青藏队副队长、时任地理资源所所长的郑度先生，当选中科院院士，他担任首席科学家的“973”青藏项目“青藏高原形成演化及其环境资源效应”开始进行；张镱锂研究员新任土地室主任，同时第一次上高原，在郑度麾下做“典型地区土地利用与土地覆被变化机制与退化环境的恢复途径研究”课题负责人，自此目标锁定，持续跟进了有关青藏研究的多个“973”项目，2012 年起又参加了规模、力度堪比此前 3 项总和的青藏专项；先后兼任 IGBP 中国委员会土地利用与土地覆被变化（LUCC）工作组秘书长、IGBP 中国委员会—国际全球环境变化人文因素计划（IHDP）中国委员会土地变化科学（LCS）工作组秘书长，成为孙、郑两位院士的得力助手。两大计划布置的功课即核心任务多有重叠，其中有关土地科学领域正好集于一身，所以他的工作一头连接国际前沿，一头连接基层一线。有意思的是，每一次承担的课题都排在最末一项；项目结题每出一书，皆为殿后的一章，以示每一科研活动无论追溯了过往 N 个百万年，最终落脚点还是现实当下，凸显了为国家和地方经济社会可持续发展的终极面向，这也正是国际地圈—生物圈计划（IGBP，即全球变化的研究）所倡导的理念。而在 IGBP 的 8 个核心研究计划中，土地利用与土地覆被变化（LUCC）也正好是压后阵的一个——既属前沿，又接“地气”。

探索变化机理，属于基础科学范畴；提出应对之策，属于基础应用学科范畴，而一旦涉及应用层面，自然科学家就不再单纯地面向自然，而是包括区域现实与发展，尤其当地人的生活质量、富裕程度、教育状况、幸福指数之类社科人文内容，一个都不能少。这既是国际全球环境变化人文因素计划的主旨倡导，尤其体现了青藏研究中现实的人文关怀——张镱锂团队接力前进，不光是青藏研究事业的继承，更可见老青藏精神的延续。

作为国际地圈—生物圈计划八大核心计划之一的“过去的全球变化研究计划”（PAGES），主张通过对历史资料和自然记录（如保存在树木年轮、湖泊和海洋沉积物、珊瑚、冰芯中的自然信息）的研究，并借助于有效的现代物理、化学分析技术恢复过去环境的变化并区分自然因素和人为因素的影响，以此为依据，检验未来全球变化预测模型。PAGES 计划目前集中于研究两个时间段，一是最近 2000 年的地球历史；二是晚第四纪的最后几十万年的冰期、间冰期旋回。该实施计划形成于 1991 年 3 月，这个时间点，恰值“八五”攀登计划即将实施，孙鸿烈院士正为青藏项目筹划布局，正好让 IGBP 所倡导的“地球系统科学”理念和多项核心研究计划得以“落地”，其中“过去全球变化计划”又刚好与青藏高原演化过程研究相契合，理所当然地在课题设计中占有重要一席，以天然剖面、湖泊岩芯、冰芯研究为主要手段。

复原一条青藏高原自然史之链，就这样成为对应全球变化的核心内容；进入国家重大基础研究项目的青藏研究，自此步入深化阶段：面向国际前沿跑步前进，强化学习一切先进手段，从而使传统的冰川学、湖泊学、树轮学、孢粉学、古土壤学等等学科于足够短的时间脱胎换骨，焕发生机，并且使得地质学、地理学和环境科学众多学科以前所未有的密度纵横交织，俨如架起一座科学立交桥——人类正在利用已掌握的所有手段去探知一部大自然的履历——从沉积岩中的古生物化石，到天然剖面的古土壤和孢粉，从深海和湖泊的沉积岩芯，到冰芯、古岩溶、树木年轮，差不多一应手段，都被青藏研究拿来为我所用了。不同介质载体所能揭示的时间尺度和精度有所不同，所提取古环境气候的信息参数有同有异，各具优势与短板，可以互为参照订正，最终殊途同归。

兰州大学李吉均教授

南京大学王富葆教授

北京大学崔之久教授

最先瞄准天然剖面

“八五”攀登计划青藏项目实施中，地学领域各团队均由青藏队老将挂帅出征。其中天然剖面研究在黄河上游区、喜马拉雅中段和中昆仑北坡开辟战场，分别由兰州大学李吉均、南京大学王富葆、北京大学崔之久三位教授率队进行。

伴随高原隆起，盆地沉降发育。相较周边高地，实为负地貌类型，皆因总体被抬升，才跟着水涨船高。充填于盆地的，是来自水系范围内造山带岩石经由风化、剥蚀、搬运并沉积的产物。沉积物质不仅能够反映盆地充填过程中的动力学性质，以及周边造山带岩石圈基本特征，更重要的是，能够提取到气候和环境变化信息。当河流锲而不舍地切穿盆地，过往地层显露，即是天然剖面。由于具有观察方便、采样较易，既可进行大范围横向对比，并且上可与地貌、下可与构造相结合进行综合研究——就因这诸多优势，历来被视为研究地质地貌和恢复古环境的重要方法。前提是需要仔细查找未经构造变动和未经风化侵蚀的、时间跨度长且连续性好的出露点，作为采样点。点位之选是否准确到位，是成功与否关键所在，在这方面，经验显得格外重要。恰好在喜马拉雅南缘有一个现成样板——西瓦利克群，可以向之看齐，边学边做。

世界高极喜马拉雅，并非孤单单一线一脉，实为一大山族，少说也有四条可辨识的山带组合而成，跨了中国和南亚多国疆界，自北往南依次看去，分别称作柴斯克山—拉达克山，大喜马拉雅山，小喜马拉雅山，西瓦利克山。最南缘的西瓦利克并非一般构造运动中崛起的山，巨大体量的山麓相堆积物，是从喜马拉雅剥蚀而来的，再源源不断地随流水输送到孟加拉湾，像极了一个货场转运站。研究和解释西瓦利克成因的西方科学家，每每叹服大自然惊天之力，说恒河与布拉马普特拉河每年从这里输出的物质约有 10 亿吨之多，数千万年里已足足搬运了三座喜马拉雅山啊！已足足充填了孟加拉湾大洋扇上万米厚度啊！并且居然可以形成小规模“脱海成陆”现象，使得孟加拉国领土无中生有——说印巴次大陆是最后加盟亚洲的成员没错，但两块大陆相会时，现今孟加拉国所在地并不存在，全靠来自喜山的物质一点点充填起来，以至于当今该国科学家不无惊奇地发现，当全球变暖、海平面上升引发众多沿海国家焦虑时，自己的国家却相反：自 1973 年以来的卫星图像表明，已有上千平方公里的新土地浮出海平面，据称现在该国面积仍以每年 20 平方公里的速度自然扩张。

西瓦利克山横亘南亚数千公里，西端起自巴基斯坦白沙瓦，向东延至缅甸掸邦高原，中经印度、尼泊尔，6000 米巨厚沉积物质来自喜马拉雅，从中发掘出大量古生物化石，包括古猿化石，百万年前的旧石器遗存之类，在全世界名声响亮，不时被古生物学家和考古学家提及。山名“西瓦利克”也大有来头，源出古老梵语：“湿婆的发辫”——这位尊神的雕塑画像，每见众多小辫儿呈小蛇形状，是说印度教大神湿婆居于北部雪山冈底斯，而发辫披散于此，形象化对应西瓦利克山麓的纵向纹路。被称为“西瓦利克群”的研究也像堆积层，叠摞着西方科学家上百年几代人的成果和经验，起先依靠古生物化石标志物建立地层序列，但就如同经典冰期理论那样，只有先后顺序而无确切年代。后来有了古地磁定年，确认沉积年代始自 1830 万年前；有了全球变化命题和相应新手段，对于西瓦利克群的研究重整了旗鼓，更新升级，遂成国际经典剖面。

“八五”攀登计划开局，结合课题需要，李吉均率队走出国门，沿喜马拉雅和喀喇昆仑境外地区考察：1994 年与巴基斯坦合作，从伊斯兰堡出发，横穿波特瓦尔高原，一路走过西瓦利克群分布的典型地区，走过与黄河同时发育的杰卢姆河谷，发现印度河流域的古冰川曾延伸到海拔 1000 米谷地遗迹。次年应国际山地综合发展中心邀请，李先生再度率队考察尼泊尔境内西瓦利克群。青藏队的地理地貌学家老队员，差不多都去过，亲手采了样品带回来分析，学习与借鉴一步到位。

崔之久教授选定的天然剖面地段，位居青藏腹地向柴达木盆地过渡的中昆仑—昆仑山垭口，青藏公路打从这里南北通过。与昆仑这一带结缘在 20 世纪 70 年代中期，为研究解决青藏铁路建设中的冻土问题，崔教授曾在此一住三年。那段时间里，他开创了一门新学问：冰缘地貌研究。所谓冰缘地貌，系冻土在地表呈现的特征。地下有没有冻土，别人或需要打个钻看看，崔先生不用，凭肉眼就见分晓。国外同行对这个新认定的微地貌好奇，先后有加拿大卡尔加里大学、日本北海道大学与北大合作，崔教授就陪同他们，多番来此考察冰缘地貌。总之中昆仑一带被崔之久走成轻车熟路，看得烂熟于心。这一回做天然剖面，硕、博、博士后一众弟子跟从，索性把帐篷扎在了20年前旧址上。惜乎今非昔比，当年登顶西昆仑主峰慕士塔格7600米高度，已成今生绝响，此次重返昆仑，发现自己只在海拔5000米还算可以，再往上，气与力均感难支啦！

把几处沉积相地层按年代序列衔接起来，中昆仑地区500万年以来的演化层序所指向的，恰是360万年前至今，本次强烈隆升前后的重要时期。天然剖面的连续记录显示了隆升过程的间歇特点，构造事件与气候事件同步，渐变与突变交替，隆升与夷平相间。出露在青藏公路原62道班附近垭口盆地一套厚近700米的完整剖面，由下而上展示了直到70万年前，此地由低而高、环境由暖而凉的渐变过程，其间不时有红色古土壤层和孢粉组合出现。崔先生据此认为，这一现象既可说明此时沉积中断，沉积层由抬升转而为剥蚀层，又说明此时暖湿、海拔不过1500米的“半高原”环境气候特征，同时说明距今110万年到70万年之间，是一个间歇式缓慢抬升渐变过程，而主幕骤现在距今70万年到65万年之间。这在地质史上只是瞬间之事，其高度和环境已然迅速接近现代水平。本次构造事件也使整个青藏高原完成了更新世绝大部分的上升量，大部山地首次进入冰冻圈。鉴于该事件之突然，之重要，崔之久有心将其命名为“昆（仑山）垭（口）运动”，征询意见时，李吉均教授考虑到此次运动与先前命名的描述黄河发育的“黄河运动”基本同步，应为同一运动在不同地区之反映，建议统称为“昆仑—黄河运动”——“昆黄运动”由此得名。

中昆仑一带荒无人烟，寸草不生，居然发现了几处新旧石器点，崔教授指导地层发掘，3000多年前此地竟为稀树草原，竟有人类用火痕迹，可算是意外收获。另一大收获，是换一个角度，比较系统地开创了青藏高原夷平面研究的先河。

如果说天然剖面指向垂直观察，带有地域性，那么水平视野应当体现宏观大效果——指示高原地表大面积隆升的，还要看层状地貌，包括夷平面、剥蚀面、河流阶地。夷平与隆升相对，夷平面发育形成在地质相对稳定阶段，于强烈隆升时段大规模解体。相关理论和模拟结果推断，若使高地降低几百米，需费时几百万乃至上千万年，前提是在隆升动力弱化，侵蚀率高于抬升率的时期。对于青藏高原夷平面的研究实践说明，作为地貌长期发育的终极，夷平面形成时海拔低、起伏小、地面物质移动缓慢，形成各种类型的风化壳，为确定隆升时间和幅度提供了相对可靠的根据。正如崔之久教授所言，夷平面是青藏隆升的出发点和起跑线，它们的上升才真正指示了高原地表的大面积抬升。

夷平面研究引入国内较晚，20世纪五六十年代方才开始，主要限于理论探讨；待到70

年代青藏队大规模考察中予以关注，两级夷平面正是在那时发现的。攀登计划中列入议程，一度掀起一个小小热潮。作为高原隆升过程研究子课题中的一个方面，意在利用夷平面来评估高原历次隆升以前的原始高度，因此，对它的识别、原始高度和形成年代是这项研究的核心和重点。

说到识别，夷平面好“看”又不太好“看”。容易看是指作为巨大存在，实地可察、肉眼可辨，还可借助卫星图像、航测地形地貌图宏观综览。不容易看到的也有，形成于2000万年前的最高一级老夷平面，主要集中在高原北部山群顶端，即平顶山的“山顶面”，其上面积较小，且无不覆盖冰雪，均为现代冰川载体和古冰帽发育中心——后文将要提到的冰芯钻取点，如祁连山敦德冰芯、西昆仑古里雅冰芯，皆是以平顶山为载体的冰帽。

最老“山顶面”之下，是大约形成于700万～360万年前的主夷平面，分布比较广泛，通常所说高原面即是。崔之久、潘保田等合作研究发表的论文《夷平面、古岩溶与青藏高原隆升》（载《中国科学》D辑第26卷第4期，1996年8月），首次描述了高原中部纵切南北的夷平面分布格局。

与中昆仑天然剖面同时进行，王富葆教授在珠峰地区的吉隆、定日连续三年出野外。自打1958年他挑着两箱银圆到定日，找宗本（县长）为登山科考队联系修路开始，30多年间来来往往十几次，珠峰及周边俨然王氏“根据地”。正像崔之久之于昆仑那样，王富葆也把珠峰一带走成轻车熟路，看得烂熟于心，自称“闭着眼睛也能说出身在何处”。年过六旬的人，带着几位博士生，翻山越岭找剖面采样品。年轻人眼见敬爱的老师多么享受野外生活，见他只要遇见野葱野韭菜，总是拔起来就吃；见他上山时走得不算快呀，但晃晃悠悠就超前了，无不钦佩他“持续发展能力强”。某天在吉隆的一条山沟里，见他正弯着腰采样呢，上方忽有巨石滚落，多亏闪避及时，房子大的石块边缘刚刚触及鞋尖，于是又得到“机警灵活”的赞辞。年轻人还恭维他有“特异功能”，摸黑走山路安然无恙：吉普车在加措拉地方陷进河里弄不出来，两位学生步行回县城求援，夜幕降临还不见回来。经过一天的水位观察，王教授认为水势稳定，小车不至于被冲走，心想我也回去吧。荒山野地根本无路，走了差不多一夜，居然摸回来了！这就是学生们恭维他的原因。那晚的夜路上，为提防与狼遭遇，起初口袋里塞满石头。走累了，一块一块丢掉，最后连手握的两块也精简了。及至县城招待所门前，看看天色尚早，不便打搅别人，索性席地而坐，抱了一只大黑狗取暖静待日出。

这一次在吉隆—沃马盆地，1975年发掘三趾马化石之地，采集到与临夏、与中昆仑有所不同的另一类典型剖面。该盆地湖相沉积始于700多万年前，讫于160万年前。最早的底部段含有腕足类、介形虫等化石，三趾马生活时代为距今700万年前后，孢粉显示其时气候暖而偏干。古地磁显示，四五百万年前为吉尔伯特负极性世；再往前200万年，则为另一正负极性的过渡阶段。沃马盆地沉积基本结束在距今320万年前，喜马拉雅快速强烈隆升的同时，喜山北麓一系列断陷湖盆迅速萎缩。大约170万年前，湖相沉积之上发育了一套河流相沉积——吉隆河6级阶地，说明地势上升，河流切割。

对于吉隆—沃马盆地的研究，这是个开端。后来又有多个研究团队介入，进行多学科交叉的精细化研究，从而进一步复原了此地环境演化的三个旋回细节，尤其是结合古生物化石证据，说明700万年前三趾马动物群生活年代，此地与华北平原的地理和气候环境相当，两地海拔高差不算太大；之后三趾马在此地消失，说明海拔渐高于华北，西高东低的中国大地貌很可能就此形成，东西部气候环境格局也从此分异。文见《西藏吉隆—沃马盆地龙骨沟剖面古地磁年代学及喜马拉雅山抬升记录》，《地球物理学报》第47卷第6期，2004年11月。作者岳乐平、邓涛等。

该说到兰州大学那一支了。这一次临夏盆地天然剖面的研究，为李吉均教授培养出5名博士生，现在已成各自领域领军人物的方小敏、潘保田就在其中。正因有了这一群，兰州大学地理专业成为当代中国高校最为兴旺的一景。李吉均本是四川人，南京大学地理系本科毕业，来到兰州大学继续学业，之后留校任教于兰大。大西北的风沙早已把他塑造为西北大汉，命运也早已系于再造一个大西北的蓝图之中。作为青藏研究事业的一支劲旅，李吉均及其弟子是性格鲜明的一群。“敲死它！”——每当面对一个研究对象，既心爱它，又需要像面对堡垒那样攻克它，李教授就会斩钉截铁这样说。学生们则立即响应：“敲死它！”形同誓师。一群追求卓越的人集合到一起，创建经典是必然的，临夏盆地即是一例。

位于青藏高原东北边缘的临夏盆地，由起始于3000万年前、结束于360万年前的东乡毛沟剖面，1500万—180万年前的王家山剖面，以及相邻的东山顶剖面360万—170万年前的早更新世湖相地层，叠相续接，加上160万年以来的黄土沉积记录，由此，中国拥有了青藏高原东北部3000万年来连续而完整的一部演化史记录。

说起临夏剖面的发现和采样过程，既下了蛮劲儿，也充满戏剧性。先是做了案头工作，多年前甘肃省区域调查大队在那里做过勘探，有地质资料可凭借。1993年初春，李教授带领一个小组：几位学生，还有他的夫人、也是同事的朱俊杰老师，一车人前往王家山踏勘。归途中，李教授说，走老路没意思，改道吧。于是走了东乡。在毛沟的山道上停下车，大家下来“方便”——正像常言所道“踏破铁鞋”后的不期而遇，就在下车这一刻，是什么迎面而来：山塬深谷，悬崖峭壁，层叠纹理毕现，自然天成的剖面，上下足有四五百米！随着老师的指点，大家都看到了——就它了，“敲死它！”老师说；“敲死它！”学生跟着说。

这一敲真就下了蛮劲儿，从山顶到山底开挖一条 1 米深的探槽。古地磁采样通常间隔 3 ~ 4 米即可，李教授从严要求：间距缩小到 1 米以内，化学样品则仅隔 10 厘米。这一敲就是整整一年。本来用不了那么久，只因采自东山顶的样品，进了实验室才发现磁极全部为正，相当于同一地层像一袭斗篷那样披将下来。冰天雪地的 11 月份，方小敏带队再上东山顶，挖了两个 30 米的深井，方才遂愿而归。

这一年“敲”出的如果不是世界上最棒的，至少为亚洲陆地剖面之最：它比著名的西瓦利克群早出 1000 多万年；它提供了中国最完整的新生代模式地层序列；提供了陆地环境气候变化最长、最连续、千年至万年尺度高分辨率气候变化曲线；提供了北方植物最连续的长期演化史，获得以绝对年龄控制的 3000 万年以来的孢粉谱；提供了青藏高原东北部 3000 万年以来的构造活动信息，360 万年以来的“青藏运动”由此命名。

青藏运动，连同此前的喜马拉雅运动、冈底斯运动，青藏高原三次隆升、两次夷平过程的框架模型，皆在本期项目实施中由一个群体完成，并公之于世。参见第 4 章第 143 页“高原隆升过程与环境效应概念模型”等两幅图示。

“八五”攀登计划中的环境变化课题成果丰硕，天然剖面研究旗开得胜，首席科学家孙鸿烈院士深表满意。不仅国内学术界给予高度评价，在国际学术界也有相当影响。1998 年 7 月间，国际第四纪联合会古土壤委员会学术会议在兰州召开，中国之外有来自 18 个国家的 38 位外国专家出席。被誉为“全球变化里程碑人物”的美国科学家奥普达克，特为临夏群而来，被临夏群吸引而来，由衷感叹说，这是他一生中所看到的最漂亮的陆地上的磁性剖面。在他之前，还有一位著名科学家，北太平洋深海钻探负责人大卫·瑞也来过，撰文称赞临夏天然剖面揭示的高原隆升信息为“来自青藏北部的第一个声音”。

来自青藏北部的第一个声音，不是最后的。临夏盆地的故事，其实刚开头。

故事从临夏盆地开讲

当年被视为“最漂亮的陆地磁性剖面”，20 年后，稳居精彩之最，且越发精准精致；当年“来自青藏北部的第一个声音”，如今可说是多声部、是交响乐了——2004 年，临夏盆地记录的高原隆升和气候变化被 *GeoTime* 杂志点评为当年“全球盆地研究亮点”；2011 年，“晚中新世以来青藏高原东北部隆升与环境变化”荣膺国家自然科学二等奖，青藏高原东北部大大小小一众盆地从寂寂无名到蜚声海内外，一举而为当下国际研究热点地区，也将主持研究者推向国际舞台，成为构造—气候关系研究方面的知名学者。

1963 年出生的方小敏可谓生逢其时：16 岁考入兰州大学地质地理系，地质专业学士，留校任教，在职读研再读博，正赶上兰州大学与英国莱斯特大学地理系合作联培，所学专业正是“环境演变”。1992 年结束学业，一步迈进临夏盆地天然实验场，从构造学到沉积学，正好学以致用，建功立业。1998 年秋天我第一次采访他，正值国际第四纪研究联合会古土壤委员会的学术会议在兰州召开后不久，临夏盆地最初绽放，访谈中留下深刻印象的，不全是专业成果，反倒是另外有两点，令我感慨至今：一是作为同窗兼同事的方小敏和潘保田，均在三十四五岁年纪当了博导，那么年轻啊！二是这位小方老师对于人文生态的观察。临夏回族自治州及其周邻，多民族聚居，他注意到河谷低地有汉族农民耕作，山坡高地是藏族的牧场，之间回民则以商贸流通为主业……已属人类学范畴了。

那时他还是李吉均院士的主要助手，之后做了历次国家大项的盆地研究首席。单单一个临夏盆地，一做就是 20 年，还会持续做下去。研究者和研究对象之间的关系微妙，看似主动与被动，实则平等：投入心力的多寡，往往决定着回报的丰歉，成就从来是相互的成就。临夏盆地天然具备了优良的研究条件，不过再漂亮的地层也需要慧眼识珠，并且悉心经营。这个盆地位于青藏高原东北隅，大半为山地环护，紧邻甘南高原、西秦岭，以及祁连山东延余脉的雷积山、马衔山，西北方有黄河流过，只有东侧，连接陇西盆地。从地貌看，周边山地不算高，3000 ~ 4000 米；盆地海拔仅在 2000 ~ 2400 米，可是沉积层巨厚，最厚的地方 1600 米！可以在长达数千万年的时间里，承接四面八方物质沉降，集合了高原构造隆升的信息、气候及生态环境变化的信息，未曾间断过，皆因位置优越，面积够大。若是小型盆地，恐怕早已超载，沉积中断，转而为剥蚀之地了。

还有一点也很不错，是起初没想到，当它被国际公认为经典案例后追加的，那就是距离兰州市区不过百公里，相当于家门口，方便研究，尤其方便外来专家观摩：露天可见地层剖面，室内可见几千万年以来的动物化石，以及古环境的情景再现——21 世纪初，由国家投以巨资，在临夏的和政县兴建起两座大型古动物化石博物馆，复原了的古环境直观呈现，形形色色的古生物也让古地层生动起来。

所以临夏盆地值得投入，反复去做。做什么？主要有三个方面的内容。

一是建立高精度地层年代序列。前文已说到，“八五”攀登计划课题成果，初步建起临夏盆地 3000 万年以来的地层年代序列，连续的天然剖面由东乡毛沟剖面（3000 万～ 360 万年）、王家山剖面（1500 万～ 180 万年），以及相邻的东山顶剖面（360 万～ 170 万年），以及黄河、大夏河的 7 级阶地 160 万年以来的黄土沉积，叠相续接而成。方小敏团队后续的工作则是精益求精——采样地点增多，剖面在盆地中央且被黄河切穿的，露天采，未被切穿的边缘地带，未被古湖覆盖的地带，动用了钻机；采样密度加大，从先前间隔 20 ～ 50 厘米，加密到 10 厘米。与土壤剖面研究并驾齐驱的，是这期间古生物化石的巨量发现，从而为精确定年提供了依据。从前临夏盆地的第三纪红层被笼统地称为临夏组，现在呢，细化为 12 个组，从渐新世到晚更新世的地层年代序列，跨度之长、记录之完整，比之南亚西瓦利克群经典剖面，岂止不逊色。

又有更老地层重见了天日，临夏盆地形成年代，现在可以上推 4000 多万年了。

精准而连续，就为第二项工作——构造隆升研究奠定了基础。

自从中国科学家原创性提出青藏高原在地质史晚近时期大规模强烈隆升的观点，这一议题纳入国际地学视野，由此开启了一个新方向兼新热点。20 世纪 90 年代中期前后，较早一批成果问世，其中多位研究者注意到 800 万年前后构造隆升迹象，在高原中部、南部多个地点的体现，包括地层的变化和环境的变化：巴基斯坦北部地区森林植被急剧演变为草本植被、拉萨羊八井地堑盆地边缘出现正断层、东喜马拉雅发生构造热事件……另有学者综合多方证据，以模型推演出此时存在隆升运动——认为 800 万年前大高原就已达现代高度的观点，即与这批成果有关。

方小敏同样盯住了这一重要时间节点，借助构造学领域新近发展起来的前陆盆地和生长地层的知识，在精细化描绘了从临夏盆地到高原东北部诸盆地晚新生代构造变形隆升序列之后，确认本次隆升始自 800 万年前，历经缓慢隆升的超长序幕，方才进入 360 万年前的“青藏运动”主幕，隆升提速，越来越高。历数其间主要构造变形隆升事件，主要发生在距今约 800 万年、360 万年、260 万年、180 万～ 170 万年、120 万～ 80 万年和 15 万年前。

说起如何识别隆升或不隆升，方老师说方法有多种，从地质到地貌都有迹可循。外行人听来有意思的是，隆升的效应不限于向高处生长，还导致了盆地旋转——测得临夏盆地 600 万年前后的地层，从 38° 倾角迅速转至 18°，影响所及，带动整个盆地沿顺时针方向快速旋转了 10°！

识别强烈隆升和缓慢隆升的方法也多，表现在盆地沉积物颗粒，诸如量的多寡、粒度粗细，皆成依据；观察地层是否错断或错而不断也很重要——隆升速率大小，直接影响到原有沉积层。从术语讲，前者形成的称“角度不整合”，即削掉了先前层面顶部；后者为“生长地层”，只会扰动成波形曲线。方小敏团队绘制了一幅“临夏盆地地貌地层演化揭示的青藏高原东北部变形隆升过程”彩图，有时间，有高度，有地形地貌变化，很能说明问题，而且说明的不仅是临夏一地，亦可视为广及高原东北部几乎所有盆地的缩影。对于高原中部南部盆地是否适用？方教授说，高原隆升由南及北，南部要早一些。

围绕这幅图示，方老师耐下心来解说原理，外行人依旧似懂非懂，单单一个整合不整合，就足以让我这个采访者“晕菜”，再次体会到专家与大众的区别，倒不如直言结果来得明白：该图所揭示的“变形记”若干阶段，是在约 800 万年以前的渐新世到中新世的漫长时期里，高原受到长期风化剥蚀和夷平，导致高原和周边盆地形成高差不大的准平原景观；从距今约 800 万～ 700 万年开始，高原东北部开始明显隆升，临夏盆地作为一个挤压坳陷盆地，断层向盆内扩展，形成生长地层；至约 360 万年，高原开始大规模强烈隆升，地层由此强烈变形，并迅速被隆起的高原上奔涌而下的厚层巨砾岩所覆盖；至约 260 万年，该区再经历一次明显隆升，盆地局部断陷成新的湖盆；至约 180 万～ 170 万年，高原再次强烈隆升，黄河溯源侵入盆地，早期湖泊消失，黄河诞生；随后高原阶段性隆升和气候变化，形成了黄河系列阶地，逐步接近今天的地貌格局。

临夏盆地所做工作的第三个内容，是紧随变形隆升序列其后，建立起高分辨率环境变化序列。其中基本连续的孢粉记录，提示了 3000 万年以来的古气候环境变化：整个地区相对暖湿的环境持续到 800 万年前，那之后，伴随隆升进程，干旱化降临，逐渐加剧，森林缩小，草地扩大，到 360 万年前，越发寒凉干旱，疏林草原变而为干草原……与此相呼应的是，临夏盆地俨如一个生物演化大舞台，在古动物学家所建新生代哺乳动物地层框架中，3000 万年里陆续走过活跃在森林地带的巨犀动物群、铲齿象动物群，到 800 万年前，已为稀树草原上的三趾马动物群所取代，之后便是干草原上的真马动物群了。

涉及古气候变化，还有对于“冷黄土”的发现。高原东北部连接黄土高原，中国大地最高一级阶梯在这里向次一级阶梯过渡。举步走向临夏盆地之初，方小敏接触黄土的契机，来自施雅风先生布置的任务。综合多方资料，施先生推断青藏高原进入冰冻圈，似应在 80 万年前，遂委托方小敏从沉积物中寻找证据。果不其然，年轻人从采自甘孜的黄土中找到了冰川遗迹石英颗粒，证实进入冰冻圈的时间不迟于 80 万年前。从此这位有心人开始注目于高原边缘黄土层，促成了他个人及其团队较早一批成果问世：发现以昆仑山—布青山—阿尼玛卿山—秦岭为界，以北为来自亚洲内陆干旱地区的热黄土，以南为冷黄土——高原是一个重要的粉尘新源地，物质主要来自高原本身，大致形成于约 120 万～ 80 万年前，与高原冰冻圈和西风尘暴活动密切相关。举一反三，方小敏提出高原中更新世隆升—冰冻圈—大气环流—全球降温模型，同时发现末次冰期旋回中，东亚夏季风千年尺度不稳定性变化及其与北半球高纬气候的联系。论文发表，世界知道了，中国黄土的构成，有少部分来自青藏高原。

反演古环境，涉及一个国际社会都在关注、备感困扰的重大科学问题：干旱化何来？何时发生？事关青藏高原，方小敏设定的具体提问还有，高原隆升和全球变冷对干旱化进程的影响，孰轻孰重，孰先孰后，孰因孰果？

晚新生代数千万年里，我们的地球经历了一系列重大地质事件，导致气候和环境一变再变，计有全球变冷、北美和亚洲内陆干旱化、亚洲季风形成等等，其中干旱化问题深刻影响到人类生存环境，因为干旱化后面紧跟着荒漠化。尤其中国西北部，干旱化还在加剧，而且越来越多的证据将亚洲内陆干旱化成因指向青藏高原的急剧隆起和全球变冷两大因素。以此作为盆地研究的一个重点，是因这项研究具有基础研究和应用研究双重价值和意义——通过对亚洲内陆干旱化过程的科学认识，一方面可以反演高原隆升和全球变冷的演化史，另一方面，有助于为正确决策提供科学依据，确保干旱地区环境资源的合理利用、保护和经济的可持续发展——回望，是为前瞻。

仅有临夏一地的证据显然不够，沉积年代、构造隆升、环境变化，同一答卷应当在更大范围得到印证。自 1999 年“973”项目第一期起，方小敏团队就将研究区扩展到兰州盆地，祁连山南北的柴达木盆地和酒泉盆地，拉脊山南北的贵德盆地和西宁盆地，等等。而李吉均院士带领兰州大学一支，则转战于西秦岭和天水盆地。这样一来，研究范围涵括了南起东昆仑、阿尼玛卿山，东接西秦岭、六盘山，西迄阿尔金，中经祁连山的整个青藏高原东北部。由于现成地套用临夏经验和范式，动作够快，仅仅 10 多年工夫，就在群山环抱、多条支脉余脉分隔的各盆地中，相继完成了高精度磁性地层序列，获取了与变形隆升和环境变化相关的信息——果然一个临夏故事的放大版，比预期效果还要棒！

首先是沉积年代更早。兰州盆地、西宁和贵德盆地，直到柴达木盆地，诸盆地的生成年代均突破了 5000 万年。那是在印度板块和欧亚板块碰撞之初，青藏大地形成不久，当持续的碰撞变形自南方传递而来，遥远的北方响应，山地隆起了，盆地陷落了，开始接纳沉积物。盆地中要数柴达木面积最大，以至于沉积层厚度可观，最厚的地方足有上万米。

沉积层越厚，记录的信息越翔实。方小敏团队为柴达木盆地建档，一部新生代地层的精细年代学和变形缩短史，伴随着三次隆升两次夷平的轮回，见证了高原之所以成为高原的沧桑演化。从量化得出的各种数据，判读出每一轮造山运动的大致时间和幅度，就隆升问题提出一个新模式：碰撞—挤出—碰撞框架下的同步异幅变形隆升过程。

至于干旱化证据，尤其典型。西宁盆地膏盐沉积200多米厚度，有芒硝有石膏有盐，显见曾为盐湖中心，显见经历了漫长的干旱时期，显见盆地面积曾经广大。的确如此。同一时段形成的膏盐层，西宁以南渐薄，100多米；隔了一座拉脊山，到贵德盆地，膏盐层只余几米厚了。原来，拉脊山是历次构造活动的产物，早在几千万年前，贵德和西宁同属一古湖盆地，周边古河向心流淌，汇聚于今天的西宁。当拉脊山最初轻微隆起时，河流一度改向；剥蚀夷平了，盆地重新连接。然而800万年前开始的本次隆升，拉脊山又做了分水岭，从此南北分流，盆地隔断，地貌改观——黄河及其支流湟水分别从贵德和西宁盆地流过，切穿整个新生代地层，袒露出绝佳天然剖面。

大同小异，甚至一模一样，高原东北部诸盆地经历了共同命运。此前不仅贵德和西宁的盆地一体相连，它们其实是偌大陇中盆地的一个组成部分。地跨甘、青，天水—临夏—兰州，化隆—循化—共和，概莫能外地归属于这个盆地大一统。共同的命运有共同的指向，同临夏一起复述着同一个地质演化史壮丽篇章，从起初的“一个声音”，变而为多声部合唱。

盆地研究成长起一代又一代人。十几年前在兰大初见，还是风华正茂的年纪，现在正当盛年，依然激情满满；当年跟从导师做骨干，现在带团队，骨干30多人，来自青藏所、兰州大学和南京师范大学。方小敏教授现任中科院青藏所副所长兼环境变化与地表过程重点实验室主任，最近这次采访，就是在青藏所北京部他的办公室里进行的。方教授站在三维立体的青藏高原挂图前讲解，语速很快，山脉盆地，抬升剥蚀，多少万年，多少个百万年，皆在倏忽之间。采访者也在恍惚中，感觉那人那图远在现实世界之外，融入浩瀚时空。

2014年1月10日，国际著名杂志《科学》(*Science*)对方小敏研究员与其合作者进行的柴达木盆地环境深钻项目研究工作进行了报道。柴达木环境深钻项目得到国家自然科学基金委重大国际合作研究项目、中科院知识创新工程重要方向项目群项目以及德国研究联合会(DFG)项目和青海石油联合资助。该项目于2010年正式启动，已在柴达木盆地先后成功累计钻取了4000多米的岩芯，发表了部分成果。旨在通过有精确年代控制的高分辨率沉积和古气候记录，揭示青藏高原隆起和全球变冷对亚洲内陆干旱化过程的影响，为探讨亚洲干旱化过程和机制提供了重要信息。

黄土可以告诉我们什么

不久前看过一部译制纪录片《地球创世纪·风》，该片着眼寰球天下，特别以中国黄土作为风之力的典型案例："中华文明的成功，在一定程度上要归功于风。"原因在于这片土地拥有对于中国早期农耕至为重要的资源：由层层尘土堆积而成、厚达数以百米计、幅员相当辽阔的黄土高原，赋予中国农民早在1万多年前宜居、宜耕环境，食物充足为文明发展提供了先决条件；而黄土的出现都是因为风——青藏高原和喜马拉雅等群山耸立起来，改变了风向并使气流抬升，冷凝成雨降落下来。当风抵达高原背风面时，会变得异常干燥，塔克拉玛干等戈壁沙漠形成巨量沙尘储备，连续不断的风就像一个传送带，把沙尘一路送至中原地带……"黄河流经的这片土地，让一切变为可能。"

说到"让一切变为可能"的时候，片中所指还是黄土地生长的稼穑与传统，进而是文明进程、文化建树种种。然而在这里，就在此刻，同样来自黄土来自风，我们将要听到的却是另类讲述，一个迥然不同的版本——一个从事黄土研究的群体如何将深厚黄土照亮，使之成其为宝贵科学资源的另一"可能"——

当1961年在波兰召开的第六届国际第四纪研究联合（INQUA）大会上，刘东生报告《中国的黄土》引发与会者惊叹时，涉及的还仅为山西午城黄土层中17个旋回，属于黄土自身所含环境信息的首度披露；当1964年希夏邦马科考中在不可能的高处发现高山栎化石，刘东生前瞻性提出青藏高原隆升新课题时，或许在高原自身演化和第四纪环境地质之外并未考虑太多吧！然而随着时间的推移，各自研究的深入，不意间在相当高的层面上，在全球变化研究前沿，两两相遇，融会交集并互为佐证，不啻黄土创造的又一奇迹，亦是青藏高原研究的福音。

那么，这两大领域从什么时候、在哪一阶段相遇，以何为纽带使得彼此关联密切起来？

回望中国黄土研究一路走来，内容与方向历经嬗变：自19世纪德国科学家李希霍芬在中国之行中首次提及黄土，后有中外学者安特生、德日进、杨钟健，都还把它视为地质现象和认知对象；新中国成立之初，竺可桢先生力主黄土调研，推动国家开展"黄河中游水土保持综合考察"项目，起因在于黄河之所以为黄河、70%以上泥沙来自黄土高原，出于黄河治理、水土保持、兴利除患的考量，当属应用科学研究范畴。一批地质地理学家被抽调进考察队，刘东生就在其中，由此面向了黄土。历时数年项目结束，黄土研究作为新兴学科却已羽

黄土直立节理

黄土高原，窑洞层叠 引自章铭陶主编《中国大地》

翼丰满：一翼为朱显谟院士领导的中科院水土保持研究所，沿着应用研究道路继续前行，对于黄土高原水土流失的治理和生态环境的保护做出了重要贡献；一翼为刘东生院士另辟蹊径，坐拥60余万平方公里的黄土高原，在地质、古气候等基础研究道路上步步为营，把一个需要治理和保护的对象变成了天大的宝贝，科学的富矿，跻身于国际地学界，岂止占有一席之地！待到黄土研究以完整的沉积序列、比较丰富的动植物化石、高分辨率的古气候古环境变化记录，与深海沉积物和极地冰芯三足鼎立，并列为全球变化研究三大标准柱，先生已被公认为世界级地质学大家，2002年荣膺国际环境科学最高奖“泰勒环境科学成就奖”，获奖原因正是“开启黄土这本天书”；2003年荣膺国家最高科学技术奖，成为我国地球科学界获此殊荣第一人！正如我们所理解的那样，这一奖项实已超出专业意义；当我们既敬又爱地尊他为“黄土之父”时，其内涵同样在专业意义之上。

不仅黄土，还有红壤。说到刘先生初识这类古土壤，圈内流传着一则趣事“桥段”：1954年的一天，刘先生参与黄河中游考察，来到三门峡会兴镇当晚，夜幕中忽见灯光层叠闪烁，心中纳闷儿，其时河南乡镇怎会有楼房呢？次日清晨再看，始知灯光原来是从一层又一层近似水平分布的窑洞里发出的。细察之下，发现每层窑洞皆以黄土层中条带状红色黏土为穹顶。后来他与朱显谟先生同在山西离石考察黄土，就此疑问请教，朱先生回答，这应当是杨钟健先生所言“红色土”沉积物，含有地质时期的土壤残留。随后经两位先生研究证实，红色土即古土壤，较为黏重的红色土层之间即为黄土沉积。以此故，后来刘先生一直尊称朱先生为“老师”。

秦安中新世风成红土剖面　于严严供图并注
浅黄色条带为弱风化层，红棕色条带为古土壤层，两者分别发育于相对干冷和温暖湿润的气候条件之下。这套发现于中国北方的中新世风成红土序列因具有连续、覆盖时间跨度较长、对古气候变化较为敏感、蕴涵的古环境信息丰富等优点，为探讨新生代青藏高原隆升、亚洲内陆荒漠和东亚季风环境的起源与演化提供了关键的陆相记录。

查阅郭正堂2007讲稿《中国北方风尘堆积与东亚新生代环境变化》相关解释：巨厚的黄土剖面上每见横向红色条带层叠相间，为区别于黄土，色带被称之为红土或古土壤。实际上黄土、红土同属风尘堆积，古土壤是土壤，黄土也是。区别在于，寒冷的冰期气候里，风尘堆积沉积速率大，沉积物偏厚且颜色整体偏淡，主要为黄土；当处于相对温暖湿润气候阶段，风尘堆积沉积速率小，古土壤发育，沉积物颜色偏红，与成壤过程中风化淋溶作用导致铁氧化物变化相关。说明黄土层是受极地和高纬地区偏北冬季风影响的粉尘沉积物，成壤作用较弱；古土壤层则受低纬和赤道海洋偏南夏季风影响，系夏季风加强时期的成壤作用而成。因而黄土中粒度之类的参数，可以作为冬季风替代性指标；磁化率、地球化学元素组合、有机质含量等，则指示了夏季风的强弱变化；而沉积速率则反映风尘源区—亚洲内陆荒漠的干旱程度。

——了解这些概念很重要，因为近年来黄土研究的开拓性进展，正是从新创建的时间跨度为2200万年的红土—古土壤序列开始的。简言之，黄土、红土分别代表地质史上的冷期和暖期，依据寒冷期偏北冬季风强盛、温暖期偏南夏季风强盛这一规律，可以从中判读地质史各时期的冷暖干湿，进而去发现环境变化之要素并解释其机理。

且看自从上世纪60年代登上国际讲坛，黄土研究如何节节攀高——

1981年，应国际著名地质学家许靖华邀请，刘东生先生前往苏黎世理工大学访问，同时带去黄土样品，与弗里德里希·海勒教授合作研究洛川黄土剖面的磁性地层和岩石磁学，借助超导磁力仪，首次获取黄土底界年龄、黄土剖面磁化率曲线。

1985年，《黄土与环境》中英文版相继出版。基于中国黄土—古土壤序列，推出多期气候变化多旋回性概念，同时建立起经典的洛川坡头标准黄土剖面，并首次将该序列与反映全球冰量变化的深海氧同位素曲线相对比。此举标志着黄土研究已跨越到黄土与环境、黄土与全球变化相互关系研究的历史新阶段。5年后，在《国际第四纪》（*Quaternary International*，1990）合作发表论文，安芷生为第一作者，将冬、夏季风的强弱与黄土堆积和古土壤发育相联系，首次以黄土—古土壤的磁化率作为亚洲季风变化的代用指标，揭示黄土—古土壤序列所记录的古季风长期演变。

1989年，刘先生与弟子丁仲礼等合作，在《科学通报》发表论文《250万年以来的37个气候旋回》，以中国黄土所记录的37次冷暖干湿交替，110个次一级气候阶段，为第四纪全球气候变化对比提供了陆相记录（250万年后被订正为260万年）。5年后，在《第四纪科学评论》（*Quaternary Science Reviews*，1994）合作发表论文，丁仲礼为第一作者，首次建立全世界第一个完整的中国黄土地球轨道调谐时间标尺，以黄土记录的气候变化节律，印证了地球轨道变化所产生的特征周期：偏心率变化的4万年、10万年周期，地轴倾斜度变化的4.1万年周期，岁差变化的2.3万年和1.9万年周期，等等。

1996年8月，在北京召开的第三十届国际地质大会上，刘东生先生作《黄土与地球系统》特邀报告，将黄土作为地表各圈层相互作用的产物进行阐述，标志着以地球系统科学角度进行黄土研究的思路确立。同年9月，刘先生与汪品先、安芷生共同主持题为“古全球变化”的香山科学讨论会，刘先生作综述报告，根据地质证据，论证新生代亚洲干旱区演化进程，认为中新世时，东亚地区即由季风气候取代行星风系，由此奠定东亚现代自然环境格架。

1999年，刘先生与丁仲礼等合作，在《古地理学，古气候学，古生态学》（*Palaeogeography, Palaeoclimatology, Palaeoecology*）发表一系列论文，将中国的风成堆积推至700万年前……

从260万年，到700万年，800万年，仿佛砌就层层阶梯，等到郭正堂接力而来，拾级而上，得以一举将这一时间钟表拨向2200万年前！

距今800万年前的环境演化数据，来自南亚生态系统改变拐点——巴基斯坦北部沉积物指示此时植被由森林型转为草原型；来自印度洋—阿拉伯海的大洋钻探结果——海底沉积物指示上涌流及南亚季风显著增大增强。国际上对于亚洲古环境的研究始于上世纪八九十年代，虽晚于中国学者，但这类相关证据却以后来居上之势，使“亚洲季风环境可能形成于800万年前”的说法一度成为国际地学界主流观点，直至风成红土序列新证据出现，方才显著改变了学界看法。

没错，至晚是在2200万年前，最早可能不会超过2500万年前，北中国的风成堆积就开始启动了。确切地说，是将全球其他地方不见，唯中国独有的中新世风成红土序列由800万年又向前推移了1400万年。这批自成体系的原创性成果，是在刘先生指导下，由郭正堂团队合作完成，论文《中国红土沉积揭示2200万年前亚洲干旱化的起源》2002年首发《自然》(*Nature*)杂志。这可是全球顶级学术期刊，且是以亮点文章发表的。同批成果继之在《沉积地质》(*Sedimentary Geology*)、《地球物理研究快报》(*Geophysical Research Letters*)发表。能够说明其国际认可度的，是相关内容和图件迅速进入英美出版的教科书、教学研究指南，多家资深出版社如世界最大的科技出版机构之一德国斯普林格(Springer)、荷兰爱思维尔(Elsevier)和美国威利—布莱克威尔(Wiley-Blackwell)纷纷将之收录于百科全书。国际古全球变化(PAGES)前主席、利物浦大学奥德菲尔德教授这样评价：“新近纪连续的长尺度环境记录非常缺乏，最引人注目的记录之一是郭等向世界科学界展示的黄土高原西部几乎覆盖整个中新世的序列。”

这批炫目成果，以时年38岁的郭正堂为第一作者、通讯作者，可谓真正的继承者后来

2001年甘肃秦安，郭正堂（左一）指导研究生野外工作

2002年郭正堂在秦安地区野外考察

2005年郭正堂与刘东生院士考察秦安中新世风成红土
本组图片由于严严提供

人——出生那年，未来导师刘先生正在希夏邦马高瞻远瞩；地道“黄土之子”——祖辈生活在山西应县“黄土高坡”，生长于斯，立业于斯，黄土地的馈赠有多么丰厚，连他自己也觉得幸运之至：15 岁考进北京大学地貌与第四纪专业，20 岁公派留学去了法国，读来第四纪地质与环境考古学的硕士学位，再读来大陆环境动力学与土壤学博士学位，全都是前沿的学问，有用的装备。正是在准备博士论文期间，缔结黄土“风尘”缘：听从博士论文导师、古土壤专家尼古拉斯·费多罗夫（Nicolas Fedoroff）教授建议，以中国黄土中的古土壤开题。捧读《黄土与环境》，郭正堂手不释卷，读到烂熟于心，可是苦于所需的野外采样工作无从下手，于是师生二人决定试一试，分别致函求助于素昧平生的刘先生。没想到那么快就接到回复，并且一切安排就绪，高规格接待——小小博士生得以直奔甘肃西峰，由两位未来的师兄兼未来的院士安芷生、丁仲礼驱车陪同，以多年经验现场指导样品采集。

这还只是幸运的开头，往后美好的事情接二连三：博士论文答辩，刘先生居然应请担任答辩委员会成员，且是两位阅评者之一；看好这位年轻人潜质及其专业，勉励他继续将红土作为主攻方向，郭正堂做了先生的第一位博士后。

就这样，博士后三年，留任地质所从助研做起，放眼新生代地质与古全球变化，埋头古土壤一做 15 年，奔走野外，守在室内，以数万样次的土壤沉积和地球化学实验分析，把披覆于上千公里范围、400 多层古土壤做出了含金量。随着对于新生代大陆环境研究领域具开拓意义的风成红土环境序列问世，所涉构造动力学—气候变化关系、海陆相互作用、生命演化的环境背景等等，能够说明的问题多多。在此试举两例，一是以风尘原始积累阶段对应于亚洲内陆荒漠和典型季风气候乍现，支持 2000 多万年前青藏高原隆升即已超过临界高度的观点：在高度上足以对来自海洋的水汽构成一定屏障作用，在规模上足以改变大气环流。二是据此在前人所建框架基础上，完善了中国大地 2000 多万年前后古环境变化格局，图示了由行星风系主控型转而为季风风系主控型，经历了怎样的渐变到剧变、巨变的过程，解释了从东西方向几乎贯通全国的带状荒漠的气候格局，何以转而为仅限于内陆局部干旱区的机理。

——在此提请读者，回头参看本书第 4 章第 147 页图例：古近纪、新近纪我国的古环境格局，是否会有不一样的感触。

突破性进展意义非凡，牵引着众多学科齐步向前。比方说，生物地理研究中，涉及地质时期中国陆地上的动植物交流迁移和演化，南北之间曾出现过长时期、长距离的隔绝现象，令研究者困惑，现在终于解释得通了。关于这一点，亦可参看本书第 11 章末节植物演化部分。

能够说明的问题还有，古土壤研究丰富和深化了对东亚和全球间冰期气候行为与机制的认识，从中国到世界，有一实例涉及科学界内外当下普遍关心的全球变暖问题。

——终于说到我们大众易于理解的部分了。皆拜全球持续变暖引发的普遍担忧所赐，相关气候环境知识空前普及：最初将二氧化碳超量排放指为温室气体元凶，后被告知甲烷的温室效应或说保温能力更甚于二氧化碳 20 倍以上！数年前一度成为公众话题的，来自媒体报道的一则研究结果：全新世大气中甲烷浓度本在万年前开始下降，却于 5000 年前重拾升势，走出一个“V”字形反转，于是有研究者将之归因于人类活动影响，包括中国和印度等早期农业国度的水稻种植、家畜饲养等等。到了大众层面、坊间谈资时，进一步简化为都是家畜惹的祸，特指牛肚里的气体排放，一时传为笑谈。而解答温室气体浓度变化问题，恰是古土壤研究的优势领域。有一回遇见郭正堂老师，直接提问，真的是因为养牛太多，导致甲烷骤增吗？郭老师表示并非如此，至少非主因：人类活动固然存在少量“贡献”，但自然过程远大于人类活动影响。为此他特意发来两篇论文供参详，虽然专业性够强，尚可读懂，从中可见从思路到手段的国际化特点，额外收获是，得知变暖变冷，全球未必同步。

红土—古土壤序列作为地质史上温暖间冰期产物，储存着来自北半球高纬地带的气候信息，同时记录了来自低纬地区的季风变化历史，郭正堂团队有办法从中读取信号种种，给出合理解释；不仅早已着手在做，且不限于全新世，而是上推到中更新世 80 万年以来。这还只是时间方面，关键在于空间大跨度，将来自南半球的甲烷记录与太阳辐射和黄土等地质记录合并考量——该时距为南极冰芯记录上限，冰芯气泡中封印有古老空气，典型的“时间胶囊”，已被解读，可做比对。合并考量的结果是，首先发现了与全新世相似的甲烷变化信号，过去 80 万年里并不稀见，只不过以往的研究忽视了南半球热带季风湿地的贡献，其自然过程至少可以解释全新世 70% 以上的甲烷回返量，是导致反转的主导因素。此外，对中国、印度等早期农业起源地区考古资料的集成研究，也揭示出早期稻作农业的发展与 5000 年前甲烷浓度的回返在时间上具有一致性，最终说明的是，自然过程是主因。

这一使用时间序列分析方法得出的结论中，还产生了一个认识上的飞跃：“两半球的冰期—间冰期旋回具有明显的相对独立性。”这是针对此前学术界关于南北半球气候在冰期—间冰期旋回演化关系方面，普遍秉持“协同演化”，即变冷变暖大致同步的观点而言。在时空大跨度的甲烷信号比较中，揭示出一个与当今全球同步变暖相反的例证——

距今约 50 万年的间冰期，整个北半球显著增温 4 ~ 6 ℃，季风同时加强，导致高纬湿地扩张，也增大了低纬湿地甲烷排放量。但是矛盾现象出现：地质记录中的大气甲烷浓度反而呈现低值，原因何在？

疑问在北方，答案却在南方。查阅地质记录，显示同时段的南半球并未变暖，反倒是南极冰盖扩张，气温比之全新世低约 4 ℃！南半球甲烷释放量减少正好抵消了北半球甲烷增量，进而对该时间尺度上甲烷浓度变化产生重要影响。文见《中国黄土与南极冰芯记录共同揭示深海氧同位素 13 阶段两半球气候具不对称响应》，郭正堂等，《过去气候变化》（*Climate of the Past*，2009）；另见《冰期—间冰期水循环、全球季风和大气甲烷变化》，郭正堂等，《气候动力学》（*Climate Dynamics*，2012）

黄土这部天书告诉我们的已经够多，虽然只是地球秘密的一小部分，随着研究的深入，我们有理由期待它“让一切变为可能”。从已说明的问题看得出来，任何单一因素都不足以触发气候环境的巨大改观。这一规律同样适用于本节开头的纪录片解说词，强调喜马拉雅—青藏高原隆升的重要作用没错，需要补充的是，参与气候转型的尚有其他因素，海陆分布变化、全球冰量变化等等，同样来自黄土证据给出的动力学解释。

2013 年 12 月 20 日，郭正堂在青藏高原研究会学术年会上作专题报告，题目正是《青藏高原与轨道尺度的亚洲季风动力学》。算不上特邀，算得上青藏研究成员，早在十几年前就参与“973”青藏项目，与方小敏共同主持“青藏高原隆升过程及其对周边地区环境变化的影响”课题，通过秦安黄土将中国风尘堆积起始年代推往 2000 多万年前，恰恰是在本次课题进行期间完成——高而平地形上的风尘堆积与盆地间河湖相沉积相辅相成，象征着黄土研究、青藏研究历经多年的相向而行，最终集合在全球变化研究阵营中。

不过此时的报告者身份有变，就在前一天，郭正堂刚刚入选中国科学院院士，是继同门师兄安芷生、丁仲礼、刘嘉麒之后的年轻院士，49 岁。回想少年梦想，第一志愿是当医生悬壶济世，高考时填报了第二志愿的数学物理，被校方“调剂”到地质专业，还曾一度失落呢！不过按照传统智慧“天人合一”理念，做医生和做地质却有相通处：在西藏，以藏医为代表的认识论，视人体为小宇宙，自然为大宇宙，主张大小宇宙相和合，可保身心无恙，否则百病丛生。以此为喻，不做医生的郭正堂俯仰于天地乾坤，面向了自然大宇宙，从古土壤节律中问切地球脉动，运行方式，透视肌理，探察因果，以更大手笔书写地球故事，那是人类故事的开头。

有一首歌仿佛为这位“黄土之子”也为所有的黄土黄河儿女而唱：“我家住在黄土高坡，大风从坡上刮过。不管是西北风还是东南风，不管是八百年还是一万年，都是我的歌……”

2014年度国家自然科学奖二等奖

项目名称：晚新生代风化成壤作用与东亚环境变化

完成人：郭正堂、郝青振和吴海斌研究员等

内容简介：该项目通过对我国新生代沉积的风化成壤作用研究，把陆地风尘堆积序列从800万年拓展到2200万年；厘定了亚洲现代季风环境和内陆荒漠的起源时代，重建了二者的早期演化历史，提出青藏高原在2000多万年前的隆升已达到重组大气环流的阈值；发现第四纪东亚季风极盛期与大洋碳同位素变化存在耦合关系，揭示出冰期—间冰期旋回中两极冰盖具不对称演化行为，丰富和深化了对间冰期气候行为和机制的认识，并为气候变化的影响评估等提供了古气候学依据。

古环境研究的新脚印

——2014年度国家自然科学奖二等奖项目“晚新生代风化成壤作用与东亚环境变化”介绍

同济大学海洋地质国家重点实验室 汪品先

四五十年前，正当中国罹难“文革”浩劫的岁月里，国际地球科学界却在深海海底取得了几十万年的沉积记录，证实了冰期旋回受地球轨道周期控制，将古气候学推进到定量研究的新阶段。改革开放之后不久，我国以黄土研究为核心的古气候研究，很快与国际接轨，成为我国地球科学的一大亮点，国际的第四纪研究出现了深海、黄土与冰芯三足鼎立的新局面。跨入新世纪，我国的古气候研究呈现出全方位发展的繁荣景象，国际地位蒸蒸日上，学术战线捷报频传。但与此同时，如何进一步依靠我国独特的自然条件，使古环境研究向更大的广度和深度进军，是学术界面临的新挑战。正是在这种背景下，郭正堂及其团队郝青振、吴海斌等人，取得了“晚新生代风化成壤作用与东亚环境变化”的得奖成果，这是他们在古环境战线的攀峰路上，迎接新挑战留下的一个新脚印。

中国黄土高原的地质记录属世界之最，然而认识其风尘堆积的年代范围，却经历了一个不短的过程。几十年来，风尘记录从最初的几万年拓展到200万年，进而上溯到800万年，其古环境记录的价值也随着年代的延伸而相应增加。郭正堂团队的重大贡献，在于发现了甘肃地区2200万年来的风成红土序列。他们用15年的工夫，通过8条剖面的分析研究，证明亚洲内陆至少在中新世早期就开始了荒漠化，并且通过古土壤等各种分析，证明当时已经建立了亚洲季风风系。这项发现在国际重要刊物发表后，引起了国内外学术界的强烈反响，作为古气候研究的突破性进展，引入了国际的教学参考文献与百科全书。因为它不但改变了风尘沉积和亚洲季风限于“800 万年”的原有认识，而且厘清了东亚晚新生代气候环境转型的概念，说明构造变动在中新世初就已经达到改变大气环流的阈值，有力地证明了渐新世 / 中新世交界中国古环境转型的观点。此项发现的重要意义在于澄清气候转型时间的同时，也揭示了中国和亚洲构造演变与气候环境的相互连接，成为新生代地球系统研究中的一大突破。

早中新世风尘系列的发现，归功于长期扎实的野外工作。郭正堂和他的合作同事们的野外考察并不满足于公路沿线与河流两侧，而是不畏艰苦进入山区深处，因而能够见到前人之所未见。但是，单纯的野外发现并不等于科学突破，新发现还需要与新方法相结合。郭正堂和他的学生们研究风尘沉积的一大特色，在于古土壤分析中的新视角。他们通过古土壤的微形态分析，抓住成壤期内精细的环境变化过程，重建起复合土壤记录的事件序列，鉴别出其中的突变事件。他们用土壤学指数定量测定成壤强度的变化，估算出气候带的推移幅度，进而实现了古土壤事件和深海记录的比较。正是采用了诸如此类的新方法，而不是沿袭传统的土壤类比法，才能够从古土壤层提取出水循环和碳循环演变的丰富信息，取得了新水平的研究结果。

在祝贺郭正堂等获奖的同时，我们情不自禁地要为当前我国古气候研究的进展拍手叫好，因为我国的地球科学队伍已经成为一支举世瞩目的国际劲旅。但是和其他学科一样，我们都面临着科研定位的“转型”任务。国际的学术交流犹如经济贸易，都有发达国家和发展中国家之分。发展中国家主要依靠原料和劳动力输出，而发达国家则以深加工为主。科学上的“原料”就是数据资料，研究手段在于描述；而“深加工”就是产生理论成果，需要处理数据、探索机理。当前中国科学界面对的，正是一个从“原料输出”向“深加工”的转型期，迫切需要科学工作者将研究的视野从地方扩大到全球，将研究的方法从现象描述深入到理论探索。这方面，郭正堂的团队也做出了很好的榜样：他们立足于中国独特的自然条件放眼全球，在大量掌握实际材料的同时探索机理。比如从南北两半球气候不对称演化出发，解释我国黄土高原和世界古气候变化中的特殊现象，解释世界甲烷浓度变化的地质记录，等等。

中国的科学界正在经历着前所未有的发展良机，中国的自然条件又为地球科学提供了令人羡慕的研究基础。我们有理由期待，拥有世界上最大科研队伍的中国，终将做出最有影响的科学贡献。

黄河如何孕育成长

河流作为一个最基本的地貌元素，其发育历史记录了高原的形成和演化过程，因而备受重视，多个研究团队都在做河流地貌的尤其是河流阶地的研究，其中潘保田教授及其团队研究黄河历时最久，成果尤丰。

黄河源区扎陵湖和鄂陵湖交汇处：一只藏原羚，回首张望
杨勇 / 摄影

河流阶地研究，既可以算是纵向的剖面，又因跨了地域而具有了水平意义，在高原隆升方面比较说明问题；又因理解一条大河的演化时空，大众无须具备更多专业知识，且在理解的同时感觉亲切，所以特别将黄河研究拿来一说。不过，有关河流演化史的访问，还是让我学到两个实为常识的新知：一个是“逢河必断”——大江大河总是沿着地壳薄弱处，主要是断裂带发育而成；一个是“溯源侵蚀”——江河源头总是分段式向高处跃动式延伸。这多少有些费解，似与“高水低流”相悖。为此潘教授向我这个文科人士释义，又说又画，以黄河壶口瀑布“裂点”为例，说明随着地势抬升，“裂点”出现，先前各不相关的水系就此贯通，当初黄河正是从这儿完成了一步登高，而这也正是海拔越高的河段加盟越晚的原因所在。

黄河溯源侵蚀地标：壶口瀑布　章铭陶 / 供图

《辞海》“溯源侵蚀”：亦称“向源侵蚀”。河流下蚀作用逐渐向河流上游方向发展的过程。包括源头处侵蚀和流路中瀑布、急流处向源头的侵蚀、后退。溯源侵蚀可使河谷伸长。

“裂点”：河谷纵剖面上的坡度转折点。常形成急流、跌水或瀑布。因侵蚀基准面下降（地壳抬升或海面下降），河流相应产生新的溯源侵蚀而成。流路上岩石软硬的差异、构造断裂及两河相汇处，因侵蚀能力不同，也可形成裂点。

2012 年西藏采访归途中，特意路过兰州大学。第一个想见的人是潘保田教授，最想了解的是他多年从事黄河研究的新进展。兰州作为地理学意义上的中—上游分界处，黄河穿城而过，兰大地理学专业由此占尽优势先机。二十几年前当潘保田还在读硕时，就跟从导师李吉均院士注目于这条伟大河流，博士学位论文也以此为题：《青藏高原隆升与黄河发育问题》。十几年前初次采访，黄河的孕育诞生图景就已被他粗线条勾勒出来，上游直至源头的河段尤为明晰：于 170 万年前向上通过兰州，现代水系格局初成；120 万年前还在祁连山，以湟水和大通河为源；继续上行，收纳循化—化隆盆地，约在 15 万年前切开龙羊峡，兼并共和水系；仅仅在不到两万年前，方才切穿若尔盖古湖，直指现代黄河源——鄂陵湖和扎陵湖。

全程追踪研究，再借助现有地质和环境资料，潘教授绘制了一幅黄河水系格局演化示意图，直观呈现黄河通过袭夺和串联各内流水系的形成史 4 阶段——

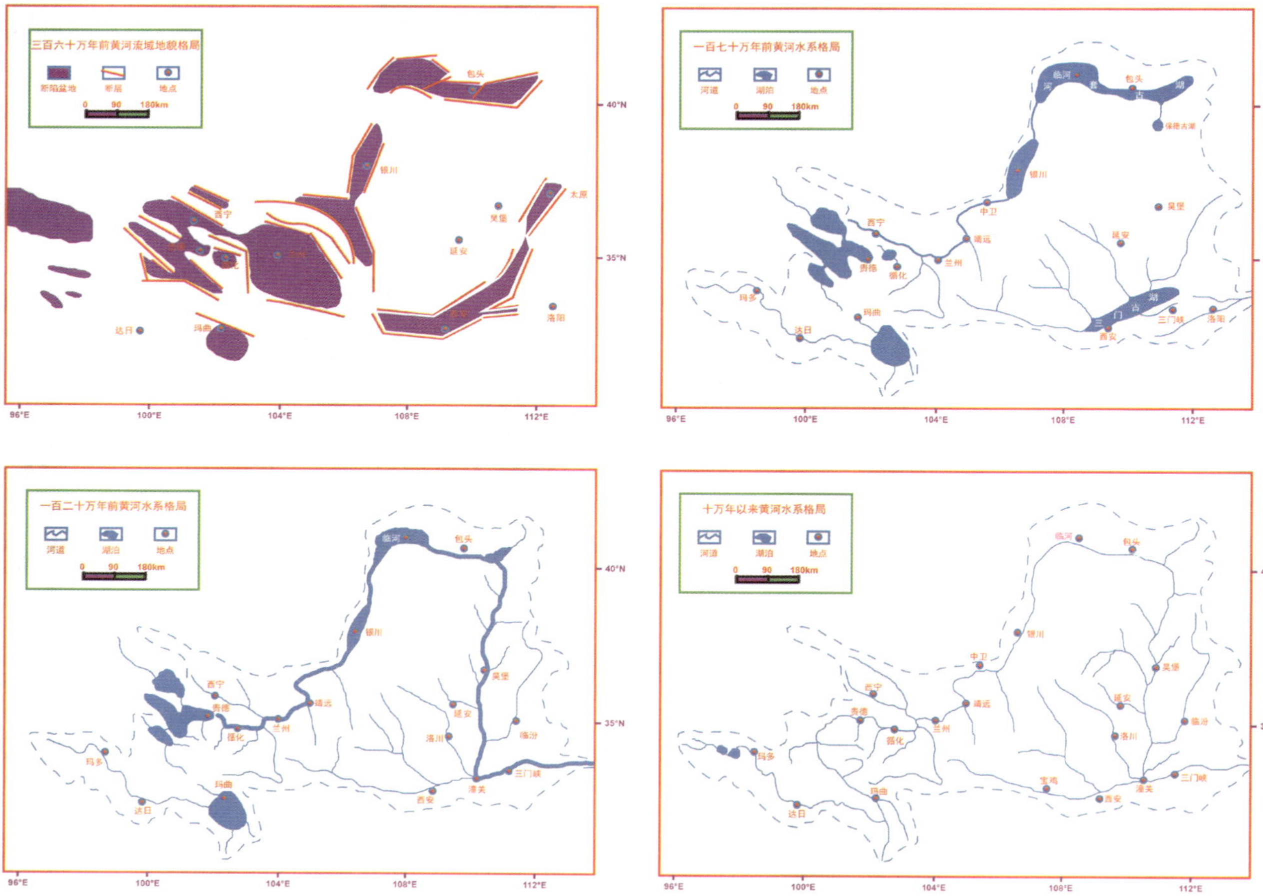

黄河水系格局演化示意图　潘保田 / 制图

370万～170万年前内流水系阶段，沿现今黄河流域呈串珠状分布的，依次有若尔盖—共和—化隆—东山—河套—三门等等古湖水系，它们各自为政，互不统属；

170万～120万年前水系孕育阶段，甘肃、宁夏段黄河出现，其归宿可能为河套古湖；

120万～10万年前水系形成阶段，已然串通三门古湖、河套古湖和化隆古湖，东流入海；

10万年前至今是水系发展定型阶段，源头向青藏高原内部延伸，共和古湖和若尔盖古湖加盟，最终定格为现今水系格局。

——旷日持久，空间广阔，从躁动于大地母腹，到诞生成长，黄河的故事是一个伴随着人类演化、中国地势成形的宏大叙事，其间不乏对于沿途看来无序的、各不相关的古湖水系的袭夺、串联、兼并、重组之类动态情节，关键词是溯源侵蚀。驱动力何在？青藏高原隆升。所以说，黄河研究可谓系统工程，涉及构造运动及其效应，涉及古气候环境变化影响；另一方面，又超越了学术研究，将万里贯通中国的时空序列一路看过，如同史诗，豪迈激越。

图景既已呈现，研究还在进行，做什么？一个讲座，一次访谈，潘教授主讲的都是“黄河中游形成演化过程研究”。这么说来，近年间他的研究团队工作重点在黄河中游，在晋陕峡谷——北起托克托，南至禹门口，在这条宏大深切峡谷里，黄河沿吕梁山西麓自北向南纵

潘保田教授指导研究生在祁连山考察河流阶地

潘保田教授同时担任国务院学位委员会地球物理学与地质学学科评议组成员，中国青藏高原研究会副理事长，中国地理学会地貌第四纪专业委员会副主任。主要从事地貌演化与水系发育研究。先后主持国家自然科学基金项目、国家“攀登计划”课题、国家“973”课题、科技部基础性研究专项课题等20多项，发表论文200余篇。荣膺“国家杰出青年”，获得国家自然科学奖二等奖2项、国家科技进步奖二等奖1项、省部级自然科学一等奖2项、二等奖1项。

贯鄂尔多斯高原和黄土高原，连接河套盆地与汾渭盆地。对于这一河段的形成，中国地学界关注了近百年，也争论了近百年，存在诸多尚未解决的科学问题。潘教授年复一年的野外工作，是在多级河流阶地、河湖相沉积开掘巨厚的垂直剖面，并对各边界进行水平追踪，由点连线，复原各时段演化序列；再经由古地磁等现代测年技术和黄土层坐标参照，得出绝对年代。

兰州阶地，晋陕峡谷，汾渭盆地，三门峡，就这样一路追踪，到本书成稿时，胡振波博士提供来两篇新发表于《第四纪科学评论》（*Quaternary Science Reviews*）的论文提要和图示，可以作为《黄河水系格局演化示意图》的分解细化呈现——

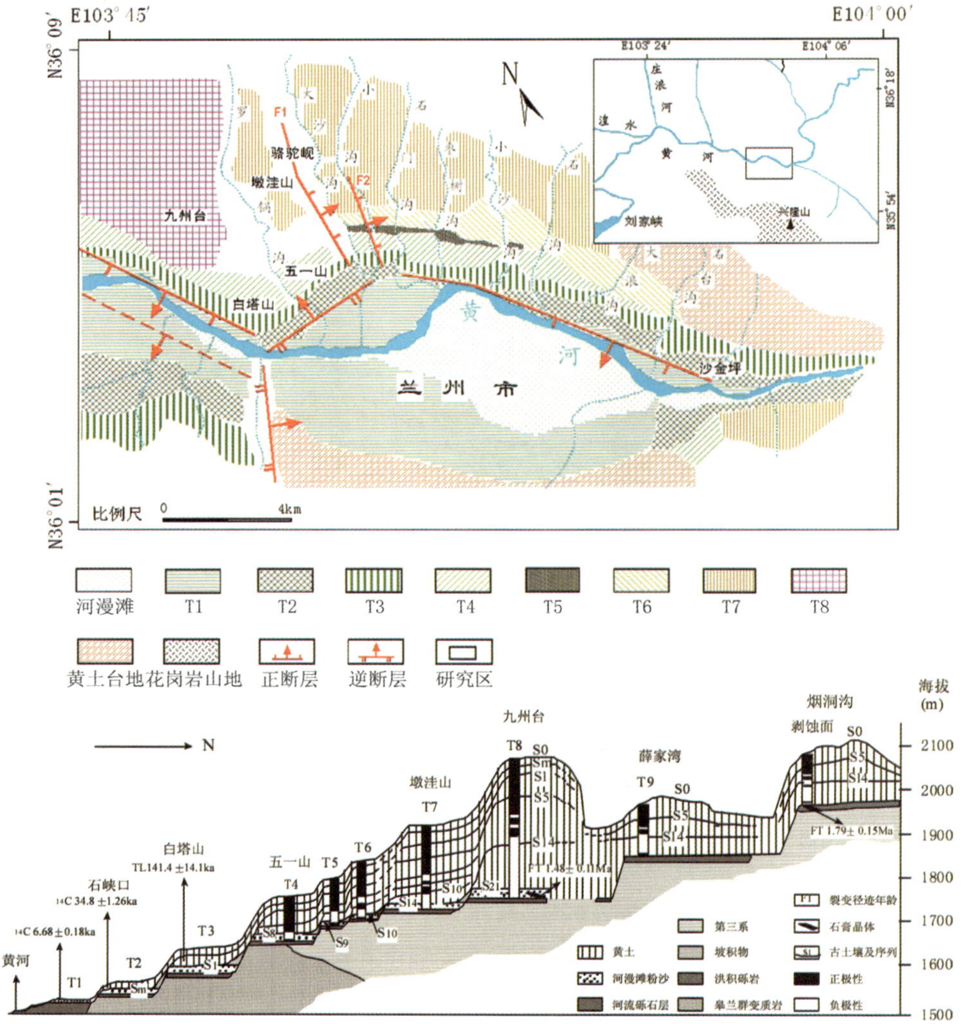

兰州段黄河演化示意图　本节图件由胡振波绘制提供

170 万年前黄河源上行通过兰州的结论是前辈学者得出的。兰州地区最古老、最高一级阶地的遗迹，分布在距现代黄河 10 余公里的薛家湾；次高一级在九州台，阶地形成年龄分别为 160 万年和 150 万年。潘保田团队所做的，是接力接续，在兰州东盆地相继发掘出距今 124 万年到 1 万年的 7 级新老阶地。其中发育于 105 万年和 96 万年前的两级阶地属于新发现。

兰州黄河阶地研究成果，突出表现在完成了一个理论建树——构造抬升和气候变化共同控制的中国河流阶地发育模式。这里有一个背景需要交代：西方科学家很早以前就认为气候变化是河流阶地形成的主要驱动力，尤其在地质相对稳定、地面抬升缓慢的西北欧地区，气候变化在阶地形成过程中所起的主导作用已被广泛认可。其原理是，第四纪环境变化中强烈的周期性冰期—间冰期气候旋回，通过改变河流系统的泥沙和径流等水动力条件，对河流堆积与下切交替形成阶地的过程产生深刻影响。

历来的教科书都是这么说的，但是在对黄河演化时空的全程追踪中，潘教授发现这一理论并不完全适用于中国河流。2005 年在《自然科学进展》发表论文《从三门峡黄河阶地的年代看黄河何时东流入海》中，他对于河流阶地成因机制还有些拿不准，“究竟是构造活动还是气候变化在起主导作用，或者两者平分秋色，我们目前的研究资料还无法对此做出满意的回答”。随着研究的深入、资料的增多，尤其将兰州盆地多级阶地形成时间与隆升事件和气候变化一一对照之后，语气肯定了，结论出来了：“并非每次冰期—间冰期的气候交替都能引起黄河下切形成阶地。气候变化只是阶地形成的必要条件之一，不是充分条件。对比黄河下切速率和阶地年代序列发现，地面上升仍然是影响黄河下切的重要因素。只有在地面上升速率达到一定程度的时候，气候变化才能导致黄河堆积与下切交替形成阶地；而在地面上升缓慢时期，即使发生了大幅度的气候变化，黄河也没有阶地记录。”文见《第四纪研究》第 27 卷第 2 期，2007 年 3 月《兰州东盆地最近 1.2 Ma 的黄河阶地序列与形成原因》，作者潘保田、苏怀、刘小丰、胡小飞等。

接下来的晋陕峡谷研究中，错综复杂的黄河发育史被理出头绪：湖相沉积，至晚始于 830 万年前，止于 370 万年前。这期间，周边多条小型河流汇入古湖，大致呈东西流向，差不多与现代黄河走势垂直。现在的河道底下，发现一较大古河道，至少在距今 490 万 ~ 120 万年前这一时段，以与现代黄河相反的流向，由南至北，河套古湖是其终点。然而，就在距今 120 万年前后，就在这个极其重要的时间节点，随着地势的抬升，晋陕峡谷河水倒流，由北而南；最晚在 86 万年前，三门峡门户洞开，直下渤海——黄河主脉干流豁然贯通。

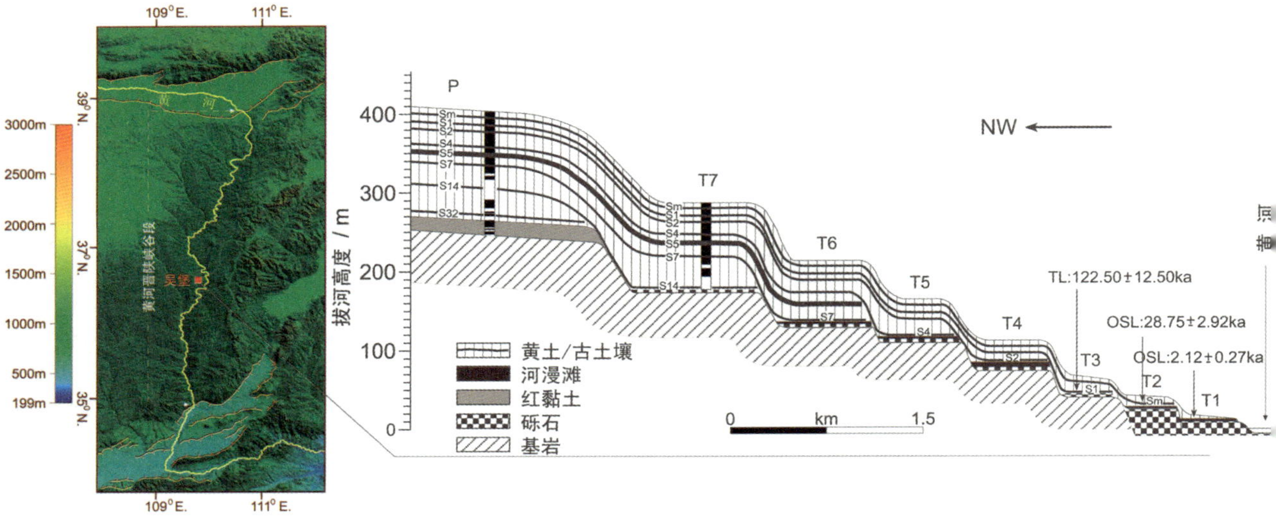

晋陕峡谷段黄河演化示意图

“黄河中游形成演化可以很好地反映青藏高原向东挤压远程效应和东亚地貌格局发展历史。其中晋陕峡谷段黄河尤具较高研究价值，其形成过程一直是地学界有待解决的谜团。经多年野外观测、地形分析和年代学研究，系统对比了峡谷沿岸层状地貌面序列，发现阶地序列级数向上游增加并与河道比降加大有较高一致性，揭示了裂点向上游迁移和追逐的地貌发育过程。结合前人研究成果和区域构造营力分析，认为青藏高原向东挤压驱动汾渭地堑拉张和沉降，稳定的鄂尔多斯地块相对快速隆升。这种差异构造导致地块与地堑边缘地势高差加大，诱发巨大的河流裂点，壶口瀑布就是保存至今并仍然活跃的黄河裂点。整个晋陕峡谷段黄河正是沿着这种宏观构造控制下的地貌框架，以裂点迁移和追逐的地貌过程逐步演化成现今水系格局。通过上述分析我们似乎找到了为什么构造与水系发育在时间上不一致性的答案，即它们的年代差异很可能是水系调整所需的时间。”胡振波、潘保田等 QSR 中文摘要，2016。

“新生代期间，汾渭盆地在持续的扩展构造作用下，被拉张沉降形成地堑。现代黄河经禹门口和三门峡贯通盆地，最后切开崤山，在三门峡和小浪底间形成宏大、深切的三门峡峡谷。我们把该峡谷段黄河称为豫西段黄河。根据现代宏观水系格局，东南—西北走向的崤山分割黄河中上游与下游水系，是黄河东流入海的最后地貌‘屏障’，因此重建豫西段黄河的形成过程对揭示整个黄河发育历史和东亚地貌格局的演化历史都具有重要研究价值。河流阶地是被遗弃的古河床，是水系形成演化最直接的证据。豫西段黄河沿峡谷下切，形成五级河

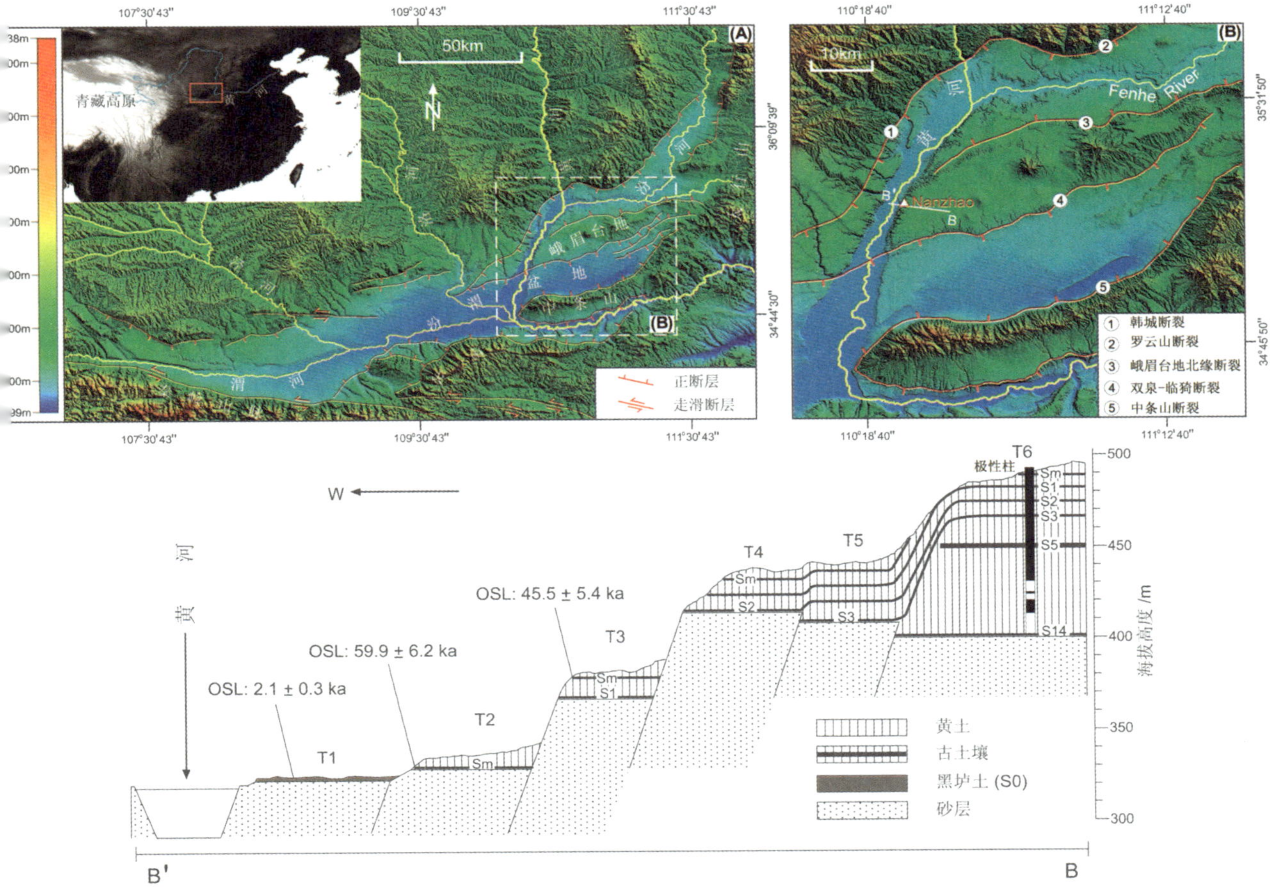

汾渭盆地段黄河演化示意图

流阶地，空间展布于夷平面下。通过这些地貌面上覆风成沉积物的磁性地层年龄，限定夷平面、阶地 T5–T1 分别形成于 3.63Ma、1.24Ma、0.86Ma、0.62Ma、129ka 和 12ka。

“根据地貌面年代框架，论文构建了豫西段黄河形成演化的概念模型。随着汾渭盆地周缘山脉隆升和内部抬升，沉降范围收缩，导致夷平面在 3.63 Ma 开始解体。与此同时，起源于崤山东麓的河流开始向西侵蚀，袭夺西麓的汾渭盆地河湖水系系统。豫西段黄河最高级河流阶地和夷平面的年代限定崤山在 3.63Ma–1.24Ma 被西进河流切开，形成三门峡峡谷。至此，黄河中上游水系经峡谷东流入海，导致全流域贯通。内陆侵蚀物质终可以被搬运至海盆。约 1.0 Ma 前，渤海湾大陆架的沉积速率急剧增加，可能就是对三门峡峡谷贯通、黄河全流域定型的响应，而非指示内陆侵蚀速率的加剧。”胡振波、潘保田等 QSR 中文摘要，2017。

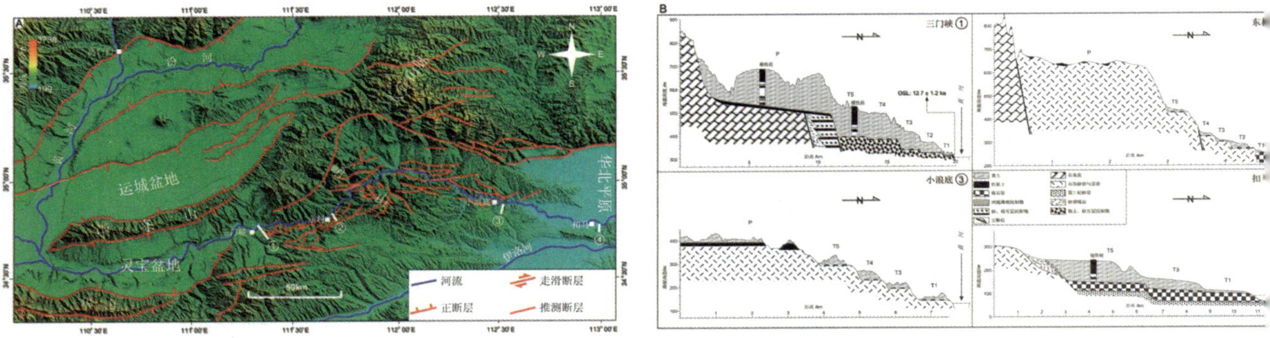

三门峡段黄河演化示意图

三门峡是黄河中、下游的交汇部，地处鄂尔多斯断块、太行断块、秦岭断块接合部。前人已对三门古湖的消亡、地层划分和“三门运动”进行过深入研究，但是对于何时东流入海分歧颇大，从一两百万年前到几十万年前直到万年前，各有依据，说什么的都有。潘保田团队所做的，是对这一地区黄河 4 级阶地探察研究，还原了黄河三门峡段演化过程，并在峡谷入口处找到了入海之初的直接证据：86 万年前已经通过三门峡，打开时间可能还要早一些，100 多万年前。

构造抬升和气候变化共同作用，合理解释了中国河流阶地发育机制。中国的江河与众不同，主要由地势地貌决定的是沿着中国大地的阶梯奔流而下的。正像古今诗中所写歌中所唱：“黄河之水天上来”“大河向东流”“长江滚滚东流去”。

访谈是在兰州凉爽的夏日夜晚进行的。潘教授不时地在纸面上勾勾画画，向我这个文科人士耐心讲解黄河形成各阶段，“溯源侵蚀”之原理，讲黄河源年轻到不足两万年。那一晚在座的还有一位老友，研究湖泊沉积的专家李世杰，他率队去西藏钻取湖泊岩芯，正好路过此地。李世杰研究员曾于 20 年前在若尔盖草原打下深钻，从长达 300 米的沉积物中读出 200 多万年以来的古环境信息。听潘教授讲到河源，插话说，青海久治县以上的河段尚无阶地，可见形成年代之晚；若尔盖古湖的确是在 1.6 万年前消失的。

距今 110 万—60 万年间青藏高原强烈隆升的“昆仑—黄河运动”，引发了中国水系大调整的“春秋战国”时代，大自然导演着澎湃的“大河之舞”，黄河主脉干流贯通，其他河流也没闲着，各自兼并统一，几与黄河同步。高原西北缘克里雅河、高原东北缘石羊河、东昆仑东段北坡多条河流均在这期间奠定了现代水系格局；长江相继袭夺贯通了三峡、金沙江云南永善—四川宜宾河段、虎跳峡、禄劝乌东德峡谷—金坪子河段，形成了真正的金沙江—长江水系。

当15万年前“共和运动”强烈构造抬升开始，长江、黄河源区的支流水系溯源侵蚀加剧，一两万年前直达现今源点……

——需要说明的是，以上关于长江形成的观点与描述，可能仅限于一家之言，原因在于长江演化过程的复杂性，在于长江研究领域的多种声音。

长江贯通三峡之日，一般被视为长江东流水系形成的重要标志之一；此前可能南下经古红河注入南海的金沙江及其若干支流，从此改道，东向注入东海。这个“从此”之“此”，究竟发生在何时，是中新世之前的渐新世最后一幕，还是更早，抑或是晚近到更新世200万年前后，正是当前有关长江“新老之辩”的焦点所在。这一争论由来已久，李吉均院士亦参与其中。20世纪末，通过对三峡阶地沉积物进行热释光/光释光和ESR测年结果，以最老阶地年龄约为200万年为据，李先生指出此为三峡初始下切时间点，连带上述黄河及高原周边诸大河流现代水系的形成，一并纳入青藏高原隆升过程概念模型，正好印证了也充实了始于360万年前整体、强烈隆升的“青藏运动”所引发的环境效应，包括给出了像黄河、长江这样巨型水系演化进程的时空节点。

然而参与了长江，无异于置身一个被称之为“世纪谜题”的论辩场。尽管他所代表的长江东流水系形成于早更新世的观点在国内颇具影响力，但是鉴于长江研究的难度之高，单凭道听途说即可归纳为四“太”印象——流程太长，研究者太多，涉及科学问题太深并且争论太久，迄未取得共识，不存在唯一权威发言，纷纭众说皆为“假说”，以至于任何结论皆会被人质疑，那是免不了的。不惟长江，连带本节转述的黄河研究，连带三次隆升、两次夷平的时间点和古高度，总之李吉均团队有关青藏高原隆升的概念模型等等一应主流观点，正在被重新检视，最终归结到“青藏高原隆升的过程及其地貌效应”的焦点议题中。

本属纯科学问题，但事关家国乡土沧桑前史，又属感情问题——当我们有机会一窥“金字塔”里的讨论场景，近距离接触到长江黄河的演化图景，还有什么可说的，不妨体会一下此刻心情，是否有所触动。

因为每当说起长江与黄河，我们想到的不仅仅是河流的模样；而它们经过的地方，也不仅仅是一连串的地理名词。

长江南源当曲，其地貌特征主要为沼泽湿地，海拔 4700 米以上

长江北源楚玛尔河源区干旱化趋势加剧，水流从风化沙地中渗出
杨勇 / 摄影

长江正源各拉丹冬北坡冰川群姜古迪如南、北支冰川　引自《中国冰川》，1980

长江何时东流去

同为中华民族母亲河，同源同宗于大高原，黄河流贯北中国，那是属于黄土地上黍稷与小麦的河流；万里长江中下游，尤其江南，一向被视作南部中国和稻作文明故乡的代指；而在大江大河源区，则是牦牛的高原，牧业文化的领地。有关黄河东流水系依次贯通的时间节点，至少经由兰州大学师生几代人给出了答案，那么长江呢？历来的采访中却是鲜少听人提及，直到从《青藏高原研究学科发展报告 2012—2013》中读到相关专论，始知长江研究以"高原隆升与大型水系演化"为子课题，自 2012 年起，列入中科院战略性科技先导专项"青藏高原多层圈相互作用及其资源环境效应"（简称"青藏专项"），同时意味着将该领域的百年探索连同诸说并存的局面一并席卷进来。不由得想到，在这样一本尽可能全面反映青藏高原研究的书里，怎能不涉笔长江？哪怕只是提要式体现，也是好的。

正发愁相关专家一个都不认得，"捷径"适时出现。某次会议场合，有幸结识了南京师范大学地理科学学院郑洪波教授，正是青藏专项"水系演化"课题负责人，讨教可以直奔主题。乍见他意气风发健步走来，还以为是青藏研究"新人"呢，一经介绍才知资质原来相当深厚——郑教授本职为从事第四纪地质和自然地理专业的教学与科研，兼职为中国第四纪研

长江从源头出发，在平坦高原流淌千里之后进入通天河大峡谷　杨勇／摄影

考察途经金沙江十八盘　郑洪波／摄影

究委员会副主任，江苏省地理学会副理事长；早年读硕时受教于刘东生先生，天然地拥有了“青藏情结”，与长江结缘在大渡河阶地考察，时在1992年；后在澳大利亚攻读博士写论文，所关注的仍为青藏高原隆升效应种种。2001年归国之初，任职同济大学海洋与地球科学学院“长江特聘”教授，岗位正是“海陆结合”：在汪品先院士支持下，专注于长江这一连接最大高原与最大海洋的纽带，系统研究长江地质演化历史及其对西太平洋边缘海沉积的影响，并且自成一家之说……就凭这样的实力资质，如同异军突起，高位进入，郑洪波团队得以在青藏专项中独当一面，而长江，也由此正式纳入青藏研究视野。

所以参与青藏专项不过几年，能够厚积薄发，建树颇多，突出表现在有关青藏高原隆升和长江演化的论文，以封面文章的高规格，发表于《美国科学院院刊》（PNAS，2013）。所持观点，与李吉均先生有同有异，相同点在古长江曾经南下而后被“袭夺”东流，关键不同点在东流水系建立的时间，认为更早、更“老”，早在渐新世的最后一幕。另有关于塔克拉玛干沙漠形成的论文，相继发表于同一国际顶级期刊（PNAS，2015）。两篇重磅论文看似南辕北辙，实则南北呼应，一并指向关联密切的同一问题：青藏高原隆升的地貌效应和气候效应。

郑洪波等关于长江历史演化的PNAS封面文章，依据从宜昌到长江口广大地区所做研究，提出长江水系贯通东流的时限应当早于中新世。该成果为破解“长江历史”这一世纪谜题提出了创新性认识，在学术界产生重大影响，被国际国内媒体包括美国“科学新闻”，英国《经济学人》，中国CCTV新闻频道等报道，并入选《2014科学发展报告》。

关于青藏高原隆升与塔克拉玛干沙漠形成的论文发表于《美国科学院院刊》（PNAS，

发表于 PNAS 的封面照片

2015）。由于该文在认识青藏高原及其气候环境效应这一国际地学领域中的重大科学前沿与热点问题所提出的创新性见解，论文发表第一周，即有 5700 次下载量。这项研究始于澳大利亚读博期间，与导师、著名地质学家 Chris Powell 教授合作进行。文章认为，塔克拉玛干沙漠早在渐新世末期—中新世早期就已经诞生，并向区域乃至全球提供粉尘，从而对全球气候产生影响。郑洪波教授早期相关成果曾获国家自然科学二等奖（2010），这篇 PNAS 论文是对过去研究工作的深化。

会议间隙匆匆一面，简短交谈，之后便是邮件往返的“笔谈”。对于每一提问，郑教授必做认真回复，释疑解惑的同时，并不避讳与前辈大师、与侪辈同人的观点分歧，从文笔到格局，自有一番与研究对象相匹配的气象在。之不吝赐教，突出表现在将自己新写就的一篇长文提供来做参考（2015 年发表在 *National Science Reviews*，即《国家科学评论》），岂止补课教材，岂止省却了查阅资料的劳心费时，并且让初衷为“提要式体现”的本节岂止不再显得局促单薄。

上万字篇幅的文章题为《长江的诞生——构造与地貌意义》。可归类为科学史学范畴：梳理脉络，盘点百年，有综述，有评议，作为一线实地参与者，更有独到见解。结合几番往返的邮件解答，悉心研读之下，首先明晰的是有关“长江诞生”的定义，以及长江研究的意义所在——

“所谓长江的诞生，是指发源于青藏高原，流经四川盆地、华南褶皱系、江汉盆地和苏北盆地等不同的构造沉积单元，所形成的贯通的、东流的水系。人们往往将长江诞生和长江现代河谷的形成等同一体，其实这之间既有联系，也有本质不同。现代长江诞生之前，流域中可能存在几段河系，流向不同的方向或者盆地（参见长江演化模式图）。

“长江的诞生，标志着中国东倾地形的最终建立，这是在青藏高原整体隆升、亚洲东部岩石圈伸展减薄、西太平洋边缘海扩张等重大构造运动共同作用下的结果，最终塑造了现今的宏观地形地貌和水系格局。换言之，长江的诞生是亚洲新生代宏观构造地貌演化的结果，也是构造地貌演化的直观表现。”

长江研究百年史就此跃然于眼前，正好印证尤其修订了最初单凭道听途说而形成的四“太”印象——

说流程太长没错，但是世界级大河中不乏更长远者，若论沿途地质地貌之复杂，却无一可与之比肩。且不说它在高原面上的峰岭旷野间赶了多远的路，即便从横断山区高山深峡里奔涌而下，切穿一系列山地和盆地，直至东海大陆架，一众构造和地貌单元自成体系，哪一个不曾拥有一部自身演化史；无论内流、外流，何尝不曾孕育过一己专属的河流体系，从古代先贤对于江源的探询，到现今何时、如何被一线贯穿的叩问，特别是深藏其间的重大科学问题俨如一组待解的多元高次方程，是不是足以吸引太多的求索目光，以至于古今中外的探访者足可罗列出一个长卷的谱系清单，那其中不乏闪闪发光的名字，让后来人长久瞩望依次走过的身影——

过往朝代大部时间里，国人多以岷江为扬子江上源，直到 1638 年，徐霞客“问奇于名山大川”，撰写名篇《江源考》，以实地踏勘考证出金沙江为其“正源”，由此匡正了千年谬误。将近 300 年后，1914 年，中国现代地质学的开创者丁文江先生沿循徐霞客当年足迹，亲临金沙江，以《徐霞客游记》“证以所见闻”，遂将考察所感发表于《独立论评》。1928 年，丁先生编撰《徐霞客年谱》，犹对其《江源考》推崇备至：“知金沙江为扬子江上游，自先生始，亦即先生地理上最重要之发现也”；又在《金沙江的南岸——武定、元谋》一文中进一步指出，“现在的龙川河的水量很小，不能冲出如苴宁平川这样的宽谷。足见得在地质史上苴宁平川不是龙川河所独有的谷。我的意见是从川边来的鸦砻江，与龙川河、红河本来是从北向南的一条大江。以后鸦砻江的水被自东向西推进的扬子江抢了去了。于是鸦砻、龙川、红河就变成了三条不相通的江”。这段描述道出了金沙江演化过程的一个关键，这就是后来广为流传的金沙江“袭夺说”的雏形。在当时资料极度匮乏，野外工作条件异常艰苦的情况下，丁文江先生能做出如此科学推断，着实令后生叹服！

自 1907 年 Willis 开展长江三峡地区的地质研究开始，中外科学家包括李四光、李春昱、巴尔博、任美锷、李吉均等相继对长江演化问题进行过专门研究，可说是历经一个世纪的探索。对于“长江东流水系何时建立”这一关键科学问题，在学术界却一直存在重大争议，计有前第三纪（白垩纪几近上亿年）、第三纪早期（古近纪数千万年）、第三纪晚期（新近纪千百万年）、更新世早期和更新世晚期（一两百万年至几十万年前）等多种观点，成为地学界一个著名的“世纪谜题”。对于长江东流水系形成和演化的方式也有袭夺说、先成说等差异。百年探索中的不同时间段，各有不同观点轮番占据上风；所瞩目的焦点位置，在三峡，在云南石鼓“第一湾”，或在全部流程中每一可能的时空节点。

分歧如此之大，缘起于各时代的前辈学者在思想方法和研究手段诸方面存在明显差异，同时印证了长江演化问题的复杂性、研究工作之不易，历时百年，却没有哪一团队哪一个人有条件全程去做。现在好了，这一局面就将改观。仰赖青藏专项的保障与扶持，借助高科技、新手段，郑洪波团队得以专心致志，从源头的唐古拉山到入海口的长兴岛，沿江而下，溯源而上，行程数万公里，孜孜以求；得以在地球系统科学思想指导下，将长江作为一个系统，将区域构造运动、盆地演化、地貌演化和气候演化有机结合，采用多学科交叉的研究方法，例如将区域地质学方法、构造地貌学方法、沉积物示踪方法、古环境分析方法，尤其独到的还有海陆结合的方法等等，进行有机综合——郑教授认为，唯其如此，才有可能揭示出长江演化过程的真实面貌。

从大渡河阶地开始长江研究，到勾画出这份《长江演化模式图》，历时 1/4 世纪之久，先期研究成果集中在长江中下游地区。沿江两岸广泛分布的同一套砾石层，之所以长期以来受到地质学和地理学界关注，只因其中隐藏着一系列新生代盆地向心水系何时贯通东流的关键信息，基于“长江砾石层”生成年代，相当于确认了长江东流的初始时间。然而学术界对于这套砾石层的年代划分各持己见，占主导地位的观点认为年代较新。郑洪波团队针对南京地区的“长江砾石层”进行了系统的沉积学与年代学分析，得出不同结论，认为“长江砾石层”的沉积年龄至少在早中新世。依据来自对南京地区“雨花台砾石层”中的碎屑锆石开展的 U-Pb 年龄谱分析和 Hf 同位素分析，发现它们与现代长江的锆石年龄谱系非常相似，以此表明，至少在渐新世 / 中新世之交，与现代长江类似的沉积物已经到达南京地区即苏北盆地西南缘。换言之，贯通东流的长江水系当在此时业已建立。不惟南京地区，江汉盆地亦如是：长江贯通之前为断陷盆地沉积，普遍发育石膏、盐岩之类蒸发岩，不存在贯通大江流过的可能，而中新世之后的沉积覆盖层，则与现代长江沉积物相近似，说明同步于长江的诞生，江汉—苏北盆地串并联通。

参与了青藏专项，中下游工作继续进行。2013 年整整一年，团队成员定点在长江大通水文站，以每两周一次的频率进行长江水样和悬浮物样品的系统采集，为研究长江流域现代河流沉积物、悬浮物的季节性变化与空间变化提供了重要材料；这一年的夏秋之际，郑洪波教授参加综合大洋钻探计划 IODP346 航次，在冲绳海槽钻取了深海沉积岩芯，且是迄今为止在冲绳海槽底部所获最长岩芯，为研究长江和黄河物质的输送提供了难得的记录。这一年即将过去的时候，研究重点转移到长江上游金沙江地区，郑教授率队登上云南高原，考察云南丽江地区黎明和剑川盆地，重点对新生代沉积开展地层学与年代学研究，旨在解答一系列科学问题：长江在贯通东流之前，其上游情况如何？是否存在古金沙江？如果是，发源何

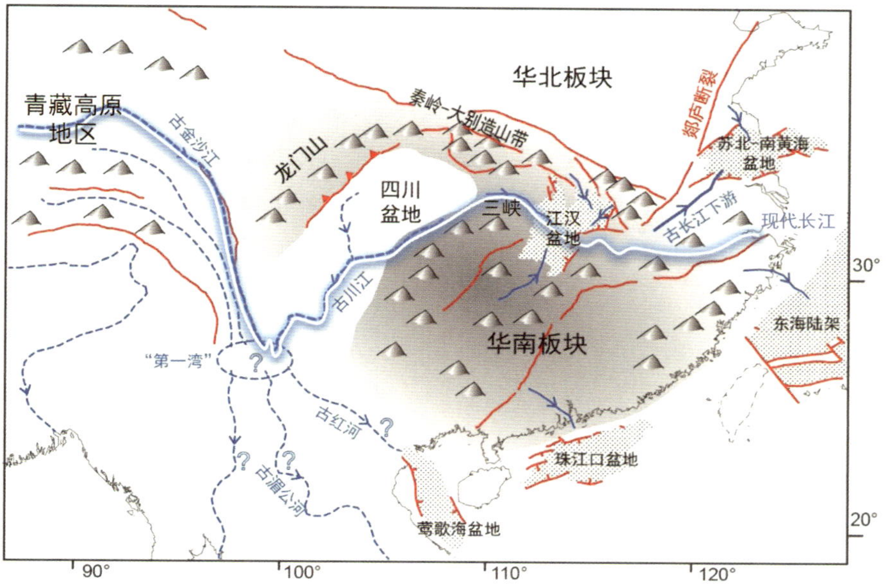

长江演化模式图　郑洪波 / 制图

长江在贯通形成统一的东流水系以前，流域中可能存在多个水系（图中蓝色虚线），流向不同的方向或者盆地（如蓝色虚线的箭头所示）。在中下游发育断陷盆地（江汉盆地、苏北－南黄海盆地等），这些盆地各有内流水系，互不贯通。青藏高原东南缘存在南流的古金沙江水系（不等同于现今的金沙江河谷），与西流的古“川江”汇合后继续南流。渐新世末期，随着青藏高原东南缘（云南高原）的隆升，在构造作用控制下，东流水系发育，贯通东流的长江水系诞生（图中的白色粗线），并联通中下游的凹陷盆地。

处？是否南流？

剑川盆地位于石鼓“长江第一湾”西南，这里想必尘封着金沙江的故史前情。在剑川盆地高海拔地区也即现今的云南高原面，广泛出露了古近纪河流沉积体系，主要是长石石英砂岩，发育斜层理，砂岩分选和磨圆好，成熟度高，属于大型远源河流的沉积体系。经古流向测量，发现河流的主体流向为南东方向。据郑教授初步判断，这或许就是古金沙江存在并南流的证据；由于其后云南高原隆升，以及青藏高原东南缘的构造运动，南流的金沙江在渐新世 / 中新世之交，改道东流，从此诞生了现代长江。

溯源而上，2014 年 8 月，郑洪波团队班师西藏昌都地区，继续新生代沉积盆地研究。在贡觉县境内，发现了古近纪大型河流沉积体系，保存在现今 4000 ~ 5000 米的高原盆地中。古流向测量表明其为南流水系，疑为古金沙江或古澜沧江的沉积，亦即现代金沙江和澜沧江诞生之前的河流沉积。这些古近纪沉积极有可能与云南地区的古近纪沉积属于统一的大型南流河系。

一手地质，一手地理，以地球系统科学思想观照，立足于“青藏高原隆升与环境效应”的国际地学“热点”，重新审视高原隆升这一亚洲新生代构造地貌演化中的重大事件，且看东去有长江，西北有沙漠，在郑教授眼中，全都是青藏高原隆升效应的体现，二者具有内在联系，既各成系统，由果及因，又是打开青藏高原隆升时代之钥。郑教授说，越来越多的科学家认为，青藏地区在新生代早期即印度板块与亚洲板块碰撞之后，已然开始差异隆升，渐成盆—岭结构。尽管相信青藏高原在第四纪也存在构造运动，但更倾向认为，青藏高原的主体轮廓早在渐新世晚期—中新世早期就已建立起来，并且足以大大改变亚洲宏观地貌、水系、气候格局，包括季风演化和内陆干旱化的加剧。

沙漠形成、长江贯通正当此时，那么黄河呢？

所以正在进行的“巨型水系演化”课题也包括黄河演化研究，郑洪波团队已经完成了汾渭地堑的卤阳湖科学深钻（1100 米），旨在从中寻找黄河、渭河、汾河演化的地质记录。看来又是一个充满挑战的课题，祝愿他们斩获新的成果。

青藏高原与西部环境，一直作为兰州大学李吉均教授科研团队的持续面向，优势领地，优先发言，较长时间稳居主流地位，算上背后的施雅风先生及其科研机构，似可称之为“兰州学派”了。不过这念头刚一闪过，就觉察出不对头的地方，一方面是李吉均所代表的还是青藏队总体形成的观点，并不限于兰州人，另一方面更重要的是，目前青藏专项的首席人物姚檀栋院士虽为地道的兰大和兰州冰川所出身，也并未囿于既成观点，而是主动引入不同理念，足见青藏研究事业海纳百川的新气象大格局。而有了如此这般的“交锋”实例，也使得进行中的青藏研究生动

在西昆仑—塔克拉玛干沙漠野外考察

2013 年郑洪波参加 IODP346 航次太平洋科考，研究长江和黄河的物质输送

2014 年青藏野外，郑洪波和他的学生们

起来。郑洪波教授曾动情地说，科学的真谛在于探求本真，科学研究的历程，一定是站在前人的肩膀上，既要继承，更要创新；而创新常常意味着挑战固有认识，甚至挑战自己！创新，更需要文化，这就是求真务实，百花齐放，百家争鸣。

最近一次兰大采访，是在本书初稿完成之后，当面请教潘保田教授，核实观点数据：面对越来越多的质疑和挑战，是否还在坚守三次隆升、两次夷平的青藏高原隆升模型——冈底斯运动，3800万～3000万年前；喜马拉雅运动，2100万～1800万年前；青藏运动，360万年前至今？

没错，还在坚守，800万年前可能有隆升，但强烈的整体隆升还是自360万年以来。至于长江，潘教授说他虽未实地参与，依然认同李吉均先生关于长江东流水系形成于200万年前的观点。至于黄河，他认为较之长江研究，黄河阶地所拥有的最大优越条件在黄土堆积，可作为准确的定年依据。坦然面对质疑挑战，更像是激励并振奋，回答说，没有争论就没有发展，有了争论，说明我们提供的证据说服力不够；以往仅限于粗线条勾勒，今后需要细化去做。所以最近几年里，他依然继续专注于晋陕峡谷，究竟是在370万年至120万年间的哪一时段被黄河切穿，延伸到内蒙古的；由于大河演化与构造运动密切相关，同时继续专注于祁连山隆升—侵蚀的山体演化研究。

长江故事，黄河故事，同构青藏隆升宏大叙事之精彩篇章，皆属国人家园之前尘往事。面向的是自然科学，饱含的是人文情怀。在姚檀栋、吴福元两位院士领衔的“青藏专项”旗下，大河演化课题尚在进行中，郑洪波教授作为首席科学家，已经承担起新一轮国家重大科学研究计划项目（即“973”项目）——继续跟进大江大河演化历程，探源中华农业文明与环境变化之间的关系：从长江流域的稻作起源，到黄河流域的旱作起源，通过南稻—北粟格局的最终形成，探讨中华农耕文明的孕育成长，揭示新石器时代人类适应环境变化的策略。该项目联合了国内相关领域一线科学家，包括中国科学院地质与地球物理研究所吕厚远研究员、古脊椎动物与古人类研究所李小强研究员、中国科技大学张居中教授，等等，意在跨越“两河”流域，打通自然与人文。就其团队构成，有理由相信未来将交出一份很棒的成绩单。

长江之子，黄河之子，郑、潘二位教授同龄人，一个雄心勃勃，一个自信满满，同为亲爱的大江大河代言。无论诞生于几千万年前还是几百万年前，最终一南一北流贯中国，就仿佛合力将舞台布设完毕，只待农耕文明发端，中华先民登场。所以说，与其作为研究对象，探求母亲河身世，何尝不是心怀感恩的致敬之举，富有仪式感，既庄严又亲切。以黄河—长江为纽带连结而成的命运共同体，决定了中国之所以中国的基本样貌和历史走向，中华文明由此灿烂，常川不息。至此，长江—黄河研究已然超越了自然史意义，进入人文史地。

一部纪录片中的一组镜头令人过目难忘：从繁殖地到越冬地的候鸟群，长距离旅行途经喜马拉雅，必得一鼓作气，不可停留。那是5万只蓑羽鹤，美丽而勇敢的精灵们，飞越雪峰之巅所凭借的，是上升气流提供的助力，得以完成这年复一年不乏悲壮的行程。

行迹不见的气流，川流不息的风，相关研究属于大气科学范畴。从前很长的时间里，高原大地形对于大气环流的影响并未引起关注，然而上世纪50年代，中外科学家不约而同地注意到了，最初一批成果为青藏高原气象学的建立奠定了科学基础。在全球变化研究中，这一学科领域得到了极大加强。“八五”攀登计划青藏项目中，以“青藏高原近代气候变化、趋势预测及对环境影响的研究”作为五课题之一，到“973”项目时，自成专题“青藏高原气候系统变化及其对东亚区域的影响与机制研究”。

涉及大气环流，风云变幻，是一个不容易说清楚的问题。困难在于类似地球物理的非直观，大气物理看不见摸不着，天书般的学术论文本来就不是写给大众看的。由于并非必备知识，一般人不懂也没关系，但是对于作者来说就不一样了。之所以面对复杂艰深，迎难而上，除了与本书主旨有关，即自认不可不反映这一重要领域的努力和成果，还来自一个文人情结。黄仁宇所写《中国大历史》有言：自古中华“大一统”观念由来的自然背景，是黄土、黄河、季风雨。由此联想到，这何尝不是中华民族得以形成的地理因素呢！是不是值得煞费苦心弄明白。

第 10 章　在世界高地追风逐云

释放探空气球，是大气物理野外工作经典场面。图为 1982 年考察在波密易贡湖畔，左一为高登义　杜泽泉 / 摄影

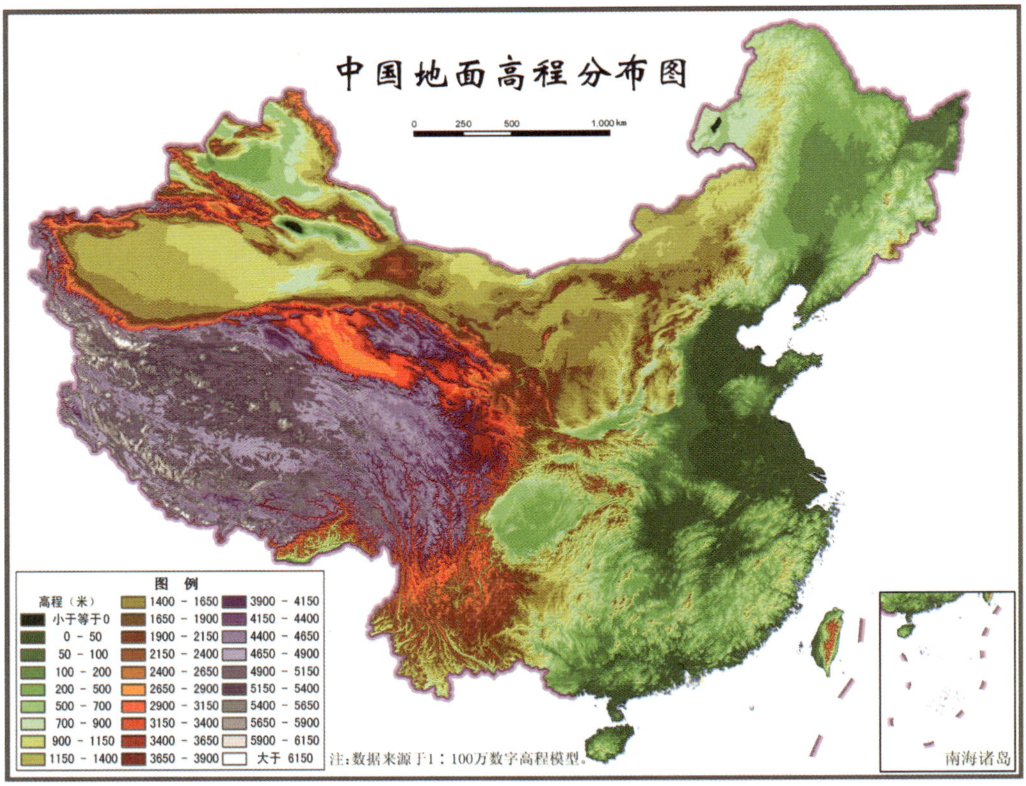

中国地面高程与三大地貌阶梯图　韩嘉福、李炳元／制图　引自李炳元等，第四纪研究，2008，第4期

随着青藏高原隆升，中国三级阶梯形成。影响到山河地势与大气环流改变，造就了东西部和南北方从自然面貌到生存方式的差异不同。

《大辞海》“高原季风”：青藏高原上由于冬夏热力状况不同而形成的一种独特的风系。在夏季青藏高原为一热源，高原近地面层形成一个热低压，其中心部分厚度约2.5千米。冬季青藏高原为一冷源，近地面层形成一冷高压，厚度约1千米。与气压场相对应，在距高原地面约1千米高度内围绕高原存在一冬夏盛行风向相反的季风层，该季风层顶部以高原中部为最高，向四周逐渐降低。高原季风对高原气候有明显影响，也对高原四周毗邻地区有一定影响。

“数值模拟”：用电子计算机对不同大气模式或各类天气系统进行的数值试验。凡能用流体力学和热力学方程组精确描述的大气现象，均可进行模拟。在试验中，可控制不同物理过程和外边界条件，以了解其对大气环流和天气系统的影响；可进行气候变化和气候形成的试验研究；还能对新出现的天气事件研讨其物理成因和提供预报判据。从而使大气科学由定性的、描述性的学科发展成定量的试验性学科。

因为有了青藏高原

青藏高原在中国境内面积250多万平方公里，作为一个整体，外延至周边国家地区，以南有大喜马拉雅—小喜马拉雅—西瓦利克山，西接兴都库什，以及喀喇昆仑、帕米尔高原境外部分，雄踞亚洲中部，据信面积总和不会少于500万平方公里，再加上稍低的过渡山地，东南有云贵高原，西南有伊朗高原，从前国际上惯称“高亚洲”或“亚洲高地”，就是这么来的。如此巨大体量的存在，势必改变原有的大气环流格局，并且作用于东亚，乃至影响到北半球，使本就庞大又表现激烈因而呈现混沌动态的天气系统，又增加了一个变量。青藏高原气象学的奠基人叶笃正先生，率先注意到一个重要现象：围绕大高原的南支气流和北支气流，以及两支气流汇合而成的北半球最强大气流，如何严重影响着东亚的天气和气候。与此同时，国外也有人开始对青藏高原之于气候和环境的关系进行探讨。1957年，叶笃正和Flohn几乎同时发表了青藏高原对于大气具有加热作用的结论，指出夏季的高原是一巨大热源，冬季为冷源。文见《气象学报》1957年28卷2期《西藏高原及其附近的流场结构和对流层的热量平衡》，作者叶笃正、罗四维、朱抱真；进一步论述见于英文版《中国科学》1976年第3期《青藏高原加热作用对夏季东亚大气环流影响的初步模拟实验》，作者叶笃正、张捷迁。

在叶先生之前之后，国外科学家相继注意到东亚地区季节转换具有突发性质，并指出这一特别现象与青藏高原的存在相关联；研究非洲的德国科学家指出，北非大范围变干、撒哈拉大沙漠出现，亦与青藏高原有关；1974年，日裔美籍学者真锅淑郎利用刚刚兴起不久的计算机模型，初步进行了关于青藏高原作用于亚洲季风的数值模拟，似乎印证了这一系列因果，并为青藏研究提示了新思路和新手段；及至1980年代末，又有美国学者拉迪曼率先提出，青藏高原隆起是引发新生代“冰室效应”即全球进入冰期的主因，近乎振聋发聩，从而把相关研究推向热点高潮——“人们普遍意识到，全球变化的研究如果不考虑青藏高原因素，就不足以得出合理的解释。”

这句话、这些情况，是我第一次采访李吉均院士时听讲所得。时在1998年，“九五”攀登尚在进行中，“八五”项目已经结题，成果以《青藏高原形成演化与发展》为代表的“青藏研究丛书”巨著一套5部刚刚出版面世，上至大气环流、高原季风，下至地表地下、冰雪冻土，近有黄土堆积，远有全球系统格局改变，在国际地学界相关青藏研究的各种理论和假说纷起之时，中国学者已在实地踏勘后，开始拿数据说话。

“八五”攀登计划青藏项目成果体现在这套丛书，计有5部：《青藏高原形成演化与发展》《青藏高原岩石圈结构演化和动力学》《青藏高原晚新生代隆升与环境变化》《青藏高原近代气候变化及对环境的影响》《青藏高原生态系统及优化利用模式》。主编：孙鸿烈、郑度，广东科技出版社，1998年2月。

作为参与者和代言人，李吉均院士如数家珍，描绘了这样一个写意的过往远景——两大板块相撞，青藏地区形成，变形隆升开始，历经冈底斯运动，喜马拉雅运动，晚近到青藏运动之前，虽然地势渐高，气候渐趋干冷，但我们已从恐龙和三趾马化石发掘中得知，它们与世界各地同类几乎同步兴衰，看起来生存环境并无天差地别的不同。

隆升和夷平相间的两个轮回之后，三四百万年前的强烈快速隆升至关重要，或许是决定性的——直接改变了中国的自然地理格局，并使周邻地区相应改变。中国大地由此形成东部季风区，西北干旱区，高原高寒区，大致对应三级阶地。李吉均先生描述了这一过程——

“青藏高原的隆起使世界环境发生了巨大变化，它极大地改变了亚洲大气环流的形势，导致了地球上最强大的季风系统的发生，并对北半球的环流产生重大影响。对中国来说，没有青藏高原，中国西部就不会像现在这样干旱，而中国东部也就不会像现在这样湿润，相反，在长江中下游和华南地区就会出现像北非和阿拉伯半岛那样的沙漠气候。正是由于青藏地区自第三纪末期起发生了强烈隆起，迫使北半球的副热带高压带在青藏地区‘断裂’，诱发和强化了南亚的夏季风环流。还有，随着青藏高原的隆起，喜马拉雅山成为阻挡印度洋季风的重大障碍，因此中国西北部进一步变干，而在冬季亚洲北部形成了强大的西伯利亚—蒙古高压，黄土高原的形成与冬季风的出现有密切关系。实际上，青藏高原的隆起给东亚地区带来了好处，那里气候温和湿润，同时也给中国西北部、阿拉伯半岛和非洲北部带来了坏处，那里的气候变得更加炎热干燥。结论是，这一系列气候变化的驱动力主要是青藏高原的隆起。只有了解青藏高原的过去才能深刻地理解今天全球变化，进而利用自然规律为人类造福。”

这番结论综合了其时青藏研究的成果，代表了当年中国科学界主流观点。然而随着研究的持续进展，更多中外学者加入讨论，可以看到某些论点不再那么肯定了，被接受程度，取决于说服力程度。比方说，对于高原隆升到目前高度的时间问题，有人认为比三四百万年要早很多；比方说，对于东亚季风因高原隆起而被诱发的问题，新观点认为此说不全面，全球最大的欧亚大陆与最大的太平洋的热力差异，才是季风形成的基本条件——季风早在青藏高原隆起前业已存在，高原隆起扮演的是助力、是使之强化的角色；西北地区的干旱气候环境固然与高原隆起有关，北特提斯海的最终撤退所导致的海—陆热力和水汽差异，更可能是主

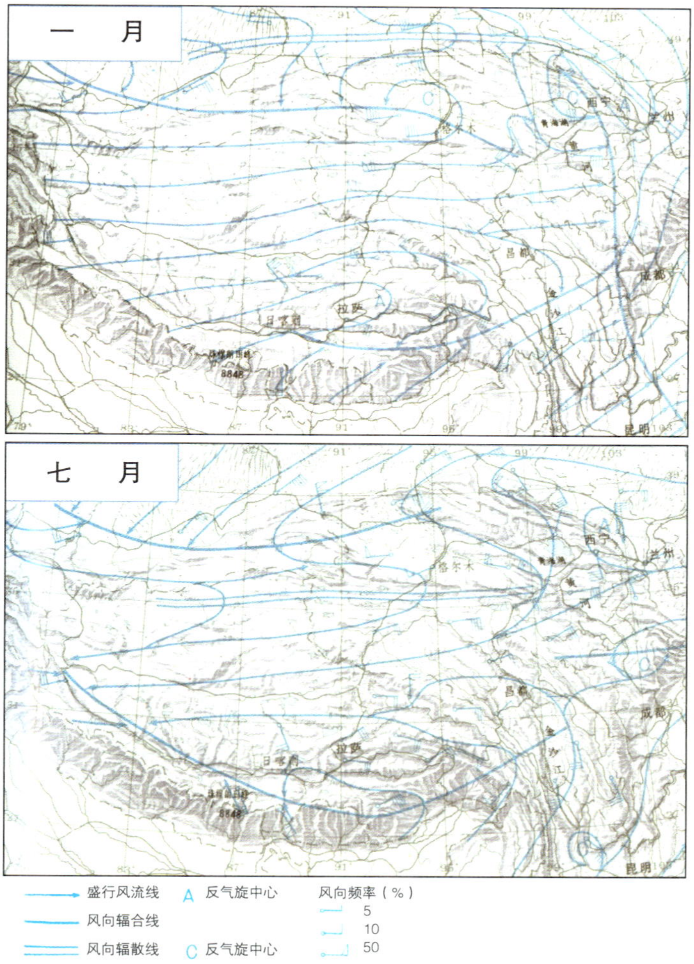

地面盛行风—流线图　汤懋苍、安林绘制，引自《青藏高原地图集》，科学出版社 1990 年版。图中的中国国界线系按照中国地图出版社 1980 年出版的《中华人民共和国地图》编绘，行政区划资料截止到 1987 年 12 月

对比 1 月和 7 月两图，可见高原上冬夏盛行风向几乎刚好相反，形成了“高原季风”。这是高原热力作用转为动力效果的杠杆，对高原气候形成重要影响。

因；另有新生代全球降温、两极冰盖生长，也可能是控制亚洲季风和干旱气候环境形成演化的驱动力之一。

还有高原季风起自何时、如何作用和影响的问题，也曾是老青藏们的关注点之一。比较趋于一致的观点是：与隆升高度相关，两三千万年前，当高原抬升至千米左右高度时，高原季风已经出现，参与大气环流；当高原整体超过 2000 米临界高度，方才演变为深厚高原季风，并随着地势的渐高而渐强，促进了高原对于冰期—间冰期气温的放大效应，使暖时愈暖，冷时更冷。80 万年前，高原主体进入冰冻圈，第四纪最大冰期出现，导致北半球气候再次转型；15 万年以来的“共和运动”使高原又一次上升的直接后果，是北半球冬季风强盛而夏季风减弱，这一显见的气候转型一直持续到我们今天看到的样子。

气象学家汤懋苍自 1962 年起进入高原季风研究领域，在前辈学者高由禧先生指导下，率先发现和描述高原季风形成演化轨迹。他所在的中国科学院兰州高原大气物理所（后与冰川所、沙漠所合并为寒区旱区环境与工程研究所，即寒旱所），因此成为当年青藏大气科学研究领域的主力军。他还把高原季风理论传播到国外——20 世纪 80 年代初，应邀赴美做访问学者，在同行陪同下，驱车游览美国西部高地落基山脉—科迪勒拉山系。虽总体高度不及青藏地区，也在 1500 ~ 3000 米之间，最高峰 4000 米以上，且纵贯美、加，构成北美大陆气候分界线、河流分水岭：这一边流向北冰洋和大西洋，那一边流向太平洋。眼见群山连绵，间有高原，当山风扑面，心有所动，汤先生仿佛遥望到青藏高原的过去时，于是就说了，你们也有高原季风啊，正是青藏高原处于一两千米高度时的浅薄高原季风！美国同行听来新鲜，想一想，认为所言极是。许多年后，吴国雄院士的团队以数值模型再现季风影响，恰好也是拿青藏高原和北美高原做比，论证不同位置的大地形在大气环流和季风降水方面的不同表现。

那一年在兰州，请教过李吉均，紧接着采访了汤懋苍，明显感觉二位前辈风格之不同，一如各自的专业形象，前者稳健，后者活跃。汤先生是毕业于北京大学物理系气象专业的高才生、兰州大气所初创阶段的元老人物，1958 年 5 月，怀着“改变西北干旱面貌”的理想，他跟随著名大气物理学家高由禧先生，从北京踏上西行列车，参加施雅风先生组织的祁连山冰雪考察。担任野马山冰川气候考察站站长时年仅 23 岁，已经显示出超棒的业务能力：汇总包括越冬考察在内的两年观测成果，撰成我国第一部山区气候学专著《祁连山区气候学》。

大气圈的活跃表现在无时无刻和无远弗届，汤先生之活跃则体现在思维的多向度，预报天气看地下、地下活动看天外，都是逆向思考的结果。这些故事说来话长，三言两语简言之，是指他早在 20 世纪 60 年代承担汛期预报工作时，就从陇东农民那里学到了一手：根据冬季黄鼠狼掘洞深与浅、春季树木发芽迟与早，可以判知夏季降水情况，由此他归纳出地—气相互作用、深层地温与降水量的关系，创建了一套长期降水预报的方法，不仅在国内得到肯定，在国际同行那里也相当知名，因此应邀访美。一年时间里，他把深层地温预报降水的方法和高原季风理论一并输出。

那么“地下活动看天外”又作何解？

进入高原季风研究领域 20 多年后，汤先生在“八五”攀登计划青藏项目中主持气候变化课题，得以专注地、定量化地潜心研究，从现象到本质。当他注意到造山运动、冰期形成、气候波动、环境演变等一系列变故皆与地质活动相关，对于终极原因的继续追寻，让他把目光反向地投往天际——这一次是从国外学者对于银河年和银河旋臂磁场的研究中得到启发，汤先生提出“宇地磁耦合与地球系统旋回”假说，并绘制了银、地磁耦合模型及与大冰期出现时间的对照表，与他的学生董文杰研究员合作建立了青藏高原高度演变的简单数学模型，进行了青藏高原隆升和夷平过程的数值模型研究。“宇地磁耦合”假说基于这样一个认知：当地球磁极方向与现代相同（正极性）时，是地球的“高效运转期”：地球内部对流活动加剧，造山运动强烈，青藏高原隆起速率加大；当地球磁极方向与现代相反时，为“低效运转期”：地球内部对流活动减弱，青藏高原构造抬升速率为零。当银河、地球磁极相符，可引起地球内部强烈的垂直运动（造山运动），使地球的某些部分抬升，大气热机效率随之提高，行星西风增强，高纬地区降温，大冰期形成；反之则地球内部垂直强对流停息，反映于地球表面，即隆升的对立面：夷平时期，行星风系减弱，高纬地区增温，大间冰期来临。汤先生说他核对过地球磁场与银河旋臂正磁性耦合的时间，30 多亿年来吻合过 7 次，恰值大冰期。

该假说广及天上地下人间，举凡天文地理大气物理地球动力机制尽皆囊括其中。地球内部运动难道受制于遥远的银河吗？怎么会不可能呢——汤懋苍先生说，以其专业为例：大气圈仅占地球总质量的百万分之一，可是地球内外部任何变化都会影响到大气层，而大气环流的任何变化又将作用于全球。地球和太阳系在银河系乃至宇宙中何其渺小到微不足道，说银河系的任何变化都足以影响到地球，有什么不可能呢？就大尺度范围而言，全球变化应该是一系列变化之果；但微观到地球自身而言，情况则有所不同——是可以讨论因果关系的。

假说归假说，仅用来说明在汤先生主持气候变化课题那几年里的一个奇思异想，而实实在在的研究成果、理论建树，如同季风的应时爆发一样，连篇累牍发表，高原季风演变、青藏高原是我国气候启动区、雅鲁藏布大峡谷是地球“热点”；关于青藏高原隆升—夷平的数值模拟、20 世纪三次气候突变与天文因素的相关，等等。还有一篇与刘晓东合写的论文《一个新的划分第四纪的标志——高原季风演变的地质环境后果》，以季风产生重大转型的临界点，响应刘东生先生呼吁，提请国际地学组织重新考虑，将地质第四纪起始点，从当时的 180 万年前，建议更改为 260 万年前。

关注长时间序列的气候变化，也用心探索具有应用价值的信息资源。建立气候变化坐标系过程中，凭借近几十年可靠气象资料，观察十年、百年尺度高原气候状况，发现一个明显特征是气候变化较之我国东部地区的超前性。例如 1980 年以来的新暖期和 1955 年以来 10 年尺度的温度波动，均从藏东南波密、林芝等地始现，向北向东传播。中国东部变化滞后藏东南 4 ～ 6 年时间。近 600 年来三次冷期和三次暖期亦从青藏高原开始，百年尺度冷暖变化较之东部提前 10 年以上不等。因此青藏高原被冠以“气候变化启动区”之说，或称之为“起搏器”、预警区。汤先生认为，掌握了这一规律，未来有望为我国东部冷暖期变化提供预报。

总之当年对汤懋苍先生的访谈印象深刻。老青藏一代中，他还是最先关注人地关系的一位：历代王朝兴衰与气候冷暖变化对应，从中思考自然变化与社会治乱的关联，不乏真知灼见。许多年后，树轮学家刘禹等人用祁连山圆柏建立跨度为 2500 年的树轮年表，发现中国历史进程中，大部分朝代衰亡和动乱年代，均与该温度序列中的低温时期相吻合。

除“宇地磁耦合”假说可能由于太过“科幻”，似未引发讨论外，当年汤先生的研究领域或被持续关注，或已进入更深层面研究。涉及青藏隆升效应与北半球冰期成因观点方面，许多年后，有人做了一份长时间、大空间的对照图表：“青藏高原新生代隆起过程与全球构造、气候的耦合关系”，整合中外几代科学家古环境研究成果，包括对照深海沉积、黄土及南极冰芯三大标准柱，结合青藏研究最新进展，以高原隆升各时段去对应新生代数千万年以来的气候变化，发表在《青藏高原隆升与环境效应》，其结果，呈现一条大致耦合的因果链——

两块大陆碰撞前后几千万年里，青藏地区初成而未高耸的时候，地球整体处于温暖期，其中著名的始新世大暖期高温时段可谓登峰造极，之后永未再现。新生代首次快速降温大约发生在 3600 万年前，所完成的从温室向冰室的转变过程，正好对应高原 3800 万～ 3000 万年间隆升峰值的“冈底斯运动”。第二次大规模降温始于 1500 万年前，即“中中新世降温事件”，对应 2100 万～ 1800 万年间“喜马拉雅运动”，高原南部、中部随之隆起而为高原。至 670 万～ 500 万年前，全球气温再度下跌，即“中新世末事件”，似可对应高原 800 万年前开始的隆升。此番降温，致使西南极冰盖形成，海平面降低，气候趋于干旱，地中海盐度危机正当其时，亚洲内陆干旱化加剧。最近一轮大幅度快速降温发生在 300 万～ 250 万年前，地质第四纪即冰川纪，高原如何加速隆升、北半球如何进入冰期，我们已经略有所知了。

据此是否可以说，构造上升是新生代气候变化的重要强迫因子了呢？中外许多学者的确是这么判断的，起码是可以讨论的。影响大气环流和气候变化的机制复杂，来自多方联动，共同作用的结果。然而还是那句话：全球变化研究如果不考虑青藏高原因素，就不足以得出合理的解释。

因为有了青藏高原，亚洲面貌改观，首先造就了世界最高极，不意间影响到自然界众多物种生存方式，于是我们才有可能看到本章开头那幅动人画面——从繁殖地到越冬地，成千上万的候鸟群进行着长距离迁徙；因为有了上升气流，得以从喜马拉雅山巅飞来飞去。

大气科学在野外

1998 年兰州采访，正值“九五”攀登进行中，正拟纳入“973”国家重大基础科学研究计划，重视程度和扶持力度加大，兰州大气所仍为青藏项目中大气科学研究主力，正在走向该所鼎盛期：前辈学者健在，尚未离岗；野外观测有五道梁站，由老将季国良负责；计算机模拟有高原气候研究中心，由 35 岁的刘晓东博士掌管。该所与日本合作的亚洲季风实验课题得以扩大规模，4 个实验区部署在泰国、蒙古、中国青藏高原和淮河流域。进行长年观测，其中贯穿夏季风始末的 5 个月期间，属强化观测。刘博士介绍说，日本学者关注青藏高原，是因日本与中国同属夏季风影响的东亚地区，他们尤其注意高原积雪状况及其变化，以此作为季风降水预报的参考依据。我们重视积雪，事关高原冷热源效应：积雪盖度大小、融化程度如何，通过影响反射率，进而影响到季风强弱和东部降水程度。美国学者对此也感兴趣，用来研究厄尔尼诺现象（因关乎飓风和美国境内旱涝），以至于高原积雪状况成为众目所向。

不过当时条件不比现在，卫星遥感图片尚需美国方面提供，并非实时，而是按季度寄送。即使后来我们自己有了高分辨率的卫星图像可资遥感了，二维的平面仍不足以提示积雪厚度、地表温度，仍需结合地面观察。幸有五道梁站提供忠实记录，使得积雪研究得以逐步深化，层层推进——定点的、长期的野外观测功不可没。

穿越昆仑山，有个五道梁，局地小气候很不好，不仅草木不生，相比同一海拔高度其他地方，高山反应也是加了码的。青藏线上过路人调侃说：到了五道梁，喊爹又叫娘。五道梁只有 6 月是好过的天气，7 月份变化无常，进入 8 月即感寒意，典型体现了藏北高原气候特征。中科院兰州大气所设在五道梁海拔 4700 米处的地面能量收支观测站，自 1993 年 8 月 20 日起，不间断提供连续观测资料，有关大气物理中太阳辐射、地表反射与长波辐射、土壤热通量等等一系列相关数据，国际同行共享，五道梁也因此闻名全球大气物理学界。

五道梁站首任站长季国良，早在 1979 年上高原，直奔阿里狮泉河，一住半年，进行热源连续观测，取得了精度较高的地面辐射观测资料，夏季高原地面辐射和热量平衡的一些新事实及高原的加热作用等，都是本次实验中发现的。这是一项大行动，由国家气象局和中科院联合领导，配合世界气象组织进行南亚夏季风试验（MONEX）的“青藏高原气候科学实验”项目；1982—1983 年，旨在对上次仅限于夏季热源强度观察的补充，又在高原面上进行了一整年的观测考察，包括冬季热源状况和季节变化。初步证实藏北那曲以南全年为热源，

1989 年，建站初期的马耀明常年驻守在五道梁，进行地面能量收支观测

1994 年 8 月，孙鸿烈院士（中）率队视察五道梁站，马耀明现场讲解

而以北，只在地表积雪面积既大又厚时才为冷源。这一点在五道梁站多年监测中得以印证：如果地表积雪过多经久不化，地表反射率增大，同时抑制土壤热量向大气释放，势必导致地表加热场弱化，甚至出现冷源。因此冬季地面积雪时间长短，是高原地面出现冷热源的关键因素。

土壤热通量观测则表明，五道梁一带春夏 6 个月里，热量从地表进入土壤，而秋冬 6 个月里，土壤非但未能吸热，相反却要向大气释放热量。随着气候暖化进程，已见土壤中热量存储逐年增大趋势。较高的土壤热通量对冻土退化起到促进和加速作用，是全球变暖作用于青藏高原的表征。统计规律同时表明，高原地面热源异常，甚至积雪面积变化，都将影响到来年中国东部、日本列岛、东南亚乃至北半球的气候和降水，这一关联好比“铜山西崩，洛水东应”。例如对于长江中下游地区而言，如果青藏高原冬季积雪面积增加，夏季风就将推迟，梅雨过程就将加长，水汽北上就将受阻，北部就将干旱。案例之一：1994 年冬季出现较强冷源，附近青海地区 15 个气象站点所记录气温普遍下降 0.5 ℃；而次年夏季，华北、西北地区大面积干旱，长江中下游地区也在梅雨之后出现伏旱。案例之二：1997 年秋冬之际，藏北高原遭逢特大雪灾，次年即 1998 年，长江一线大洪水暴发。

吴国雄院士的团队通过数值模拟，初步予以证实：青藏高原早春积雪多（少），可以导致华南早汛期降水偏多（少），并导致随后的亚洲季风推迟（提前）爆发。加上同时发现的夏季青藏高原东部存在一个上升运动中心和高湿中心等，有专家据此评论说：“这对深入认识高原在冬、夏季及转换季节中对东亚及全球大气环流的影响做出了重要贡献。”

然而随着研究进展，积雪研究得出的上述论点却又变得不确定，或者说，中国东部降水趋势与高原感热通量的强弱相关度更高，与积雪面积变化的关联则不够稳定。提出这一新见解的，是吴国雄团队段安民课题组、青藏所阳坤课题组。两个团队取得共识：积雪面积只是其中一个因素，影响到感热通量减弱的原因，有温度、湿度增高导致的水汽量增大，太阳辐射减弱和风速减小等等一系列复杂物理过程。

气候变化，本就是天地间多种因素及其变量的产物。感热通量减弱，涉及好几个科学问题。段安民整理分析了青藏高原 73 个气象台站资料，发现在全球变暖背景下，尽管高原地—气温差在增加，然而从 1980 年到 2008 年，大部分地区的感热之所以呈现减弱趋势，主要是由于印度洋和北部的寒冷地区升温快于中纬度大陆，导致西风减弱所致。另一方面，热力作用减弱使得高原的气泵效应受到抑制，导致高原东南缘降水减少，而印度东北部和孟加拉湾降水增多。这一成果于 2011 年发表。

针对以往用经验方法难以反映青藏高原感热加热的变化趋势问题，阳坤课题组提出新的计算方案，用基于微气象基本理论和野外观测资料发展起来的物理方法，估算出高原年均感热通量以每 10 年 2% 的速率在减弱；同时针对学界关于太阳辐射变化的讨论，提出了独家之论。太阳辐射是气候变化的标志性指标之一，国内外一般认为全球太阳辐射自 1960 年代以来持续减弱，但在 1990 年代初期开始了“由暗变亮”的改变。阳坤课题组通过帕隆藏布 4 号冰川湍流站、阿里湍流站、慕士塔格湍流站，以及由 56 个台站构成的那曲多尺度土壤温湿度观测网，进行综合观测研究，提出了不同看法：太阳辐射变化在青藏高原地区的变化与全国平均截然不同，1960 年代逐步增强，1970 年代末开始持续减弱至今，且辐射减弱趋势远大于全国平均，更不存在所谓“由暗变亮”的转变。

阳坤等相关研究论文发表于国际著名期刊《大气化学与物理》（*Atmospheric Chemistry and Physics*），引起国内外科学界高度关注，被《美国科学日报》（*Science*）、《美国科学院院刊》（PNAS）、《自然》杂志（*Nature*）和“联合国政府间气候变化专门委员会”（IPCC）等引用和报道。

像段安民、阳坤这样的“70 后”，如今成为活跃在青藏研究大气科学领域野外一线的学科带头人。马耀明研究员比他们资质略深一些，本科毕业于兰州大学气象学专业，在兰州大气所读硕期间，参与五道梁站建设，当是最好的实践课。后在日本和荷兰分获大气物理、环境学双博士学位。当年从五道梁站走出的年轻人，现任中科院青藏高原研究所副所长，珠峰野外观测站就是他于 2005 年亲自选址、主持创建的，并且担任了首任站长。

2005 年 9 月，初建阶段的珠峰站仅有两顶帐篷房和一间活动板房

珠峰站全景：基础设施及观测场地

航拍珠峰站，左侧是通往珠峰大本营的公路

观测场地上的现代化设备　本组图片由马伟强提供

珠峰站全称为“中国科学院珠穆朗玛大气与环境综合观测研究站”，站址就在定日县扎西宗乡，海拔 4300 米，距离珠峰登山大本营尚有 40 多公里路程。南望珠峰，近处有小山遮挡了主体，唯见地球制高点的头肩部在湛蓝天幕下闪现银白一角。山丛河谷地带，戈壁砾石滩上，现代化观测场平地而起，在自然物象的环抱中正可谓“异质同构”。场地上高高低低的仪器看起来静默冰冷，其实工作热情高极了，连续自动记录不舍昼夜，存储起海量的信息和数据。

我是在 2012 年 7 月间到访该站的。站长马耀明一一指点，40 米高的金属架塔名叫大气边界层塔，用于近地面大气层结构和能量物质交换的观测，包括地下土壤层的温湿度。何为大气边界层？大气与地面接界的气层，因空气运动受地面摩擦作用明显，又称“近地面层”

或“摩擦层”。边界层之上，就是自由大气了。按教科书定义，大气边界层海拔高度千米上下，然而高原本身即高地面，马耀明说，高原上的大气边界层位于海拔五六千米以上，最高可达 9000 米。所以说，每当涉及高原，很多定义失效，需要“另当别论”。

再看这一组设备，名叫风温廓线仪，可以精确测量地面以上 5000 米低层大气中的风向、风速和气温，属于大气物理范畴。大气环境方面，有监测降水化学、气溶胶的——大气气溶胶微粒包括尘埃、盐粒、孢子、花粉和冰质粒之类。兼及地球物理，观测区内相应配备地震监测、GPS 定位等设施。观测场之外，沿冰川融水绒布河，布点水文观测，山野中专设物候观测区。沿珠穆朗玛山体直到 6500 米一线，则是固定的或移动的冰川变化观测点——不消说，近几十年来随着气温升高，消融大于补给，珠峰冰川总体处于持续退缩中。

马耀明特别提到，南来季风在输送水汽的同时，将工业污染物一并舶来。美国能源情报署（EIA）曾提供过一组数据：以印度为主的南亚地区能源消耗，于 1993—2003 年间增长 52%，造成严重空气污染，以致形成“亚洲棕色云”；仅 2000 年南亚排放的黑碳和有机碳，即占全球当年排放总量 12% 和 16% 之多。其黑碳气溶胶不仅引起区域大气增温、冰川消融加速，借助夏季风越过喜马拉雅，还可径达青藏腹地。珠峰东绒布冰川垭口的浅冰芯记录表明，上世纪 90 年代以来黑碳浓度明显增加，与南坡“金字塔观测站”的同期观测高值基本相当。沉积物中源自南亚的污染物有农药，有硫酸盐和汞等等，殃及迄无工业污染的西藏洁净之地。

喜马拉雅是北半球地表与对流层大气物质交换的重要通道，尽管有现代“黑雪”污染，珠峰地区仍作为良好的大气环境观测的本底区域，被国际地学界看好，视为“监测北半球大气环境的最佳地点”。与珠峰登山大本营相对应，这个观测台站就成为名副其实的科学大本营，吸引国内外多学科专家纷至沓来做课题，本站也在源源不断地提供各类数据，信息共享。马耀明说，珠峰南坡的“金字塔观测站”是意大利科学家于 1990 年建立的。但南坡北坡环境气候差异相当大，现在遥相互补，高海拔、大地形对于大气环流的作用和影响，就将完整体现。

在珠峰站，这位小马老师还就他的专业对我进行启蒙式教育，画一简图，用箭头标示来自四面八方的风。科普内容还包括观测数据的重要性，如何为数值模拟提供可靠依据。举例说明之：2006 年，在他主持的有关气候变化的国际学术会上，有位美国学者凭借在其他地区积累的经验参数建模，错得有些离谱，极其干旱的西藏阿里地区居然被推导为湿润区，当场有日本学者站出来诘问，报告人好不尴尬。这说明在数值模拟已成科研主流的当下，神奇的计算机模型不仅可以反演过去气候环境时空格局、演化特征，还可以预测近期乃至未来变化趋势的今天，地面观测数据在模式输入及对模式性能的验证方面，有多么重要。

还讲到老一辈大气物理学家的“道具”几大件：手持的风杯，测风速；手持的温度计、湿度计、气压计……是啊，回想大半个世纪以来的青藏科考多么不易，就说珠峰地区吧，颇具规模的考察共有 4 次，1959—1960、1966—1968、1975 年和 2005 年，相伴登山活动，并 3 次测高。难忘前辈科学家的珠峰故事：1958 年，南京大学的王富葆教授为次年的登山科考打前站，肩挑两箱银圆来到老定日，请宗本（县长）组织民工，赶修通往绒布寺的山道；“文革”动乱中，野外工作一度中断，从计划制订者施雅风到参与者谢自楚等专家，无不受到冲击，被迫下山再上山，逆境中完成了考察资料的整理；1975 年规模最大最壮观，登山 + 科考，300 余人参加，登顶成功的同时，环境科学方面也完成了宝贵的本底调查，主持大气物理和天气预报的高登义，凭观测凭经验察知风云变幻端倪。而 30 年后的 2005 年，再一次大规模珠峰登山科考中，出动了 20 多个专业 50 多位专家，队伍已然更新换代，少壮派领衔，时年 36 岁的冰川学家康世昌担纲队长，马耀明任大气物理组组长，则以诸多现代设备和手段监测运算，为登顶天气预报提供参照。到 2010 年，当他担任首席科学家主持“青藏高原气候系统变化及其对东亚区域的影响与机制研究”国家“973”课题时，则把当今高端水平的一应手段用到极致。

该课题旨在研究全球变化背景下青藏高原气候系统变化特征、对东亚区域的影响及机理，高原生态与社会经济系统如何应对气候变化。课题组集结起中科院青藏所、大气所、地理所、寒旱所和山地所等 6 个研究所的少壮派精锐力量，多专业总动员、多手段齐上阵，2011 年 7—8 月间展开了一次规模空前的综合立体大行动：卫星遥感，航空遥感，低空雷达，无线电探空气球，地面观测——仅这一项，就动用了 7 个多圈层站、19 个太阳辐射站、16 个热能量站、29 个自动气象站——大兵团作战，天上地下同步进行。前述多个新见解，诸如太阳辐射、夏季风、感热通量等强度变化，包括大气边界层高度确认，都是该课题给出的最新成果。

那一晚在珠峰站二楼客房就寝，一觉醒来，顿觉神清气爽。愉悦感何来？虽有避开内地同一时段暑热煎熬的惬意，更有以“老青藏”情怀抚今追昔之后的欣欣然——自从十几年前采访过许多青藏队老队员，不由得就以前辈科考者“老青藏”自居了。这天上午 9 时，马耀明回办公楼参加青藏所的视频会议，主会场在北京，所长姚檀栋院士主持。不消说，该所设在林芝的、阿里的、纳木错的各野外站负责人均在岗与会，这一工作形式也是当今青藏研究新气象之一。不意间，本人以访谈和文字记录形式，见证了半个多世纪里青藏研究进展的一系列变化，见证了几代科学家的努力和成长——20 年前的藏北五道梁站是最初的课堂，小小研究生如今已成高原大气科学界领军人物：马耀明团队30余位骨干成员，专业背景涉及大气、水文、遥感等多个学科，充分实现了大气与相关学科交叉特点。这个平均年龄40岁的创新群体将长期活跃在青藏高原野外一线。这位领军人先后负责的国家重大科学研究计划项目、国家自然科学基金的重点、国家杰出青年科学基金、面上项目和重大国际合作项目以及中科院等部委委托项目多达15项，同时担任重大国际合作研究计划“全球能量水循环亚洲季风青藏高原试验研究”（GAME-Tibet）和“全球协调加强计划之亚澳季风青藏高原试验研究”（CAMP-Tibet）的两位中方总协调人之一。在青藏高原复杂地表能量与水循环研究领域做出了系统性的突出贡献，得到国内外同行的充分认可。

截至2015年3月，马耀明已在国内外重要期刊上发表论文97篇(SCI收录49篇、EI 28篇)，并以第一作者出版英文专著1部。学术成果主要体现在以下三方面：

一、青藏高原气候系统多圈层地气相互作用综合观测研究平台的设计与建立。针对青藏高原地表的复杂性，在具有代表性的高原的不同下垫面上设计并建成了一个多圈层地气相互作用综合观测研究台站网络，这为我国天气和气候的研究、预报和预测打下了坚实的基础。

二、青藏高原多圈层地气相互作用规律的观测研究及地气交换参数的确定研究。得到了青藏高原不同下垫面辐射能、地表其他热通量及近地层动量等的时空变化特征及青藏高原地气相互作用研究中非常重要的特征参数，为在这些地区进行数值模拟研究和卫星遥感地表能量和水循环研究提供了有力的基本概念和输入参数。

三、青藏高原区域能量通量和蒸散发量确定研究。首次提出了3个卫星遥感资料结合地面观测资料，确定青藏高原复杂地表特征参数和区域能量通量和蒸散发量的方法（“遥感算法”、“马赛克算法”和“混合高度算法”），首次推算得到了该地区的高分辨率的地表反射率、地表温度、各种植被指数、地表热通量、地面加热场和蒸散发量的区域分布、季节变化及年际变化。这为研究青藏高原等高海拔复杂地表的能量和水分循环规律及其对周边地区的天气气候影响提供了一条有效途径。

一年一度季风雨

说是一年一度，但这个“一度”未免太久，就全国范围而言，先是从2月份到5月份，连阴雨天以中国南方广东广西为中心，向西可延至贵州，向东可覆盖福建，向北可越过长江，绵密雨水没完没了，少有间歇，其间不乏一轮轮强对流——冷暖空气交集交锋产生的剧烈垂直运动叫“强对流”——带来的大风暴雨雷电冰雹之类坏天气。这一时段《新闻联播》之后的天气预报示意图上，每见雨区的浅蓝深蓝，仿佛定格在那一片，而其他地区则频现旱象及火险等级的橙红。这情形让南方诸地叫苦不迭，让广大北方深感雨量分配不公。诗云“好雨知时节，当春乃发生”，民谚“春雨贵如油”，是有地域特指的。

分明可能是灾害的天气，却被冠以听上去很美的学名——“江南春雨”。或许考虑到有别于“烟雨江南”之江浙地区，我见业界在描述时经常改称华南春雨、华南早汛期，似更贴切些。这一地区雨水季差不多从春节过后即开始，旷日持久只是一个方面，其降水强度，在某些区域甚至超过夏季降水。遍观全球陆地区域，实属罕见现象，什么原因？因为青藏高原大地形的存在，沿喜马拉雅南坡绕道而来的西风气流，与来自海洋上空的暖湿气流在此地上空交锋的结果。

华南春雨何日休，且待南亚风起时。当强劲的夏季风携来足量雨云登陆，逐渐北上推进，惠及中国和东亚，“雨热同季”应时而来，伴随着北方整个夏天，三几个月里享用了全年50%～80%的雨量，暑热因之不再那么难熬，城乡和菽麦同沐甘霖，自然万象欢欣。这样的景象在全球陆面同样不多见，何以至此？缘于青藏高原对于气流运行的助力作用：向上助高，向北助推。3月份开始，高原散去严寒，渐从冷源变热源，阳光持续加热地面，气流随之上升，从而形成气旋式环流，绕行至东部，向东亚各地源源不断输送水汽。

加热抬升作用于高原自身，也使得南来带水云团翻山越岭，降水直达高原腹地。

对于习以为常的季候风雨，终于可以约略知其大概所以然了。这类新知，是在中科院大气物理所刘屹岷研究员那里听讲而来，被“科普”的连带一般概念，包括气象、气候、大气物理的基本定义。简言之，气象学是一门首先体现于应用的科学，最直接、最实用的是为当前生产生活服务，做气象预报：3天为短期，一周为中期，长期呢，一个月到跨季节。跨了季节又跨年度的称作气候预测；判断未来若干年长时间尺度变化，叫预估。气象关注短时天气状况，气候研究统计规律，大气物理侧重热力学过程；与气象学多学科的描述性质不一样，动力学研究旨在回答“为什么”，求解过程从现象深入到本质，从而把握规律，为预测、预估寻找因果键——给出答案，就是这家“大气科学和地球流体力学数值模拟国家重点实验室”正在做的工作。

起初约请的是吴国雄院士，他很随和，爽快地答应了采访请求。却不料准备采访的人在做案头的时候，就被难倒了。且看从网上查来的吴国雄院士简介，这位大气动力学和气候动力学家的突出贡献之一，是在国际上首创倾斜涡度发展（SVD）理论。不过该理论过于专业，看得我们这些外行人一头雾水，“……证明 Rossby 位涡和 IPV 在等熵面上的守恒是由于等熵面倾斜分布所致。证明尽管位涡水平分量是一个小项，但对垂直涡度的发展起着关键性的制约作用。由此，建立了‘盒子定理’‘外切平面定理’，并创立了完整的‘倾斜涡度发展（SVD）’理论，证明当质块沿着倾斜的等熵面下滑且满足确定的条件时，其垂直涡度将发展。当等熵面很陡时，SVD 可以变得非常剧烈，引起天气系统的猛烈发展。他指出，中纬度地区等熵面呈倾斜分布，因此是 SVD 的常发地区。在夏季，青藏高原边缘地区等熵面非常陡立，在那里 SVD 对低涡形成的贡献要比传统考虑的辐合项的贡献大一个量级……”

简介中还提到，许多重要理论被气象业务和研究部门应用，但读来同样难懂，例如开展创新性气候动力研究，揭示中高纬和热带海气相互作用差异的机理及厄尔尼诺影响台风频率的机制；发展饱和湿空气动力学；证明创新的原始方程中的无加速定理以及大气运动的动力强迫和热力强迫的调配率等等，总之简述每项成果的汉字都认得，但是排列起来难解其意。只有一点是明确的：吴国雄院士的参与，把这项研究一下子提升到国际顶尖水平。

好在还有易于理解的部分，例如他在系统研究大地形的动力和热力作用对天气气候的影响方面，首次证得区分地形不同作用的“临界地形高度”，指出亚洲季风爆发过程的三个阶段：西南低涡的形成与青藏高原东部爬坡与绕流的交绥有关，证明在青藏高原作用下，1）亚洲季风首先在孟加拉湾东部—中南半岛西岸发生。2）当它所激发的次级环流的上升支位于中国南海，不久便有南海季风爆发。3）此后南亚槽脊系统西移，从而有印度季风爆发。有权威评论：“这种把亚洲季风爆发划分为三个阶段在国内外是第一次。（这一认识）把季风爆发机制直接与青藏高原的动力和热力作用紧密地衔接起来。”

所以说，不比文科，也不比理科中地理、生物之类学科的直观性，大气科学门槛太高，于是心想，怎么好用 ABC 级的问题去请教大师级人物呢，于是知难而退，请求吴先生安排哪位有耐心的学生接待，于是刘屹岷接受委派，“风言风语”说高原。刘屹岷和段安民是吴先生青藏大气研究中的左膀右臂，说是学生，都已做了博导，都让我心怀敬意地仰望。而这位小刘老师，身为该团队年轻人“大师姐”，15 岁时即以优异的数学物理成绩考进南京气象学院，数字化生存史迄已30余年，面对我这样的文人尽量通俗讲来，看得出比指导博士生还难。以下内容，是听讲者整理了录音，处理过文字，看能否把深刻影响了中国气候和命运的季风雨大致转述明白——

对于“风”的定义，她说，可以理解为“空气的运动”。

自从地球上有了空气，由于太阳辐射和自转方向使然，行星风系就已形成。按照全球气候带划分，我们中国基本处于盛行西风带控制范围，基本气流为西风气流。青藏高原冬季位于西风带中，正对着“西风急流”；夏季西风带北移，高原处在西风带和东风带交界处——由于太阳辐射的不均匀分布，地球两端高纬地区，有盛行偏东风环绕极地；南北纬30° 附近有空气下沉，称为“副热带高气压带”，北半球副热带靠近赤道一侧盛行东北信风，中纬度地带则盛行偏西风。

季风即“季节的风”，风向的季节性变化，是一种近地面风。季风本非专业术语，来自航海业古已有之的经验，后被专业化应用。就全球范围而言，行星风带会在一年内随太阳直射位置变化作南北摆动，风带边缘地区的风向随之出现季节性交替变化，统称“行星季风”。由于太阳辐射、海陆分布差异及大地形影响等因素，地球上存在多个季风系统，其中最强大、最复杂的，首推亚洲季风。它实际包含了各自独立又相互联系的南亚季风和东亚季风，加上青藏高原的存在及其夏季风的助力，三位一体形成合力，一举成就全球季风系统威力之最。

至于季风成因，太阳当然是最重要的，除了太阳辐射这一根本驱动力之外，海洋和陆地的热力差提供了重要条件。我们知道，冷空气下沉，热空气上升，一上一下之间，空气流动，产生了近地面风。由于海水和陆地对于热力的辐散是不同的，陆地受热快、散热也快，往往一个昼夜温差可达十几二十度；而占地球表面积2/3以上的海洋，承担着储存和分配太阳热量的功能，热容量巨大，无论受热还是散热都很缓慢，相对恒温，以至于哪怕升温0.5℃都属异常，都可能带来灾害性后果，所谓厄尔尼诺现象，正是海洋水温异常造成的。

所以我们还应当知道，空气本身并不吸收太阳辐射短波的热量，之所以会被加热，有赖于吸收地面和水面反射的长波和热量的向上扩散所致。相比陆地，海洋水温冬高夏低，洋陆之间存在热力差，导致了大气环流加速运行；大陆和海洋越大，热力差对比的效应就越显著，季风也就越强大，所以地球上最强势的夏季风不在当代，而在足够遥远的地质年代：远在20多亿年前古生代末—中生代初，泛大陆和泛大洋上空的气流相互作用，共建“超级季风”，席卷唯一的大陆。

由于青藏高原大地形和热源作用，冬、夏季风加强了，夏季风犹强于冬季风，且来势迅猛，具突发性质，是亚洲季风特点。近年有导致大灾的一例：2008年5月2日至3日，南亚季风突起，强热带风暴“纳尔吉斯”袭击缅甸5个省邦，一夜之间，8万多人丧生，超过5万人失踪，将近2万人受伤，735万人受灾。

至于春、秋季，则为风向的转换过渡。前人对于冬、夏季风转换之际的研究不多，似乎并非关注重点，实际上对于某些地区来说，却是极其重要的。最典型的是江南春雨，或称华南早春雨，于每年的2月到5月，盛行于中国南方多省份。

南亚季风和东亚季风同为全球著名季风，差别在于地域不同，分属热带季风和副热带季风；成因各有侧重，前者以行星风带的季节变化为主，且与海陆分布影响相一致；后者以海陆分布因素为主，行星风交替现象不明显。假如——这个假设是在计算机模型中实现的——假如没有青藏高原，这两支季风不会合流，高、低空气流各跑各路，南亚季风还会形成，但它只会驻留在东南方向偏远一角，热带季风降水集中在北纬10° 左右，中国内陆几无降水。

所有风向中，高原季风形成最晚，是随着几千万年来高原隆升逐步形成的，是由于高原上冬、夏热力状况不同而演变的。从前汤懋苍先生论述过高原的浅薄、深厚高原季风，很有道理，现在我们把这一临界高度确认在1500 ~ 2000米，专指气流通过时，以爬坡为主，或以绕行为主的地形高度临界值。巨大地形的作用，体现在影响环流的“机械强迫”动力作用和加热大气的“热力强迫”作用。平均海拔4000米以上的大高原，在冬季可使西风气流分岔绕流，在夏季又使得气流对热源的热力适应，形成高原上空近地层低压、中高层的青藏高压。高原季风的存在，不仅扰动了固有的大气环流格局，它还是北半球副热带地区最重要的大气波动源之一，所激发的热力波及相关热量和动量传播，对周边地区大气环流和天气气候产生重要影响。

说到对于高原热力作用的认知，也是逐步深化的。半个多世纪前，叶笃正先生率先提出青藏高原“热源”概念，被老青藏们普遍接受。吴国雄先生深入探讨，认为尤其在夏季，高原的热力作用超过动力作用，并将其形象地命名为“感热加热泵”效应。顾名思义，“泵”之功能首先在“抽吸”——高原陆面本就位于大气对流层中部层位，当它吸收了阳光热量，再通过加热大气促使气流上升，不仅周边低层大气赶来补充，就连跨越南北半球的“越赤道气流”也受到影响；本来85%以上的水汽集中在近地表3000米以下空气中，经高原加热作用，可以被抬升得更高，直到冷凝成雨——雨水的形成条件，有赖于低层温度高、其上温度低，水汽因饱和凝结而降落。降雨范围由此重新分配，雨云活跃在海拔五六千米坡地并不鲜见，更有甚者，有水汽继续上行，造就了同一座山峰拥有上下两层乔木林带奇观。

青藏高原上空的大气环流，夏天上升，冬天下沉，呈现非常规则的律动，催生出冬、夏季风的变化。与“抽吸”作用相反，冬季下沉气流从高原四散而去，“越赤道气流”这一回踏上了由北向南的行程。

青藏高原巨大的热源作用已成共识，于是许多研究者在建模时，将热力作用以一个面积平均值的热力指数做参数，难免以一概全。还是吴国雄团队，利用 1958—1999 年为时 40 年的 7 月份气象再分析资料，进一步精细化研究的结果，发现高原上大气热源强度的空间分布特征复杂，局地差异显著，高原南部加热强度明显偏大，由南向北递减现象；至少存在 4 个加热中心，位于高原东北、东南、西南及克什米尔地区上空，分别对应东亚不同地区的大气环流及降水异常，同时各存在 2—4 年小周期。例如中国西北东部及华北地区、日本列岛降水量与克什米尔大气热状况有很好的正相关；江淮地区的降水与高原东南部的大气热状况正相关，而印度西北部降水则与之有显著负相关。凡此等等。

利用同样为时 40 年的 4—6 月气象再分析资料，研究青藏高原区域感热加热与 7 月东亚降水和大气环流异常的关系，发现 5 月份前后高原是一个单独热源，其感热加热性质与周边地区完全不同；每当 5 月份高原感热异常偏强和偏弱的年份，盛夏期间的中国东部降水形势正好相反：前期高原加热强（弱），则夏季江淮、长江中游、云贵高原等地降水偏多（少），华北、华南偏少（多）。由此可见，4—6 月高原感热加热可以作为东亚地区尤其是中国江淮等地 7 月降水形势的预报因子。从中至少说明了两个方面的问题，其一是为什么多个团队近年来会把高原感热通量研究作为主攻方向，这一点体现了寻找理论突破的努力；其二是所有研究成果，经由应用实践，终将转化为公众需求的一系列气象服务，体现了基础科学研究的终极目的。文见段安民、吴国雄《7 月青藏高原大气热源空间型及其与东亚大气环流和降水的相关研究》，《气象学报》第 61 卷第 4 期，2003 年 8 月；段安民、刘屹岷、吴国雄《4—6 月青藏高原热状况与盛夏东亚降水和大气环流的异常》，《中国科学》D 辑第 33 卷第 10 期，2003 年 10 月。

模拟情境下的百变高原

吴国雄先生在某次学术报告中说过，计算机做数值试验很容易，可以把青藏高原“搬来搬去”。

没错，小小键盘可做的事情很多，可以轻而易举让偌大高原凭空消失，水平位移，做垂向高低度处理，借以达成推演目标，自然界从几十万年到几千万年的工作，可在电脑屏幕上于瞬间呈现。回头再看青藏研究数十年，或者上溯一两百年，以方法手段论，若问哪一点变化最大？可以列举很多，可是没有什么改变能比计算机的加入、数学模型的普及更大——不分哪一专业，几乎涵盖所有学科：从事古今地理、气候、环境研究的冰芯、湖芯、树轮、土壤层、现生生物古生物微生物微化石，以至有机无机的物理化学，以至服务于当下现实的或增收或减灾各项应用研究者，全无例外，莫不如是。与其说是工作方式的丰富和更新，更可说是思想方法的改进与升华。然而比较之下，所有学科的数字化程度，全都不及大气科学的海量数据处理：一人一电脑，唯数据是瞻，“海量”名副其实。

这个印象是在刘屹岷办公室、“一个学生的课堂”上强化的。对本人所提初级问题，小刘老师边讲解，边演示，不时起身指点世界地图，让大龄学生感叹“这样啊，这样啊！”直觉他们置身“太虚幻境”，所面向的既空空如也又无处不在，广及寰球北半球亚细亚全中国，又细致入微到电脑屏上密布的小格点——精细化研究的需要，将全球纳入视野，按每格数十、十数公里画线联网，现在可以做到个位数了。不过刘老师也说了，并非越小越密越好，那样的话硬盘也会吃不消；格点大小各有用途，几公里小格专为局地或短期天气预报设计。

另一印象是系统化、专业化、室内为主的工作方式。通俗说来，这个团队不必在野外建自动气象站，或者去放飞高空气球，这从实验室名称看得出来，“大气科学和地球流体力学数值模拟国家重点实验室”（LASG）。当然了，即使像青藏所马耀明团队以野外观测、捕获数据为主，现在也有高端仪器设备代劳，何况这个从事动力学基础研究的团队呢！搬演高原，模拟风向，刘教授所讲多个试验，有几个是我格外感兴趣的，在转述之前，有必要约略交代两个背景，一是数值模拟来历，二是“大地形”研究怎样发展起来。

数值模拟，同义词数学模型、计算机模型，自 20 世纪 20 年代由人工运算的天气预报数学模型问世以来，近百年大部分时间里名声不太响亮，使用者寥寥，皆因运算和演示工具没跟上。待到电脑出现，方才推广开来，随其升级而普及。1957 年叶笃正先生开创青藏高原大气科学时，所借助的还是少量的场地观测及实体的转盘模拟，再通过大量物理定律和高等数学演算推导，得出大地形热源说供后人深入探讨验证，实在了不起。

用计算机为青藏高原建模的第一人，正是前文提到的真锅淑郎。20 世纪 60 年代计算机还算新生事物，还是黑白屏时，这位美籍日本学者已在尝试，只是限于某些学科及技术瓶颈，直到 1974 年总算大功告成。他在数值试验中揭示出地形对大气环流的作用，所借助的，正是大气环流各在有、无高原时的行进路径模拟：如果青藏高原不存在，那么这一地区上空的气流将会怎样；高原存在，其上气流如何变化，如何影响到周边地区风向和降水。虽然此君在这一领域小试锋芒后即转向温室气体研究，走向全球变化前沿，并因二氧化碳研究享有国际声誉、荣获国际大气科学最高奖等等，但他在青藏模型原创方面的功劳，仍不时被人提起和称道，沿着他早年蹚出的路径继续前行的，国内外不乏其人。从当年的兰州大气所到当下的北京大气所，有、无高原的模拟仿佛必修课，当然并非简单重复，向之填加的各参量要素，更复杂更精确，所要说明的问题，更多元更丰富，因而是一个不断完善的过程。20 世纪 90 年代吴国雄团队创建的“大气环流谱模式”（SAMIL）R42L9 版本，几经改进充实，已可成功地用来模拟全球大气环流状况，并且正在吸引同行研究者应用。吴先生解释说，模型就像是播放机，所模拟者就像是唱片录音带，二者结合，既是形式也是内容。

目前这一模式又有更新版本。当年的版本全球大气环流谱模式 R42L9，在水平方向，分辨率相当于 2.8125 经度 ×1.66 纬度，垂直方向分为 9 层。该模式在气候平均的海温强迫情况下，能模拟出当今气候平均态的主要特征，对全球和区域性气候分布具有一定的模拟能力。该模式创建及其若干模拟试验案例，为国家自然科学基金项目和中科院创新团队国际合作伙伴计划“气候系统模式研发及应用研究”课题成果。试验范围在东经 60° ~ 110° 与北纬 20° ~ 60° 以内，其中无高原试验的地形高度为小于 500 米；模式中的陆面过程采用简化的简单生物圈模式，有 3 层土壤，1 层冠层。观测值采用观测及再分析多年（1958—1997）月平均资料，和跨年度 10 年积分等。文见万日金、吴国雄《江南春雨的气候成因机制研究》，《中国科学》D 辑，地球科学 2006 年第 36 期；梁潇云、刘屹岷、吴国雄《青藏高原对亚洲夏季风爆发位置及强度的影响》《青藏高原的隆升对春、夏季亚洲大气环流的影响》，分别刊于《气象学报》第 63 卷第 5 期，2005 年 10 月；《高原气象》第 24 卷第 6 期，2005 年 12 月。

有意思的是，叶笃正先生和吴国雄先生都曾与真锅淑郎先生合作共事过，并且叶先生还是全球变化课题的倡导人之一，可见人以群分，志同道合。吴先生 1966 年毕业于南京气象学院（南京信息工程大学前身），在甘肃省气象局担任天气预报工程师，拥有 12 年实践经验。与真锅淑郎先生合作研究，时在 20 世纪八九十年代之交，应聘工作在美国普林斯顿大学期间，其时他已有两番赴英、美求学和工作经历。总之赶上好时候，考取叶先生研究生；赶上好机会，在英国伦敦大学帝国理工学院读取物理学哲学博士学位。与刚走出校门的一批年轻学子一道负笈海外时，吴先生已满 37 岁。赴英之初，他正醉心于海洋与大气研究呢，这也难怪，海—气研究是大气动力学一直以来的热门主题，而陆—气研究相对较冷。英国导师格瑞提点说，何不研究地形作用呢？

是啊，守望多年的青藏高原大地形，不啻于一座金山富矿，值得投身其中。于是转向，随着峰回路转，忽见别有洞天——吴先生在天气和气候领域所取得的系统性、创造性成果，在国际大气科学领域皆属前沿，他本人也成为大气物理学界名副其实的权威，不光在国内，就世界范围而言，也是。这从他的历任学术职务上看得出来：大气物理研究所大气科学和地球流体力学数值模拟国家重点实验室（LASG）主任、学术委员会主任，国际气象和大气科学协会（IAMAS）主席，世界气候研究计划联合科学委员会委员，国际“气候变化和可预报性计划”（CLIVAR）科学指导小组成员，《大气科学进展》（Adv. Atmos. Sci.）主编，中国科学院院士，英国皇家气象学会荣誉会员，等等。“晒”出这些头衔，也为说明青藏研究富有魅力，足以吸引各方神圣参与。

装备了先进学识，辞别了优厚待遇，全职“海归”。不需要询问缘由，出去就为归来。随着这个人的回归，大气所相关动力学研究的国家重点实验室问世，一个面向风云变幻的团队组建起来，一系列模态变化使青藏高原生动起来——

有、无高原试验。这其实是一个反向叩问：假设青藏高原不存在将会怎样？

假设没有青藏高原，那么北半球上空的大气环流格局简单多了：低纬度东风带是比较平直的，中纬度西风带同样近乎平直，中心位置约在北纬 45° 附近，相较有高原时西风带偏南约 10 个纬距、千余公里；中南半岛北部的副热带高压带将会有所减弱，仅有微弱西南气流出现，导致北纬 35° 以南的南风和上升运动、以北的北风和下沉运动，全都相应减弱，春季华南地区最大降水量不足 4 毫米 / 日，不到有高原时 8 毫米的一半，大雨区位于海上；在夏季，无高原的陆地虽仍为热源，但热力作用大为减弱，导致南亚季风向内陆的深入程度有限，仅达北纬 25° 附近，约在昆明—桂林一线；东亚季风向内陆的深入也仅能达到东经 110° 以东和北纬 35° 以南，从地图上看，这个经纬交集点大约位于西安和洛阳之间。影响到降水分布，南来暖湿气团能够眷顾的中国陆地之少，显而易见；而整个亚洲地区雨带分布将会偏南，最大降水中心不在孟加拉湾北部，而是移往中南半岛西北部。

而在有高原试验中，动力作用和热力作用相叠加，足使南亚季风和东亚季风交汇合流，形成强大亚洲季风，向北向西强势推进，最北部可以抵达北纬 50° 附近，接近中国东北最北端，向内陆深入可达内蒙古河套地区，虽然降水量不改南多北少格局，但随夏季风而来的雨带，总算深入了亚洲内部。

需要说明的一点，有高原试验是基于实际的海陆分布和地形高度的模拟，理论上应当与现实情形相吻合，否则的话，定是模拟者的各参量出了问题。这实际上也是一个反向操作，以检验模式是否正确可行。不止大气科学，所有学科的数值模拟无不遵循这一准则。

在有、无高原一项模拟试验中，明确了青藏高原对亚洲夏季风爆发地点具有“锚定”作用。这一次是以实际的海陆分布为基础，以理想的高原中心位置和水平西移的对比方式，即假定青藏高原主体位于孟加拉湾北部或位移至阿拉伯海北部，观察对于季风形成各有怎样的影响——

实际高原试验中，基本再现了亚洲夏季风建立过程：风乍起在孟加拉湾暖池，5 月初，孟加拉湾地区夏季风建立；5 月 15 日左右，南海地区夏季风建立；6 月初，印度夏季风建立。然而在西移试验中，当青藏高原主体中心位于北纬 32.5°、东经 60° 即阿拉伯海以北时，其伴随大量降水的夏季风爆发路径则为印度—孟加拉湾—南海。

假设高原处于不同地形和高度。全球最强大的亚洲季风系统形成的地形作用，仅有青藏高原存在是不够的，来自一系列地形组合的结果，来自综合医素。刘屹岷教授介绍了为此所做的多个模拟试验。

首先针对有人提出没有陆地也会有季风的观点，试验结果为：没有陆地，就不存在季节变化的风。海—陆差是季风产生的最基本要素，尤其在我们所处的中低纬度是这样子。

其二是，在模式中让海洋直接面对平坦的欧亚大陆，既无高原，也无印巴次大陆，结果显示，仅在西南方向存在弱季风，迎风降水偏南偏弱，降水中心在中南半岛，越往北雨量越小。没有高原，华南早春雨不会出现。

其三是，加进印巴次大陆的热带陆地。一个显著变化是，吸引来“越赤道气流”——这是气象学上一个重要概念，原理是大气通过热带陆地加热上升，使得赤道以南的气流北上，并携来充足的海洋水汽，南亚季风得以建立。

其四是，模式中加入现有青藏高原地形高度，西南风由此加强并向北推进，给东亚和中国东部带去暖湿空气。没有大地形高度，水汽难以数千公里远距离输送。

其五是，伊朗高原的存在也很重要，不仅作用于印巴次大陆北部，通过增强印度上空的季风环流，形成印度季风北部强降水，甚至影响到青藏高原上空。

其六是，在有海陆分布的欧亚大陆上加入伊朗—青藏高原，但去除其表面上的感热加热，南亚北部和东亚中高纬降水将会极度减少。说明是地形上的加热气泵作用而非动力强迫即阻挡作用，控制南亚季风北部和东亚季风强度。

……

还有两个同类地区可做比较试验，可以证实地形高度作用，这在地球仪上看得清晰：背向而立两片陆地有东亚（北纬 10—30°，东经 90—120°）和北美（北纬 10—30°，西经 85—115°）边缘，所在海陆位置相似，均处于北半球副热带，北面大陆，东南大洋，均受同性质的“极锋”锋面雨带影响。具可比性的还有一点，那就是都有高原，不过彼高原非此高原，墨西哥高原不够高，导致的结果之不同，在数值模拟中再现。

先来看东亚：西风急流带与高原相遇，明显分为南北两支，其南支气流本来沿着喜马拉雅南麓东进，遭遇远超爬坡与绕流临界高度的云贵高原，根据涡度守恒原理，在西南侧迎风坡一个回旋，转向东北，成为西南风。当它与北支气流大致在北纬 30°、东经 120°处再度会合，于是高原东南侧出现西南急流风速中心，华南早春雨形成。经历为时两三个月的建立、维持和减弱过程，随着南亚季风爆发，西南风再次加强，6 月中期长江中下游地区进入梅雨季节，7 月中期中国北方进入主汛期。

再来看北美：早春北美并无强雨带，仅有一支西风急流带，风速中心位于大西洋西部；虽在北纬 30° 附近同样出现西南气流，但难以稳定维持，副热带雨水中心降落在洋面上。中低纬北美地区全年主要为东南风控制，类似中国华南早春雨和盛夏雨热同步等现象，并不存在。这情形正与“无高原”敏感性试验结果相像：假如没有青藏高原及周边地形，欧亚上空仅有一支西风急流，南亚次大陆则出现一支东风急流，两者之间形成一条明显的副高环流带，控制了华南大部地区；东南侧不复有强西南风，而是像北美南部那样的强东南风，华南早春雨带不复存在。

在高原不同高度对华南早春雨影响试验中，分别做了 0—6 千米高度的模拟。由于模式需要对真实地形高度进行平滑，通常认为模式现实青藏高原最高为 5000 多米。模式结果如下：

无高原地形时（0 千米），欧亚低层西风带不分支，中低纬为副高环流所控制，东亚降水量很小，少量雨水降落在东南半岛，华南无明显雨带；

高度为 1000 米时，中低纬副高带在南亚次大陆处出现断裂，高原东南侧的西南风速明显增大，华南少量降水出现；

2000 米时，西风带分流为南、北两支，南亚次大陆覆被以波状西风气流，高原东南侧的西南绕流明显，华南地区西南风增强，雨带初具雏形，强度大于其东面的西太平洋；

3000—4000米时，高原南北的两支西风随着绕流增强形成急流，在高原东南侧出现西南风速中心，强雨带中心形成；

5000米以上，环流形势虽无明显改观，但在高原南北两侧，西风急流进一步增强，东南侧西南风速进一步增大，华南降水明显减少，东亚雨带推进到长江及其以北地区，同时雨带中心被过强的高原热源吸引至高原东南部。

假设仅有喜马拉雅一条山脉。这个命题原本不在模拟设计中，起因于几年前有西方学者试图标新立异，撰文指出青藏高原的存在并非那么重要，只需保留喜马拉雅山脉，单凭山脉隔离，就足以阻挡高纬度干冷空气，从而照样形成南亚季风。论文发表，引发争论。对于大地形作用已做过大量功课的吴国雄团队，甚至不必再做相关模拟试验，即可指出上述论点只强调了动力机制而忽略了热力作用："一堵墙"中热力效应仍然存在。团队在2007年文章中就已指出，因为水汽主要位于3000米以下，地形加热中的斜坡加热——"墙面"上的加热对水汽抬升，进而影响周边季风的热力效应大于高原平台，所以保留青藏高原南部山脉与保留整个青藏高原对其南面的印度季风（也称南亚季风）的影响相同。

应战的论文很快见诸国际权威期刊《自然》子刊《科学报告》，引起《科学》重视，并派记者采访报道。这场争论引发的更深入的研究还将持续。简介这一过程，一来为说明科学问题的交锋，有助于辨别正误，推动学科发展，二来也是最重要的，为说明在这一领域，中国学者以其坚实的研究功底所拥有的话语权，对国际大气科学界主流的参与。

模拟试验加热作用，得出的另一结论是我们大众比较关心的：当高原加热作用减小，华南降雨更多，更易形成南涝北旱灾情。而加热程度受控于季风强弱，季风强则加热大。实际情况正是如此，高原加热在20世纪60年代至80年代较强，80年代至世纪末减弱，从2002年起季风又有所增强，中国北方降水开始增加，但是尚未达到六七十年代水平。以北京地区降水情况为例，对应上述3个时段，年均降水量分别在500～600毫米、400多毫米和500多毫米。这些信息发表在2012年著名国际期刊《气候动力学》上，也是吴国雄院士在青藏高原研究会2013学术年会上讲到的，以此说明青藏高原对于调控气候的作用之显著，可说是息息相关。"做模式很容易，可以把高原搬来搬去"这句话，正是在本次学术报告中讲到的。

涉及青藏高原大气科学，许多团队都在做，本章重点采写中科院青藏所和大气所两个机构为代表，并通过他们向所有仰望天空、追风逐云的人们表达敬意。接下来如果对本章做一小结，可能看似题外话。听讲大气科学知识，了解季风雨，于我而言，心存由自然延伸至社会的愿望，有意无意间，补上了一堂历史地理课。《中国大历史》在“土壤、风向和雨量”一章中提示道，“易于耕种的纤细黄土、能带来丰沛雨量的季候风，和时而润泽大地、时而泛滥成灾的黄河，是影响中国命运的三大因素”，这里强调的是自然地理背景下，“重农桑以足衣食”的传统社会里，大中华命运共同体形成的必然——“中国的团结出于自然力量的驱使”。黄土、黄河、季风雨，三者均与青藏高原存在相关，怎能不让我们在敬畏中感受到人文的亲切。而在上下五千年的历史经验中，提炼出这等基于科学认知的阐释，开阔了我们回望的视野，这一点令人感佩。历史可以这样看这样写，作为一种思想方法，现在已被广泛接受。联系到青藏研究，今天科学家们走出更远，利用最新手段掌握的古气候变迁一手资料，重新审察历代王朝盛衰兴亡的时间节点，对应以天时变化和环境因素；上溯至全新世万年以来，沿黄河—长江的古老文明何时何地何以发生，充分体现了科学家的文化自觉和人文情怀。对于个人来说，再看中国地图，自有新感悟：西风环流和亚洲季风共同作用下的广袤陆地，三面环山一面临海，长江黄河流贯其间，南方的水稻北方的小麦，中原的稼禾边疆的牛羊，同构了古代中国之“天下”，决定了国人的生存面貌和历史走向，无论治乱福祸，无论丰歉冷暖，都是先辈留下的故土遗产，都是带着数千年印记的国人家园。

对于青藏高原隆升，及其相关古高程、古气候环境演化的讨论，科学家们尽可各抒己见，甚至激烈争论，普罗大众只管耐心等待告知结论，或者不如说，公众的兴趣点，更在这一过程中发生过什么，哪一些是人类眼睛错过的风景。还好有化石，那些古老物种包括现生种的祖先和早已绝灭物种的骨殖，连同新大陆的美好时代，一并留存在家园故土。古生物学家发掘并为我们解读，同时参与学界讨论——不限于物种演化研究，对于高原隆升古海拔高度的判定，动物化石也能够协助古地磁定年，为佐证其时环境变化提供比较严格的时代约束。

此前几章中，我们已随地球科学家的脚步和目光，走过看过天遥地远的地质时空，领略大高原一部洋陆沉浮和曾经的生命史：自地质的早古生代与其相应的生物——介壳无脊椎动物时代，到晚古生代鱼类与两栖类时代，现在可以按照高原生命史链条的续接，走近中生代——爬行动物时代和更晚近一些的新生代——哺乳动物时代。说晚近，是指自然史意义上的，由于度量尺度不同，“晚近”一词在自然科学家那里，经常是几百万年甚至几千万年的代指。就如恐龙研究专家赵喜进，谈到藏东昌都达马拉山恐龙化石时就说，它们在此生存的时间并不很长，两千万年左右吧！这是相对统治地球长达一亿又几千万年的恐龙家族史而言，两千万年的时距算不得长久。

这一章是对生命的礼赞，无论是消失的还是现存的；美好属于曾经也属于当下，属于研究对象也属于研究者。最终的礼赞，则是献给容纳了古往今来变与不变的大自然的。

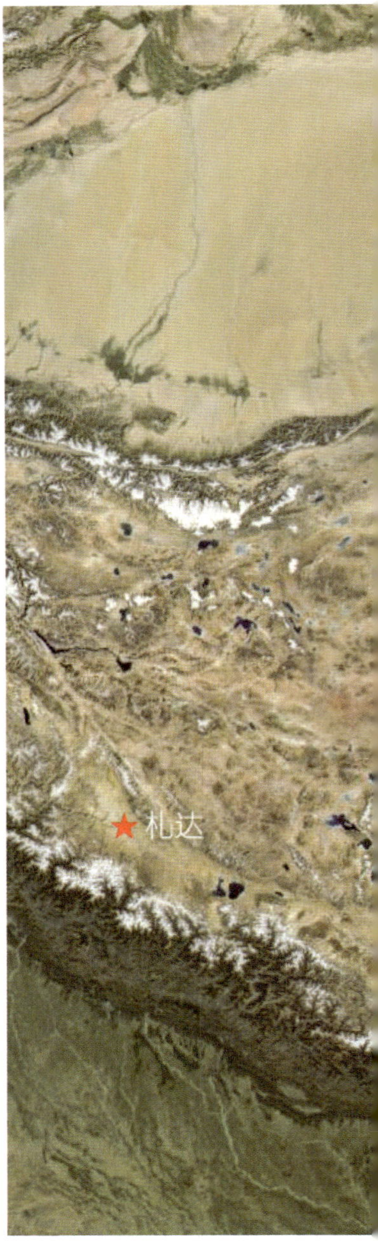

第 11 章　新大陆的美好时代

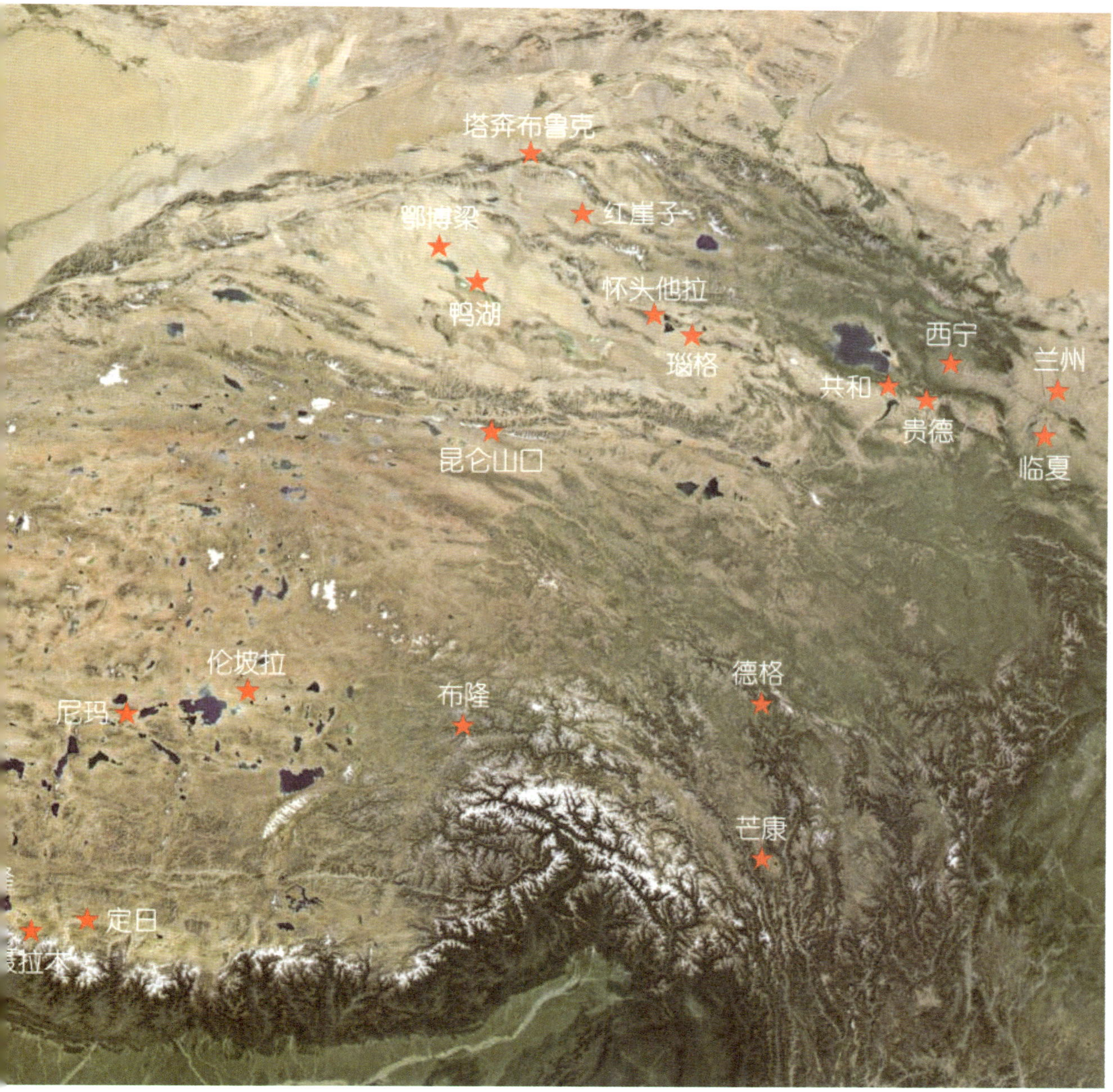

青藏高原脊椎动物化石地点分布图　邓涛 / 供图

《辞海》“分类学”：亦称“系统学”。研究生物分类的学科。经典的分类学以形态学为根据，对生物进行描述、命名和分类。现代分类学应用遗传学、生态学、细胞学、胚胎学、生物化学等学科的原理和方法以及电子计算机等技术，目的在于阐明生物的亲缘关系，以及生物进化、新种形成等问题。

“分子生物学”：在分子水平上研究生命现象物质基础的学科。主要指蛋白质和核酸的结构与功能的研究，也包括各种生命过程。根据研究对象不同，又可分别称为“分子遗传学”“分子生理学”“分子进化学”等。该学科是生物学的一个重要发展，这个发展反映生物科学对于许多重大问题已开始由现象的描述转入到基本作用规律的阐明。

“植物地理学”：研究植物在地球表面过去和现在分布规律及其原因和特征的学科。研究植物种、属、科的地理分布（分布区），地区的植物种类组成（植物区系）及植物群落的现况和历史变迁过程；并应用植物同环境相互关系的规律，阐明现代地理环境以及地质历史上的环境变迁，在形成种属分布区、植物区系和群落特征上的作用。与植物资源的开发利用，农业、林业、畜牧业生产实践，均有密切的关系。

“种子植物”：植物界中最高等的一大类。有生种子的特性，与藻类、苔藓、蕨类有别。亦称“显花植物”或“有花植物”，显花指能开花结实，有明显的有性生殖，有花指有“花被”或“孢子叶球”。可分为裸子植物和被子植物两门。

藏东恐龙

中国科学院古脊椎动物与古人类研究所专家出动，集中在西藏地区考察的20世纪70年代中期和横断山考察的80年代初期。青藏队颇有声势的野外工作进行了两年之后，古脊椎所的专家们按捺不住，起而向队长孙鸿烈请战了。于是就有了哺乳动物专家计宏祥、黄万波、陈万勇等人于1975年的首次赴藏，直奔主题，一举拿下藏南吉隆盆地和藏北布隆盆地两个三趾马动物化石群。受此激励，恐龙专家赵喜进请缨获准，紧步同事后尘，1976—1977连续两年在藏考察。中国恐龙化石之丰富，全世界首屈一指，到赵先生进藏时，全国范围内除台湾、福建和海南那些恐龙时代尚在海底的地区之外，各省区均有恐龙化石发掘，唯西藏空白。填补空白、完善高原生命史之链是一个方面，围绕青藏研究主题之一——形成演化与环境变迁，向之提供化石证据同样重要。

那些静止了千百万年的动物并非漫山遍野随处潜藏，因之寻访工作也并非漫山遍野的盲目寻访。化石点有迹可循，端赖先期进行过西藏考察的专家经验提示，提示要点往往是：你们到拉萨就能找到线索，去拜访西藏地矿局区域地质调查大队和藏医院吧！前者可提供恐龙时代陆相中生代地层情况，后者提供收购入药的“龙骨”产地——配制藏药的原材料，矿物类约占1/5，其中土石类包括各种化石、磁石、玉石、滑石等等占相当比重。一应化石在藏药中统称“龙骨”，藏医对龙骨产地了如指掌。

离开拉萨，在藏北边缘的当雄，在拉萨东北的林周，果然发现了晚白垩世的秃顶龙类和鸭嘴龙的脊椎和碎骨，然而难成系统规模，距离期待尚远。每天分头寻找，收工回来相互示意，都是两手摊开，拿藏语说“门都”（没有），不由得着急。最后的希望在藏东，隐约听到了横断山的召唤，于是前往昌都。从类乌齐沿川藏北路（即317国道）上行，一片一片的黑森林在身后远去，眼前是一簇一簇过了花期的杜鹃丛。当杜鹃越来越矮小，上接高山草甸地带。再往上，海拔5000米处，山石嶙峋。行进在昌都，红山脉，红土地，大小车辆的车身车轮全都沾满红尘土红泥巴。这类赭红色，皆为远古湿热气候所造就，正是赵喜进期待着有所发现的理想之地。

这位出生在山东莒县的恐龙专家真可谓一生幸运：十八九岁就被选派赴苏留学，在莫斯科大学攻读地质和古生物专业，5年后学成归来，在名师杨钟健门下从事恐龙研究，即使“文革”中，科学界同侪尽在运动的峰巅深谷颠上抛下之时，由于恐龙化石资源在中国独具

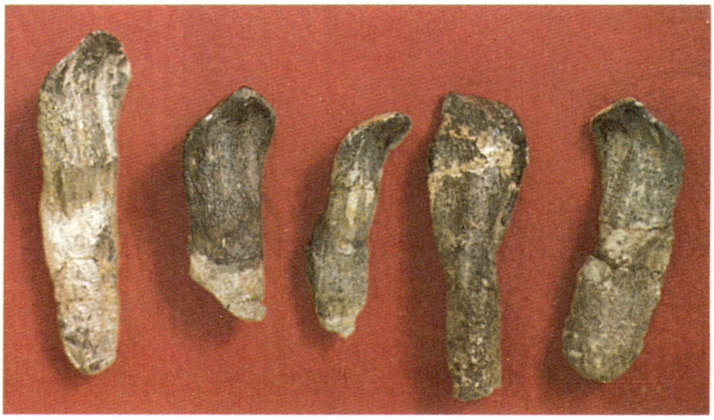

西藏昌都地区出土的原始蜥脚类恐龙牙齿化石

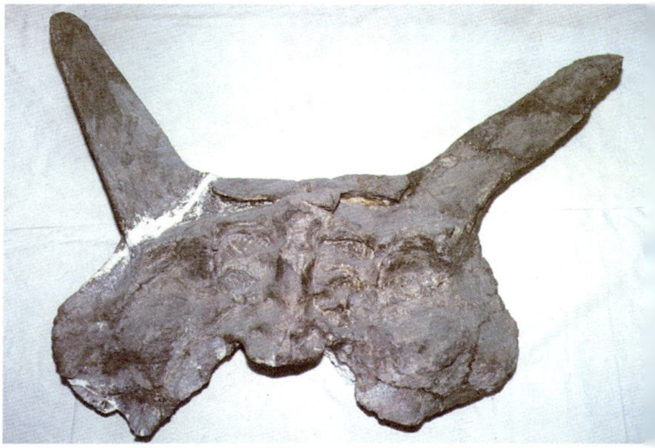

昌都地区芒康县出土的芒康龙骨盆化石

的优势，可以为国争光的缘故，他在祖国各地的发掘工作居然从未中止。山东人的性格加上长期的野外生活，再加上运气好总是心想事成，也许还要加上身为统治地球时间最久的动物代言人——代言远古辉煌，赵喜进总是热情爽朗，总是喜不自禁的样子。我还记得1998年在古脊椎所采访时的情形：声情并茂，讲恐龙就像讲自家宠物，讲发现过程和细节不厌其详，不时以英语、俄语表示感叹强调，即使说起研究对象的灭绝，也绝无失落感："想想看，假如恐龙不消失，岂能为哺乳动物腾出发展空间，又哪里还会有人类出现呢？"

热情洋溢的赵喜进一到昌都，就和同样热情洋溢的当地藏族群众打成一片。营盘扎在昌都县大野区政府，正值青稞收割季节，放下行囊就帮忙收庄稼。当地人对于来自北京的科学家——毛主席身边来的人，景仰备至，选派了精壮民工和驮畜协助工作。专家们的回报，不光是第二年特意从京城带来两箱"二锅头"略表心意，还使大野之名永垂地学史册——达马拉山含恐龙类化石的地层被命名为"大野组"。

恐龙化石的发现伴随了一个插曲。是在达马拉山川藏公路45道班所在山坡上，赵喜进惊喜万分地发现了第一枚牙齿化石。当时天色已晚，遂打上胶准备次日仔细剔出。不料第二天一大早兴冲冲赶来，却不见了。有民工报告说，曾见兵站的车在那儿停留过。气急败坏的赵喜进跑到昌都军分区领导那里告了一状，司令员闻言大怒，立即下令追查。结果人也查到了，化石也找到了。拿了那枚化石的是个四川小兵，只是出于好奇，结果被关了几天禁闭。多年后赵喜进想起这事还抱怨自己小题大做，如果不是当时唯一的一枚，何苦去告状呢！后来的几天里，同一处地方发现了4枚；再后来，几十枚！不仅牙齿，其他部位也现身了；不仅达马拉，还有察雅县、芒康县，接二连三的化石群！所以尽管1976年青藏队西藏大规模

1976年在昌都恐龙化石发掘地，赵喜进向当地群众宣讲恐龙故事

野外工作宣告结束，欲罢不能的赵喜进再次请缨，孤军出征补做了一年野外。

第二年在芒康县老然区，原拟考察一星期。每天在这海拔4000多米的地方翻山越岭，敲敲打打，苦无发现，大家不免唉声叹气。眼看原定的一周时间已过，就这样离开吗？心有不甘的赵喜进恳求大家，老天保佑，再一天，就一天，实在"没戏"再走人。结果老天果真保了佑，这一天不是由专家，是由一位藏族民工首先发现了石块中牙齿印模。就地发掘，哈，一条食肉类恐龙——甲龙的一段宽1.1米、长0.75米的腰带原形毕露！

芒康老然区的恐龙就这样重见了天日，其后在宗谷地方，发现了鸟脚类和鸭嘴龙恐龙化石。月牙沟的发现尤其令人振奋：一只应该保存完整的蜥脚类巨龙，虽然局部发掘只挖出了它的腰带和颈、背肋骨，但只要占有6%的材料，我们的专家就可以恢复到100%。因此测算这一四脚着地的巨龙身长应在20米左右；这种蜥脚类恐龙当时为我国首次发现。

累计化石组两年野外成果，共发掘各类恐龙及蛇颈龙类、鱼龙类、鳄类、龟鳖类化石，其中新种19个。依据剖面观察，结合化石动物群分析，将侏罗系、白垩系划分为5个组：

大野组、达布卡组、肯做尕组、老然组和宗谷组。中生代恐龙化石在西藏发现，成为世界上海拔最高的恐龙化石产地；而侏罗纪早中期是恐龙由原始到进步、由低级到高级的演化史上的关键时刻，这一时代的化石在世界上尚属少见，因而昌都的恐龙化石实属珍贵。

老然区月牙沟那条完整的蜥脚类巨龙，在全球的恐龙热中，仍然静卧在荒山野岭中。由于该产地有流水经过，使水流改道本身就是一个工程，加之正规发掘工作耗资巨大，费时良久，这一巨龙不能面世令发现者遗憾长存。假如未来有谁能够投资去做——当年采访时赵先生表态说，乐意奉陪，再进月牙沟。访谈之后多年间疏于联络，记挂着他后来有否再进藏，还有哪些新进展，尤其他所说的恐龙在高原生存时间为两千万年的说法，是不是当时我记错了，遂先上网查询，见到他最"晚近"的涉藏工作在2010年，"中美两国科学家共同参与的西藏恐龙化石合作考察研究项目日前正式启动"，赵喜进担任中方首席科学家。在读过有关这位"恐龙王""中国龙王"的几篇报道后，忽见"忌日"字样，触目惊心：2012年7月21日，病逝。那一时段我正在西藏野外，以致心中的悼念迟到了数月，谨以此篇表达敬意和憾意。业绩永存，网上灵堂有人贴出由他命名的恐龙新种名单，计有：

朝阳龙（*Chaoyangsaurus*）

金沙江龙（*Chinshakiangosaurus*）

大冲龙（*Dachongosaurus*）

达玛拉龙（*Damalasaurus*）

克拉美丽龙（*Klamelisaurus*）

昆明龙（*Kunmingosaurus*）

澜沧江龙（*Lancangjiangosaurus*）

健颈龙（*Megacervixosaurus*）

微齿龙（*Microdontosaurus*）

芒康龙（*Monkonosaurus*）

单脊龙（*Monolophosaurus*）

格西龙（*Ngexisaurus*）

三工河龙（*Sangonghesaurus*）

中华盗龙（*Sinraptor*）

峨山龙（*Oshanosaurus*）

宣化角龙（*Xuanhuasaurus*）

此外，他还建立和命名了马门溪龙科（*Mamenchisauridae*）。

恐龙化石出现在藏东地区，首先说明古地中海在这一地区向西退出的时间。距今大约4亿～3亿年间，海水在此地进进退退，来而复往，直到早侏罗纪彻底西退而去。恐龙是生活在淡水水域的卵生冷血动物，在此一度繁盛，皆因脱海成陆后，北起类乌齐、南至芒康，曾发育而成偌大一个古昌都湖。大面积的内陆湖泊以及湖畔森林植被生态之好，造就了恐龙的天堂；而此地恐龙提前退场，似说明白垩纪以来此地气候环境发生极大改变，地势升高，湖泊退缩，植被减少，最后的蜥脚类恐龙为采食方便计，只得使自己身体变大，活动范围扩展到20米深度水域；最终结局是湖泊干涸，恐龙绝迹。

新近的研究表明，高原北缘和东缘早在白垩纪1.2亿年前开始隆升，而那时青藏地区尚未完整，拉萨地块刚刚与羌塘地块拼合不久，藏南藏北乃至中国南北，还在隔海相望着哪！《造山的高原》揭示了隆起的奥秘：白垩纪的隆升可能与班公湖—怒江缝合带的闭合引起北缘和东缘的陆内俯冲有关，特别是东部龙门山—锦屏山的快速崛起，源自扬子板块岩石圈对于松潘甘孜地体的陆内俯冲作用。

这就解释了藏东恐龙何以提前离场的原因。离开了而非灭绝了，它们的同类在高原周边的滇、川、甘、青持续了整个族群的荣耀好光景，直至末日降临。

然而真的就此集群灭绝了吗？近年来科学界盛行一说法，并得到越来越多的证据支持：飞禽鸟类源自恐龙家族某些支系。虽说有些匪夷所思，但是希望如此，是演化更是升华，飞翔的精灵，从地面到天上，并且从人类眼光看过去，更是脱胎换骨的变丑为美。

三趾马时空

恐龙统治者离去的消息，对于原始哺乳类来说，无疑重大利好。这类弱势群体自发生发展之初，无不卑微地生活在生物圈边缘：满山遍野、大大小小的恐龙无所不在，食草类垄断了食物，食肉类更是可怕天敌。生存已属不易，进化也就缓慢，体形甚小。当它们从恐龙灭绝的同一场大灾难中走出来，发现世界已经改变，地球史进入新生代——哺乳动物时代，方以前所未有的速度向高级方向进发。现代科学已将马类演化历程悉数掌握，北美地区记录的一整套进化序列，是从5500万年前始新世早期至现代含马化石的完整堆积。由此人们得知，最初的始祖马，前脚四趾，只有狐狸般大小；过渡到三趾时，已比羊子略大；中新世时形体已如小马，虽仍为三趾，不过中趾末端出现了圆蹄，而侧趾退化，渐渐演化成现代马。然而北美大陆的早期居民还没来得及驯化使用，它们已经消失——据说其中一部分是在末次冰期最盛期，像它们的先祖安琪马、三趾马那样，通过白令陆桥扩散到欧亚大陆干草原上，直到公元前4000年，被中亚游牧民驯服成家马。据说哥伦布带去的马，是首批回归故乡的马。

三趾马是现代马祖先一旁支，1500万年前起源于北美，1200万年前扩散到欧亚大陆，50万年前灭绝于东非。这期间的三趾马是兴旺一族，属之下足有200种；且是活跃的，广泛分布在除南美、南极、澳洲之外几乎所有大陆。鉴于它的广泛性和代表性，这一时期的森

吉隆沃马晚中新世三趾马动物群生态复原图　李荣山／绘

两匹札达三趾马在开阔草原上飞驰而过
陈瑜／绘

林草原动物群被概指为“三趾马动物群”。

三趾马时代在青藏高原的存续时限，有化石为凭的至少1000万年。化石群布散高原南北，伴随着高原的抬升、生境的改变，三趾马及其动物群的面貌和成员有所不同。具代表性的化石群按时间由远及近计有：1000万年前，藏北高原东南侧比如县境内布隆盆地“西藏三趾马”，森林动物群；700万～670万年前，喜马拉雅北坡吉隆县境内“吉隆三趾马”，森林—草原动物群；485万～336万年前，藏西阿里高原札达县境内“札达三趾马”，草原动物群。晚至200万年前，诸如昆仑山口一带仍见三趾马踪迹。

1975年，古脊椎动物专家赴藏前，地质学家刘东生特意关照，你们去吉隆吧，那里可能有你们想要的东西。李吉均也说，根据地貌和地质演化，推测西藏第三纪末海拔不算高，必有喜暖的三趾马、长颈鹿、犀牛类动物生活过。

到拉萨，去藏医院，从正待加工的藏药原料中，好运气的人们一眼瞥见一枚三趾马牙齿，一经询问，当即被准确告知，“龙骨”来自藏南吉隆，藏北布隆也有。为什么直接到藏医院打探线索？来自一条中国特产的经验：化石入药。早年前辈裴文中先生正是先在药店里见到古猿化石碎片，继而循迹在广西找到了原产地。

当下直奔主题——从拉萨到吉隆，5月28日启程，沿喜马拉雅与冈底斯两大山脉之间的山路，走江孜、日喀则，过协噶尔，到达吉隆前一天，夜宿海拔4880米的马拉兵站。是夜狂风大作，气温骤降，加上强烈的高山反应，这群第一次进藏的专家们，陈万勇、黄万波，无一例外地彻夜未眠。当年我采访到计宏祥先生，他说那一晚强忍着头痛，倾听着呼啸的狂风，不由得想到，最难得来的是西藏，最想来的也是西藏——从马拉一带开始，地层出露犹如叠摞起的一页页纸张，合起来就是一部地史书，那上面记录着我们千辛万苦想要寻访、想要破译的自然密码啊!

吉隆盆地地处喜马拉雅山麓，希夏邦马峰西北方向。县城所在地宗嘎海拔4100米，山顶终年积雪，山下林海苍茫，山奇水异。一到吉隆，专家们忙不迭地扑向可能的地层，然而整整一天下来，却空手而归，这才想起求助。该县当即热情接待，并按当时惯例，连夜成立寻找化石的“三结合”领导小组——当地政府、群众和专家三结合。县委书记洛桑主持群众大会，号召提供“龙骨”地点线索，问题迎刃而解。

距县城30公里远的沃马盆地，真正“卧”了“马”。

海拔4100米荒山峡谷中，就隐匿着当年喜湿热的动物们的遗骨。发掘工作进行了9天。吉隆沃马三趾马动物化石群包括吉隆三趾马、大唇犀、短耳兔、小古长颈鹿、麂、葛氏羚羊及鬣狗等7种哺乳动物化石。这一地层同时呈现的，尚有阔叶林多种植物化石，以及棕榈的孢粉化石。

复原一幅三趾马时代图景，那可真是引人入胜的画卷——

几千万年里经历过隆升与夷平轮回的喜马拉雅，当时的高度或许仅有两三千米吧，满山遍野林木苍翠，一派亚热带风光。青山环抱中的吉隆盆地，曾为古湖，同样历经了盛与衰的几番轮回。湖光山色与森林草原连缀，犹似天然大舞台，由三趾马领衔主演。这还是一个时与空同构的四维大舞台，一个过场走了好几百万年……

吉隆古动物被冠以“喜湿热的森林—草原动物群”之名，化石所在地层年龄，当时推断大约500万年，后来有了先进测年手段，确认距今700万年，已是最后的湿热环境。其时高原的整体隆升已在进行中，这一地层的上部，再也不见了阔叶林的踪迹，世界改变了模样。

遗骨犹存，世界改变了模样。生存环境改变更甚的，还有藏北布隆盆地。继吉隆之后，古脊椎动物专家们在那曲地区比如县布隆公社境内，发掘出更老年代的三趾马。好大一个盆地，好大一个牧业社，布隆草原地处唐古拉山南侧，海拔4560米的纯牧区高寒牧场，一望无际的平展与开阔。当年的森林不复再现，目之所及是低矮稀疏的耐寒牧草，矫健的三趾马成为不可企及的远风景，眼下有笨拙而耐高寒的黑牦牛安步其上。

布隆盆地三趾马动物群生活时代早于吉隆同类，森林型，较原始，距今大约1000万年。与吉隆相比，尚有以竹叶为主食的竹鼠等，意味着曾有翠竹生长。显著不同之点还有，早些时候的藏北布隆动物种群中既有华北种也有南亚种，说明那时两大区系尚可南北交流，而晚近些的吉隆动物则皆属华北种，已与喜马拉雅南麓同期动物群面貌有异，说明其时喜马拉雅山脉已上升到一定高度，初具屏障作用，从而导致两侧的动物群朝向不同方向演化。

隔了一座喜马拉雅，以南的西瓦利克沉积层中相继发现过古猿化石，而北侧始终未见，令专家们遗憾。中科院古脊椎动物与古人类研究所，顾名思义，古人类研究是归入了自然科学范畴的。古到何时？1万年前旧石器时代都算数。所以待布隆盆地发掘完毕，这个专家团队就去捡石器了。

涉及现代人类起源地，目前国际上主流观点是非洲起源说，在中国则存在着“单一说”和“多源说”之争。一个有意思的现象：凡是从事基因研究的实验室派，均持“单一说”，而野外工作者以中科院古脊椎所为中心，多持“多源说”。参与吉隆三趾马发掘的陈万勇、黄万波，都属后者一派。对这一问题从前认识模糊，邓涛帮我澄清：若从单个物种起源来说，的确仅限于一地；目前有关现代人起源的争论，其实聚焦于是否十多万年前从非洲第二次扩散而来的问题。

与吉隆三趾马的发现差不多同时，并且距此并不很远，同属喜马拉雅，聂拉木县境内聂聂雄拉（亚汝雄拉）海拔 5000 米山口，中尼公路 63 道班处，地质地理学家张青松也发现过三趾马化石。这套地层本是 20 世纪 60 年代修建中尼公路时暴露出的天然剖面，珠峰登山科考时将之定为中更新世几十万年前的地层，并作为间冰期大暖期标准地层。张青松在观察这一地层时有些疑问，存了心细细查找化石证据。距当年修路时隔 9 年，原先的剖面不时坍塌，新的层面显露出来——好运气的张青松就这样发现了几百万年前的证据。5 年后，张青松陪同刘东生再次来到聂聂雄拉，刘先生在亲手捡到一枚三趾马牙齿的同时，欣然修正了这一地层的年代。这件事儿可能算是青藏研究中，古生物大化石较早参与判别地层年龄的一例。

昆仑山垭口盆地的三趾马地层，除以地磁测年外，同时以同位素方法 + 鱼类化石校正，证实最后的三趾马生活时代为 208 万年前，这之后此地高度上升了至少 1000 米。这一结果是包括中科院和地矿部地质科学院不同的研究团队以不同方法得出的。

中科院古脊椎动物与古人类研究所的邓涛团队，是青藏研究中少壮、新锐的一支，“60 后”的邓涛研究员主要从事晚新生代哺乳动物、陆相地层和环境演变研究，从 30 多岁起，他所主持的皆为国家级大项目。2001 年，承担国家“973”项目，率领新近纪古生物地层考察队第一次进藏，直奔布隆和吉隆两个盆地，并非简单重复发掘，是利用新的手段更加深入精细地踏勘研究，就孢粉和古地磁取样密度而言，较之前辈专家提高了 10 倍；小哺乳动物和稳定同位素研究则是前人不曾涉及的。当下正在进行中的，是中科院战略性先导科技专项课题和国家科技基础性工作专项。札达盆地以其丰富的化石遗存，成为他们的研究基地之一。

说到吉隆、布隆等地的三趾马动物群，还仅限于同一地层发现，邓涛团队在札达盆地一望无际的土林中，则是多地点、多层位、多批量发现，其生活年代从 595 万年到 336 万年前，跨度将近 260 万年。同为三趾马，生存面貌有不同，远离森林和稀树，已是干寒草原上的善跑者。这个结论来自一具骨架化石，古地磁测年为 460 万年前的这副骨架包括全部肢骨、骨盆和部分脊椎，正好提供了重建运动功能的条件。运动功能又与环境密切相关：较之森林动物，辽阔地带的食草类若不具备牦牛的力气，生存法则的首条即是速度——迅疾“快闪”，逃离追捕，诚为上上之选。另有它们的高齿冠，说明以草本植物为食。关于这一点，古动物学家有本事单凭一种名叫釉质稳定碳同位素的方法，通过牙齿化石即可证实它吃的是草而非树叶。

一个重要信号——骨架化石的出土地点海拔 4000 米，似在说明早在 400 多万年前，札达盆地可能已经达到现代高度，这同时暗示青藏高原隆升过程的不同步、不均衡。正是因了这批化石的出土，首次为札达盆地的沉积物定年提供了迄今为止最严格的时代约束。

冰期动物从这里起源

札达盆地最显著的景观是土林。土林景观在青藏高原个别地区或有存在，但体量小，堪称微地貌。只有在这里，在西部西藏，阿里地区札达县境，集中而壮观：东西长约 140 公里，南北最大宽度足有 50 公里，呈向西敞开的喇叭形。阿里人不失时机地将这一别处罕见的风水宝地，开发成旅游景区，上好的黑色路面贯通其间，沿途拣选视野开阔处筑建观景台，供游客全景式拍摄；当然也可以随意停车，把局部经典收纳于取景框。还记得 1990 年这条景观大道尚未修起，我随一群人类学家初来乍到，两台车从札达县城返回狮泉河镇，竟至于在这片土质林莽中昏了头，迷了路，转悠大半天方才走出来，恰好在高处俯瞰到夕照土林的金黄瑰丽，那观感无以言表：说它浩浩然巍巍然，本该激动人心，可是就其整体的端庄兼从容，又足以令人宁静致远。正是在那一刻，脑海中自然生成一词——“审美眩晕”，从此后每见不可言说之美，总要想到这词儿，同时感觉瞬间的恍惚。

土质的林莽层叠壁立，水平如摞，纵向如刻，厚度亦即高度整整 800 米，沉积年代为距今 610 万年至约 40 万年前。想来该湖盆曾经颠连一体，水竭而现，随之抬升，任凭风、水、阳光的长久洗礼，被时间再造，切割成任意随形的千沟万壑。从形态到肌理，从质感到色调，令初见者、再见者叹为观止。不过仅此而已，壮美而贫瘠，少见植物生长，外来人不免像我早先那样，认为此地唯具审美价值。邓涛为札达土林写照，赋诗一首：“湖退积泥沙，纹横

在札达土林，抬起披毛犀化石下山

土林为化石守着秘密，而我们为远古唤醒记忆——邓涛在札达盆地

灿若霞。断层刀刃斫，流水笔锋斜。起伏如城堡，参差似爪牙。天然图画险，深谷接高崖。”

但是邓涛却并非只看风景的人，在他眼中，这盆地好一似聚宝盆，每回前往总有惊喜在等待，值得一来再来。

札达盆地的沉积物形成年代比较“晚近”，中新世末期 600 多万年以来；大化石的发现则晚到最近几十年：1976 年青藏科考队阿里分队在此发掘出长颈鹿的下颌骨牙齿，数年后由中国地质大学发掘出三趾马头骨；另有化石碎片时见报道。2006 年，邓涛率领专业团队初入土林，短短几年时间，新发现的哺乳动物化石已达 20 余种：貉、狐、雪豹、獾、鼬、豹、鬣狗、札达三趾马、西藏披毛犀、祖鹿、岩羊、旋角羚、库羊、嵌齿象、高冠松鼠、微仓鼠、原鼢鼠、比例克模鼠、姬鼠、三裂齿兔和鼠兔，诸如此类，洋洋大观。上新世动物群面貌大致清晰，其中某些如三趾马、披毛犀已然集群灭绝，另有雪豹、岩羊等，则是现生动物的直接祖先。本来库羊—藏羚羊同在祖先之列，后在柴达木盆地发现了更早的先祖，札达库羊只是演化之链较早期一环。

重要成果之一，是得出了以披毛犀为代表的冰期动物群起源于高海拔的青藏高原的结论，从而纠正了“北极起源”假说。

冰期动物特指 260 万年前地质第四纪开端，上延至更新世末大冰期时代的动物群，以身被密而长的毛发为特征，猛犸象和披毛犀是其代表。鉴于在此之前，猛犸象化石最南在波兰的沥青湖中以木乃伊形象再现，披毛犀化石分布的最南端亦仅止于华北，最早发现的牦牛化石在贝加尔湖，藏野驴化石在阿拉斯加……由此国际学界有理由认为冰期动物起源于北极，大家并无异议，冰期动物“北极起源说”就此长期流行，及至札达盆地 370 万年前最原始披毛犀化石和某些现生耐寒动物的祖先化石出土，此说方休。

多么幸运！ 2007 年第二次开进土林，就见披毛犀化石——就在距县城最近的观景台下方，它先是将两枚牙齿暴露在外，再让专家把头骨、下颌和颈椎等等好大一堆剔出来，然后在北京的实验室里显示身家：活在 370 万年前，成年个体，前所未知的新种，其系统发育处于这一谱系的最基干即最原始位置，命名为“西藏披毛犀”。最后，让专家们得出这样的结论：在札达披毛犀生活的年代，青藏高原由于高耸的地势，先于北半球进入冰雪时代，犀类这一脉初步完成了适应演化；待 280 万年前冰期乍现，高原周边渐成宜居环境，遂举步“下山”，在边缘低地驻足生息，至少在甘肃临夏盆地、在河北泥河湾留下痕迹；继续北上者，一举扩散到欧亚大陆北部高纬度低海拔地区，与牦牛、盘羊和岩羊一起，成为中、晚更新世代表，称作猛犸象—披毛犀动物群。借助遗留各地的化石，以分子生物学即 DNA 检测手段利器，一个披毛犀传播时空呈现，如图——

西藏札达盆地发现的披毛犀化石及披毛犀的起源、分布和扩散　邓涛 / 制图
A. 西藏披毛犀新种的正型标本
B. 披毛犀在欧亚大陆的分布范围和时代

西藏披毛犀复原图　Julie Naylor / 绘

最后的披毛犀　Michael Long / 绘
披毛犀肖像并非来自推测想象，因为这一种群是在迈入全新世的门槛时
然灭绝的，与原始人群相伴共生过，所以 7 万年前它的长发形象就曾被
制在法国南部一洞穴中。尤其难得的是，西伯利亚冻土中居然完好保存
一头披毛犀，身体发肤连同胃中食物一应如昨。专家据此复原了“最后的
披毛犀”。

披毛犀这种“最成功的冰期动物”实至名归，的确像是为适应严寒而设计：长长毛发为保温，应对寒冷苔原干草原，就无须多言啦！以宽阔鼻骨和骨化的鼻中隔支撑硕大鼻腔，有利于寒冷空气中热量交换，也属常识，严寒地带的人群通常也是高鼻梁大鼻孔形象；关键在于长而侧扁的角前倾，有如特制，专用于刮开冰雪取食干草，不是独角犀是双角犀，双角不是并立是纵向排列：大而长的鼻角之后有一小巧额角。西藏披毛犀如此这般的全副武装，有效地帮助这一种群抵御了两百多万年里周而复始的冰期来袭，只是可惜了，却在不久的万年前全军覆没——1 万年前发生了什么？想必是祸不单行：温暖的间冰期到来，快速改变的生态环境已使它们感到威胁，致命一击则由刚刚进入新石器时期的狩猎人群完成——人类先民好生厉害，仅仅以手持的木石类冷兵器，就足以成为庞然大物披毛犀的终结者，包括当时生活在北方高纬度地区的野牦牛，一同被赶尽杀绝。

札达盆地可称为冰期动物的摇篮了。不仅披毛犀，还有许多我们熟悉的动物，都可以来此“祭祖”。邓涛等专家在论文《西藏札达盆地发现的最原始披毛犀揭示冰期动物群的高原起源》中指出，许多青藏高原特有种的原籍就在高原，家园即故土：

“我们的研究认为，披毛犀并非唯一起源于青藏高原的冰期动物。札达动物群的其它成员以及在青藏高原其他地点发现的哺乳动物化石已经显示，独特的青藏动物群可以追溯到晚中新世时期。岩羊（*Pseudois nayaur*）的祖先也出现在札达盆地，在随后的冰期里扩散到亚洲北部，与披毛犀的演化历史非常相似。此外，分子生物学家已经建立

雪豹祖先——布氏豹头部复原图 Mauricio Anton / 绘

起牦牛（*Bos mutus*）和盘羊（*Ovis ammon*）在青藏高原或周边山地的祖先类型与其北美的冰期动物亲戚，如美洲野牛（*Bison bison*）和加拿大盘羊（*Ovis canadensis*）之间在系统发育上的联系。与披毛犀一样具有巨大体形和厚重长毛的牦牛也被发现在更新世时期向北分布，远至西伯利亚的贝加尔湖地区。在青藏高原现生动物群的典型种类中，藏野驴在北美阿拉斯加的更新世沉积物中也有发现，藏羚羊的起源可以追溯到青藏高原北部柴达木盆地晚中新世时期的库羊（*Qurliqnoria*），雪豹的原始类型发现于札达盆地的上新世并在更新世扩散到周边地区。

“适应寒冷气候的第四纪冰期动物群的起源，原来一直在上新世和早更新世的极地苔原和干冷草原上寻找。现在我们的研究发现，实际上高高隆升的青藏高原上的严酷冬季已经为全北界，即欧亚大陆和北美晚更新世猛犸象动物群的一些成功种类提供了寒冷适应进化的最初阶段。”

这篇论文发表在美国《科学》杂志 2011 年第 333 卷第 6047 期，作者为邓涛、王晓鸣、李强等。从中可以概括，高原起源的大型动物除披毛犀外，已找到祖先化石的有藏羚羊、岩羊和雪豹；尚未找到化石，但有分子生物学证据推断其起源于青藏高原的，有牦牛、盘羊和藏野驴。

距此 3 年后，冰期动物高原起源、“走出西藏”假说又添新证：2014 年 6 月 11 日，英国《皇家学会报告 B：生物科学》在线刊发了王晓鸣等人研究论文《从第三极迁向北极：现生北极狐的喜马拉雅起源》。这个以古脊椎所新近纪小哺乳动物化石专家邱铸鼎命名的犬科新种邱氏狐，正是北极圈动物代表北极狐的早期类型！发掘地点，仍在札达盆地土林，上新世距今 500 万 ~ 300 万年沉积中。

青藏高原一向被称为“生物避难所”，“难民”包括冰期中的许多植物和动物。起源于此并坚守于此的动物们，耐受住地质第四纪大冰期考验，终在距今数十万年前完成了特化过程，成为高原特有种，所以又称“冰期动物的摇篮”。

漫长的演化之路上，绝大多数物种没能走到今天。纵观古今，凡犀类无不喜暖湿，青藏地区生活过的犀类尽皆森林草原动物：早至 1000 万年前，布隆盆地有大唇犀；比布隆再早几百万年的，伦坡拉盆地有近无角犀；3000 万 ~ 2500 万年前，临夏盆地有巨犀。同科不同属种，都是披毛犀远亲，披毛犀实属犀类大家族中的异数和另类，适应冰期严寒的成功物种，试想当初若非集体追随着冰期的脚步下了“山”，或许幸存至今也未可知呢！看看它的迁徙路线图：370 万年前札达盆地—200 多万年前临夏盆地—100 多万年前华北泥河湾—几十万年前北半球高纬地区，再也没回来，终于随着冰期结束而灭绝。相比较而言，岩羊酷爱陡峭的石山裸岩，舍此无处可去；包括岩羊在内的食草动物是雪豹的主食，所以双双留守故乡。那么牦牛呢？邓涛也有解释：很可能离开过，显然没走出太远，严寒一过又回来了。野牦牛的驯化大约完成在距今 1 万年前后，家牦牛从此成为高原先民游牧和农耕的好帮手，以及食物来源之一。驯化时间亦是分子生物学提供的。同是冰期动物，命运就此分野。

伦坡拉盆地在哪里？在比札达盆地、比布隆和吉隆盆地更荒寒之地——现今藏北高原腹地班戈县与双湖县交界处，面积大约 4000 平方公里。说是盆地，平均海拔也在 4700 米，第三纪沉积物总厚度倒有 4000 米以上，意味着沉积年代久远，所历气候环境变化，同样别如天壤。近无角犀这种喜暖湿森林动物，全世界仅在华东和西欧有化石发现，年代已经确定，距今 1600 万～1800 万年。这个时段意味着什么？全球气候背景中，两个冷事件之间的大暖期啊！其时温度高于现代 4 ℃之多，伦坡拉盆地当属亚热带—暖温带森林环境，埋藏在这里的一段犀类左肱骨远端，近无角犀未定种，是 2009 年由邓涛团队在该盆地丁青组地层采集的。同地层孢粉分析说明，森林构成以阔叶林为主，针叶林次之，海拔不很高，足够温暖。

这一孢粉分析结果，早在 1975 年就由我国最早一批孢粉学家王开发教授做了出来。伦坡拉盆地从 1950 年代起就被科学界和地质矿产部门持续关注，地层划分被一再讨论，但因缺乏植物大化石和动物化石佐证，长期以来，具体到“世”、到“统”一级归属难有定论，尤其对于丁青组时期古高程推断分歧最大，说 1000 米的，说 4500 米的，简直无法沟通，好像就为等待这段犀类肱骨出现——以近无角犀化石为突破口，邓涛团队对比它们在华东地区和西欧多地的分布空间，确认它是一种生活在常绿阔叶林中的喜暖湿森林动物，时代在 1800 万年前。综合植物叶化石和花粉资料，参照喜马拉雅南侧山脚海拔较高处现代印度犀的生存现状，再考虑到当时气温高于现代的因素，以气温直减率进行校正，最终得出这种动物在伦坡拉盆地的生境上限接近海拔 3000 米的结论。不过，由于是孤证，不足以让所有人信服，有待更多化石发现，因而对于古高程的推断，权作一家之言。

气温直减率一般为 0.6 ℃/100 米，即海拔每升高 100 米，气温降低 0.6 ℃。具体到高原地区，受山坡朝向等因素影响，有时（背阴坡）会以 0.8 ～ 0.9 ℃/100 米计。

——说到冰期，似已远离本章标题的“美好时代”，是也不是，取决于从哪个角度观察。若替已逝动物代言，无须天长地久，曾经的拥有已经足够；就人本立场而言，人之所以为人，何尝不是经历过冰期的洗礼。

又见临夏盆地

高原东北一隅，临夏盆地，是邓涛团队又一研究基地，天造地设聚宝盆，更大更富有。那儿盛产新生代3000万年以来哺乳动物化石，形同演化舞台，虽一拨拨闪亮登场又黯然谢幕，却始终生生不息，对于研究者来说，犹似享之不尽的盛筵。堪比李吉均、方小敏所建“陆地上最漂亮的磁性剖面”，邓涛所建新生代哺乳动物地层框架，以其丰度和完整，超过国内外现有已知任何地点，为世界之最。

若问这个“世界之最”如何发现，有邓涛小诗《和政》为证：

跋山涉水信难求，化石寥寥整日愁。

不意农家小院内，缤纷龙骨叠成楼。

和政县位于甘肃临夏回族自治州，青藏高原东北缘的边界线上，按照严格的地理地貌划分，和政县部分低地已在高原之外。如小诗所言，最早的化石知情者是当地人，说明具有相当的群众基础——化石入药，中医藏医一个传统，是为“龙骨”。干旱贫瘠的临夏山区，龙骨一向是百姓不多的现金收入来源之一项，开挖龙骨相沿成习，时常沿沟壁化石层深入掘进数百米，洞内分岔或连通，犹如地道战场景。现已成遗迹，是因20世纪90年代后期有了禁令，不得私挖盗采。与此同时，国家花了大价钱收购流散民间的数万件化石，建起和政古动物化石博物馆，十分气派的一号馆和二号馆。陈列标本之众之奇，令人震撼复加赞叹——谁见过谁知道，人类的眼睛错过多少。

临夏盆地富含化石的沉积层足有400平方公里范围。科学发掘起始于20世纪80年代初，邱占祥院士亲力亲为，率队多年工作在野外一线。邓涛做了邱先生的博士后，跟进在1998年，从此接班，十多年里在盆地中发掘出150多种哺乳动物的大量化石标本，按照“演员”出场先后，将各时代四大代表群落——巨犀动物群、铲齿象动物群、三趾马动物群、真马动物群，与青藏隆升、环境变化一一对应，勾勒出台前幕后双双演化图景：3000万年前，森林环境，巨犀等可在青藏地区南北自由迁徙；1200万年前，稀树草原环境，高原隆升高度已经阻挡了哺乳动物南北交流；250万年前，冰期降临，干寒环境，真马取代三趾马……旧景重现，虽死犹生，不过看起来还算“顺眼”的已是真马时代，不敢恭维的，是之前那些奇形怪状的，狰狞恐怖的，荒诞到匪夷所思的。难怪有人会说它们是造化不成功的实验品，以致被淘汰出局。这说法显然来自人类偏见，最没有资格笑话别个的恰恰是人类。须知吾辈生也晚，作为一物种，能否像它们那样动辄活过数百万上千万年，现在越发说不准了哈！

3000万～2500万年前，晚渐新世巨犀动物群。这期间临夏盆地必定森林广布，方能容纳如此巨大食量的巨犀世代生存。巨犀是地质史上个头最大的陆生哺乳动物，亚洲土著准噶尔巨犀又是其中的巨无霸，成年个体重达24吨！巨犀，副巨犀，巨獠犀，4种跑犀，又大又笨，行动迟缓，每天需要消耗多少树叶才能填饱肚子。地球上每一暖期总会让动植物朝向超大型发展，相应的，小型哺乳动物似乎担当了配角。这期间专职的猎手种类不算多，食肉类的巨翼齿兽，腿短，身手不够敏捷，捕猎技巧也很原始，正好与笨拙的猎物匹配。反倒是杂食类的巨猪好勇斗狠，它的体量较之巨犀算是小的，再小也有4吨重，脑袋既尖且小，堪称袖珍的脑颅橘子大小，之所以能够像当今狮虎那样称霸一方，全凭蛮力，足以袭击幼年巨犀，并与巨翼齿兽抗衡。专家说，巨猪无所畏惧，唯独害怕同类。

巨犀生活的时代，青藏高原经历了最初的隆升，但看来海拔不高，普遍温暖湿润，南北间可以自由往来，所以在巴基斯坦境内有同期同类巨犀化石发现。

1500万～1200万年前，中中新世铲齿象动物群。这一群体出场之前，临夏盆地及其周边，更大范围经历过干旱气候波动，巨犀动物群全部消失，一度以小型哺乳动物为主，一个过场走了好几百万年。当地球迎来又一轮适宜期，临夏盆地重回大好时光，较之上个暖期，森林更茂密，水体更丰盛，物种呈现前所未有的多样化高峰。铲齿象硕大的门齿可谓空前绝后，上颌的两支呈棍棒状，前端尖锐，疑似自卫武器；下颌的两枚如铲板，看来适合做挖掘工具，专家说是为更方便地取食水中植物，包括少量泥沙。

铲齿象之外，还有嵌齿的、轭齿的象，总之长鼻类是这一时期的优势种群。此际青藏高原的高度已经阻碍了南北之间的交流，所以高原以南印巴次大陆未见铲齿象踪影，但是东西之间仍为通衢。相比较而言身材娇小的安琪马，就是在2000万年前跨过白令海峡，从故乡北美进入亚洲，到达临夏；从欧洲远道而来的是犀类，奇角犀和西班牙犀。这个动物群的主要成员几乎全都喜食树叶，包括灵长类的上猿，全部为森林动物。吃肉的动物进化得更敏捷更有效，它们是半熊、半豺、半犬、假猫、剑齿虎、库班猪。

既然全都是森林动物，栖身其间的成员必将随同林莽的消失全都不见。1200万年前剧烈的气候变化，导致了森林景观永不复现。这一次场景转换似乎很快，大幕再度拉开，已见开阔的稀树草原，三趾马天下，而铲齿象动物群中的所有属种，竟无哪怕任何一个延续到新一轮群体中。

1200万～500万年前，晚中新世—早上新世三趾马动物群。对于三趾马，我们已经比较熟悉。这不仅因为它曾广布于中国多地，也是20世纪初期中国学者着手研究的第一个大

和政羊复原图
李荣山 / 绘

型动物化石群。青藏高原上，仅西藏境内发现有至少 3 个种，临夏盆地，10 种！三趾马系外来移民，于 1120 万年前，沿着当年安琪马踏过的白令海峡陆桥不归路，迅速扩散到亚欧大陆，在极其繁盛地度过几百万年后，也像当年安琪马那样，随着环境变化而衰落，集群灭绝彻底，连一个后代也不曾留下。而伴随着这一群体辉煌岁月的，是临夏盆地生物多样性最为丰富的时期。

美丽和政羊正是三趾马动物群中的成员，属于食草类优势种群，截至当下，从青藏高原到全世界范围，再未见过它的化石踪迹，唯临夏盆地特产，且数量巨多，保存完好。看起来端庄可人，长相更像羊，实为北美麝牛类祖先之一种，由邱占祥院士鉴定并以产地名之，还将其模式种特意命名为“步氏和政羊”，以纪念当年西北动物考察先驱、瑞典籍古脊椎动物学家博格·步林。

250 万 ~ 100 多万年前，早更新世真马动物群。第四纪冰期来临，再度移步换景：寒带干旷草原接替了温带稀树草原，真马取代了三趾马。这一时期的某些物种很幸运，至少在属一级，香火延续至今，真马即其中之一。现代马的直系祖先，侧趾退化的真马只剩下圆蹄，演化之路上还在不时修饰身材面容。埃氏马最有意思，就像它的先辈旁支安琪马、三趾马，同样是在冰期中从白令海峡陆桥飞奔而来；也像和政羊，别处未见，唯临夏盆地特产，是近年发现的新种，以法国著名马化石专家埃森曼博士的名字命名。埃氏马不仅是迄今所见最大块头的真马，还特别配备了一张加长的脸：马脸 73 厘米，2 尺 2 寸长！以现在眼光看，虽然体量较大，这张面孔还是太长，不成比例。专家解释说，面部长度与取食的植物类型有关，巨长的脸可以容纳更长的颊齿列，以便更有效地咀嚼和研磨干旱环境中少汁的硬草。邓涛还特别提及，这副长脸另有一功能，吃草和警戒两不耽误：进食时眼睛位于草丛上方，即时观察是否有来犯之敌，随时准备逃之夭夭。这一时期的敌人是谁？既多又凶更敏捷，老虎就有好几种：锯齿虎、巨颏虎、古中华虎，另有猎豹、德氏狼、硕鬣狗。

我们熟悉的披毛犀也跻身于这一群体中，不过不再是西藏披毛犀，时隔上百万年，也不再很原始。由于这一种群化石最早在华北发现，取名“泥河湾披毛犀”。披毛犀出现在哪里，说明哪里冰雪寒冷。研究古动物的专家认为当时的临夏盆地海拔较之现代为高，随着高原隆升，地层错动，盆地沉降至现在的两千米左右；距今3000万年的沉积历史在100多万年前中止，谢幕。青藏高原也在80万年前整体进入冰冻圈，高寒之地设置了更大舞台，演绎着青藏特有种特化进程中不乏艰辛与悲壮的连续剧，直到我们今日目之所见。

是严谨的科学家，也是浪漫艺术家，我注意到青藏研究专家中，前辈有文世宣，今辈有邓涛，都写律诗绝句，仿佛古生物学家皆被赋予了古典情怀。不写诗的也不乏文采，论文之外，许多人写科普文章，写游记散文，将他们所经历的、所收获的告知大众。邓涛写作出版了一部图文并茂的科普读物《追寻远古兽类的踪迹》，2014年又推出一部《西行札达——发现冰期动物的高原始祖》，充满科学发现的喜悦感和传播新知的责任感。他所在的古脊椎所，简直可以称作艺术团体了，本章将临夏盆地四大古动物群的图及注附于正文之后，略作展示。情景再现的画面是该所绘图室资深画家李荣山先生作品，创意及文字，来自新近纪古生物研究权威邱占祥院士。从动物形象到生活场景，无一不经过反复切磋修改。在此提请关注“真马动物群”那段大师小品，看是否会让你拍案叫绝。

借助临夏盆地这个天赐宝地，构造隆升和古生物研究各自结出硕果，同时成为学科交叉、相得益彰的样板，诚如邓涛所言：“在临夏盆地我们与方小敏老师是密切合作的，主要的交集交叉在于我们用化石给出时代约束，他们用古地磁定出绝对年龄；主要的相互印证在于我们依据哺乳动物判断生存环境，他们利用地球化学建立气候指标。当然，尽管大多数时候我们之间的证据和观点是互相支持的，但也有争论与交锋，这正是科学不断取得进步的必由之路。”

不同意见在哪里呢？没有明说，是采访者听出来的：在高原隆升各时段的高度方面，未必一致。邓涛认为几千万年以来青藏地区持续隆升，1500万年前达到临界高度2000米以上，从而阻隔了南北交流通道；方小敏则依据盆地沉积的若干旋回，力证高原时急时缓的间歇式阶段性隆升。其他方面尚有对个别具体问题的见解不一，导致各自所建地层框架略有不同。

——为什么总是古脊椎所，为什么总是邓涛及其团队？这么说吧，直接原因有一个：青藏研究学科众多，差不多每一专业都不乏来自国家和地方以及多所高校的研究机构多个团队

1

系列图片展示在甘肃和政古动物化石博物馆，文字说明摘引自邱占祥先生主编的专著《甘肃东乡龙担早更新世哺乳动物群》，以及发表于2007年第8期《中国国家地理》“西北科考80年”专辑，邓涛撰文《古生物：见证西北环境变迁》，绘图为李荣山等。

本章有关史前古动物图片和资料图片均由邓涛提供。

1 巨犀动物群
巨犀出生后可以活到80岁，这种长寿给了它适应环境的独特经验。比如，在干旱的生活环境中要是周围有水的话，年老的巨犀肯定知道水在哪里。巨犀在其生活的开阔草原地带具有防卫上的优势。它的最大天敌是巨翼齿兽。和巨犀比起来，巨翼齿兽显得小了一些，但是这些食肉动物也有犀牛般大小。要是没有巨犀母亲在旁边，巨翼齿兽能够轻而易举地杀死幼年巨犀，所以在幼犀被攻击的时候，巨犀妈妈会尽量把孩子放到腿中间加以保护。张宗达／绘

2

3

真马动物群

一个秋日的午后，已经隆起的青藏高原北坡布满沟壑，一条小河在山前流淌，薄薄的黄土覆盖在远处的低山上，空气中似乎还弥漫着风沙过后的尘埃气息。一群目前所知最大的马类——埃氏马正在仓皇奔跑，不幸，落在最后的一匹被凶猛的巨颏虎扑到了。远处的西瓦猎豹正在对刚刚意识到危险来临的丽牛发动袭击。德氏狼和硕鬣狗密切地注视着这两场战斗，以便随时可以从中分得一些“残羹”果腹。披毛犀倚仗着自己健壮的躯体和硬实的厚皮，对猛兽的侵袭似乎并不特别在意，依然在悠闲地饮水。同样安然的还有高冠松鼠，正在津津有味地啃食刚刚捡到的坚果。旱獭似乎警觉到了有什么可怕的事情正在身边发生。副长吻猴在远处幸灾乐祸地作壁上观。胆小的龙担日本鹿则躲在林中庆幸自己躲过了这场灾难。邱占祥 / 撰文　李荣山 / 绘图

铲齿象动物群

铲齿象是临夏盆地中新世中期（距今 1500 万～1200 万年）最有代表性的动物。铲齿象的上、下颌部都有两枚发达的门齿，上颌的门齿呈前端尖锐的圆棒状，相当于现代非洲象或亚洲象的象牙，只是铲齿象的象牙较小，也不弯曲；下颌的门齿呈宽阔扁平的板状，构成所谓的“铲板”。而现代的大象，下颌已严重退缩，下门齿完全消失了。图中的动物自左至右依次为西班牙犀、奇角犀、一群犀牛、铲齿象及象群、半豺、半犬、库班猪、安琪马。在这组动物群中，半豺、半犬、库班猪与铲齿象是死对头，其他的则相安无事。

三趾马动物群

三趾马动物群生活于温带半干旱的稀树草原，气候变化呈周期性的强烈变化。在雨量相对充沛的年份，动物群中的各种类型都会大量繁殖。食草动物通常成群活动。在极度干旱的年份，食草类动物会集群死亡，大量的动物遗骸堆积在干枯的低洼地周边。以食草动物为捕猎对象的食肉类的大量死亡比食草类滞后。图中近处自左至右分别为巨鬣狗、萨摩麟、大唇犀（无角）、额鼻角犀（有角）、一群三趾马、和政羊，其中巨鬣狗为食肉类，其余的为食草类。

参与，唯有古生物，至少在机构编制方面，拿业内行话来说，这一领域不很“发育”：中国科学院下属仅两个研究单位，北京的古脊椎动物与古人类研究所、南京的地质古生物研究所，后者还是主研海洋无脊椎的。陆地古脊椎动物只此一家，且是中科院最小单位，不过百余人；院属脊椎动物进化系统学重点实验室设在本所，从业者仍为同一群业务骨干，专业方向仍为古动物和古人类，古动物又分新近纪和古近纪。由于青藏高原隆升发生在晚新生代，邓涛团队的新近纪研究就成为主力。说是主力，其实不过区区十多人；经常与美国洛杉矶自然历史博物馆王晓鸣团队合作，最多时二十余人。好在有时会有地方人员加盟，例如临夏盆地的发掘研究，得到甘肃省、临夏州、和政县热情配合。总之仅此一家，专职专项，是其特点；目标明确，直奔主题，是其风格。当然，从事地质地理等等方面研究的专家，也会经常与化石不期而遇，那可真是意外之喜。

地质史上的新生代起始于6550万年前。以2303万年划界，之前为古近纪或称老第三纪；之后为新近纪，亦称新第三纪，包括中新世和上新世。260万年起，进入第四纪。

直接原因之外，若追溯远因，不免令人感慨。泱泱大国，化石何其丰富，但相关学科发蒙较晚，不过百年，研究者也就三几代人吧！比附他们的研究时空，仿佛迅速走过古生代和中生代，很快走进新生代。前两代人所经历的，非战乱即动乱——战乱年代，难寻安放书桌的地方，动乱年代呢，科研受阻。就像临夏盆地，早在20世纪60年代初，当地大搞农田基本建设，挖出大量化石。层层上报后，邱占祥先生前往预察，预言了此地良好的研究前景。正待放手大干时，“文革”开始，一个暂停就是一二十年。以至于到了“新生代”邓涛这里，如同积累了百年的动力和热情，集中在一代人爆发；以至于当西方为时几百年的化石发现时代已告终结，只剩下拾遗补缺时，中国的发现时代方兴未艾。

不限于发现。说“发现”似乎更多为填补空白，为建立地层框架，这一点固然没错，但只是地层生物学目标之一。目标之二，了解物种起源和进化过程，是一项多么诱人的工作，除了化石证据，不知还有什么可资凭借。自从达尔文创建了进化论，在西方从来不乏质疑声音，中国科学家没有参加讨论，一门心思只想以第一手资料去丰富完善它。目标之三，是传统古生物学在今天承担的新使命——随着全球变化的提出，随着青藏研究的深入，随着技术手段的更新，随着国际参照的增多，被强调从而凸显的，是古环境重建。

从古生物入手，生动形象地说明青藏研究的学科进展再合适不过。内容扩展、学科交叉、探索深入、精细定量，是面上考察阶段结束之后，自20世纪90年代纳入“八五”攀登计划、深化阶段的突出特点。前辈学者研究地层古生物，也需要同时恢复古环境，只是限于条件和手段，仅能大致标明其生境是森林还是草原，现在呢，则要精细刻画：森林？林地？稀树草原？若是森林，热带、温带、寒带，何种类型？阔叶、针叶或其他为主？涉及动物类型，原先笼统称植食性动物的，现在需要仔细辨别是吃树叶还是吃草，哪种类型的草，柔软的还是坚硬的，哪一温度带上的，海拔或高或低，干旱还是湿润……诸如此类，现在都有相应方法去鉴别、去还原。

所以说，技术手段的改进相当重要。如前所说，我们的专家有本事单凭一种名叫釉质稳定碳同位素的方法，通过牙齿化石即可确认它吃的是草而非树叶。还要再加一句，并且知道它吃的是什么环境中哪一类别的草。方法早在20世纪70年代就被古人类学家发现，专用于研究人类化石，判断主食稻米、粟类或其他，直到90年代方才应用于动物化石，从而使得古气候环境的精确重建成为可能。

除了学科规定的三项宏大目标，近期的目标和个人愿望呢？那就太多了——邓涛说。他想找遍高原上的沉积盆地，依据化石弄清时代，一一建起地层框架，例如伦坡拉盆地中新世地层仅有一段犀类肱骨遗存，不足以充分说明问题；需要查清高原起源的寒冷适应性动物进化历程、扩散路线，例如虽有分子生物学证实牦牛和藏野驴源自青藏，但尚无化石证据。而且藏野驴化石远在阿拉斯加更新世地层亦有发现，这种马科动物是如何在异地完成起源，又重回祖先故土的？尤其令人奇怪的是，同属野驴名下，藏野驴和蒙古野驴作为同种之下的不同亚种，不知何时，竟在进化之路上分道扬镳，时至今日，最大特点是老死不相往来：蒙不进藏，藏不进蒙，可用“风马牛不相及”形容……

引用鲁迅先生一句话：“夜正长，路也正长。”邓涛在新作《西行札达——发现冰期动物的高原始祖》后记中这样写道：“在对未知世界的科学探索中，我们仿佛就是暗夜中前行，新的发现会带来希望的曙光。我们已经发现的化石中还有大量材料等待进一步的研究，而札达盆地以及青藏高原上的其他新生代盆地还有发现哺乳动物化石及其他脊椎动物化石的巨大潜力。因此，我们不能放松，更不能懈怠，还将不断地在青藏高原上把野外考察之路无限延伸，要用更多坚实的证据来解开青藏高原隆升与生物进化和环境演变之间密切关系的无数个谜题。”

冰缘植物在这里安居

白令海峡位于亚洲最东点的杰日尼奥夫角和美洲最西点的威尔士亲王角之间，西经169°0′，北纬65°30′，宽约85公里，深度在30～50米之间，连通太平洋白令海和北冰洋楚科奇海。现在每年10月至翌年4月海面会冻结起1米多厚的冰层，冬季多暴风雪，夏季仍有浮冰。海峡水道中心线既是俄罗斯和美国的交界线，又是亚洲和北美洲的洲界线，还是日界线即国际日期变更线的通过处。

白令海峡之名来自丹麦探险家维图斯·白令，他在俄国军队任职期间于1728年首次穿过；威尔士角所在的阿拉斯加半岛，也是他在1741年发现的，后来俄国皮毛商人在此建起村落，算是最早的开发者。1867年，当沙皇以720万美元的价钱卖给美利坚时，何曾意识到这块宝地的未来身价，其实无价。

最早听说白令海峡、白令陆桥，与北美原住民印第安人祖源有关。据考古学家形象描述，旧石器时代晚期，或说距今两万年前的末次冰期最盛期，亚洲的猎人们追逐猎物途经陆桥，右手太平洋，左手北冰洋，一去不回头，岂知是单程——随着冰河时代结束，海峡重新汹涌，归路不再，索性在北美大陆安顿下来。

再次听说白令海峡、白令陆桥，与更早年代、更大规模、更多频次的动植物迁移扩散有关。据自然科学家合理描述，史上多番冰期中，每当巨量淡水封存于陆地，海平面往往下降一两百米，致使隔断欧亚与北美的天堑一变而为通途。自由往返于宽阔陆桥的，上千万年前有以三趾马为代表的森林草原动物群，从这儿奔向亚欧大陆；两三百万年前有以披毛犀为代表的冰期动物群，从这儿远行北美，所以这还是一个双向通道。地质史上有多少群体在这里熙来攘往，恐怕无论怎样努力去研究和想象，也难知其详了。

植物迁移有不同，虽不及四脚动物可以日行百里，但却具备更多传播路径和技能：经由陆桥，或借助鸟儿借助风，也可以像达尔文所说的那样漂洋过海，各自从东亚、从北美和北极圈起源的新老物种，广及植被的整体迁移，了不起的木本草本步步为营，以数十万年上百万年的大把时间，渐进式遍布了北半球；很可能是在距今2000万年以来，南下抵达30多个纬度以外，为新生的高原植被增添了新成员。当第四纪冰期的严寒来袭，高纬度地区超级大冰盖发育，植物界古北极—第三纪中心遭逢灭顶之灾，幸由喜马拉雅—横断山提供庇护所，许多物种不仅得以续命，且随新家园的急剧隆起，并非渐进式而是爆发式展开新一轮演化，终成温带和高山植物区系新的发展和分化中心。

以上所述，是中科院昆明植物所孙航研究员从事生物地理学研究的成果之一。在深入探访雅鲁藏布大峡谷10年后，2002年他在《云南植物研究》发表《北极—第三纪成分在喜马拉雅—横断山的发展及演化》，论述高原植物的高纬来源，依据还主要来自古植物学和古地史资料；争取到专题研究机会是在两年后，在国家自然科学基金重大国际合作项目和美国国家科学基金双重支持下，他作为中方主持人与美国哈佛大学植物标本馆合作"横断山区植物多样性起源和进化研究"，2004至2006年整3年，双方得以在中国川西、藏东南，在美国西北部、加州Modoc山区和落基山实地考察，采集标本和DNA材料，两相对比，白令陆桥之于横断山植物区系的形成所起到的作用，不仅在宏观地理中凸显，在微观的分子水平上也得以确认。历数其代表类群，从落叶乔木的檫木属、漆树科漆树属，到藤本植物的爬山虎，草本更多，有透骨草属、天南星科金棒芋亚科等等，皆为通过白令陆桥往来，起源地可能在东亚，也可能在北美。至于中新世两千多万年之前的早期迁移，如五加科树参属，则是从起源地扩散到欧洲，再通过北大西洋陆桥交往的。目前某些物种的间断分布格局，显示的是长距离传播的结果，例如，带有钩毛的果实，可以附着于鸟类远走高飞，钩毛茜属就是这类"乘客"。黄华族的情形就复杂得多，同为黄华属的欧亚种和北美种在系统上并不聚在一起，是多系起源的代表类群。

北美起源研究只是一个开头。古北极—第三纪是一古老区系概念，自有其时空限定，一般泛指北半球高纬地区起源演化的代表群落，包括北极圈内外和东北亚地区。中美合作项目结题，孙航主持的国家自然科学基金重点项目"青藏高原特殊生境中植物多样性的起源和进化机制的研究"还在继续，从横断山出发，考察范围广及整个青藏高原；紧跟着上马国家杰出青年科学基金项目"植物区系与地理学"，2007至2010整4年，首次对青藏高原植物区系区划进行定量分析及研究，涉及分布规律和多度中心的揭示。结果表明：青藏高原共有13726种维管植物（含变种），其中5356种（39%）为特有种；3822种分布于高山（树线以上），其中1737种为该区高山特有。属级水平上，该区域共有1738个属，其中有35属为特有分布。通过定量分析，将青藏高原划分为2个亚区：中国—喜马拉雅亚区和青藏高原亚区；4个地区：横断山—东喜马拉雅地区，青海地区，西藏地区，东帕米尔—昆仑山地区；12个亚地区：横断山南段、北段，东喜马拉雅，藏东南，青海南部、北部，雅鲁藏布，唐古特，羌塘，尼玛，东帕米尔，昆仑山。

发现青藏高原存在5个特有中心，帕米尔中心外，其余4个集中在横断山南段、北段，东喜马拉雅和藏东南。4个特有中心兼物种丰富度中心里面，尤以横断山南段的物种丰富度和特有性最高。这一地区约占横断山总面积 40%，然而若按植物种数算，却拥有横断山区物种总量的 80% 以上，堪为青藏高原植物区系的核心所在。这类成果不仅是深入研究植物多样性进化和分布格局形成机制的基础，也为青藏高原生物多样性的保护提供了重要的理论依据。

在植物区系起源、生物地理格局形成和进化机制研究中，孙航团队选取有代表性的特征类群，在属级及以上层面，为东喜马拉雅—横断山区植物区系厘清了四大源头——

南半球起源，如茄科天仙子族和茄参族。这二族于早中新世两千多万年前从南美洲起源，通过长距离传播到达欧亚大陆，分别在地中海和喜马拉雅两地进化，现今北半球分布格局中，喜马拉雅地区是一大分化中心。南美洲仍有这二族的亲属外类群存在，通过对它的核基因和叶绿体基因研究，证实该属起源地或早期分化中心，在智利。

北方高纬度起源，如龙头草属和溲疏属。龙头草属为多年生或一年生草本植物，是唇形科中十分少有的呈现东亚和北美东部间断的类群。孙航团队研究中发现，该属为北极第三纪起源，中新世晚期全球气候变冷，致使温带类群南迁，约 980 万年前，当白令陆桥不再适合龙头草属植物在洲际间相互交流后，才形成目前分布格局。溲疏属全世界约 60 种，分布于东

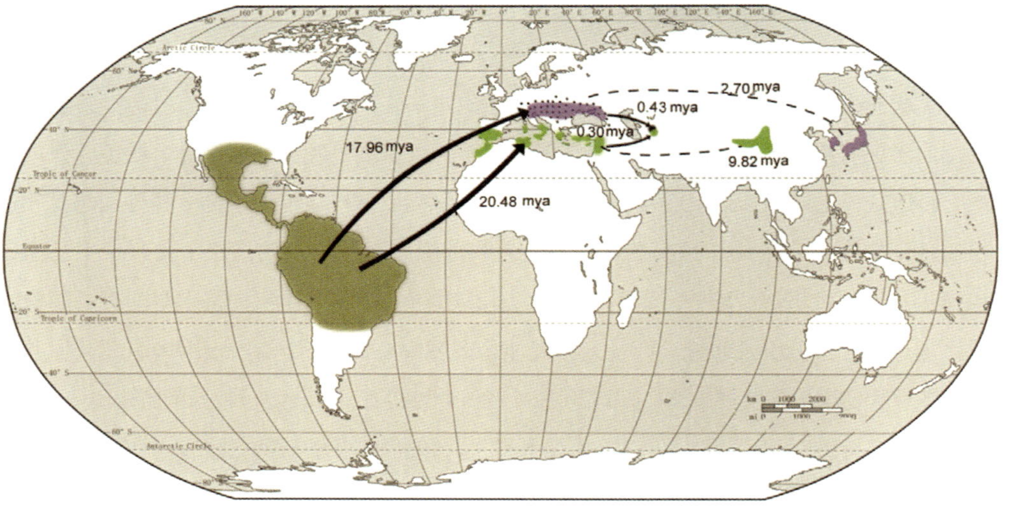

南半球起源之茄科天仙子族（Hyoscyameae）与茄参族（Mandragoreae）的生物地理历史示意图

两个类群可能均起源于新热带，而后独立地向欧亚大陆发生扩散（粗箭头所示，扩散时间分别在 2048 万与 1796 万年前）。其中天仙子族的颠茄属（Atropa，黑点所示区域）与茄参族的茄参属（Mandragora，绿色区域）还分别在近期（43 万与 30 万年前），于地中海区域内部发生了一次扩散事件（细箭头所示）；此外，天仙子族的欧莨菪属（Scopolia，紫色区域）与茄参族的茄参属（绿色区域）各发生了一次东亚—地中海隔离分化事件（虚线所示，分别发生于 270 万与 920 万年前）。

T. Tu et al./Molecular Phylogenetics and Evolution 57 (2010) 1226-1237

亚、北美东部和中美洲，但以我国青藏高原—横断山区为多样性分化中心。生物地理重建分析认为，该属东亚起源，并在渐新世迅速扩散至中美洲，中新世时扩散到中国西南及北美洲。渐新世全球气候变冷，导致东亚与中美洲隔离分化，但在中新世气温回升时，又促进了溲疏属在东亚和北美洲东部的多样性分化。青藏高原抬升及季风气候的形成，导致溲疏属在中国西南山地快速分化。百合科鹿药属广布于北半球温带地区，后在东喜马拉雅形成多样化中心。分子钟估算表明，该属大约于 800 万年前在北方起源，东亚、北美间断时间约在 168 万年左右。有可能是通过鸟类长距离传播，约在 240 万年前迁移到喜马拉雅，由此展开辐射进化。

后续研究中，确认若干大属如杜鹃属、柳属等，现今横断山虽为重要分化中心，但对其祖籍起源地的追查结果，的确是在北方高纬地区。

古地中海（含中亚）起源，如丛菔属。该属为中国—喜马拉雅特有属，经分子生物地理学研究发现，中亚和西喜马拉雅是该属早期发生的区域，起源和分化时间约在上新世距今 368 万年至 142 万年间。这项研究开展之前，丛菔属名下有 12 个种，通过形态学资料和系统学修订，孙航团队将之整合归类，成员增至 26 种，其中 4 个为横断山起源的新种。目前在横断山河谷地区还残存有不少古地中海植物区系的后裔，如中国特有科芒苞草科，特有属冬麻豆属，最近又在雅砻江河谷发现该属的另一新种雅砻江冬麻豆。另外，特有物种膀胱豆，独尾草等，也是很好的证据。

古地中海起源之大花丛菔　孙航 / 摄影

所谓古地中海，系指曾经横贯赤道的古大洋最后一期新特提斯洋阶段。进入新生代，退却消亡加速，由洋而海，沿岸植被也由原先暖湿环境向着旱生的现代地中海植物区过渡，因而现代横断山—东喜马拉雅地区现成地继承了面貌不同的两份遗产：约占 20% 的亚热带常绿阔叶林种类，是古地中海喜湿热植物的后裔；旱生植物群中，乔木以硬叶高山栎为代表，草本以丛菔为代表。名花绿绒蒿，属下 49 种，虽仅有 1 种独存于西欧个别国家潮湿林荫下，其余整体分布于中国大西南至喜马拉雅地区，然而分子系统学研究仍然揭示了该属的古地中海出身。

就地起源，如绢毛苣属等。绢毛苣属、肉菊属、合头菊属这三个属，是集中分布在高山冰缘带极端环境中的特有属。有意思的是，在对它们进行分子生物地理学、细胞地理学研究时，意外发现接二连三：其一是，发现还阳参亚族合头菊属下的康滇合头菊并非该属成员，

绢毛苣　孙航 / 摄影

黄花合头菊　孙航 / 摄影

肉菊　徐波 / 摄影

康滇假合头菊　张建文 / 摄影

而是一新属——隶属于莴苣亚族的假合头菊属，形成时间约在 669 万年前。形态貌似实为趋同进化所致。其二是，合头菊属起源于青藏高原东北部，是在 435 万年前向西南扩张过程中分化而来，属异域进化。其三是，发现绢毛苣属和肉菊属这二属在分子系统树上的一致性，进而支持将肉菊属并入绢毛苣属，差别在于所处高原腹地和高山冰缘不同环境中的急剧辐射进化。以上发现集合而为一个重要发现：经修订后的三个类群正好代表了高原植物区系进化的三种机制：假合头菊属——趋同进化；合头菊属——异域进化；绢毛菊属——辐射进化。

本地起源的种类以特有属、特有种居多，高度特化的物种大都生长在山褶谷岭间的孤绝之地，或树线以上冰缘带。由于分布非常狭窄，往往就以植物发现的产地命名，例如在云南省德钦县白马雪山发现的十字花科白马山芥属，是一个仅包含两个种的寡型属。其中之一为模式种白马山芥，另一种王氏白马芥，则出现在数百里之遥的青海省囊谦县。此外还有同为十字花科的单型属香格里拉芥属，其模式种目前仅存在于香格里拉城郊的石卡山上。可以预见，随着今后对横断山隔离生境考察的逐步增多，将会发现更多特有的本地起源物种。

2010 至 2013 年，又一个整 4 年，孙航团队在接下来的国家自然科学基金重点项目“高山冰缘带植物多样性进化适应机制及其对全球变化的响应”中，以相当精细的程度，重点研究了本地起源的标志性植物——茄科特有属马尿泡属、瑞香科狼毒属、香青属、蓝钟花属和兔耳草属。

概而言之，横断山—东喜马拉雅高山冰缘植物特别是以冰缘带为分化或分布中心的类群，其中至少 40% 为就地起源，或从邻近地区起源，其形成演化过程的突变同年轻的喜马拉雅隆升各阶段密切相关。当年吴征镒先生凭肉眼从形态学角度即做出判断，这个植物区系既丰富又年轻，现在有了分子生物学利器，可以精细地量度出年轻程度——相比被子植物、开花植物起源动辄上亿年高龄，几百万年的岁数算得上晚辈后生；并且观察到演化正当时，固然有某些类群起源后已经进入到北温带乃至北极地区，仍见某些新种还只是自顾自地忙于就地分化，未及散播开去，以至于形成一山一“特有”的“孤岛效应”：丛菔属下的中甸丛菔仅见于云南香格里拉（中甸）石卡山，大花丛菔仅见于四川乡城日照神山，艳巫岛紫堇、稻城翠雀分别为四川茂县和稻城贡嘎岭所独有……而通过对高山冰缘特有植物垫紫草、绵参、拟漏斗菜、石砾唐松草的系统进化生物地理学分析，发现即便是同类居群，由于身处不同的山峰“岛”上，遗传结构也会出现差异，表明在冰期来临时，这些类群不存在显著的种群迁移，而是就地避难。换言之，或许表明第四纪冰期的影响程度是有限的，因此，很多植物能在冰期中在此安居，这也是导致横断山植物多样性丰富而复杂的重要原因。

不过，从更古老的起源背景看，比如科级以上层面，其远祖大都指向古地中海源头，漫

青藏高原本地起源的标志性冰缘植物除绢毛菊外，尚有以下各属代表：

马尿泡　牛洋 / 摄影

（1）茄科特有属马尿泡属：源自中新世—上新世期间约 575 万年前，从中亚分布的泡囊草属分化而来，其前世为古近—新近纪残遗类群，今生则在青藏高原隆升过程中适应极端高山、高寒环境进化形成。

狼毒　牛洋 / 摄影

（2）瑞香科狼毒属：横断山区腹地起源，冰后期向青藏高原、北方草原扩张，分布高限可达高山冰缘环境。分子系统学揭示了它的身世之谜，约在 650 万年前与荛花属从共同祖先那儿分家；该属现代种下不同花色的种群起源于 210 万年前，自 114 万年前后不同花色的种群开始剧烈分化形成。狼毒草历来是制造藏纸的主要材料，因为含毒，不腐不蠹不招鼠咬，千年不朽坏，作为文字载体，参与了西藏文明进程。瑞香狼毒的祖先类型又是在西藏芒康发现的，算得上天造地设的缘分。

单头尼泊尔香青

（3）香青属：在东喜马拉雅地区拥有巨大的物种多样性，其中多个物种分布于冰缘环境，甚而在冰缘带植物群落中居于优势，如尼泊尔香青。分子系统分析表明该属早期发生在东喜马拉雅，经多期迁移传播，或在东亚，或在西喜马拉雅等地区发生辐射进化，形成今天广泛分布的地理格局。

细叶蓝钟花　牛洋 / 摄影

（4）蓝钟花属：中国喜马拉雅地区特有属，横断山区是该属的现代分布和分化中心，其最高海拔可达冰缘带环境中。生物地理分析表明，该属约在 1520 万年前起源于东喜马拉雅，而后东向传播，930 万年前，宽瓣组的祖先与本属其他成员开始分化，730 万年前，多年生组和一年生组的祖先发生分化。该属三个组分化形成时间基本同地质历史上喜马拉雅隆升的各时间段相对应，很好地印证了喜马拉雅隆升在高山植物区系形成中的作用。

革叶兔耳草　牛洋 / 摄影

（5）兔耳草属：中新世 1930 万年前起源于青藏高原，现在北温带分布，呈北极—高山分布式样，但以喜马拉雅—横断山为分布中心，种一级近半分布于横断山高山冰缘环境。分子生物地理分析表明，该属是在中新世到上新世期间产生剧烈分化的，之后向西扩散至中亚高地，北上进入北极圈，190 万年前后分化形成北极地区分布的物种。

长地质史上的演化之链的大部分，是在别处；只因适应环境变化的缘故，耐高寒新物种才会应运而生。若问孙航团队为何多年来致力于横断山—东喜马拉雅植物群的追本溯源，一方面是因重建生物区系本为生物地理学任务之一，另一方面，客观上也具有了针对性，涉及一度成为热点的“横断山起源论”探讨，作为植物界的“国家队”，似有必要予以关注置评。

自从吴征镒先生1975年亲临大峡谷，李渤生、孙航分别率队于20世纪八九十年代进行越冬考察，随着雅鲁藏布江大拐弯峡谷知名度日隆，正如吴老当年所言：全世界植物学家的眼睛都盯着这里。相关研究及论文多起来，基于横断山—大峡谷物种之丰富，类群之复杂，不少研究者认为其中许多大属的起源地可能就在本地。例如杜鹃属，以横断山为中心，西延至东喜马拉雅，是世界最大分布中心，目前统计在册的总共351种；其次的分布中心在马来西亚和印度尼西亚为核心的热带亚洲，291种。还有槭属，这一北半球落叶阔叶林现存最大的属，全世界200种，半数以上在东亚，中国最集中，100种；横断山58种，其中27个特有种。然而研究表明，无论杜鹃还是槭属，或是柳属，桦木属，桤木属……这类种数巨多的大属望族，既非本地起源，甚至鲜见中国起源——化石证据不支持，基因测序不支持，古气候环境变化研究也给出了中国作为生物多样性大国，何以未能扮演起源地角色的根本原因所在：且不论被子植物形成时代，大部中国尚在海平面之下，及至开花植物遍布暖湿古北极的第三纪早期，大部中国还处在行星风系主控下的干旱环境，两千多万年前开始的中新世，刚刚完成向季风风系主控的湿润环境转型。出于相同原因，也可以理解中新世之前，许多物种的古老源头何以大都指向古地中海，而无论东亚起源的还是北美起源的物种，都需要绕道欧洲方才抵达青藏地区。

20世纪五六十年代自欧美风生水起，八九十年代在中国呼啸而至，到今天地球人皆知DNA，分子生物学跑步入场，最先受到冲击的是经典分类学家及其知识体系。新方法新手段吸引了满世界的植物学家扎堆在高级实验室，埋首于显微镜与计算机之间。当单凭现有标本进行基因测序即可确定新物种，耗时费力的野外考察发现，需要一个人数十年感性认识和经验积累的经典分类学，被骤然冷落，致使传统的分类学家反倒成为“濒危物种”。然而形成鲜明反差的是，历时数百年采集和命名的物种总数，据估计仅占自然界的6%，许多物种在人类尚未认识之前就已经和正在消亡。有鉴于此，西方学界早在1995年就开始启动“提高分类学专门技术合作”（PEET）计划以扶“危”济“困”，依然难挽传统分类学颓势。中国现代科学百年史太短，传统分类学领域还在补课呢，陡然面临求新求变潮流，也不得不随波逐流，致使国家自然科学基金于2002年起开设经典生物学分类倾斜专项，就很说明问题。当然了，让坚守者们深感来自国家层面的鼓舞和激励的，比一般的倡导更管用的，莫过于

2007年分类学大师吴征镒院士荣膺国家最高科技奖，2009年分类学经典专著《中国植物志》获得中国自然科学一等奖，整个中国植物学界因之光荣。

《中国植物志》编写工作是在1934年由中国植物学前辈胡先骕首先提出的，至2004年完成出版，先后有数百位专家参与，编研时间超过半个世纪。这是一部全面总结中国植物系统分类的巨著，记载了3万多种植物的科学名称、形态特征、生态环境、地理分布、经济用途和物候期等，相当于中国植物的户口册和信息库。吴征镒先生长期参与领导该著编纂，并完成了全套著作2/3以上的编研任务。

在传统向现代转型的当口，“60后”孙航、周浙昆这一代学子博士生逢其时，同样是植物分类学，同样是生物地理研究，面对冲击和挑战，不仅没看出有何困扰，恰恰相反，欣然接纳的同时，从方法到手段，无分新老，一切为我所用，从而相得益彰：走向野外，是观察采集，是形态描述和表征图解；走进实验室，是基因图谱，是染色体分子钟。以“高山冰缘带植物多样性进化适应机制及其对全球变化的响应”课题为例，研究内容集中在宏观和微观有机结合的三个方面：冰缘植物区系及其起源和进化、新种系形成机制、植物繁殖系统和生态适应机制，涉及植物区系分析、分类学、结构植物学、细胞学、繁殖生物学、生态学、分子生物地理学、谱系地理学和种群遗传学等等，传统与现代在这里不再泾渭分明，而是同构助其飞翔的两个翅膀。

高山冰缘带是指高山带上部生态系统向冰雪带的过渡地段，冰缘带植物区系在高山垂直带谱中位居最高，是高山隆起后适应极端严酷环境的产物，以多年生草本植物为主体，具备抗低温、干旱、贫瘠、强风和高紫外线等超强能力。分布高度取决于所在山峰冰川和雪线的高低，一般在树线以上，甚至高山灌丛以上，海拔4000 ~ 5200米之间。某些低纬高山并无永久冰雪，经冷冻风化的流石滩上，以贫瘠土壤养活的稀疏植被，也被归入此类生境。总之在乔木灌木无法立足之处，只有这一貌似渺小卑微的植物群体顽强生存。

科学研究重在积累。自从踏上高原，孙航就开始留意高山冰缘带的花花草草，利用每一课题之机调查采集，借助前辈们所积累的馆藏标本和最新文献，到“高山冰缘带植物多样性进化适应机制及其对全球变化的响应”结题时，一部特别的成果问世——《横断山高山冰缘带种子植物》出版。与其说是学术专著，更像是回馈社会的科普 + 艺术的展示，是科学的更是美学的，足以引领我们的目光和心抵达，领略极端环境中的绝色美景，礼赞极限生存下的生命奇迹。且看冰缘植物多样化生存及繁殖策略——

“温室结构”代表毡毛雪莲。毡毛雪莲演化出特有的半透明膜质苞片包裹头状花序。实验中以对照组和（去除苞片的）处理组进行热力学特性和生态学适应研究。结果表明，这一特别装备具有多重复合功能：其一是聚热增温，加速发育，可使花序温度平均高出外界 2 ~ 5 ℃，辐照强度最大值时，可达 10 ℃以上。头状花序的直径、高度及种子千粒重等分别提高了 30%、20% 和 10%。其二是防护功能，防止高强紫外辐照损伤，保护植物繁殖成功，半透明膜质苞片被证实对于紫外线有良好的反射和吸收作用。

“棉毛结构”代表雪兔子。横断山—喜马拉雅高山特有种水母雪兔子身被厚实棉毛。通过连续三年的野外观察和实验数据采集和分析，发现高度特化的棉毛结构除了聚热和保温作用外，“缓冲”作用也很重要：被毛反射强光并调节温度，避免植物繁殖器官被阳光直射或温度过高而灼伤；当暴雨来袭，长而厚的棉毛也是很好的防护层。

“贝壳状结构”代表绵参。绵参作为高山冰缘带特有植物，多毛的结构和重叠的叶片兼有高山“棉毛结构”和“温室结构”之功能，额外之处在于叶片相互重叠，呈椭圆形且内凹，就像“贝壳”一样包裹着花和果。叶片表皮毛具有低的水滴黏滞度和高的水滴接触角，可以起到防水作用；被毛的凹形结构能减少光反射，吸收更多太阳辐射，有助于提高光合作用；重叠的叶片、多毛的花冠和花萼能够为花和果实的发育提供温室微环境，促进花粉和种子发育。绵参由此在一定程度上化解了冰缘带环境的不利因素。

“垫状结构”代表团状福禄草。团状福禄草是中国—喜马拉雅高山冰缘带内特有的垫状物种。与前述单打独斗的各物种不同，所谓垫状，表现在成片扎堆、盘根错节、密实簇生，合力应对严酷环境的集群效应。与下方森林中各物种内部和物种之间的激烈竞争乃至相互排斥关系不同，艰难求存之地，遵循的是另一套自然法则，垫状植物在其中扮演了江湖好汉“带头大

“温室结构”代表毡毛雪莲　孙航 / 摄影

“棉毛结构”代表槲叶雪兔子　牛洋 / 摄影

“贝壳状结构”代表绵参　牛洋 / 摄影

“垫状结构”代表团状福禄草及其表面着生的其他植物种类　杨扬 / 摄影

“保护伞结构”代表塔黄　牛洋 / 摄影

哥”角色，团结带领一众兄弟物种抱团取暖，共生共荣。

“保护伞结构”。许多高山植物具有下垂花序，钟花垂头菊下垂的花序苞片能够有效避免高山上不可预测的降雨对花粉的冲刷损伤，同时避免强烈的紫外辐射损伤，保证了花粉活力，进而提高繁殖成效。而铃铛子花期花序下垂，虽然同样为避免花粉损伤，但在果期花序上举，则可以截留储存雨水，以便维持种子发育微环境温湿度的稳定性。

蓼科大黄属的塔黄，进入繁殖期后，顶端叶片变态为半透明的乳黄色苞片，覆盖在整个头状花序外面并持续保留至果实成熟，既是典型的温室结构植物，可增加内部花序的温度8～10℃，促进花粉萌发，又充当了“保护伞”角色：晴天像“太阳伞”，保护花粉不受高山强紫外辐射的损伤，雨天像“雨伞”，保护花粉免遭雨水直接冲刷，并在果期为种子发育提供安全环境。尽管塔黄发育苞片需要投入大量资源，但是显然值得——实验发现，人为将部分个体的苞片去除后，其繁殖成功率显著低于有苞片的个体。

冰缘环境除了低温、多雨、强辐射外，高山植物还面临传粉昆虫种类少和活动能力弱的限制，塔黄通过与一种双翅目的迟眼蕈蚊建立互利共生关系以确保传粉成功：作为传粉的报酬，塔黄允许这种蚊虫借用部分花的子房，充当迟眼蕈蚊“育婴室”，通过苞片增温促进幼虫发育，并以种子喂养幼虫，形成“你为我传粉，我为你育儿”双赢模式。

另有“隐蔽色植物”囊距紫堇。囊距紫堇仅仅分布在高山冰缘流石滩，叶子颜色特化成与流石滩极为相似的背景颜色。研究发现之所以如此伪装，就为避免被爱吃草叶的蝶类幼虫啃食，因为每一片叶子都宝贵。这是在冰缘带首次发现并被证实的植物隐蔽色适应机制。

《横断山高山冰缘带种子植物》，徐波、李志敏、孙航著，科学出版社，2014年1月出版。本书共收载横断山高山冰缘带种子植物48科、168属，942种（含种以下单位），并附有植物分布图167幅，植物照片779张。每个分类群涵盖中文名、拉丁学名、重要的异名、生活型、花色、花果期、染色体数目、海拔范围、生境、分布地点、凭证标本、分布图及参考文献等信息。是对前人及当代相关研究成果的阶段性总结，兼具科研、科普、审美及应用研究等多重价值。

大众读者也分不同层面，对于求知者来说，是很棒的工具书，即使单纯欣赏，从中猎奇，也满足了期待——本应为生命禁区的高寒冰缘带，竟然开出如此稀罕的花朵啊！当我把该项目结题报告对照着画册阅读，不禁为之点赞“了不起”！为生存竭尽所能，为繁衍千方百计，说到底，个顶个都是身怀绝技的高手，环境适应的成功者。感谢科学家对于多样化生存及繁殖策略的解读，看得出高效和节省是其突出特征：无论结构形态是温室的棉毛的，是保护伞状的还是垫状的，在冰缘带极短的生长期里，无不高效利用外部资源，努力节省自身资源，以高度特化的姿态适应，以非凡创造力经营，历尽艰辛去维系一个生命周期的同时，最终完成基因传递和种群延续的使命。

以高山冰缘带高度特化的垫状植物为例，研究集中在“肥岛效应”和“护理作用”等方面。“肥岛效应”是指垫状植物对于生境内小气候、土壤水分及土壤理化性质的改善改良；“护理作用”或曰“苗床作用”是指对其他植物种类提供了庇护场所，属于物种间协作机制研究。结果很明显，海拔梯度越高，凝聚力越强：海拔 4500 米高度，团状福禄草吸引来 3 种植物；到 4700 米，则有 14 种植物显示出与之正向的着生关系。

不同的垫状植物有不一样的呵护对象。以团状福禄草和同为垫状结构的关节萎陵菜做比较，分布生境内各有 13 种和 19 种植物种类分属这两大集团。在提升生态系统内植物物种丰富度方面，团状福禄草垫状结构可提升 12%，而关节萎陵菜则可达到 20%。进一步对植物内部小生境和周围裸地生境环境和气候因子的连续监测显示，找到了原因：不同垫状植物对于裸地土壤中的钾和磷等元素方面的改造作用有差异。

由点到面，在横断山范围内从南北到东西，更大尺度范围内，对于垫状植物护理作用的研究共选择 13 个优势群落，包括垫紫草、雅江点地梅、簇生柔子草、密生福禄草、澜沧雪灵芝等，测定其垫状结构表面及周围裸地植物群落的物种丰富度、多样性和地面生物量，并与植物原生地温度和水分等环境因子间关系进行联合分析，结果无一例外：所有垫状植物种类均对高山流石滩生境内植物群落起到正面好作用，物种丰富度和多样性皆有显著提升，且垫状结构表面植物群落生物量显著高于周围裸地，从而证实了这一特化结构对于高山冰缘带

南省德钦县白马雪山流石滩　牛洋 / 摄影

云南省香格里拉市大雪山高山流石滩　牛洋 / 摄影

生态系统内物种构成和多样性状况的改造作用，是极端高海拔植物群落内的关键成分；协作机制构建了高山冰缘带生境内占绝对优势的种间关系。

在关注横断山区高山的同时，孙航团队也对其底部植物区系开展了系统研究，不期然发现一个重要现象：许多物种如滇榄仁、皱叶醉鱼草、冬麻豆等分化过程的时间节点，竟然同所在地河流水系的演化事件相关：它们的遗传结构与现代的水系不相符合，而是同古河流水系相对应。联系到地学界长期存在的一种观点，认为在地质历史上，西南的怒江、澜沧江、金沙江、雅砻江、大渡河甚至雅鲁藏布江等河流，都曾经是古红河的支流，原本向南流入太平洋，随着地质历史的变迁以及河流袭夺等作用，水系重组，最终形成了今天怒江、澜沧江以及金沙江各奔前程的格局。由水系变迁，解释了这类物种遗传的分化，而遗传分化又反过来为横断山区河流水系的演化提供了生物学证据。

极端环境，极限生存，貌似卑微中可见伟大，千娇百媚里不乏悲壮。《横断山高山冰缘带种子植物》封面，以云雾掩映的冰雪岩山为背景，衬托着簇生的粉红花朵格外娇艳生动，是丛菔属下之一种，可见从作者到编者的钟爱。同年出版的还有另一本画册，邓涛著《西行札达——发现冰期动物的高原始祖》，以封面点题，雪野上孤独伫立的披毛犀。承蒙孙航和邓涛相赠，如此美丽的生命之书，让我看到科学和艺术、研究者和被研究对象，一体两面，都很美好。多年前读到科学人文作家斯蒂芬·古尔德在《自达尔文以来》中的一段话，就是这么说的：“科学并不是无情地探讨客观信息。科学是一种创造性的人类活动，天才的科学家更像艺术家，而不是信息的拥有者。”同时想到的还有人类学家列维－斯特劳斯在《忧郁的热带》写到的，人类并不是单独存在于宇宙之中，“我们这个种属可以短暂地中断其蚁窝似的活动，思考一下其存在的本质以及继续存在的本质，在思想界限之下，在社会之外之上；对一块比任何人类的创造物都远为漂亮的矿石沉思一段时间；去闻一闻一朵水仙花的深处所散发出来的味道，其香味所隐藏的学问比我们所有书本全部加起来还多……”

附录 当代植物学专业方向——以孙航团队为例

借助孙航团队主要成员及分工，可以一窥当前植物学研究各专业方向：

孙航，项目主持，设计选题和流石滩植物区系研究、分子系统学及分子生物地理学研究

杨永平，高山植物繁殖系统及分子系统学研究

聂泽龙，重要类群的分子系统及分子生物地理学研究

乐霁培，冰缘带植物的谱系地理学研究，负责野外实验样品采集和薄弱地区调查。

张永洪，瑞香狼毒的分子系统学和谱系地理学研究

张体操，植物谱系地理学及其实验研究

张建文，高山流石滩特有类群分子生物地理学研究，及其他相关分子实验。

杨扬，高山流石滩毡毛雪莲功能生态及垫状植物的“肥岛效应”研究

李志敏，高山流石滩繁殖生物学及细胞地理学研究

查宏光，分子生物学实验指导及部分分子生物地理学研究

张大才，物种分布格局及丰富度的研究

牛洋，高山冰缘植物生态适应机制的研究

宋波，高山冰缘植物协同进化机制的研究

陈建国，高山冰缘垫状植物生物学研究

徐波，高山冰缘植物区系的研究

邓涛，重要类群分子生物地理学研究

周卓，分子生物地理学研究

罗冬，重要类群的谱系生物地理学研究

彭德力，高山冰缘植物繁殖系统学研究

涂铁要，重要类群分子生物地理学研究

李国栋，兔耳草属分子生物地理学研究

孟盈，重要类群分子生物地理学研究

陈家辉，柳属的分子系统学研究

岳亮亮，谱系地理学研究

陈高，细胞地理学及谱系地理学研究

宋敏舒，分子生物学实验等

2006 年中美（哈佛大学）横断山区植物学联合考察，西藏昌都合影

2006 年横断山区野外植物学考察

2006 年中美（哈佛大学）横断山区植物学联合考察，在乡城日照神山，右一为孙航

2005 年中美（哈佛大学）横断山区植物学联合考察，哈巴雪山出发时

本节照片和图件均由孙航团队杨扬整理提供

影像和文字的科普作品常用一句“欢迎来到某时代”，引领人们虚拟进入。借助这一句式，当下我们将要登临冰雪世界——对此作者早就想好了，存了心要把冰川及冰芯这一章以略长篇幅，借取业内事迹，普及相关知识，让更多人惊奇。因为就在不很久以前，几十年前，冰川还算一“生词”，统称雪山或冰雪。试举一例：1975 年珠峰登山科考期间，就连随队记者乍听冰川生成原理，也会惊奇于“冰川居然是由雪变成的”！再举一例：当年成都山地所专家向地方部门谈及贡嘎山海螺沟科学内涵，建议开发以实现科普和旅游双重价值时，听者还在发问“冰川是什么”。至于“冰芯”一词，出现更晚，不仅大众知之不多，我注意到近年新版的中文辞海词典，尚未来得及补收这一词条，电脑字库里也不见这一词组，文科的翻译人员面对前所未见的新单词下笔踌躇，每见“冰蕊”“冰核”“冰心”之译。就在不久前，有专家在西藏大学举办冰川学讲座，学生提问的第一个问题即是雪山和冰川的区别……凡此种种，无不说明冰川相距日常生活很远。及至人们普遍得知冰川的存在和宝贵，却是伴随着坏消息及其预警告急一同到来的：气温升高，冰川融化，一系列灾难性后果势必接踵而至。南北极如是，青藏高原亦如是。

十几年前最初采访冰川学界，就见已开始消融大于积累的进程，不过听说高原中部北部若干大型冰川相对稳定，心想也许不至于太糟糕，因为我还记得上世纪 70 年代，拉萨的冬天有多冷，风沙有多大，报载外国科学家惊呼“小冰河时代”来临，可是后来的天气趋势却朝着相反方向发展，心想变暖好啊，变暖总比变冷好过，尤其在西藏这样的高海拔地区。然而正是从那时起，冰川融化呈现出愈演愈烈之势，这对于冰芯研究而言无疑巨大挑战，犹如与自然界变暖速度赛跑。本章拟将这一冰雪世界打开，以“登峰造极”为标题——峰是青藏山地的冰峰雪岭，极是地球高极的第三极，亦指冰芯研究所居全球变化科学前沿高端之“位极”。就作者心情而言，虽说对本书所涉所有学科的工作者全都敬佩有加，但对于勇敢攀登六七千米高度观测冰川、钻取冰芯的人，高举远慕的程度，恐怕也是“登峰造极”了的。

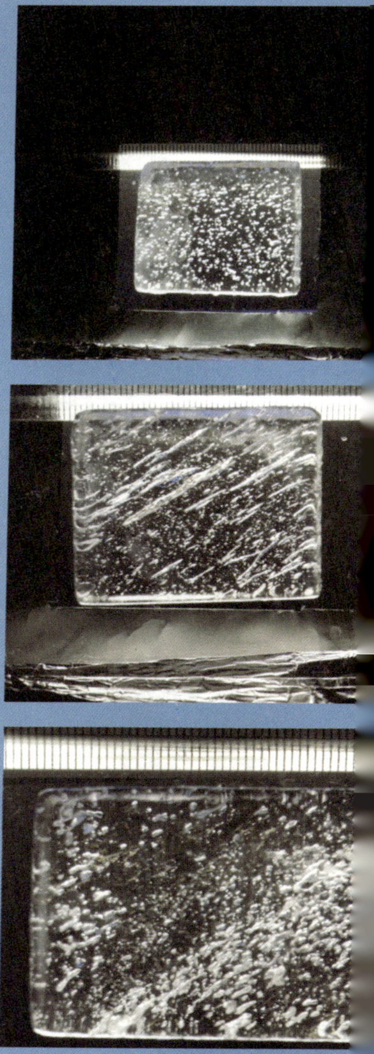

冰芯中的气泡，封存住冰川形成时的空气。随着冰川流动，可见气泡已被拉伸　徐柏青、郭治龙／供图

第12章 “登峰造极”冰芯人

冰芯：电子显微镜下的大千世界

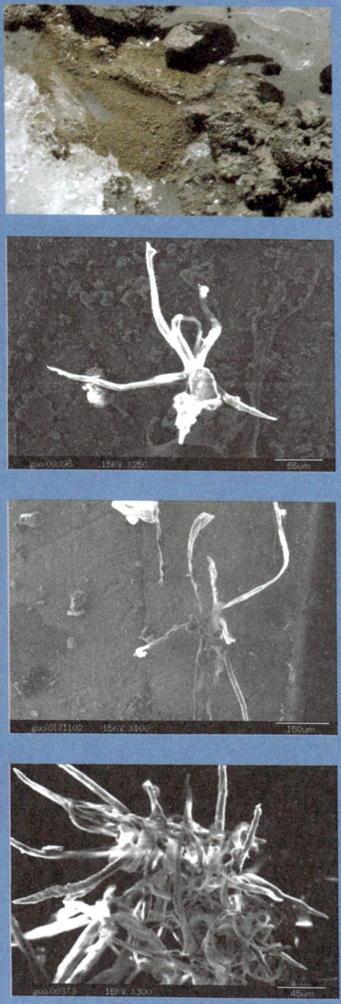

冰芯中的藻类 郭治龙 / 供图

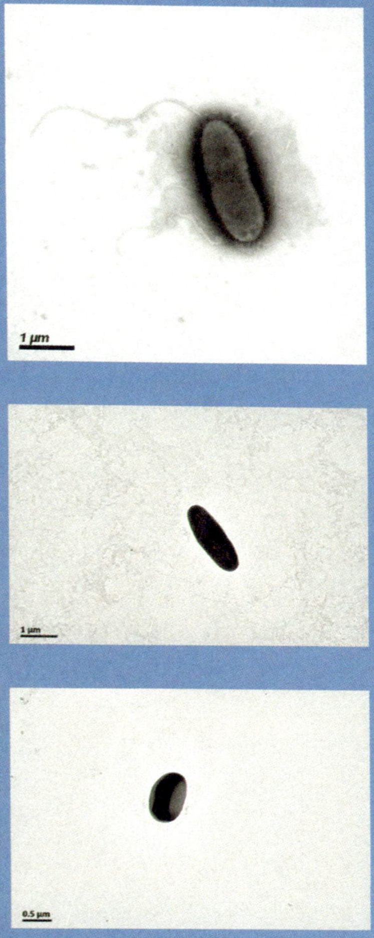

冰芯中的细菌个体，虽渺小到以微米计，但是每一细菌的DNA序列“ATTGAACGCTGGCGGCAT……”可达700多个字母组合 刘勇勤 / 供图

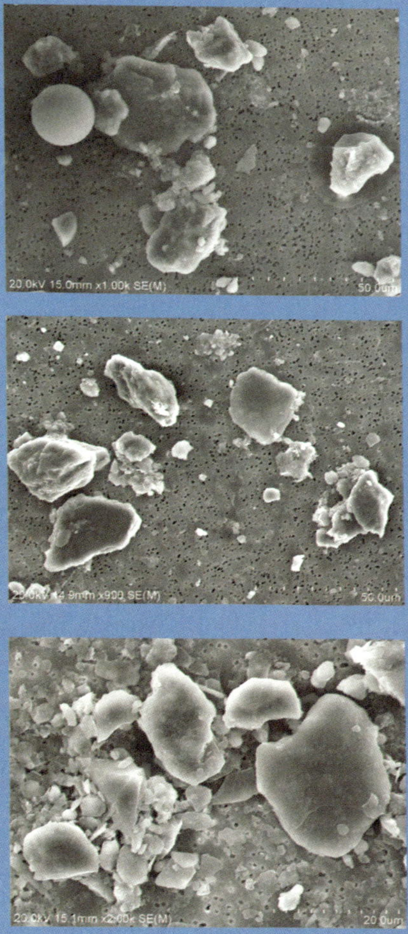

冰芯中的粉尘，含有岩石细屑及孢粉等 邬光剑 / 供图

《冰冻圈科学辞典》"冰芯"：利用冰钻在冰川上自上而下连续逐段取出的圆柱状冰雪样品。在我国，冰芯曾被称作冰岩芯。

冰芯作为气候环境信息的载体，具有保真性强、信息量大、分辨率高、时间尺度长等优点。冰芯中可能获得三大类型的记录：首先是冰本身（同位素组成、冰晶结构）；第二类为冰晶内部捕获的固体物质和可溶性化学组分；第三类为冰内气泡中包裹的气体。通过上述三类冰芯记录，可恢复和重建许多气候和环境信息。冰芯研究主要围绕温度、降水、大气成分含量与同位素组成及其变化、大气气溶胶、生物地球化学循环、火山活动、宇宙事件、超新星爆炸、生物活动与植被演化、冰结构与气候变化等内容开展，研究成果不仅极大地丰富了气候环境变化的研究内容，而且革新了关于地球系统演化及其机制的重要观点。随着分析测试技术及科学认知水平的提高，越来越多的研究内容将在冰芯中开展，冰芯研究逐步发展成为一门综合交叉的前沿研究学科。（姚檀栋）

《冰冻圈科学辞典》"冰冻圈"：地球表层连续分布并具有一定厚度的负温层，亦称冰雪圈、冰圈或冷圈。冰冻圈内的水体处于自然冻结状态。自然界的地表水和其他物质混合而成的冻结体也属于冰冻圈的范畴。冰冻圈的组成包括冰川、河冰、湖冰、积雪、冰架、冰山、海冰，以及多年冻土和季节冻土。大气圈内的雪花、冰晶、冰雹、霰等固体水也是冰冻圈的组成部分。作为独立圈层，它是地球气候系统五大圈层的组成成分之一，在地球科学和生产实践中有特殊的地位。

"冰冻圈科学"：主要研究冰冻圈各组成要素的形成、发育、演化规律，以及各要素之间相互作用的过程；研究冰冻圈各要素和整体与气候系统其他圈层（大气圈、水圈、岩石圈和生物圈）之间相互作用、转化和影响；研究冰冻圈与经济社会可持续发展之间的关系，特别是全球和区域冰冻圈变化的适应、减缓和对策研究，已成为冰冻圈科学研究的新内容。中国科学院在2007年4月建立了"冰冻圈科学国家重点实验室"，成为国际上第一个以"冰冻圈科学"冠名的科学研究机构。将冰冻圈视为一个整体，通过多学科交叉、多手段集成、新技术应用开展冰冻圈多要素综合研究是当前冰冻圈科学发展的总体趋势。（秦大河、王亚伟）

冰川学—冰芯研究的前世今生

“天地玄黄，宇宙洪荒”，地球演化至今40多亿年里，还有什么没经历过呢！当气体尘埃云固化而为球状物，据说童年期曾为炼狱般的“火球”，之后冷却，成为裸岩和金属的“石球”，随着陆地渐渐聚拢，充当过“水球”，超级大陆时期更像是“沙漠地球”……这一过程中“冰雪地球”不止一次出现，最严峻一次据称发生在六七亿年前的新元古代：上亿年间，从陆地到海洋，大部冰封，巨厚冰川延伸到赤道海洋，全球海平面因此下降数百米之巨，气温呢，较今降低一二十度之多！即便第四纪冰期鼎盛时段，北美和欧洲一度雪藏于几千米厚度的大冰盖之下，想来也是无法与之比拟的。

周而复始的冰期酷寒中，生命演化之钟貌似停摆，实则未必，实则可能正相反——正是由于冰期来去，犹似洗礼，方才使得地球生命一回回重新洗牌，人类最终得以脱颖而出。总之今天我们所拥有的冰期知识，全拜冰川学所赐。冰川学家依据地表上的残存遗迹探讨了历次冰期的时段和规模，用去百余年时间——地球科学诸学科中，冰川学发轫较晚，是从19世纪中叶，瑞士科学家阿伽西着手测量阿尔卑斯冰川运动起算的。这门新学科最初的研究对象，包括高山冰川、岛屿冰川以及地史冰期问题。历经一个多世纪发展成长，广义的冰川学内容丰富起来，除研究冰川—冰盖的形成、特征、变化、作用过程外，地表积雪、雪崩、风吹雪、季节结冰、海冰、河冰、湖冰、地下冰等一切冰体，尽皆纳入视野。尤其对于地球演化史中若干冰期的认定，创造了该学科辉煌，一度令地学界仰视。

冰期划分同样始自阿尔卑斯山。德国学者彭克考察了阿尔卑斯的冰碛遗迹，将地质第四纪划分出4个冰期。虽则仅有先后顺序，无法确定年代，但在深海钻探成果出现之前，它在相当长的时期里作为经典坐标，是唯一参照系。20世纪六七十年代中国科学家希夏邦马、珠穆朗玛考察中，对于古冰川沉积物仍然以此为标准寻找对应，属于明德期呢，还是玉木期。

然而正当此时，冰川学经典理论遭遇强大冲击。20世纪60年代末，深海钻探计划开始实施，不用太久，一项为古环境科学带来重大突破、堪与其时地学革命比肩的建树就将破茧而出——气候演变的轨道周期、地球环境突变事件，包括第四纪的冷暖旋回，均可从大洋岩芯中读取，一举而为古气候环境变化标准柱。冰川沉积和深海沉积，一个定性，一个定量；一个模糊，一个清晰。如此一来，高下立现。有人比较二者说：前者像在黑板上写字，擦了再写，此前的不留痕迹；后者像在墙上刷漆，一层一层，可以剥离分析。理所当然地，经典冰期理论风光不再，国际冰川学一度冷寂。

为这门学科提供了危中之“机”、从而成功突围的，若说端赖一台仪器，一个人，一个想法，一个由好奇心和想象力驱动的尝试，并未言过其实——冰芯研究手段发现之偶然，与地学革命之传奇好有一比，共同特点是由技术推动，最奇处要数均与军事行为沾点边儿。说十分偶然也不尽然，正好可以用“冰冻三尺非一日之寒”形容：重大突破之前，必是有意无意间具足了条件，做足了功课，只待契机或灵感乍现。捋一捋这部“发现”史来龙去脉，可见寻常中之不寻常——追溯远因，要说到机械钻的发明使用，有人在阿尔卑斯、在极地冰盖打钻取冰，虽则仍为测量冰川厚度，探察冰雪层位和晶粒尺寸、密度及气泡等等常规物理参数，毕竟有了冰芯概念及其提取技术。把冰芯与古气候联系起来的这台仪器，名叫同位素质谱仪，早年被物理学家研发出来，应用于微观世界中子、质子分析，按说本与地学无涉；那个名叫丹斯噶德（W. Dansgaard）的丹麦气象学家，本来也非冰川学家，是研究降水方面的地球化学循环的专家——该专业听起来有点儿“形而上”，水循环涉及降水时的气温，水汽来源，以及降水云系发展史等等。丹先生了解到质谱仪的工作原理，突发奇想，可否用它测出降水样中的同位素数值呢?

一试之下，果如其愿：北半球降水样中的稳定氧同位素呈现出暖时高、冷时低的规律，似可准确指示温度效应和降水量效应，算得上一个重要发现!

并未到此为止，而是得寸进尺：既然可以说明现代降水过程温度效应，可否用它来测试“从前”的降水样，以了解过去冷暖变化呢?

事有凑巧，有人正在格陵兰大冰盖施工，沉埋了不知几多万年的冰层被掀开。破冰者并非学者为科研，是军人为备战——“二战”后的世界格局最大特点，不消说，冷战，西方与苏联对峙，暗中较着劲儿。有了这一契机，丹斯噶德先生得以讨来深层老冰做实验。

据说当他见到质谱仪判读结果，却被吓到了。

首先是反映在曲线图上历史气候波动之多之剧，令人难以置信，更有突变事件大波动——参照现代过程稍事推算，过去某个时期里，可能几十年不到百年间，气温居然会出现一二十度范围的变化！想想看，假如类似骤升骤降的突变发生在今天，哪里来得及适应！不过，由此也证明了利用冰芯重建古气候的思路是正确的、可行的。后来他用格陵兰冰盖上钻取的第一支透底冰芯，建立了世界上第一个长时间尺度的冰芯古气候记录。

传统冰川学借此脱胎换骨，新生的冰芯研究刚刚抬脚起步，就迅跑起来。在世界两端，南极大陆和北极格陵兰的冰盖上，集合起世界各国的科学家，钻冰取样，20 世纪 80 年代至今，方兴未艾。无须一个世纪的发展，半个世纪也不用，仅仅 1/4 世纪，冰芯科学突飞猛进，将差不多一应观测和实验新手段尽皆吸纳：遥感应用、微波测距、雷达测厚、理化分析、数值模拟等等；研究指向更加纵深广阔，作为恢复过去环境气候变化的最佳手段之一，以全新的面貌和意义，参与已成热点的全球变化研究大题目，一跃而为国际地球和环境科学前沿。南、北极冰芯所提示的 80 万年和 13 万年以来全球环境气候变化序列，显示了现代冰川学年轻的生命力，显示了人类借助冰川以期深化认识自然的巨大潜力，从而终使两极冰芯和深海沉积、中国黄土三足鼎立，共同承担起揭示过往地球环境气候变化的重任，而且已经相当出色地做到了——并列为恢复古气候环境的三大标准柱。

三大标尺各以不同的沉积介质，通过不同的代用指标和定年方法，恢复地质时期古气候状况，建立起区域乃至全球气候系统的时空演化序列。其中深海沉积最久远：新生代 6000 万年以来；两极冰芯各为 80 万年和 13 万年，以精准为特色；黄土旋回记录 259 万年，明晰而经典。此前国际对于地质第四纪划分，以距今 180 万年为起点；中国科学界依据第四纪冰期特征，青藏高原隆升高度节点，尤其是黄土开始大量堆积的时间，建议以距今 260 万年前为第四纪开端。国际地层委员会（ICS）和国际地质科学联合会（地科联 IUGS）采纳了这一观点，于 2009 年正式将地质第四纪起点更改为 258 万年前，从而彰显了刘东生先生为代表的中国科学界的世界级贡献。

氧同位素 = 古温度计，冰芯 = 时间胶囊（冰中气泡困住古时空气）。一台仪器引发的冰芯科学诞生史，不是从书面上读到的，是在北京的实验室里，边参观边听田立德研究员讲述的。实验室全称“青藏高原环境变化与地表过程重点实验室”，是中科院青藏高原研究所设在北京的三大院级重点实验室之一。田老师指点一台同位素质谱仪，说是他们的“看家仪器”，外表看来笨笨的，并无特别之处，看不到的“内秀”才叫精密，不光冰芯分析用到它，兄弟学科的湖芯、土壤、大气，无论固体的、液态的、气相的各类素材介质分析，借助的皆为质谱仪家族中各类仪器，这是百多年前发明它的物理学家们无论如何也想象不到的。其中一种叫作“气相色谱 - 质谱联用仪”的，居然可以把冰中气泡封存的古老空气提取出来，继而把彼时的大气成分检测出来，那才叫神奇。

第一台质谱仪由英国科学家弗朗西斯·阿斯顿于 1919 年研制。阿斯顿用这台装置发现了多种元素同位素，研究了 53 个非放射性元素，发现了天然存在的 287 种核素中的 212 种，首次证明了原子质量亏损。其工作原理为：首先使试样中的成分发生电离，生成不同荷质比的带正电荷离子，经加速电场作用，形成离子束，再利用电场或磁场使不同荷质比的离子在空间上或时间上分离，或以过滤方式，将它们分别聚焦到侦测器而得到质谱图，从而获得质量与浓度相关的图谱。

质谱分析法具有定性和定量的用途，包括鉴定未知的化合物，确定分子元素的同位素组成，及通过观察其碎片确定化合物的结构。目前应用中的质谱仪可分为有机质谱仪、无机质谱仪与生物质谱分析等几大类。

中国冰川学作为学科建设，相比国外同行迟滞了近百年，没想到起步之时，正赶上国际冰川学衰落之际，仅仅一代人工夫，几几乎跟进死胡同——算来恰好一代人，1991 年田立德大学毕业考入冰川所硕博连读，正赶上“低谷期”末段，所见一片凋零：前辈学者已届退休年龄，年轻后生尚未跟进，经费困难，业务困顿，“就像回到三年自然灾害时期那样”，田老师这样形容。在经历了青藏科考大发现的丰收之后，在高原面上的冰川普查工作告一段落之后，除去室内进行的编目工作，可做的事情似乎不多；冻土研究同样艰难，勉力苦守的只有一个格尔木土壤监测站，以至于每逢院领导前来视察，耳畔萦绕的尽是叫苦之声。每每拨付几万元，更像是扶贫款抚慰金，弄得院领导都不敢再来兰州啦！

然而，逆转了中国冰川学衰落命运的，多亏有冰芯！说到这里，田立德激动起来，打了一个比方：就像枯萎大树忽然萌发了新枝，借助全球变化的春风，快速茁壮成长，带动了主干旁枝重现生机：冰芯研究异军突起，传统冰川学重整旗鼓，这一次中国跟进很快，先是亦步亦趋，很快齐头并进，他自己正好做了这一转折过程的参与者见证人：就在考取研究生的 1991 年，冰芯实验室成立；1997 年“冰芯与寒区环境实验室”升格为院级重点机构；2003 年青藏所成立，追随导师姚檀栋去西藏，又像是离开大本营，开辟前进营地。而身后的大本营也在持续演化，2005 年，寒旱所、青藏所、中国气象局气象科学研究院联合共建，两年后经科技部批准，进入国家级行列——“冰冻圈科学国家重点实验室”。

这样一来，冰川学团队就与其他专业队伍有了不一样的形式，最大特点是不分这个所、那个所，重大任务课题，统筹安排如同一体，就连获奖项目也是以超级团队面貌出现，区别主要体现在常规工作中面向不同，有各自瞄准的研究领地：

青藏所的院级重点实验室，虽然涵盖了青藏高原环境变化与地表过程多学科，但有姚檀栋坐镇，仍以冰芯为优势主打。冰川监测和冰芯钻取集中在西藏，兼及西昆仑古里雅、慕士塔格。研究领地迅速拓展，从毗邻横断山区的波密、边坝、藏东南等地的冰峰雪岭，到藏北高原的三大冰川群，都是青藏所成立以来所获新资源，而且随着“第三极环境计划”实施，周边山地同时纳入，现已在尼泊尔、哈萨克斯坦等地建站布点。

位于兰州的国家级实验室，继承了原冰川所家产，老资格的野外台站是其重要的科研平台，包括新疆天山冰川国家野外科学观测研究站（简称天山冰川站）、藏北高原冰冻圈国家野外科学观测研究站（格尔木站）、玉龙雪山冰川与环境观测研究站（玉龙雪山站）、祁连山冰川与生态环境观测研究站（祁连山站）。多个半定位观测站包括珠峰、唐古拉山、昆仑山、祁连山、奎屯、天山西段等地。不仅面向整个中国西部，有秦大河挂帅，两极在握：从北极格陵兰到南极冰雪大陆，成为常相往还之地，代表了中国科学界的全球视野。以至于从青藏所调回兰州，接任了实验室主任之职的康世昌才会感慨，青藏高原反而去得少了。

冰冻圈实验室主任康世昌简介

1969年出生的康世昌，曾在2005年珠峰登山科考中担任科考队队长，创建纳木错站并担任首任站长。2013年从青藏所调至冰冻圈实验室，接替秦大河院士担任室主任。主要从事青藏高原冰芯气候和环境记录、雪冰和大气化学特征以及现代冰川和气候变化研究工作。曾获国家自然科学二等奖、甘肃省自然科学一等奖、基金委“国家杰出青年科学基金”、中组部“万人计划”中青年领军人才，科技部“中青年科技创新领军人才”、中国科学院“百人计划”、“青藏高原青年科技奖”，享受国务院“政府特殊津贴”，2009年入选“新世纪百千万人才工程”。同时在气候与冰冻圈计划（CliC）、国际冰川学会（IGS）、国际大地测量和地球物理学联合会（IUGG）、政府间气候变化专门委员会（IPCC）、以及IUGG/IACS和WCRP/CliC中国委员会、中国第四纪科学研究会、中国地理学会、中国气象学会等国际、国内科学机构任职。主持和参加国家基金委重点和面上项目、973项目、中科院先导性专项B、国际合作项目等40余项，组织或参加极高海拔的野外科学考察40多次。主要的学术成绩为：深入研究了青藏高原冰冻圈变化的气候背景，揭示了山地冰川对气候变化的敏感性和近期的加速变化，提出极高海拔区域对全球变暖的响应更为敏感，冰川退缩在近期有加速趋势；明晰了青藏高原雪冰、降水和气溶胶化学成分的时空格局，利用高分辨率冰芯记录反演了大气环流历史，通过冰冻圈多环境介质重建了过去数百年来人类活动对大气环境的影响历史，揭示出自20世纪中叶以来亚洲区域人类活动对青藏高原冰冻圈区域环境带来的深刻影响；系统开展了大气和冰冻圈协同观测和研究，揭示了南亚污染物传输到青藏高原的过程和途径，剖析了黑碳等吸光性物质的组成和来源及其在冰冻圈快速变化

康世昌在珠峰冰洞中留影

过程中的作用和机制。这些成果推动了对冰冻圈变化机理和影响、冰冻圈与其他圈层相互作用机制等的理解，为中低纬冰冻圈区域应对气候变化和实现可持续发展提供了有力支撑，为凸显我国青藏高原环境保护成效和掌握环境外交谈判优先权提供了坚实科学支撑。

2015年夏季再去兰州寒旱所，参观了位于“冰芯楼”里的冰冻圈实验室，看规模看设施，相比十几年前不知高级了多少倍。算不算得上国际一流？陪同讲解的郭治龙博士是实验室学术秘书，刚刚执笔完成一份本室评估报告，自我定位为：中国冰冻圈研究的领军团队，亚洲冰冻圈研究的领衔者，在国际组织及相关计划中扮演重要角色——在全球范围算不上“老大”，小郭秘书说，但是本室主要面向中国西北古今环境及南北两极，研究系统加上积累深厚，尤重创新，无论基础学科、应用研究都有现实意义。在他介绍的一系列创新成果中，我注意到树轮室的一项开拓性研究：不仅可以从树轮宽度序列中读取历史上的干湿冷暖，特别之处在于，可以从树轮中提取碳、氧同位素数据，这一成果对于理解长时间尺度大气中二氧化碳浓度变化背景下，陆地生态系统的响应过程和大尺度碳循环的研究深具价值和意义。

在“冰芯楼”里旁听了一项被称为“超级973”项目的中期检查汇报会，是一场内部专业会议，向项目专家组组长秦大河院士作汇报，接受指导。各课题组负责人发言讲青藏高原，也讲南北极地，可见该项目是覆盖了全球冰冻圈的。只是内容太艰深，倒不如听小郭秘书闲说南极趣事，更能迎合我这个“大众代表”口味。比如山地冰川薄，最厚处只有几百米，而南极一般厚度也有几千米，体现在冰芯数年层，可以数到3万年！南极的石头和冰雪也与别处不一样，因为格外冷，冰晶大小、排列方向别具一格。还讲冰芯看似纯净无瑕，但他第一次在电子显微镜下观察其中微粒，一不留神，看到了一个“花花世界”。又说到气温变化，最近10万年里的上下波动可达20℃之多，极端低温出现在2.3万年前末次冰期最盛期。即便最近1万年以来，变化幅度也在3℃左右……郭治龙读硕时学盐湖，读博时跟着导师方小敏学环境，博士后又在姚院士麾下进入冰冻圈，算来学业综合性强，现在实验室负责技术方面，兼做接待来访工作，每逢科学开放日，面向中小学生作讲解，所以深谙参访者猎奇心理。

为本书初稿核实和补充细节，这一次再访了苏珍和郑本兴，见两位老先生身体健康，还在工作；采访他们学生辈的刘时银，是为了解第二次冰川编目的进展和成果。刘时银，就是参加青藏队最后一次科考行动，初上高原就到了西昆仑，第一年野外就因打钻伤了手，伤了手依然坚守在冰川一线的那一位。只不过当年的青年学子现已成为学术带头人，他负责的冰川编目较之前辈们的同类工作，技术手段先进很多，精度大为提高，最终成果也极富象征意味：第一次冰川编目耗时24年，出版图书22册；这次新一轮编目仅用8年，出书两册外加一光盘，文、图、数据全部在内，并已通过 http://westdc.westgis.ac.cn/data 提供共享。

想见刘时银，一来好奇编目工作过程，想要直观看到那一系列数字如何从平面的遥感图像转换而来，至少请他在电脑上演示一番；二来顺便看一下双手伤愈程度，结果是一边叹气一边又说“还好还好”，说还好是因为同丢了手指的崔之久教授做过比较。额外收获是从他那里得到了两本教材，《中国冰川图鉴》和《冰冻圈科学辞典》，均为本实验室团队编写。

总之此次寒旱所之行收获满满，两次到访间隔十几年，却让我深刻体会到何为今非昔比。

《冰冻圈科学辞典》，秦大河主编，气象出版社 2014 年出版。收集有关冰冻圈科学方面的词条共计 757 条。此为实验室团队正在编写的“冰冻圈科学系列”第二本，第一本为《英汉冰冻圈科学词汇》，第三本为《冰冻圈科学概论》。

《第二次冰川编目》于 2014 年 12 月发布，使我国成为世界冰川分布大国中首个实现两次冰川编目的国家。此次发布的中国冰川编目是在 2006 年启动的科技部科技基础性工作专项“中国冰川资源及其变化调查”项目成果，是在专家组组长秦大河院士的指导及项目负责人刘时银研究员的带领下，对中国冰川分布现状进行的一次系统更新。截至 2010 年，中国西部现有冰川 48571 条，总面积 51480 平方公里，估计冰储量 4494 立方公里。通过对比发现，1950 年代以来的全球变暖导致中国西部的冰川面积总体萎缩 18% 左右。其中羌塘高原是冰川面积萎缩幅度最小的区域，年均面积缩小比例为 0.2% 左右，青藏高原南部冈底斯东段及以南喜马拉雅山区、喜马拉雅山西段印度河河源区等，是中国西部冰川面积萎缩速度最快的地区，这些地区冰川面积年均萎缩幅度甚至高达 2.2%。天山、祁连山大部、青藏高原东北部和西北部等地区的冰川面积年均缩小幅度居中。

1978 年至 2002 年开展的第一次冰川编目工作，以 20 世纪 50 至 80 年代的航摄地形图和航空相片为主要数据源，主要以手工量算为主要手段完成；而此次冰川编目工作则大量利用遥感资料和地理信息系统技术，在提高自动冰川边界识别水平前提下，通过自动和人工解译，大大减低人工解译的误差，自动化程度更高。“《第二次冰川编目》使我国冰川编目工作走在了世界的最前列。”（秦大河语）

《中国冰川图鉴》（汉英对照），刘时银等编著，上海科学普及出版社 2014 年出版。图文内容包括中国冰川分布、冰川类型、冰川冰面景观、冰川地貌、冰川变化及资源与灾害，附录冰川考察活动等，可谓中国冰川知识小百科。

以下“冰川万象”专题彩页图文，即摘引自《中国冰川图鉴》；承蒙刘时银、蒲健辰二位专家提供图片原件，在此谢过。

冰川万象·中国冰川分布图

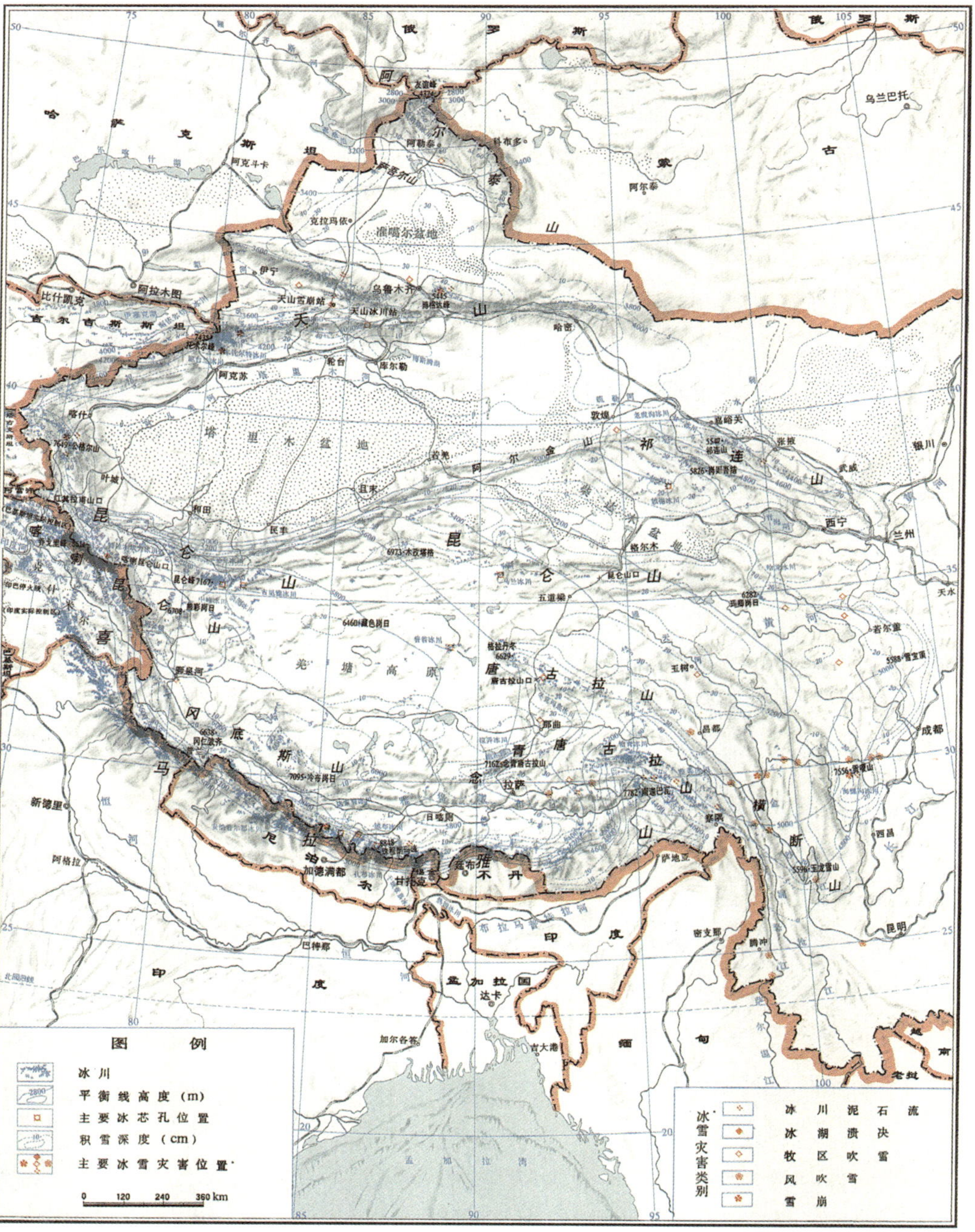

中国西部及毗邻地区冰川、积雪分布图 引自施雅风主编《中国冰川与环境》，科学出版社2000年版。图中的中国国界线按照中国地图出版社1989年版1：400万《中华人民共和国地形图》绘制

冰川万象·中国冰川类型

洋型冰川：梅里雪山明永冰川　郑本兴 / 摄影

大陆型冰川：昆仑山东段西大滩冰川　蒲健辰 / 摄影

冒：藏北普若岗日冰原

一般根据冰川形态特征或物理性质对冰川进行分类。根据冰川的形态和大小将冰川分为冰盖（面积大于或等于5万平方千米）和山地冰川。地球上现存的冰盖有南极冰盖和格陵兰冰盖；我国现代冰川均依托高大山体发育，故多为山地冰川。山地冰川的形态类型主要取决于地形对冰体流动的约束，有山谷冰川、冰斗冰川、冰帽等形态类型。我国冰川常分为大陆型冰川和海洋型冰川，其中大陆型冰川又细分出极大陆型和亚大陆型两个亚类。

冰川：祁连山悬冰川　刘时银 / 摄影

冰斗冰川：珠峰地区光明冰斗冰川　苏珍 / 摄影

冰川万象・冰面景观

祁连山老虎沟 12 号冰川裂缝　邓晓峰 / 摄影

米堆冰川冰面弧拱近景　丁良福 / 摄影

雀儿山新都海冰川　苏珍 / 摄影

玉珠峰冰舌末端冰崖
刘时银 / 摄影

珠穆朗玛峰绒布冰川冰塔　井哲帆 / 摄影

希夏邦马峰达索普冰川冰蘑菇
黄宗琥 / 摄影

冰桥　朱玉江 / 摄影

喜马拉雅山龙巴萨巴湖水侵蚀雕塑的冰崖　王欣 / 摄影

唐古拉山冬克玛底冰川冰帘　蒲健辰 / 摄影

唐古拉山东段布加雪山冰瀑　杨勇 / 摄影

普若岗日冰原外围孤立冰塔　黄宗琥 / 摄影

冰川冰面景观形态多样，变化万千。千姿百态的冰雕群是冰川景观中最具观赏性的部分。冰川平衡线以上称为盆状积累区（或粒雪盆），冰斗发育在冰川平衡线附近。冰川平衡线以下主要为冰川运动和消融过程形成的各种景观，如冰裂隙、冰瀑布、弧拱、冰丘、冰塔等景观，以及冰蘑菇（冰桌）、冰面河（流）、冰面湖、冰井、冰洞（穴）、冰桥、冰钟乳、冰崖等。

雀儿山角峰　蒲健辰 / 摄影

藏东南现代冰川仍在作用的刃脊　韩海东 / 摄影

海螺沟冰川磨光面　郑本兴 / 摄影

希夏邦马峰北坡 19 号冰川终碛湖　邓晓峰 / 摄影

冰湖深度声呐测量　赵井东 / 摄影

念青唐古拉山主峰东坡爬卢多冰川槽谷　邓晓峰 / 摄影

东帕米尔高原康西瓦河冰川漂砾　赵井东／摄影

昆仑山东段阿尼玛卿山哈龙冰川外围冰川擦面石　郭万钦／摄影

念青唐古拉山主峰东坡爬卢多冰川终碛垄　邓晓峰／摄影

阿尼玛卿山哈龙冰川侧碛垄　邓晓峰／摄影

冰川是塑造地表形态最活跃的外营力之一。冰川通过磨蚀、拔蚀、挤压等动力过程对冰川底部和两侧槽谷地形进行塑造。冰川运动时，受上覆冰层重力影响，冰川底部携带的岩屑像刻刀一样对冰床进行磨蚀。冰川侵蚀形成小到擦痕、磨光面，大到冰斗、U形谷等冰蚀地形；向下运动的冰川通过侵蚀冰床从两侧山坡获得大量岩屑，在冰川两侧和末端停积，形成侧碛和终碛。因冰川侵蚀形成的地貌主要有角峰、刃脊、冰槽谷、冰斗、羊背岩、磨光面以及冰川擦面石等；冰川堆积地貌主要有终碛垄、侧碛垄、冰碛丘陵、鼓丘、冰水扇、冰川漂砾等。

超级团队领军人

最早把冰芯概念引入中国的人，是姚檀栋。对于“ice core”这个新词儿，当初他还曾在“冰岩芯”“冰芯”之间推来敲去，最终选用了后者——前有深海岩芯、湖泊岩芯等译法做参照，“冰岩芯”固然可用，但“冰芯”更其简洁也好听。其后在中国钻取第一根冰芯的人，还是姚檀栋。1984年读博期间，参与中美合作，首钻选在天山乌鲁木齐河源1号冰川。遗憾的是由于融水渗透，这支冰芯不堪用于古气候研究，却让他们看到了冰芯研究在中国山地冰川不仅可行，且潜力甚大。其后转战祁连山，钻取了敦德冰帽上的冰芯，成功了。所以在本章下一节“历数冰芯之最”中，将敦德冰芯列为“面世最早”。再后来，打钻地点遍及大高原东西南北中。待到与弟子王宁练博士合写一文《冰芯：研究过去环境变化的重要手段》时，已不限于概念介绍，而是融入了实践经验。

且让我们从这篇科普文章里认识冰芯，作为可提取过去气候环境变化信息的介质，这一最新优势学科究竟妙在哪里——

“高保真”：首先以其所在的低温环境，犹如大冰柜，具有保真性能好的特点。

“高分辨率”：上部冰层可达年际，单凭肉眼即可数出好几百年。

“长时间序列”：所记录的时序之长，理论上可达数十万年，当然前提是找到保存那么久且未被干扰过的老冰。

“信息量大”：大到何种程度，难以尽数，让人不由得联想到“全息论”——所有在大气中循环的物质，都会随大气环流抵达，最终沉降于冰雪表面形成冰芯记录。以此说来，冰芯分析的每一参数，都至少载有一个当时地球系统变化过程的综合信息，例如冰芯中的氢、氧同位素比率，是度量气温高低的指标；净积累速率，是降水量大小的指标；冰芯气泡中的气体成分和含量，可以揭示大气成分的演化历史；宇宙成因的同位素，可以提供宇宙射线强度变化、太阳活动和地磁场强度变化的证据；冰芯中微粒含量和各种化学物质成分之分析结果，可以揭示不同时期大气气溶胶、沙漠演化、植被演替、生物活动、大气环流强度、火山活动等等信息。自然过程之外，举凡人类活动对气候环境影响的方方面面，无不在冰层中留下印迹，诸如人为排放的重金属，有机污染物，放射性物质，温室气体，碳黑记录……

凡此等等，足见冰芯揭示的世界既宽泛更入微，自成多学科综合体系；而作为母体的传统冰川学借机更新升级，内涵与手段较之从前大不同，再度审察冰山雪原上的工作时，面貌改观已是必然。2000 年，施雅风先生为这门学科属性重新定位："冰川学是一门交叉学科，它与气象学、水文学、数学、物理学、自然地理学、地貌学、第四纪地质学、测量学、同位素化学以及遥测、遥感技术等都有密切的联系。在学科分类中，一般看作是地质学、地理学和地球物理学之间的边缘学科。在我国，现代冰川研究首先是由地理学家们倡导、地理部门发动的，因此，通常列入地理学范畴。"

作为传统冰川学向冰芯科学开拓转型的关键人物，现今青藏研究领军人，姚檀栋院士是承前启后的杰出代表。"前"，是求学期间追随青藏队参与冰川考察、为之建档的经历；"后"，是一举开创了中国冰芯研究新局面。他的学生、学生的学生，尽皆"冰芯人"；一个学科也跟着从单纯地就冰川论冰川，转而为多学科交叉，投入全球变化大命题。不过，无论之前之后，其实一脉相承——是精神的传承，也有工作方式的沿袭：无论有多少新的内容、设备和手段，传统的宏观观测仍是基础功课，所以始终面对冰川，在野外，在极高山。

谈及何以与冰川结缘，似乎没什么好说的，生逢其时，风云际会，"赶"上了。这位 1954 年出生的甘肃人，像许多同辈人那样，有过下乡当农民的三年历练，人生字典里从此不存在"艰苦"二字，或者说不以苦为苦。这一点很重要，可说是"入门必备"。兰州大学地质地理系读书期间第一次野外实习，就在祁连山七一冰川；第一次听施雅风先生讲座，得知喀喇昆仑巴托拉冰川的成功预报，如何避免了中巴公路改道，为国家节省了巨额经费的同时，显示了科学的力量和价值，给年轻人留下深刻印象。往后读过李吉均的硕士，继而读博成为施雅风开门弟子，从此"铆"定冰川学，博士论文正是关于乌鲁木齐河源 1 号冰川变化和下游径流变化及其水资源变化的。1987 年起先后在法国格勒诺贝尔大学冰川与环境研究所读博士后、在美国俄亥俄州立大学伯德极地研究中心学习和工作，均系国际上从事冰芯研究的权威机构，因而从思想方法到研究手段，全都属于重新披挂的过程，待全职回归之际，已经做好充分准备。

这期间正逢国内涌现"出国潮"，在外读完学位定居下来的不乏其人。然而遍观现今青藏研究骨干成员，大都受益于各项中外联培计划，出国深造过，却几乎无一例外学成归来。对此，姚檀栋的态度具有代表性。他说一方面出于很朴素的道理：科学虽无国界，科学家却有国籍，身为中国人，事业在国内；另一方面，也是很重要的理由是，守着青藏高原这份偌大的家产资源，理当有所作为。优势在哪里？一是高，二是冷，这就为冰川环境保有了优良条件，三是高原对于气候变化的敏感，四是地处中低纬度，距离人类生活区域更近，较之南北极冰芯更能说明问题——所说明的问题正是当今全球变化研究的核心目标：了解现在，认识过去，预测未来。

中科院院士姚檀栋，是施雅风先生的第一位博士生，现任青藏高原研究所所长、中国青藏高原研究会理事长

姚檀栋院士野外形象

2017年4月19日，瑞典国王卡尔十六世·古斯塔夫在王宫为姚檀栋颁发素享“地理学诺贝尔奖”之称的“维加奖”

看好青藏高原山地冰川的还有一位，朗尼·汤姆森教授。早年间取得博士学位后不久，他就在澳大利亚的某次学术会上面见施雅风先生，表达了合作参与的愿望。所以当姚檀栋归国，同时携回合作计划和合作伙伴，志同道合的人从此风雪兼程，势必将在国际冰川学界，在冰芯研究领域作出非凡贡献。

姚檀栋院士现任中国科学院青藏高原研究所所长、中科院青藏高原地球科学卓越创新中心主任和中国青藏高原研究会理事长，是国际上公认的冰冻圈研究领域最有成就的科学家之一。主要学术贡献为：先后主持有关青藏研究的院级、国家级重大课题和国际合作课题等20余项，长期致力于第三极环境变化研究，发现氧稳定同位素代表了青藏高原北部局部大气过程和青藏高原南部大范围海洋过程，揭示了青藏高原的气候和环境变化。基于大规模的实地观测、分析卫星图像和遥感数据，应用数值模拟测算青藏高原冰川变化，对整个青藏高原的研究揭示了西风和印度季风相互作用的三种模态；提出西风的加强和季风的减弱是青藏高原及其周边地区目前冰川状况的主要驱动力。在国际青藏高原研究领域，其论文总量和总被引率排名第一。《自然》（*Nature*）期刊认为姚檀栋院士是该领域的先行者，是“少数几个在艰苦条件下收集青藏高原过去气候历史资料的研究人员之一”（*Volume* 454, 2008）；《科学》（*Science*）期刊高度评价其研究是“解决高海拔环境变化问题领域最出色的研究活动的典范”；同时《自然》期刊曾专题报道了其成长为国际知名冰川学家的历程（*Volume* 472, 2011）。鉴于他在青藏高原冰川和环境研究方面所做出的贡献，瑞典人类学和地理学会（SSAG）将素有“地理学诺贝尔奖”之称的“维加奖”授予姚檀栋院士。他是首位获得该奖的中国科学家，也是获此殊荣的首位亚洲科学家。

当年采访姚檀栋，他正担任兰州冰川所所长，已经拥有了在祁连山、西昆仑、希夏邦马、普若岗日钻取长冰芯的一系列骄人成绩，他主持的冰芯研究室刚刚升格为院级重点实验室。与他并肩创建冰芯室的师兄秦大河此时已经离开兰州，走上科研管理岗位——中科院主管资源环境的局长；待姚檀栋前往拉萨创建青藏所、秦大河就任中国气象局局长期间，这间实验室进一步跃升为国家级的“中国科学院冰冻圈科学国家重点实验室”，由中科院寒旱所、青藏所和中国气象局气象科学研究院联合共建，看似跨了部门，说白了仍为冰川所老班底，出自一人门下。

此话怎讲？正像多年前将南北两支泥石流研究队伍合并在一起，空间上的大跨度整合体现的是施雅风先生集中优势力量解决科学问题的学科建设思想；这一次“冰冻圈科学”理念，同样是遵照了施老的学术思想，完成了超前和超越——超前表现在世界上率先使用“冰冻圈科学”概念，超越表现在变单一学科为系统科学。至于“一人门下”或许欠妥，前辈师尊中还有李吉均和谢自楚，身后的机构尚有兰州大学、兰州冰川所，说出自“兰州门”似更贴切一些。正所谓“一生二，二生三，三生万物”，中国冰川学从一个人风生水起，不过半个世纪光景，已然蔚成气候。事业发达，后继有人，当 2011 年施老以 92 岁高龄辞世时，想来应是满怀了欣慰的含笑离去。

“佛灭度后，以戒为师”，戒是教导，更是精神风范。正像姚檀栋从巴托拉冰川的应用实践中获取最初的事业动力那样，秦大河同样深受施老影响。1965 年考进兰大地质地理系，是在捧读了《地理学报》刊载的《中国现代冰川基本特征》之后，初识冰川学；作者施雅风和谢自楚，后来皆成恩师。不过那时距离“后来”隔着一个动乱时期，秦大河的故事算得上一个励志经典：毕业分配在甘肃省和政县中学任教，这在一般人那里可谓安居乐业，但心中长存鸿鹄之志，他在教学之余锻炼身体苦学外语，做好准备的时候迎来机遇——研究生恢复招考。秦大河赶赴兰州，最先敲开的是冰川所大门，可惜了当时中科院尚未开启招生先例，遂再回兰大李吉均先生门下，研读冰川学。之后就职于冰川所，就有了青藏队横断山考察中，前往海螺沟途中的大岩窝雨夜；从四川到云南，考察第二年即 1982 年，玉龙雪山考察将要结束时，他奉命赶回，前往南极考察冰川！

且看中国南极科考历程——

南极冰雪内陆 1470 万平方公里，远离尘嚣，洪荒千古，1911 年挪威探险家首次到达南极点。半个世纪后，世界多国陆续建站开展科研活动，首次冰芯计划也于 1968 年在南极伯德站完成。中国缺席了这一阶段。1980 年首批涉足南极的中国科学家张青松、董兆乾，参与中澳联合考察；第二年，已接任冰川所所长的谢自楚踏上南极，为时 400 天的越冬考察，仍为同一合作项目。1982 年回国后积极推动独立考察和南极建站，上书中央并于 1984 年起草倡议书，刘东生、孙鸿烈、李吉均、王富葆等 32 位科学家联合署名。当年 11 月 20 日，中国首次南极考察队 591 人乘坐“向阳红 10 号”考察船在海军“J121 号”打捞救生舰护送下，横渡太平洋，于 12 月 30 日在西南极的乔治王岛登陆，建立中国第一个南极考察站——长城站，其后中山站、昆仑站、泰山站，以及北极黄河站相继建成。作为综合国力的另一体现，中国每年组织南极考察，到 2016 年已是第 33 批，并且以陆、海、空全方位进行为特点。

此为人生和事业的重要转折点，或者说，从此时起，他已经不单单属于青藏高原，就连中国冰川学面向的也不再仅限于中国西部——在所有从事青藏研究的科学家中，秦大河是最具明星光环的一位，明星并非一般明星，是极限酷寒中“走”出的国际巨星；光环亦非普通光环，是闪耀在极地夜空的绚丽极光！

在举世瞩目的徒步横穿南极行动之前，秦大河已经有过两次南极科考经历：1982—1983 年中澳合作冰川考察，工作在澳大利亚凯西站，450 天；1987—1988 年越冬考察，420 天，则为中国独立组织的第 4 次南极考察，并且是在中国自家首座南极站——长城站，这一次我们的秦先生担任了长城站的越冬站长。1989 年南极夏季开始的冰雪南极万里行，全称为“1990 国际横穿南极科学探险考察队”，由来自中、法、美、英、苏、日 6 国的 6 名队员组成，42 只爱斯基摩犬及 3 驾雪橇随行。此举意义重大深远，其背景与主旨为：1959 年有 12 个国家缔结了有关冻结领土要求的《南极条约》，现在需要赶在 1991 年条约期满之前，提请全世界注意，南极洲仅限于科学利用，条约所规定的“和平、合作、友谊”宗旨应当持续下去。横穿路线选择了最长的一条，并且采用徒步滑雪方式而弃用一切现代化代步工具。1989 年 7 月 28 日从南极半岛海豹岛出发，南下直奔南极点，再通过世界寒极的苏联东方站，1990 年 3 月 3 日抵达终点苏联和平站。历时 220 天、6000 公里行程，艰险到不可思议：南极内陆年均气温低至 -50℃，极端低温接近 -90℃，最大风速可达 70 米 / 秒，瞬时最大风速 100 米 / 秒。行前签下“生死文书”的队员们个个都是不要命的，秦大河又是公认最拼的一个，外号“疯狂的科学家”。全队唯有他最不擅长滑雪，最初的大半个月里只能跑步跟进，扎营后再苦练滑雪板上的功夫；6 名队员中唯有他和苏联队员是科学家，其余为探险家，所以每当休整日别人休息时，他还要挖雪坑完成剖面观测并采集冰雪样品。由于考察队严格要求轻装，为多带些样品标本回来，他甚至连必要的御寒衣物都丢掉了。

南极凯旋，回归文明世界之后，国际英雄接受各参与国邀请，全体队员周游列国，全世界为之轰动，从政府到民众以最高礼遇接待，各国领导人接见，媒体不吝赞词，美誉度极高。在中国，不仅参访了北京，还集体应邀前往队友秦大河的兰州一游……

就这样与南极结缘。南极就这样被迎进中国的冰冻圈实验室中。每一年都有专家赴南极考察，长期担任实验室常务副主任的任贾文，自 1985 年开展南极冰川研究以来，在南极冰盖物理特征、物质平衡和冰盖变化、雪冰气候环境记录等方面取得许多重要研究成果，成为我国极地冰川学研究的主要学术带头人之一。秦大河则从青藏高原起步，走向南极的同时走向了世界。在气候变化领域的国际舞台上，在影响到各国发展决策的一系列研究报告中，从此醒目地增加了中国科学界的声音和分量。历数秦大河担任过的和正在担任的国际学术职务，计有国际南极研究科学委员会冰川学工作组副主席、主席，国际冰川学会理事，国际雪冰委员会副主席，还被聘任为政府间气候变化专门委员会（IPCC）第三次评估报告章节的主要作者和主审，第四次评估报告和第五次评估报告第一工作组联合主席，未来地球计划（Future Earth）科学委员会委员，国际地理科学联盟（IGU）副主席，瑞典斯德哥尔摩恢复能力中心（SRC）指导委员会成员，等等。他享有的世界级荣誉有第三世界科学院院士，荣获的国际大奖是 2013 年度国际沃尔沃环境奖；2007 年的诺贝尔和平奖是奖给 IPCC 的一项集体荣誉，秦大河代表中国科学家出席了颁奖仪式。

秦大河在南极

徒步横穿南极途中的秦大河

国际英雄，光荣标记

2009 年秦大河考察祁连山老虎沟 12 号冰川

1986 年夏季，秦大河考察乔戈里峰冰川　康世昌 / 供图

秦大河院士曾任冰冻圈科学国家重点实验室首任主任，现任中国科学院学术委员会主任。其主要学术贡献为：长期从事冰冻圈与全球变化研究，多次组织南极、北极、亚洲腹地和青藏高原地区的科学考察与研究，是研究冰冻圈科学及其影响的领衔专家。在国际上最早提出冰冻圈科学理论框架，并以此指导冰冻圈变化、影响及其适应与减缓问题的研究，取得了许多创新性成果，如：系统研究了南极冰盖表层雪层内物理过程和气候环境记录，有关雪层变质过程、稳定同位素比率与温度的关系、水汽和杂质来源与输送等研究得到了国内外同行的认可，使中国南极冰川学研究跃登国际先进行列；率先在中国西部开展雪冰现代过程和雪冰生物地球化学循环实验观测研究，论证了我国山地冰芯中气候环境指标的适用性；对珠穆朗玛峰地区冰川变化和冰芯记录的研究，揭示了地球最高海拔区域现代环境和近期气候变化。秦大河院士 2002—2015 年连任联合国政府间气候变化专门委员会（IPCC）第四次、第五次评估报告主席团成员，长期为 IPCC 发布的气候变化评估报告做出重要贡献。主持我国气候环境变化和西部环境演变评估，促进我国与国际上的气候变化研究同步发展，为推动我国全球变化研究做出了突出贡献。

实验室实力雄厚，还表现在与科研配套的技术团队好生了得。实验师张永亮荣获 2009 年度“中国科学院技术能手”称号，的确是名实相符众望所归。甘肃人，冰川所老班底，这辈子都在研发野外考察所需各类仪表器械，单就用于冰川冻土的仪器，经张师傅之手研发和改进的就有测量积雪密度及含水率的、测量冰川硬度和冰层温度的。张师傅还被公认为“中国最好的冰钻师”，甚至“亚洲第一钻”，每每随各团队出征，由他亲手操作打深钻、打透底钻，科研人员一百个放心。30 年里总计冰芯采样 5000 多米。另有多次赴南极冰盖打钻经历，其中一次是从 2004 年 10 月起为时 5 个月的中国第 21 次南极考察，深入到南极内陆冰盖人类不可接近之极 Dome-A 最高点，成功钻取了冰芯。研发出这款适合高海拔山地的超轻型冰芯钻机的，是朱国才高级工程师，最终产品以重量轻、耗电低、安装容易、操作方便、钻取冰芯速度快，被公认为目前世界上 200 米深度冰钻中性能最好的。这些特点在需要人背畜驮，尤其在牦牛都不肯前往的高山雪野，凸显了无可比拟的优势。高工朱国才本来做冻土仪器研发，但他心灵手巧，喜欢难度高有挑战性的器械研发，而且精益求精是他的一贯风格，例如冰层温度测量使用的热敏电阻温度计，经反复改进，精度和灵敏度之高，正温情况下分辨率可以达到小数点后面两位数，0.01 ~ 0.03℃，负温情况下的误差率可以忽略不计。打出一二十米浅冰芯的手摇钻很好用，小型雷达很轻便，都是野外冰芯人的最爱。所以年过七旬，寒旱所还在返聘——没错，2014 年随田立德团队去双湖，朱老先生的 70 岁生日就是在海拔 5900 米的羌塘 1 号冰川度过的！

超级团队中还有一支外籍队伍，汤姆森教授作为“美国队长”，率领他的多国籍“酷寒战士”——好莱坞科幻大片《美国队长》系列中恰好有一部，片名就叫《酷寒战士》——不离不弃伴随了中国冰芯事业从开端到现今，与姚檀栋团队长期合作，在下一节“历数冰芯之最”所列各次行动中，大都出现过他们的身影。就连做过心脏移植大手术之后，6000 米以上高山也照上不误！汤先生的故事在冰川学界人人皆知，有一个亲身经历是他自己讲的，传播开来更像传奇。那是在换心之前，心脏病复发，在医院抢救过程中的一次“濒死体验”：感觉自己飞起来了，轻飘飘飞升途中所见，尽皆美好景物，胜过传说中的天国或仙境。他在一个鲜花盛开的地方流连了好半天，只顾着欣赏，无思无想唯有愉悦感，可是不知从哪里传来一个声音：“你还有事情没做完哪！”不由得心中一凛，当即醒来……

没做完的事情除了工作还能有什么，所以移植了心脏仅仅一年之后，再赴藏北高原。

藏色岗日是近年间发现的有着良好冰芯研究潜力的冰帽冰川，前几年寒旱所的侯书贵研究员在那儿钻取了 120 米长度的冰芯。姚、汤两位先生分析认为，可能会有更老冰层，所以在 2013 年 5 月份满怀希冀而来，果然钻采到 208 米长度的透底冰芯。依旧是中美合作，美方来了 4 位专家。不过这一次汤教授是经过了力排众议才得以成行——65 岁年纪，一年前刚刚做过心脏移植大手术，成为一个需要小心呵护、需要长期服用抗排异药物的病号。然而换了此心而不改初心，一如既往地爱岗敬业，非要跟着亲临现场。起初姚先生态度坚决：那是不可能的。但是最终拗他不过，汤先生如愿住进 5400 米大本营，随车上到 5800 米，然

国际冰川学界的双子星座：姚檀栋和汤姆森，2015年前往古里雅冰帽途中

姚檀栋和汤姆森，藏色岗日留影 游超 / 供图

后步行至6000米处，惜乎未能抵达打钻点。最后这段路程，是手脚并用，实在无法坚持，只好趴在雪地上，张望到钻机所在的帐篷，方才遗憾撤回。他在下方营地住了几天，就近寻找老冰，拿手摇钻提取了几支浅冰芯。大家感动又感叹，对于更换过心脏的人来说，他创下了一个奇迹！

然而并未到此止步，两年后再进古里雅，他不仅上到海拔6700米，还在那里一连待了7天时间，直待到3支透底冰芯成功钻取，任务圆满完成。

朗尼·汤姆森（Lonnie G.Thompson），1948年出生，美国国家科学院院士，现任美国俄亥俄州立大学伯德极地研究中心教授，兼任中科院青藏所外籍学术副所长，与姚檀栋院士一起担任“第三极环境计划”联合主席，是国际著名冰川学家。他从20世纪70年代开始，致力于热带高海拔地区冰芯古气候的重建和研究，在南美、非洲的高寒地区，利用冰芯记录重建了热带地区古气候，为人们了解过去气候变化、预测未来变化并及时采取适应对策做出了巨大贡献。1984年开始，与姚檀栋院士开展了为时30余年的实质性合作研究。先后荣获瑞典人类学与地理学会、荷兰皇家学会、国际冰川学会等机构颁发的奖项及美国总统奖、美国科学家最高荣誉“国家科技奖章”等。2005年获环境科学“泰勒奖”，同年入选美国国家科学院院士。2009年当选为中国科学院外籍院士，2011年获“中国科学院国际科技合作奖”。

历数冰芯之最

冰芯钻取点的选择：海拔高、气温低、规模大诸条件之外，一般选在上方的冰穹或积累区粒雪盆中部，可供冰雪稳定沉降的地方，“原装”的冰层。尤其需要根据地形地貌判断，尽量避免可能的裂隙，避开深部冰层较大的水平方向运动。提取冰芯时间，一般选在春秋两季，并于气温低于-2℃的夜间操作，同一钻孔多截钻取，既防融化又需当心因冻结而卡钻。

以下所列各冰芯“之最”内容，主要是由中美合作的团队完成的。

面世最早——祁连山敦德冰帽冰芯（1987 年）

敦德冰帽面积 60 平方公里，位于祁连山东部，最高海拔 5500 米。打钻地点海拔 5325 米，3 支冰芯长度均为 140 米。定年方法：0 ~ 70 米以微粒与氧同位素年层定年；70 ~ 117 米以污化层年层定年至 4550 年前；117 米以下以冰川流动模型定年，至末次冰期。

敦德冰芯的面世，宣告了中国冰芯研究发端，从中辨读的信息令人振奋。首先是 129 米以下皆为数万年前末次冰期遗存，推测当时温度，低于现代 4 ~ 6℃。8500 年前和 3000 年前两次强高温事件，正好将全新世自然断代为早、中、晚三阶段。从中分别建立起 1 万年、5000 年、公元 1400 年小冰期以来三份变化曲线，显示出较孢粉等其他代用指标更细微的古气候波动——这一区域万年来的气候变迁记录何其重要！正当人类进入农耕时代，青藏高原东北部作为中华文明策源地之一，史前文化历经若干阶段，自此有了近距离自然背景参照，文化类型的更替演变或将得到合理解释。

阿尼玛卿雪山上的牦牛运输队　王宁练 / 摄影

用人力向冰川上部运送冰钻设备　高新生 / 摄影

纳木那尼冰川上，背起冰芯下山　田立德 / 摄影

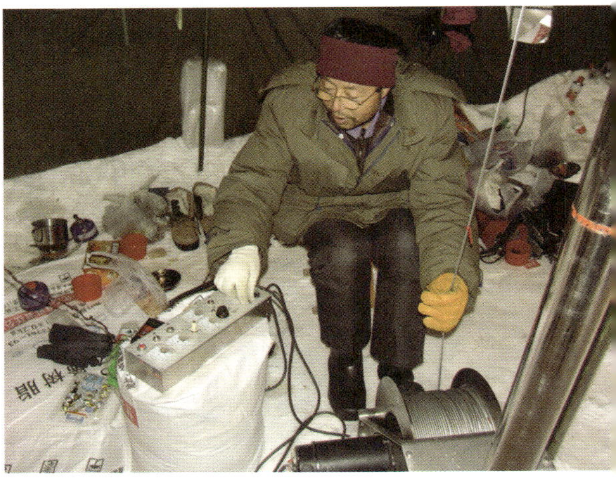

在冰川上钻取冰芯，操作钻机的是实验师张永亮师傅
王宁练 / 摄影

距今 10000 ~ 8500 年前，气温在波动中上升，不过也曾出现过两次急剧下降，尤其 8700 年前后那一次，是整个全新世中出现的极冷事件，这在中国及亚洲中部为首次发现。

距今 8500 ~ 2900 年前的中全新世，为大暖期。其中 7200 ~ 6100 年前的千年间为暖中之最暖。另有两次强高温事件分别发生在 8500 ~ 8400 年前和 3000 ~ 2900 年前，各为百余年。不过即使高温持续期间也有波动，低温事件出现在 7800、7300、5900、5400 年前。

距今 2900 年前晚全新世，气温开始波动下降，到距今 1000 年前降至最低点。

最近几百年的小冰期中发现 3 次冷事件，分别在公元 1420 ~ 1520 年、1570 ~ 1680 年、1770 ~ 1890 年。

——开钻有益，敦德冰芯迎合了期待：气候变化曲线所反映的，既与南北极冰芯和深海、黄土记录所显示的全球变化总体趋势大致同步，更为精细的同时，也反映了区域的特殊性。例如 2.3 万年的气候波动周期，是南北极冰芯中不存在的。随着后来更多冰芯数据被解读，区域差异甚至体现在青藏高原内部，例如降水量的南北差别。这中间的原因，很可能是高原南、北分别受到季风带和西风带的影响所致。

年龄最老——西昆仑古里雅冰帽冰芯（1990—1992 年）

古里雅冰帽位于西昆仑，敦德冰帽以西，两地相距上千公里。冰帽面积 376 平方公里，为亚洲中部最大冰帽。最高海拔 6700 米，打钻地点 6200 米，钻取冰芯 3 支，最长一支透底冰芯 308.7 米，底部已达基岩面；另两支分别为 93.2 米、34.5 米。长冰芯上部 120 米为 1700 年，通过数污化层和测稳定氧同位素获取，之下改用模型法推定。底部通过模型法和比对南北极冰芯中相关指标记录，为 70 万年！是迄今为止青藏高原所见最古老冰层。

经由古里雅冰芯上部 268 米，重建了过去两个时段的冷暖干湿变化：末次间冰期 12.5 万年以来，距今 2000 年以来。综合多份资料概述如下：

末次冰期划分为距今 7.5 万 ~ 5.8 万年早冰阶和 3.3 万 ~ 1 万年前的晚冰阶。两冰阶之间和最近的 1 万年系温暖的间冰期。但在末次间冰期中气候变化也相当剧烈，古里雅冰芯中所记录的，与现代平均值相比，最暖时高于现代约 5℃，而同一时期全球升温值不超过 3℃。

末次冰期可说是突然降临的。从开始降温到最冷，3000 年间气温下降 12℃。极端低温出现在 2.3 万年前，低于现代平均温度竟达 10℃之多！

末次冰期以来，距今 5.8 万 ~ 3.2 万年间出现异常高温，高于现代，几乎达到此前间冰期程度。同样的，也非一直居高不下，这一高温期中存在不少于 4 次的冷事件。

1.5 万年以来气温逐步回升，经历新仙女木事件降温之后，重回上升通道。9000 ~ 8000 年间有过降温，7000 ~ 6000 年间最暖，约高于现代 1.5℃。

进入人类历史时期，古里雅冰芯两千年来高分辨率的连续气候环境变化记录表明，公元初气温降低，降水减少，之后在波动中趋于升高和增大。但气温和降水变化趋势并不同步，滞后的是降水。

全新世冷暖，尤其两千年以来与敦德冰芯记录基本一致，与高原东北部所建立的树轮记录基本一致，仅在每一变化的起始和结束时间略有不同。

古里雅冰芯所记录的末次冰期中冰阶与间冰阶的温度变化，与极地冰芯记录有比较好的对应。但古里雅冰芯稳定同位素变化幅度较之极地冰芯要大许多。表明影响中低纬度气候变化最显著的是 2.3 万年岁差周期，而非地轴倾角 4.1 万年周期。通俗说来，与两极相比，同一时期大规模冷暖事件具有一致性，但是变化幅度不一，青藏地区变幅远大于两极地区。太阳辐射是驱动高原气候变化的主要因子，高原地区气候变化与太阳活动具有良好的对应关系，包括大周期 2.3 万年，小周期 200 年即双世纪周期和 11 年周期。

三年野外，三年室内，样品和数据的获得之不易，说几与生命等值也不过分。姚檀栋数十年冰雪生涯所遭遇的最大险情就发生在这里。那是在开钻期间某天下午，暴风雪骤起。遥见乌云汹涌而来，这位领队决定撤离，并亲自驾驶雪地摩托护送队友。抢送第一批还算顺利，只身返回时，遭遇风雪迷途，四面八方昏暗如墙。当意识到误入相邻一条冰舌，为时已晚，那里有或明或暗的冰裂隙，大晴天里也属禁足之处，其危殆可想而知。一边减速行驶，一边极力寻找标志物，同时做好了如果怎么样就怎么样的思想准备。正在此时，忽觉车尾后轮一沉，双手已将车头做 90° 转向，全身奋力前扑——雪地摩托掉进了冰窟。事后想来，如此险境中，意志和体力、经验和运气，说不准哪个更重要，或许是共同作用的结果吧，总之往下的情节发展是，匍匐前进两小时，终于脱险，与候在原地的第二批队友会合。一行五人在暴风雪中摸索了整整一夜，总算活着返回了营地。

冰芯取样，步步登高，下一目标，海拔 7000 米。

海拔最高——希夏邦马达索普冰川冰芯（1996—1997 年）

希夏邦马峰达索普冰川，旧称野博康加勒冰川，位于喜马拉雅山脉中部。打钻地点海拔 7000 米，钻取冰芯 3 支，长度均为 160 米，其中两支钻透冰层至基岩。定年方法：0 ~ 145 米以氧同位素和污化层定年，至公元 1440 年；145 ~ 154.6 米以冰川流动模型定年，至公元 1000 年。冰芯甲烷含量表明，达索普冰川底部远未触及末次冰期。

中美联合希夏邦马达索普冰芯钻取荣膺 1997 年度中国十大科技进展之一。所创多项世界之最中，除了攀登海拔最高、采集样品最多之外，还有高山工作时间最长、困难和危险性最大。希夏邦马峰海拔 8012 米，世界高峰排名第 14 位；达索普冰川像一条银质巨龙，以数千米高差、近乎垂直的坡度奔涌而下。汽车通到海拔 5400 米处，卸车，建起一号营地。从樟木口岸接回合作团队 13 人：美方队长汤姆森教授及其 3 位美国学生、1 位俄罗斯打钻专家、4 位秘鲁辅助工，另有中方雇请的 4 名尼泊尔登山向导，各操不同乡音的英语，像极了一支国际雇佣军。8 月 20 日，在冰川侧畔 5800 米处的冰碛阶地建起大本营。

4 台钻机是美方提供的先进设备，连同各种仪器总计 5000 公斤重量，全凭当地雇来的 20 多头牦牛，一趟趟从 5400 米驮到 5800 米。别看落差只有 400 米高度，人群和牛群整整运送了两天。但海拔 5800 米已是号称“高原之舟”的牦牛最高劳作上限，行程终点；所请当地民工，也因敬畏山神，就此止步。所以这 5 吨重的器材全部由中方队员从 5800 米背往 7000 米工作现场——负重攀登这一高度，其艰难程度是超乎想象的。像我这样早已适应高原生活的人，曾有过海拔 5000 多米山路上步行 4 公里的经历，到现在也找不到合适字眼表达每迈出一步有多难。所以当我看到荧屏上有女记者出现在珠峰东绒布冰川现场，敬佩之情油然而生。另有一次，我在向人介绍姚檀栋这位院士时，脱口而出的一句评价看似文不对题：“他是一个勇敢的人！”

此刻，这位勇敢的人正身先士卒，带领他的学生们当背夫，做苦役。这其中也有秦大河的弟子康世昌等，总之今天活跃在冰川学界的新一拨学科带头人，几乎全部通过了负重行进在 7000 米高度的考验。不过事后说起来，都很复杂的心情，既苦不堪言又难掩得意。这群书生先是往上背物资设备，然后是陆续往下背冰芯，总重量同样为 5 吨；再后来撤点，仍是设备行装，怎样来的还得怎样回，以至于两个月里，这条冰雪之路上每天都见人影蠕动：十步一小歇，百步一大歇，据说麻木得没了思想，唯有双腿在机械挪动。陡坡区积雪下隐藏有多条冰裂缝，多人次失足过，幸运的是每一回都被行囊、箱子之类卡住。尽管如此，每一回还都让大家吃惊不小。

上方打钻，相关考察同时铺开。蒲健辰读大学时与姚檀栋同窗，团队里“师叔”辈分的人，专业方面承担有关冰川物质平衡、冰层温度和冰川末端变化等一系列观测任务，同时负责协调运输诸事务。观测任务是一项需要团结协作的工作：雪风又大又猛，纷纷扬扬不是天上飘落的，是从地面“反扑”而来。一个人挖坑采雪样，往往好几人配合，围拢雪坑边充当屏障。测杆分布在方圆几公里，需要一处处走遍。松软积雪上，每走几步，停下来大喘几口气，又不敢多作停留，生怕误了定时测量的钟点；走也艰难，不走也难——那时用的是老式温度计，灵敏度低，每测一个冰层温度，少说也要候上一个小时，每一回几乎等到冻僵。所以几年后在普若岗日冰原，用上朱国才高工研发的高精度热敏电阻温度计探头，一下子将测温时间缩短到 20 分钟，感觉幸福多了，忍不住在一篇论述普若岗日冰原 80 米深冰层温度变化的论文里，对这个新产品详加推介，形同广告植入，颇具感情色彩。

9 月 10 日，7000 米处开钻。中方人员轮流上岗，每拨 2 人，一住 10 天。第二拨上来的是段克勤和田立德，接替老师姚檀栋和张永亮工程师。虽说此前已在两营地之间往返多次，但住下来还是不一样，严重的高山反应率先光顾了田立德，头痛恶心呕吐，躺在帐篷里一天两夜。挨到第三天下午稍好些，立马起身往新的打钻点转运设备。

一个站起来，另一个倒下去。“高反”后发制人更厉害，上山后的头两天还比较活跃的段克勤，随后几天简直痛不欲生。痛不欲生还坚持写日记，记下其时煎熬——

“清晨 7 时 45 分，该起身观测气象了。其实一夜没睡，高山反应头痛得厉害。一不小心碰到帐顶，顿时凝霜落进脖颈，浑身一个激灵。钻出睡袋，面对硬邦邦的雨鞋和因汗湿又被冻得同样硬邦邦的毡袜直发怵。真想重新躺下，那样头痛会好过一些，但是只能是咬紧牙关，用九牛二虎之力套上鞋袜……”日常生活中简单不过的动作，在这里都需要鼓足好大的勇气。那些日子里，每当同伴们发出“活着真好”“天堂是比出来的”之类感叹时，往往是为了一些微不足道的事情，比方说，是在严寒风雪中的跋涉过后，钻进帐篷的时候。年轻人私下里还给施老名言“豪迈的事业、勇敢者的事业”补充了一句：艰苦的事业。

就像佛教徒口中的六字真言那样，这位年轻人默诵着施老“语录”，为自己鼓劲儿，也为转移注意力。勉力钻出帐篷，走向曦光微明的山野，凛冽寒气中，用几乎握不住笔的手记录：观测表显示，-18℃，地温表显示，-24℃。凝视天空，天空正像一块巨大的蓝水晶；遥望东方天际，那儿泛起霞光，太阳将要升起。

如此这般坚持了 6 天，姚老师担心，派来人手，硬把小段提前撤换下来。因为前不久这里发生过不幸：汤姆森教授 26 岁的学生尚怀特，从尼泊尔入境，第一次上高原，高山反应严重，送回美国。本已好转出了院，孰料病情有反复，终于不治。后来汤姆森先生所在机构以尚怀特之名命名了一个基金会，永远纪念这位热爱冰川事业却英年早逝的人。

至 10 月 20 日，历时 40 天，以各长 160 米、全长 480 米、总重量 5 吨的 3 支冰芯的战绩，大功告成！撤点凯旋，全体总动员，再当一回背夫。此时海拔 7000 米处已是 -30℃，不少人手脚冻伤。虽属苦役，但返程在即，大家还是感到了轻松，都有了一览希夏邦马风光的好心情——你看蓝色天幕下，冰峰银光闪闪，似流非流的冰舌四下里漫延，冰水湖镶嵌在远山之中。凭高望远，草原上野驴奔走，牦牛点点，天地大美，纯净得一无杂质。拥有了眼下这一切，所经历的艰难困苦算得了什么。

汇总此次野外行动初步成果：

首次取得海拔 7000 米处的深孔冰芯 3 支，其中两支穿透冰川底部，到达基岩；

首次获取了海拔 7000 米处的冰面气象观测资料；

首次确认了在中纬度高山冰川上存在重结晶带，发展了冰川作用带理论；

首次获取了中国冰川的最低冰温记录，并观测了达索普冰川的积累量变化；

达索普冰川末端冰塔　单之蔷／摄影

普若岗日卫星图片　马颢钊／供图

首次收集了海拔 7000 米处的大气样本和粒雪层孔隙中的气体……

对于冰芯中两万多个样品数据的研究，在中美两国的实验室同时进行。前所未知的新发现陆续问世。成果之一是干雪带的发现，其中一个孔里提供了一个连续的带谱。这一发现是对冰川学理论的一大贡献。

达索普冰芯忠实记录了印度季风区气候环境，重要成果之一是关于甲烷的。田立德评价说，由徐柏青研究员主持的这项研究，够得上世界级水平。在此之前，甲烷含量变化研究在南北极冰芯中做得多，中低纬度冰芯涉及少，而中低纬度地区人烟密集，盛产甲烷，尤其热带湿地，正是大气甲烷的最大源区，这一点在达索普冰芯中得到充分证实。通过 550 年以来冰芯记录显示，甲烷含量高低与印度季风强弱呈正相关，从中归纳出甲烷记录的波动与气温变化相一致的规律；总体含量较之南北极同时期高出许多，公元 1850 年以来急剧上升，150 年里上升 1.4 倍。耐人寻味的是，两次世界大战期间，却为负增长。

另一重要成果，是从冰芯中发现了一个显著的低降水事件：公元 1790—1796 年最为严重的干旱事件。鉴于冰川积累量是当地降水情况的直接再现，在印度，有关季风降水的器测记录不足 150 年，这期间达索普冰芯积累量显示出与器测记录很好的一致性，从而以自然记录延长了人工记录，为在更长时间尺度探讨季风降水的变化规律提供了依据。

定年最准——藏北腹地普若岗日冰原冰芯（1999—2000 年）

普若岗日冰原最高峰海拔 6482 米，冰原面积 422 平方公里，打钻地点海拔 6000 米，钻取深孔冰芯 3 支，分别长 118.6 米、152 米、214.7 米。

普若岗日是两种语言的组合：普若，蒙古语“银碗”；岗日，藏语“雪山”，形象概括了这片冰原的样貌。藏北高原本身地势高亢，其上山脉绝对高度听来可观，若论相对高度，只能以丘陵之于平原地区好比了。普若岗日冰原位于藏北高原北部，可可西里南端，西藏那曲地区双湖办事处驻地东北 90 公里，地处无人区。200 多米厚度的冰层覆被，颠连 400 多平方公里，初步估算拥有 80 亿立方米的冰储量。是已知青藏高原上最大的冰原、全世界中纬度地区最大的冰原，换言之，除南北两极冰盖之外，就数它了。

既辽阔又平坦，正是冰芯采集理想之地。虽然这里每年降雨量不足 200 毫米，由于高而寒，全都以降雪方式得以存储；由于高而平，冰体流速缓慢，基本算是有效降水——从边缘数百米高的冰崖望去，一层一层逐年累积，形同树木年轮，甚至比树轮更精细，直观可辨季节线。这是由于冬夏两季降水极不均衡，夏季 5 月到 9 月占全年降水 90%，而冬半年的 11

月到来年 4 月，仅有 10 多毫米，且因风沙够大，形成明显的污化层，夹心在两个夏季纯净雪层之间。后来在最长的那支冰芯上部，凭肉眼可以数到 400 年时距，该段每一年层的平均厚度 250 毫米，这对冰芯人来说，真够奢侈的。

普若岗日顶部冰川确实如同略微倾斜的“银碗”，碗中天然库藏不仅让冰芯人欣喜若狂，从冰川地貌学角度观察，也是少见的理想之地，可做教学案例了：偌大冰原向四周山谷放射状溢出 50 多条冰川，冰舌末端连接广袤原野，荒漠草原和戈壁滩上，分布有大大小小的湖泊、高高低低的沙丘，这正是千万年里冰川作用的结果，冰融水和雨雪水由于冻土层阻隔，才在地表形成如此大片的湖泊沼泽。从 2000 年起，这里就成为冰川地貌学家易朝路研究员的研究基地，锁定的科研方向是古冰川变化与气候变化；重点研究对象包括冰原古冰川及周边古湖岸线。

对于冰原的发现和样品的采集，可谓一路吉星高照，幸运联翩而至，还有更大的惊喜在等待。如果说对于冰原的发现还属于“功夫不负有心人”的话，那么后来的万幸则是天上掉下来的。

214.7 米最长的那支冰芯，107 米以下渐被压实，数年层不灵了；到 210 米处，每 3 厘米集中了 35 年的冰层，只能借助流动模型定年。本来这一推定算式难以精准，所谓绝对年龄实际难求，然而幸之又幸的是，在冰芯 210.5 米处，有如天助，竟然出现了一个植物碎片！碳 14 测定，6490 年！

——自冰芯科学诞生以来，就被老冰层定年问题困扰，有谁不想利用成熟且误差率小的碳 14 帮忙呢，但想归想，若凑够一个可供测试的生物样品，理论上需要同一年层中上吨重的冰量，哪里去找！冰中杂质本就微乎其微，何况植物痕迹。南极就不消说了，即使在高原，也如同大海捞针。要不怎么说是幸运呢，这次真就千载难逢地“捞”到了。

普若岗日冰芯由此被视为青藏高原冰芯记录中年代最准确的长时序气候记录。借此还原的全新世中期 7500 年来冷暖往复及其起讫边界之翔实，可做标准柱了。目前中国境内钻取的冰芯中，唯有喀喇昆仑慕士塔格属典型的、以西风带水汽输送为主的冰芯；高原东部和南部的海洋性冰川，则典型反映了季风区降水环境。南北之间的冰川，是季风和西风过渡区。普若岗日冰芯氧同位素曲线与古里雅相比，具有相同的变化趋势，貌似全新世期间两地受同一气候系统影响。然而普若岗日位于古里雅东南方向，两地之间直线距离约 700 公里，更接近西风带和夏季风接合部前缘——鉴于季风的强弱变化会影响到降水气团的性质，而海洋性气团和大陆性气团的氧同位素有差别，所指示的温度变化有不同，所以现在谨慎给出的仅止于古气候趋势的定性，至于定量地给出冷暖到何种程度，具体多少度，总之我们最想知道的，很遗憾，暂时没被告知。

——从专家到大众太想了解“曾经”，因为当下变暖几十年，全球平均气温升高才 0.7℃上下，就深感威胁而哗然，而史前暖期曾经高于现代 3℃、5℃，或于百年间气温骤升骤降 10℃、8℃，搁在现代和不久的未来，真不知那将会是怎样的一番景象。

当然对于这个问题也可做逆向思考——世间大部众生，包括我们祖先，不都挺过来了吗？乐观派就是这么想的。

且看普若岗日冰芯记录的贡献：首先是准确明晰地彰显了全新世中期以来 4 次显著的冷事件；从中可见显著的周期变化存在，分别为 2500 年、750 年和 200 年 3 个周期，4 次冷事件皆为这 3 个周期的冷相位正好重叠的结果。4 次冷事件的中心年代分别在距今 6650、5950、3550、2950 年前，最冷时段各持续数十年到数百年不等；冷暖之间的逆转时距也不尽相同。

距今 7500 ~ 6800 年前，暖；6950 年前转冷，到 6650 年前最冷，历时 300 年。此次冷事件系青藏高原全新世降温幅度最大一次，但不知为什么，在全球各种载体的记录中，均未见报道，目前还说不清该归因于其他记录或有遗漏缺失，还是别处全无、唯青藏地区单独发生的事件。

距今 5600 年是一个节点，之前总体寒冷但波动剧烈，之后逐渐升温，4800 ~ 4000 年前，温暖；从 4100 年前又一轮降温开始，到 3550 年左右最低，历时 600 年。剧烈波动之后，2800 年以来，气候相对稳定，并在波动中逐渐变冷；400 年前起，气温有上升趋势。20 世纪所对应的，正是 2500 年周期的暖相位。有关普若岗日冰芯的资料和数据，主要采自《中国科学》2012 年第 42 卷第 9 期刊发的《青藏高原中部全新世气候不稳定性的高分辨率冰芯记录》一文，作者段克勤、姚檀栋、王宁练、徐柏青。

这期间的冷事件对于史前文化的盛衰兴亡产生了重要作用。中华文明及各大河文明正是在这样的冷暖交替中孕育和发展，或中断或消失。“全新世”之命名，盖因从此人类拥有了全新世界而定义。

总之，普若岗日冰芯是目前来自青藏高原全部冰芯样品中定年最准、可信度最高的冰芯。幸运之说是相比较而言的，不走运的情况时有发生。1984 年中国冰芯首钻选在天山乌鲁木齐河源 1 号冰川，因融化渗水而报废；2003 年曾在慕士塔格海拔 7010 米处，创下冰芯高海拔之最，千辛万苦可想而知，然而 5 支冰芯中竟有两支发现裂隙断层；2006 年纳木那尼冰芯也因上部融化而险些前功尽弃。由此期待普若岗日冰原带给我们更多好运。就为这个大冰原宝地的存在，中科院青藏所在珠峰、纳木错、林芝和阿里建站之后，决定在双湖建立定点观测站，易朝路研究员就任双湖站站长。

规模最大——还是古里雅（2015 年）

科考队大本营，海拔 5500 米；冰芯钻取点：一号营地海拔 6200 米，二号营地海拔 6700 米。

此距首次挺进那片西极大荒已然过去 1/4 世纪，位于西昆仑的古里雅冰帽依然好端端待在那里，既未见消融迹象，亦未见人为干扰。正是由于格外稳定甚至略有前进的特质，相较于高原南部、东部冰川的缩短消瘦减薄，才愈显其弥足宝贵，才吸引了“冰芯人”的目光再度投向。说规模最大，首先指科考队阵容，“酷寒战士”60 人，确属前所未有的规模；还指声势浩大，特别成员包括宣传媒体中央电视台和五洲传播中心，另有独立撰稿人等，总计 8 人。尤其央视新闻频道特辟专栏助威，“问鼎昆仑科考记”标题响亮，不时连线陈琴现场报道，让全国人民足不出户即可围观冰川雪原的壮美——当数百米厚度的冰雪巨幕骤然而现的时候，那是名副其实的视觉盛筵；然后是银白大地上绽放的蘑菇状橘黄军绿各色帐篷，看上去浪漫而美丽，只是当镜头对准风雪中跋涉者的身影及其“尊容”时，才将观众目光拉回到现实的艰辛：古里雅地处无人区腹地，不见牧户人家，自然也就没有牦牛充当运力帮手，营地之间大量物资设备转运，靠雪地摩托，靠滑轮，可是连这些运输工具也时常需要人力搬运。就像自重即达 350 公斤的两辆雪地摩托，无法自行开上作业面，又无法拆卸，只好蜂拥而上肩扛手抬，于是我们看到在徒手行走都很艰难的海拔 6000 米以上高处，科考队员如何迎战这一巨大挑战的场景画面……

报道口径统一为“五国联合科考行动”，哪五国？中国之外，尚有“美国队长”汤姆森教授所率 10 人团队，国籍分别为美国、俄罗斯、意大利和秘鲁。所以实质构成仍为中美双方，姚檀栋、汤姆森这对“坚冰”搭档数十年合作模式的持续进行时。两位领军人物初见古里雅那年，正值三四十岁好年华，汤姆森教授 44 岁的生日还是在古里雅度过的，标志性场景，是用一截冰芯做烛台，点燃生日蜡烛。再次联袂而来，姚院士刚刚年过六旬，“美国队长”汤教授 67 岁，怀揣移植来的心脏，重复接受高海拔缺氧环境严峻考验，相比两年前曾经上过藏色岗日海拔 6000 米高度，这一次再创奇迹：6700 米！并且是一住 7 天，亲临打钻现场，亲见 3 支透底冰芯被逐段取出。直到返回 6200 米营地，终因服用抗排异药物导致的免疫力下降，咳嗽加剧且感染严重，在随队医生力劝下，方才离开。

涉及外方队员，其中俄罗斯专家值得一说。不是说他们本人，是说由此而生发的感慨。想当年，半个世纪之前的当年，祁连山七一冰川跟前，中国现代冰川学刚刚发端的时候，现场执教第一人是谁？苏联专家道尔古辛；第一本冰川学教材来自哪里？译自俄文的《现代冰川指南》。所以说，苏联专家实乃中国现代冰川学启蒙老师，然而此后在科考领域的“牵手”却是命运多舛：1960年前后的珠峰登山科考合作未遂，1990年前后的青藏冰川联合考察半途而废，没想到的是，俄罗斯专家是以追随汤姆森教授、参与美方队伍的形式，从敦德冰芯开始，一回回跟进上高原，做雪地摩托的好骑手，冰芯钻取的操作手。这一次使用的设备，也是俄罗斯制造的大钻机。

原定计划中的打钻设备拟用本所研发的轻型钻机，由张永亮师傅上阵，直到出发前临时变更方案，主要是考虑到这款钻机的优越性体现在两百米深度以内，古里雅冰帽厚度则超过300米，而冰芯获取是外业的重中之重，成败在此一举，所以临阵换将也换了武器。原计划野外工作一个月，结果超时20天，任务艰巨复杂是一个方面，这中间还出现了一个反复：首钻选在冰帽肩颈部海拔6200米，20多年前钻孔附近，却不料在71米深处遭遇断层，临时决定转战6700米顶部，一周时间打出3支长度均为51米的透底冰芯；重返6200米，这一次顺利提取到309米长度的冰芯，透底的。

这些情况是后来听邬光剑研究员讲述的，报道团队没能跟进到最高点的二号营地，提前撤离啦！只留下一部摄像机请求代拍，后见五洲传播中心的摄制组据此编出一集专题片。“70后”的小邬老师担任了本次野外考察队队长、一线总管，人称“邬队”。2015年8月21日他率领首批队员从拉萨出发，到10月21日带最后一批队员返回拉萨，野外活动整整两个月，圆满完成阶段目标。满载而归的，还有直径10厘米、长长短短的冰芯，纵向一剖为二，一半赴美，一半留拉萨，实验室研究将分头进行，终极目标一致：确定底部绝对年龄，依据多项指标重建N个万年以来青藏高原乃至北半球的气候变化序列。

上一年8月份在拉萨的青藏所，见邬队正为此次行动做准备，时隔一年，2016年国庆节前一天，在北京的青藏所找到他，就为了解室内研究进展，心怀了先知为快的渴望，其中第一关切，还是冰芯的底部年龄：“到底”多少万年？

对于这一点，其实科学家与我们大众的心情差不多。1990—1992年古里雅行动中，同样一支309米透底冰芯，底部为70万年的结论虽然并非轻易得出，毕竟是参照了其他指标带有推算性质，质疑难免。这一次借助发展了的测年手段，满心指望予以验证，从中获得令人信服的年代证据，所以他们比起大众更多一层悬念。只是测年过程既关键又精细，需耗时甚久，小邬老师解释说，实验室工作与野外作业不同，不是单凭勇气和拼命或加班加点就可以完成的，一句话，还需要耐心等待。

另一被公众关注的话题，在全球冰雪普遍消融的今天，古里雅乃至西昆仑的冰川是前进了，增厚了，还是相反？虽然单凭直观的一眼望去，20多年前冰帽前缘的几座冰川湖已被推进的冰体覆盖，显见是前进了，但是最终还是要靠数据说话。姚檀栋院士指导几位助手为这次野外考察做足了准备，此际亲临现场，使用 1992 年绘制的古里雅冰帽图以及 2003—2009 年 ICEsat 卫星数据，在古里雅冰帽实测了 70 个点位的冰面高度，发现从 2004 年夏季到 2015 年 10 月份，古里雅冰川厚度增加了 1 米之多，其中 2007—2015 年这段时间内，增幅 20 ~ 30 厘米。

关注科考行动本身以及对于未来成果的期待之外，作者我对于此次古里雅行动更多一些个人化的感慨。怎么说呢？向往已久是肯定的，想跟着走一遭现场体验一番的愿望也是有的，表达过，姚院士也当场表示了欢迎态度，最终没去，实在是出于自知之明，别给人家添麻烦的心理，所以只配当个电视机前的看客。当见到屏幕上出现陈琴手执话筒的形象，心中顿生敬佩之意，甚至到了敬仰的程度。有一次跟田老师谈起，每见这类场景，为什么我首先佩服的不是你们而是现场报道的人尤其是女记者呢？田老师说他的心情跟我一样，也是特别佩服，认为他们本可“养尊处优”，却跟着去那么高的地方吃苦受累，云云。然后我们共同“发现”

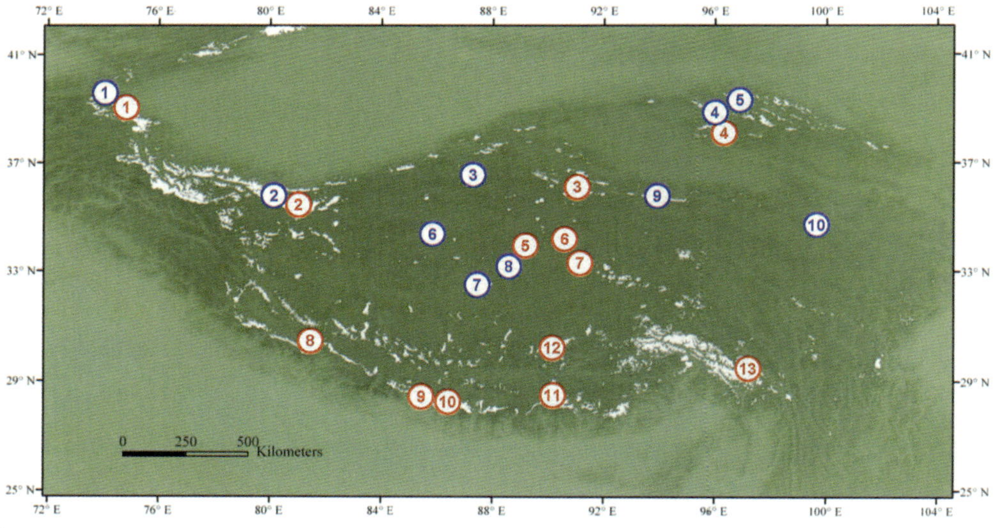

青藏高原冰芯钻取点分布图　邬光剑 / 供图

①慕士塔格(*95m) ②古里雅(*309m) ③马兰(101m) ④敦德(*140m) ⑤普若岗日(215m)
⑥各拉丹冬(145m) ⑦唐古拉(189m) ⑧纳木那尼(*157m) ⑨达索普(168m) ⑩珠峰(*140m)
⑪宁金岗桑(*55m) ⑫念青唐古拉(*124m) ⑬作求普(116m) ①扩扩色勒(188m) ②崇侧(215m)
③木孜塔格(166m) ④胜利峰(*90m) ⑤老虎沟(*173m) ⑥藏色岗日(*208m) ⑦木嘎岗穹(82m)
⑧羌塘(*108m) ⑨玉珠峰(87m) ⑩阿尼玛卿(56m)

图中红色标记是已发表文章的冰芯，蓝色标记为尚在分析的冰芯；括号内数字是冰芯长度，多根冰芯的取最大值，带 * 的为透底冰芯。

一现象：截止到目前，青藏研究事业的跟访者、传播者大都为女生！屈指数来，不遑多让，本大姐算是较早介入的；然后是温瑾，她写过《青藏高原科考访谈录（1973—1992）》，虽说是录音整理，但看得出谋篇布局是有设计的，访谈也是需要经验和技巧的，何况最终呈现的文字好极了；然后是央视美女记者陈琴，特别适合出镜，从珠穆朗玛到西昆仑，无论多么艰险的处境，依然光彩照人。与她同往古里雅的还有一位名叫邱瑾的，特点是学者型，听说英文很棒，时常在国际学术期刊就青藏研究进展进行跟踪报道，就连青藏所负责宣传工作的也是一位小女生，在读博士生小戴，戴玉凤，兼管该所官网和对外报道诸事宜……

这一谈资令人愉快，笑说或许就来自女子天性中的英雄崇拜情结吧！

最新突破——从纳木那尼冰芯（2006 年）到敦德冰帽冰芯（2016 年）

纳木那尼峰位于西藏阿里地区普兰县，是喜马拉雅山脉中国境内的西部高峰，隔了一座圣湖玛旁雍错，北望神山冈仁波齐。这一年秋季，中美合作钻取纳木那尼冰芯，在海拔 6100 米处奋战两个月，从一条最大最平缓的冰川上获取 3 长 1 短 4 支冰芯，总长度 420 米。要知道这是在喜马拉雅西部首次打钻，满心指望从 3 支透底冰芯中获取末次冰期以来的各项数据，不料进了实验室才发现问题：冰川上部年层不见了，无法进行冰芯定年，而定年是冰芯研究的前提。据判断，不仅近年间的雪冰无存，连带公元 1950 年以来的冰层也似全部融化——其后对该峰冰川变化多年监测结果，5 年里减薄 2 米，上推半个世纪，消失掉的少说也有二三十米吧！由此导致这批冰芯只能于冷库中继续被“雪藏”，至于何时解封，看似无期。

两年前听田立德回顾这一历程，不言两个月里工作在海拔 6000 米以上多么艰苦，单说往下背送冰芯样品多么困难：400 多米的冰芯总重量 4 吨多，按 1 米长度截开，15 名中方队员每人每次 3 根，从 6100 米背到 5600 米，往返一趟需要 6 ～ 8 小时，整整用去 10 天时间。5600 米处改由 20 头牦牛接力运送，驮到公路边的冷冻车上。可是牦牛走的路崎岖难行，主人心疼牦牛，通常一两天后就不干了，任凭你说了多少好话，许给多高报酬都不干，若有损伤照价赔偿也不干，理由是不到屠宰年龄，它们还要吃上明年的青草呢！所以为雇牦牛，把山下的远近村庄都跑遍了。吃苦受累没关系，难过的是结果不如人意——阿里地区气候干热，竟连 6000 多米高处也难保新冰层啊！

那一次采访听田老师叹气，遗憾又郁闷：继 1990 年的古里雅冰芯之后，再没找到老龄冰川，上万年的都稀见了。相比围绕冰芯做细化研究的各专业，田老师从事的依然是冰川学基本课题：冰川变化宏观视野——冰川物质平衡，即冰川大小、厚薄变化之类“收支”问题。

一般大众习惯于从冰川前进抑或后退的视角看问题，而专家们紧盯厚度体积——厚了薄了、胖了瘦了的改变，对于冰冻圈水文水资源变化的影响更为关键。这一课题国际上都很重视，西方科学家曾于2003—2009年间通过ICESat卫星雷达进行过全球冰雪的面上扫描，同时使用更高精度（误差仅为几厘米）的激光技术“打点”，通过返回接收获取精准数据。这其中也包括青藏高原多条冰川、多个点位上的数据被采集，成为冰川物质平衡监测的权威依据。近年来田老师奔走高原各地，用GPS探地雷达实地测算，所得几乎尽为减薄结果：纳木那尼冰川2008—2013的5年间，冰雪厚度降低了两米；念青唐古拉山羊八井段更甚，短短一年里竟然减少了80厘米！而同一时段进行观测的藏北双湖境内羌塘1号冰川，则表现稳定，几无变化。

藏北高原三大冰川群包括普若岗日、藏色岗日、木嘎岗穹，地跨那曲和阿里两地区，国家级羌塘自然保护区核心部位。普若岗日冰原以422平方公里的面积，位居中低纬度冰川规模之最，其景观为冰川、湖泊、沙漠伴生，三位一体：湖泊分布于冰原周围，靠冰川融水补给；湖泊和冰原之间则为大面积的冰川型沙漠，仅在冰原以东沙漠面积即达500平方公里以上。经中美联合科考之后，普若岗日冰原已被旅游部门定为“国家科考重点景区”，有限度地向社会开放。藏色岗日冰原主要位于阿里革吉县境内，面积规模不及普若岗日，但享有厚度“之最”：2013年以雷达对其中8个冰川厚度剖面的测量结果，发现最大厚度达320米，是目前已知青藏高原冰川最大厚度。尼玛县境内的木嘎岗穹是三大冰川群中面积最小的，具备冰芯研究的潜质也是最晚被发现的。以上三大冰原以其稳定性均已被钻取过冰芯。

所以“哪里才能找到老冰”就成为心结，结论是北望西风带才有希望，于是藏北高原三大冰川群就成为近年关注重点，于是西昆仑才被再度提上日程，才有了规模和声势颇大的古里雅行动。

然而曾几何时，仅仅隔了一个冬季，田立德再上古里雅，同样是取冰芯，不过所采者并非柱状而是块状，并非从冰面纵向打钻，而是手持电锯沿着岩石基底面横向切割——专采老冰，却是为何？

原来就在不久前，定年技术取得突破性进展：借助冰芯封存的空气中的放射性惰性气体同位素氪-85（人工核裂变产物）、氩-39和氪-81（宇宙射线在大气中的产物）不同的半衰期，有望在百万年时间跨度内实现冰川冰的精确定年和连续定年！这项属于量子信息范畴、名为“原子阱单原子灵敏检测”的痕量分析技术本为物理学家的工作，经由中国科技大学研

2016 年田立德率队再赴古里雅，这一次是选择冰川底部冰层，用电锯切割成块状冰芯，准备借助新手段为最老冰芯精确定年　田立德 / 摄影

究小组与美国阿贡国家实验室研究小组合作攻关，已经率先在南极冰芯中成功进行了展示性应用。

对大众而言这是一个完全陌生的领域，难免好奇，伴随着冰川学诞生以来的定年困扰，就将被解决了吗？这一次答复疑问的是徐柏青研究员，讲起这一过程难掩兴奋之情——

这三种具有精确定年潜质的稀有元素同位素作为地球与环境科学中理想的示踪同位素，虽然早在半个世纪前就已被认知，只是苦于丰度极低，无法从中提取。少到什么程度？氩 -39 含量为 10 的负 11 次方（千亿分之一），氪 -81 为 10 的负 16 次方（亿亿分之一）。新技术的关键在于，不仅可以捕获它们，而且能够将之富集。具体做法是，将冰芯中的气泡打开，取出其中空气，拿到原子阱上，剔除其他空气成分，然后在电子显微镜下，可以清晰观察到它们悬浮于原子阱上方的磁场中。至于定年范围，氪 -85、氩 -39 和氪 -81，覆盖了从几年到上千年，以及 4 万年到 140 万年的时间区间，正好填补了碳 14 未能覆盖的范围。

——冰芯中可做碳 14 定年的，也不限于植物残片之类生物质了，黑碳作为不溶性有机碳，在过去的自然界也是存在的，通过过滤提取，可做定年之用。目前这项世界领先的原子阱痕量分析技术从冰芯包裹的气体着手，未来应用前景却十分广阔，将对环境、地质、水文、气候和海洋等领域研究起到巨大的推动作用。

所以继古里雅补采老冰之后，徐柏青又率队抢在严冬之前，赶赴祁连山敦德冰帽，进行综合科考的同时，钻取透底冰芯，兼及底部老冰采集，以确定冰帽形成时的年龄。此距 1987 年获取敦德冰帽首个深孔冰芯已经过去 30 年，回想 1989 年相关论文在美国《科学》

杂志发表时，虽在国际上引发热烈反响，但其中不乏质疑声音，主要是对最老冰层的定年确认。现在有了同位素的神奇利器，此行任务值得期待。

但还是稍晚了些，10 月中旬开进祁连山海拔 4300 米的圣虎雪山牧场，建起科考大本营，向海拔 5320 米冰芯钻取点运送物资途中，遭遇暴风雪，气温骤降至 -20℃。这群惯于严寒外业的勇士，居然也前所未见地出现多人手脚冻伤的危情；加之缺少机械化如雪地摩托、驮畜如牦牛的必要运力，运送物资装备和冰芯的工作全赖人力，所以徐老师才说，较之上一年的古里雅，这一次反而更艰苦——没能用上雪地摩托，是因为大本营距打钻点 15 公里全是山路，无法行驶也无法拆卸的大家伙根本就上不了山；大本营所在地倒是牧场，只因青海境内饲养的牦牛早已不再作为驮畜，只用了几天，无奈放弃。

姚檀栋院士顶风冒雪亲临打钻现场的当晚，第一根总长 132 米的冰芯顺利提取出来；之后他来到早年科考时的前进营地，观察冰川变化，结合卫星数据，结论为：敦德冰川在过去 30 年里相对稳定，并未出现明显退缩。

“美国队长”汤姆森教授为何没来？徐老师解释原因，一来是考虑到他的身体，不想让他再冒一回险，二来也没那必要，实验室里继续合作共享就是了。所以此次行动中，清一色“国产”化：总共 25 名队员，来自青藏所和兰州的冰冻圈实验室，使用的是朱国才先生研发的轻型钻机，由张永亮师傅掌钻操作。明年一开春，徐老师还将率队再赴普若岗日，任务和目标与古里雅和敦德相同，其中最重要的，是集中精力和资源，一举破解高原北部冰帽发育之谜——每一项新技术的诞生，必然会带动、会催生出一批可观的科研新成果。

幸好 11 月初天气难得放晴了几天，打钻和运送冰芯任务完成的同时，冰川末端老冰样品的采集和气象站的架设调试等项工作也得以顺利完成。而自动气象站和测量花杆的布设则意味着从此纳入监测网络——不用再等上 30 年，祁连山，敦德冰帽，我们还会不时相见的！

风雪中徒步运输物资装备

晨光中的敦德冰芯打钻点，海拔 5320 米

前往打钻点运输冰芯的科考队员每天穿梭在风雪之中：早上从冰川末端出发还是艳阳高照，但上行不到一半路程天气变坏，乌云从西北部汹涌来袭，霎时间狂风肆虐，挟带着冰冷的雪粒呼啸而过，打在脸上犹如针刺。能见度降低到不足 10 米，人们只能蜷缩着身子一点点挪动。到达打钻点后，全都冻得直打哆嗦，呼吸产生的水汽也在防护面罩上结成厚厚的冰霜。在打钻点稍事休息之后，队员们用背包将冰芯包裹好，装进雪斗，运往前进营地。再以积雪覆盖冰芯，暂存于冰川末端，然后由人工往下运送至大本营冷冻车上保存。

本次敦德冰帽野外科考历时 40 余天，考察成果丰硕。科考队在冰川积累区顶部海拔 5320 米处共钻取 3 支透底冰芯，总长度 396 米；在冰川消融区海拔 4950 米获取 3 支透底冰芯，总长度 45 米；获取了敦德冰帽 1 米分辨率的钻孔冰温数据；在冰川末端架设自动气象站一套；在冰川表面沿科考路线布设冰川物质平衡测杆 15 根；获取了不同海拔梯度的数百个表雪和雪坑样品；采集了冰川末端末次冰期最盛期以来不同阶段的冰碛垄岩石样品等。这些宝贵的资料将为后续的研究工作提供保障。

考察队中还有一批来自藏东南然乌湖畔来古村和雅贝村的年轻人。这两个村庄的年轻人参与青藏所野外科考已有 10 年。最早的参与者四郎已被青藏所录用为慕士塔格野外观测站的工作人员。

文图见游超博士报道：《青藏卓越中心科学家完成祁连山敦德冰帽野外科学考察和冰芯钻取》。

考察队中的藏族队员合影（自左至右：拉巴、贡秋、次旺、扎西、普布、四郎、江村） 邬光剑 / 供图

敦德冰芯钻取野外考察队合影（2016 年 10 月 28 日拍摄） 邬光剑 / 供图

朱美林博士和王盛博士在敦德冰川架设自动气象站（2016 年 10 月 20 日拍摄）

在冰芯定年技术新成果有望出现之前，还有一项重大突破，既是理论的也是方法的，并且不限于冰川学而是普适于古气候环境研究领域，具有坐标意义——突破点正在季风与西风。对于大众而言，内容虽然专业，但是单看两幅图片，大气环流包括周边风向的运行还是清晰可见的。

在全球变暖、高原尤甚的当下，冰川能够保持原状尚且不易，遑论前进和增厚！感谢古里雅、敦德和普若岗日的冰雪馈赠，不仅确保了冰芯作为研究素材的可靠性，同时证实了姚檀栋院士 2012 年发表的、现已为全球科学家广泛引用的论点是正确的。

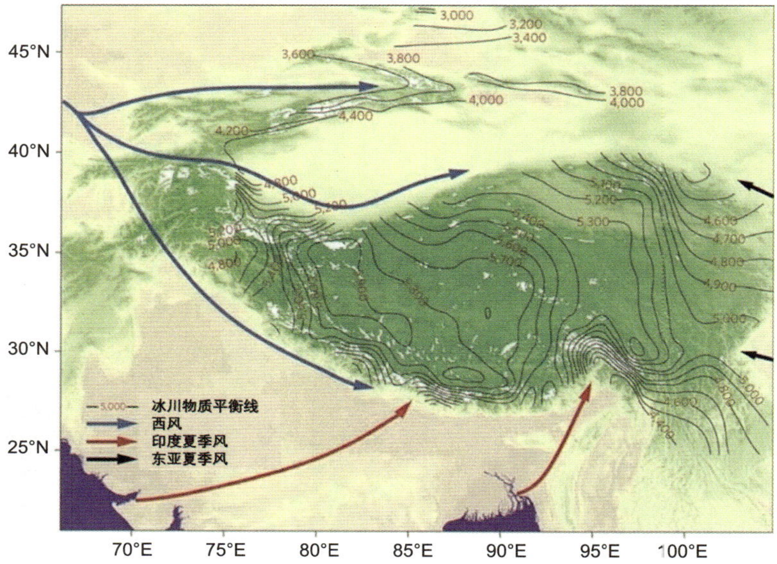

季风和西风影响下青藏高原及其周边冰川及平衡线高度 (ELA) 空间分布
姚檀栋 / 制图

姚檀栋院士 2012 年发表在《自然—气候变化》(Nature Climate Change）的文章认为，近年来随着印度季风明显减弱、西风环流明显加强，表现在降水量，高原南部降水减少而北部增加；表现在冰川，南部喜马拉雅地区冰川消融比较剧烈，越往高原腹地，萎缩程度越小，到喀喇昆仑地区，有些冰川如慕士塔格冰川，甚至出现物质平衡（补充与消融）转“正”的情况。此前已经发现高原夏季降水存在南北此消彼长、反向变化的规律，注意到北大西洋涛动对青藏高原夏季降水的影响及其机制，追踪西风来自哪里去往何处，何以存在强弱变化。其中西风带路径上水汽的运移特点是这样的：水汽在北大西洋上空含量最大，后在输送途中既有补充，更多分流，其中一小部分抵达青藏高原西部时分道扬镳，一部分在高原南北两侧一分为二，中间进入高原的这部分带来西风带降水；南侧一支则与西南季风气流相遇，共同作用于南部高原降水——北大西洋气候区就这样通过西风带与青藏高原气候变化联系起来。

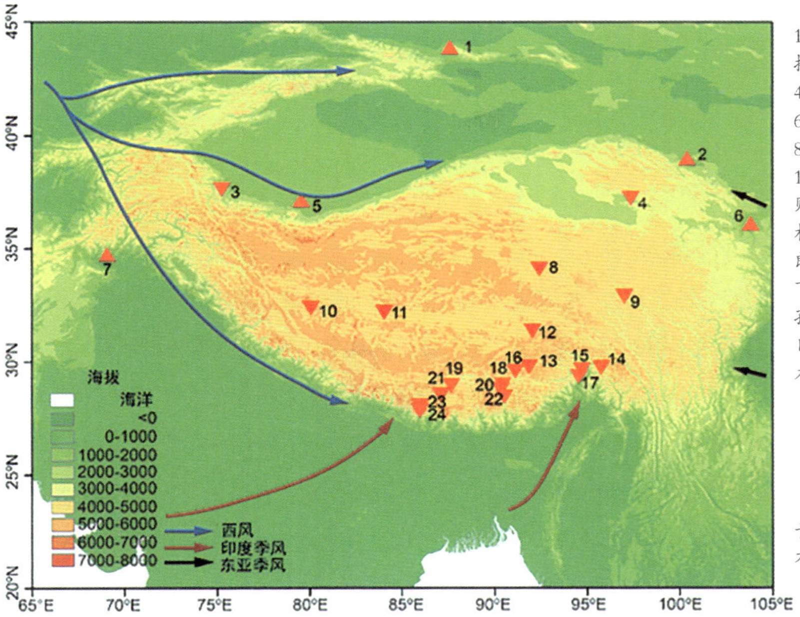

1- 乌鲁木齐，2- 张掖，3- 塔什库尔干，4- 德令哈，5- 和田，6- 兰州，7- 坎布尔，8- 沱沱河，9- 玉树，10- 狮泉河，11- 改则，12- 那曲，13- 羊村，14- 波密，15- 鲁朗，16- 拉萨，17- 奴下，18- 白地，19- 拉孜，20- 翁果，21- 定日，22- 堆，23- 聂拉木，24- 樟木。

青藏高原气象站点分布图 高晶 / 制图

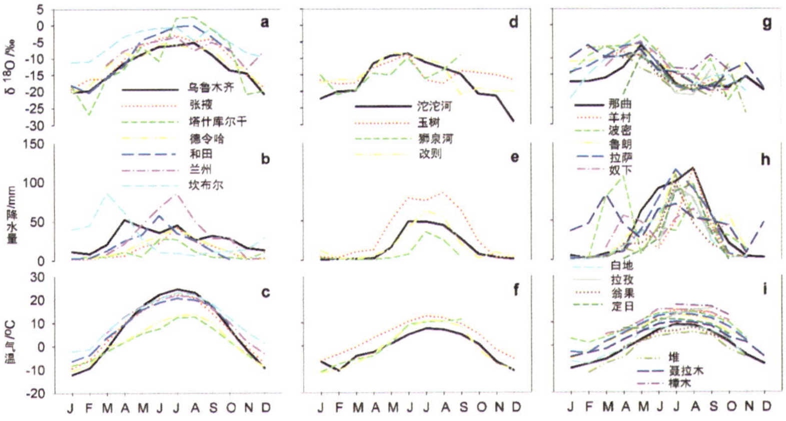

青藏高原降水稳定同位素揭示的西风模态（a,b,c）、印度季风模态(d,e,f)和过渡模态(g,h,i)。横坐标为月份，其中J、F、M、A、M、J、J、A、S、O、N、D依次分别代表1月至12月。摘引自《2014科学发展报告》，高晶 / 制图

这项研究建立在大数据挖掘基础之上，通过对青藏高原24个站点长于10年的观测降水氧稳定同位素分析，结合高精度稳定同位素大气环流模型模拟分析，建立了一个目前最完整的青藏高原降水氧稳定同位素数据库；发现印度季风和西风对青藏高原降水中稳定同位素有决定性影响：印度季风模态表现为降水氧稳定同位素在春季达到最高值，自5月开始迅速减小，8月达到最低值。西风模态表现为降水氧稳定同位素与气温和降水量具有相同的季节变化模式，即夏季高值，冬季低值，其降水氧稳定同位素与气温有显著正相关。过渡模态表现

为降水氧稳定同位素没有明显的冬季或者夏季的极值，其与气温和降水量的关系也较其他两个区域复杂。结合大气环流分析，发现西风和印度季风的相互作用是青藏高原降水氧稳定同位素三种模态的核心驱动力。（摘引自青藏所官网 2013.11.18 报道）

2013 年，一篇题为《青藏高原降水稳定氧同位素揭示印度季风与西风相互作用的三种模态》的重磅论文发表在地学领域最具影响力期刊之一《地球物理学综述》（*Reviews of Geophysics*，作者姚檀栋、高晶等），通过青藏高原现代降水稳定氧同位素的时空变化特征，揭示出印度季风与西风相互作用的三种模态，即印度季风模态、西风模态和过渡模态。

——这一突破成果太专业，想要转述不容易，为此我曾请教论文通讯作者高晶博士，在她的耐心解说下，终于一知半解领会到：该研究主要利用过去十多年的青藏高原降水稳定氧同位素观测结果和稳定同位素大气环流模型，开展了系统的事件尺度的降水氧同位素分析，确认降水氧同位素可以作为西风和季风相互作用的指标。这三种模态的发现具有重要的科学意义：西风模态对应青藏高原及其周边地区冰川退缩微弱并有部分冰川前进的地区，印度季风模态对应青藏高原及其周边地区冰川强烈退缩的地区，过渡模态对应青藏高原及其周边地区冰川退缩过渡区。简言之，这三种模态决定了青藏高原冰川、湖泊、植被、灾害等的空间变化格局。这一研究更深远的科学意义在于其系统揭示了青藏高原降水氧同位素的变化与各种气象因子的关系，进而揭示了大气环流（西风和印度季风）对青藏高原降水氧同位素时空变化的驱动机制，为定量解释稳定同位素古气候记录提供了科学依据，也为建立古气候和古海拔高度模型提供了重要科学参考。

荣获 2014 年度国家自然科学奖二等奖的“青藏高原冰芯高分辨率气候环境记录研究”，就包括了上述重大突破，集中了冰芯研究多年成果，请看获奖理由：

“青藏高原冰芯高分辨率气候环境记录研究”在监测青藏高原现代降水气候意义的基础上，开展了包括 12 根冰芯的古气候意义与环境变化重建工作，并研究了末次间冰期以来青藏高原气候环境变化及其与周边地区的关系。该研究建立了降水稳定同位素与气温之间关系的定量模型，发现末次间冰期以来青藏高原气候存在不稳定性，发现了冰芯微生物变化可以作为过去气候环境变化研究的新指标。研究成果提高了对青藏高原过去气候环境变化特征的认知水平，提供了未来气候环境变化情景预测的新依据，同时也促进了稳定同位素指标在其他古气候研究领域的应用。主要完成人为姚檀栋、秦大河、田立德、王宁练、康世昌等。

冰芯将人类活动记录在案

冰芯数据——冰芯研究主要成分指标：

自然活动：稳定同位素，冰川积累量，大气成分，火山活动，气溶胶与微粒，微生物体，等等。

人类活动：重金属记录，有机污染物，人为放射性物质，温室气体，碳黑记录，等等。

以上诸项皆自成专题，专题之下还有小专题，分支中再分支，那情形可拿大树作比喻，枝繁叶茂又同气连枝。以当今大气气溶胶的微粒举例，可见这一微观世界之庞大：肉眼可见的一朵雪花或雨滴，包含多少原始冰晶或小水滴？一百万个！“1”后面再加6个“0”。它们各以一个杂质粒子做核——凝结核，各自聚成小冰晶小水滴，进而抱团为肉眼可见的雪花和雨滴。实验室里的工作就是要把这些微粒析离出来，把粒径量度出来，把含量变化和化学成分变化测试出来，从中了解大气粉尘演化历史，粉尘来源地，探明冰期、间冰期大气环流如何改变……

大自然是有规律可循的，气候波动有其周期性，基于此，我们才有理由认为认知过往、预判未来成为可能。回答当下的变暖将持续多久、多大幅度，最直接的方法是拿现在同过去相比较，至少在理论上取决于相对应的历史时期的气候变化幅度，舍此别无他途，就像常说的“以史为鉴”。问题在于，一方面尚需多多益善的证据，更多冰芯和冰芯以外多种介质的气候记录，寻找对应；更重要的，导致气候变化的驱动机制相当复杂，某个因子改变，所有因子跟着改变，大周期中有小周期，所谓“周期波动”并非恒定，著名的“测不准”原理，即以股市和气象例举。古话讲天有不测风云，现代话讲蝴蝶效应，所讲均指变数大于定数，诚如斯言哉！

尤其让科学家们感到棘手的是，人类活动在多大程度上干扰了自然进程，为周期波动增添了多大变量：目前的全球变暖，究竟是自然力量主导，抑或人为因素使然，这是个问题。因为按照第四纪冰期以来10万年周期——每一周期大致表现为9万年的冷和1万年的暖——全新世暖期已让我们享用完了1万多年，按规律该进入寒冷期才对，缘何还在持续升温呢！

来自人类社会的干扰，已在冰芯记录中彰显：地球生成以来从未有过的非自然物质成分，或本底微量存在之物，俱在冰层中现身甚至密集现身。就说放射性污染层吧，自20世纪50年代初美苏相继进行核试验，放射性物质乍现，高峰值一在1963年，一在1986年。前者是因美苏两国达成协议，约定1963年开始全面禁止大气中的热核试验，导致两个超级大国抢在禁令之前密集核爆。核污染由北而南，几年里随雨雪沉降地球表面，继1963年最高峰值出现在慕士塔格冰芯之后，由于大气环流输送的滞后作用，1964—1965年现身在南极冰层。

放射性物质再次光临慕士塔格冰芯，来自1986年切尔诺贝利核泄漏事件。当年4月26日，位于乌克兰首府基辅北郊的切尔诺贝利核电站严重泄露，10天内连续向大气中释放了大量放射性物质。最初几天主要向西输送，但随着风向变化，转送多个方向：5月4日抵达中国；次日，印度；5月5日、6日，美国和加拿大……人们曾普遍认为此次核泄漏影响所及，仅限于北半球，后来才从南极大陆浅冰芯中，见它出现在1988年初的冰层中，与上一次核污染程度相当。

两次核印迹，不意为短时间尺度的冰芯定年提供了重要参考层。这还只是带有突发性质的事件，只要未来不爆发全面核战争，自毁地球家园，其影响或许到此为止。真正对气候变化起作用的人类活动，首先体现在有害气体排放和重金属污染，至于对生态环境破坏造成的影响，并非本节重点。

工业革命数百年来，冰芯中的铅含量剧增，高原北部冰川承接的、以西风环流输送的重金属污染包括黑碳等等，主要来自欧洲，峰值在20世纪60年代末；之后由于科技的发达，环保意识的觉醒，立法治理等措施跟上了，出现了显著下降。然而此伏彼起，高原南部冰川中人为污染物后来居上——南亚诸国紧步欧美后尘，重蹈高速发展带来的高耗能高污染之覆辙。重金属之外，形形色色的温室气体呈强烈增长趋势。从前公众被教导说，二氧化碳是元凶，一时间二氧化碳几成贬义词，殊不知随着研究进展，发现更厉害的温室气体另有其物——

一是甲烷，据称甲烷带来的温室效应可能高于二氧化碳20倍！大气甲烷有其自然本底，来自生物圈，主要是湿地生态系统；或有来自人类活动方面的生物源，几千年里主要由农业社会的水稻田和食草类家畜产出，本已融入自然状态中，非生物源产物是后来的事情：石油天然气及煤炭的燃烧排放。

与甲烷同时被科学界盯牢的还有一样，含碳物质不完全燃烧的产物——黑碳，包括有机碳、元素碳。前些年教科书上还说黑碳的温室气体效应，可能占二氧化碳作用的60%，但徐柏青研究员认为，黑碳对于升温的作用还是被大大低估了：由于它可以吸收短波辐射，在空中即可加热对流层大气；沉降于冰川，形成污染层，影响到雪冰表面反照率，增强了吸热力，促使雪冰融化加速，并使消融季节提前，复加延长。即使雪冰融化了，它也很难降解，继续原地沉积，或挥发开来随气流降水再循环。巨大体量的青藏高原本是一个低温高压中心，由于积雪中较高含量的黑碳存在，情形很可能已经发生改变。所以危害是多重的，温室效应是叠加的，以目前的研究程度，也是难以量化的。徐老师说，尽管有关碳质气溶胶的研究已取得很大进展，但对大气中碳质气溶胶的含量及其所引起的气候强迫尚未取得共识。因此，政府间气候变化专门委员会（IPCC）的报告中，对于人类活动引起的气候辐射强迫因素的评估，碳质气溶胶一直作为最大的不确定因素之一。

冰芯中反映人类活动影响的研究，主要由徐柏青研究员的研究团队进行。他的专业方向是“冰芯包裹气体，雪冰—大气黑碳和有机分子单体同位素研究”，主攻黑碳和南亚污染源。跟进希夏邦马达索普冰芯的钻取和室内研究全过程，他做出了冰芯中甲烷含量变化，做出了硫酸根离子变化——公元1870年前浓度低且稳定，之后升高，1930年以来上升速度加快。铅含量和黑碳物质变化也不例外——1940年代微乎其微，大致处于本底状态，50年代开始渐高，80年代至今显著增高，与印度次大陆工业活动加剧有关。特别是地质体中本属罕见的含碳元素的一种，名叫一元正脂肪酸的，来自汽车尾气排放，同样来自喜马拉雅以南工业污染。它们在南亚上空会合，形成著名的“南亚棕色云”，由印度季风和西风环流的南支携来，主要降落在喜马拉雅地区，向北可达念青唐古拉东端，让原本处于自然本底状态的高原大气和冰雪，遭受无妄之灾——面对环境污染，没有谁能置身事外，独善其身。

“南亚棕色云”是由西方科学家发现和命名的。1995—1999年间，参与大型国际合作科研计划“印度洋实验”（INDOEX）的科学家发现，厚约3公里、面积约900万平方公里的棕色污染尘霾笼罩在印度洋、南亚、东南亚和中国南部上空，遂命其名。这片棕色云在卫星云图上清晰可见，是最近几十年片面追求高速发展的必然产物。对此印度的官方和科学界多有辩解，也很无奈；中国科学家以徐柏青为权威发言人，既承认客观存在，又聊可一辩：青藏高原东南边缘冰川中，的确有来自中国内地的污染物，但主要的还是来自印度次大陆的工业污染，并非像国外某些不友好势力借题发挥所说的那样，把高原环境问题和冰川加速融化全都“赖”在中国政府头上。

这里涉及早前发生的“冰川门”事件：2007年的政府间气候变化专门委员会（IPCC）评估报告有一结论，声称喜马拉雅冰川将于2035年，甚至更早消失的可能性非常高。虽然后来被证实纯属“乌龙”，还是一度引发恐慌，国外有人借机发难，矛头直指中国，一时甚嚣尘上。来自西方媒体的偏见和攻击也就罢了，问题是个别西方学者也赶来凑热闹，罔顾基本常识，发表学术论文为之帮腔，实在离谱。基本常识是，青藏高原地处中国西南隅，夏季有印度季风北上，冬季有西风环流南下，工业污染物何来逆风而上的道理。

康世昌的学生丛志远博士，专研大气环境污染源，气溶胶颗粒物，属现代过程的精细化研究。上述背景就是他跟我讲述的，并说针对某西方学者的不实之词，他已经以翔实的数据予以澄清。该论文以 2009 年 3 月 16 日捕捉到的一次高污染事件为依据，证明南亚污染源的长距离传输，可翻越喜马拉雅、念青唐古拉，深入到纳木错地区。正是在纳木错观测站，小丛博士借助每 15 分钟记录 1 个数据的太阳光度计等仪器，发现了此次集中来袭的案例，不然如何称得上“事件”呢！

没错，环境污染问题已使全中国饱受其害，对此我们从未回避讳言，相关治理问题，已成政府和国民关注的头等大事，正在以举国之力予以整治。面对环境问题扯上政治问题的现状，徐柏青认为中国科学界应当掌握话语权，独立的观测和研究势在必行，2012 年他在藏东南帕隆藏布冰川建起定点观测站，常规科学研究之外，也出于这方面的考虑。

徐老师能够告诉我们的比较好一些的消息是，随着各国环境保护意识的增强和节能减排的倡导实施，近年来青藏高原冰芯中污染物的增长趋势，总体而言已见缓解或略有下降。不好的消息不必多说，见于外媒报道的其中一个事关健康：存活了十几万年的病毒毒株，甚至还有新出现的 A 型流感病毒，都会在冰层中蛰伏，等待时机释放，并向人类世界传播。这一消息具有警示作用。青藏高原冰川中同样存在病毒样颗粒，据称这些谜一样的古老病毒基因随着气候变暖，或有被释放的可能，重返现代社会。

冰芯中的微生物研究，国内也有人在做。刘勇勤博士，这位在 2005 珠穆朗玛登山科考中成长起来的小女子，现在已是青藏所研究员，十多年来她系统开展了青藏高原冰川—湖泊微生物与气候环境关系研究，揭示了青藏高原冰川和湖泊微生物群落特征和空间分布格局，阐明了冰川微生物与大气环流和局地生态系统的关系，揭示了湖泊微生物群落组成受温度、盐度和湖水的营养状态等气候环境因素影响的规律。首次建立了高分辨率的青藏高原冰芯细菌丰度年际变化序列，发现了近 50 年来在青藏高原持续增温和人类活动加剧的影响下，冰芯中细菌的丰度增加、多样性降低、细菌群落组成日益趋同的时间演化特征。她还主持开发建立了青藏高原极端环境微生物菌种库，在生理和基因的水平上揭示了冰芯细菌广适温性和多碳源利用的适应机制。这些研究成果拓展了青藏高原冰川和湖泊微生物生态研究的新方向，丰富了青藏高原以冰芯为载体研究气候环境变化的指标体系。

冰芯研究传达的信息难以尽述，冰芯科学的潜力还在持续发掘中。回到本节开头的话题，我们仍未得到当代人类活动究竟在多大程度上干扰了自然进程的量化答案。有一点是肯定的，那就是我们已经意识到“过度”云云带来的恶果；还有一点对于作者自己有意义：自从接触了环境科学，在看待发展进步一类字眼时，有了审慎态度。

环境话题宏大而沉重，本章最后一节，让我们放松一下，讲述一个成长故事，看才东博士为加入这个超级团队、英雄群体，走过多远的路。

才东入列

1967年出生的才东博士刚刚迈进中年门槛。身为藏族第一位冰川学家，在旁人眼中，以往经历可谓“顺风顺水”，现如今事业有成，家庭幸福，他个人则一如既往的意气风发，更兼身强体健——动辄登上五六千米高山冰川，没有一副好身板岂能做得到！以至于在旁人眼中，唯有羡煞的份儿。

问起他本人如何看待自己的成长历程，换作一般人也许会斟酌一番说辞，才东不会，才东直言自豪感、满足感，集合而为幸福感，满而外溢，连在场的我都深受感染。当下打算转述才东故事，稍做归纳，便见其成长史三部曲、三级跳，且听我一一道来。

才东的祖籍故乡在西藏昌都，由于父母是林芝种畜场职工，所以自小生长在鲁朗的牧场上。提及最感自豪的第一件事，是在县城读初中时，上的是母语藏文班，却在课余自学了汉文教材。双语兼备，为学业赢得先机，往后值得自豪的事情接二连三：考取地区中学高中理科班，考取西藏大学物理专业，1990年大学毕业留校任教。至此也许会给一般人留下刻苦用功的印象，但对才东而言，不以为“苦”，求知欲驱动之下，反而乐在其中。多掌握一门语言，还为拓展阅读面：一个初中小男生，却对遥而远之的两个领域最感兴趣——天体物理和哲学。

做了大学老师，这一阶梯还没走完。第二年，学校送他到南京师范大学进修，专业课程之外，针对自己的弱项，“恶补”了英语——要知道，从前基层教育条件差，是在读高中时方才初识ABC。就这样经过一年的强化学习，返校后为本科生教授理论物理课程。一晃十年过去，这期间西藏大学与日本东京大学合作，建起羊八井宇宙射线观测站，他被校方派去值守一年，主研光谱学。终于圆了少年时代仰望星空、向往天体物理宇宙学之梦的同时，与日本专家共处对话，英语基本过关，为后来的专业深造奠定了基础。

硕士、博士学位的取得，受益于西藏大学与挪威高校合作的一项联培计划，由此登临第二个阶梯，自2001年起的3年里，才东的知识库里增添了新装备：遥感，气象学，冰川学，意味着转型开始。当他学成归来，却未能学以致用——藏大未设相应科目，所以重操旧业，为物理系大二和大四生开讲热学和热力学统计物理两门课程。一年后国外又有喜讯传来，他被破格录取为博士生，从2005到2008，在挪威主修冰川学。

人在北极，做的仍是高原学问；说是高原的学问，又与全球气候变化相关。读硕期间就

才东的冰川观测点——西藏边坝县普玉冰川。左一为才东

才东考察在西藏边坝县金岭乡的冰川湖

作业在雅鲁藏布源头杰马央宗冰川，请来两位当地牧民协助工作
本组图片由才东提供

以西布冰川为研究对象——“西布”系藏语音译，意为“吉祥”。西布冰川位于念青唐古拉主峰侧旁。才东借助青藏高原分布于不同气候类型区的12个气象台站42年间温度记录，以及来自遥感卫星图片的数据，论证海洋性冰川变化特征及其机理主因。尤为重要的是，从那时起他就开始自创模型——“冰川能量—物质平衡模式”。到完成博士论文《模拟化研究青藏高原冰川物质平衡与长期变化趋势》时，不仅用了西布冰川实测数据，更以原创的数值模拟架构。论文得以在业内权威杂志（剑桥）《国际冰川学》发表，对才东而言是极大激励。

有准备的人总被命运垂青，总有好人相助。才东的导师英格瓦·耶西教授是国际知名气象学家和冰川学家，他对中国不陌生，七次南极之行中，至少有两次与我们的秦大河院士共过事。年逾七旬的老先生，献身科学事业，从未成家，与这位学生情同父子，某次进藏考察，执意前往林芝鲁朗，看一看爱徒出生的牧场。师徒俩在西藏建有两个冰川观测点，一为西布冰川，位于羊八井拉多村；一在波密境内米堆冰川。其中前者经营多年，与当地保持了良好关系，年过七旬的拉多村老村长卓玛，亲自帮忙守护自动气象站，定时取资料，还学会了记录云量、降水量。互动互助，师徒俩的回报是出资为当地修建了一座桥。至于波密米堆冰川所在地，起初关系也很好。我们知道米堆冰川之美，曾在《中国国家地理》“选美中国”活动中，当选为中国六大最美冰川之一，从此誉满四方，带动了当地旅游业，村民有了创收机会，把冰川珍爱得不得了。可是眼见冰川年年退缩，不由得着急，明知是天气变暖的缘故，可是怎能抱怨上天呢？于是只好抱怨才东在冰川上架设了仪器、插上了测杆，冲撞了山神，导致冰川消融。就这样，任凭如何解释，全都白费了口舌，只得抱憾撤离这个苦心经营十年的点。

直到 2010 年，这位冰川学家还是单兵作战，可想而知大不易：不上课题项目，经费无以保障；缺乏团队支撑，个人难成大事。正当困窘之时，一个偶然机会，第三级阶梯突现眼前。这年夏季，姚檀栋院士在拉萨开办科普讲座，主讲“冰川与环境”。才东久仰大名，博士论文还曾引用过姚先生的观点数据呢，于是赶来听讲。散场后趋步上前，两手相握，一个重要决定达成：同年 10 月，才东在中科院青藏所通过答辩，顺利进入该所博士后流动站，做了姚院士的博士后，从此由这位国际冰川学界顶尖人物耳提面命，何其荣幸之至！

我和才东相识在 2012 年，随姚院士率领的多学科专家团队，在西部阿里四条国际河流——狮泉河、象泉河、孔雀河、雅鲁藏布江的源头架设气象站、水文仪等设备。才东不仅完成业务分内事，同时承担与当地交流公关任务，向百姓交代管理事宜，不由得感叹真是一个多面手、好帮手，看得出姚院士对这位弟子有多么欣赏器重。采访才东是在一年后的夏天，在青藏所的拉萨大院里。谈及博士后研究内容，西布冰川已经纳入，继续进行；无奈放弃的米堆冰川，姚老师已有重启计划。布置的功课，是负责新开辟两个站点：一是雅鲁藏布江源杰马央宗冰川，才东在海拔 5000 米处一住 20 天，在冰川上打进 4 米长的测量花杆 16 根。然而时隔俩月再去看，花杆全部消失不见，只在下方冰碛湖中找到 3 根。这说明一个消融季，位于消融区的冰川至少减薄 4 米之多，可谓触目惊心。

另一新站点在边坝县境内普玉冰川。此前冰川学多个团队活跃在从喜马拉雅到喀喇昆仑之间高原面上，对藏东地区冰川少有涉猎，这一次算是填补了一个空白。普玉冰川位于念青唐古拉山脉东段，冰川长 12 公里，平均宽约 2 公里。才东的任务是在冰川上架设自动气象站，插上 6 排测量花杆。有了“国家队”身份，工作进展顺利。当地村民听说来了中国科学院专家，十分欢迎，村长重视，群众保护，这一点很重要——不光冰川学家需要自动气象站，凡涉及气候变化的学科必建，但在地旷人稀处，无法看管，设备时遭损毁，并非有意破坏，实在因为太阳能光电板太有用，可为无电的牧场帐篷提供照明，难免被人“顺”了去，弄得专家们很头疼。

两年观察下来，普玉冰川平均每年减薄半米，这与米堆冰川 10 年观测结果大体一致。有了众多站点的实测数据，信心更足了，而以往所学全都有用：天体物理，太阳辐射，大气环流，能量守恒……才东说他打算把温度、湿度、消融速度等观测数据植入自创模型，以验证模拟估算结果，使之完善。这期间他和导师姚院士合作完成了米堆冰川物质平衡的论文，已投往国际权威期刊——也算是为这一模型做“广告”。才东说，如果吸引别人应用了，才算成功。创新之重要，正像科学史上所有经典理论和方法建树那样，后来人只能向之进行技术性的添加和修补，而他志在成为原创第一人。

谈到家庭，才东已将退休的父母接来拉萨安享晚年。家中出了一位博士，二老比之儿子还要自豪。才东的妻子强巴才宗同样出色，藏文班出身，却做了中学汉文老师，继而担任拉萨五中校长，现为拉萨市教体局副局长。才东常年不在家，难为她家里家外一手操持，依然事业有成，说到妻子，唯有佩服和歉意。说到独生女儿索娜央宗，轮到才东为之自豪啦！小女生初中毕业考上郑州外国语学校，从那里考进上海财经大学读法学专业，成绩好，作文尤其好，显然受到其父影响，从小爱读哲学书。父女俩难得在一起，在一起的时候讨论问题，女儿最喜辩论。这么爱哲学，为何都没有选修哲学呢？才东说，哲学之所以令他着迷，皆因其中的思辨魅力，从中学到思想方法足矣，未必非要以此为业。

说起魅力，才东前不久在藏大举办讲座，题目就叫“魅力冰川学”。在文科为主的藏族知识分子中，才东算得上一个异数，颇具明星效应，粉丝够多，加之认真准备的 PPT 课件，精彩演讲配以精美图片，青年学子反应极其热烈。据才东判断，也许有人从此有志于冰川学也说不定。讲座末尾，引用了马克·吐温一句名言作结——中国读者熟悉这位美国作家，却少有人知他何等热爱自然科学，曾经远行欧洲追随冰川学家左右，被科学家称为“流浪作家”，此君这句名言被录入《冰川学》教科书中：一个男人，一旦跟冰川结伴，容忍度对他来讲，是微不足道的。才东借此点题，说明冰川学之魅力，阐述了他对“容忍度”的理解：一切的负面情境、情绪，诸如孤独、寂寞、危险、恐惧，包括极限体验种种，一切的一切，全都不在话下——只要他已同冰川结缘。

博士后尚未出站，青藏所已决意将其挽留。才东当然属意于此，毕竟藏大无此专业，可是又对母校心怀感恩，想想看，那么多年里，这所开明的学府，为培养自己提供了何等优厚的条件，就此挥别，难免纠结。在藏大一方，百般挽留之后终于放手，还是因为开明：毕竟为国家输送了人才。在写下这段文字时，才东已经正式入列，成为中科院青藏所一员，融入了那个了不起的团队。至此，才东成长的第三部曲，是加入了恢宏的交响乐章；第三级阶梯之上，更有一望无际的科研平台。

继才东之后，青藏所又从西藏大学“挖”来一位，斯确多吉。他主研生态学，硕士期间做野生动物栖息环境研究，博士期间转向全球研究，做人工增温试验。调进青藏所后争取到第一个大项目，就是在阿里地区噶尔县一项生态建设工程中，在上万公顷的草场上，承担生物多样性的地面监测和遥感数据分析，将为时 8 年致力于从沙化退化草场到生态重新恢复全过程。令斯确多吉自豪的至少有两点，一是他主动找到该项目主管单位西藏自治区林业厅，的确是凭专业实力争取而来；二是阿里地区是他的故乡，学以致用于家乡建设，并非每个人都能有幸做到。

研究生毕业留在青藏所拉萨部的还有德吉。这个尼木县山村走出来的小姑娘，生就一副数学“脑袋”，学士论文即综述了“数学中常用的代数方法”，待考取姚院士的研究生，选定了冰川学方向，硕士论文《过去 100 年来扩扩色勒与作求普冰芯稳定同位素记录的气候变化对比研究》，通过了也发表了。2015 年我在拉萨见到她，见这位小女子一边工作，一边还在忙于功课，准备在职读博。三位藏族年轻学者，为青藏所增添了一道特色风景。

采访才东当晚，正赶上中科院副院长丁仲礼院士进藏检查工作，在一一看遍各野外站后归来，青藏所专家和研究生们欢聚一堂。才东献唱一曲，本为情歌，但此情此景，无论唱来听来，皆属多义，别具深意——

“遇上你是我的缘，守望你是我的歌。”

概括本章，可见从传统冰川学脱颖而出，冰芯科学已经走出多远。然而作为一项事业，精神和风格一脉相承，诚如施雅风先生所言，是豪迈的事业，勇敢者的事业。听说后因秦大河徒步穿越南极，成为“国际英雄”的事迹，施老将其修正为“英雄豪迈的事业”。虽然有人私下议论过，说是艰苦的事业，貌似抱怨调侃，其实心甘情愿，其实仍是他们心中最爱。谁与冰川学家打过交道，谁就不难发现这一点。有鉴于此，局外人如《中国国家地理》执行主编单之蔷，他在组织编发了两期“冰川人生”特辑的卷首语中有感而发，补充说这是一项幸福的事业，因为冰川学家以个人兴趣和感情投入，与壮丽事业高度契合，因为他们是同时享有自然和科学之大美的人。

局外人如我也有同感，再补充一句：这还是一项令人羡慕的事业。因为它不是你有兴趣你愿意就可以胜任的，双向选择，个人的和大自然的，两方面。尤其在大自然，门槛那是相当的高，高到六七千米，必经严格筛选过后，方才准入。生发这一念头是在特定场合：2012 年我随冰川学家进藏出野外，每到 5000 余米高处，本大姐总是同司机师傅留守车旁，总是目送那群勇士——当年的小伙子、如今的中年人，就像当年的施雅风、李吉均那样，姚檀栋带领一帮当今的小伙子，健步登临雪山高处。目送背影，注意到无论高矮，没一个胖人，不知是先天生就的，还是后天重塑的，全都是“捷如雪豹的精炼体型”就是那时想到的。紧接着想到的还有，他们真的不能算是普通人，从精神到体魄，真就是现实版“超人”。

青藏各地块之间经历了极其漫长的拼合过程，尚未完整成形，甚至藏南藏北还在隔海相望的时候，另类大水已经迫不及待登场，再造汪洋。于是我们得知存在过恐龙的古湖（藏东的古昌都湖），存在过三趾马的古湖（藏西南吉隆—札达古湖），存在过经受了地质第四纪严寒冰封的古湖（从东北部若尔盖到西北部甜水海），直到一两万年前还存在着波光潋滟的超级大湖（藏北高原古羌塘湖）。若论面积，那些曾经的个体通常以上万平方公里追计。后来的人们看不到鼎盛阶段的模样，有迹可循的唯有古湖岸线——近观可见湖滨一圈圈沙砾堤，远观可见山体一道道自然蚀刻的水位线，据此联想水体丰满之时，一般人观赏之余或许发出沧桑感叹，但另一些人，为数不多的人，对于这份自然遗产却是别具情怀。

湖泊沉积研究是最近几十年兴起的新学问，在全球变化研究中扮演着相当重要的角色。青藏高原现代湖泊乃至早已消亡的古湖因而被重新认识并作为宝贵资源，正吸引那些“为数不多”的人去努力发掘，意在从中一窥天机——可以提供冰芯的冰川在高海拔山地，可以提供树轮的乔木仅限于东部南部边缘，唯有湖泊，无论高山盆地，也无论淡咸盐碱，全都各安其位，星散四方，普遍性本身即要义所在。据此，不难理解湖泊沉积研究何以在青藏研究以及全球变化研究中快速崛起的原因所在。

第 13 章　打开湖泊沉积这部天然年鉴

纳木错　嘉措 / 摄影

科学家在色林错湖面上工作，钻取湖泊岩芯　王君波／供图

《大辞海》“湖泊沉积”：在湖泊中沉积的物质。可分为淡水湖泊沉积和盐湖沉积两类。淡水湖泊沉积形成于多雨潮湿气候区，以黏土岩、粉砂岩与砂岩为主，也常有泥灰岩、硅藻土和丰富的生物化石。盐湖沉积形成于大陆干旱气候环境，以各种盐岩沉积为主，如石膏、岩盐等，亦有各种细碎屑岩、石灰岩伴生。湖泊沉积通常出现水平层理，还可有韵律层理、干裂、雨痕和生物扰动构造等。

另据《青藏高原湖泊沉积研究及其进展》：湖泊沉积具有连续、敏感和分辨率高等优点，尤其是干旱、半干旱地区的封闭型湖泊沉积，是环境变迁的忠实记录者。青藏高原湖泊众多且分布广泛，沉积物记录包括了构造运动、气候变化、流域生态演化等丰富信息，且地处内陆干旱、半干旱地区，对气候变化特别是降水变化很敏感，同时受到人类活动直接影响较少。因此青藏高原湖泊沉积研究在高原隆升及其气候环境效应和全球变化研究中起着十分重要的作用，成为全球变化研究的热点。

一个学生的课堂

中科院原先有个研究生院，2012 年更名为中国科学院大学。侯居峙研究员领有 2013 年下半年授课任务，将要面向国际学院地学专业留学生，用英语讲授气候环境变化课程，所以夏季在西藏出野外期间，还在准备教材讲义。虽说已做了博导，也时常以访问学者身份在国外大学做学术报告，但这样按部就班的大堂授课，他声称难免有点儿紧张。我说正好，你就先拿汉语试讲吧，算是备课，也帮我把有关湖相沉积研究的零散知识归拢一下。

上一年在拉萨，与小侯老师不期而遇，就已经上过一课：三言两语就把“新仙女木事件”来龙去脉讲个明白；听他讲自己的专业履历，一度从事过的古岩溶研究——古气候变化方面，中国领先于世界的不太多，黄土之外，石笋可算一个，能够提供具有精确年代控制的季风强度变化，讲他自己为什么还是把研究方向从石笋转向青藏湖泊。还讲到季风西风，这正是他最近几年的野外工作重点。

2013 年这一次，是有约在先，同样在青藏所拉萨部。讲课内容是事先递去的问卷：湖泊沉积研究缘起，研究手段 ABC，国内做高原湖泊的有哪些团队，各有哪些特点，云云。

就这样，年轻的教授向年长一辈的学生开讲，从头道来。当然听讲的是一个人，一个人的背后会有更多人——

湖泊研究的正式名称叫作湖沼学，发端于 19 世纪下半叶，很长时间里主要研究湖泊河流的生态环境和生物生产量。这是因为前现代时期人类大都沿河湖而居，可以从水中获取食物和营养品，直接关乎生计。迄今在一些地方，例如东非的人们还在靠湖吃湖——东非大裂谷中有三座世界级大湖，湖中鱼量亦居世界之冠。研究者最初关切鱼产量多寡，有哪些因素影响到生产能力变化；再进一步，关注到湖泊形态及成因。你看形成湖泊的条件，第一是要有凹陷之地，第二要有水。接下来自然而然会想，凹地又是怎样来的呢？还有湖水的消长、湖盆的兴衰，就这样一步步深入，连接起地质学、环境学，拓展了湖沼学研究空间。

一般而言，大湖、深湖均属地壳运动产物，也只有构造活动才有如此能量造就断陷的盆地，像东非大裂谷的串珠状大湖群、贝加尔湖、纳木错等等，这些大而深的湖，无一不是缘于构造成因；冰川成因的湖一般而言小而浅，但是数量多，例如北美东部小湖泊，星星点点，至多不过 20 米深。这是由于距今 1 万多年前后，劳伦大冰盖融化退缩后遗落下的巨大冰块，曾被冰碛物包围，待冰块融化之后形成凹地，积水成湖。藏北高原星罗棋布的小型湖泊，多由冰川融化造就。在南部高原，另有一些由于山体崩塌形成的堰塞湖，不够稳定，就像易贡湖，虽然面积足够大，仅仅存在 100 年，即溃决外流。

准确统计全球湖泊的数量及面积，是一件不容易的事情，主要原因是湖泊数量太多，且是动态的，有生有灭有轮回。现在普遍使用卫星遥感图像方法计量，拿出大概数据：全球湖泊总量至少是 10 的 7 次方，总面积约 205 万平方公里，占陆地面积 1.38%。

应运而生的湖泊沉积研究，相比传统湖泊学，无论功能还是手段，都好比经历了“羽化”“蝶变”般的演进。所应之“运”，乃 20 世纪 80 年代以来兴起的古全球变化研究的热点大趋势。学界发现，就其对过去气候环境记录而言，相比冰芯、树轮、石笋、海洋沉积物等介质，湖泊沉积自有特点。你可以说湖泊沉积物分辨率不及冰芯的精确到年，甚至季节，但是湖芯可以连续沉积以百万年计；你可以说若论时间序列之长，较之几千万年的深海沉积的确逊色，但在沉积速率方面又反胜一筹：在深海，每千年所沉积者不过数厘米至数十厘米，两百万年仅有十几米厚度，湖泊沉积呢，每千年 60 ~ 70 厘米，藏北高原错鄂湖 200 米湖芯，包含了 280 万年以来的环境变迁信息——沉积速率高，沉积地层厚，可以提供更为丰富的信息，其中许多细节事件在深海岩芯中是看不到的。最重要的，是湖泊的普遍存在，往往广布于人间烟火处，较之深海沉积，尤其能够体现人类活动与自然环境的相互作用。

如果还有一点，那就是湖泊自成生命系统，曾经的水生动植物遗骸化石本身，可以揭示所在之地气候环境所经历过的干湿冷暖，又不限于此。

湖泊沉积物分为碎屑沉积物、化学沉积物和生物沉积物，就其反演过去环境变化的功能而言，可以从中提取物理的、化学的、生物的三大类环境代用指标，总计一二十种——湖泊岩芯中的岁月积淀，可说是无一废物。

物理指标，看起来只是黏土、泥沙、矿物碎屑，但其粒度大小多少，都有指向意义，例如湖泊沉积物的粒度组成，可作为地质历史时期干旱事件和风场状况的良好指标。

沉积物中的多种元素组成，总有机质含量、碳氧同位素等等，既是物理的，又是化学的。

化学指标，专指元素含量及各种矿物（碳酸盐、硫酸盐、氯化物）含量，有机碳氮，化合物，等等。

生物指标，包括陆地植物大化石，孢粉、硅藻、摇蚊、浮游生物介形虫等等微体化石，以及各种生物产生并且保存在沉积物中的生物分子标志物——这些同样介于生物指标和化学指标之间。

每项指标各有指示意义，不同指标之间又可以互补。所以说，不仅湖泊沉积研究，所有面向过去环境变化的研究，无不涉及多个学科，因而是综合的。物理、化学、生物学之外，还有数学，都要涉及。技术方面更不用说了，人人在实验室内都是电脑操作高手，在野外还得是打钻高手。在更长时间尺度内，气候变化研究还是地球科学与天文科学的结合——上识天文，下识地理，是过去变化领域研究者不可或缺的必修课。

为什么这样说？我们知道，太阳辐射是地球最基本能源。地球以椭圆轨道环绕太阳公转，太阳在椭圆中心的位置是会变的；地球的轴现在处于黄经交界面 23.5° 倾角，同样会发生规律性改变。而无论哪一方稍有变动，都会影响到地球上的热量平衡。轨道尺度变化最小旋回是 2.3 万年，更长尺度变化在 4.1 万年、10 万年以上。此为解释地球冰期—间冰期旋回的米兰科维奇理论之要点。20 世纪 70 年代，由美国布朗大学、哥伦比亚大学的科学家和英国同行根据深海氧同位素记录曲线予以验证，后在中国的黄土记录也得到印证，来自刘东生院士和他的学生安芷生、丁仲礼、郭正堂等专家的贡献。

目前我们对湖泊沉积研究的重点，集中在全新世以来，即过去 1 万年里的气候环境变化。认识过去变化，是为了理解现在变化，预测未来变化。我们更为关注的是人类活动几万年以来、几千年以来，尤其重视建立可以定量反映过去气候变化的指标，以便更准确精细地还原古气候环境变化。

在青藏研究的旗帜下，集结了来自多个机构的湖泊研究群体和长期稳定的队伍（未含因课题需要偶或涉足青藏高原的团队），大致如下：

其一是我们中科院青藏高原研究所，学术带头人朱立平研究员，面向高原主体，主要在西藏地区稳扎稳打。我们课题组属于这个团队的一支，主要利用有机地球化学手段研究生物分子标志物。当然，青藏所 2003 年才刚成立，在现有队伍中，我们的资历算是最浅的。

其二是中科院南京地理与湖泊研究所，当年由王苏民和李世杰两位先生主持，目前是沈吉研究员。起初在高原腹地，错鄂湖 280 万年的钻孔就是他们的杰作。还有羊向东研究员，千里走单骑，一个人跑遍了几十座湖泊采样，建立了硅藻与环境参数之间的转换函数。硅藻是一种硅质水生物，依靠光合作用生存，可惜了它在碱水中难以保存。近年来沈吉团队转战于青藏外围云贵高原，做得相当出色。李世杰团队则依旧专注于青藏地区。

其三是中科院青海盐湖研究所，和南京湖泊所一样，都是资深的专职团队，从湖泊沉积研究早期阶段的张彭熹、陈克造等老一辈科学家，延续到目前的余俊清研究员，盐湖所一直坚守在青藏高原。

其四是兰州大学资源环境学院和西部环境教育部重点实验室，由陈发虎教授主持，与德国科学家合作，主要面向高原东北缘和西北干旱区湖泊沉积研究，如柴达木盆地和新疆地区。

其五是隶属国土资源部的地质科学院。国土资源部本由地质矿产部更名而来，顾名思义，举凡国内地质勘探及其填图，无不历经深厚积累。现在地质力学所的团队从事古湖研究，对纳木错、色林错等古湖，是下了功夫的。

最后说到中科院西安地球环境研究所，就说到了青海湖。高原东北部的青海湖是我国境内最大的内陆封闭湖泊，地处西风环流、印度季风和东亚季风交汇区域，对气候变化的响应非常敏感。安芷生院士研究青海湖，开展了一项对中国而言可说是史无前例的大工程：主导了与多国科学家的合作，国际大陆钻探计划（ICDP）在国内首次动用了海洋钻探设备，从水下取岩芯，涉及末次冰期以来西风和季风的变化，进行了非常精彩的研究，提出青海湖地区在冰期时主要受西风控制，而在间冰期则主要受季风控制的重要观点。

青海湖钻探项目是迄今我国唯一的以环境变化研究为主的大型现代湖泊钻探，也是继国际大陆钻探计划（ICDP）在我国东海进行大陆超深钻后的另一大型国际环境钻探项目，引发国际学术界广泛关注。这个以中国科学家为主导的大型国际合作项目，首席科学家安芷生院士邀请到美、德、日、澳、法、英、奥等国家60多名科学家参与；在当年ICDP评审中得分最高，获ICDP资助55万美元（约合人民币450万元）。取得岩芯后，通过碳14年代学与古气候代用指标（粒度、碳酸盐含量、TOC等）的分析研究，首次提出了青海湖沉积物中粒径大于25微米组分的沉积通量可作为西风气候代用指标；重建了青藏高原东北部3.2万年以来连续的、高分辨率季风和西风气候的演化序列，讨论了西风气候和亚洲夏季风气候相互作用的历史。这一研究成果已于2012年8月31日在《科学报告》（*Scientific Report*）杂志发表。

这一观点引发了不小的反响，一举将季风—西风的讨论变虚为实：安芷生先生提出至少在距今3万年到1万年之间，青海湖地区主要受西风带控制，但是在1万年以来，主要由季风控制。此前一般认为低温的冷期是强势西风控制所致，而温暖时段则与季风如影随形，这一推测现在有了青海湖实证，后来朱立平团队利用纳木错沉积物中的花粉也得到了类似证据，当然还需要借助其他介质指标进一步印证。说来也巧，来自青藏所姚檀栋团队的证据适时地出现了。

讲课讲到这里，就讲到了季风和西风两大环流系统的边界，一个动态的、大尺度的时空边界。往下的提问和答复都是关于季风—西风的，皆因这一议题近年来持续升温，关注度颇高，姚檀栋院士甚至这样认为："青藏高原多圈层相互作用中季风和西风的驱动机制，是今后的重大科学突破点，在这一科学突破点上可以产生引领国际青藏高原研究的重大科学成果。"

身体力行，说到的时候其实已经做到——《青藏高原降水稳定氧同位素揭示印度季风与西风相互作用的三种模态》论文2013年发表在《地球物理学综述》（*Reviews of Geophysics*，作者姚檀栋、高晶等），可算是率先的突破：通过青藏高原降水稳定氧同位素，揭示印度季风与西风相互作用并建立包括空间和时间上的三种模态，即印度季风模态、西风模态和过渡模态——外行人可以看不懂，但是对于古气候环境研究者来说，这一成果却是极其有用，一个点的突破往往引发多点联动效应。侯居峙也是被季风—西风及其时空边界议题吸引的一个，正在做的案头工作，是根据全国气象数据计算过去 61 年（1951—2011）的季风和西风影响变化，遗憾的是青藏高原气象资料稀缺，还得设法寻找数据。就初步结果来看，他认为这一交界带应该比原来认为的位置偏西；正在进行的课题，是在高原腹地沿北纬 35° 一线做湖泊调查，内容之一就是捕捉曾经的西风影响界限，主研降水历史，所以密切关注相关领域新进展。来自安芷生、姚檀栋两个团队的新成果及时而宝贵，具有指导意义。

讲课的时候对于令戈错的考察已经有了初步结论，小侯老师用电脑演示了一图，说明两大风系的移动变化时空：看这个令戈错，也叫东湖，位于藏北羌塘高原腹地，现在的双湖县城以北约 120 公里，接受普若岗日冰川融水直接补给。距今 1 万年前后，分别在西风带和季风带控制之下，但在 7000 年前和 3000 年前变得干冷，说明可能重回西风带中。至于课题成果，未来很可能体现在一幅或一组图示当中：恢复这一交界带两万年以来的时空变化，以千年尺度绘出季风—西风分布及其交替，让早已消歇的远古风向重现——南来的风，北来的风，按照既有轨迹运行，又在高原面上激荡交锋，此起彼伏，来而复往……

以上这几句文学化描述，本意在于为本节结尾，没有想到的是，居然真就看到了——讲课之后的三年里，小侯老师率队沿藏北高原腹地一断面，从东缘的青海湖到西缘的班公湖，考察湖泊 50 个，在其中 10 个湖中打了钻，每湖各采集样品数百个，连线东、中、西 3 座湖，直观呈现晚更新世两万年以来季风与西风的进退摆动。

小侯老师特为本书制作一图，示意这两大风系的现代边界大致是这样的——

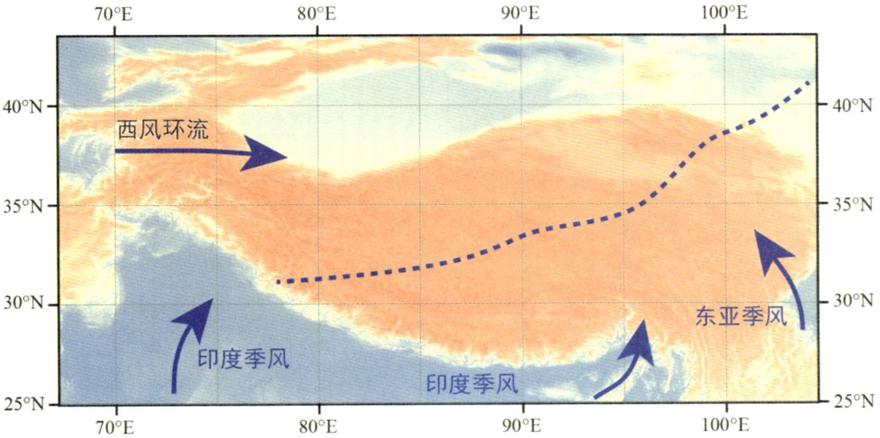

现代季风与西风边界
侯居峙 / 制图

而两万年以来这条交界线的移动是这样的——

晚更新世

· 三个湖泊氢同位素记录均反映西风环流影响

· 印度季风影响很弱

· 西风环流平均位置在高原南部

早全新世

· 三个湖泊氢同位素记录均反映季风影响

· 西风环流很弱

· 西风环流在高原北部

中全新世

· 令戈错受西风环流影响

· 青海湖和班公湖受季风影响

晚全新世

· 令戈错受西风环流影响

· 青海湖和班公湖受季风影响

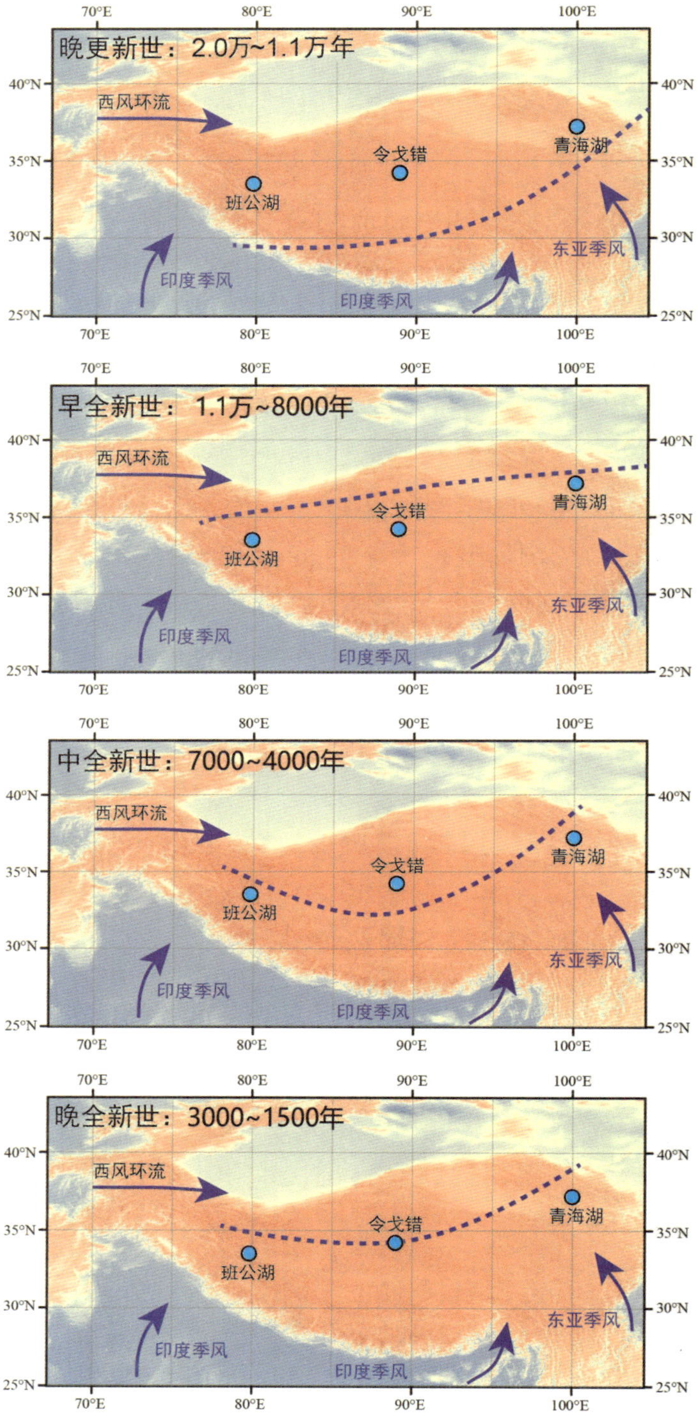

两万年来青藏高原季风—西风影响及其边界　侯居峙 / 制图

论文发表在《第四纪科学评论》（*Quaternary Science Reivews*），2017 年，第 163 卷，84–94 页。

“一孔之见”若尔盖—甜水海

自从1987年在甜水海湖盆尝试打孔，尽管只是浅钻，判读到7万年前，但以其连续性好、分辨率高，足以显示湖泊沉积研究在定量化重建古环境方面潜力巨大，所以当1992年“八五”攀登计划青藏项目上马，湖泊沉积得以与冰芯、与天然剖面并列，一跃而为古环境变化研究重要介质和手段——这一回，要打深孔了。

打深孔首选甜水海，原因很简单：工作基础好。另有位置考量，可作为高原西部环境变化典型地区。与之相对应的，是高原东部若尔盖湖盆，同样具有工作基础：地矿部门曾用地球物理方法做过勘探，地层深部有资料可凭。中部钻孔点，拟选在藏北高原腹地错鄂湖。如此一来，横切高原面，各为西风带、季风带和西风—季风交汇过渡带控制之下，因而气候环境差异较大诸地区，各自有了代表作，可从岩芯信息中最大限度反映青藏高原古环境整体面貌。

这一方案，本由兰州冰川所提前谋划——深受甜水海首钻成功鼓舞，决定再接再厉，施雅风先生指导当时还是博士生的李世杰设计深孔方案，雄心勃勃想要大干一场，正在设法筹集经费呢，恰逢“八五”攀登计划立项，首席科学家孙鸿烈院士着手组建队伍、论证课题，遂连人带项目一并“收编”进来。唯一的遗憾，是由于打深钻需要大型设备并且兴师动众，出于资金等方面的考虑，错鄂湖暂被搁置。

最初承担高原湖泊钻孔任务的主力，兰州冰川所一支以外，就是南京湖泊所了。该所湖泊与环境开放实验室其时已经建立，集中了一批科研人员，几年后随着李世杰博士调入，意味着专业力量整合，全国范围内经营湖泊的重点实验室，就唯此为大并唯一了。实验室主任王苏民研究员是“文革”结束后我国首批选派出国的留学生，留学之地可不是一般的院校，是大名鼎鼎的爱因斯坦母校，瑞士苏黎世大学联邦理工学院；师从的也不是一般的名师，而是国际著名地质学家，从事过地中海钻探、写下《古海荒漠》的许靖华教授。就读两年中，王苏民踏勘了国外多种类型的湖泊，了解到国际湖泊沉积研究进展，并与许先生的大弟子、美国明尼苏达大学湖泊研究中心主任凯利·凯兹教授一起，实践了多个湖泊岩芯的工作。1983年学成归来，创建开放实验室，在全国各地选择近20个湖泊，从事的课题包括上百万年间的古湖泊演化，几千年间人类活动与自然界相互作用对于湖泊的影响及其对策研究，还包括现代湖泊定量研究并与应用实践相结合，凡此等等。

王苏民带队前往若尔盖盆地，行前施雅风院士特别嘱托，这是青藏高原第一个湖泊深孔，只许成功，不许失败。

若尔盖，红军两万五千里长征走过的地方，现今青藏高原最大一片沼泽湿地，在漫长的演化过程中，历尽沧桑——曾经的外流古湖，约在120万年前后转变而为封闭型湖泊；湖面或涨或落，一两万年前的丰水期，它还曾拥有上万平方公里汪洋；不足百年前，沼泽草甸上的草丛何其茂密，据说草叶上的露水可以打湿骑马者的裤脚；沼泽地深不见底，以致沉陷过一些马匹甚至红军战士……

然而举目1993年的若尔盖，生态环境改变剧烈：沼泽干缩，草甸退化，荒凉落寞。海拔虽说仅有3000多米，气候却格外恶劣，6月7月的夜晚滴水成冰。由于深孔钻探前所未有，特请富有高原勘探经验的青海钻探队操作。李世杰参加了前期准备工作，与王苏民和年过花甲的钻探队老队长反复研究方案，遇到流沙层怎么办，遇到黏土层怎么办，流沙流动，黏土可塑，都将影响钻孔和岩芯柱质量。最终议定一个确保成功的措施：钻机昼夜不停。

11个白昼和夜晚，钻机未停，310米岩芯顺利提取。以10厘米为间隔，岩芯柱被截为3000多个样品，博导王苏民在国内实验室里分析，博士生们带着样品分赴美国、德国、英国和奥地利。每一样品各同步分析13种指标：粒度、孢粉、介形虫、古地磁、矿物、同位素及有机物质等。以化学方法测定介形虫壳体的微量元素锶钙镁含量，肉眼看不见的0.1毫米大小的古生物壳体中，包含有古湖水中温度和盐度的信息。

那时候，先进的高精密度分析设备在西方，若尔盖岩芯的分析研究体现了国际合作优势，王苏民的师兄弟成为合作伙伴，由中方出资请人家帮着做，国内所做的关键样品也要拿去美国对检，意在确保精准。

若尔盖岩芯一举恢复了高原东北部90万年来的气候环境演化史，如此长时间序列当时在全国还是唯一的。90万年经历了三个大的阶段，沉积颗粒的粗细和沉积速率加大的三个时期，分别为80万年、40万年和15万年前，正好与此前所认识到的“青藏运动”隆升节点同步；从中显示的气候环境变化也与强烈隆升有着密切的因果关联，正好与黄土研究互为印证：80万年前到达3000 ~ 3500米的隆升高度，导致古冰川大规模发育，冷高压加强，至60万年前反映了青藏高原极冷湿环境，而那一时期黄土堆积颗粒变粗、土层加厚；第二阶段的50万至15万年前，青藏高原进一步变冷变干，冰川规模缩小，地面吸收太阳辐射加大，高原面上冷热源效应明显。反映在黄土高原，50万年以来季节旋回加强，冷暖干湿交替明显；第三阶段距今15万年左右是一个重要时期，高度、环境和气候规律与现代相似，或者说，青藏高原的现代格局，正是15万年前那次改变所奠定的基础。

还可以与国际坐标相对应的，是90万年以来的磁极方向显示。地质史上几亿年来，已知曾反复出现过磁极倒转之变故。20世纪60年代大西洋海底磁力调查时，发现了自新生洋脊处由近而远几成水平、正反磁极相间排列的磁性条带。在以往的研究中，还发现过磁极倒转事件中的若干小事件：反磁极中一度出现正磁极现象，或者情形正好相反，被称作原因不明的小事件。若尔盖湖芯研究的一个特别贡献，或称意外发现，是向小事件说法提出挑战：

在南京湖泊所与德国专家合作的课题中，王苏民的博士生吴守云4年中做了3000件样品，发现了一些磁场变化的无效性：深水缺氧环境中，有机物分解，一些含铁物质被还原，形成新的矿种，例如焦黄铁矿、磁黄铁矿等。这一现象说明的问题是，新的含磁铁矿物在形成时的磁性排列，并不代表沉积时的磁性排列，以此故，难免出现磁性相反现象。试想，倘若把这一个别事件认作地球普遍的磁极变化，岂不是差之毫厘、失之千里！

就此撰文在英国皇家学会杂志、在国际地球物理学报刊载，引发反响。此前国外也曾有人注意到这一现象，并发表过文章，只是不及吴守云所做样品数量多，更具说服力。

由于借用的物理勘探数据略有偏差，致使原拟300米即可穿透沉积层、直抵基底岩石计划未能实现，好在据估计此距基岩不远。若尔盖这一断陷湖盆大约形成于120万年前，彼时正值青藏高原构造活动活跃期。120万年以来随着高原抬升它有升有降——相比周遭环境它在沉降，但总体态势以升为主。从湖泊沉积中碳酸盐富集层和泥炭层看来，似曾有过干涸时期。现在地表保留的只是一两万年前最后一次高湖面遗迹，偌大古湖百万年来生死轮回的痕迹，已被岁月抹去。

成果来自实验室，艰苦外业仍是前提。与若尔盖盆地钻孔差不多同时进行的，是西昆仑甜水海之战。至少就自然条件来说，4850米处的高寒使甜水海钻孔工作更其艰苦。这还在其次，令人心焦的主要还在于受挫经历，以至于险些未能完成任务：第一年地球物理勘探，确定钻孔位置；第二年实施，从西宁出发，走新疆，穿戈壁，上昆仑，历时十几天到达，却因钻井队设备问题——岩芯管不适合坚硬的多年冻土层，无功而返；第三年，经过一冬的严密准备，由李世杰博士带队，三进甜水海。

这一次车队从兰州出发，穿行于中国西部，再走柴达木盆地，再翻阿尔金山，在塔里木盆地沙漠公路一度受阻——沙海茫茫，一段不足1公里的路段，需要整整半天，是用木杠垫路，一点一点挪出沙海的；到达高原边缘，从叶城通往西藏阿里的公路正在维修，每月仅在1日、11日、21日放行。总之，从兰州出发，行程4300公里，历时12天，千辛万苦总算到达。

空有好听名字的甜水海，迎接胆敢闯入的8位科学家、12名钻井工的表情，依旧凶相毕露。它故技重施，让每个人都吃不下饭、睡不着觉，有人脸面浮肿，有人呕吐不止。艰难地卸下设备，人工搭建钻井架，钻井工三班倒，歇人不歇钻机。钻工们每坚持一会儿，就往地下一躺，恨不能再不起来，恨不能马上完工。李世杰高山反应也够厉害，算上西昆仑考察那次，已

青藏高原东北部若尔盖盆地打钻现场。海拔3400米，获得310米长度的湖泊沉积岩芯

青藏高原湖泊沉积研究方法及手段的进展计有：湖泊沉积岩芯定年由单一的碳14测年，发展到以湖相沉积物的沉积固结模型为依据，以碳14实测年龄及古地磁地层学磁性事件为节点年代，获得不同深度的年龄；与泥炭纹泥、铀系等时线测年相结合，并校正成日历年代。Pb、Cs也用于近百年来沉积的精确定年。兹格塘错沙砾堤研究中还用到热释光测年。

湖泊沉积研究由早期的沉积相判识发展到对沉积岩芯多指标综合分析。采用的代用指标有粒度、碳酸盐含量、自生碳酸盐氧同位素、有机碳同位素、碳/氢、硅藻、孢粉、磁化率、氢指数、地球化学元素分析等。数学工具和沉积物理模型运用得到重视，环境代用指标定量化研究也有所突破。文见于守兵、李世杰、刘吉峰《青藏高原湖泊沉积研究及其进展》，《山地学报》第24卷第4期，2006年7月。

西昆仑山南坡甜水海盆地打钻现场，海拔4850米，获得57米长度的湖泊沉积岩芯

西昆仑山甜水海盆地打钻现场，研究解决技术问题，中为李世杰

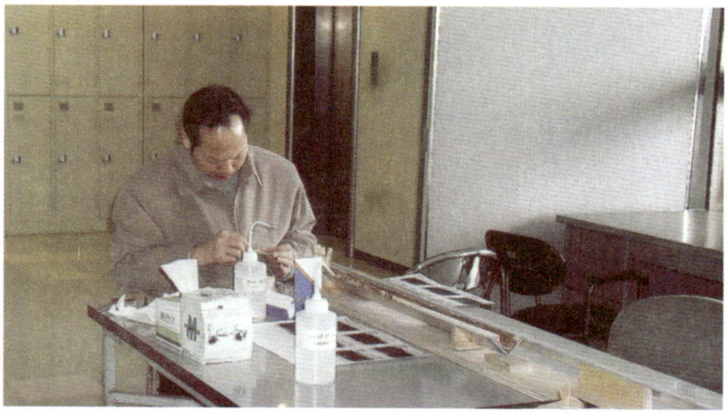

实验室里的样品分析制样工作　本组图片由李世杰提供

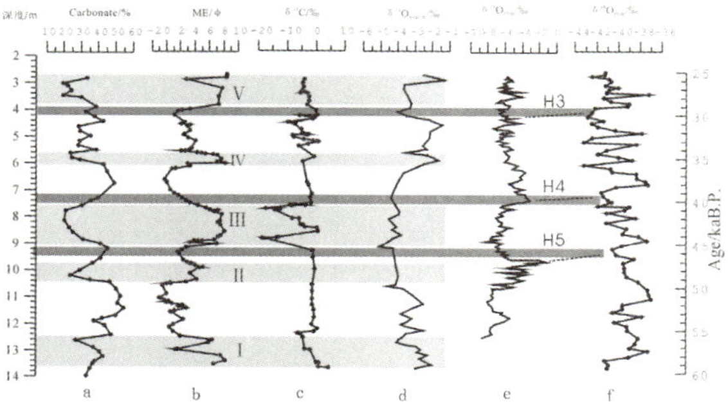

湖泊岩芯中多种环境代用指标记录的信息丰富，这幅曲线图揭示了距今6万年至2.5万年期间甜水海古湖的湖面变化过程，发现有5次湖面升高扩张事件

是第四次前来，仍是难以适应。由于纬度偏北加之区域小气候恶劣，说是4800多米高度，感觉上不亚于6000米，西昆仑考察时连久经沙场的老青藏们全都在这儿落魄地“栽”过。第一次独当一面，李世杰自觉责任重大，压力山大，而时间紧迫。行前聆训时，导师施雅风再三强调，无论多困难，也要把甜水海“啃”下来。于是丝毫不敢怠慢，昼夜在现场督阵，确保岩芯完整。当一截截岩芯柱从地下依次完整地提取出来，在李世杰的眼里，真是贵比黄金。

这一次有备而来，用加热法解决了岩芯管在多年冻土层的运行障碍——好在曾经的工程兵经历有助于这位李博士参与解决技术问题。另一个特别值得庆幸的是，孔位选择恰当，畅行无阻。尽管艰辛但还算顺利，坚持20多天，提取到57米长度的沉积岩芯，装入冰柜，赶在新藏公路放行之日下山。

甜水海岩芯忠实地记录了距今24万年至1.7万年的气候环境信息，虽然只是“一孔之见”，幸运来自选点正确，钻孔位置正在古湖沉降中心，从中判读出许多重要信息。幸中之幸，是在直径不大的钻孔里，居然捕获到一个被称为“冰筏沉积”的大颗漂砾，连同冰期冻土扰动的岩层被完整提取出来，由此揭示了倒数第二次冰期的发育时间、冰期作用的规模和性质；至于末次冰期中冷暖交替各时间节点，年代也较明晰。

封闭湖盆中的碳酸盐含量变化，通常被视为气候变化的敏感性指标，其含量的增加表明蒸发造成的湖水损失大于湖水量收入，或带进湖泊的碳酸盐离子量增加，由此指示了其时干旱程度，反之则为湿润环境。通常认为暖湿气候为季风带深入结果，导致湖面上升、湖水淡化。这一点固然没错，但也不能一概而论。李世杰认为，暖干和冷湿的组合同样存在，甜水海沉积物中的细颗粒、铁元素及碳酸盐含量变化，均提示了距今两万年前末次冰期最盛期之最冷时段，反倒是湖面增大扩张、盐分浓度稀释。如何理解？查阅资料，发现这一现象并非孤立，同一时期欧亚大陆包括西天山的伊塞克湖以及里海、死海、意大利中部湖泊等等，普遍处于高湖面期，而它们均属北半球盛行西风带影响范围。

岩芯沉积物还记录了距今15万年前的环境突变事件，古湖由外流转而为封闭，碳酸盐含量大增，这与李吉均先生论证的15万年前强烈隆升的新构造运动“共和运动”不谋而合，说明该次运动并非仅在局地发生，范围之大让青藏东部西部同时改变了模样。另外，甜水海岩芯中所发现的海相有孔虫也说明了一个重要问题：它并非海洋的证据，而是特殊生境中必然发生的生物变异现象。此前有学者在湖底发现过海相化石，想当然以为彼时彼地即古海，甜水海的工作澄清了国内学术界在这一问题上的认识。

若尔盖—甜水海湖芯研究亦可视为转折点，体现出20世纪90年代以来的青藏研究特点：规范化、定量化、现代化进程开启，另有国际化的参照与合作。

见证现代湖泊的兴衰变迁

随后进行的“九五”攀登计划青藏项目预研究中，李世杰博士担任湖泊专题负责人。专题名称为“现代湖泊沉积过程及其古环境重建”。与“八五”攀登相关研究不同之处在于，强调建立现代环境条件下的沉积过程，湖泊钻孔由深而浅，时间尺度由长而短，分辨程度也相应地由粗而精；以湖泊现代沉积中的物理、化学、生物等指标所包含信息，与近几十年来的准确气象记录相对照，建立标准参照系，进而运用到两千年以来的气候环境变化——两千年来的短尺度气候变化，树木年轮已有精准记录，国内文献亦有记载，可作参照。以此为坐标，反推和重建以往百万、千万年。

较之其他介质手段，湖泊沉积之所以尤其强调现代过程研究，皆因所受制约因素更多，相对复杂：不仅易受构造运动控制，沉降中心易发生改变，开放性的河流沉积也时常与封闭型的湖泊沉积相叠加，而且不同的山地河流带来不同的岩性，加之来自地下、地表和降雨成分各异，难以找到权威的共性指标，这在国际上也是有待攻克的难关。上述湖泊深孔可以根据各种环境对应指标，以数百年至千年尺度，恢复几十万年来气候环境变化的冷暖旋回和历经阶段，但这远非目标所在——目标指向的是，十年计即年代际精度的定量研究。

1998 年夏季，李世杰一行 10 人从青藏东北部若尔盖湖盆开始，经可可西里穿过大部藏北高原，旨在对高原湖泊现代过程进行考察，重点调研了若尔盖地区的兴错、尕海，可可西里苟鲁错，唐古拉山南侧兹格塘、错那湖，念青唐古拉北麓纳木错，从事湖泊沉积学、物理、化学及生物生态学详察及采样工作，同时沿青藏公路采集到 32 座小湖和水塘的水化学样品。

不用拿 20 世纪 70 年代的地图和湖泊数据逐一核对，无须刻意比较，单凭十多年来野外实地考察的直观印象，环境变迁一目了然：曾经相遇过的那些湖泊，深水湖变成浅水湖，范围缩小矿化度增高；浅水湖干涸成为沼泽，原先的沼泽地已可行车其上；原先的沼泽草甸，则退化为半荒漠草原；原先的半荒漠草原由于冻土消融，地下水位下降，正在变成真正荒漠，此为 20 世纪末青藏北部普遍存在的情境。

这一次考察在若尔盖湖盆一住 20 天，集中工作在盆地中央的兴错。有两只美丽的黑颈鹤，每天或伫立或翩飞在湖畔草甸，陪伴着考察队员们。它们年年飞临此地，定会吃惊于湖水会年复一年地变浅吧？若有信息遗传，定当留存祖先们有关黄金时代的美好记忆：这个夏季家园曾经温暖湿润，湖水映照蓝天，湖畔林地草原……李世杰测算出最近那个黄金时代，

1998 年青藏高原中部考察中，李世杰（右）和博士生李万春在苟鲁错采集湖泊沉积物 从中分析出近几百年来高原中部气候与环境变化的湖泊沉积记录

年逾七旬的奥地利科学院院士、维也纳大学 Loffler 教授参与了此次青藏高原中部湖泊考察 李世杰／摄影

当在 6900 年前，依据的是兴错最高一级古湖岸线形成时间，其时湖面高出现在 17 米，湖水满而外溢；5500 年前，退缩而为封闭湖；最近几十年退缩尤甚，1969 年绘制的地图上尚有 3.3 平方公里水面，但眼下湖水接近干涸，沼泽拓宽了领地。

告别了兴错湖畔的两只黑颈鹤，驱车前往可可西里苟鲁错。8 年前的旧相识，一眼望去惊呆了：海拔 4650 米、1990 年湖面尚有 23.5 平方公里、平均水深 1.3 米的湖泊，而今已成盐湖，薄薄一层饱和盐水覆盖其上，由于浓度超常，虽临风而水波不兴，如同一面巨大镜子平铺湖底。进一步考察发现，从前注入该湖的多条河水断流，从前出露的泉水干涸，想来是因气候变暖造成地下水位下降，无力提供水源了吧！雨量似未见减少，只不过蒸发远大于降水补给。

分布于唐古拉和念青唐古拉两大山脉之间的湖泊群，可以比较典型地反映青藏高原腹地的变化情况，其中重点剖析了安多境内的错那湖和兹格塘错，以及藏北高原南缘的纳木错。

这支野外考察队里有一位外国专家，前任国际湖泊学会主席、国际湖泊研究权威、奥地利科学院院士罗夫勒教授。从事高山湖泊研究半个世纪，从南美安第斯山到北美落基山，从秘鲁到伊朗，直到珠峰南坡尼泊尔，上百个国家走过，唯独没来过西藏。数十年前在尼泊尔山地工作时，抑制不住对山那边的好奇，曾在边境线高处北望了一番，他对纳木错充满兴趣：神秘的天湖！神秘现象之一体现在国外对该湖水质众说不一，淡水、咸水、半咸水，说什么的都有，甚至说它像海洋一样也有潮汐现象。此次终以 71 岁高龄夙愿得偿，参与项目合作，首次涉足西藏，深入考察了一回藏北，乘坐橡皮船在纳木错湖面航行，于 30 米水深处钻取了湖底浅层岩芯。对于湖水取样化验结果，是 pH 值较高的碱水——当然，这只是局部水样结果，纳木错太大了，从不同地点采样，得出过不同结果，例如在冰川融水集中流入湖面的地方，自然要得出淡水的结论。与众多小湖的重大区别是，纳木错并无退缩迹象，湖边数道古湖岸线，记录的是该湖从前而非现代的演化过程。

令身为水生物学家的罗夫勒教授格外兴奋的是，藏北湖泊类型和生物类型的丰富性。在唐古拉山口盆地湖泊中，首次发现了活体介形虫的一个新属新种，而目前介形虫类只分布在非洲大陆，在印度境内也仅见一个种。在安多县境内兹格塘错，他们发现了一个奇观：完全封闭、高度碱化的兹格塘错，湖水分为多层，温度与化学成分各别，每一水层居然可以活跃着不同的生物群！老教授在高山湖泊领域见多识广，头一回有此奇遇，惊喜之至，即刻表示回国后，马上向奥地利科学院申报，继续与中方合作研究。

魂牵梦绕大半生，相见恨晚，归来时仍兴奋不已——罗夫勒教授充满神往地表示，青藏高原太大也太漂亮啦，极少人类活动干扰，湖泊演化反映了一个纯自然过程；青藏高原是研究全球变化的重要区域，应当引起全世界的重视，它是打开全球变化的一把钥匙啊！

1955 年出生的李世杰，南京大学地理系毕业后，考进中科院兰州冰川所读硕读博，追随施雅风先生左右，做学生、做学术秘书。正是在先生指导下，从冰川学转向湖泊学，先是“老青藏”中最年轻一员，继而成长为一个领域的学术带头人，二三十年里走遍青藏高原东西南北中，致力于高原湖泊沉积研究。套用一句有关境界的话略作变通，似可形容此君目之所见：看湖是湖，不是湖，又是湖。此话怎讲？若以 10 年频率计，正好对应了这个三段式：20 世纪 80 年代初见时的湖泊，到 90 年代唯见退缩或干涸，21 世纪再见，复又充盈起来。1998 年在拉萨，他向我描述了兴错、苟鲁错等湖群的衰竭，边讲边叹气；然而曾几何时，情势逆转，2012 年兰州再相逢，话语中满是“扩张”“增加”——扩张的是面积，增加的是水量，诸多迹象表明，高原湖泊复又开始步入一个丰水周期。

自 2006 年起，李世杰承担了国家科技基础性工作专项“中国湖泊资源调查”，同时得到中科院重要方向项目资助，与德国专家合作，年复一年工作在高原，从这个湖到那个湖，那是从年轻时就开始的终生面向。长江源，黄河源，腹地，边缘……面上调查和重点研究两相结合，从遥感图片上观察数量、面积波动，湖泊大都为增多增大趋势；以 GPS 实地测量湖面高度，包括泛舟湖上，以等深线测量并绘制水下地形图，比较此前数据，无不呈水位上升、湖水加深趋势。高原东北部黄河源扎陵湖和鄂陵湖变化尤为明显，从 2007 年夏季到 2009 年夏季，两年时间里，鄂陵湖上涨 1.2 米，面积扩大 50 平方公里！就连藏北高原腹地同样如此：唐古拉山南的兹格塘错，2002 年还在萎缩中，2006 年再去，4 年前扎帐篷的湖阶营地不见了，被湖水覆盖了！一经测量，不得了，湖面上升 1.8 米！安多县错那湖，由微咸水变为淡水，由封闭而外流，怒江源头因此向上延伸 100 多公里呢！

当然这是指目前总体趋势而言，虽有普遍性但并非平衡均一。未得天佑的高寒干旱之地封闭型小湖，反因气温升高、蒸发量加大，还在持续衰退中。

见证当代高原湖泊和草原兴衰变化，最有发言权的，是当地人。洛桑灵智多杰出生在青海湖以南、黄河上源之地的巴唐草原，他还记得小时候夏季牧场上水草丰美、河流遍地的情景，让家长担心的是孩子们玩耍时会陷进湿地沼泽；而回到冬季牧场时，家长又担心他们会迷失在草海中找不到回家的路。1968 年 20 岁时，当他中专毕业回乡当知青，虽然眼见由于人口增加、草原开垦、森林砍伐导致的生态恶化已经显现，家门前的曲乃亥河水量明显减少，但是尚可转动水磨，然而 20 年后再看，河水干涸了，磨坊倒塌了，两扇磨盘已经半掩于岁月沉积中。那时他早已走出家乡，就职于团中央担任书记处书记，并在职读研。由水磨房的命运广及家乡和高原的环境剧变深刻地触动了他，从此投身于高原环境保护事业的宣传和实践，硕士论文就以《青藏高原的环境与发展》为题。后来他担任了中国藏学研究中心的副总干事，主持了一项国家科委及藏研中心重点课题，仍以此为题，出版一套丛书 12 册，是与中科院从事青藏研究的专家们合作完成的。再后来调往甘肃省，不论当副省长、当政法委书记还是任职于政协、人大，职务可以有变化，推动生态建设的主题不变。近些年来由于“人努力、天帮忙”，青藏高原生态环境整体向好，他为之欣悦不已。在题为“气候变化与青藏高原生态安全屏障”的香山科学会议上，当他听到有专家对湖泊扩展淹没了湖畔好牧场表示忧虑时，当场表态说：气候变暖、水量增加是好事情，是机遇，有利于青藏高原生态环境和

2012 年 7 月，李世杰团队在藏北高原兹格塘错湖岸阶地采样。湖水持续上涨，淹没了 2002 年和 2006 年曾经扎过帐的湖滨营地 李世杰 / 摄影

2012 年 8 月，洛桑灵智多杰（中）在甘南玛曲县阿万仓湿地调研。身后是黄河源区辽阔的玛曲草原 李作泰 / 摄影

农牧业生产。既属客观评价又代表了当地人的认知和感情的这番话，给与会者留下了深刻印象——此前一般出于全球变暖警示作用的考虑，学者们时常有意无意回避有利一面，自从听到来自地方的肯定，就不一样了，可以公开讲了。现在，重返京城的洛桑先生依旧担任中国藏学研究中心副总干事，兼任中国青藏高原研究会副理事长，继续着他所热爱的事业。

沉积层愈厚，包含的信息量愈丰，专业的经验积累同理。每一现象或事件都不单纯，无不有着千丝万缕的背景和内在联系。试举青海湖一例：曾有西方专家分析过湖底沉积氧同位素，结论说，1 万多年前水位高、水变淡的大湖期，是因气候变暖、降水量增大所致。李世杰认为不然，认为此说忽略了一个事实：距今 1.8 万年前后末次冰期最盛期，祁连山冰川 3000 多平方公里，气候严寒，但依然会在每年暖季里融化，青海湖得以补充巨量来水——冷湿同样可以造就高湖面。

当然，对于古环境变化的认定，是暖干暖湿还是冷干冷湿，还需借助同地层诸如孢粉等多种指标综合判读，并与其他手段诸如冰芯、树轮等介质相互参照。

对于青海湖这座中国第一大咸水湖，李世杰关注了十数年，既做历史过程，也做现代过程，还空前地做过一项应用研究：创建模型，预估未来水位变化。起因是这样的：1956 年至 1988 年，青海湖在 30 多年里眼见退缩，湖面下降 3.35 米，面积减小了 301 平方公里。面对湖岸线后撤，风成沙丘前进，青海人难免忧心，生怕成为第二个罗布泊。为此李世杰指导博士生刘吉峰，精心建立青海湖水位变化模型，2003 年得出数值模拟结果，告知青海人大可放心：退缩将要中止，拐点将于 2010 年出现，到 2030 年，有望恢复到 1970 年代水平。文见刘吉峰、李世杰、丁裕国《基于气候模式统计降尺度技术的未来青海湖水位变化预估》，《水科学进展》第 19 卷第 2 期，2008 年 3 月。

回头再看这个预估结果，还是“保守”了。预估的拐点提前出现，湖水增量也超过预期，不过这些都是人们所乐见并乐意接受的“误差”。2013 年 10 月 20 日央视“新闻联播”报道，最近 30 年来青海湖由衰退转而为重拾升势，出镜的中科院专家说，2005 年是转折点，目前水位已上升 1.7 米；全国新增湖泊 30 个，其中 28 个分布在青藏高原。

另据青海方面提供的数据：青海湖面积 1974 年为 4477.53 万平方公里，1974—2004 年间缩小 253.8 平方公里，约为 1974 年的 5.67%；2005—2011 年逐渐增大，2012 年 9 月达到峰值 4367.45 平方公里，与 1974 年比较减少 2.46%。2015 年青海湖总面积为 4432.32 平方公里，较 2014 年同期增加 49.84 平方公里。2017 年，据青海省气象科研所卫星遥感监测数据显示，青海湖水体面积持续扩大，已达 4497 平方公里，从而达到自 2001 年以来遥感监测的最大值！

在《中国国家地理》"选美中国"中荣登最美湖泊榜首的青海湖，还在持续扩张中　十一郎 / 摄影

高原湖泊迎来又一轮丰水期。鉴于高原上湖泊众多，其面积和水量变化不仅对气候变化响应敏感，同时也将通过地—气间的能量交换对气候变化产生影响，因而从湖泊面积变化到湖泊水量变化的观测研究被提上日程。中科院青藏所和青藏高原地球科学卓越创新中心朱立平团队发表论文《青藏高原封闭湖泊水量变化及其气候响应》，提供了湖泊水量变化大数据：利用 LandSat MSS\TM\ETM+\OLI 光学影像和 SRTM DEM 建立起湖泊面积与高程之间的关系，估算了面积大于 50 平方公里的 114 个湖泊 1976—1990 年、1990—2000 年、2000—2005 年、2005—2013 年四期水量变化序列。结果表明，1976—2013 年湖泊水量共增加 1026 亿吨，年均增长为 27.7 亿吨，其中 2000—2013 年为湖泊水量增加最为明显的时期，增加量占研究时段总增加量的 97%，年均增加达 76.7 亿吨。湖泊水量变化呈现三种主要类型，即"由缓升向急升转变型"（内流区东南部），"先下降后快速上升型"（内流区北部、中部及南部），"波动下降型"（青藏高原南部外流区）。从整体上看，降水是引起湖泊水量增加尤其是 2000 年后水量快速增加的主导因素。在不同的气温条件下，湖泊流域内有无冰川对湖泊水量变化具有不同影响。1976—1990 年，低温通过减少冰雪融水对湖泊水量起到抑制作用；1990—2000 年，气温升高促进了湖泊水量的增加；2000—2013 年，尤其是在 2005 年后气温上升通过加强蒸发削弱湖泊水量增加的态势。论文在线发表于《气候变化》（*Climatic Change*，2016），作者杨瑞敏、朱立平、王君波。

280 万年！来自错鄂湖的记录

继若尔盖、甜水海，一东一西俩钻孔，分获 90 万年和 24 万年湖芯记录之后，“973” 青藏项目第一期（1999—2003）甫一上马，直指高原腹地一北一南两个湖：错鄂湖，沉错。志在必得的还有：打穿第四纪沉积层。

错鄂湖是一座封闭型内陆湖泊，位于藏北高原，青藏铁路那曲站以西 40 公里开外，北倚唐古拉，南望念青唐古拉。面积不算大，60 多平方公里；湖水不算深，实测最大水深为 5 米；海拔还算高，4532 米。不过这都是 1999 年的实测数据，曾几何时，新近已见湖面扩大到 200 多平方公里的报道。本来在藏北湖群中并不起眼，仅仅作为色林错周边 20 多个卫星湖之一，只因 1987 年陕西省动物研究所鸟类专家来过，方才见诸报端，始为人知，且是湖名岛名相连：错鄂湖鸟岛。斑头雁、棕头鸥之类候鸟年年飞临，在此产卵孵化，暖季鼎盛期，可达数十万只呢！尤为难得的是，错鄂湖有 14 条大小河流注入，成为藏北高原罕见的微咸淡水湖，滋养着湖滨与湖中生物，为大小 6 座岛屿上的鸟类天堂提供了饮食必需。待到它的沉积记录一经打开，名声方才传播到国际地学界。

错鄂湖深钻方案酝酿了 10 年之久，攀登计划中遗憾搁置，终得实施，不负众望，湖滨阶地总长度 201 米的岩芯，果然打穿了第四纪地层，术语叫“透底”：底部打到基岩上。基岩是 280 万年前的第三纪红色砂砾岩，之上隔着将近 2 米的红色风化壳，197 米以上沉积岩，皆属我们的第四纪了。从中试图解决的科学问题，一为隆升的阶段，二为环境的变迁。所借助的手段，正是前述物理、化学、生物三大指标。

实验室工作既烦琐又精细：首先以间距为 10 厘米的样品，测试岩芯粒度和磁化率这类物理指标，确认沉积特征和古地磁年代。底部 20 多米对应的是 280 万至 250 万年前，沉积的颗粒粗，粉砂、细砂、中粗砂，反映岩性变化剧烈——说明伴随一波强烈隆升，中部高原内部构造解体，断裂处盆地发育，但尚未积水成湖，需要等到积水成湖以后才会出现湖相沉积，这一等就是二三十万年。170 ~ 38.5 米，对应 250 万到 80 万年前，沉积颗粒较细，大都变而为泥，一个相对稳定连续的沉积环境，说明周边山地抬升、沟谷剥蚀。再往上，出现了粒度粗但沉积速率变小的现象，沉积有所中断，一个可能是前文曾说的“角度不整合”，抬升活动破坏了沉积层，削平了顶部；更有可能的是，距今 80 万年前后，当高原整体进入冰冻圈，盆地为巨厚冰层覆盖所致。

化学风化记录采用的化学指标，是岩芯中的锶、铷、锆等元素的含量变化，及其相互之间的比值。大致原理可以这样理解：封闭湖盆所接纳的主要物源，来自盆地周边山岩风化而成的碎屑物和溶解物。不同气候条件下形成的沉积物，具有不同的化学元素含量。依据其风化程度强弱，可以反演这一地区制约化学风化率的气候变化过程；矿物成分及其粒度大小，又与物理指标相辅相成，作为判断构造活动或疾或徐的佐证。

直观反映气候环境变化的，莫过于植物。错鄂孔的生物指标有赖于孢粉化石，从最底层的喜暖阔叶植物核桃、胡桃和常绿栎类，到针叶的松、杉，到高寒草本，揭示了一个从亚热带—暖温带到亚寒带的或过渡或剧变的历程——越来越高，越来越冷，貌似不可逆过程，但是，错鄂湖真正让人“错愕”的是，竟有冷杉和云杉花粉不合时宜地现身——骤然增多，然后缓慢减少的现象。倘若出现一次两次，还可以视为偶然，但在中期 170 万年前后，反复出现总计 5 次之多！按说云杉和冷杉对于生长环境要求苛刻，通常需要背阴的山坡沟谷，足量湿度，三四千米高度，而当时的高原面应当不再具备这些条件。为什么会多次出现，比照深海氧同位素图示、邻近黄土高原古土壤层图示——这期间深海曲线显示 30 多次全球性气候周期性变化，黄土—古土壤序列中发育过 30 多层古土壤——反复比对的结果，很遗憾，没能找到对应。也就是说，可能并非暖湿气候所致。思来想去，反复讨论，能够想到的唯一解释是，

错鄂湖鸟岛上的棕头鸥。错鄂湖有大小 6 个岛屿，成为十数种珍稀鸟类的繁殖地　张捷 / 摄影

错鄂湖另一鸟岛以斑头雁为主　嘉措 / 摄影

1999 年，藏北高原错鄂湖盆打钻现场　李世杰 / 摄影

快速隆升中造就了沟谷，再通过剥蚀将之抹平——有研究显示，高海拔新形成的山地，剥蚀速率相当高，20 万年时间足以使 200 ~ 500 米高度的沟谷地形变得相对平坦。

由错鄂孔广及高原中部，晚第三纪以来的环境变迁可以归纳为三个大阶段、若干亚阶段：

280 万年前，盆地发育形成；250 万年前，积水成湖，周边山地可能达到海拔 3000 米以上，植被类型已由早期温暖带针阔叶混交林，渐变为冷湿山地寒温带暗针叶林。

250 万～ 80 万年前，山势持续隆升到 4000 米以上，山地暗针叶林渐被高寒灌木草丛群落取代；这一时期末端，灌丛草原复又被高寒草甸取代，朝向现代地貌植被景观转换。这一阶段又可分为 3 个亚阶段，抬升过程中伴随着冷暖的渐变突变，间有干旱事件，5 次云、冷杉“复辟”事件尽皆发生在这一时段。

第三大阶段为 80 万年以来。缺失的地层就发生在前 40 万年。当海拔渐至冰冻圈以上，4500 米的高原面不再有乔木生长，孢粉组合中唯有耐旱耐高寒的禾本植物花粉。1.2 万年以来是一个关注重点，进入全新世前后气候事件频发，冷干—冷湿—暖湿，乍冷的新仙女木期之后是乍暖，重复着冷暖干湿的交替……晚近到 200 年以内，曾有过湖水减少接近干涸的时候，错鄂湖一度演变为沼泽之地。

其时正值高原隆升古高度问题讨论热烈，来自错鄂孔的记录现身说法：不支持 1400 万年或 800 万年前即达现代高度的观点，至少在高原中部如此。

一孔窥得 280 万年，这一杰作主要由南京湖泊所担纲完成。老将王苏民和年轻一代沈吉先后承担课题负责人，具体完成打钻任务的，仍是经验丰富的李世杰，此时他已担任湖泊所副所长。往后几年里，沈吉研究员率队主攻高原东南边缘，在云南鹤庆，打下一个同样穿透第四纪的深孔，岩芯记录同样做得漂亮，互为参照，共同揭示 280 万年以来高原不同地区植被环境、气候变化过程；所恢复的环境变化序列既显示出与全球变化的大体一致，又具有鲜明的区域特征——同属一个高原，同一时段的不同地区往往存在不小的差异。就像最近这些年里，高原北部降水增多，西南部却持续干旱。

与错鄂湖钻孔同时启动的，是位于藏南羊卓雍湖区、浪卡子县城附近的沉错，由朱立平研究员主持。与错鄂孔总体要求不同，重在短尺度、高分辨率，精细到以 10 年计，首次获得高原南部 2 万年以来连续的湖泊沉积物，据此完成一个环境变化序列——以日历年龄计，确认了 1400 年以来隋唐暖期、中世纪暖期和 16 世纪小冰期的气候变化事件，划分了公元 650 年以来沉错湖区的冷暖变化阶段和相对强度。在我们文科人士看来，这项研究的意义超出了自然史，具备了人文历史价值：1400 年前的西藏地区风云激荡，吐蕃从藏南谷地的雅隆部落崛起，正在扩张进程中。王朝的兴衰、社会的演进，现在总算有了自然背景的观照。

从宏观视野的踏勘普查，到实验室里、显微镜下的精密分析，高原湖泊学走过至少两个时代。即使湖泊沉积研究，也在不长时间里经历了明显变化，足见学科发展速度之快。仍以李世杰亲历的年代际三段式为例：早期工作步骤主要依据古湖岸线高程测量、湖盆剖面湖相地层辨识和湖滨沉积浅岩芯，辅以碳14测年等，推测水位变迁过程，揭示湖区气候变化；继之以配合高原隆升机制及其环境影响探讨，揭示一系列重大构造运动事件，这一阶段以甜水海、若尔盖、错鄂湖深孔钻探为标志；然而紧接着，现代过程研究被强调，晚近到全新世以来万年计、千年计、百年计乃至10年计（年代际）气候环境变化成为重点，复又钻取浅层岩芯。湖泊沉积研究转向高分辨率、多指标综合研究，以及古环境定量恢复研究。

正是在郑度院士主持的本期“973”项目中，现代地表过程研究被明确提上日程。承担错鄂孔孢粉分析的吕厚远研究员，自此时起，以10多年时间，采集到1202个高原表土孢粉样品，建立了几乎覆盖整个高原不同植被带的孢粉—环境参数数据库。不同高度、温度和湿度环境，各有不同的孢粉组合，据此建立的孢粉—古高度转换函数，可以代入古环境中。其中相当有意思的，是通过孢粉分析定量区分温度、降水的时间空间变化。根据错鄂孔孢粉记录，以这个转换函数完成了古高度估算：距今280万年，错鄂地区海拔3000米左右；220万年，4000米；90万年以来，少量隆升。

同一时期的10多年里，从事硅藻化石研究的羊向东研究员完成了高原腹地和边缘200多个湖泊调查，揭示了青藏高原生物与盐度、水位和温度变化的定量关系，为湖泊环境定量重建、古季风演化的湖泊生态响应研究提供了科学依据。

湖泊岩芯中泥沙之类碎屑沉积物，一般认为由入湖水流携带而来；其粒度大小，通常被作为判别地质史上干旱程度和风力、风向的指标，可是，专题从事风沙史研究的兰州大学强明瑞团队却在现代过程研究中另见“玄机”：研究区锁定在柴达木盆地苏干湖、共和盆地更尕海，一西一东分属西风环流区和季风边缘区，相同处均为由地下潜水补给的封闭湖泊，现代地表径流（主要指夏季强降水）对粗颗粒物的输入并不显著，而是由较强风力直接吹扬入湖——被大风席卷而来，降落湖面，沉入湖底。尤其冬春季，湖面结冰，可在冰面轻易观察到粗大颗粒，从而论证出至少两个结果：其一，湖泊沉积物中粗颗粒是由风力输入而非流水输入；其二，以大于63微米粗颗粒作为该流域风沙活动指标，说明的是近地面风力强度，而非西风环流指标。属于科学问题范畴，这两点对于以湖泊沉积为介质的古环境重建意义重大。

现代过程研究同步在地球各圈层领域全方位铺开。这是出于青藏研究深化需要而制定的宏观战略，孙鸿烈院士早在攀登计划中予以倡导，在“973”项目中得到鼓励和扶持。后来的研究条件更好，是因硬件跟上了：正是在这些年里，野外观测站相继建立，涉及现代大气过程、生态过程、水文包括冰川冻土过程等等的长期连续观测。2013 年采访朱立平老师，他正在牵头搭建一平台，名曰“高寒区地表过程与环境观测研究网络”，简称“高寒网”。参照孙先生创建中国生态系统研究网络（CERN）模式，跨所跨院，联手共建。整合为一体，统一有要求：一是观测手段标准化，二是共用指标规范化，三是数据可共享。

如此一来，才谈得上将今论古的研究方法应用，青藏研究的深化实现了实质性进展。

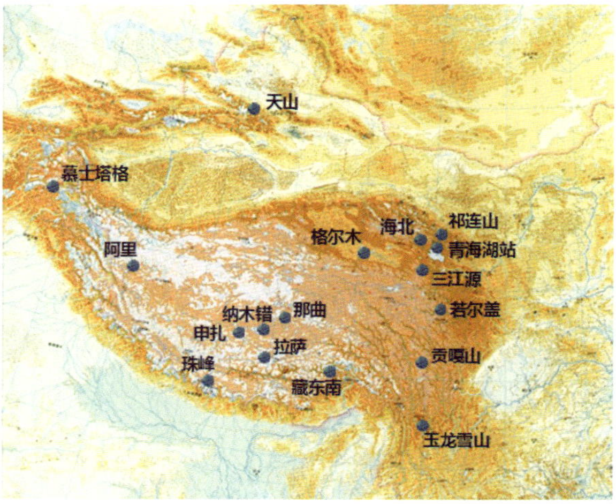

高寒网野外台站分布图 引自中国高寒区地表过程与环境观测研究网络首页（截图，仅作原图的引用展示）

从阐明高寒区大气过程、水文过程、生态过程及其相互间的联系这一科学问题的角度考虑，中国科学院组织院内所属 17 个野外站（点），并通过与其他系统的野外站联合组建“高寒区地表过程与环境观测研究网络”。通过凝炼科学问题、整合监测资源、统一观测手段、完善观测能力、提高观测水平，实现对高寒区地表过程与环境变化的长期连续监测，为地球系统集成研究、关键区域对全球变化的影响与响应、定量化辨识人类活动在全球变化中的作用等研究提供平台支撑；为揭示大江大河源头区气候变化规律和水资源形成转化规律、合理开发利用水资源，探明生态系统结构与服务功能变化、构建生态屏障，掌握冰雪冻融等自然灾害发生机理、科学防灾减灾，以及促进区域经济社会可持续发展等提供数据支持。

中国高寒区地表过程与环境观测研究网络网站 http://www.horn.ac.cn 及其数据库系统 http://db.horn.ac.cn/ 已于 2014 年 5 月基本完成，正式上线。

守望在西藏的湖群

承担沉错的钻孔任务，是朱立平科研生涯中独当一面的开始。说到与青藏高原结缘，更像是命运早有安排，可说是老青藏们一手带出来的：南京大学地理系读本科，听王富葆先生讲西藏科考；中科院地理所读研究生，张青松先生是硕导继而博导。这期间第一次出野外，考察第四纪沉积，直奔西昆仑；从事湖泊沉积研究，也是从甜水海开始的，李世杰主研数十万年间的冰期旋回，他做分辨率高的几千年环境变化，一篇高水平论文发表在《中国科学》上。考察结束，1992 年召开“喀喇昆仑山—昆仑山国际学术讨论会”，朱立平又以会议秘书身份整理简报资料，接触到地学生物学多学科，对于他后来的研究工作大有裨益以外，连任两届中国青藏高原研究会秘书长的经历，也让他成为青藏研究承前启后的代表人物之一。

及至独立承担课题做沉错，小试锋芒，足见传承：湖区周边山体变质岩构成，引自文世宣先生的论文；湖区谷地第四纪冰川作用下的混杂堆积，是李炳元先生从前描述过的；相关水文数据，则来自关志华先生当年资料。继承之上是开创，从研究内容到技术手段，看得出这位后辈学生走得更远更深入。单说硬件吧——访谈中听朱立平老师举例说，直到 1993 年，古地磁测年在我们国内都还没能普及，需要把样品拿到美欧的实验室去做，现在呢，我们实验室大部分的分析设备，都可以向国际水准看齐了。

沉错之后是普莫雍错。羊卓雍以南，前往洛扎县城途中，喜马拉雅山丛里一片美丽大水，犹似蓝宝石，就是普莫雍错了。2001 年起，差不多年年都去，湖光山色里安营扎寨，湖面上水底下，连同湖周边一草一木一石，全都熟稔于心。历时十数年悉心经营，把普莫雍错做成一个工作范式：综合考察地形地貌、湖泊测深、湖面变化、水质水温、湖泊营养、水化学特征、水生生物分布等，从中获取对于湖泊现代过程的全方位认知。待到钻取岩芯阶段，已是野外工作的最后内容，所以动钻之前必得做好万全准备：考察湖周地势确定沉积物源，测量湖底地形分析沉积特点，获取湖水的各种指标数据后，再从多个点位取样，从中判断哪里的沉积层最理想。在无水阶地可用动力钻打深孔，就像错鄂湖盆的透底钻那样，是为了研究长时间序列的环境演化；有水的湖面上，靠 4 米 ×4 米或 4 米 ×6 米的水上平台、手动钻机，一般仅能打到数米深度的浅钻，旨在研究千百年来的气候环境变化。受限于设备等条件，保证一钻成功既不易，前期工作就显得关键。朱老师说，盲目打钻的结果，无异于瞎子摸象，说明的问题可能只代表这个点位，而不足以反映整个流域面貌。

开展普莫雍错工作之初，人在地理所，2003 年底中科院青藏所成立，连人带团队及课题，一并归入，面向西藏的众多湖泊成为题中之义。此时的朱立平做了博导，团队初具规模，第一位博士生、首席弟子王君波毕业后留任青藏所，无论一线野外还是实验室内，都是一员骁将。请小王博士列出一份清单，青藏所已经和正在进行定点研究的西藏湖泊主要有：藏南地区沉错、普莫雍错、羊卓雍错；藏西南玛旁雍错、班公湖；藏东南然乌湖、莽错；藏北高原纳木错、色林错、当惹雍错、许如错、扎日南木错，等等。

不仅在地理方位上有代表性，但凡对西藏有些了解的人，是不是会从这个清单里看到闪闪发光的名字？所以说，这个团队的工作有一显著特点，即研究对象非同凡响，不乏知名度极高的大湖——碧水与雪峰相伴而生，自然属性之上，闪耀着人为添加的神性光芒。而现在，让它们展示科学价值的时候到了。

当惹雍错，前佛教时代本土宗教的圣湖，与紧邻的达尔果神山一道，迄今依然为苯教徒专一信奉。这座最具历史文化情怀的湖泊位于藏北高原南缘，那曲地区尼玛县文部乡境内。除了湖光山色，当惹雍错一大看点，是漂亮的湖岸线，一圈圈一层层，最高处，距湖面已有 200 多米。王君波博士亲手实测当惹雍错，最大水深 230 米！这一纪录不仅在西藏地区，青藏高原，乃至全中国，无出其右者。或者需要加一限定词：整体坐落于中国的最深湖泊。这是因为长白山天池虽然比当惹雍错更深，但位于中朝之间，是两国间的界湖。

然而追溯起来，这座当今最大水深的湖泊却仅及古湖的一半。

遥想这座典型的构造断陷湖曾经多么辽阔，以南许如错、以北当穹湖，各在数十公里开外，以文布谷地为纽带，南北绵延 200 公里，然而它们都曾是古当惹雍错的一部分。现在你若从尼玛县城南向进入湖区，沿途数十公里，两侧山崖刻满层层叠叠古水位线，仿佛大看台，仿佛有谁在瞩望，泱泱大水怎样由盛而衰。参与合作考察的德国专家纷纷拍下这些经典画面，拿回去展览演示，以此说明地球环境发生过怎样的显著变化——当惹雍错湖区，本身就是一座露天的自然博物馆，从天然剖面到湖泊沉积，所记载的气候环境变化年鉴，有待解读。

素享第一神湖盛名的玛旁雍错，位于阿里地区普兰县境内，与冈底斯西部高峰冈仁波齐结伴，几千年前就被本土宗教赋予了神格。向之膜拜的还有古印度人，以梵语唱诵的《吠陀》中，它俩名叫玛那沙湖和凯拉斯山，且因是大神湿婆的道场而被奉为“神圣中的最神圣”。佛教和耆那教加入膜拜行列，是后来的事情。而最早对于玛旁雍错进行科学探察描述者，是瑞典人斯文·赫定，他在 1907 年夏季完成了一项壮举：乘坐牛皮小船，测量了该湖水深。此后整整百年，无人再做相同的尝试，即便 1976 年青藏队来过，考察了地形地貌，量度了水质水温，只是未能测深，沿用的仍是 81.8 米的赫氏数据，据此估算总水量为 200

当惹雍错一隅，古湖岸线是自然形成的水位标尺　陈大琳 / 摄影

当惹雍错既大又深，足以影响当地小气候，古湖沉积层上竟成宜农耕地，令人顿生沧桑之慨　陈大琳 / 摄影

中德科学家纳木错考察合影，前排左二为朱立平，右二为王君波

合作伙伴德国科学家在当惹雍错湖畔考察

朱立平纳木错考察中

亿立方米，为全世界高海拔地区容积最大的淡水湖。

2009 年夏季，朱立平团队把帐篷扎在湖边，橡皮艇作业在湖面，以密集的调查测线，详细绘制了水下地形分布图，测得最大水深 72.6 米——间隔百年，湖面下降 9 米之多！计算储水量为 146 亿立方米；从深水区钻取的浅岩芯获得沉积速率：0.31 毫米 / 年。

与水位下降有关，对比 1976 年青藏队数据，玛旁雍错湖水矿化率升高，直接表现在咸度和碱度增加。在青藏高原大部地区迎来暖湿、许多大湖竞相扩容的当下，这座第一神湖却像是置身事外，缓慢退缩是其基本姿态。

神湖侧畔是“鬼湖”——地质史上高湖面时期，拉昂错本与玛旁雍错一体，干旱化进程使得水面降低，方才一分为二。当年赫氏仅对该湖引用传说写过描述性文字，而未曾下水实测。这一次一并解决：拉昂错最大深度 49.03 米。正因水量不大，浅而封闭，拉昂错湖水变咸，人畜不能饮用，自古背上贬义的“鬼湖”之名，作为神湖反衬。

高天阔地，雪山蓝湖，如此环境中的考察探索固然艰苦，何尝不是野外工作者独享的大美境界，无与伦比！不过，话又说回来，在富含人文色彩的神湖开展工作，也有不便之处。仅有当地有关部门的许可是不够的，有时甚至村长说了也不算数，一旦信徒们有异议，尤其眼见有船下水，每每上前阻拦：神湖岂能被惊扰！一旦碰到这样的局面，没什么好说的，理解，尊重，然后等待。小王博士说，每当此时，只好停工。所以在玛旁雍错，只在水下打钻一次，取得浅岩芯一支。

当惹雍错情况还好，有当地政府部门和百姓配合协助，多次进行考察和采样，于北部最深湖区采集约 11 米的连续沉积物，在南部最深湖区获取 3.8 米岩芯，可分别进行末次冰盛期及全新世环境变化研究。

纳木错同为神湖，但工作顺利，有赖于青藏所在此建有观测站，与县乡政府和牧区百姓关系融洽，尤其让当地人了解和感觉到，祖辈信仰的神山圣湖吸引来那么多中外专家，居然能为今天的科学事业做出贡献，心生自豪感。所以自从2005年建站起，这里就成为冰川、湖泊和大气、土壤、生态诸学科的研究基地。在纳木错湖底总共钻取到10多支岩芯，以东部湖区3米多长的岩芯，建立了全新世环境记录；在中心湖区钻取的10.5米长度的岩芯，可以回溯至2.6万年前；其余短岩芯则主要用于近代沉积过程研究。

与其他神山圣湖的组合相同，纳木错与念青唐古拉结对，雄踞藏北高原南缘，由于交通方便，每年暖季里人潮不可谓不汹涌，是朝拜圣地、旅游胜地，科研方面，这一山一湖还是气候环境变化的指示器、风向标。近年来从这里传出的最大新闻是湖水上涨了，湖面扩大了。直观可见的是，原先湖中仅有3座小岛，现在增加了——原有的两座陆连半岛，被湖水环绕，远离了湖岸。量化数据为：20世纪70年代以来，纳木错湖面海拔从4718米升至4725米，上升了或说加深了7米；面积从1920平方公里，扩展至2000多平方公里。

关于纳木错面积变化，由于多个研究组得出不同数据，使用时应以正式发布的信息为准。1920平方公里是1970年代公布的数据，依据当时的地形图量算；1980平方公里系2000年公布的数据。此后动态变化时见新数据，如2004年达到2015.38平方公里。另有数据显示，2009年为2027平方公里。总之不同研究团队皆提示了纳木错近年来的湖面上涨事实，特别是2008这一年扩张量最大。

关于色林错面积变化，王君波博士整理出多方报道的数据如下：

研究一（边多等，2010，地理学报）：2008年色林错面积为2196.23平方公里（不含雅根错），色林错从1999—2008年湖面扩大速度为20%，10年间上涨了420平方公里，已超过纳木错面积，成为西藏第一大咸水湖；研究二（万玮等，2010，湖泊科学）：1975—2005年间色林错扩张面积达510.02平方公里，1975年面积为1619平方公里,2005年则为2129.02平方公里（不含雅根错）；研究三（林乃峰等，2012，生态与农村环境学报）：色林错面积从1976年的1648.61平方公里增加到2010年的2332.55平方公里，超过纳木错成为西藏第一大咸水湖；研究四（黄卫东等，2012，国土资源遥感）：色林错在1970—2010年间面积增加了约669平方公里,1970年为1679.71平方公里,2010年则为2349.19平方公里。研究五（拉巴等，2011，气象与环境学报）：2002年为1955.49平方公里，2009年面积为2197.46平方公里。由此可见，近年来色林错正处于持续扩张态势。

在这场扩张竞赛中，纳木错还是慢了一点点，只得把“西藏第一大湖”的桂冠让出，先前的“第二”色林错跃居第一。色林错在当地传说中，与拉昂错一样是“鬼湖”，且是“威光映照的魔鬼湖”，相传为魔王堆阿穷的领地。这样的安排，一方面源自古老的二元论思想，神与魔或鬼必得相反相成；另一方面，难免出于功利考量：与拉昂错同，湖水太咸人畜不能饮用。不过，听说色林错的湖水现在也可以喝了，如果不是太过夸张，只有一个解释，那就是水量增加，被大大稀释的缘故。色林错是国家级自然保护区，主要保护对象为黑颈鹤及其栖息地生态系统。这一栖息地是高原高寒草原生态系统中珍稀濒危生物物种最多的地区。保护区内黑颈鹤种群数量已由保护前的1000多只恢复到近年的6000多只，藏羚羊由保护前的2000多只恢复到近年的3万多只，其他野生动物种群数量也呈现逐年递增趋势。

对于色林错的全方位考察列入国家科技基础性工作专项重点项目“青藏高原资料匮乏区综合科学考察”，于2014年夏季由王君波率队进行。包括湖泊水深和水下地形测量、水温和水质监测、水样及沉积物样品采集，所提供的实测数据可谓史无前例，尤其是若论面积，借助遥感影像也可计算出来，但水深数据与水下地形，非下湖探知不可，所以迄今网上仍见有估算的色林错水深30米的介绍。现在好了，总算有了确切数据——不过根据实测最大水深50米、计算总水量约为558亿吨等基础数据，相比纳木错最大水深95米、总水量约864亿吨，看来所谓夺冠，单指面积而言，若论蓄水量，纳木错仍居首席。

本次考察中，在水下采集长度为580厘米较长岩芯一根，底部样品的测年结果，最老年龄可达1.4万年，从而为重建该区末次冰消期结束以来过去环境演化提供了重要介质。为研究湖泊现代过程及其近代环境演变，还在每个水质监测点用重力钻采集短岩芯，垂直剖面水样以及表层沉积物等，获取了丰富的样品。

寒旱区湖水上涨了，一般而言被视之为好现象。但有喜也有忧：近忧在沿湖一线优质草场被淹，远忧在念青唐古拉冰川融化加速了。湖面上涨固然有雨量增加的因素，同时也付出了冰川消融的代价。环绕纳木错的入湖河流足有60条，几乎全部分布在南岸和西岸，念青唐古拉山脚。定点测量，从中计算出湖水补给来源比例，证实冰川融水增量在湖泊水量增加的贡献比率中，可能占到56%。

关于河流，还有一项工作是前人不曾做过的：不同季节湖水及入湖河流水化学特征变化。小王博士选取纳木错湖中两个点位和16条主要河流，监测季风期前的5月中旬、季风期后的10月下旬的水化学组成特征，对比研究，发现湖水中所有离子含量、河水中大部离子含量平均值表现为季风期后较之季风期前大为增高的现象，结论指向最终控制因素，是流域内化学风化作用提供的物质以及蒸发作用导致了湖水和河水离子含量的升高。

这些工作都是现代过程研究必做的内容，相关数据同时适用于古环境的定量化重建。

对于纳木错湖底地形的测量较之色林错为早，从 2005 年到 2007 年，小王博士带队，依次在纳木错东北岸、南岸和西北岸扎营，泛舟湖上，使用测深仪进行尽可能覆盖全湖的深度测量，绘出的等深线足有 20 条。一条条等深线环绕最深处呈不规则排列，向心而不太圆。这是由于湖底自成世界，犹如高原地表的镜像翻版：中心湖区水深大于 95 米（最大水深实为 99 米），并非峡谷，而是巨大又平坦的湖底平原；南北两侧水下坡度大，几成悬崖峭壁状；东西两侧坡度平缓，类似冲积扇——纳木错一带是地质第三纪喜马拉雅运动的产物，随着念青唐古拉的崛起，断裂塌陷而成，时在两千多万年前。那么，这个巨大盆地是从何时接受沉积，何时蓄水成湖的呢？

由于还未能像在错鄂湖所做的那样一钻打到底，暂无确切答案。但有一支团队开展研究较早，多见成果发布。2013 年夏季在拉萨，碰巧遇见中国地质科学院地质力学所的邵兆刚博士，碰巧他对纳木错一带熟悉：1999 年博士刚毕业，就参加了空白区当雄幅 1：25 万地质填图，足迹遍及湖区。据他描述，湖岸上方 150 米湖岸线沉积物，是 10 多万年前高湖面时期的遗物，那时整个或大部藏北高原数十万平方公里，都有可能是汪洋一片的超级大湖——“古羌塘湖”；至少在 3 万多年前又一轮丰水期，根据湖蚀地貌判断，纳木错与色林错及附近大小湖泊一体相连，是为“东羌塘古湖”，而当惹雍错则与现今地跨那曲、阿里、日喀则三地的一众湖泊合纵连横，是为“西羌塘古湖”。文见《地球学报》2001 年第 2 期《纳木错湖相沉积与藏北高原古大湖》，中国地质科学院朱大岗等。其后这一团队就纳木错地区地质地貌和湖泊演化等，相继有多篇论文发表。

可见纳木错的时空纵深尚未得见，藏北高原的环境演化有待多孔之见。目前朱立平团队仍在专注于现代过程研究、浅岩芯高分辨率的环境变化研究。2008 年在纳木错湖底打出最长的一支 11 米，可以判读到 2.4 万年前，从中发现了 1.65 万年以来控制这一地区的季风—西风的转折轨迹；从一支 3.3 米长的岩芯中，判读出 8400 年来冷暖干湿交替的大大小小事件，这一成果发表在 2007 年第 4 期《第四纪研究》，题为《西藏纳木错深水湖芯反映的 8.4ka 以来气候环境变化》。

初步成果令人振奋，然而新的问题随即提出：纳木错湖底沉积物的地球物理特性及分布特征是怎样的？第四纪以来纳木错盆地是否持续接受沉积物？能否在纳木错开展更长时间尺度、可覆盖几个冰期旋回的沉积物钻探研究？这对于研究该地区的地质演化历史、湖泊形成及发育、季风演化及其与西风的相互作用等重要科学问题，无疑具有极为重要的科学价值。面对这一诱惑，朱立平谈到了一个雄心勃勃的计划：待条件成熟，准备一项国际申请，在纳

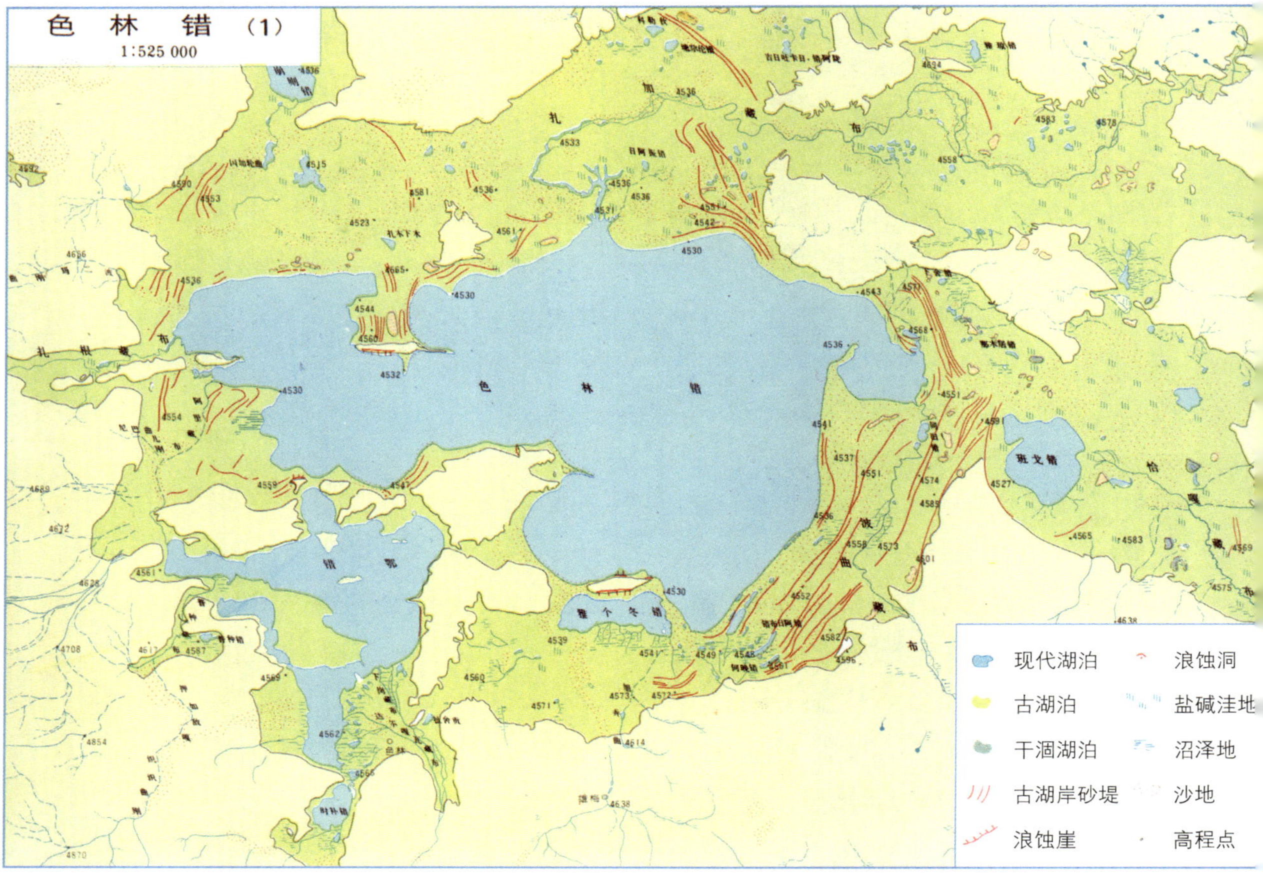

典型湖泊退缩图——色林错 罗国社绘制并文，引自《青藏高原地图集》，1990

典型湖泊退缩图——色林错

色林错是藏北高原湖泊退缩痕迹保留最完整的湖泊之一，尤以湖的东南部保留最为完整。其湖泊退缩痕迹以发育在古湖盆阶地上的古湖岸砂堤和由它堵塞而成的汇湖的相间排列为基本特征；有 13 级古湖岸砂堤和 6 ～ 7 组潟湖群。最高古湖岸砂堤高出今湖面 70 米。勾绘出的古色林错范围，东西长 227 公里，南北宽约 110 公里，面积为 7850 平方公里，是（1990 年）现代色林错的 5 倍。在这范围内包括大大小小的湖泊，其中比较大的有吴如错（343 平方公里），错鄂（259 平方公里），恰规错（87 平方公里），班戈湖（55 平方公里），等等。面积在 10 平方公里以下的竟达 525 个之多，同时在古湖盆范围内，普遍分布有沼泽和盐碱洼地，这些都可以看作是古色林错退缩以后在地表留下的痕迹。

湖泊水深测量，以色林错为例：采用测深仪进行测量，30余条测线基本覆盖湖泊所有区域，生成湖泊水下地形图。发现色林错水下地形较为平坦，最深处约为50米，超过40米的区域主要分布于东南部开阔湖区，西部与北部湖区水深较浅。

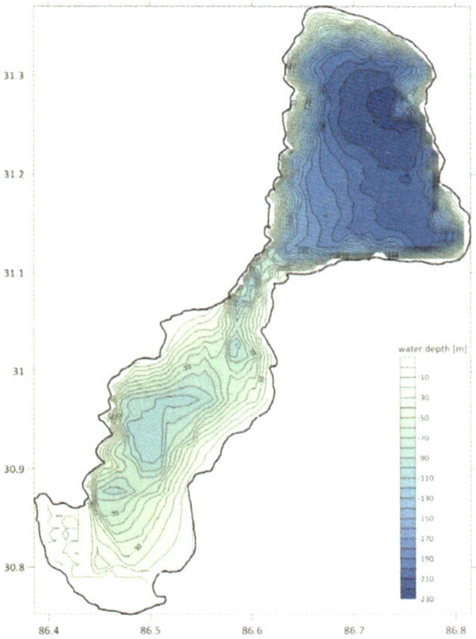

当惹雍错等深线，最大水深230米

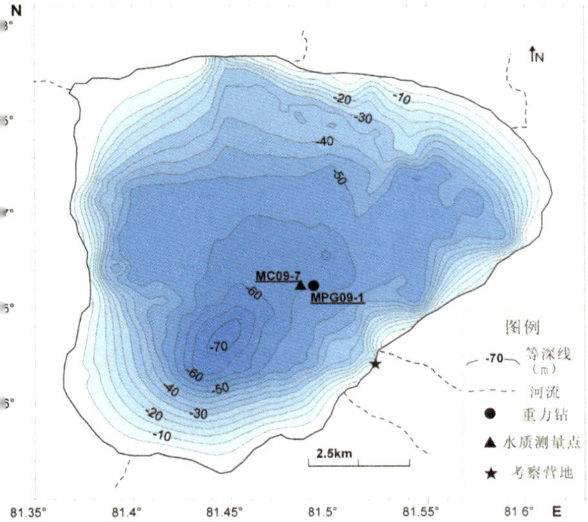

玛旁雍错等深线，最大水深72.6米

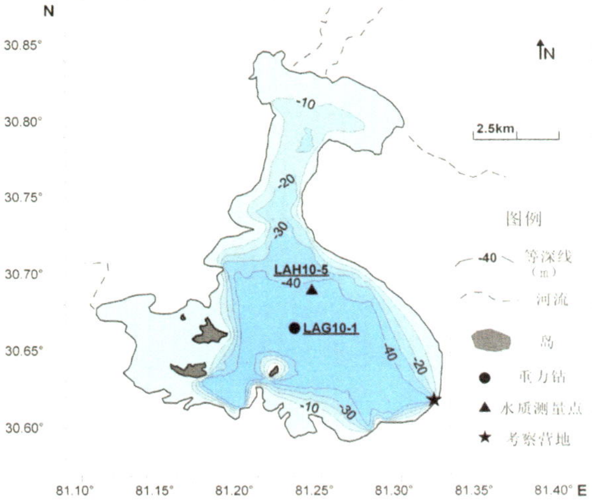

拉昂错等深线，最大水深49.03米

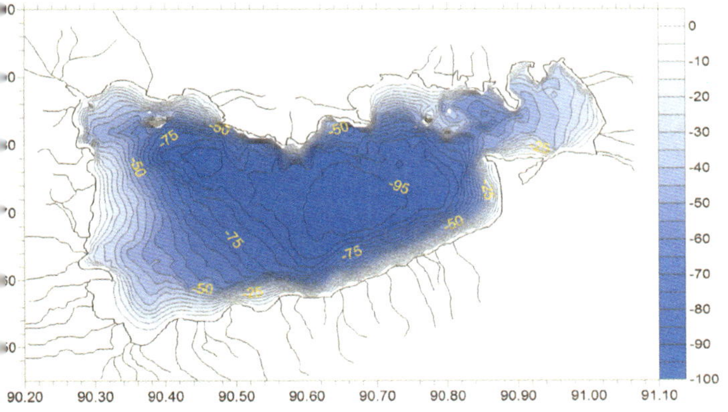

纳木错等深线，最大水深95米

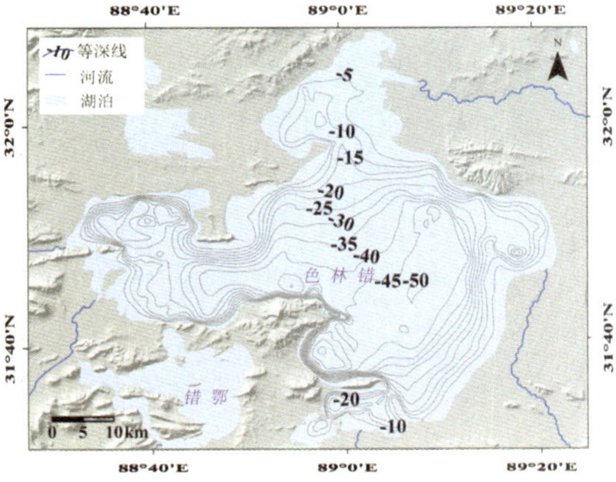

色林错等深线及地形图，最大水深50米

木错实施国际大陆钻探计划（ICDP）。

这样说来，现在所做的一切都可以算是前期工作了，而现代过程研究是确保宏大计划成功的必要前提。尽管多个团队同时进行，信息共享，但相比湖泊数量和工作的深入程度，人手还是太少。另外一个相比，是面向国际的——王君波博士说，相比北欧、北美，湖泊研究动辄上百年，既深入又持久；尤其北美著名的五大湖区，早已建立长期观测站，而我们在湖泊安置监测仪器，最近几年刚刚做起来。

说这话的时候，年轻人语带紧迫感，表现在行动上，向来行色匆匆。采访小王博士不容易，某次访谈甚至是在拉萨同车前往贡嘎机场途中进行的。每年大半年在野外，天寒地冻季节里还要远行藏北，这是因为无人区夏季泥泞，极易陷车的缘故；但也不能太晚，以免湖面冻结，无法进行水上作业。近年来频繁往返于藏北高原寒旱核心区一带，北至可可西里山，早年青藏队藏北分队和西昆仑考察中走过和没走过的地方。2012 年是路线考察和面上河流、湖泊水质调查，10 月中旬带队起程，一个月时间里，走的是双湖—龙尾错—半岛湖西岸—西岸长龙河—沙窝滩—横梁湖北岸—黑石滩—永波湖西岸，到达多格错仁强错一线。此为双湖进入可可西里的西线，沿途考察测量了湖泊 13 个，重点考察了龙尾错和多格错仁强错及其入湖河流。2013 年则从 9 月到 11 月共组织两次藏北之行，“流域水文状况基础数据调查”课题组分别以许如错和藏色岗日为中心，进行湖泊水文基础资料调查：沿途采集了 22 个表土样和 18 个湖泊、河流水样、水质参数数据，在 9 个湖泊钻取了沉积物样品，重点调查了许如错、达则错、大熊湖、布若错、雪源湖、拉雄错等羌塘高原南北 6 个湖泊的水深、水质及其流域内的补给河流，填补了该区域湖泊、河流等基础资料的空白——没错，这个课题就在“青藏高原资料匮乏区综合科学考察”项目名下，虽然从装备到技术较之前辈们先进许多，然而填补空白的工作仍在继续。

隔了一年再见，顾不得寒暄，小王博士告知新进展：已测出纳木错湖底沉积物至少可达 780 米！

数据来自一个国际合作项目。青藏所联合德国耶拿大学地理系和不来梅大学海洋环境研究中心，于 2014 年 6 月乘坐纳木错站科考船，对纳木错开展了首次沉积物地球物理勘测研究。高端设备仪器是合作方带来的：空气枪地震剖面仪对于沉积物的穿透能力最高可达上千米，多通道数据获取系统总共 32 个接收机，辅以气泡枪单通道地震剖面仪以及 SES 沉积物回声测深仪等仪器，可确保对扫描过的沉积物皆能获取不同穿透深度、不同成像分辨率的结果，并对不同仪器的结果进行对比分析，最终获取湖底沉积物更为精确的地球物理特征。

结合已有的岩芯，初步考察结果显示，纳木错湖底沉积物呈现很好的分层性，并可区分

考察进行到后期，湖面已接近冰封，图为多格错仁强错湖中的考察平台

无人区考察期间，湖面结冰，前进困难
本节图片及湖泊数据均由王君波提供

出全新世及若干万年来各阶段不同沉积物的特征；在部分湖区，沉积物中发现有明显的断层存在；在深水湖区，接收到的信号反映了约 750 米的反射剖面，其沉积物仍显示了水平展布、层理性清晰的特征；已经完成的测量尚未明确检测到湖底沉积物的声学基底信号，说明纳木错深水湖区的沉积物厚度至少可达 780 米，反映了可进行长岩芯钻取以及长尺度环境变化/构造历史研究的良好潜力。

——如此说来，距离申请国际大陆钻探计划又前进了一大步，实质性的一步。

本章涉及树轮学、孢粉学、环境考古学，看似相对独立，将之并列，只因它们有一共同点，那就是与史前和历史时期高原人类活动相关联。就其所提供的自然背景而言，可与其他学科的冰芯、湖芯等环境指标互为参照；从环境考古传达而来的人文情怀，则可同黄土、黄河—长江、季风雨合并阅读。而且就其难易程度，较之不少学科更便于理解且带了感情。采写过程中作者就不时设想，倘若再去纳木错，是不是该去朝拜那片苦寒之地上的香柏灌丛；再见色季拉杜鹃花海，是不是会想到它们不仅仅为了赏心悦目；还有那株几乎陪伴了中华文明史全进程的祁连古柏，如今还在吗？还有我们已知的孢粉，初识的植硅体、植钙体等等微化石，尽管渺小，尽管曾经依存的植株已经消失N多年，却依然充斥于微观世界，被发掘被描述从而成为揭示自然奥秘的新材料。还有兴起不久的环境考古学，正引领我们从自然和社会全视角回望……

对于人和自然的关系，藏族地区传统观念认为，我们只是“借宿”者，面向宇宙大自然，必得心存敬畏和感恩。没错，相比存世万物，迟到的人类只能算是路过。不过话又说回来，旅程虽然短暂，却总有那么一些勇于探索的人，为自然界代言，让我们不再一无所知，从而在反观大自然之后再重新自我定位时，于应有的谦卑中，是不是感觉多了一份小小的骄傲？

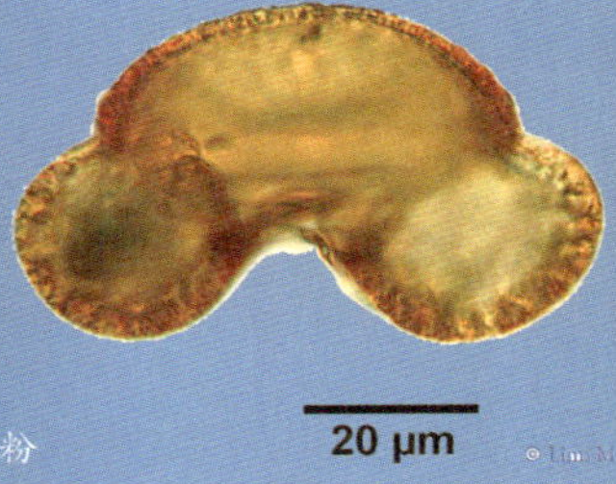

松花粉

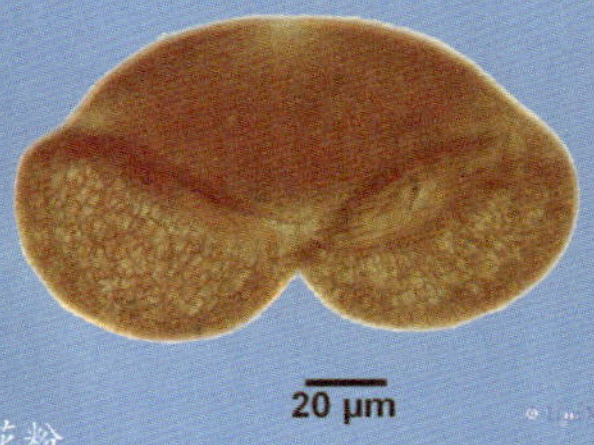

云杉花粉

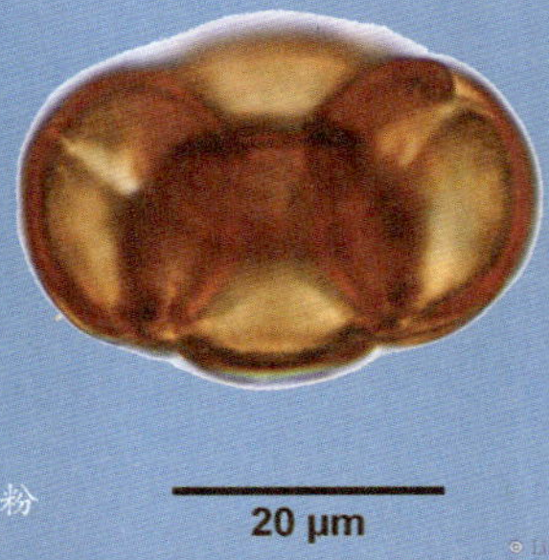

杜鹃花粉

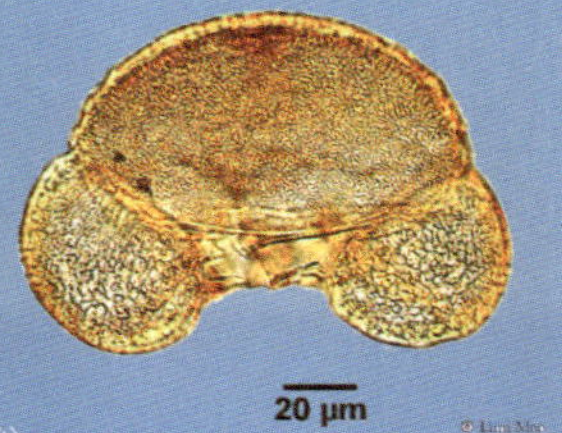

冷杉花粉

吕厚远／供图

第 14 章　话说千年万年以来

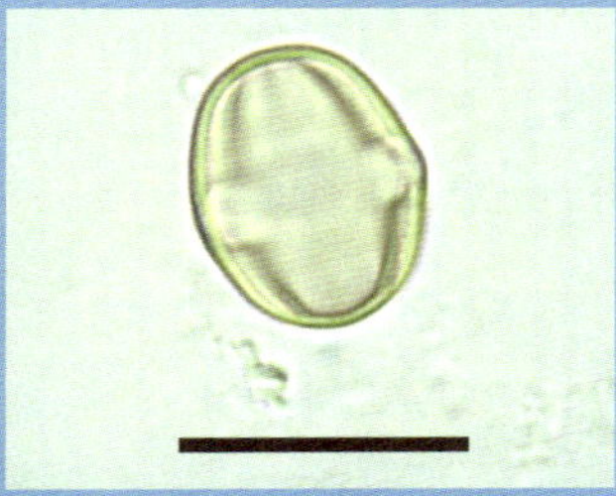

Astragalus strictus
笔直黄耆（豆科－黄芪属）

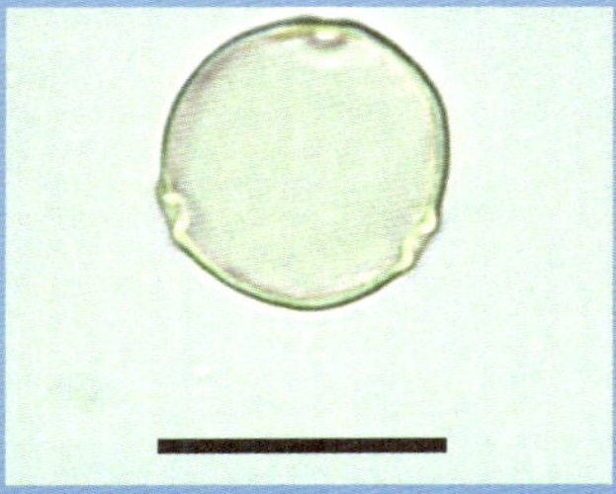

Humulus scandens
葎草（桑科－葎草属）

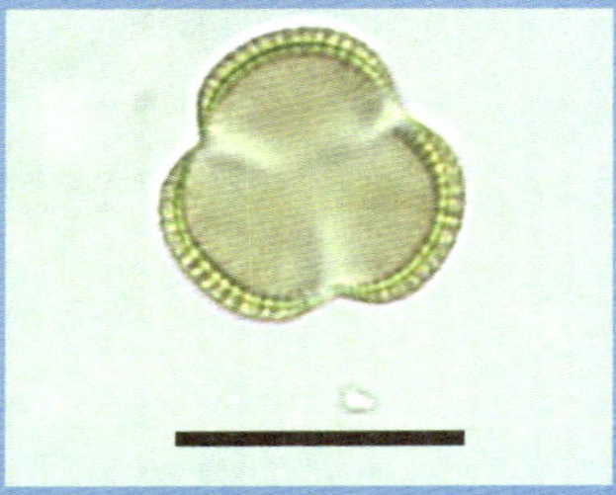

Erysimum hieracifolium
草地糖芥（十字花科－糖芥属）

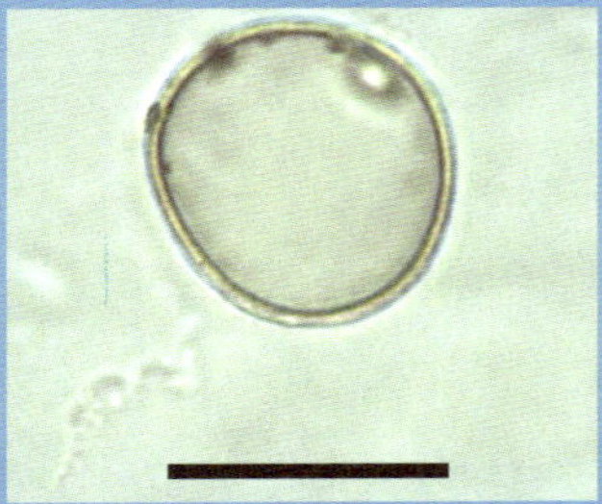

Poaceae 禾本科

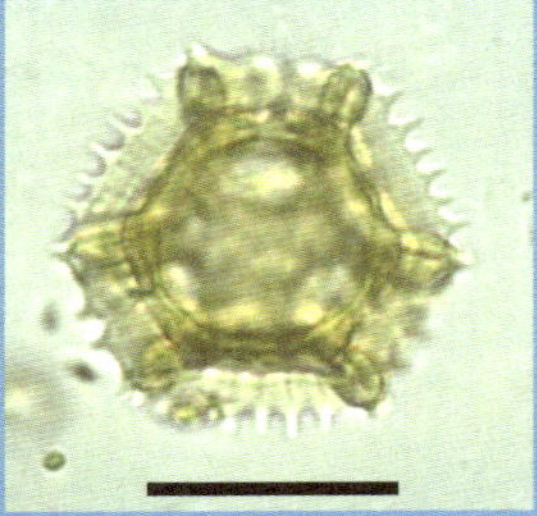

Taraxacum sikkimense 锡金蒲公英（菊科－蒲公英属）

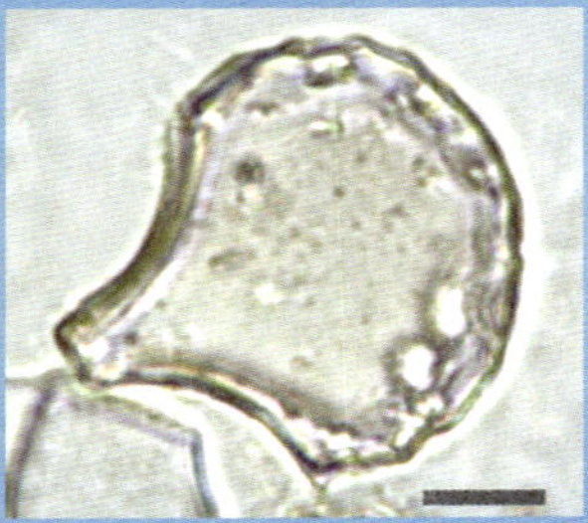

水稻－植硅体　　吕厚远 / 供图

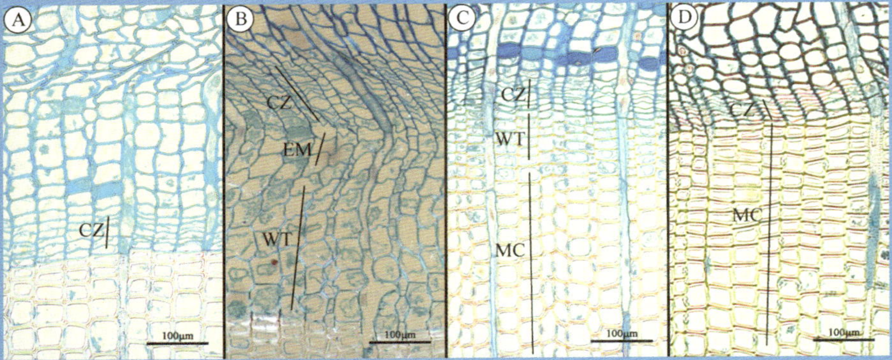

藏东南急尖长苞冷杉季节形成层活动，显示木质部分化各阶段（CZ－形成层细胞，EM－扩大阶段细胞，WT－细胞壁加厚细胞，MC－成熟细胞）细胞数目。A：4 月 21 日；B：6 月 16 日；C：8 月 19 日；D：9 月 30 日。梁尔源 / 供图

香柏灌木木材横切面，显示清晰的年轮结构，平均年轮宽度 0.29mm，具有高频率的缺失轮和极窄年轮（例如 1984 年形成的年轮仅包括一个早材细胞和一个晚材细胞）

树轮由于具有定年精确、分辨率高、连续性强和复本易得等特点，在全球变化和生态学研究领域有着不可替代的价值。树轮学汲取了诸如木材解剖学、同位素分析化学和森林生态学等学科的基本原理和研究方法，广泛应用于气候变化、水文地质、特殊生态事件等方面的研究，从中衍生出各分支学科如树轮生态学、树轮气候学、树轮水文学、树轮冰川学、树轮考古学，等等，被公认为20世纪发展最快的学科之一。

树木生长过程中所经受的一切，无不记录在年轮中。除了干湿冷暖的基本信息，一些特别事件如地震、虫灾、水灾、火灾、火山爆发、空气污染，乃至核试验峰值，无论自然的人为的，但凡影响到环境的，全都标记在案，这就是树轮档案的神奇所在；较之其他介质，在高精度方面自有特别优势。

孢粉分析是研究植物孢子和花粉(简称孢粉)的形态、分类及其应用的一种科学方法。孢粉学可分为两个方向：现代孢粉学及古孢粉学。孢粉有一层由孢粉素组成的外壁，耐酸碱且极难氧化，可以长期保存，在几千万年到上亿年的煤炭中都可以找到。具有体积小(5～200微米)、产量高、分布广以及便于鉴定、便于统计分析等特点。古孢粉学或称地质孢粉学，不仅可以应用于地层对比、油气来源分析等，同时广泛应用于古植被、古生态、古气候、环境考古等研究。

同属微体化石的还有植硅体和植钙体，植物生长过程中聚合于体内，植株死亡后可在自然界中保存相当长的时间，因其具备的植物分类学功能，在当代农业考古中意义重大。

环境考古研究也称考古地质学，是将自然科学方法，尤其是地质、环境研究手段与考古发现相结合，重建考古遗迹所经历的环境状况，探讨自然环境与古人类活动之间的内在关系，揭示自然环境及其变化如何影响人类行为与活动，以及人类活动如何反作用于自然环境的科学。环境考古首先是考古学研究的有益补充，对于解决一些科学问题大有裨益，比如考古遗址中动物化石的解读，既能较好反映古环境与古气候，同时这些动物化石多与人类狩猎、畜牧等行为活动息息相关，也可以从中推测当时人类行为模式、生计模式等。

环境考古自诞生起就决定了其强大的生命力，显著特点表现在多学科与综合性。在多年发展中环境考古已经涌现出与地层、孢粉、地貌等学科联合攻关经典案例，而今正与DNA技术、数字网络技术及地理信息系统等新技术相配合，学科发展潜力可观。

从灌木树轮见微知著

纳木错北岸有灌丛，呈带状分布在海拔 4740 ~ 4920 米之间的阳坡山地，因个头低矮且匍匐而生，俗称“趴地柏”十分形象。“趴地柏”学名香柏，虽然外表看来与枝干高大、树冠层叠的圆柏全不相干，但在植物分类学家那里，二者却同在柏科、圆柏属名下。正所谓生存有道，塑身有术，香柏堪称为适应而演化的模范。荒寒高地，乔木退避三舍，唯香柏代表同族在坚守，老干虬枝，历尽风霜，蔚成一片缩小版的森林景致，这在藏北高原当属罕见。生态效应和审美价值之外，香柏还具有药用功效，听说可祛风散寒、活血解毒，是藏药“秀巴”的主要成分。至于“形上”功能，则体现在藏传佛教信徒以其枝叶熏烟敬神佛，称之为“煨桑”。

香柏的一项科研价值也在近年被挖掘出来：利用年轮宽度，指示过去气候变化。这正是中科院青藏所梁尔源研究员带领的树轮生态与气候学团队进行的研究内容之一。

西藏纳木错周边香柏高山灌木景观，最高分布至海拔 4917 米，最老植株 400 年左右

相比乔木，灌木的茎干那么细，做研究材料行吗？梁尔源说他也是试过了才知道。香柏年轮的平均宽度不足 0.3 毫米，显微镜下细心观察，年轮界线还是清晰可见的，一圈圈密集排列，一丝不苟。小梁老师还介绍说，这些看似不起眼的灌木却存活得够久，其中最老标本 324 岁，不得不让人赞叹神奇，并心生敬意。利用交叉定年技术，已经建起长度为 245 年（1766—2010 年）的轮宽标准年表。这一研究成果于 2012 年发表在国际权威期刊《植物学年鉴》（*Annals of Botany*），以其创新和突破引起国际同行的广泛关注。关注点有二：一是以新发现的材料，将相关研究空间推向更高的海拔区域；二是时间方面，将灌木轮宽年表一举扩展到更长的时序跨度。

低矮灌木同直立乔木一样，其年轮是重建过去区域气候变化历史的重要代用指标。重建内容包括温度和降水变化、极端气候事件等等，属于树木年代学的重要分支——树轮气候学范畴。在我们已习惯了地质史动辄以符号“Ma”百万年计之后，乍见两百多年，不免感觉短暂，甚至远远短于乔木树轮接续起的几千年、上万年。但在缺乏器测气象资料且无乔木生长之地，仍有香柏充任过往信息的载体，哪怕仅有几百年，也全凭上天眷顾有加——藏北高原从前气象站点稀缺，距纳木错最近的班戈县气象站，仅有半个多世纪历史。换言之，唯有这一时段气象记录可靠。拿这一时段的香柏年轮与之做比对，每一年，每一生长季，甚至具体到月份，冷暖干湿俱在年轮线上留下痕迹，而痕迹即是判读依据。天然档案对应气象记录，从中找出规律，然后再去反演此前两百年气候变化历史，才是可信的。运气好的话，未来能够续接到更老植株的话，还可上推更久一些。

低气温、高海拔、生长期短，是藏北高原植物的命数。如此环境条件下，凭经验凭理论，一般人都会想到温度越高对植物生长越有利，从前业内人士也是这么认为的。然而对比之下，发现并非如此，温度和生长并非正相关，5—6 月高温期，反倒容易间接造成土壤水分蒸发，致使香柏生长受限；表现出良好对应关系的，反而是在大气相对湿度和降雨方面，即湿度和降雨量的增加有利于香柏生长，干旱才是大敌。例如 1984 年极其干旱，香柏出现罕见窄轮，仅由一个早材细胞和一个晚材细胞组成。而在正常年景，同一植株的早材细胞可以长成 20 个之多。这在高寒干旱地区，已经是不错的成绩了。试想若是这一年旱情进一步加重，或许导致生长中止，丢失轮就是这样产生的。

藏北借助香柏，是因唯有香柏年轮可用，在藏东南，一听说灌木年轮研究始于高山杜鹃，采访者忍不住又要发问了：那一地区拥有北半球最完整的植被带谱，从阔叶林到针叶林不乏树轮研究材料，何需开发灌木潜力？小梁老师回答，这是因为杜鹃花科的灌木广泛分布于青藏高原东南部，尤其是在森林垂直分布上限之上，杜鹃丛可向上延伸数百米，甚至接近上千米呢！总之是在乔木够不到的地方。在他之前，国内外都还没有以杜鹃灌木为材料进行年轮研究的先例，率先尝试的结果，是一发即中，符合期待。

在藏东南然乌湖畔，名叫作求普的冰川前缘，海拔 4450 ~ 4500 米的杜鹃丛中，他们采集了多个植株，成功完成了交叉定年。为何要进行多植株交叉定年？再听解说：首先，单株不具备交叉定年的条件，单棵植株有可能受到小地形等因素影响，缺乏代表性；此外，灌木相比乔木，多存在伪年轮、缺失轮。因此，建立定年准确的树轮序列，需要多植株相互补充和验证；建立一个年表，通常需要 20 多株样本，方能更好地反映研究区森林生长的总体状况。

证实高山杜鹃交叉定年是可行的，在国内外尚属首次，为接下来的研究提供了一个良好开端——后续的研究结果表明，杜鹃灌木生长所记录的气候信号，与林线一带急尖长苞冷杉所记录的相似。这是一个令人振奋的结论，它将年轮研究扩展到了一个新领域：林线树木与高山灌木的整合研究。这一发现远超预期，相关论文《青藏高原东南部雪层杜鹃的树木年代学研究潜力》于 2009 年发表在《植物学年鉴》，国际同行相当关注，当年恰值第八届国际树轮学会议筹办中，组委会特邀梁尔源研究员担任“灌木树轮生态学”分会场主持人。

第八届国际树木年轮学大会于 2010 年 6 月在芬兰召开。此次会议旨在探讨树木年轮学发展以及树木年轮在环境变化监测中的应用，主题为“气候变化，新时代最大的挑战”。共有 42 个国家和地区 340 人出席，其中 20 位中国学者参会，并以展板方式集中展示了中国北方和青藏高原的树轮研究成果。中科院地球环境所刘禹研究员和青藏高原研究所梁尔源研究员应邀分别担任“气候系统的遥相关关系”和“灌木树轮生态学”分会场主席；中科院植物所张齐兵研究员在“树木生长与气候关系”分会场作特邀报告。总体评价，中国树轮研究在亚洲居于领先地位，在国际相关领域的影响力正在提升中。

国际树木年轮学大会是树木年轮学领域最高级别的国际学术大会，每 4 年举办一次，上一届是在北京举办的。

树木年代学创立于 20 世纪 20 年代，以直立乔木为研究对象，几十年后才有人把目光投向灌木。但因材料的先天条件所限，操作困难，未能推广开来。20 世纪 90 年代，因为有了全球变化命题，地理和环境科学的多个学科专业重新崛起，而灌木也以其广为分布的独特优势，被重新认识，研究样点以相当快的速度铺向全球各大洲，尤其是像环北极苔原带那样的乔木绝迹地区。但迄今为止，发现适合做研究材料的灌木仍是少之又少，总共不过区区 30

余种。

中国的灌木年轮研究进步较快，主要集中于旱区、半干旱区，已开展研究的灌木种类包括沙漠柽柳、四合木、梭梭、沙棘和沙地柏等。在青藏高原，此前已有肖生春等专家通过沙棘年轮重建了祁连山七一冰川半个世纪以来的雪线变化。香柏和杜鹃的灌木年轮研究虽然起步稍晚，可是意义非凡：可以生长在树木无法达到的高处，海拔 5000 米以上都能觅见它们的身影，这就大大拓展了树轮气候学的研究空间，并且有望把研究网络的覆盖面从高原东部、东南部，一直扩展到高原中部，弥补了从前树轮研究局限于高原边缘区的缺憾。

年轻的事业，年轻的团队，年轻的领队——目前青藏研究诸团队中，他们算得上最年轻的一支，“70 后”领导“80 后”。从个人到团队的成长之快，像极了自己的研究对象，在合适的水热条件下，一年一轮，踊跃生发。2001 年，梁尔源在中科院植物所完成硕博连读，次年起即在中科院地理所邵雪梅研究团队做博士后，目光转向青藏高原；这期间还在荷兰、法国和德国从事树轮生态学研究，为日后的开拓创新奠定了扎实基础。从初出茅庐时的一个人，到以博导身份组建研究团队，再到带领一个群体脱颖而出，不过 10 年时间。

在青藏高原研究会每一次年会上，这个新锐团队成员每作报告，都极其生动，不间断地更新着我们对高原生态环境的认知，甚至不时挑战以往的经验。在此略举两例，一个是关于树线波动的，一个是关于冷杉生长之谜的，即可知作为听众的我本人，何以会留下“更新”和“挑战”之类深刻印象。

藏东南地跨波密、林芝诸县境，喜马拉雅、念青唐古拉、横断山诸大山系在此交会，这一带深山老林是梁尔源团队的主要研究基地。川藏公路 318 国道经过的色季拉山，有完整的冷杉分布垂直带，提供了一个绝佳的天然实验室，加之青藏所在山下建立了工作站——中科院藏东南高山环境综合观测研究站，在山上架设了自动气象站，给野外工作提供了极大便利。团队从冷杉林中划定若干个样地，长期定位监测树木物候变化、树木形成层季节活动，利用树轮分析方法探讨树木生长的环境适应策略，意在通过对环境响应的时空变化特征，一来可掌握树木生长规律，二来为重建过去气候变化和树线波动历史。尤其是通过对当下树线波动过程的观察分析，可以比较准确地把握气候变暖背景下的植被生态变化情况，属于现代过程研究范畴。

近年来，基于全球范围内 166 个树线研究样点，有西方学者综述了过去 100 年来的树线位置变化情况，发现半数左右的样点出现树线上移，其余则保持相对静止状态。其中涉及青藏高原的仅一处——白马雪山。Baker 与 Moseley 通过 1923 年美籍奥地利人约瑟夫·洛克在白马雪山垭口所拍照片，与 2003 年所拍照片比对，得出一结论：80 年间，该地树线向上

横断山区山地森林上限　本节图片由梁尔源提供

树线一般包括高山树线和高纬度树线两种，其实并非一条线，而是一条生态过渡带。由于自然的界限往往是一个逐渐过渡的区域，学界将树线定义为林线上边界和树种线之间的过渡带。树线作为直立木分布的海拔上限和高纬度北界，靠近树木分布的生态阈值极限，气候条件并不稳定，因此树线对气候变化具有较好的敏感性，是探讨植被分布与气候相互关系的理想区域，在植被生态学中备受关注。

移动的垂直距离为 67 米。

对此，梁尔源认为单凭一个点位不足以代表整个高原，那样的话难免以偏概全。鉴于直立树木分布海拔上限的树线可做森林生态系统响应全球变化的敏感生态指标的重要性，需要他的团队以量化数据给出答案并作出解释。

从前面的文字我们已经了解到 0.6 ℃ /100 米直减率公式，即海拔每升高 100 米，气温下降 0.6 ℃；同理，气温每上升 0.6 ℃，不考虑地形、土壤、湿度、风向等限制条件，从理论上讲，物种生长的海拔上限应当向高处推进百米才对。按照过去 100 年来青藏高原升温 1.2 ℃～ 1.5 ℃推算，藏东南林线应垂直向上扩张至少 200 米。然而对于色季拉冷杉林实地监测结果表明，这样的情况并没有发生——冷杉林树线原地未动。

无关气候和地势，冷杉林原地未动，因为遇到了强有力的竞争对手——杜鹃灌丛。紧邻冷杉林线的杜鹃，密密匝匝形同铁壁，阻碍了冷杉林可能的发展空间，即便杉树种子落入，也无法发育生长。不过话又说回来，这一与白马雪山相反的情况或许仍属个案特例，青藏高原范围广，各地生境大不同，以色季拉山代表整个高原，同属以偏概全。何况还有一个科学问题需要回答：为什么相同的升温背景下，全球各地的树线变化不一，非气候因素的影响体现在哪里？

于是，一个更大空间范围的云杉、冷杉树线样地网络建立起来，从横断山区到祁连山，沿青藏高原森林主要分布区选择 14 个固定样地（每一样地面积为 30 米 ×150 ~ 200 米），对过去 100 年来树线位置的时空变化动态进行调查。结果出来了：其中 9 块样地的树线位置上升 13 ~ 80 米，另 5 块样地则保持相对静止状态或仅见小幅度上升（5 米以内）；结论也有了：气候变暖背景下，树线位置倾向于向更高海拔爬升，但爬升速率受到树线之上高山灌丛或草本植物盖度和高度的调控。模拟结果显示，植被厚度指数（树线之上植被高度 × 盖度）可解释 69% 的树线变化。当植被厚度指数小于 0.64，树线之上植被群落可提供有利的更新微环境，从而有利于树线爬升；反之则种间竞争将会抑制树线的爬升。随之出现的另一普遍现象是，尽管不同样地树线爬升幅度不同，所有树线种群密度在过去 50 年来均呈显著增加趋势！仍以色季拉山冷杉林为例：虽然扩张受阻，但在冷杉群落内部，更新速度加快了，林分密度加大了，生物生长量提高了。这同时体现了物种在自然保护区内所享优裕——一株成年冷杉的树冠直径可达 10 米，成片的树冠遮天蔽日，维持了冷杉林内较高的相对湿度；幼树之间固然竞争激烈，毕竟发生在种群内部，从而保有了原生态的健康。这里有个比较：以往大面积人为砍伐的林区，往往改变了原有生境，植被演替难免，致使原生优质冷杉林领地缩小，渐被速生的先锋树种、次生林或灌木，例如被杜鹃丛取代。

鉴于这一研究结果为深入探讨高山树线形成和变化机制所奠定的理论基础，为定量模拟气候变暖背景下的树线变化提供了新思路，论文发表在《美国科学院院刊》（PNAS，2016，113〔16〕，4380 - 4385），足以说明国际学术界重视程度。

在这场爬升比赛中，一举夺魁的是谁？不在横断山，在祁连。祁连山东部云杉林，向高处垂直行进 80 米。总而言之，即使以我们非专业眼光看取，无论领地扩张还是内部繁荣，气候变暖对于森林生态都是好消息。

通过海拔梯度上的树轮研究和森林物候的实地监测，藏东南冷杉林生长规律被一点点厘清，并对某些认知和定见提出挑战。以往的研究多认为，分布上限处的树木生长主要受温度限制，下限处则受降水影响。然而，梁尔源团队通过树轮分析和实地物候监测却另有发现：色季拉山不同海拔高度的冷杉生长，皆受控于温度！

结论来自定点的跟踪观测。对色季拉山从 3800 米至 4360 米多个海拔样点的急尖长苞冷杉林，首次进行了森林物候观测。有意思的现象出现了：生长期开端，一律按海拔梯度依

2016 年 11 月，梁尔源在色季拉山高山林线维护自动气象站

次展开，低海拔处最先萌发，海拔越高越滞后，具体时间为每升高 100 米，顺延 3 天半。这就基本排除了降水方面的显著影响，基本确认了皆受所在位置春季温度（或积温）的控制，就仿佛“叫醒”服务被设定在温度计上。这样一来，海拔 4200 米以上高处的冷杉生长季，较之 3800 米处至少滞后 14 天。更有意思的是，位于上限的冷杉最初展叶时的积温明显低于下限，换言之，如果严格按照下限处的温度才开始生长，损失的将不止两周时间。其耐寒特点体现了高明的生存策略，来自严酷环境中长期适应的选择——竭力争取更多生长时间。

既然受控于温度，那么冷杉生长季结束的时间，想必也是由高及低依次开始的吧！然而出人意料的是，观测结果表明，结束时间并非次第而下，而是步调一致，是在秋季某一天，比方说 9 月 30 日前后某一天，就像接到统一指令，无论海拔相差多少，几乎同时停止生长，整齐划一，戛然而止！听来不可思议，说明此时无关乎温度，也不取决于降水。冥冥之中究竟由谁在操控？梁老师给出了一种解释，可能是光周期。

对于林线和树线的系统调查，从色季拉山扩展到滇西北的白马雪山、藏东南然乌湖畔，这些工作既是“中科院知识创新工程重要方向”项目之一，同时属于国家科技基础性工作重点项目“青藏高原资料匮乏区科学考察”内容。另有一项“国家气象局公益性专项”扶持的项目，更是将考察地区外延至喜马拉雅以南尼泊尔境内。

团队中的朱海峰副研究员另辟蹊径，将树轮研究拓展到冰川变化方面。藏东南地区气候湿润，为当地海洋性冰川提供了丰富的物质来源。因此，这里的冰川末端可以到达低海拔地区，延伸到森林之中。冰川前进时，树木被推倒；冰川退缩后，树木“复辟”，不出几年，便现身于冰川遗迹。掌握了这一规律，朱海峰利用先锋树种长序杨，以及云杉的树龄，测定了 6 条冰碛垄最晚形成时间，揭示出米堆冰川小冰期以来 4 次进退波动事件，分别发生在公元 1767、1875、1924 和 1964 年前后。他还利用同一地区云杉林上限的树轮宽度资料，重建了藏东南地区公元 1385 年以来的夏季温度变化，从而论证了一系列冰川进退事件与气候变化之间的关联，对我国树轮研究领域而言，无疑又是一个新拓展。为此，这篇《树轮揭示的藏东南米堆冰川小冰期以来的进退历史》论文，被英文版《中国科学·地球科学》格外看好，以封面文章高规格，发表在 2012 年 55 卷第 4 期。

同在青藏高原，树芯的采集与冰芯、湖芯有很多相似之处，其中最实质的有两项：野外工作先行，研究方向一致。只是鉴于研究对象有不同，工作形象亦有别：树轮学团队在野外像是轻骑兵，在室内像是绣花工。就山地林区的海拔而言不算是最高的，但在藏东南夏季经常是大雨如注，又多蚊叮虫咬；在北部干旱区，则是荒山野地，日头灼灼。但既然选择了青藏高原，这些苦又算得了什么呢？正是在艰苦环境中，团队在成长，个人也如是。依托上述诸课题，梁尔源团队已经培养出 1 位硕士、3 位博士，其中 1 位女博士；尚有 5 位在读博士生，包括尼泊尔和巴基斯坦留学生。在读博士生李晓霞在青藏高原研究会 2012 学术年会上作了题为“藏东南色季拉山不同年龄急尖长苞冷杉的木质部发育特征”的报告，把高生长观察细化到以星期计、以细胞计。上一年毕业的博士生王亚锋，目前留在团队继续做博士后，成长为科研骨干。

像梁尔源这样参与青藏高原树轮研究的国内团队，可以列出长长一串名单，中科院系统就有地理所、地环所、青藏所、植物所、寒旱所等多家，中国气象局系统的也有若干主力，再就是来自北大、兰大等多所高校的团队。这个研究领域不乏女性学术带头人，其中挂帅的就有邵雪梅研究员和勾晓华教授，在国内外同行那里都极负名望。不过多家团队虽常来常往于青藏地区，仍有相当部分工作是面向全国或高原以外地区，所以本书立意展示树轮学领域的美妙和研究者风采时，不以资质深浅为标尺，而是特意选择了青藏所这个新生代团队为代表，因为他们专注于青藏，尤因从中焕发的热情与活力，及其以此为驱动力的探索与开拓的勇气，借以象征树轮学事业和研究群体，再合适不过；尤因这个团队有一个出色的领军人带领他们披荆斩棘——2015 年，以其围绕“利用高山林线和高寒灌丛的树轮 / 生长轮研究过去生态系统变化”这一科学问题所取得的突出业绩，梁尔源荣膺“杰青”称号，获得国家自然科学基金委“国家杰出青年基金资助”。

从祁连圆柏到尼泊尔糙皮桦

树轮学作为专门的学科问世，将近百年。全世界范围内适于做定年的乔木，总计已找到700多种；续接起时序最长的树轮年表，在中欧，12460年；往下依次为：美国8600年，南美洲5600年，中国3500多年。

确切地说，是3585年，材料取自柴达木盆地东缘的祁连圆柏。已发现祁连圆柏中活得最久的，超过2000年，其中最古老的，可追溯到公元前1580年——是这样一株奇树：生于刚刚取代了夏朝不久的商汤之际，卒于公元47年东汉初年光武帝在位之时，死去了却屹立不倒，兀自站在那儿又是将近两千年！

另有出土于山前洪积扇上吐蕃大墓的椁木、棺木及封土柏木，可提供唐代向前续接百千年的可能。在长久干旱的柴达木盆地，祁连圆柏大可历时千年而不朽，虽死犹生。

广义祁连山实为一大山脉群，作为青藏高原北界地标，呈西北—东南走向绵延上千公里，宽度从200公里到300公里不等。行政区划方面，地跨青、甘；自然地理方面，分由季风带和西风带掌控。所以它的东部山地森林密布，皆因受惠于季风降雨，而西部则没那么幸运，干旱到极致。中国第三大盆地——柴达木盆地，恰好置于阿尔金山—祁连山和昆仑山环护中，并且贴近祁连山走向，从西北往东南倾斜，长约800公里，南北间最宽处350公里，总面积25.5万平方公里！说是坳陷盆地，海拔并不低，2600～3000米之间。其地理景观也貌似祁连，东西部差异巨大：西北为沙漠戈壁，东南有沼泽盐湖，只在东部边缘，沿德令哈、乌兰、都兰的山地犹存林带植被，主要建群种正是中国特有树种——祁连圆柏。

说是山地林带，实与藏东南林区甚至祁连东部林区难以比肩，实为勉力生长于土壤发育较差且干冷环境中的稀树疏林，并且不是漫山遍野，而是偏要跑到山腰或更高的山颈处，呈带状分布。专家说，天然林带分布有赖于降水带分布，这就为高原“加热泵”效应提供了很好的注解：山地吸收了阳光短波的热量，以长波方式反馈到大气层，加热并抬升了空气，托举着带水云团沿山体向上攀爬，升得越高温度越低，待水汽冷凝，实在“兜”不住了，雨水便降落在山腰以上。从祁连山到横断山，每见林带环绕山间，山脚一带反成干热河谷。

追溯往昔，不管是祁连山区还是柴达木盆地都曾有过美好时光，这在土壤剖面和湖相沉积等各种代用指标中都有所体现。直到晚近，仍有古歌“白雪皑皑，绿草苍苍，祁连山下好牧场”为证。当黄金时代一去不返，古歌消歇，只留下祁连圆柏固守家园，年复一年翘盼雨季来临。无论环境如何艰苦，依然忠于职守，一年一轮地记录自然史事，由此奠定了它们在树轮生态与气候学研究中的重要地位，长达3500多年的祁连圆柏树轮年表，就由中科院地理所邵雪梅研究员的团队于此间完成。

就像是天然实验室、野外大课堂，从中成长起多少专家、培养出多少博士！不惟邵雪梅团队，这片干旱山区犹如该领域必至的“圣地”，凡面向青藏高原和西北干旱区的树轮学研究者，无不将这里锁定为自己的研究重点，接连推出一系列相当可观的建树和成绩——

兰州大学勾晓华团队建立了祁连山中部地区公元775年以来的轮宽年表，在东部和西部也同时建起多个数百年长度的序列，并将研究视角延伸到阿尼玛卿山等地区，深入到高原东北部夏季湿度及水分变化与亚洲夏季风、西风之间的可能联系领域中，并重建了黄河径流量变化。

中科院植物所张齐兵研究员与程国栋、姚檀栋二院士合作，利用都兰及邻近地区树轮资料，就过去2500年以来的降水历史进行了有价值的研究探讨。重建古环境之外，对于气候变化驱动机制的研究也在进行中。

中科院寒旱所杨保的研究团队通过使用改进的树轮气候学方法，利用祁连圆柏树轮宽度年表重建了过去3500年来的年降雨量变化。刘晓宏等利用祁连山区的树轮氧同位素来指示大气环流变化。

李金豹利用过去600年树轮序列，分析这一地区温度变化与热带太平洋及印度洋表面温度之间的联系，指出公元1450—1500年间的干旱事件同欧亚大陆与热带海洋的热力差异显著降低有关。黄建国等通过乌兰地区的树轮低生长期，寻找与亚洲季风及火山爆发、雪灾等事件之间的可能关联……

刘禹研究员的团队同样以祁连圆柏重建了2485年以来的年均温度变化序列、公元850年以来的降水变化曲线，从中发现了两千多年间，中国绝大部分朝代的灭亡都与这个温度序列的低温时期相对应。

《青藏高原中东部过去2485年以来温度变化的树轮记录》发表于《中国科学D辑·地球科学》2009年39卷第2期，作者刘禹、安芷生等。通过柴达木盆地东部乌兰和都兰的现生祁连圆柏活树样本，衔接都兰6座唐代大墓180多棵古木样本，刘禹团队利用树轮宽度重建了这一地区贯穿公元前484年至公元2000年、总长度为2485年的年均温度变化序列。该论文之所以引起包括社科界在内的广泛关注，首先在于它以精确到年的温度序列，提示了两千多年来中国历史进程的气候环境背景，其中有5个极暖时期：公元401—413年、604—609

年、864—882 年、965—994 年、1970—2000 年；4 个极冷时期：公元 348—366 年、686—705 年、1271—1296 年、1599—1702 年。并发现公元 348—413 年间，一次快速的由冷至暖的气候突变事件，年平均温度由 1.62℃骤升至 2.89℃，称之为“东晋事件”。该文以这一长尺度序列观照朝代兴亡、社会治乱，指出中国绝大部分朝代的灭亡都与该温度序列的低温时期相对应。同时经由计算表明，高原中东部长时间尺度温度变化不仅反映了中国中北地区，同时也响应了北半球的温度变化。此外，与中国其他地区的温度记录相比较，高原中东部在 1950 年代之后升温幅度更高一些，体现了青藏高原温度变化具有放大信号的特征。

至于邵雪梅团队的贡献，难以尽述，不妨以梁尔源、朱海峰博士后期间参与做课题的角度，略见一斑。2002 年，梁尔源参加的课题，是利用盆地东北缘宗务隆山和沙克利山的祁连圆柏轮宽序列，重建了这一地区千年以来的降水变化历史，与邵老师等人合作完成的论文《树轮记录的青海德令哈地区千年降水变化》，发表在 2004 年第 34 期《中国科学》。其中一个重要观点，论及祁连圆柏径向生长即树轮宽度，指示的并非温度而是降水，即祁连圆柏的生长主要受水分的限制。这一观点之所以重要，是因早先依据该地区树轮重建的温度序列，是将轮宽对应于温度的，树轮宽（窄）反映温度高（低），以至于当 1991 年，姚檀栋等几位冰川学家拿祁连山敦德冰芯反映的温度与之比对时，发现两者并不太吻合，最典型的，当属 20 世纪后期显著升温背景下，树轮宽度居然并无相应显示。邵雪梅老师细察其中缘由，终于破解了这一谜团：该地区轮宽所反映的，并非温度，而是与降水变化呈正相关。

然而进一步细察的结果，又有新发现：森林上限树轮宽窄变化，指示的却又是温度了。轮到朱海峰做博士后，与邵老师合作完成《树木年轮记录的青海乌兰地区近千年温度变化》，其重建资料恰是采自圆柏林上限的样本，与敦德冰芯的温度指示具有良好的对应关系，从而使得祁连圆柏的指标作用更趋完善。这个千年冬半年温度重建序列，被政府间气候变化专门委员会（IPCC）引用于最新出版的报告，彰显了本项研究的重要价值。

同属圆柏林，所处海拔高度不同，从中反映的环境要素居然也不尽相同，真是既复杂又辩证，年轻人由此获得最佳学术训练。如果说祁连圆柏是梁尔源、朱海峰的出发点，那么现在可说是走得更高更远，不仅专注于高原，开辟高山灌木年轮研究，精细化观测森林物候，或将本专业拓展到冰川变化方面，举一反三地拓宽了树轮学研究空间，同时对于起步的这片山脉这个盆地，仍在持续探索，并且不再局限于几个样点，而是扩展到了更大范围：从东部的乌鞘岭到西部的酒泉一线降水梯度带上，建起包括 6 个祁连圆柏和 10 个青海云杉总计 16 个样点组成的树轮网络。这样就具备了宏观视野，可做趋势性观察，为重建整个祁连山区过

邵雪梅（左一）与梁尔源（右一）、刘录三在青海东北部采集祁连圆柏树芯样本

青海格尔木胡杨林

青海格尔木胡杨林景观　本节图片由梁尔源提供

去降雨的时空变化，准备了必要条件。

又在柴达木盆地南缘新辟一基地，梁尔源团队这一次瞄准了格尔木的胡杨，出于深入研究需要，也为藏东南林区寻找参照的考量。胡杨作为沙漠树种，在国内集中于塔里木盆地和内蒙古额济纳旗等地，沿河道分布。格尔木的胡杨林称得上一项世界之最——海拔最高，2800 米。按照刚刚得来的香柏和圆柏经验，干旱地区的年轮宽度大多反映降水变化。但新经验再遭“逆袭”：200 年的胡杨树轮年表所指示的却是温度变化。这又是怎么一回事呢？原来，极其干旱的格尔木地区，多年平均下来，年降水量 41 毫米，蒸发量倒有 2150 毫米，严重的收不抵支。阔叶胡杨林能够世居此地，不啻奇迹一桩，同时也在暗示，它们根本不指望天降甘霖，而是自有其生路玄机，那是植物与生境达成的默契——源自东昆仑的积雪和冰川融水，在每年暖季的几个月份，补充了地面上的河水径流，保障了胡杨林生长必需，并使得地下水足够丰沛，可保来年的萌发所需。所以在近期极其干旱之年，例如 1979、1995、1998 诸年份，格尔木胡杨的生长不仅未受影响，年轮亦更宽些，显见得益于高温天气里冰雪融水补给的增加，显见与祁连圆柏不同的气候响应模式——其时柴达木盆地东缘山地祁连圆柏正饱受干旱之苦，生长显著下降乃至停止生长，最干旱时，超过半数的树木出现丢轮。

尼泊尔的糙皮桦是另一个经典特例。特别在哪儿？首先是，一般阔叶树种难以长成界线明晰的树轮，不被研究者看好，但糙皮桦不一样，它会在每年最末一个晚材细胞中填充一种橘黄色代谢物质，恰似一个休止符，标示出年轮分界点。另一特别之处，在于它的生长环境。一般印象中的青藏高原，暗针叶林喜好背阴湿润环境，阳坡由喜干燥的高山栎等阔叶林占据。但在珠峰以南的山丛中，迎风坡直接面对孟加拉湾季风携来的气团和降水，冷杉选择了湿润南坡生长，而背风坡雨影区干旱地带，海拔 3900 ~ 4200 米范围，才是糙皮桦的领地。林下杜鹃灌木的高度不超过 3 米，因而糙皮桦作为主要林线树种，形成典型的高山林线。沿喜马拉雅山南坡尼泊尔境内朗塘、马纳苏鲁和珠峰三个高海拔自然保护区，梁尔源团队建立了由 9 个糙皮桦林线树轮样点组成的网络，2010 年采集了糙皮桦年轮样本，建成两条桦树轮宽年表，一条 350 年，另一条 458 年——目前已知最长的桦树年表。

此前国际上普遍认为，高海拔、高纬度林线上的树木生长主要受生长季低温限制，以此为基础提出生长受限假说来解释林线形成机制。曾有学者研究过环北极高纬度地区的桦树，从中找到年轮宽度与温度之间很好的对应关系，只是不见降水影响的信号。而尼泊尔糙皮桦树轮所反映的，就像藏北高原的高山灌木香柏生长那样，恰与春季降水密切相关：南亚历史上已被证实的 1756—1768、1790—1796、1876—1878 这些年份的极端干旱事件，在这个序列上清晰再现。尤其是 1999 年的干旱，导致朗塘一个样点上，65% 的糙皮桦没能长出年轮，成为糙皮桦生长受干旱胁迫的有力佐证。这样一来，就对广泛认可的生长受限假说提出了质疑，为解释高山林线的形成机制提供了新观点。

这项研究成果 2014 年发表于美国生态学会的《生态学》(*Ecology*) 杂志。通过对喜马拉雅南坡 9 个林线样点的数据分析显示，糙皮桦的生长与 3—5 月份季风前降水量之间存在显著正相关；这一时段的高温通过增加土壤水分的蒸发而加剧水分胁迫，从而与糙皮桦的生长之间呈负相关。尤其近几十年来气候异常变暖加剧了林线桦树生长的水分胁迫，造成缺失轮频率的持续增加。例如，2003—2004 年发生在全球尺度上的极端高温和干旱，造成了林线糙皮桦生长的显著下降，在所采集的树轮样本中这两年分别有 17% 和 18% 的缺失轮。发生于 1999—2000 年的世纪末春季大旱，导致尼泊尔农业大减产，林线糙皮桦的缺轮频率也很好地指示了这一极端干旱事件。以缺失轮频率作为指标，2003—2004 年是喜马拉雅山中部过去 200 多年来最严重干旱事件。在更长时间尺度上，糙皮桦树轮序列中连续窄轮的发生，则明确指示了历史上几次主要的干旱事件。因此，缺失轮频率或连续窄轮记录为糙皮桦林线形成的干旱限制机制进一步提供了有力证据。

梁尔源与达瓦迪（左一）、特里布文大学 Lochan Prasad Devkota 教授在尼泊尔开展野外调查

梁尔源解释说，造成上述生长响应的主要原因在于，喜马拉雅山中部降水量，随着海拔的上升而增加，并在 2000 ～ 3000 米形成最大降雨带；随着海拔持续上升，雨量又呈下降趋势。意大利学者在珠峰南坡所建“金字塔”站，海拔 5050 米，于 2005—2008 年间观测到的年均降雨量仅有 343 毫米，从而印证了这一说法。因此，高海拔森林更有可能受到干旱胁迫的影响。

不过在“尼泊尔的糙皮桦”标题下，更想讲人的故事，主人公是尼泊尔人比努特・达瓦迪。

2013 年初春，我去青藏所北京部采访，没见到梁尔源研究员，他当时正在尼泊尔特里布文大学参与“第三极环境”加德满都分中心筹建工作。隔了几个月再去，梁老师向我展示了新机构的图片：作为“第三极环境”国际计划合作伙伴，这所大学在水文气象系办公区内提供了 150 多平方米的空间，经过双方一番努力，现代化的实验室和会议室装扮一新，颇具中国风格。梁尔源说，现在系里的重要会见、会议之类小型活动，很喜欢在这儿举办呢！

这个合作伙伴不一般。特里布文大学是尼泊尔唯一的公立高校，由国家总理（原由国王）兼任校长。规模相当可观：坐拥 60 个校区，931 个附属学院，在校生有多少？ 60 万多人！显见亦是山国尼泊尔的高等教育中心。

比努特・达瓦迪就来自这所高校。我见到他的时候，是在青藏所的毕业典礼结束时，刚刚拿到博士学位证书，喜气洋洋。比努特・达瓦迪是梁尔源研究员带出的第一位外国留学生，更是尼泊尔有史以来第一位树轮气候学专业的博士。说起师生二人结缘，是在 2010 年朗塘科考中。当时达瓦迪正担任特里布文大学水文气象系教师，跟着系主任陪同中国专家出野外。

这期间他对初次接触到的树轮学心生好奇和好感，在去欧洲继续学业和来中国留学之间，他选择了后者。这里还有一个背景：作为“第三极环境”计划内容之一，青藏所博士点在高原周边国家招生，奖学金来自中国科学院和发展中国家科学院资助。2013 年青藏所在读留学生 40 多人，仅尼泊尔一国，已有 3 位博士生毕业，另有 9 名在读。

“其实当时我的主要想法是，有了博士学位对今后的晋级升迁有利”，达瓦迪坦言自己的心路历程，说他真正拥有职业自豪感和成就感的，是在读博这几年中，他跟从导师出野外做调查，实践中学到了科学的思想方法；只要有机会，导师就安排他外出见世面，先后去西安和伊朗参加了两次亚洲树轮学大会，以及在挪威举办的气候变化方面的学术年会。视野渐被打开，内心渐被充实，最终决定将树轮研究作为一生事业。他的博士论文正是关于喜马拉雅山中部林线糙皮桦的树轮气候学研究。在导师悉心指导下，借助世界第一高峰珠峰和第八高峰马卡鲁峰一线共计 3 个自然保护区、7 个样点的桦树资料，以及 458 年长度的树轮年表完成。相关论文在加拿大《国际第四纪研究》发表，再为尼泊尔开创一项“第一”：第一篇以尼泊尔人为第一作者，在国际权威刊物发表树轮气候学研究的论文。

这位博士带来的惊奇还不止这些。2013 年 4 月，第三届亚洲树轮学会议在伊朗德黑兰召开，这一次参会是有备而去——力争获得下一届会议举办权！亚洲树轮学会议每两年一次，前两届分别在泰国和西安召开。为把 2015 年的会议争取到加德满都，必须提前做足准备。为此师生一起努力，备齐书面的和图像的资料，在会场以 PPT 演示，喜马拉雅山地拥有如何壮美的生态环境、如何丰富的树轮学研究资源，外加佛教发源地等人文景观，而若能在加德满都举办亚洲树轮学会议，对于发展该国相关研究将会起到怎样的推动作用，云云，总之令观者无不心动，不用说，亚洲树轮协会一致通过，将尼泊尔选定为下一届会址。

消息传回，振奋了特里布文大学，没想到本国树轮气候学刚一起步，就吸引了国际同行如此关注，一方面是莫大激励，另一方面，对于提升本校知名度影响力可谓机遇难得，遂表示全力支持。达瓦迪说，他个人深感责任重压力大，作为东道主，需要做的工作太多，好在有中国同行和“第三极环境”计划做后盾，还是信心满满，结语是：“树轮气候学研究改变了我的人生轨迹，中国留学经历彻底改变了我的命运以及对科学的态度。”

对于自己的家人来说，留学中国当上博士，何尝不是莫大荣耀！达瓦迪的父母双亲为此专程赶来北京，参加儿子的毕业典礼，见证了这一光荣时刻。达瓦迪博士返回母校，两年后晋升为特里布文大学水文气象系副教授，同时兼任中国科学院加德满都科教中心副主任。而该中心正是依托“第三极环境”计划分中心开建的，跻身于中国科学院在海外落成的九个科教中心之一。

微化石解决大问题

听孢粉学家吕厚远研究员讲述自己的学业和专业经历，感觉反差够大的，是从大洋底到极高山的大跨度之距。而他后来的一系列成果，与这一系列经历联系密切，用他们的术语行话形容，当属“正相关”：本科在上海同济大学就读海洋地质专业，毕业后在华东石油学院（今中国石油大学·华东）勘探系当过两年助教；重返母校读硕士，主修孢粉藻类专业。硕导是谁？正是那位早在 1974 年就从事过藏北伦坡拉盆地孢粉分析的王开发教授；之后就业于国家海洋局下属研究所，8 年后进中科院地质所读博士。博导是谁？正是青藏研究群体的精神和业务导师刘东生院士！以此说来，走向青藏，那是迟早的事情。

不过仍然需要契机。1998 年博士毕业那年，恰好郑度院士主持的“973”青藏项目上马，已经组建起队伍，正在物色一位主持孢粉分析的专家。那时的吕厚远已在圈内小有名气，不仅因为孢粉，还因他最早向国人引进植硅体概念、率先实践垂范并已发表引用率颇高的论文，所以得到时任国家自然科学基金委员会地学部主任马福臣先生和地学部处长宋长青先生一致推荐。当姚檀栋找到吕博士，还有一点儿面试的意思，当听到对方言及小小孢粉可能有助于解决古气候乃至古高度的大问题，很快拍了板：不仅参与错鄂孔孢粉研究，尤其支持他同步做现代过程研究——其后历时 10 多年的表土孢粉采集并最终完成孢粉—环境参数数据库的

吕厚远与导师刘东生院士
韩家懋 / 摄影

工作，就从这儿起步。

其时还有一个背景。由于早年缺少GPS卫星定位及遥感等必要手段，我国孢粉数据库的建设，迟至20世纪90年代中期方才组织国内专家共建，初步收集到的样品仅有664个，来自青藏高原的也有，但稀少，且限于东部局地。大片空白吸引了多个国家相关专家纷至沓来，美国的、德国的、法国的，与中国的多个科研机构合作，结伴上高原。其中美国路易斯安那州立大学的廖淦标教授是国际第四纪孢粉学界知名专家，已与南京古生物所唐领余等专家合作，在青藏高原孢粉研究中积累了丰富经验。为此，刘东生先生特意安排这位爱徒远赴美国，在廖教授门下做博士后，意在向国际前沿看齐，临阵再“充电”。吕博士就这样踏上征程，登临国际竞争舞台，置身于一个充满机会的领域，一方揭示全球变化的宝地。

完成错鄂孔280万年孢粉分析的任务不在话下，即便无法精准定量恢复古环境，按照传统做法，以特征花粉种类和含量多寡大致定性各时期干湿冷暖，总是做得到的。但是现在目标高了，刘东生院士谆谆告诫：不着急，慢慢来，做青藏的孢粉一定要从现代过程的基础资料做起。所以“973”第一期的几年中，采集到598个表土样品；持续到第二期，总计历时10多年，以南直下喜马拉雅热带雨林，以北越过昆仑至天山，最终采得海拔10～5500米范围内、几乎覆盖整个高原不同植被带的1020个样品。通过实验室分析，建立起青藏高原现代孢粉组合与植被海拔、温度、降水等环境参数的定量关系。另一利用孢粉组合所建定量植被类型的判别函数，同时宣告完成。

在此之前，这位孢粉学家时常面对这样的提问：高原上高低起伏，山上有风，坡上有水，孢粉会被长距离搬运，听说有些松属花粉，可以飞往千里之外，如此一来，还能够准确反映当时当地的植被、气候吗？又如何利用地层孢粉记录，去量化解释高原古气候古环境变化呢？

此前难以作答，是因缺乏底气，接手任务之初，心中还在忐忑，以至于抱着尝试态度，在制订方案时设置了三要点：第一，采集分析高原不同环境的表土样品，研究花粉分布规律，如果规律呈现，例如森林、草甸、草原各类型土壤中花粉种类及其组合各不相同，就继续；第二，检验花粉与气候环境参数（温度、降水、海拔等）是否存在显著相关性，如不显著，说明定量恢复古气候不可行，反之就继续；第三，通过现代过程建立花粉与气候环境的定量关系，提供误差范围，如在可接受范围内，即可应用于高原不同地区地质记录中的花粉分析和古温度、降水定量估算中。

确保成功的关键，首先需要做出花粉种类鉴定，从中找到“靠谱”的指示种。花粉之所以能飞会跑，因为轻盈，因为可借助翅翼或气囊，例如木本的松属花粉，生就两大气囊，就

吕厚远（左）在青藏高原东南部采集表土样品

吕厚远（中）在西藏阿里采集孢粉样品

表土采样工作程序：选择有代表性的 1 ~ 2 米样方，以梅花桩形式各取 2 厘米深的表土，合成一个样品；森林地带则为 4 米见方，若干处采集，合成一个样品。例如在贡嘎山，从山脚 1000 米到山上 5500 米，每隔 50 米海拔间距采集一套样品。另外需要钻取湖泊浅岩芯采样，分别在高原南、北、中部进行。

像旅行家，不仅可以千里漂泊，在它根本无法生长的 4000 米以上高处，松花粉含量也往往高达 20% ~ 30%，因此它首先被排除。而云杉和冷杉正相反，质量大，气囊小，无意远行，“宅”得很，只在自家门口内外打转——需要相对冷湿环境之特性，决定了它们胜任指示种角色。

草本中有不少适合做指示种的，像莎草科的嵩草，定居于草甸，离开了相应湿度无法存活，不会迁徙，就像云、冷杉那样，是自然选择的结果。还有许多以虫为媒传播花粉的植物，其花粉在演化中失去了飞翔能力，如杜鹃科植物，通常在高寒山地树线、雪线附近形成单优势植物群落，美丽的杜鹃花粉喜欢就近安身，落地生根。

这样一来，我们大致明白了工作原理：通过分析不同植被带土壤中这些指示种花粉，以及优势种如禾本科、蒿属、藜科等花粉组合特点，可以了解高原不同区域、不同气候环境条件下土壤中花粉分布规律。

关于实验室工作：从采集的地层和现代土壤样品中提取孢粉，经过物理和化学方法处理后，通常要在放大 400 ~ 1000 倍的光学显微镜下进行观察鉴定，统计数量一般从 300 粒至上千粒不等。以碳 14 方法可以精确测定 4 万年。更古老的，借助古地磁等手段依地层定年。

不着急，慢慢来。从采样分析，结合邻近气象站近 30 年来气象记录平均值，一步步弄清楚现代花粉空间分布与植被、气候、海拔之间的关系，将其定量化；查明了典型植被类型所对应的孢粉组合特征等，将其聚类和群区化。

首先应用于古高度定量估算。用花粉—海拔高度转换函数对 400 多个花粉样品数据逐一计算，获取 280 万年以来海拔高度连续上升轨迹：约在 220 万年前后，错鄂湖地区海拔 4000 米左右；90 万年以来，继续隆起，直至现今海拔高度 4500 米——由此提供了高原中部隆升的微体化石证据。

继而应用于纳木错 8400 年以来的古植被恢复。在高原中部不同植被表土花粉的系统研究开展之前，缺少定量判别标准，多凭经验大致判断，曾有观点认为该区全新世高寒草原、高寒草甸植被带，是随着气候变化发生了水平迁移的。现在有了纳木错湖区以及周边和高原中部表土的孢粉分析数据，结合现代植被调查资料，可将高原中部三个主要植被类型——高寒草原、高寒草甸和沼泽草甸——所对应的孢粉组合，作为“先验组”，以两种新型定量分析方法，对纳木错古植被进行定量重建，计算结果均显示出相似的古植被变化过程，即：纳木错地区距今 8000 ~ 3000 年间，为高寒草原植被繁盛期；3000 年以来，高寒草甸开始占优势。据吕厚远解释，随着全新世晚期温度降低，周边山地高寒草甸植被是从高海拔区域逐渐下移的，而非水平位移。相关研究成果发表在国际刊物《全新世》（*the Holocene*）；作为典型案例，收编于丁仲礼院士主编的 2013 年《固体地球科学研究方法》中。

可以把温度和湿度区分开，这一招很厉害，在恢复古气候方面十分有用。为此吕厚远通过对高原南、北 8 个湖泊钻孔近万年来花粉记录的计算，发现这期间气候变化过程中，南部雨热同步，中部降水滞后，北部基本相反，出现了差异较大、较有规律的温度—降水空间和时间变化格局。看来涉及季风—西风变化问题，推断全新世晚期北部地区降水增加，有可能是西风带南移造成的。关于这一点，尚待进一步研究确认。

再有一点，花粉—气候转换函数可以把温度和降水区分开，解决了一个很大的困扰：孢粉分析传统经验中，每见木本植物花粉达到高值，会被笼而统之认定为温暖湿润时期，但在实际操作中，尤其在精细化研究的今天，这一经验不灵了。典型案例是有关古里雅冰芯氧同位素数值与青海湖沉积中孢粉记录的不和谐：大致分布在同一个气候带，但青海湖万年以来的木本孢粉曲线，对不上冰芯同位素所指示的冷暖变化曲线，冰芯反映的距今 9000 ~ 8000 年之间最暖期，青海湖木本花粉反处于低值，而高值期的 6000 年前后，冰芯却指示了持续的降温过程。究竟哪里出了问题，是指标有误，还是年代不对？令专家们困惑难当。吕厚远正好参加了南京湖泊所青海湖孢粉的整理工作，起初颇感棘手，但当转换了思路，问题解决：先将木本花粉曲线分别做成指示温度的、指示降水的两份曲线图表，重新比对，这一回，对上了——温度曲线对上了冰芯中反映温度的氧同位素曲线，冰芯中的降水曲线，则与湖泊钻孔木本花粉曲线大致吻合！究其原因，青海湖地区植被繁盛与否，主要受降雨量或湿度控制，暖而干旱时期，反而不利于乔木生长！这些新结果提示着该地区古气候可能还有许多故事，需要继续深入探索。

早先对于孢粉能否胜任破解气候密码的疑虑，至此有了答案：通过孢粉记录定量恢复高原古植被、古气候成为可能。成果《青藏高原现代花粉分布和转换函数的建立及其在重建全新世环境变化中的应用》，2011 年发表在国际著名刊物《第四纪科学评论》。

总之，历经海洋、陆地不同学科的装备和实践，理应有不俗表现，果然，多年积累终于选择了突破口，经由一个海陆信息兼备的钻孔，奔突而出。吕厚远以通讯作者身份与同事合作的论文《末次冰消期东亚海洋变暖超前陆地与高、低纬气候变化有关》，发表于 2013 年 5 月 29 日《美国科学院院刊》。

这个钻孔，本是多年前在东海冲绳海槽打下的，从中同步获取了能够提供陆地气候变化的孢粉、能够提供海洋气候变化的有孔虫和长链烯酮——仅此一点就很稀罕，洋、陆指标出自同一钻孔，首先避免了年代对比的不确定性，得以按同一时间标尺，分别建立 4 万年来陆地和海洋气候变化序列。孢粉记录的陆地植被变化表明，陆地气候在距今约 1.5 万年前突然升温，在距今约 1.29 万～ 1.15 万年期间短期降温，这个变化模式与北半球高纬度格陵兰地区气候变暖过程一致。然而，有孔虫等温标记录的海水温度变化则显示，东海水温早在约 1.9 万年前开始升温，直至全新世暖期，这个变化模式与低纬度西太平洋暖池变暖过程一致。

海陆升温不同步，是一个重要发现。13 年前吕厚远就曾投稿于某家权威期刊，终因缺乏令人满意的机制解释，未得发表。经过那么多年的历练，特别是装备了地球系统科学新理念的大视野，回过头来重新审视这个海槽孔，辅以新手段再做分析，答案浮现——导致洋、陆变暖不同步的，最大可能来自低纬度海洋变暖和北半球高纬度冰盖融化引发的一系列效应。这一冷暖剧烈波动过程，可以约略表述为：

约 2 万年前，随着地球轨道岁差周期变化，北半球低纬度地区最先感受到太阳辐射的增加，信风增强，强大的赤道暖流首先使得西太平洋暖池变暖。在这个暖池北部，变暖的海水快速向北运动，导致东海—冲绳海槽区域海洋约 2 万～ 1.9 万年前迅速升温；与此同时，西太平洋暖池南部的温暖海水已经穿越印度洋，进入大西洋，并向西北大西洋输送更多热量，与同时增大的夏季太阳辐射共同作用，北半球高纬度大冰盖融化加速。但是这样一来，大量淡水涌入北大西洋的结果，导致“大洋传送带”——术语称“大西洋经向翻转环流”（AMOC）减弱，并在距今 1.8 万～ 1.5 万年间几乎完全停止，致使北半球高纬地区迅速变冷，重新冰封，进而发展成北半球广泛存在的寒冷事件。正是这次突变，推迟了北半球陆地气候转暖，导致东亚陆地气候滞后于东海海洋—西太平洋暖池转暖约 3000 ～ 4000 年。

这一发现可视为对洋陆气候变化认知的进一步深化，同时首先冲击的是现有古气候模型的设计。由于洋流和大气环流在全球传递的速度、时间、空间差异，不同地区海洋与陆地气候变化可能存在复杂的超前或滞后关系，而这些关系此前并未被考虑在古气候模型或现今的海洋—大气耦合模型中。简言之，如果仅以深海氧同位素曲线周期为坐标，预测未来陆地变化可能是有问题的。

回想当初制订的研究方案，相关孢粉部分已被证实是成功的，而植硅体则不然，它们消解于高原湖相沉积的盐碱侵蚀中。好在东方不亮西方亮，它们将在另一领域——农业起源和环境考古中大显身手。以下要讲的“半碗面条一盏茶”的故事，正是经由植硅体和植钙体，被重新发掘出来。

先讲这碗面条。话说 4000 多年前某一天晚炊时分，在青藏高原东北缘某村落里，劳作了一天的人们围坐一起，正在享用热气腾腾的主食面条。这祥和的一幕不知持续了多少代人多少年，但就在此时此地，宣告终结——伴随着电闪雷鸣，暴雨倾盆，地震轰然而至。剧烈摇动中，人们惊恐万状，不明白天公因何发怒，不知道该往哪里逃生——其实无处逃遁，灭顶之灾接踵而来：洪水裹挟着山石泥土，于瞬间吞噬了一切，抹掉了一应人工痕迹：整个村庄、最后的晚餐、半碗面，连同母亲以身护子的姿势，被定格，被封存。废墟之上覆以新地层，新地层上，复归自然。

许多年以后，有人来了，于荒草蒿莱间拓荒垦殖，稼穑牧猎，婚丧嫁娶，生老病死……就这样走过新石器时代末尾，经过秦汉隋唐，宋元明清。历史的脚步很快，转眼间走出公元 20 世纪。2002 年，又有人来了。来者是中国社科院考古所的专家们，面向的这个村庄，现名青海省民和回族土族自治县喇家村。发掘工作由叶茂林研究员主持，在齐家文化这一地层中，发现了这只倒扣的陶土碗，和碗下面保存完好的面条——当年没来得及吃完，即在惊慌中打翻，又恰巧一个翻转，“捂”住了面，随即被泥沙密封，历经沉埋也幸存，数千年不坏——一系列巧合造就了一个奇迹：全世界最早的实物面条。

但当样品交到吕厚远手上时，原来盘旋着长约半米、宽约 3 毫米的面条已所剩无几。这是因为数千年密闭于真空环境，一旦暴露，迅速氧化分解，加之其后运输过程中因挤压而破碎的缘故。但就凭碗内土中有限的面条残迹，吕厚远还是有信心借助科技考古新手段——植硅体分析方法，鉴定出它的食材组成。此前这一新手段在我国曾经应用于稻作农业考古，取得了不菲成绩，这一次面向谷物，还需从头开始，做艰苦细致的基础功课。

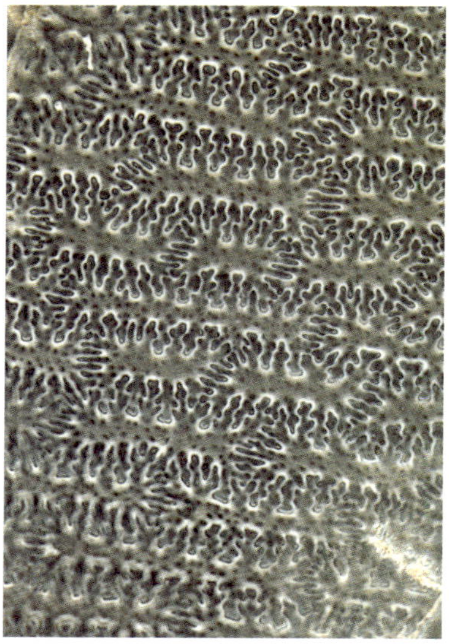

电子显微镜下的黍植硅体

植硅体是高等植物在生长过程中，通过根系从土壤中吸收硅，经维管束传递，在植物的根、茎、叶、颖片、果壳、花等表皮细胞、叶肉细胞、维管束细胞内腔或细胞之间，以水合硅形式沉淀下来，并聚合成各种形态的固体蛋白石矿物。类似“结石”之物，忠实记录了植物细胞的形态，部分形态尚具植物分类学意义。

植硅体大小介于 2 ~ 2000 微米之间，其中含有 0.1% ~ 0.6% 有机碳，近年来常被作为碳 14 测年和碳同位素分析的重要材料。植硅体一般在草本植物中含量较高，1 克禾本科植物叶片中约含 10 万 ~ 100 万个植硅体颗粒。随着植物自然死亡、腐烂或通过动物排泄及火灾等原因，被释放到土壤或其他沉积物中，可以在难以保存孢粉和其他生物化石的地层、灰烬层中大量保存。禾本科植物的孢粉分析只能鉴定到科，而植硅体在区分不同亚科、特别是农作物的种、属方面，相对孢粉分析具有更多优势。

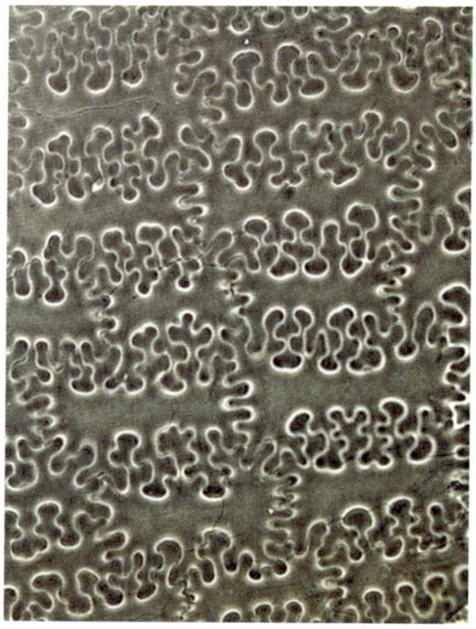

电子显微镜下的粟（谷子）植硅体

本节图片由吕厚远提供

1980 年以来，国际上植硅体分析开始从形态分类等基础性研究，逐渐扩展到古环境、考古学、地质学以及植物学、农学和医学等应用研究领域。吕厚远研究员将植硅体概念介绍到国内，并成为最早的一批实践者。目前我国在现代植硅体形态分析、植硅体现代表土分布、植硅体在第四纪古气候及环境考古研究中的应用等方面，已取得多项具有国际领先水平的进展。

往后三年多的时间里，吕厚远和他的团队在西北地区采集了大量现代农作物和野生植物果实，通过实验室工作，掌握了大麦、青稞、小麦、高粱、燕麦、谷子、黍子、狗尾草等近80种植物果实中植硅体和淀粉形态特点。拿来比对古代面条样品，发现其中主要构成物，是谷子（学名为粟，去壳后称小米）和黍子（糜子，去壳后称黄米）的典型壳体植硅体颗粒及淀粉颗粒。壳体植硅体含量之高，达到每克样品含有近10万粒！淀粉在显微镜下的光学性质显示，相当数量的颗粒还没完全糊化呢！

植硅体和淀粉之外，盛有面条残迹的碗内土中还分析出少量油脂、类似藜科植物的植硅体以及少量动物的骨头碎片。就此看来，先民所享用的，已经相当丰盛；百姓餐桌上的主食，古今并无多大不同——粟和黍养育了中国北方初民。

4000年前的面条出土，在国内引发了不小的轰动，引来中央电视台跟踪报道，并实拍了模拟制作、反复试验全过程。重大发现自身意义之外，作为多部门和国内外合作、多学科交叉典范，且是自然科学与社会科学大跨度交叉的成功实践，一并传为美谈。参与这项由国家自然科学基金和国家文物部门联手扶持的项目工作的，除中科院和中国社科院之外，还有北京大学、美国路易斯安那大学、青海省文物考古研究所等单位。

这一消息像风一样传遍全世界。2005年10月13日《自然》杂志发表了题为《中国新石器晚期的小米面条》的研究成果。迅速跟进的有美国《国家地理杂志》、美国国家广播电台，英国BBC，路透社，日本时事通讯社，加拿大，荷兰，等等，举凡各国主流媒体，几乎同时予以报道兼评述。

之所以引发国际轰动，还因一桩涉及面条发明权的公案。意大利面条已成国家名片，该国以此为傲，自认正统传承；中东地区尤其阿拉伯人不服，作为小麦起源地，自视当然的面条发明者；中国也有人拿出历史文献力争：东汉时期即有面条记载，可见最早。就这样争来论去，终因缺乏实物证据而莫衷一是。然而所有人都没想到，不止小麦粉可做面条啊！面对这类争执，一般人看来，确认哪一人群发明了面条未必那么重要，更可能的是源于人类饮食文化发展史上的趋同现象吧！无论在中国还是中东，面条的出现可能更早，只差保留下来并发掘出来的机缘巧合——那概率，说实在的，几等于零。

从半碗面条出发，吕厚远团队通过对现代粟、黍农作物和亲缘关系密切的几种狗尾草、野生黍等植物的小穗颖片、内外稃片不同部位、不同细胞层的植硅体分析，建立了粟和黍植硅体的5种鉴定标准。以此为利器，一举拿下河北武安磁山遗址的灰化谷物的鉴定，使得中国北方旱作农业起源的种类问题，在长久踯躅之后，忽有长足进展：两篇重磅论文《利用植硅体分析方法鉴别粟和黍》《东亚最早的驯化黍超过一万年》，接连发表于2009年2月12日《公共科学图书馆·综合》（PLOS ONE）杂志和同年4月21日《美国科学院院刊》(PNAS)。突破性进展获得高度评价，正如《公共科学图书馆》两位审稿人所称：这项工作不仅在粟、黍植硅体鉴定标准方面取得了突破，而且这种解剖式的研究方法可以推广到小麦、大麦等其他农作物的植硅体鉴定中，将会极大促进世界农业考古研究的发展。该论文后来被 PLoS 网站评价为该刊七种系列刊物已经发表的与考古有关的论文中最有意义的创新性成果。再后来，这一粟、黍植硅体鉴定标准相继出现在国外多所院校的教科书中。

那么，一盏茶又是怎么一回事呢？这其实是大家对吕先生的调侃，1800 年前的茶叶颜色棕黑，黏结成坨，从墓穴里取出，不可能再泡茶了。重新面世出于偶然，时间在 2005 年，地点在西藏阿里地区札达县，较为偏僻的古如甲木寺门前。一辆载重卡车平地陷车，寺僧们帮忙救车时，发现了车轮下面正是一座古墓，遂从墓穴中起出一批陪葬物。阿里人的注意力集中在色泽依然光鲜的一堆丝织品上，连忙拍了照片送到陕西省考古研究院，请教他们熟悉的考古学家张建林。张建林转而求教于丝绸专家，从“对鸟”“对兽”图案中初步判定为魏晋时期。这事儿就这样放下了。过了几年，有位喜好古文化的自治区领导名叫金书波，来阿里公务，见到这批古物时，丝绸已由鲜亮的湖蓝褪色成茶褐。他把一截丝绸、一段木片及一坨“疑似茶叶”委托青藏所的徐柏青研究员测年鉴定。结果出来了：碳 14 测定的木片和丝绸均为 1800 年前遗物，唯有植物样品，或许被污染了，居然测出 2000 多年。带着疑问，徐先生转托吕先生，要求首先弄清它是否茶叶。

相比面条成分鉴定，这一次容易多了。茶叶的化学成分有两个特定标志，其一为茶氨酸，仅存于茶叶中，其二为咖啡因，仅存于茶叶、可可和咖啡中。这一次动用了样品中的植硅体以外，还借助了植钙体（植物体内的草酸钙晶体，是植物生长发育过程中的次生代谢产物，在茶叶中含量极多，其形态具鉴定特征）。测定结果，确凿茶叶无疑！稍有遗憾的是，样品本身混有青稞成分，干扰了进一步研究。否则的话，吕厚远说，测出茶叶的产地和种类，也不无可能呢！这是由于茶的叶片中本就含有生长地土壤信息和加工方式痕迹的缘故。

茶叶的鉴定和测年意义重大。首先对藏学界而言，澄清了一个久悬未决的问题：茶叶最初入藏的时间。汉文史料中无明确记载，只在唐代中后期出现过，大量资料则在以茶易马、茶马古道兴盛的有宋以降；藏文古书倒是写过一则传说，是在松赞干布第四代孙时，有神鸟衔来茶树枝叶，治愈了赞普的沉疴，并说此为茶叶入藏之始。据此藏学家推测了若干个时段，早不过唐蕃以前。殊不知先于吐蕃存在于西部西藏的还有一个政权，象雄，汉史作“羊同”，与中原早有交往，史书中曾记一笔：就在文成公主嫁往吐蕃之前的几年，羊同遣使来朝。往后不见于史，是因被吐蕃征服。现在终于见到了象雄遗物，且是与丝绸和多种宝石乃至微型金面具一道作为陪葬物，可见当年的珍稀，复加珍惜。

茶叶植钙体

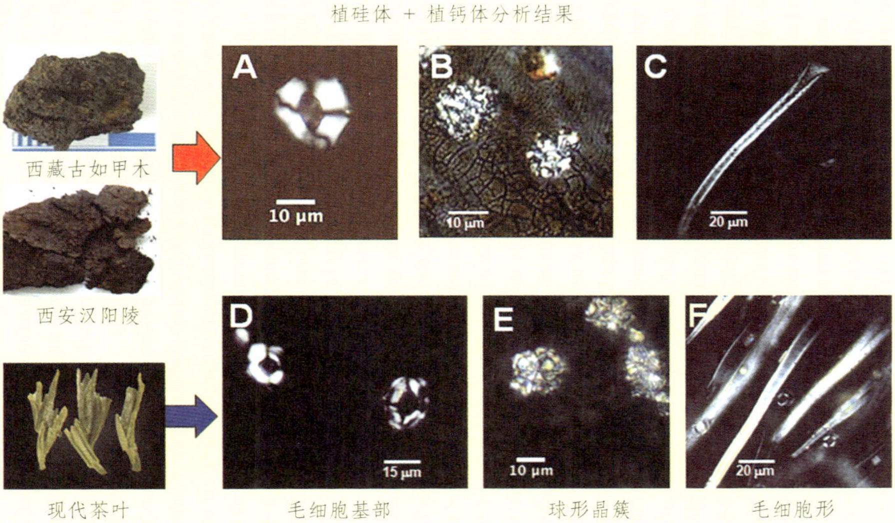

西藏阿里—西安汉阳陵考古样品发现典型茶叶植钙体　吕厚远／制图

西藏古如甲木遗址食物残渣中，发现典型青稞植硅体

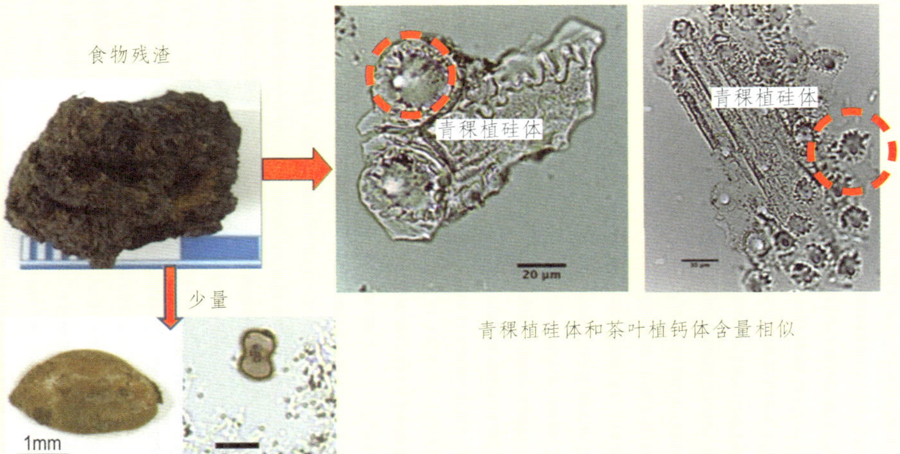

西藏古如甲木遗址食物残渣是混合了茶叶、青稞等植物的食品
吕厚远／制图

来自环境考古的叩问

2013年阿里地区“象雄文化论坛”外请专家中，以考古学家为主——恰好有三支考古队正在阿里野外，算是就近赴会：四川大学考古系在噶尔县门士乡的象雄都城遗址穹窿银城测量绘图；中国社科院考古所在离此不远的古如甲木寺墓葬群继续发掘；陕西省考古研究院在日土县调查岩画和吐蕃墓葬，西北大学文化遗产学院研究生参与其中。三支队伍由四家机构组成，分散各地同步进行，各有最新发现，会上会下交流得十分热烈。

说到西藏考古事业进展，包括队伍成长，有赖于国家几次文物普查行动，其中当属全国第三次文物普查力度最大，西藏自治区一做就是9年，从1985年到1993年，在准空白区，第一茬收成总是丰厚，所以当普查任务结束，不仅为历史遗迹集中的多个县份出版了“文物志”，还为西藏带出一批专业考古骨干。当时西藏文物管理委员会从国内多所高校和研究机构请来考古专业人士数十位，分成若干小分队“撒”出去，与西藏各地文物部门合作调查，形同1976年青藏科考队野外工作模式，意在拉网式、地毯式“扫荡”，只因面积太大，其实很难做到——其后20多年里，又进行过几次普查，每每为西藏文化遗存清单增添新内容，就很说明问题。不仅如此，当年参与普查的四川大学考古专家霍巍、李永宪，陕西省考古研究院张建林，从此与西藏文物部门长期合作，阿里地区成为重要的教学、科研基地，几乎每年必来，每来必有斩获，考察范围从万年前的旧石器，到几千年前新石器，从“前吐蕃时代”的象雄，到吐蕃之后的古格，包括岩画、列石、墓葬、洞窟艺术等等，总之人类活动各时段遗迹，迭有发现。

中国社会科学院考古所加入阿里考古行列，是被古如甲木寺前的墓葬群吸引而来，2012年起已连续发掘了两年。这个“国家队”的队长仝涛博士很年轻，川大考古系毕业，霍巍教授门下硕士，去德国读来博士；如果加上2002年率队发掘青海喇家遗址的叶茂林研究员，同为川大本科出身，可知川大与藏区渊源之深；从霍巍和李永宪能够以川大名义于2011年和2013年暑期两次召集“青藏高原史前研究国际学术会议”，可见自有强势实力托底。

四川大学的西藏考古传统，始自1977年昌都卡若遗址发掘，由童恩正教授主持。这是西藏地区首次进行的专业考古发掘，且是迄今为止整个西藏地区所发现最早的新石器时代遗址，早在5000多年前后！以此说来，20世纪70年代是一个了不起的年代，自然科学和社会科学双双开启了西藏地区科学大发现时代。只不过，其后几十年里，两个方面军各自为战，

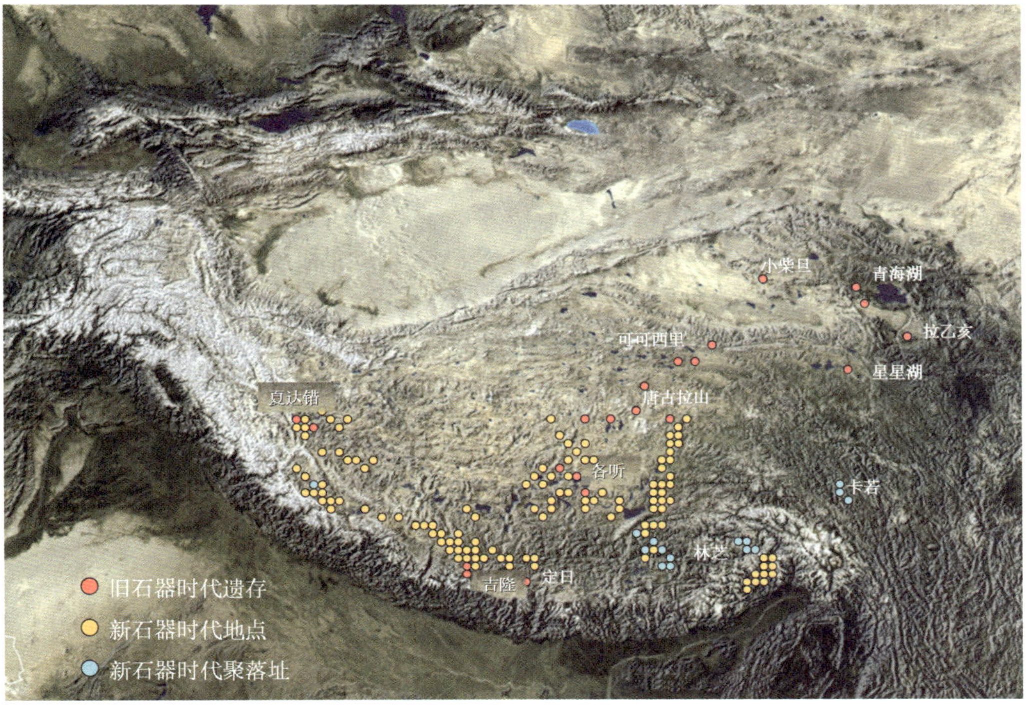

青藏高原石器时代遗存分布示意图　李永宪 / 制图
1. 青海江西沟地点 2. 黑马河地点 3. 小柴旦地点 4. 冷湖地点 5. 西大滩 2 号地点 6. 派出所地点 7. 二道沟地点 8. 黑曜石地点 9. 西藏多格仁错地点 10. 双湖地点 11. 玛尔果盐湖地点 12. 易布盐湖地点 13. 尼玛县地点 14. 宁夏水洞沟地点 15. 鸽子山地点 16. 同心地点 17. 固原地点 18. 甘肃庄浪地点 19. 大地湾地点（新石器）20. 西藏吉隆地点 21. 定日地点 22. 日土夏达错地点 23. 扎布地点
本图所收资料截止到 2007 年，近年来新发现的西藏申扎县尼阿木底旧石器时代遗址、青海治多县参雄尕朔新石器早期遗址及青海省多处新石器时代遗址均未标示在图中

停留在已发表成果的信息共享和相互借鉴方面。李永宪教授综合多方资料制作“青藏高原旧石器地点分布图”，可视为合并了两大领域多年考察成果之汇总。

关于西藏地区旧石器主要是介于新、旧石器时代过渡阶段的细石器之发现，可以写成一则小史了。

自然科学家捡石器，起初是“顺带”的。最早纪录在 1956 年，地点藏北高原那曲河畔，由地质学家率先发现一处打制石器点。此后差不多 20 年光景，藏北高原深处的西部和北部，不时传来细石器发现的消息。两大特点：一是所有实物无一不是采自地表，二是全都并非古人类学家或是考古学家刻意为之。直到 1975 年，中科院古脊椎动物专家加入青藏队，总算纳入任务清单——行前接受同在一所的石器专家黄慰文嘱托，希望能捡一些石器回来，当然，最好是有伴生地层的。所以当布隆盆地三趾马化石群发掘完毕，下一目标，准备寻找旧石器遗存。

事有不巧，出于草原动物旱獭有可能传播鼠疫的担忧，当地暂封了通往藏北高原腹地的道路，考察队被劝阻，只得转向藏东南林芝地区，“林芝人”头骨即此行收获。第二年，也即西藏科学大发现之年，那曲分队再赴藏北，这一次如愿，在申扎县医院一位老藏医收藏的矿物和化石标本中得知线索：当地人捡来用做打火石的“冬孜”，正是石核、石片一类细石器！老藏医说，在申扎，这类小石子多得很，最集中的地方位于县城以北上百公里开外的山谷。

按照指点，科考队直奔色林错流域珠洛勒谷地，一举捡到数十枚；继续前进到当惹雍错一带，收获数以百计。后在多格仁错、木地拉玉错、越恰错等等湖滨地带也每有发现，可谓丰产。只有一点遗憾：所有细石器全都裸露于地表，缺乏可供定年的地层。

说西藏西部、北部乃至无人区石器俯拾即是，或许夸张，实情则是，较之其他地方，采集容易。以我个人藏北之行经验，无论用心与否，总有收获。1987 年初在双湖以北无人区，就在打开车门迈步下车的工夫，一眼瞥见一枚十分精美的石核。此前一年在双湖特别区原驻地查桑，我和同伴们在一片平阔地面，每人都捡到大捧的石核石叶，且均为玛瑙石料。单凭我们这群外行人胡乱判断，此处也像是古人类的石器加工场地。南京大学王富葆教授更不必说了，走到哪儿捡到哪儿，至少在藏南地区，不仅为石器专家提供线索，还合作发表了多篇文章。讲石器发现的背后，涉及环境的变迁。另外我采访过国际著名学者、美国动物学家夏勒博士，1992 年他在藏北考察野生动物，就曾“顺便”捡回一批石器上交西藏文管会。夏勒博士大学时代主修体质人类学，石器文化也是专业内容之一。据他自己讲，追踪野生动物过程中，每当放眼藏北的古湖泊、古河流地貌，都会自然而然地观察联想，哪一级阶地适合古人栖息，然后低下头来寻找痕迹——没错，一找一个准儿！

时值西藏第三次文物普查期间，在藏南吉隆盆地、阿里夏达错等地，发现了至少 5 处旧石器地点，由此再度提出命题：“人类何时上高原？”

为什么会说“再度”呢？事出有因。自 20 世纪初期开始，先有美国生物学家奥斯朋、地质学家葛利普等，后有中国考古学家贾兰坡、童恩正等，相继提出过人类可能的起源地“亚洲说”“青藏高原说”的推论。主要依据，一是在青藏高原周边如中国云南和沿喜马拉雅以南西瓦利克堆积层，陆续发现人猿共同祖先——中新世古猿化石材料，二是从第四纪以来高原急剧隆升的地理环境角度，认为由此可能加速古猿从森林环境向平原环境的“进化”。

葛利普（A. W. Grabau，1870—1946）美国地质学家、古生物学家。1920 年应丁文江之邀来中国工作，在华 26 年，任北京大学地质系教授、系主任。教书育人，著书立说，在当时主张人类起源“亚洲说”诸学者中也是热心的一位。他认为，随着数千万年来喜马拉雅的环境改变，使得青藏高原及中亚气候变得冷干，致使森林收缩而草原扩大，环境剧变迫使森林古猿改变习性，下地行走并适应开阔地带生活，终于演变为人类。他强调说，由于当时全世界范围内并不具备这一独特条件，所以西藏地区应是“人类的摇篮”。文见《我们生活的地球》，葛利普遗作，1961 年于台湾出版。

类似观点另见贾兰坡《我国西南地区在考古学和古人类学研究中的重要地位》，《云南社会科学》1984 年第 3 期；童恩正《西藏考古综述》，《文物》1985 年第 9 期。

这话题在 20 世纪八九十年代，讨论一度热闹，“青藏高原可能是人类演化的摇篮”假说至今余波未息，互联网上仍可查到。但是，随着高原第四纪冰期环境渐被揭示，已知大部时间里，生命活动之不大可能，学界对此判断谨慎多了：依据间冰期时段、石器特征及遗物周边地貌，推测史前人类上高原或在 3 万至 4 万年间的温暖期，个别专家认为不排除 13 万年前高湖面时期的阶段性进入。然而正如我们所知的那样，确切证据迟迟不见。

即使从事旧石器研究的资深专家出动，也未见转机。早在 1989 年，曾有中德联合考察黄河源行动，那一次领队之一是德国生物学家弗连泽尔教授。他们在玛多县的星星湖畔采集到几件打制石器，是当时已知黄河源区最早的人类活动证据，这位德国教授当即建议合作单位中科院成都山地所，可否特邀中国权威石器专家参与考察——这成为黄慰文教授第一次上高原的契机，得以亲临现场，亲自发现，然而遗憾的是，依旧限于地表，未见明确的层位关系。

与黄河源考察几乎同时，社科领域的石器专家首次进藏，川大李永宪教授参与西藏文物普查，从藏南到藏北，从湖滨到谷地，一举发现多处旧石器密集地点……

首次提供旧石器遗存年代数据的，是崔之久教授。是在 1993 年，他担任“八五”攀登计划青藏项目“天然剖面”子课题负责人，团队扎营在昆仑山垭口一带，是从新石器时代遗址发掘开始的。营地附近有个 59 道班，地名小南川，海拔 4040 米，青藏公路西侧有厚达 9 米的黄土坡积。道班工人维护路面从这里取土，灰烬层出露。崔教授主持了大型槽探工作：2 ~ 4 米深的黄土堆积之下，掩埋着两层炭屑灰烬层，包含众多信息——碳 14 测定大约为距今 3500 年前的用火痕迹；同时发掘出牛的牙齿、狗的肱骨。未燃尽的炭屑粒直径 3 厘米，分析当地或有直径至少 5 厘米的矮乔木或灌木生长；孢粉分析也发现有松、桦、云杉、杨柳、桤木、鹅耳枥和草本植物，似在提示彼时彼地的稀树草原环境。根据地层之上之下孢粉带的不同成分，推断此前此后或为干旱、寒冷的荒漠景观。我们已知 3000 年以来进入新冰期，至今昆仑山垭口一带裸地童山，几乎寸草不生。只是在最近的这些年中，公路沿线的西大滩、小南川才陆续开设了旅馆餐馆之类服务行业。

旧石器时代遗迹的发现在小南川槽探之后，在野牛沟口、昆仑河畔，又见大片石制品，其中仅有5块为“成品”石器，其余均作为“废品”被遗弃。崔之久教授依地貌判断，认为此处并非宜居地，更像是石器加工地，因为从格尔木到昆仑河沿线百余公里，石质既软又脆，不堪做石器，唯该地出产坚硬硅质岩。然而石器仍是捡自地表，所在阶地地层以热释光测年为3.1万年，可惜了并非有效对应，这一数据尚不足为凭。有效对应的有一处：从昆仑山垭口沿青藏公路向北，纳赤台1.4万年的阶地黄土层中，可惜仅有炭屑颗粒出土。

带着疑问跨入新世纪，突破点出现在青海湖地区。中美联合科考队在青海湖畔的江西沟发现一处人类活动遗迹，地层层位关系明确，不仅石器出土，还发现了火塘等古人类活动遗迹，碳14测年表明遗迹炭屑产生时间为距今14700多年，是迄今青藏高原上发现的最早、最准确的人类活动遗存。这一成果由多年从事环境考古的侯光良教授报道，发表在2013年4月9日《中国社会科学报》，标题正是《人类在14700年前登上青藏高原》。至此终于可以说，目前高原所发现的旧石器，确凿年代在1.47万年前；同一地点晚近地层中发现高原最早的陶片，确凿年代为7000年。

然而突破口一旦开启，战果迅速扩大。这一“年代最早”很快被大幅超越，且较之青海湖地区，史前人类扩散范围已抵达高原腹地纵深。2016年，中科院古脊椎动物与古人类研究所和西藏自治区文物保护研究所联合对藏北高原尼阿木底遗址进行正式发掘。在这处规模宏大、石制品分布密集、地层堆积连续的旧石器时代遗址中，共出土文化遗物4000余件，包括石片、石叶、石片石核和石叶石核，包括刮削器、尖状器、雕刻器和凹缺器在内的各种工具。以光释光年代数据测定，尼阿木底遗址可靠的地层年代为至少3万年！

野外发掘之后，实验室里的工作还在进行，动物碎骨和植物种子分别展开的是动物考古学和植物考古学研究，从探坑剖面采集的孢粉、植硅体和有机碳等样品将提供有关气候环境的综合信息；通过对于其时技术系统和行为方式的研究，则有可能解答更新世末期人类从哪里来、何以上高原的多年追问……总之，这一组来自青藏高原腹心地区的线索难能可贵。

尤其难能可贵的还体现在尼阿木底遗址发掘中的学科交叉，自然科学与社会科学跨界合作，正是环境考古这门新学科的要义所在。而中国的环境考古，正由地质学界发起。

随着20世纪后期全球日益变暖，气候变化问题已经严重影响人类社会可持续发展，迫使焦虑的人们将目光投向人类的过去，期望从我们的祖先那里得到一些启示，即先民是否经历过类似的气候和环境变化问题，他们又是如何适应和应对这类气候变化事件的，于是，环境考古应运而生。在中国，这一富含人文情怀的新学科策源在中科院地质所，孢粉学家周昆

陈发虎教授（左）和董广辉教授在青海湖151号遗址进行考古发掘

叔先生率先垂范，以1990年在西安召开“首届中国环境考古学术讨论会”为标志。刘东生院士一贯倡导学科间的渗透和创新，不仅为本次会议题词“开展环境考古研究，为促进我国第四纪研究和发展中华民族的文化而贡献力量”，同时提议在中国第四纪研究委员会名下，新设“环境考古专业委员会”，社科界专家参与其中，首次实现了跨界联合。

正是在这一背景下，自然科学家先行一步。在青藏高原，崔之久先生可称为最早的实践者。随后的环境考古研究，崛起于高原东北缘，以此前较细致的考古调研和较深入的探索为基础，古环境相伴古文化，上万年来的史前进程轮廓渐显，人地关系演化的脉络逐步清晰，甘、青两地学者走在了前列。2012年9月“中国第五届环境考古学大会”在兰州大学召开，陈发虎教授作“新石器时期人类向青藏高原东北边缘的扩张与环境变化”主题报告，董广辉博士作“甘青史前文化的环境动力”重点发言，兰大学者颉耀文、黄小忠、张东菊等分别报告了各自在遥感考古、史前农业传播与文化扩张、早期农业的孢粉学分析、旧石器时代晚期人类的环境适应等方面的最新研究成果。环境考古专业委员会还从本次会议开始设立“环境考古杰出贡献奖”，以奖励长期奋战在环境考古第一线、为环境考古学科发展做出突出贡献的学者。首届“环境考古杰出贡献奖”获得者为中科院地质所周昆叔研究员和陕西省文物考古研究所巩启明研究员。2016年，兰州大学环境考古团队联合国内外合作伙伴，成立兰州大学“西北及中亚环境考古中心”，陈发虎教授为名誉主任，董广辉教授为主任，为环境考古学科方向的进一步发展夯实了根基，提供了平台。

走在前列的还有一位青年学者，青海师范大学生命与地理科学学院侯光良教授。多年来他与中科院青海盐湖所专家合作，发表了多篇有分量的论文，诸如《中全新世甘青地区古文化变迁的环境驱动》《史前人类向青藏高原东北缘的三次扩张与环境演变》等等，为考古领域增加了新视角。说到为何选择了这一课题作为主研方向，首先是有感于青藏高原环境严酷，即使是在科技和交通发达的今天，对于许多人来说，登临青藏高原仍然需要鼓足勇气，何况数千年，乃至数万年前生产力极其低下的史前时期。侯教授说，科学的魅力就在于发现往往出乎你意料，带给你无穷回味与幻想。自20世纪初瑞典地质学家安特生在高原东北缘发现密集的马家窑史前遗址以来，高原上就不断有人类活动遗迹发现，这些发现不断刷新青藏高原人类生存史纪录，且时间愈来愈早——从早期安特生发现5000年前的马家窑文化，到新近发现了末次冰消期人类已经开始涉足高原；从早期仅在高原东北边缘海拔2000米左右发现人类遗迹，到最近高原腹地唐古拉6200余米仍有细石器狩猎者活动的踪影，所有这一切发现震撼而激动人心，所有这一切都是那么“不合情理”，这背后到底隐藏了怎样的故事，侯教授为之着迷，一心想要勾勒出人类进军高原的壮丽史诗画卷，情景再现，哪怕只是粗线条的。

《史前人类向青藏高原东北缘的三次扩张与环境演变》，发表于《地理学报》第65卷第1期，2010年1月。作者侯光良、许长军、樊启顺。论文摘要：晚更新世以来，史前人类有3次向青藏高原东北缘扩张的历程，均与环境演变有密切的关系。第一次进军高原发生在距今4万～3万年前暖湿气候背景下，其后由于末次冰期冰盛期严酷的自然环境，人们在高原的活动

江西沟人类遗存火塘侧视

江西沟遗址发现的细石器

江西沟遗迹

青海湖江西沟遗址。工作人员手指处即为14700年前火塘遗迹
本组图片由侯光良提供

极大萎缩，出现文化断层；末次冰消期迅速好转的自然环境驱动了向高原的第二次进军，其后持续暖湿的自然环境，保证了人们能在高原生存与扩散；距今6000～4000年前东部毗邻地区的马家窑居民，在全新世暖期的气候背景下再次进入东北缘，促使原先生活在高原的居民告别了旧石器时代，进入新石器时代，社会性质发生巨大提升。

甘青学者走在了前列，是一个很好的示范。以往西藏召集相关历史文化的聚会，几乎清一色文科人士参加，这一次吕厚远出席西藏阿里“象雄文化论坛”，带来新气象：通过古代茶叶鉴定过程，让与会藏学家和考古学家切近地见识了科技考古这一新手段的能耐和威力，并由藏地所见最早的丝绸和茶叶这一象雄文化层开题，引发热议：其时的社会形态、与中原及南亚西亚的交往，延伸到阿里地区史前人群、古代交通史、精神和物质文化交流史，诸如此类。更多由衷感慨：有多少是我们不知道的，难以想象的；仅仅面对一个地区，那么多年的考古努力，所见只是冰山一角啊，只是一点点碎片啊！历史本来是有年轮的，历经岁月风化，缺轮、丢轮太多，想要复原大致轮廓，何其不易。

会后，吕厚远由考古学家李永宪、吕红亮陪同，访问了茶叶出土地点——札达县古如甲木寺，同时参观仝涛研究员率队的墓葬群发掘现场；前往古格王城遗址，在城堡背后废弃农田里采集土样，以验证“国王米田”传说：几百年前古格人曾在这里种旱稻，专供王室成员享用。果真如此的话，植硅体方法可以验证，或将创造一个稻作农业海拔最高的纪录也说不定呢！然而后来实验室分析结果未能支持，传说最终归于传说。还去了阿里西北部的日土县，20年前李永宪发现旧石器的夏达错湖畔考察。这期间多有造访者来过，捡走了许多，但依旧俯拾即是，让大家怀疑它们不断地经冲刷而出露。这期间也曾有人开挖样方，试图找到相应地层，未能成功：湖边滩地直到深部尽皆流沙。

从2010年开始，吕厚远研究员参与了一个大课题：丁仲礼院士主持的中科院战略性先导科技专项“应对气候变化的碳收支认证及相关问题”（简称“碳专项”），他担任其中子项目“气候变化背景下的人类适应方式”首席科学家。这项研究要达成的总目标，大而言之，是“研究古、今、未来人类如何主动或被动地从技术、物质、文明的发展适应气候变化的过程和规律，可以为正确认识和应对目前气候变化影响，提供国家战略决策咨询、国际气候谈判话语权的历史证据和科学依据”；具体说来，吕厚远团队手握的两样微体化石利器，全都有了用武之地——孢粉分析研究古环境变化，植硅体分析研究农业起源。

项目面向全国，青藏高原只是其中一部分，然而何其重要！站在高原环视俯瞰，将黄河—长江文明、印度河文明、两河文明一一看过，吕厚远反复思考的问题是：人工培育的万年的黍、万年的稻、万年的麦，何以在最近这个冰消期末端突如其来地、不约而同地，并且是相当集中地出现于高原周边？大高原的存在扮演了何种角色？气候环境变化起到了怎样的作用？

至此，神奇大高原的周边还没有看完。轰轰烈烈的农业革命进行的同时，从中亚高地到中国西北，高原北部正在发生什么？如今那片极端干旱的荒漠中，星散着点点绿洲，绿洲间存在过连接东西方农业文明的通道，通道的兴衰和青藏高原的气候环境变化之间究竟有多大程度关联？你看塔里木盆地，罗布泊，楼兰……多少人一去再去，自然科学、考古学，历经百年发现，但当吕厚远走向那里的时候，是带着新视角、新装备的重新省察，黍、粟、小麦，将为东西方文明交流史再添新证；甚至在百年发现之上，2008 年又有意外的重大发现：著名的罗布泊小河墓地以西 6 公里处，新发现一处规模仅次于楼兰的古城遗址，推测极有可能是北魏文献记载的“注宾城”！

就这样，从海洋到陆地，从高原到大漠，向着一个目标孜孜以求。吕厚远的故事不全是，甚至主要不是青藏故事，正因如此，可见青藏研究的魅力，吸引着多少学科领域顶尖人才为之倾倒，向之奔赴。

吕厚远诗一首《楼兰一日》，2013 年 10 月 13 日

重九进楼兰，寅时尚未眠。窗前风似哨，大漠沙如烟。
才过女儿国，又陷红柳滩。谁知汉唐路，颠簸几千年？
岁月凝盐壳，风霜塑雅丹。申初逢海市，恍然一梦间。
佛塔牵弯月，荒城落日寒。黄尘侵古道，可解其中缘？

吕厚远考察在小河墓地

从青藏高原到西部环境

在这本以反映中国科学院为主导的青藏研究的书中，特别安插了向兰州大学表达敬意的一节，是由于一个人的存在——从一个人到一群人，到多个团队，李吉均先生为百年兰大开创了面向青藏新传统。1998年第一次去兰大，还只见一个研究室，李吉均先生1975年在地质地理系创设的冰川冻土研究室；一个团队，接受采访的是李教授和他的两位弟子潘保田和方小敏（后来均获得“国家杰出青年”称号）。殊不知其时环境考古已经纳入视野，同为先生门下，1990年读取自然地理学博士的陈发虎，留校任教做科研的方向之一，即为“环境变化与文明演化”；到2012年主办“中国第五届环境考古学大会”，已经以团队阵容在这一新兴领域显示出可观的实力和地位；到2015年最新成果《农业技术革新促使人类3600年前永久定居至青藏高原》问世，则以其领先水平及创新之举，奠定了兰大团队在我国环境考古领域的重要地位。

这篇发表于国际权威期刊《科学》（*Science*）的论文，领先在哪里？涵盖旧石器时代考古学、新石器—青铜时代考古学、植物考古学、动物考古学、农业考古、遥感考古及地理学、环境变化、气候变化等多个研究方向，表现在运用传统考古学方法基础上，更多应用实验室里的高科技新手段。创新之点在哪里？过去的相关研究几乎一致认定，全新世温暖适宜的气候条件是促使史前人类永久定居青藏高原高海拔寒冷地区的最主要因素，而该论文提供的新观点，则强调了更为积极和主动的关键因素所在，那就是人类的创造性活动，农业技术革新带来的生机——史前人类永久定居到高海拔地区经历了漫长过程，现代人扩散到青藏高原周边地区，我国北方以粟黍为主的旱作农业起源，以及在全新世温暖适宜期向青藏高原低海拔河谷地区的扩散，固然为史前人类大规模永久定居青藏高原创造了条件，然而恰恰是在距今3600年前后，全球气候转向冷干的大背景下，才向青藏高原高海拔寒冷缺氧地区大规模扩张的——凭借的是欧亚大陆史前农业传播给青藏高原东北边缘地区带来的农业技术革新成果，即耐寒的农作物大麦、小麦和家畜羊的利用。这一观点的积极意义在于，在当前全球气候快速变化的背景之下，科学技术的进步应当是人类应对气候变化的重要手段，因为技术的革新在数千年前的人类及其社会发展中已经发挥过重要作用——史前人类在新冰期中反而大规模定居在青藏高原的高海拔地区，无疑提供了一个范例。

史前人类定居动力示意：

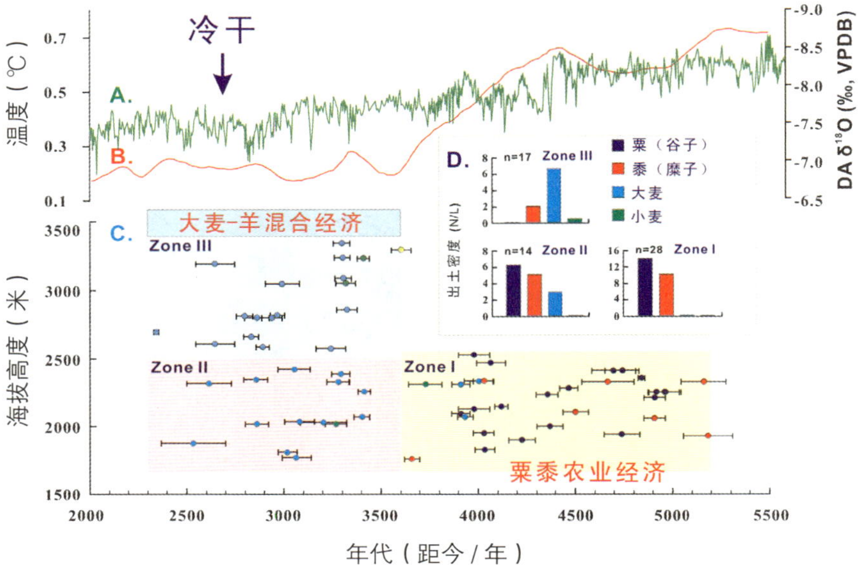

史前人类定居过程示意：

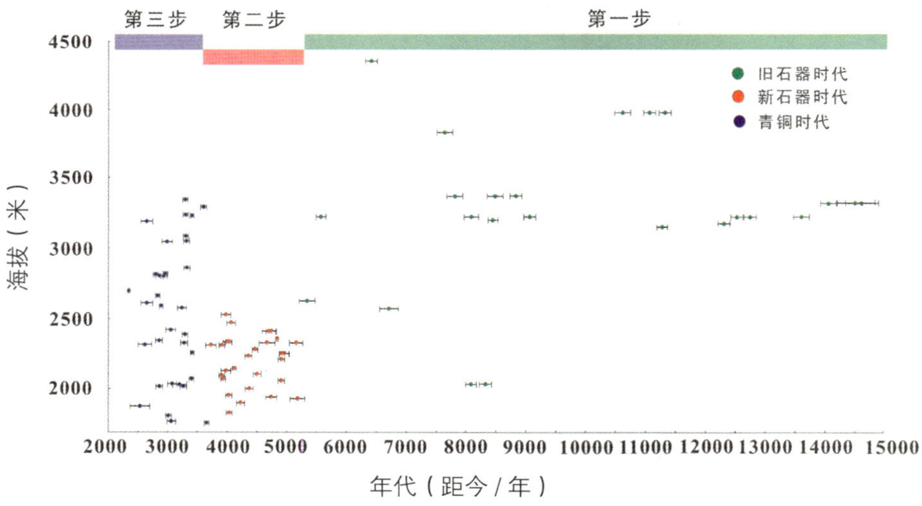

根据多种手段获得的新数据，结合已发表的青藏高原相关领域研究成果，2015 年 1 月 16 日发表于国际权威期刊《科学》（*Science*）的《农业技术革新促使人类 3600 年前永久定居至青藏高原》，提出了史前人类向青藏高原扩散的“三步走”模式：第一阶段，距今 5200 年以前，最早可能追溯至距今 2 万年之前，活动在青藏高原的狩猎采集人群，主要从事季节性

渔猎活动；第二阶段，距今 5200 ~ 3600 年间，与青藏高原毗邻的黄土高原西部的农业人群沿黄河及其支流河谷扩散至青藏高原东北缘，主要生活在海拔 2500 米以下地区，形成以粟作农业社会为主的村落，少部分人群季节性到高海拔地区狩猎采集。在纬度较低、气候温暖的青藏高原东南部地区，粟作农业扩展到海拔 3000 米左右，如距今 4700 ~ 4300 年人类定居至西藏昌都地区的卡若遗址；第三阶段，距今 3600 年以来，人类大规模向高海拔地区扩张，永久定居至海拔 3000 米以上地区。该时期全球气候向寒冷方向发展，气候同时趋于干旱，但欧亚大陆的史前农业扩张，使得大麦、小麦等西亚起源的农作物和家畜羊在距今 4000 年左右传入到甘肃、青海地区，并在距今 3600 年前后开始成为青藏高原高海拔地区人类的重要食物来源。大麦和羊对低温的耐受能力强，是人类在气候变冷时期向高海拔地区大规模成功扩张并永久定居的主要促进因素。

这项研究为国内外合作新成果，以陈发虎教授带领的环境考古研究团队为主，联合青海省考古文物研究所、中国社科院考古研究所、北京大学，以及英国剑桥大学、美国匹兹堡大学和华盛顿大学圣路易斯分校等多个国内外科研机构共同完成。陈发虎教授和董广辉教授分别为第一和第二作者，且为共同通讯作者。该项研究成果得到了国内外学术界的高度认可，并入选 2015 年“中国高校十大科技进展”。

最近一次去兰大，是在 2015 年，个别采访董广辉教授和潘保田教授，分别请教了环境考古和黄河研究进展。只有 2012 年第二次采访，是专访是参访——参观兰大西部环境教育部重点实验室下设的 7 间实验室、西部环境与气候变化研究院名下的 6 个研究所，所见所闻不由得引发感慨：距离第一次访谈不过 10 多年时间，重点实验室 / 研究院从无到有，一个团队“裂变”而为多个研究方向的多个团队，学科发展态势可以用“爆发式”形容了。大规模青藏科考结束后，李吉均院士率领兰大科研团队，一方面仍在持续系统地研究高原东北部，以其深化精细化程度，为高原主体各局部研究提供了范例；另一方面，不限于青藏，而是拓展到高原隆升效应影响所及的中国西北干旱区。两个方向的研究双双荣获最高级别的国家自然科学奖，均以兰大西部环境教育部重点实验室为唯一获奖单位。

2011 年获奖项目“晚中新世以来青藏高原东北部隆升与环境变化”，主要完成人：方小敏、李吉均、潘保田、马玉贞、宋春晖。获奖理由：本成果属地球科学领域，主要研究青藏高原东北部变形隆升过程与环境变化，首次确定了该区晚新生代地层精细年代序列、重大构造变形隆升序列、黄河上游形成演化过程和重大生态环境变化事件序列，揭示了晚中新世以来该区隆升过程和环境效应之间的可能联系。一些重要发现点被评为国际盆地研究亮点进展，推动了我国青藏高原与环境效应的研究，对国际更加关注的一些新年龄节点的构造—气候相互作用和大江大河演化，并将该区作为现在国际高原研究热点起了重要的推动作用。

2007 年获奖项目“中国西北季风边缘区晚第四纪气候与环境变化”，完成人：陈发虎、李吉均、张虎才、方小敏、潘保田。以发现末次冰期冬夏季风均存在千年尺度的气候快速变化，及我国季风边缘区全新世气候快速变化的事实，指出青藏高原隆升对我国自然环境分异和长尺度气候变化所产生的重大影响，涉及黄土高原西部地层和干旱区研究成果，同高原东北部变形隆升过程和环境效应研究成果一起，均在国际学术界产生了相当程度的影响。

得知兰大有个西部环境教育部重点实验室，是在中国青藏高原研究会 2011 学术年会期间，该单位两位青年专家与会交流。勾晓华教授讲树轮气候学，“树轮记录的青藏高原东北部近千年来的干湿变化”，董广辉博士讲环境考古，“青藏高原东北缘新石器—青铜时代文化时期的时空演化过程及其动力分析”。对于这类涉及历史及史前人地关系的议题我颇感兴趣，有心讨教。小董说，他的这一研究是在陈发虎教授指导下进行的。陈教授读博时，也是以李吉均为导师。

再次听到陈发虎大名，是在次年夏季的拉萨，巧遇青藏所的侯居峙研究员。这位青年学者师出名门，“黄土之父”刘东生院士晚年带出的博士生。此时他正要出野外，带队去藏北高原进行湖泊考察。说到选点依据时，提及陈发虎教授首创的“西风模式”：偌大高原看似一体，但其南北分属不同的大气环流系统控制。目前一般认为西风与季风交界带在我国境内

兰州大学西部环境创新群体合影　本节图片由董广辉提供

的边界始自大兴安岭，大致呈东北—西南走向，途经青藏高原东北缘，是从青海湖西北，约略倾斜地穿插高原中部，最终在北纬 32° 附近出境。这条交界带以北以西为西风环流区，以东以南，则为亚洲季风区了。如此一来，不仅将大高原，也将中国全境一分为二。事关水汽输送，“西风模式”的贡献在于，揭示了至少全新世上万年以来，西风区与季风区在湿度包括降水方面的变化趋势，所呈现的非但不同步，且是错位的，甚至恰恰相反的。当然两大风系的边界划分并非绝对，交汇一线的情形更其复杂。这一还在讨论中的模式对于青藏高原古气候古环境重建的意义自不待言。侯居峙据此选点，特意集中在典型西风和季风区、西风与季风交界带范围内，正有验证这一理论的意思在。

兴冲冲赶往兰大，没想到的是，夏季反而不是采访好时机，实验室专家们利用假期正好外出考察和交流，小董去了玉树地区，潘保田教授三天后才赶了回来，他当下的身份是这个重点实验室地貌与第四纪地质研究所所长。总之熟悉的人都不在。陈发虎教授身为室主任又是兰大副校长，百忙之中谈过只言片语，感觉仍像个传说人物，但我还是从多个渠道了解到这位新一代学术带头人的履历业绩：一个地道的“兰大地理人”，从本科到硕博，到留校执教任系主任、资源环境学院院长、兰大分管科研的副校长。正是在担任院长期间，他将地理系冰川冻土研究室申报升格为颇具规模的重点实验室，时在 2000 年；以此为支撑，2009 年西部环境与气候变化研究院挂牌，合署办公。下设 6 个研究所，7 个分支实验室。无论平台建设、队伍建设还是科研成果，不过 10 多年时间，充分体现了跨越式和高水平。2009 年通过教育部周期性评估，获得“优秀”佳绩，在全国数理科学和地球科学领域参评的 30 个实验室中总体排名第二，地学领域排名第一。2015 年再次通过教育部周期性评估并取得优秀成绩，排名并列第一。作为国家自然科学基金委“西部环境变化”创新研究群体负责人，陈发虎教授继往开来，将李先生开创的事业发扬光大。

陈发虎教授先是委托年轻人强明瑞教授接待我这位不速之客，强教授是自然地理与环境变化研究所所长，主研湖泊沉积。尚未来得及请教呢，隔天他又出差了，转托更年轻的两位，陈建徽和魏海涛博士负责提供资料，联系采访，陪同参观。总之此行采访表现得很不专业，充满随机性，碰见谁就是谁，能了解多少算多少。就这，已是强化学习，让业外人士的采访者应接不暇了。从环境磁学到树轮学实验室一一观摩过，可真是眼界大开，惊奇赞叹：从前说青藏研究深化的标志之一是从静态的定性描述向动态的定量分析的转变，现在终于有了直观感受。试举一例：年轻人教我在显微镜下看标本，看来自柴达木盆地苏干湖的摇蚊头壳——有前沿的技术设备，也有最新的研究方法：陈建徽博士的研究对象锁定在水生摇蚊，是生存于湖沼地带的不会叮人的蚊子，因为它们翅化成虫后即不再进食，但寒冷地带的摇蚊

陈发虎教授（右二）与外国专家研究制订野外考察计划

2005 年德国基金会专家参观实验室

幼虫可在水中生长一年，一次次脱去的坚韧甲壳尤其头壳“金身”不坏，可在湖底沉积层中保存数千年之久；又由于不同种的摇蚊对于水体咸淡反应敏感，各自随着水量的多寡或盛或衰，其种群组合忠实记录了封闭湖泊的盐度变化，而盐度变化通常被视作流域有效湿度的反映，于是摇蚊亚化石就成为新近发展起来的古气候和古环境代用指标。来自苏干湖的小小摇蚊亚化石，正是封存于湖芯中的、记录这一极端干旱区千年间湿度变化的可靠档案。

苏干湖地理坐标为北纬 38°51′，东经 93°54′。所在盆地为嵌套在柴达木盆地中的一个封闭盆地，地势东高西低，海拔高度变化在 2800 ~ 3200 米。这座封闭湖泊面积 103 平方公里，平均水深 2.5 米，沉积中心水深约 5 米。盆地西部年平均气温为 2.75 ℃，多年平均降水量为 18.7 毫米，蒸发量为 2967 毫米，属极端干旱区。

面对同一座湖泊，研究方向同为环境变化，提取的指标有不同。强明瑞教授的团队专注于沉积物中粒度组成，用以重建全新世万年以来的尘暴演化或风沙活动历史。苏干湖之所以作为理想地点被选定，首先在于它的位置处在高原西北干旱区、粉尘策源地范围，大风天气盛行，年均大风日数 55 天，沙尘暴发生频率颇高。其次在于它的封闭性 + 人类活动稀少，自然过程在这里得以忠实反映。他们在苏干湖中心位置钻取了 8 米多长的岩芯，以粒径大于 63 微米粒径的粗颗粒作为尘暴事件的替代指标，结合纹层计年，重建了两千年来苏干湖地区尘暴演化序列，从中认识到这期间的风沙活动变化主要与高纬度地区变冷有关——北大西洋地区变冷，必然增强西伯利亚高压，从而导致我国西北地区近地面风力增强，尘暴发生频次增多、强度增大。

这也同时反证了气候暖化的当下，从高原到内地，我们何以感受到沙尘暴明显弱化。

干旱区研究从柴达木盆地延伸到我国最大沉积盆地——塔里木盆地。新生代沉积与环境研究所所长孙东怀教授，主持了杰出青年基金项目“新生代塔里木盆地干旱化的地质历史及其机制研究”正在进行中。干旱沙漠于我而言是好大一片陌生领域，赶紧约请孙教授，未遇，刚刚出了野外；还好，找到了学生辈的李再军博士，正是采访者最喜欢的耐心人，可以从3000多万年前开始讲起，特提斯海如何退出塔里木地区，历经江河湖泊，终致沙漠形成，勾画了好大一片时空梗概。小李博士还热心推荐了同门师兄弟王鑫的博士论文《塔里木盆地南缘新生代沉积演化》，一本书的篇幅，以其在塔里木盆地腹心地区开展的高精度古地磁定年和古环境重建工作，详述塔克拉玛干沙漠前世今生——曾经的塔里木古海湾位于特提斯海最东缘，经历多番海侵，终成陆地后，干旱化的命运就已注定。从中虽可见青藏隆升效应所波及的时空有多么深远，然而就亚洲内陆极端干旱地区成因而言，大高原未必起到主导作用，干旱化进程早在新生代初期就已开启，较之海陆对比变化和全球降温事件诸如北极冰盖增长的影响，高原隆升只是众多因素之一。

塔里木盆地位于新疆维吾尔自治区南部，天山、昆仑山和阿尔金山之间，四周高山海拔4000～6000米，盆地中部海拔800～1300米，总面积约56万平方公里，是中国四大盆地中最大的盆地。焚风效应使得某些区域年降水量不足10毫米，但冰川补给又造就了河流和绿洲。最大盆地中有中国最大、最古老的沙漠——总面积近34万平方公里的塔克拉玛干沙漠，气候极端干燥，流动沙丘一般高达七八十米，最高250米。

相伴人类文明进程的温湿度研究集中在树轮，在勾晓华教授担任所长的气候变化与应对研究所。以年轻人为主体的团队，研究基地主要在祁连山，以祁连圆柏为介质，建立指示过往千百年间气候变化的轮宽年表；兼及阿尼玛卿山，涵盖西风和季风影响所及。采访时晓华也不在，她的学生们演示了树木年轮研究的“工艺”流程——树轮学实验室更像一个艺术作坊，而从年轮中判读逐年的干湿冷暖，那才叫神奇。

有关水文过程和地质灾害的两个研究所，更多属于应用学科范畴，分别由马金珠教授和孟兴民教授担任所长。这一关乎西部环境的研究方向也为李吉均先生早年所倡导，自视职责所在。孟教授是地质灾害防治与研究方面的专家，兰大从英国伦敦大学皇家霍洛威学院引入的“萃英学者”特聘教授，回国后即投入甘肃舟曲特大泥石流的治理。他现任西部环境与气候变化研究院院长，且已担纲国家科技部科技支撑计划项目“地震扰动区重大滑坡泥石流等地质灾害防范与生态修复”首席科学家。

多年来重点实验室培养自然地理专业人才何止千人，佼佼者留任之外，还不拘一格，吸引来长期工作在国外的一批优秀人才。仅在 2011 年，就引进贺缠生教授、张廷军教授两位国家“千人计划”入选者。实践中一批优秀学术带头人涌现：孙东怀教授、潘保田教授、赵艳教授先后获得国家自然科学基金杰出青年基金，陈发虎教授是“杰青”，是“长江学者”特聘教授，更在 2015 年新晋中科院院士，2016 年入选第三世界科学院院士。勾晓华教授 2015 年入选“长江学者”特聘教授，聂军胜教授 2014 年获国家自然科学基金优秀青年基金，董广辉教授 2016 年入选“长江学者”青年学者。赵艳教授和勾晓华教授先后荣获“中国青年女科学家奖”，相较早期李吉均科研团队几乎清一色男子汉阵容，女性专家入列不啻一个新气象。

面向青藏高原，背倚黄土高原，近邻旱区沙漠，是西部环境重点实验室独享的地理优势；学科发展三方向：青藏高原隆升及其环境效应，干旱环境与气候变化，水文过程与地质灾害，无不拥有丰富的研究资源。从几十年前一个人参与青藏科考出发，到现今一个超级团队的创新群体继续着青藏但不限于青藏，而是坐拥整个西部——西部，包揽了壮丽自然史和辉煌人文史的中国西部，值得一代又一代学者为之献身。

本章将要结束时，不妨再闲话两则，聊表对兰州这一科学圣地的敬意，对地理学的向往。

上网查资料，见有人在虚拟空间发问：我打算报考兰州大学地理专业研究生，好还是不好？于是“虚空”中传来一个实在回应：对于兰大地理就不要挑剔啦，就看你有没有本事考得上；须知开设全国地理学国家人才培养基地班的仅有 5 所高校，兰大即其中之一。有人跟帖附议：没错，兰大自然地理专业的确领军全国。

看一群年轻人这样隔空对话，不禁会心一笑。兰大自然地理学早已于 2001 年荣列国家重点学科榜首，走出几位院士——从李吉均教授开始，秦大河，姚檀栋，陈发虎，说是院士摇篮也不为过。脱胎于地理系冰川冻土研究室的西部环境教育部重点实验室，以及近年组建的西部环境与气候变化研究院，如今蜚声国内外，原是题中应有之义。

2012 年夏季的兰大之行，适逢地理系所在的资源环境学院主办“第三届高校自然地理学骨干教师培训班”开讲。第一课由李吉均院士主讲《青藏高原隆升与晚新生代环境变化》。李先生本是满怀激情的人，考察高原冰川，从横断山脉到喜马拉雅，趴冰卧雪，还曾在贡嘎山跌落于冰裂隙，笑称自家身上布满“冰川擦痕”，总之多少年的艰难险阻都过来了，岂料几年前在脑部手术中出了意外，导致行动不便和语言有碍，学术生命一度遭遇“冰期”，现在好了，重回进行时态。此次暑期班开讲，听说就讲课而言是病愈后的第一次“出山”，见他精神矍铄，思维敏捷，着实令人欣慰。紧随其后登台讲课的，是当年的学子，现今的名

李吉均 1996 年考察在祁连山

师——秦大河院士讲气候变化，潘保田教授讲黄河演化，周尚哲教授讲第四纪冰川……

听说在这届高校地理教师培训班上，郑度院士也被请来讲课，有学员向他提出一个看似搞笑实则严肃的问题：为什么要学习地理学？想必是提问者曾在课堂上被同样问过，打算借机从权威专家那里讨得一个经典解答。不知道郑先生是怎样答复的，也不知道是否存在标准答案，还是让我颇费了一番思量，最终的结论倒不如说是体会：大道至简，地理学何尝不是一门教会我们怎样认识赖以生存的大地，并指导我们如何与之和谐相处的学问！相比人类史而言，一部自然史不仅漫长得多，就其精彩程度，又岂止毫不逊色；而多年来诱惑了我这个文科秀才形同跨界越境地去跟访，去书写，去赞美的，除了这一学科的自身魅力，又何尝不是借机表达对于自然史探秘者的敬意和谢意——勒尼·格鲁塞在《草原帝国》中一语道破：“人类从来不曾是大地的儿子以外的东西，大地说明了他们，环境决定了他们。”

20 世纪 80 年代末期，青藏高原综合科学考察队分赴两个主战场：以地学、生物学基础科研为主的一支，正在进行昆仑—喀喇昆仑考察，之后将要承担国家攀登计划青藏项目，转向自然奥秘的深度探索；从事应用研究的一支，则再度集结进藏，走向一江两河（雅鲁藏布江、拉萨河、年楚河），之后还将走向尼洋河与三江流域（怒江、澜沧江、金沙江），以十数年时间，为西藏南部和东部的农牧区综合开发设计蓝图——在土壤、水利和农牧林各专业之上，他们拥有同一身份：区域开发规划专家；同一特征：把论文写在高原大地上。

当青藏队渐成历史名词，服务于青藏高原经济社会可持续发展的初衷不变，更多机构建立，更多人员参与，青藏研究事业如日中天，参与其中的都是建设者，保卫者，都是殷切守望者。本章涉笔的仅止于中科院拉萨生态站、海北草原站，成都的山地所、兰州的寒旱所、西宁的高原生物所、北京的地理资源所，和最晚成立的青藏所……的部分工作，兼及前述各研究机构参与西藏和青海若干工程项目，乃至青藏铁路从设计到施工过程中所做贡献，均属极小局部和侧面，没能写到的更多。落脚在青藏高原生态安全屏障建设，了解到多方努力种种，不由得想到，真正筑就了这道生态长城，既牢靠又美丽，应该是在人心里。

第 15 章　为了风雪阳光大高原

青藏高原生态安全格局示意图（引自万军等，2012）

雅鲁藏布江流域图 关志华制图，引自《青藏高原地图集》，科学出版社 1990 年版。图中行政区划资料截止到 1987 年 12 月

雅鲁藏布江中游国家级自然保护区，是斑头雁和赤麻鸭等喜水鸟类的乐园 张镱锂 / 摄影

参与完成“一江两河”农业综合开发总体规划之后，青藏队相继完成以下规划工作：

《艾玛岗综合开发区规划设计》（1990）

《江北农业综合开发区规划设计》（1991）

《江当农业综合开发区可行性研究》（1992）

《尼洋河区域资源开发与经济发展综合规划》（1994）

《西藏昌都“三江流域”六县农业综合开发总体规划》（1996）

《西藏自治区农业综合开发“十五”计划及2015年远景规划》（2000）

《西藏自治区扶贫开发“十五”计划及2015年远景规划》（2000）

《西藏昌都地区可持续发展战略规划》（2001）

《西藏昌都地区农业综合发展规划》（2001）

《西藏昌都地区旅游发展规划》（2001）

“老青藏”续写江河新篇

对比西昆仑考察的“三五牌”——50 岁年纪、5000 米高度、为时 5 年——项目，这一群体平均年龄还要略大些。以孙鸿烈院士为首，骨干人员大都为 20 世纪 60 年代初期即活跃在高原，参加过南水北调西线考察的、西藏和大西南考察的，现在鬓发斑白了，依然奔波在喜马拉雅与冈底斯—念青唐古拉之间的谷地上。雅鲁藏布江作为这一地带中心，时而平缓、时而湍急地东向奔流，两条重要支流年楚河、拉萨河相继汇入，使得江面骤然开阔。这个东西直线距离长约 540 公里，南北宽约 220 公里的河谷地带，被称作西藏“一江两河”（雅鲁藏布江、拉萨河、年楚河）中部流域地区，集中了拉萨、山南、日喀则三地市 18 个县，是西藏主要农区所在，被誉为西藏精华“金三角”。平均海拔高度 3600 ~ 3900 米，年平均气温 7.5℃左右。虽然总面积不足全西藏 6%，人口却占西藏总人口 1/3 还多。生产能力相当可观：全西藏粮油总产一半以上由该地产出。根据优势地区优先发展的战略决策，西藏自治区政府提请国务院批准，自 1991 年至 2000 年，国家在西藏“一江两河”中部流域进行农业综合开发建设，静态投资为 10 亿元人民币，实际投入翻了倍。这一综合开发工程成为西藏农牧业开发建设史上投资最多、规模最大、历时最长，同时涉及多部门、多行业、多学科的系统工程。

总体规划责任重大，关乎全局，尤需仰仗科技支撑，西藏自治区政府特邀青藏科考队承担这项工程的总设计。其时孙鸿烈院士担任中科院副院长，兼任综考会主任，同时作为自治区政府聘任的发展咨询委员会首席科学家，正好可以统筹调度，青藏队老队员、中科院遥感所和兰州沙漠所等多家单位，无一不是召之即来。

“一江两河”工程规划工作始自 1989 年，老队长孙鸿烈担任学术指导总负责，常务副队长章铭陶、副队长韩裕丰带队，陈传友担任水利总工程师，关志华、张谊光、李明森、谭福安一批青藏老将整装上阵。40 多人兵分三路，马不停蹄，把 20 世纪 70 年代反复走过的雅江中部流域再一次走过。外业调查、资料搜集、研讨咨询、学习借鉴、论证分析、综合平衡，直到最后评议审查，以青藏队打头阵，西藏内外近千人投入描绘蓝图的工作，共编写文字百余万，绘制图表上千幅。1992 年春季，规划设计完成，向西藏人民交了卷。

说来这批老青藏都是五十大几的人了，但较之当年，风采不减，出野外说走就走。章铭陶这位大学时代的合唱团总指挥，如今指挥起山川林田的恢宏交响乐。回到他当年为寻找地热，曾饥寒交迫度过中秋之夜的南木林，重操旧业，在艾玛岗的荒滩上架起测量工具，亲自勘测画图。有人就此调侃，你这位老教授啊，还亲自看镜，太“掉价”了吧，那都是学生和助手们干的事嘛！

艾玛岗在藏语中是一个象声词加感叹词——哎呀，这么一大片地方啊！这么一大片地方的艾玛岗，却是地处雅鲁藏布江畔的平坦荒芜之地，说寸草不生不过分，因为稀疏生长于此的，唯有格外耐荒旱的狼牙刺。艾玛岗作为庞大工程第一个项目，拉开了“一江两河”农业综合开发序幕。第一期工程 1991 年启动，1993 年完工，昔日荒凉辽阔的江边滩地，田成方、林成网、渠相通、路相连，实现了园田化。由于有了艾玛岗开发区建设，连带所在乡村进入良性发展轨道，年年增产增收。1996 年较之开发前的 1990 年，粮油总产、农村经济总收入和农牧民人均收入翻了一番还多。农民盖起新房，加工业从无到有；艾玛岗盛产土豆，出现了土豆最高单产 6000 公斤的奇迹。拉布村强巴家的三兄弟，这一年收获土豆 5 万斤，仅此一项年收入近两万元。两万元在当时还是好大一笔资产，三兄弟一商量，为自家添置了一台东风车。

——1997 年，“一江两河”工程还在热火朝天进行中，我参加了 6 集纪录片《江河诗篇》的采访摄制工作，真心体会到什么叫作“利在当代，功在千秋”：不过几年光景，眼见雅鲁藏布光裸的两岸披上碧绿的柽柳林带，如同美丽的翡翠项链环绕；年年呼啸而过的大风沙在新生的绿色屏障前止步；清清渠水流过曾经干涸的田野，新修的水库和提灌站的建筑物上挂满经幡，表达了当地百姓由衷的感激和祝福——祖祖辈辈的祈盼包含了新内容，现代农业的美好前景成为新图腾。采访中还有一些细节令我难忘，山南乡村不少农家，在水电站刚刚开工时，早早买来电视机，眼巴巴等待竣工发电，未免也太性急了些。当然，喜气洋洋的艾玛岗强巴三兄弟和自家的东风车，一并出了镜。

作为农业综合开发样板，艾玛岗经验在一江两河地区和全西藏推广；一些国际组织的官员专家来艾玛岗参观，不由得称道不已。1994 年 6 月间，联合国粮食计划署专家来访，详询有关设计、建设、管理三方面，“OK”连连——从理念到操作，岂止不落伍，那是规范且前沿啊！

——时隔 20 年，采写本书的时候，再次听说艾玛岗，当年未曾开发的江边河滩荒地，现在已成饲草产业专项的示范基地，种草也种树，整整 10 万亩！

艾玛岗农业开发区建设者们说起章铭陶他们，就像说起自家人那样亲切，留下了好口碑。在小江当地方也是，章铭陶、韩裕丰设计的小江当农业综合开发区，像艾玛岗一样大见成效。小江当地处日喀则市白朗县，沙化相当严重，318 国道贯穿其间，路面时常被春季大风沙掩埋。中科院兰州沙漠研究所一个科研课题组在小江当一住3年，以治沙为主，开展沙地高效农业的试验，为一江两河地区沙漠化综合防治提供技术、创造样板。3年里共指导围封沙漠化土地面积1690亩，封育区内配套路、渠、林网，流沙结束了流浪，安静地覆被在人工的林木和灌丛之下，空前地生长起春麦、玉米之类农作物，葡萄、草莓、西瓜与花卉等经济作物。其中试种的唐菖蒲，俗名“十三太保”的，花朵殷红格外鲜艳；西瓜品质，红沙瓤，甜极了，亩产可达4100公斤。专家说，1997年在江当乡推广地膜西瓜120亩，就在现场培训，藏族百姓破天荒学会了种瓜技术。说到培训，沙漠所专家们共为当地培训过500多位农民，教授流沙治理、草地改良、沙地高效开发的理论知识和实用技术。

课题组的帐篷就扎在现场，起初看到几位汉族人，风吹日晒面色黝黑，还以为是打工者呢！不到现场，你很难想象野外工作场面和形象。在西藏工作的中科院科技人员个个都是好样的，沙漠所江当工作组以其优异的业绩和表现荣获“一江两河”工程先进集体。

——说来也巧，2012年在拉萨，竟与这群专家再次相遇。原先的兰州沙漠所早已与冰川所和大气所合并，改称中科院兰州寒区与旱区环境工程研究所，简称寒旱所。机构合并，专业未变，该干什么还干什么。只是当年的小伙子人到中年，黑黢黢的模样，很抱歉不记得了，可他们竟然认出了我。陈怀顺当上了研究员，很乐意回答问题，说他们这10多年来，先是在青藏铁路做课题，接着转战建设中的拉（萨）日（喀则）铁路，内容都是研发草方格维护路基，以及沿线植被恢复再造，说，都是高原铁路建设的辅助工程，虽然少见报道，很低调，但自己很有成就感。听说我第二天要去珠峰站，他就说，一定要去看看小江当，变化很大哦！

小江当就在318国道中尼公路一侧，从拉萨去日喀则必经之路上。我还记得多年前春季大风沙掩埋了路面的情形，

曾经沙化严重的小江当一带，经过科学治理，现已成为多种经营基地。2010年西藏考察中，张镱锂拍摄了这组图片。

草莓

地膜西瓜

葡萄

油菜花开

当年他们在沙丘上植树种草的情形，现在呢，一眼望去尽是绿：远看十几年前的草方格，丛丛簇簇，人工的草，野生的草，疏密有致的杨树林，间有一片片庄稼地，青稞地是绿的，油菜花是黄的……

从一江两河规划工作开始，自治区政府接连邀请青藏队这原班人马进行了林芝地区尼洋河流域资源开发与经济发展综合规划、昌都地区三江流域（金沙江、澜沧江、怒江）农业发展综合规划。这里还有一个关键人物起了作用：杨松。这位新疆大学毕业的学生，恰好是在1976年与孙鸿烈率领的阿里分队同一天到达狮泉河镇，其后恰好又被阿里计委分派给章铭陶当助手，规划札达县热布加林沟农业开发区，从此与老青藏们结缘，延续了终生情谊。随着杨松工作调动，从阿里到拉萨到昌都，担任“一江两河”综合开发办公室主任、政府副主席、兼任昌都地委书记，走到哪儿就把青藏队请到哪儿，直至进入21世纪，老青藏们先后到了退休年龄，退了休依然在岗。

就这样，重新置身于尼洋河畔的深山密林，再一次瞄准了藏东三江流域的高山深谷。使命和意义与当年略有不同——这是一个把曾经走过的地方再走一遍、把当年考察时所向往的有关资源开发梦想付诸实施的过程。具有30多年区域开发经验的章铭陶先生，望着这片自青年时代就已熟悉的山地，憧憬着未来有关土地利用的、能源水利工程的、农牧林的和乡镇企业的等等综合开发愿景；从青藏队出队第一年起就与林芝地区结缘的韩裕丰先生，谋划得深入细致：森林应当合理开发，采伐更新结合，杜绝短期行为；迹地更新的速生材高山松可做造纸原料，纹理好木质硬的高山栎加工成地板格；林芝全地区年产野桃约500万斤，只做牛饲料可惜了，应当作为绿色食品开发；林芝盛产核桃，似应开辟一个木本油料基地，至于野生木耳、蘑菇、天麻这些天赐尤物，需要善加利用……

区域规划工作使老青藏们深感荣幸和欣慰。他们所从事的专业本就与生产应用密切相关，而今那么多年千辛万苦得来的资料并未束之高阁，正当其时地被采纳，被使用，焕发出原本具备的价值光彩和新鲜生命力，可真是苦得其所、乐在其中，还有什么能比亲眼看到亲自采集的数据亲手设计的蓝图变为现实西藏一道道壮丽的风景线，更值得自豪欣慰的哪！

不限于以青藏队名义集体受邀，进入21世纪，中科院多个研究所与西藏多部门协作关系更趋紧密，老青藏们持续发挥“余热”。青藏队成立40周年聚会时，我见到南京古生物所章秉高、湖泊所范云崎，才知他们不久前还在拉萨为西藏做项目，属于机构之间的合作。个人名义受邀的也有一批，犹如西藏单位编外成员，李渤生研究员是其中代表，林业部门“御用”专家，不仅受托连续主持了珠峰和大峡谷自然保护区规划设计，主持了西藏自治区旅游规划制订，还被引荐给铁路部门，在青藏铁路格尔木—拉萨段（简称格拉段）建设过程中，独当一面，指导沿线植被生态恢复重建的设计和试验。2001 年开始的 3 年里，李渤生和中科院西北高原生物所陈桂琛一起，多次往返藏北高原，从草种采集、育苗试验到人工播种，付出艰辛努力，直到亲见经施工扰动的裸地重新披上绿装——不借助外来物种，而是因地制宜，选择紫花针茅、垂穗披碱草、青藏苔草等本地多年生优质草种，用来恢复铁路沿线植被，作为“绿色铁路”的形象代言。

另一位青藏队老队员、动物学家冯祚建的参与，为沿线野生动物带来福音：凭借 20 多年里藏北无人区—昆仑山—可可西里历次考察中，对于大型有蹄类动物分布及习性的充分观察与了解，修改完善了原来的通道设计方案，让擅长爬坡的、惯行于宽谷地带的、短途自由驰骋的和因交配及繁殖需要长途迁徙的，让亲爱的藏野驴、野牦牛、藏羚羊们，按其所需，各行其道，最大限度地减少它们的惶惑不安，而尽快适应通道的存在。

这期间还有一位资深“老青藏”关注铁路施工——郑度院士主持“973”青藏项目正在进行中，因应国家建设重大需求，已先期部署了青藏铁路/公路格拉段沿线土地利用与土地覆被现状与变化研究；随后申请到国家自然科学基金委重点基金项目“青藏铁路的生态效应（2003—2005）”，两项任务合并到一个课题组，地理资源所张镱锂团队从青藏铁路格拉段施工及通车至今，对于沿线生态环境状况及其变化，持续跟进监测并予以评估。回应公众关切，诸如野生动物通道、沿线植被恢复、外来物种可能入侵等方面的质疑，给出科学的量化解答。郑度院士全程指导，项目结束后将研究成果集于图文一册《青藏铁路沿线生态与环境安全》（郑度、张镱锂等著，浙江科学技术出版社，2009）。

公众关切焦点之一，是藏羚羊的命运。藏羚羊能否通过铁路，的确是最大考验，直接关乎通道设计成败。这是因为铁路（公路）沿线本来就是其他大型动物藏野驴、藏原羚的栖息地，是“土著”，容易适应，而藏羚羊却是途经此地的过客，格外警觉的缘故。

课题组选择藏羚羊繁殖季节密集往返的一条传统路线，连续三年的 6 月到 8 月，在沱沱河一带搭起帐篷，密切观察记录可可西里通道情况——白天望远镜，夜间红外线，定点、动态和自动录像三种方法都用上了。2003 年产羔季节过后，由少量公羚护卫、大队母羚携子归来，面对陡然而起的路基止步不前。一天过去，三五天过去，十几天过去，直到路基这一侧再也无草可吃，勇敢的公羚此刻担起重责，小心探路——率先上坡，一举越过了铺设中的铁轨！摄像机录下这一动人时刻：母羚紧随其后，当它顺利通过，回头发出召唤，然后才是群起响应，蜂拥而过……在这同一地点，2004 年，藏羚羊群徘徊时间缩短至 4 天；2005 年，几十分钟的稍事停留；2006 年起，几乎未见踌躇。这期间越来越多的藏羚群不再翻越路基，而是改由大桥下方通道行进。统计下来，穿过通道与翻越路基之比，已从 2004 年的

青藏铁路修建中，藏羚羊在铁路边徘徊 张镱锂 / 摄影

青藏铁路修建中，牦牛翻越路基 王兆锋 / 摄影

五道梁附近火车驶来，藏羚羊悠闲觅食 王兆锋 / 摄影

青藏铁路格尔木—拉萨段 1142 公里，根据不同动物的生活习性和区域特点，设计了桥梁下方通道 23 处、隧道上方通道 3 处和缓坡通道 7 处等 3 种基本类型的通道，总计 33 处，通道总长度为 58446 米。此外，青藏铁路格拉段沿线累计 100 多公里的大中小桥梁，也能满足一些野生动物通过的基本要求；在西藏境内，铁路经过的牧场附近还设立 200 多个家畜通道，既适合家畜牛、羊通行，也可作为野生动物的辅助通道。

56 ∶ 44，增加到 2006 年的 98.7 ∶ 1.3。通车后沿铁路两侧加装了防护栏，翻越路基实际已经不可能，通道成为唯一新路径，而藏羚羊已然基本适应。从徘徊到徜徉，从惊慌到从容，只不过历经几番往返，课题组据此得出结论：藏羚羊等野生动物具有较快适应环境的能力。

至于外来物种入侵，迄未发现，大抵由于高寒之地不适合外来植物生存的缘故。铁路工程对于小型动物群落结构尚未见明显影响，倒是青藏公路两侧小型啮齿类动物如鼠兔，隔离分化现象似已现端倪：综合来自动物学方面的研究结果，公路建成半个多世纪以来，由于各居一侧互不往来，同一种群间的基因交流受阻，目前已见一定程度的遗传分化。相关内容参

项目组在青藏铁路沿线进行本底调查　张镱锂 / 摄影

照张镱锂、王兆锋等 :《青藏铁路和公路的生态影响与工程区生态保护》，原载于李秀彬等编著《中国西部人类活动与环境相互作用研究》，气象出版社，2010。

“973”青藏项目第一期（1999—2003）进行期间，张镱锂团队在西宁至拉萨的铁路沿线两侧 1 公里范围内，选择 27 条样带、1700 多个样点，采集土壤、植物和水样，建立数据库，实为本底调查，属于国际地圈—生物圈计划即全球变化的研究课题。鉴于生态环境变化需要长时期的监测和数据积累，所以项目虽然早已结束，包括同时承担的“青藏铁路的生态效应（2003—2005）”也已结题，但是他们仍将青藏铁路（公路）沿线地区列为本团队科研样带，综合监测将会长久进行下去。张镱锂说，这是国家队职责所在。铁路通车后，每隔 5 年进行一次实地调研，现已经过两轮评估，考察结果符合预期 :

青藏铁路建设与运营过程中，秉承“绿色铁路”理念，执行了严格的环境保护措施，高寒植被生态系统得到有效保护，多年冻土环境稳定，生态功能区功能良好，高原景观完整，水土流失防治措施到位，环境污染得到有效控制，建设期间未发现外来物种入侵。与运营初期相比，青藏铁路运营 5 年后铁路两侧生态得到持续恢复，局部区域已接近甚至优于周边自然状态。野生动物通道、植草绿化、草皮移植等生态保护措施作用明显，铁路运营未对沿线区域植被类型、群落组成、分布特征等产生明显影响。文见张镱锂 :“青藏铁路建设与运营的生态与环境效应”一节，录入《青藏铁路》，中国铁路出版社，2015。

青藏队的一支就这样收拢双翼，落脚在这片阳光与雪风下的热土，转向了现实的关怀。年逾花甲的章铭陶壮心不已，他是国内研究斯文 · 赫定的专家，正与瑞典人合作进行“斯

孙鸿烈院士现场了解“一江两河”工程进展，武素功（左三）、成升魁（左一）陪同。左二为西藏自治区副主席杨松

文·赫定的西藏遗产”课题，但是人在“一江两河”，分身乏术，仅仅参加过一次考察行动，1990年陪同外国专家去了一趟车比藏布源头雪山；他还打算研究3000年来人类活动尤其是工业革命几百年来对于气候环境变化的影响，对万年以来气候环境变化与人类社会荣枯兴衰之关系也颇感兴趣……可是每当听闻西藏召唤，总是毅然放下手头一切，立即奔赴——有所为有所不为，做出某种选择的同时，也意味着对另一些的舍弃。

孙鸿烈院士不用选择，他的使命仿佛早已被规定——来自“难民村”中前辈土壤学家敬业精神的耳濡目染，来自父亲孙健初先生撰写《黄河上游之地质与人生》的终极关怀，来自恩师李连捷先生建设新西藏的率先垂范，来自青藏队20年实践历练。这期间，孙先生倡导的中国生态系统研究网络（CERN）已经建成，在接下来的攀登计划青藏项目筹划阶段，他作为首席科学家考虑吸纳和新建三个野外定位观测站，当属势在必行。三个站是（西藏）拉萨农业生态试验站、（青海）海北高寒草甸生态系统定位实验站、（四川）贡嘎山高山生态系统观测试验站。它们承担着双重任务，在基础科学方面，面向全球变化和生物多样性研究；在应用研究和指导生产方面，又属可持续发展范畴。三个站中，拉萨农业生态试验站为新建。

三访拉萨农业生态试验站

“八五”攀登计划青藏项目中诞生的拉萨农业生态试验站，坐落在拉萨以东20公里达孜县境内的部队农场。1998年第一次到访，建站刚满5年，看起来初创阶段已过，小有成就了。首任老站长张谊光研究员接待了我，回答的第一个问题是，站址何以选在军垦之地？

一个提问引出一个故事。这位农业气象学家本是青藏队老队员，参加过西藏科考，横断山科考，刚刚完成了“一江两河”规划任务，受命筹建这个定点站，第一要务是物色站址。从拉萨到日喀则一路寻访，屡谈不成。何以至此？相比当年横断山区立体气候观测，白马雪山简直就是“无主”之地，现在从建筑物到试验场，好大一摊子家业，而其时土地不是承包到户，就是单位所有，哪里还有余裕分你一份可耕地？正当一筹莫展之际，西藏军区听说了这事儿，主动上门有请：我们达孜农场有房有地，无偿提供，欢迎你们！那可真是求之不得的好事情，就这样，1993年3月，“中国科学院拉萨农业生态试验站”正式挂牌。

老站长陪我参观试验基地，但见广大连片，被高高低低的各样庄稼、牧草分割，青绿一片，花海一片，行道树也是试栽的。一一指点介绍，这是什么，那是什么，说建站5年里，总共引进作物品种127个，牧草品种近百个，优良树种38个。良种全凭引进，凡国内研发的抗寒旱的好品种，都想拿来在站内和各地小范围试种，就其性状及生态适应性进行观察研究，表现好的列入推广名单。重点关注牧草品种，红三叶、白三叶、苇状羊茅、黑麦草、青海老芒麦等品种，属高产优质；尤其豆科植物可做饲料又兼“养地”功能，可使传统休耕的赋闲裸地，变而为绿色休耕。

在农作物优良品种培育、示范和推广方面，也有许多故事可讲。几十年间西藏地方军——前身为七一农场、现在的西藏自治区农牧科学院是一支活跃主力。所以在这一方面，拉萨站只是加盟其中：推广优良品种涉及全区农业布局，拉萨站被列为试点单位之一，参与西藏农科院多点试验、联合攻关项目。西藏传统作物中，并无玉米品种，拉萨站率先引进多种甜玉米，苗期经地膜覆盖，连续3年稳定成熟，亩产甜玉米400公斤。新鲜的玉米棒子分送给附近农民，数量不多，每家两个。村民喜欢，拿生玉米当水果吃。当然，引种玉米不为口粮，主要为解决河谷农牧结合、饲料匮乏问题。其中新鲜分枝玉米秸秆单产可达7000～8000公斤，是理想的青贮饲料。

建站之初的西藏，互联网尚未开通，连电脑打字都不普及，站长张谊光向国内同行求助，

1994年，孙鸿烈院士与攀登计划青藏项目专家委员会成员在拉萨站考察

全靠手书信件往返。远在西宁的周兴民先生寄来春小麦“高原602”，是西北高原生物研究所培育的良种，因其产量高，荣获国家奖。当年小区试种，亩产千斤以上。第二年请附近桑珠林乡两户农民试种，有心人把部分种子悄悄磨来试吃，口感不错，方才放心地种下42亩，当年见分晓：产量较之其他品种提高60%呢！春小麦高原602，产量高又好吃，这消息不胫而走，到第三年，大家争相来要种子；第四年，西藏农科院决定大面积推广。

说到建站初衷和主业，攀登计划中，拉萨站承担课题“青藏高原农田生态系统优化模式研究”。研究方向涉及上述高产物种的引进、筛选、培育及推广，基础研究包括高原农业生态系统中结构、功能、生产力及其调控机制，土壤—植物—大气间能量流动与物质循环，环境变化及其对全球变化的贡献与响应。中科院为之配备了50多万元的先进设备，新落成的房舍院落也保证了必要的工作生活条件，到1998年，初具接待国内外研究者能力。拉萨站常驻12位科研人员外，在每年的作物生长季，都有来自国内各科研机构、大专院校的专家们在这里做课题，西藏农牧林各专业的学生们也常来常往上实习课。张站长说，平日里不仅附近农民前来走动，议论一番，邻近县份和山南、日喀则地区各县，也都有人前来参观取经；差不多每一位自治区领导都来视察过。至于国际合作，刚刚起步，已达成合作意向的有瑞士、瑞典、丹麦、日本、美国、加拿大等国，其中一些外国专家已开始了预研究。

基础科研也在做，涉及生态学和全球变化方面研究内容。李文华院士的几位弟子张宪洲、石培礼等，读研时就在站上做课题实验，其中一成果是对冬小麦高产奥秘的揭示。青藏高原的青稞和小麦，地处农作物生长最高限，人工培育的优良品种却分别开创了冬、春小麦和青稞单产的全国纪录。何以至此？归因于阳光辐射强烈、植物光合作用充分，成为普遍的经验之谈。可是通过两年田间观测所获取的数据，诸如光能传导、光量子能量密度、光合特性、光能利用转换效率等等，研究结论却不同：太阳总辐射能量固然高于内地，但空气稀薄、二氧化碳密度低，就同一时间段的叶片光合效率和小麦干物质积累量而言，其实并不高于平原地区。之所以高产，主要在于生长期长，生长周期约为平原地区 1.3 倍；二在于温度条件：内地小麦为避免高温条件下消耗大于积累，中午时分往往暂停光合作用，高原小麦则不需要午休，加之叶片直立性好，通体受光均匀也是高产因素之一。

当年采访时，老站长张谊光已经光荣退休，然而显见退而未休，他欣然接受拉萨站聘请，继续担任名誉站长，继续着从早春到晚秋农田里的躬耕和守望。看得出这位青藏队老队员的满足，连我这个局外人也深受感染，桑榆晚霞灿烂，为他的青藏生涯轰轰烈烈画一句号。

再访拉萨站，隔了十数年，2012 年到访，眼见换了一茬新人。“60 后”有几位，余皆 20 世纪七八十年代生人。这期间，原先的上级单位综考会已经合并到地理资源所，原综考会书记成升魁、拉萨站老站长张谊光均已离岗，新班子张宪洲站长、余成群副站长，连同拉萨站，全归地理所。这一天来得巧，正副站长都在。本来张宪洲要去当雄基地，头一天电联，多留了一天。照例先参观，像当年老站长那样，一路指点，这是什么那是什么。先说硬件，家底殷实多了：新建专家公寓楼，标间 18 个，配套建起了水塔、改造了电路，接待外来研究者的能力提高啦！实验楼内理化分析实验室升级，前几年购置分析仪器 34 套，足足花了 170 万元；达孜本部的局域网完成了升级改造，极大地改善了驻站科研人员的工作和生活条件，高原生态学研究基地现在可说是名副其实了。

试验和示范基地 150 亩，就在院墙外大田中。提供生态学长期观测实验的小块样方，水氮耦合 27 个实验小区，可以满足不同水分和施肥处理的实验；牧草种质繁育工作也在进行中：从西藏各地采集来野生牧草种子，一方面为充实种质资源库，另一方面，可从乡土品种中筛选出优质牧草进行驯化培育。这一点，最能体现科研创新成果，牧草业研究者一直念兹在兹。大田中辟出一场地，全套饲料加工设备露天展示，方便现场观摩。一并展示的还有两口青贮窖。拉萨站 1996 年起试种玉米的同时，倡导青贮秸秆做饲料，现在技术方面更成熟了，并且扩展到青稞、小麦秸秆均可利用，麦类秸秆与当地栽培牧草以适当比例混合，填充进窖，喷洒一定剂量的酶或糖蜜，压实后以塑料薄膜密封发酵。以往百姓拿脱粒后的秸秆当柴烧之外，或焚烧还田，或掺了粮食饲喂牲口，现在好了，青贮发酵两个月，正好赶上疏解冬春季饲料短缺问题，比之干草适口性要好太多，尤其营养价值高太多，还有一股清香味道，成为家畜最爱。

一路看过，但见试验田里牧草品种较前大不同，想来这 10 多年里不知换过多少种类多少茬，只有与站龄同岁的行道树未变，北京杨、毛白杨已成参天大树，根深叶茂。

一路走来，张站长发现路边地面散放着杂物，不够整洁，遂布置清理，说一周后孙鸿烈院士要来站上检查工作，务必打扫干净。想了想又说，过几天再打扫，不然又弄乱了。一旁的我听来发笑，看来科学家也不能免俗啊！其实孙先生未必在意小节，是晚辈总想着把最好的一面呈现。

隔了十数年，再访拉萨站，看得出在面貌改观之上，作为定位站的职能完善和强化更其显著，学术地位相应提升：2002 年加入院级的中国生态系统研究网络（CERN）、2005 年加入国家级的中国国家野外研究台站网络（CNERN）。双重支持下，拉萨站扩容，从藏南延伸到藏北，达孜本部以外，在当雄和那曲再建两处站点，分别承担气候变化监测任务、退化草地遥感试验研究及治理恢复试验示范。作为生态网在西藏的唯一台站，按照生态系统网络规范要求运行，所开展的高原农田生态系统包括水分—土壤—气象—生物四方面的长期定位观测，充分利用了现代化网络技术，下属各站点已建成数据远程传输系统，科研数据的自动化采集和远程获取得以实现，据此建立的数据库和开放共享系统，为从事高原农牧业和生态学研究的专业人士以及社会公众提供了便捷服务——用户尽可以通过网络远程查询、下载数据。2011 年出版的《中国生态系统定位观测与研究数据集·农田生态系统卷·拉萨站（1993—2008）》（何永涛、张宪洲、孙维主编），即履行职能的代表成果之一。

以拉萨站为依托，多个国家级、院部级项目，也包括来自西藏科技部门的研发任务都在进行时态。正副站长两位学术带头人，分率基础科研和应用科研两大团队，一支主导着生态站朝着“高大上”方向提升，努力与国际前沿接轨，另一支则是“接地气”式的深入，致力于为地方服务。标志性事件是拉萨站于 2010 年 8 月新挂一牌：“西藏高原草业工程技术研究中心”，余成群任中心主任，主管部门为西藏自治区科技厅——从这儿开始，我们将要听到的，是关于草的故事，拉萨站如何以草为业的故事。

就像当年老站长一开口就引用孙鸿烈先生的话“务必让西藏地方满意”那样，孙先生教导年轻站长的一句话又成为座右铭：“西藏农牧民的钱袋里有你多少贡献。”张宪洲说，优化农牧业生产模式，确保农牧民增收，既是需求，更是责任。基于对西藏传统农牧业格局现状的认识，拉萨站提出“农区高效畜牧业”概念，关键在草业先行。对此，余成群研究员已践行多年，草业发展一头牵着农牧民增收，一头牵着生态环境改善，是他认定的西藏农牧业结合的必由之路。

说起职业生涯，似有一些“命定”意味。生长在江南的余成群，从大学本科起就浸润在青藏研究的光辉中：南京大学地理系，有多少青藏队前辈从这里走出来！入学就读那一年，仍有本系师生正在南迦巴瓦峰科考行列中。而所学是一新设专业“资源管理”，正是地理系与中科院综考会联合开办的。新专业没有现成教科书，就拿地球科学各门学科概论当教材，典型的通才教育。本来是听着青藏队故事当传奇，没想到1986年毕业时，同学们大都被输送到当时国土资源普查急需的国土规划、农业区划各部门，自己则成为被综考会择优选留的唯一人，想来是身为团支书表现出色的缘故。尤其没想到的是，居然赶上了青藏队的“末班车”，学以致用在西藏：应西藏政府之请，综考会为“一江两河”农业综合开发规划工作再次组队，他跟随章铭陶、张谊光这批青藏队老将上高原。学业务，做管理，1989到1992的4年时间里，担任这支队伍的办公室主任；规划工作结束之际，恰逢“八五”攀登计划青藏项目上马、拉萨农业生态站筹建之时，年轻人就留在站上了。有过角色转换，2001到2006的6年时间里，挂职在日喀则，先任专员助理，后任副专员。并非一般意义上的官员，地区领导重视科研和环保，委托他在行署之下特设“二办”：现代农业、生态环境保护两个办公室。所做工作虽仍属区域规划和宏观管理，却有了深入年楚河流域乡村调研的机会，有大把时间与农牧民面对面交流。以地方干部的身份去看去听去思考，就与一门心思做科研时的心态不一样了。尤其令他深受触动的是，经过多年努力，河谷农区在良种推广、畜种改良诸多方面卓有成效，但饲草业方面发展程度不高，有那么多现成的实用技术还在束之高阁啊，农牧民看不见也够不着。从那时起，如何让科研成果“落地”，让农牧民分享科技创新“红利”，成为余成群今后为之努力的不二方向。

沉下去再浮上来，回归拉萨站，一举拿下“青藏高原优质草产品关键技术与示范”项目（2007—2010），跻身于自治区八大科技重大专项，借助的正是以饲草产业发展为突破口，达成“农区高效畜牧业”目标，单凭这一点，足以打动项目主管方西藏科技厅。在这之前，全区并未设置相关草业的专职机构，少量专业人才分散在自治区多部门，尚未形成合力，尤其人工饲草的种植加工，一直是西藏农业科技软肋所在。现在由国家队出面请缨，科技部门如何不喜出望外！凡软肋弱项往往具有创新潜力，有准备的人可以大显身手了。现在说起来，余成群还连称“荣幸”：没想到第一次主持大项，就是国家投入982万元的“科技支撑项目”；当时以副研究员资质担当首席科学家，在全国同期同类54个项目中，可谓唯一，没有第二。更没想到的是，该项目完成，“西藏高原草业工程技术研究中心”挂牌，并以“初步提出西藏高原特色的草原科学体系”为获奖理由，荣膺2012年度西藏自治区科学技术进步一等奖！

没想到的是会有掌声响起来，能想到的只有全力以赴做项目。珍惜大好机会，余成群以双倍的热情和努力投身于这项事业，大半时间扎在基层，某一年甚至连续11个月没回北京的家。当然并非一个人在奋斗，联合区内外多家单位，区外有中国农业大学、南京农业大学，区内有西藏农业科学院、西藏农牧学院，60多人的专家团队有分工：负责研发的技术攻关队伍，带着技术下乡、亲临现场指导的示范队伍；有合作：实践中遇到问题及时反馈，予以解决，形成“回路”，确保效率。30个研究示范基地总计2.3万亩，主要部署在藏南“一江两河”农区，少量分布于藏北牧区的，重在推广草场改良技术。根据各地不同的自然环境和资源禀赋，选种燕麦、箭筈豌豆、紫花苜蓿、苇状羊茅、青饲玉米、披碱草等优质饲草；人工草地之外，尚有一系列种植模式的推广，包括粮食作物与饲料作物套种栽培饲料作物与绿肥作物套种栽培、饲料作物与豆科作物和绿肥作物复种栽培、混播组合的复种栽培等等。间作、轮作、套作，种植模式累计20种，基本涵盖了农区和半农半牧区所有可利用土地。其中混播复种技术9种，计有高杆油菜混箭筈豌豆复种雪莎、蚕豆混箭筈豌豆复种青饲玉米混油菜、青饲玉米混箭筈豌豆复种蚕豆混油菜、蚕豆混青饲玉米复种芫根（芫菁）……

这中间贯穿了一个“时空拓展技术”概念，体现的是对光热水土等自然资源更有效利用。空间拓展是指“边缘”利用，人工草地不占用产粮耕地，而是开辟在河滩、荒坡等宜草闲地；时间拓展则指“余热”利用，根据当地农作物一季有余、两季不足特点，以及气候变暖导致的作物生长期提前，在早熟青稞收割后，复种一茬饲草。例如播种饲用油菜，不必结籽即收割，青贮、晒干两相宜。来自大自然的余热，仿佛额外礼物，助益于正在推广的复种方式，2012年已在山南地区示范5000亩，计划2013年推广到1万亩。

项目结束，受益的不限于项目区，西藏科技厅也有一个“没想到”：通过拉萨站接通科技快车道，从此拥有了一个“草业中心”常设机构实体，一支可以倚重的草业研究团队，一批在国内外都数得上的高端科研人才——其中一项技术成果“西藏主要农作物秸秆与栽培牧草混合青贮关键技术”获得2014年度西藏自治区科学技术一等奖，获奖理由即“国内领先、部分国际先进”。

说到项目中的技术运用，余成群坦言属于本团队自主研发的核心技术并不多，是站在前人肩头，集成了区内外各方和拉萨站多年“攒”下来的资源：已经发表的，放在抽屉的，装在脑海的，凡有用的一并拿来，是“取巧”式的集成借助。回顾的过程不时有感而发，说那时热情高，恨不能把适用技术一股脑儿全都用上，说是“关键技术”其实成了泛技术；想要全面满足农民技术需求，其实不可能一蹴而就；尤其是试图覆盖整个农区畜牧产业链，其实只做了草业前端。所以待该项目结束，“饲草产业专项”上马，决心把文章做足：健全产业链，部署创新链，突破口是创办乡村新型合作经营组织，开通可使农民利益最大化的营销出口。

这也正是最近一次到访的主要话题。科学院“区域创新集群”三项任务之一的“西藏农牧民增收”交由拉萨站承担，项目全称为“促进农牧民增收的西藏农牧结合体系构建与示范”。用去三年时间，完成得相当出色，我在北京就听说了，拉萨站在三个有代表性的村庄探索不同的发展途径，共同点也是亮点之一，体现在以土地流转、集约化经营、农牧民为创新主体的专业合作社经营模式。工作内容被概括为“四个一工程”：建成一个产业化经营示范平台、构建一套集成适用的农牧技术体系、培养一批关键技术岗位人员、建立一项农牧民增收长效机制，旨在为建设西藏农区现代可持续生态畜牧业发展提供样板。

在这里，可持续很重要，以往有过项目结束、一切照旧的现象，正如余老师形容的那样，项目来了，犹如在三石灶上支起了煮饭的锅，任务完成带走了锅，只剩下石头——完善整个产业链，其意正在把“锅”留下。

再见余成群研究员，他已担任拉萨站执行站长。中间隔了三年，仿佛春耕与秋收的距离：上一回所言还只是思路想法，这一次则是回顾盘点。还见到了分管吉纳村和白朗村的项目负责人孙维和武俊喜。就技术层面而言，贡嘎县吉纳村是典型农业区，以牧草种植、草产品加工、牲畜高效健康养殖为主；林周县的白朗村是半农半牧区，以退化草地恢复治理、牲畜轮牧补饲为主。另有一个林区示范点，林芝县章麦村入选，是委托西藏农牧学院的关法春副教授负责的，特色体现在玉米田里养鹅、在林下放养藏猪。论技术，没什么好说的，技术的最大好处就是可以现成引进并且广受欢迎，专家们面对的新课题是组织农民、创建品牌和开拓市场，将科技成果真正兑现——兑成现金，装进村民的钱袋里，看起来任重道远，由此也理解了这个团队因何以“第三类科研人员”自居。

第三次到访是在 2015 年夏季，跟随孙鸿烈和秦大河两位院士一同前往。前任站长张宪洲已回地理所任职，接替他的依旧姓张——历任站长碰巧都姓张，每说起大家忍不住发笑。我就问了，不是还有第二任站长王中健吗？大家也非得说成是张中健。新站长张扬建是年轻的“海归”一派，接替了站长职务的同时，也接手了生态学研究团队。为迎接老领导检查工作，早早在场院里摆放起图文并茂的展板，新任张站长主讲，更像是临场大考：两位院士都是大师级专家，关注点有侧重，一在全球变化领域，一在农牧民增收。有一点是共同的：即便基础科研，也要为可持续发展服务。

科研成果简介之后是例行的参观，又是一路走去。我却掉队了，吸引住脚步的是眼前一大片长势生猛、高可及人的“绿麦草”。见我感兴趣，余站长很高兴，请来育草专家沈振西做个别介绍。这位沈先生特意站进大田当参照：是不是有一米八高度？抗干旱、抗瘠薄、抗倒伏，更抗高寒，在藏北的那曲县，可以长到两米高呢！论产量，收割一茬自行分蘖一茬，一年两季，亩产鲜草6000公斤没问题！

这可真“神”了，以前怎么没听说呢？现在知道了，此为近几年才引进的新草种，属于小黑麦系列，作为饲草在内地种过，长势反而一般。拉萨站只是拿来在若干地方试种，结果出乎意料的好。鉴于从秆到叶通身碧绿，连种子都绿，专家们给它取了“绿麦草”新名字，经报载视频等传媒报道，一时间名满全藏，今年就在藏南藏北多地市推广了1.8万亩，日喀则康马县甚至把它种在了海拔4700米高度。本来还可以多种一些，只因种子有限，未能满足需求。绿麦草固然有生态广谱性好、抗寒旱能力强的优势，但在海拔较高处，籽粒难成熟。唯有在稍低海拔处加大育种量，估算明年可以推广到10万亩。

相比现成引进的绿麦草，余站长更喜欢乡土良种巴青披碱草，那才是属于草业中心团队的核心技术，一直念兹在兹的心结，终于在本地野生草种选育中实现了零的突破。虽属优质草种，但在原产地巴青县高寒地带收获种子困难，他们就在达孜县海拔近4000米的曲尼巴租用了100亩地，作为良种繁育基地。余老师几次说到要陪我去看看，因为忙碌终于没能抽出时间。这期间正值中科院生态系统研究网络的工作会议在拉萨召开，作为承办单位之一的拉萨站任务繁重，好不容易安排了访谈，也有人在一旁等他议事。来人是南木林县副县长，要商谈的是关于筹建草牧业示范园区的大事。余老师对南木林县评价高，自从“一江两河”农业综合开发项目实施以来，20多年里县领导班子更换过几轮，总有内部驱动力使得热情和干劲一以贯之。前些年该县从各方筹来数千万元，在江边滩地艾玛岗又开垦出10万亩，种树种草，开展奶牛养殖和畜产品加工；藏鸡场当属起步阶段，目前仅有上千只，计划中的规模在20万只以上。余老师说，自从“一江两河”项目开始，20多年里多少次到过艾玛岗已经记不得了，前些年他主持饲草产业项目，选用了其中的315亩作为核心示范区。现在拟建中的示范园区将以地方为主导，他的科研团队很乐意参与其中担当配角。

回想当年理想，满心希望的是科研成果“落地”，时至今日再看，是否算得上已经落地生根，正在开花结果了呢！

海北站相约三江源

1982 年，赵新全告别校门，走向工作岗位第一站，是直奔“西高所”的海北站——中国科学院西北高原生物研究所（简称西高所），海北高寒草甸生态系统定位实验站（简称海北站）。没想到一待就是二三十年，几乎“一站”到底：先做学生和助理，后当站长和所长。他对于高原现代畜牧业的一系列设计，正是依托海北站实验基地完成的。

没想到要待多久，因为没想过要离开。周期长，见效慢，本来就是畜牧产业特点；从传统畜牧业向现代畜牧业过渡转型，不单单是个技术问题：任你有再好的理念、再好的模式，从示范推广到落地生根，到眼见牧民的钱包鼓起来，需要的不光是专业内功，敬业精神，还有时间。

没想过要离开，最终还是越走越远：进入新世纪的最初 10 年里，赵新全团队转战三江源（长江、黄河、澜沧江），投身于全中国规模最大的生态保护工程。因地制宜，他们带去的草地畜牧业生产模式在推广中得以补充完善，初见的成效已很可观。待到最近一次采访，却在成都，他已奉调至中科院成都生物所担任所长。不过，与海北站和三江源仍是若即若离，时有往返，因为那儿还有未竟之事，课题尚在进行中。

最近的采访是在 2013 年盛夏 8 月的一天。他刚从西藏归来，说很高兴第一次有机会去阿里，参加国际山地中心主持的一项中国、印度、尼泊尔跨国界“区域可持续发展”项目，以咨询委员会成员身份，与外国专家一道考察了普兰县。说他一路都在观察，同属青藏高原，西南隅阿里和东北缘三江源区，自然面貌相差可真大。

从青藏高原到全国各地，生态定位观测站现已成网连片，论资质，海北草原站建得够早，持续运行至今，多亏了一个人的先见之明。该站动议于“文革”末期的 1975 年，过程值得一提：“文革”期间西高所“下放”青海省，老所长夏武平作为“走资派”先遭批斗，之后赋闲，每天在家读书查资料。得知国际科学界人与生物圈（MAB）计划启动、中国已正式加入的消息，老先生不失时机向省科委建言说，应当跟进国际研究趋势，在 20 世纪 60 年代全省草地资源调查基础上，加强人类活动对于自然环境影响的研究；若要揭示规律，必得定位观测；单学科力量薄弱，必得多学科综合——最好建一个能够长期进行观测研究的定位站，兼顾理论研究和生产应用。

建议被采纳，1976 年，全国第一家生态定位站诞生在西宁以北 160 公里处海北藏族自治州门源县海拔 3200 米草原上。植物学家周兴民担任第一任站长，一做 20 年。之后，就像拉萨站老站长张谊光那样，退而不休未离岗，1998 年初夏我参访海北站，就由他陪同介绍。

驱车行驶山道上，周先生一路讲建站缘起，讲草场治理，指点给我看什么叫“黑土滩”——因为超载过牧或因多年前盲目开垦，导致严重退化、鼠患成灾、优良牧草不见、唯有毒杂草生长的大片裸地；再指点给我看恢复重建成果：盘坡地方上万亩“黑土滩”，从 1987 年到 1993 年，经过灭鼠、松耙、补播、施肥、封育等一众措施齐上的综合治理，逐年见成效，6 年后这片本已无利用价值的万亩荒滩成为优质牧场，鼠兔退出，其他鼠类也在控制范围内，示范效应良好。以可计算效益匡算，累计投入费用 4.68 万元，而从挽回牧草和畜产品产值估算，少说也有 30 余万元——这笔钱当时说来很可观。总之投入产出比例约为 1：7。至于生态效应，我们知道，那是难以用金钱量度的。

草地畜牧业是一项综合产业，包括草业、畜牧业、与之配套的加工业，连同社会人文因素，是一项复杂的系统工程——周先生说，就草业来说，情况严峻。1990 年代数据：青藏高原共有大小牲畜约 7000 万头只，家畜存栏数较之 50 年代增长近 3 倍；而 21 亿亩天然草地 1/3 退化严重，其余的也好不到哪里去，产草量平均降低 30% ~ 50%。退化原因众所周知，超载过牧导致优良草种不再占据优势，而家畜厌食的毒杂草反倒增强了竞争力；虫鼠害雪上加霜，据调查青藏高原上鼠兔存量至少 6 亿只，鼢鼠 1 亿只，每年消耗鲜草不低于 150 亿公斤，相当于 1000 万只羊的进食量。除与牛羊争食，鼠辈的挖掘行为从根本上破坏了高寒草地以及畜牧业赖以生存的环境……归根结底一句话，科学工作者任重道远。

说话间，海北站在望。经过多年经营可见相当规模：空旷草原上矗立起现代化的实验大楼，和几户牧民的红砖平房颠连一气，在嵯峨的祁连山下蔚成一景。先拜访了一牧户，并非一般牧户，藏族牧民赵豆嘎里承包的 5000 亩草地的一部分，被海北站租用为实验场地，各类设施分布其上：测气温地温的，测风向风力的，测植物光合生理的，测二氧化碳释放量的，测纤维素分解的，等等，多属基础研究，全球变化课题。又见一个铁皮围起的封闭小环境，用于观察研究老鼠的社会家庭结构、食物选择和生活习性，属于基础 + 应用课题。另有 50 亩人工草地，试种各类草种，一年生的、多年生的本地和外地草种比较下来，个体家户种草，要数燕麦好。

——当年没太在意，海北站实验场地还有一项全新设计：人工模拟增温和放牧试验平台，是与美国、瑞典合作进行的。后来知道了，这其实是国际地圈生物圈计划即全球变化研究向全世界布置的作业，国内外从事陆地生态系统研究的机构都在做，旨在预测未来全球变化，主要是升温对农牧林业生态系统复杂性的改变。汪诗平研究员 2005 年入选中国科学院

"百人计划"进入海北站工作的同时，带来中美合作项目"气候变化和放牧对高寒草甸生态系统影响的研究"，在国际上率先利用自动控制系统、应用红外加热器开展白天和晚上不对称增温试验，迄已运行10年。这期间不断改进设计，让人工模拟增温试验走出初级阶段，所取得的观察研究成果，在国际上都是有影响的。2015年接受采访时，作为中科院青藏所高寒生态学和生物多样性重点实验室学术带头人之一，他已将试验基地扩展到西藏境内，更大的面积，更高的程度——在藏北高原高寒草甸建立起国际上第一个不同增温幅度和模式（每年逐渐提高增温幅度）以及增/减水试验平台，进一步开展全球变化对高寒草地生态系统结构和功能影响的研究。虽然人已调离，但海北站的增温放牧试验平台仍在继续，模拟生态变化需要长时期的观测研究。

接替周兴全担任第二任站长的是赵新全博士，所带团队专业领域有基础研究性质，尤重生产应用：根据牧草营养的季节动态、藏系绵羊体重的季节和年际变化、日增重季节变化，从事家畜营养学、实验生态学、放牧管理研究，从理念到技术，已然形成体系。在此之前还没有哪个机构对高寒草甸草地畜牧业有这样过细的研究，例如高寒草地牧草营养好，好在哪里，均以量化数据体现，如"四高一低"特点：高蛋白、高脂肪、高无氮浸出物、较高热值、纤维素含量低。何以初级生产力水平不高，与传统放牧习惯有关：牧草营养虽丰富，粗蛋白含量高于其他地区，但营养成分季节变化显著——牧草粗蛋白6月份达到最高值，含量12%，其后降低，10月份最低，不足夏季一半，且适口性也差。与此相应的是，经一夏放牧，家畜体重最高值10月达至顶点，其后降低，11月份传统屠

海北站人工模拟增温试验场地

试验场地之外积雪覆盖，而人工模拟增温设施范围内的雪已融化

汪诗平（左）、赵新全（右）与美国专家合影
本组图片由汪诗平摄影、提供

宰时已降低许多，至 4 月为最低值，就体重损耗而言，占上年增重 80% 以上！

为此，赵新全团队提交“海北高寒草甸草场优化放牧方案”，内容包括确定放牧强度，利用两季牧场划区轮牧；加强季节畜牧业，夏季多养，冬季当年公羔、6 岁以上母羊全部出栏。不过因当年春季出生的羔羊尚未达到 15 公斤胴体重（即去除皮毛头蹄和内脏的重量）出栏指标，尚需舍饲到春节前后出栏。按照数据模式，照此运作，年出栏可达 34%，家畜周转期可减至 3 年，以此最大限度减轻冬季草场压力，提高商品率，增加牧民收入。这一方案于 1989 年荣获青海省科技进步奖，作为加强草地畜牧业现代化管理的重要内容，政府首先在工作基础好、牧民接受能力强的青北地区推行。有一数字可以说明成效：海北州几个牧业先进县，出栏率达到 28%。

所以“房东”赵豆嘎里还是科学养畜的试验示范户。一家 7 口，有羊 800 只、牛 100 头，一并成为现代家庭牧场、畜群结构优化、能流物流研究的实验对象。当然，也率先成为草场改良、科学放牧的受益者。单就暖棚而言，相较村邻的露天棚圈，冬夜室温高出 4 ~ 5℃，牛羊过得舒适，幼畜成活率也在 95% 以上。

受益的不仅是赵豆嘎里和海北州，进入 20 世纪，随着团队整体转战三江源，形同从练兵到实战：面向果洛、玉树、黄南等藏族自治州，科研示范有了更大平台，成果转化有了更广阔空间。回头再看海北站，类似于小试锋芒和大显身手之比。得益于国家生态安全屏障建设的三江源系统工程实施，西高所海北站与青海省畜牧兽医科学院联手，以整整 10 年时间做课题，创新成果集成于《三江源区退化草地生态系统恢复治理与生态畜牧业技术及应用》，处处可见海北站经验的放大版、升级版、增益版，并且由草由畜及人，平添了许多新内容。另有专著《三江源区退化草地生态系统恢复与可持续管理》，赵新全等著，科学出版社，2011 年 6 月。其余作者为三江源科研团队主要成员刘伟、周华坤、徐世晓、赵亮、马玉寿、董全民、施建军等，其中后三人为青海省畜牧兽医科学院研究员。赵新全并为该书作序《我与三江源有个约定》。

专著多为概况数据、技术规程和图表之类，例如针对退化草地治理，即研发出 3 大类 7 个生态恢复重建模式、13 套综合恢复治理技术体系，另有合理放牧、营养价值、补饲育肥等量化标准及操作规范。但是听讲就不同了，听赵新全讲三江源故事，充满新鲜感人情味。即使说到“120”资源置换模式、“324”加速牲畜出栏模式、“三区功能耦合”模式等等，一经解释即明白：“120”，产草量 1 亩人工草地，相当于 20 亩天然草地；“324”，冬季舍饲育肥 3 个月，相当于 24 个月自然条件下的胴体增重；“三区耦合”，是指三江源纯牧业区、农牧交错区、河谷农业区合纵连横、优势互补、协同发展，则属战略层面了。这些代码是赵新全命名的，带有广宣鼓动意味，当地人听了必定易记易接受，有利推广吧！

最初举步三江源，为做科技部“十五”攻关项目一课题。以青南高原大武镇的大武滩军牧场为研究区，并不是项目组自选的，而是应果洛州和玛沁县政府之请：由于长期过度放牧，那片海拔近4000米的偌大牧场已成黑土滩；由于无草可牧，民生艰难，多个家户沦为靠政府救济的“绝畜户”。州县领导着急，请求科技支援。赵新全心想这样也好，要是能把这根硬骨头“啃”下来，那么示范效应必将加倍，推广起来更具说服力。于是将海北经验成套移植到这3万亩荒滩上，开建以牧草良种繁育、以恢复植被为目标的多年生人工草地，完成天然草地补播施肥及除莠灭杂、鼠害综合防治，推行牛羊冬季舍饲育肥等多项举措，“一站式”服务集中在2001年完成，当年即见面貌改观。

不过几年光景，军牧场重披绿装——军牧场是古已有之的地名，隐约昭示着草畜两旺的过往，只是在当代，险成荒原漠野。现在好了，做了研究区的示范核心基地，周边州县乡村皆在示范辐射范围。至于推广区，涵盖了三江源区16个县份。10年努力，绩效显著：建植黑土滩退化草地治理示范区6万亩、推广示范区15万亩，指导完成黑土滩退化草地治理75万亩、天然草地补播改良1179万亩！不仅有量，更有质的提升——因地制宜选播草种，植被恢复细化为三种类型：刈用型、放牧型、生态型。至于鼠害治理，海北站历经多年探索，尝试过多种灭鼠方法，疲于应对，效果不佳。多年探索结果，赵新全对鼠类数量增减与生态环境优劣之关系自有见解：环境修复，鼠害自然减少。举例说明：高原鼠兔多在地面活动，为避天敌，需开阔视野，最喜在放牧后尤其退化草地安家。当鼠兔活动进一步加剧草地退化，叶大根深的毒杂草取代禾草，吸引来高原鼢鼠大量迁入，该鼠辈专营地下生活，以杂草根茎维生，个个都是推土造穴高手——黑土滩就此形成。所以需要标本兼治，重在治本。你看现在凡牧草茂盛之地，少见鼠兔踪迹；生态趋于平衡，鼠类数量大致回归合理水平。

看到牧民脸上的笑容，听到当地政府的肯定，赵老师说，这是对自己、对整个团队的极大慰勉，倍感荣幸的是，这群现代畜牧业的行家里手应决策层之请，参与了《三江源生态保护和建设总体规划》的制定实施，为之提供科学依据和技术支撑，得以将多年研究成果“落地”，最大限度地服务于国家的生态安全屏障建设，并造福民生。“三区功能耦合”理论正是在实践过程中总结出来的，已不限于理论，不限于技术，而是升华为思路创新，战略决策。

三江源区30多万平方公里，在这长江、黄河、澜沧江上源之地，牧区、农区、半农半牧区兼备。就生产方式而言，30多年前实行耕地和牲畜承包到户，20多年前草场也被划分归户，这在当时固然有积极意义，但长此以往，矛盾凸显。从可持续发展角度看来，个体家户分散经营难以产业化、规模化、规范化，加之10多年来实施退耕还林还草及生态移民等工程，三江源区农牧业生产机制一直处在动态变化中，若要突破发展瓶颈，亟待科学管理。调研中赵新全意识到，从根本上解决草地畜牧业问题，纯牧区之外反倒具有相当丰富的资源潜力可资发掘利用——农区之所以成为宜农地区，在于海拔较低，气候条件较好，适合种草，适合冬饲，何不将自然地理上的农牧接合部，变而为生产经营上的农牧相结合，从而实现农牧民双赢呢!

尤其是，他看到了大面积还草还林地带的生产潜力——林草间作，各 4 米宽；为保护幼树和生态，一律封育禁牧。赵新全和当地人算了一笔账："十年树木"，造林收益需要多年时间，利用林间草带发展饲草加工业怎么样？将一年生和多年生饲草混播，当年见成效，年年有收获，可收青干草，也可做青贮，进而发展饲料加工产业，从而盘活封育之地的固定资产。

当地人一听就说好，经营饲草可行，增收有望!

这里涉及一个科学 + 经验问题。对于不同程度的退化草场，在运用技术体系恢复重建的一段时期内，封育禁牧固然是有效的保护措施，但若长期闲置不用，反倒无益。这是为何？多年观察实验中，赵新全总结出一个适度放牧理论：牛羊适度的啃噬践踏，有助于牧草更新生长。否则，由于气候寒冷，枯草凋落物不易分解，影响到次年植株生长。这情形在长时期封育禁牧的网围栏中，屡见不"鲜"，往往到了 7 月甚至 8 月份才见返青。

这里还涉及一个梦想。赵新全的博士学位得之于中国—丹麦联培计划，1991 到 1997 的几年里，他就读于丹麦国立动物研究所，主修动物营养学。丹麦这个面积仅有 4 万多平方公里的小小岛国——小到什么程度？我在直径 1 尺的地球仪上查看好大一会儿，方才见到其版图居然装不下国名，半个"丹"字掉进北大西洋里——却能以安徒生童话和优质畜产品行销世界而名满四海，尤其发达的饲料加工业让这位学生歆羡不已。学业有成，最大愿望是在青藏高原开创饲料加工基地，从根本上终结牛羊家畜"夏肥秋瘦冬饿春死亡"的不良轮回。

总面积 9.5 万亩的 3 个饲草料生产示范基地就这样建起来了，在海拔 3000 多米的同德和贵南等地，展示一个"农牧耦合"新范式。人工草场上，一年生燕麦长势最好，即使在玉树这样的高海拔 3900 米之地，亩产鲜草也在 4000 公斤以上，晒成干草后约有 1/3 重量。若将燕麦与箭筈豌豆混播，产量更高：豆科植物养地沃土，单独种植，匍匐于地，而攀附于麦秆高枝，有利于光合作用，产量高企。多年生禾草是历时多年筛选出的、有利于退化草地恢复的优良牧草品种：上繁草垂穗披碱草和短芒老芒麦，下繁草青海草地早熟禾、青海扁茎早熟禾、青海冷地早熟禾、同德小花碱茅和青海中华羊茅——上繁草、下繁草，特指地上生物量而言，其中下繁草青海草地早熟禾，属根茎型、耐牧型，本是高海拔野生种，科研团队经过 10 年驯化培育，已申报并通过了国家牧草品种审定，开创了一个"第一"：青藏高原第一个被登记入册的牧草新种。为助推这一高寒退化草地改良和建立刈牧型人工草地的理想草种，专建 7500 亩种子生产基地，每年可为退化草地恢复治理提供 10 多万亩的草籽。

饲料加工业紧随种草业兴起，在同德县两个移民新村各建 1 套颗粒饲料加工生产线，年生产能力分别达到 4500 吨和 1200 吨以上。原料来自青干草和本地农副产品的青稞、榨过油的油菜籽渣等。如此一来，冬季育肥有了保障，牛羊舍饲育肥示范基地索性就地建在移民新村。有了保障的还有一个有机畜牧业品牌。赵新全认为，高原地域虽辽阔，但是能够提供的畜产品总量毕竟有限，唯有面向高端市场，以纯天然、无污染、高品位、原生态诸优势，争取高额回报。因而首先必须保证原材料全部为当地产出。同时设想未来待条件具备，还将为每只初生牛羊打耳标，建立终其一生的全程有机可追溯系统。

青海畜产品有了名气，流通环节随之活跃。“农牧耦合”示范的另一平台，在贵南县与同德县交界的过马营镇，“公司 + 科研单位 + 农户”、牛羊育肥专业合作社是其组织模式，活畜交易市场是其表现形式。各个环节各有分工、各负其责：贵南农牧耦合技术开发有限责任公司通过龙头企业，衔接饲草料统一采购、饲草料产品加工、育肥牛羊销售诸环节，带动周边牧户走进大市场，实现合理配置资源、优化组合生产要素，初步形成生产规模。公司在过马营镇建有全价混合日粮和谷物饲料蒸煮压扁加工及配送基地，为育肥户提供科学搭配的饲草料，并提供统一卫生防疫服务和发展初期扶持资金；中科院西高所作为关键技术支撑部门，负责饲草料搭配配方筛选、饲草产品加工技术优化等生产关键技术研发；牛羊育肥户专事饲喂管理。

在同德—贵南农牧交错区培育的以过马营镇为中心的牛羊育肥专业合作社，已有 160 多户参与，年育肥能力 3 万羊单位（1 头牛折合 5 个羊单位）。秋冬季节，迎来各地买主，空旷草原分外热闹。仅 2009 至 2010 这个秋冬季，即有 25000 只藏羊销往新疆、四川、云南

赵新全在人工草地

赵新全在三江源人工草地接待参观者

等地，育肥净收益265万元之多，其中6家净收入超过20万元，成为当地育肥大户。2009年，团队编撰了《青海省海南州生态畜牧业可持续发展实验区建设规划》，报请国家科技部批准，使青海省海南州成为西部地区第一个生态畜牧业国家级可持续发展实验区。

按说流通环节并非科研工作者分内事，但事关草地畜牧业终端出路，同时事关生态移民后续营生，怎可不关切呢！生态移民是三江源综合工程中的重要一项，虽然国家给予了补贴，建起了新村家园，可是若生业无着，坐吃山空，何谈“稳得住，能致富，不反迁”。有一年的正月初八，赵新全随同青海省科技厅领导访问果洛移民新村，面对人们渴望过上富足生活的诉求，深感莫大激励，同时获得启发：移民新村作为一个特殊群体，犹如白纸一张，方便转型设计，全方位示范——整合资源，一分为三，人人有事可做：有种草加工饲料的，有专职放牧的，有从事家畜繁育流通的，正好可以按部就班推行现代畜牧业整套规程。

由草地到家畜，最终落脚处，还是以人为本。

移民新村和专业合作社实践完善了一个理念：是时候考虑土地流转、集约化经营了，不止哪一村哪一县，应当是跨地区、跨农牧的资源重组，以草地牧业区、农牧交错区、河谷农业“三区功能耦合”，时空互补，农牧互作，最终实现生态环境保护与区域畜牧生产、农牧民致富的多赢共享。赵新全提交书面建言，得到省政府首肯，体现在本省“十二五”规划中。

参与三江源生态保护工程，这个科研团队还进行了事关高原现代低碳型草地畜牧业发展愿景的一项探索：国际上第一个草原碳贸易开发预研究及其试点工作，是由汪诗平课题组于2009年至2011年牵头完成的。正如课题名称所指“三江源区固碳减排效果及固碳潜力的评价”，首先要对三江源不同退化草地和放牧家畜的固碳减排潜力进行研究，然后尝试与市场对接，致力于自愿交易市场的碳标准及其计量和监测方法学的开发。三年期间，取得了一系列成果，包括：与青海环境能源交易所合作开发了“三江源标准”及其实施细则，与中国农业科学院农业环境与可持续发展研究所等单位合作共同开发了“草地可持续管理碳增汇减排潜力计量和监测方法学”，已经国家发改委正式备案。同时，在中国科学院“应对气候变化的碳收支认证及相关问题”先导专项（简称“碳专项”）的支持下，开发出“放牧家畜提前出栏温室气体排放密度减排计量和监测方法学”。这份成绩单，首次将我国低碳型草地畜牧业发展过程中的增汇减排指标与国家减排总目标相衔接，并为可能进入国家碳贸易市场提供了理论指导和实践操作指南。

碳贸易或称碳交易、碳金融，在世界范围尚属新概念新事物，2003年开始在欧洲已实行强制减排指标的发达国家初兴。相比之下，国内相关市场目前还处于萌芽阶段，仅限于少数企业和个别交易所尝试性运作，至于将生态建设中产生的碳汇指标投入自愿交易市场的行为，此前是没有的。之所以能够在高原草地进行这项超前研究，按照汪诗平研究员的说法，得益于正在进行的三江源保护工程，尤其基于这样一种因果关系可行性：

青藏高原各类天然草地140万平方公里，其中半数为高寒草甸和高寒灌丛草甸。而高寒草甸区域地上生物量的平均碳密度，是我国草地类型中最高的，远高于全国平均水平，与世界平均水平相当。加之高原土壤中储存有大量有机碳，作为全球陆地生态系统重要的碳库，在参与全球碳循环过程中影响显著：取决于生态环境的优劣，直接关乎这一偌大碳库在源/汇之间的转化——高寒草地生态系统退化，以前固定于土壤的有机碳会被大量释放到大气中，成为“碳源”；好在可以通过不同退化草地的恢复措施诸如降低放牧率、补播、施肥或围封，以及人工草地特别是多年生豆科牧草人工草地建设，将过去由于不合理的人类活动导致的土壤有机碳的损失再重新固定到土壤中，使之再度成为“碳汇”之地。

换言之，三江源保护工程所做的一系列努力都与提高碳汇能力并行不悖、效益叠加：通过退化草地治理、科学放牧管理、生态环境优化，所增加的碳汇量就可以换算成减排指标，成为有价资源，通过交易让当地牧民受益。

所以青海省政府十分支持这项研究，将其作为先行先试目标之一。综合试验示范区选在三江源区的泽库县唐德村和夏拉村，连续三年对这两个牧业村2.3万公顷退化草地固碳潜力的评估发现，通过降低放牧率、补播、施肥和建立人工草地以及修建暖棚等生态建设和工程措施，未来10年可以实现的固碳潜力有多少？足足60多万吨！参照国内现行交易价格算下来，足以在10～20年时间里，让这两个牧业村272户牧民单从这笔碳交易中，每户年增收三四千元。具体做法是，通过将退耕地或撂荒地转变为人工草地特别是多年生人工草地，以及通过禾草和豆科牧草混播方式，达到提高牧草产量和品质的前提下，降低温室气体排放量。由于这些措施基本上都是目前该地区所实施的生态建设过程中常见、成熟的技术措施，因此从技术角度而言，实现退化草地更大的碳汇能力是可行的。

至于减排，主要指牛羊家畜在甲烷等温室气体排放方面。简言之，可在优化畜群结构方面下功夫。既为超前研究，各方高度关注，先后由联合国粮农组织（FAO）和中科院“碳专项”提供课题资助，FAO甚至还引荐了一家法国大公司达能公司来此地考察，一度达成合作意向：准备先期投入一笔巨资用于草地建设，买下从中产生的碳指标。之所以后来未再进行下去，想来与国家层面的战略决策有关，草原碳贸易毕竟涉及新的资源开发及其新型金融手段的新课题，需要从长计议。不过，由此也探索出一条接驳交易市场的新途径：吸引企业以碳融资方式先行投入参与。

至于当地群众的反应，可以用喜出望外来形容。人努力，天帮忙，本来已从正在进行的生态工程和建设项目中受益了，现在还要锦上添花，确属意外之喜。以前讲草原建设是为保护江河源和野生动物，现在又多了一样，还包括看不见摸不着的“碳”啊！只有个别人有担心：保护下来的“碳”将来是不是会被挖走呢？

总之课题取得了相关方法学的一系列新突破——从解决科学问题角度，属于全球变化前沿课题：气温增加对生态系统碳源或碳汇属性变化的影响；从应用科技角度，意在开辟草地畜牧业管理新模式以及生态补偿机制新通道；从综合效益角度，则有望实现生态环境保护、农牧民增收、可持续发展等等多方共赢新局面，同时对接国家战略和市场需求，受益的将不限于青藏高原。

虽然对接市场的努力只差了一步——说到这里，汪诗平有些遗憾，最近这几年，还是年年都去泽库县调研，观测固碳潜力、跟踪碳收支的动态变化，是中科院重大先导项目“碳专项”的内容，也是对此前一批工作成果的检视。每见那儿的牧民百姓还在眼巴巴等着呢，就希望，就呼吁，不论青海还是西藏，不论政府还是企业，请予以关注，推动完善泽库试点经验，迈出走向市场的关键一步！对此采访者深有同感，写下这一过程也有广而告之的意思：“十三五”规划期间，我国将建成全世界最大的碳交易市场，其中草原碳贸易这一新型商品，至少在难度最高的技术指标体系方面，已经做好了准备。

从海北站到三江源，孙鸿烈院士一直投以关注目光。2005 年在西宁，他参加了三江源工程规划的评审，以及之后的学术研讨会，并亲临果洛军牧场视察指导，对赵新全团队工作予以高度评价，勉励他们把先进经验和技术成果推广到其他藏区。出色的工作获得多方颁发的奖项表彰，仅 2009 年度，赵新全和他的团队即获 3 项大奖：青海三江源生态保护和建设工程实施工作先进集体荣誉称号，排名第一；青海省科技进步一等奖，排名第一；中国科学院院地合作先进个人一等奖。

回想当年，满怀憧憬奔赴海北站的年轻人，在那里成长，又从那里出发。一座牦牛铜雕与海北站长相厮守，风雪中昂首挺立，阳光下光芒闪耀，是海北站地标，也是——正如我们所能联想到的，它还是一代又一代科学工作者的精神写照。岩石基座上，镌刻着前辈科学家夏武平先生的题词，早已铭记于心——

忍处恶劣的条件，啃食低矮的青草，提供浓郁的乳汁，充当高原的船舶。不畏艰苦，忍辱负重，不计报酬，但求贡献。这种牦牛精神，正是科学工作者的追求。在此建站十周年之际，写数语以记之。

夏武平　一九八六年春

山地环境守护神

《辞海》“泥石流”：饱含大量泥沙、石块的突发性洪流。是常见的地质灾害之一。主要见于山地高原地区。在地形陡峻、地表多松散碎屑沉积处，遇特大暴雨或大量冰融水流出时，极易形成。暴发时，山鸣地动，水与泥沙、石块等聚为一体，沿陡坡汹涌滚流而下。历时短暂，但来势凶猛，往往埋没农田，堵塞河道，毁坏路基桥涵等建筑物，造成严重灾害。

“滑坡”：自然斜坡或人工边坡上的岩体、土体沿一定的滑动面整体下滑现象。是常见的地质灾害之一。岩体、土体本身的重力作用和地下水以及地表水的渗入是其形成的主要原因。斜坡较高、较陡及组成物质较松散或存在软弱结构面（节理面、层面、松散夹层面等）是其形成的重要条件。在滑坡形成发展过程中，相应形成滑坡壁、滑坡阶地、滑坡裂隙等地表形态以及滑动面附近岩层、土层的揉皱、包卷等现象。滑坡能堵塞河道，摧毁道路、桥梁、村镇、厂房等，对生命财产和生产建设造成不同程度的危害。

从事青藏研究各学科中，成都山地所专家是特别的一群，这从该所名称中可见端倪：“中国科学院·水利部成都山地灾害与环境研究所”——院、部双重归属，强调的是学科建设之应用基础研究的性质，山地灾害以及山地环境治理与保育是其专业定位。由此说来，虽同样置身于雄伟壮丽的高原，然而所面对的景物岂止不美好不怡人呢，迎接这一群的，是高原肌体上的新伤旧创，满目疮痍——崩塌滑坡泥石流，浩劫过后“烂摊子”。至于工作模式，紧急状态下，像极了“120”救护车，一闻警报，即时奔赴。单就近些年汶川地震、芦山地震、舟曲特大泥石流而言，每每现身重灾区，一方面迅速判定灾害范围，给出减灾建议方案，另一方面，最要紧的，是监测次生灾害可能产生的灾链反应，考察、评估尤其是防范后续风险。2008 年汶川“5·12”大地震后，山地所“中国科学院山地灾害与地表过程重点实验室”主任崔鹏研究员衔命率队赶赴现场，围绕主震带上突现的 30 余座堰塞湖，借助遥感影像和实地踏勘，悉数掌握基本情况，同时予以危险性评估。其中唐家山堰塞湖危情一度让全国人民揪心：体量庞大的悬湖高踞北川县城上方，说它危若累卵并不过分，一旦溃决，不仅危及救援现场，还将置下游地区百万人众于险地。震后将近一个月时间里，从政府到部队到科研和施工单位，为排除险情会诊会战，确保泄洪成功，化险为夷，这里面自有山地所的贡献在。正如国家防汛抗旱总指挥部所评价的那样：山地所科技人员参加汶川地震后堰塞湖应急处理工作，制定了堰塞坝溃决危险性评价指标，对灾区33个重点堰塞湖的发展态势和危险性进行了分析，及时确定出高危堰塞湖，为应急排险赢得了宝贵时间。

每遇此类突发事件，这一团队好比外科医生，直面创口，临床操刀，为救援减灾行动提供科学技术支撑。幸好这类重大险情并非经常发生，更多时候比较从容，常规研究状态下的崔鹏团队更像悬壶济世的中医，把脉观象，寻踪察迹，辨症预警，防患于未然，力保西部山区高原道路畅通、人民生命财产安全，是他们既光荣也不乏沉重的使命。

这一使命早在建所之始就已确立。山地所前身为1966年成立的西南地理所，职能所在，以大西南“三线”建设和区域减灾为主要面向，以泥石流、滑坡等山地灾害为主攻方向。该所“元老”唐邦兴先生早年追随施雅风先生，考察成昆铁路沿线泥石流易发区，向修建方提交了有用的科研报告。最初的实践规定了日后的工作范式，为地方建设服务是该所不变的信条。1978年，在施先生倡议和主持下，中国科学院兰州冰川所将泥石流研究室剥离，合并到成都地理所。这一重大决策体现了施老集中优势力量构建优势学科的战略思想，同时体现了务实态度和求是精神：西南地区、青藏高原东缘，连接中国地貌三级阶地，先天构成山地灾害集中分布区和多发区。包括施老爱将杜榕桓研究员等10多位骨干，正当此际从大西北迁往大西南，一举成就了该所作为中国泥石流研究中心之地位。连同定点观测站——云南东川蒋家沟泥石流观测研究站一并归入，由山地所继续经营，后来擢升为国家站；2005年，中科院批准建设山地灾害与地表过程重点实验室。这一站、一室以优异业绩在当今国内外拥有重要学术地位。

提及山地所早年的灾害防治经典案例，第一要数九寨沟景区泥石流防治。九寨沟以沟谷内坐落着九个藏族村寨而得名，千百年里深藏不露，现如今却享有极高美誉度，不过话又说回来，世人唯知此地虽在人间却胜似仙境，集雪山、原始森林、多彩湖泊、瀑布跌水、藏式风情……钟灵毓秀于一身，却少知为维护这一极致美景背后的付出。时在20世纪80年代初，改革开放刚刚起步时，四川省政府决定开发这一风景名胜，特邀山地所专家前来“保驾”。唐邦兴先生率队走遍九寨沟大小支沟，查访出或明或暗33处泥石流，提出一整套防治规划，于1985年3月经省政府批准立项，分4期实施，18年间共治理灾害型泥石流14条。从方案设计到工程监督、现场指导，专家们全程参与，一系列防治措施与技术从这里积累起来，一批批科研骨干从这里成长起来，包括现今领军人物崔鹏院士，也可说是从九寨沟走出来的。

寒来暑往，年复一年，历经三代科研人努力，现在仍由两位年轻人游勇和陈晓清担纲九寨沟灾害防治任务。崔鹏算是第二代，投身其中正当其时：1982年毕业于西北大学地理系，做了唐邦兴先生的硕士生，从野外调查开始，九寨沟成为他的第一课堂；治理工程实施期间，他考取著名水土保持学家关君蔚院士的博士生，继续九寨沟课题，潜心研究泥石流形成机理这一关键基础理论问题。模拟原型选在树正沟，现场实验进行过上百次，从而形成了比较系统的泥石流起动理论。九寨沟实践具备研究所需的各项要素，所以还是最好的课堂，硕、博士论文分别为《从土貌演变探讨泥石流发育的阶段性》《泥石流起动机理研究》，可见从现象到本质、从实践到理论的递进关系。

从理论再回到实践，崔鹏及其团队随之研发的减灾新技术“单沟泥石流起动的控制方法”，首先成功应用于树正沟，然后应用于黄龙风景名胜区，再后来，推广应用于更多防治工程。2002年，这项技术获得国家发明专利。经过多年运行验证，“世界自然遗产九寨沟泥石流综合治理研究”成果荣获四川省2003年度科技进步一等奖。九寨沟从中直接受益，5A级旅游景区盛名之外，坚实的科学支撑还为其申报并荣获“世界自然遗产”“世界生物圈保护区”“绿色环球21”可持续发展旅游保护区这三大国际品牌提供了依据。三顶桂冠同时拥有，迄今国内只此一家。

从九寨沟出发，面向西部山地环境，崔鹏团队创新开发出具有自主知识产权的16种泥石流灾害防治技术，在国际同类技术中居于领先水平；所研发的国内外第一个专用于道路泥石流减灾的辅助决策支持系统，获得计算机软件著作权。至于代表性科研成果，首推“西部山区重大道路工程与环境的相互作用机制研究”，属于国家自然科学基金“中国西部环境和生态科学重大研究计划”诸课题之一，由于解决的是应用基础问题，并非针对某种灾情、某项工程，所以其成果应用范围很广，并且成效立显，所以在一项名为“科学基金资助与管理绩效国际评估”中，以其突出成就，一举被评定为典型案例。

1998年9月26日，崔鹏陪同施雅风院士（右二）和来自台北的中兴大学水土保持系主任陈树群教授及李镇洋博士考察九寨沟日则2号沟泥石流治理工程，在缝隙坝前留影

2013年4月，崔鹏考察在芦山地震区龙门乡

泥石流研究与治理是一门综合科学，涉及地质学、地貌学、气象气候学、水文学、水力学与河流动力学、工程地质与水文地质、土力学、材料力学、结构力学、生态学、水土保持等学科知识。

“西部山区重大道路工程与环境的相互作用机制研究”，由成都山地所崔鹏团队牵头，联合西南交通大学、重庆交通大学、中铁二院工程集团有限责任公司、四川省交通厅公路规划勘察设计研究院等单位共同完成。该成果系统研究了西部山区典型公路铁路工程建设与山地环境的相互影响，分析了泥石流、滑坡、溜沙坡等不同环境灾害的形成条件、运动特征、成灾机理，针对公路铁路的危害方式与特征，提出道路工程勘察选线、设计、施工各阶段减灾技术措施，包括山区铁路防洪行车安全警戒系统核心技术；针对灾害多发路段提供减灾理论与关键技术，尤其通过研究冰川冰湖泥石流活动特点，揭示其形成机理和演化规律，提出冰湖溃决泥石流洪峰流量计算方法、危险性评估方法和灾害防治技术，为高寒山区道路选线和减灾提供技术支撑。这些成果已在川藏公路、中尼公路、中巴公路等重要公路建设中得以应用，发挥了相当重要的作用。

虽说课题完成于2003—2005年，何尝不是依托学科创建40余年的经验积累，再经由开拓创新，厚积薄发。若论其影响，一方面体现在被认可及所获荣誉方面：以该项目成果为主体、合并科学院创新项目川藏交通减灾课题成果，荣获2009年度国家科技进步二等奖。另一方面，是成果更是产品，如果继续以医生作比的话，是西医也是中医，更像是中西医合璧开出的良药方剂，一整套符合山区道路的泥石流减灾理论、基于调控泥石流形成条件的主动减灾技术体系，谁应用谁获益。案例范本综合了来自国家和地方交通管理部门、规划设计单位的反馈意见，一片喝彩声——

来自四川的声音：青藏高原东缘地带新建高速公路西（昌）攀（枝花）高速、雅（安）泸（沽）高速、广（元）巴（中）高速选线中，由于采用了“工程与环境协调”选线设计技术，合理绕避大型不良地质现象，从工程设计源头控制灾害，以优化的线路方案，节省工程投资上亿元；西攀高速公路以此为基础，对15处边坡、滑坡工程点和30条泥石流沟形成防治方案，有效防范了公路灾害。

来自铁路方面的声音：成都铁路局在所辖5000公里线路上，成功运用项目组创建的铁路防洪行车安全警戒系统，8年时间里，年均中断行车时间相比以前下降了85%，有效提高了汛期铁路运输的生产效率，避免了重大安全事故。

来自西藏的声音：成果已经在西藏境内的川藏公路西藏段和中尼公路应用，有效减轻公路灾害，大大缩减雨季因灾断道时间……

来自西域的声音：中（国）巴（基斯坦）公路又称喀喇昆仑公路，全长1036公里。巴基斯坦境内公路沿线分布有大量泥石流，且类型齐全，包括暴雨泥石流、冰川泥石流、冰湖溃决泥石流等，公路运营面临威胁。按照中巴两国交通部门近年签署的一份备忘录，就中巴公路改造工程，中方将向巴方提供技术援助。承担设计任务的中交第一公路勘察设计研究院应对公路灾害，就采用了这套新技术，解决了极端条件下公路灾害防治问题。

——新技术应用跨了国界，是作者本人亲眼所见。2010 年 5 月，我走过这条名实相符的“云中之路”，从喀喇昆仑到喜马拉雅，沿着印度河及其支流，中巴公路改扩建工程正在进行中。这期间巴基斯坦北部阿塔巴德地方山体崩塌，形成坝体高达 114 米、库容量 4 亿方的堰塞湖，淹没 20 多公里正在改建的公路。就像唐家山堰塞湖那样险之又险，巴国上下不安，但见电视上每天都在报道。应中国路桥集团公司和巴方邀请，崔鹏研究员率山地所应急排险专家咨询组两次前往调查，提供减灾工程咨询，形成堰塞湖危险性评价报告、编制堰塞湖处置方案。此后两年里，山地所陈晓清研究员和多名专家多次赴巴跟进实施进程，提供技术咨询。2013 年 5 月李克强总理访问巴基斯坦，联合公报中提及堰塞湖处置和道路改造。数月后，堰塞湖处置全部完成，节约公路改线经费约 2 亿美元。

有一个对比很有意思：国家自然科学基金为该项研究投入资金不过区区 70 万元，即使加上中国科学院知识创新项目和此前历次课题科研经费，也仅为几百万元，但在产出方面，天平的另一端，却解决了那么多山区道路的减灾问题，缩短了因灾中断行车的时间、降低了灾害损失，充分体现了科技的巨大能量，诚为“四两拨千斤”之注脚。

所以，技术之上是思想，是理念，是情怀。同属自然灾害，泥石流不同于地震破坏的难以预测、预报和不可抗力，泥石流形成暴发有规律可循，对此是可以有所作为的。在崔鹏心目中，泥石流不光有“洪水猛兽”一面，作为自然过程，对之还应学会尊重；环境友好型不再限于理想状态，而是可以无限接近的目标。从九寨沟开始，他已注意到生态环境的天然恢复能力和减灾的生态屏障作用，开始注重治理工程与自然景观协调，从而率先总结出风景名胜区泥石流防治原则和技术实现途径。这一认知和努力贯穿在他 30 年的研究生涯中，体现在所有技术手段所指向的目标。排险减灾，人与自然和谐共处，不仅是科学问题，工程问题，还涉及社会管理问题——从科研从技术出发，最终形成的是思想体系。

崔鹏研究员曾获得世界水土保持协会（WASWC）2010 年授予的“杰出研究者奖”。须知该机构对于该奖项每两年评选一次，每次仅授予一名科学家或一个团体，足以说明崔鹏及其团队的业绩为国际瞩目，具有世界意义。

山地所奠定了“国家队”权威地位，欢迎、信赖、倚重、寄予厚望，是交通部门和地方政府的基本态度。尽管国内不止这一个团队，铁路、公路、国土、水利等部门和多个省份、多所高校也都设有相应机构或泥石流研究团队，但山地所的科研人员依然很忙，格外忙碌，忙于承担国家科研项目，忙于应地方之请对症施治。走遍四川之后，走向高原各地，最近 10 多年来，关注重点在西藏。已发作的、未发作的，凡存在泥石流威胁地段，逐一考察，填进泥石流分布分区图；在泥石流滑坡活动最强烈的藏东南波密县，建立野外观测系统，开展监测预警……而无论改造还是新建工程项目，都是召唤，都需奔赴，如何不忙。

中国统计在案的泥石流沟数以万计，大多数集中在包括青藏高原在内的大西南地区。据崔鹏等发表于《自然》杂志论文《西藏泥石流滑坡监测与防治》数据，仅西藏自治区境内，就存在类型多样的泥石流沟多达 7210 条，滑坡 3300 余处，其中川藏公路西藏段沿线上千条泥石流沟，大中型泥石流即有 341 处，大中型滑坡崩塌 377 处。

进一步统计下来，还有两个百分比很有意思：沿交通干线和邻近城镇发育的滑坡占全部滑坡总数接近 90%，而远离城镇和主干公路的滑坡体仅占 10% 多一点。说它有意思，是指乍看之下，还以为人们多么临危不惧，专挑险境安身和通行呢，当然不是，其实自有道理，其实来自自然环境与生存需求的契合——藏北高原倒是平阔，绝少此类风险，只是不可耕、不宜居。换言之，地质不稳定的地方，恰是古今人群密集分布处：无论老城新镇，必选交通便利处；只要有可能，公路总会沿河而行；而河流总在地壳薄弱处的地质断裂带上发育，即前文所言“逢河必断”；自古以来人类生活之流又总是相伴着江河之流……看一看西藏政区图，即可见这一格局。

地域广阔只是一个方面，气候转暖导致山地灾害频发，是工作量加大的另一主因。诱发泥石流滑坡的因素多达 20 余种，冰川加速融化，冻土层位下降，暴雨类极端天气增多，加之天地仿佛有感应，板块活动导致的地震也进入活跃期，凡此种种，不仅泥石流被唤醒，连带山体松动滑坡，尤其冰湖、堰塞湖溃决，就不仅仅是冲毁桥梁、阻断公路那么简单，还将危及沿途及下游地区甚至境外的生命财产安全。在西藏，这类重大灾情已不止一次地发生过，其中不乏惨烈场景，经济损失尚可估算，人员伤亡呢？生态破坏呢？岂可用金钱衡量。

山地灾害的防范及治理成为政府工作的当务之急，重中之重。如果说冰湖溃决事件还只是偶发，那么公路干线上的泥石流之灾就是常态了。国道 318 线横穿西藏南部，从与四川交界的竹巴笼经昌都、林芝地区到拉萨，称川藏公路（南线）；从拉萨经日喀则到中尼边境樟木口岸，称中尼公路。这条交通大动脉从横断山一路穿行于念青唐古拉、冈底斯山，沿着喜马拉雅行进再翻山而过，多个路段为泥石流高发重灾区。中尼公路从聂拉木县城到樟木口岸友谊桥的“聂—友”路段，沿希夏邦马西侧波曲河谷展布，在强烈新构造运动作用下，沿线山体破碎，坡陡谷深，加之喜山南坡降水量大而集中，各种灾害群发，以前每年至少有两三个月时间无法通行；川藏线帕隆藏布路段位于雅鲁藏布大拐弯上方，波密—易贡断裂带上，

2000年4月雅鲁藏布江支流易贡藏布扎木弄巴大滑坡堵江遗迹。杨勇摄于2012年11月

据西藏自治区国土资源厅统计，1993—2002年，全区共发生泥石流滑坡等地质灾害858处，死亡96人，财产损失5.6亿多元，主要危害对象为城镇、道路、水利水电工程、农田、生态环境等。此前的1981年，已发生过樟藏布次仁玛错冰湖溃决，泥石流冲出樟藏布直接泻入波曲河，过河爬高达30米，形成高50米、长180米的泥石流堵塞坝体，回水淹没了上游100米处的曲乡村。1988年7月，波密县米堆沟暴发冰湖溃决泥石流，洪水卷走了米堆村，堵塞帕隆藏布，冲毁川藏公路，波及波密县城，川藏线断道半年之久。最惨痛的，要数易贡湖溃决。2000年4月9日，波密县易贡扎木弄巴发生巨型高速远程滑坡，堵塞易贡藏布，两个月后的6月11日，堰塞坝溃决，水头高达55米，最大洪峰流量每秒12.4万立方米！不仅使下游帕隆藏布和雅鲁藏布江沿岸桥梁、道路、通信等基础设施毁于一旦，且造成沿途河谷坡脚严重冲刷；高速运动的滑坡泥石流摧毁了扎木弄巴沟岸坡森林，溃决洪水破坏了易贡藏布和帕隆藏布120公里岸坡植被，造成极为严重的生态损害。森林被毁，地貌改变，河岸多处出现新的滑坡塌方，形成巨大灾害链，直接经济损失3亿元，间接经济损失10亿元。灾害波及下游印度境内，损失尤巨。

102滑坡、松宗滑坡、通麦天险、腊月大塌方，还有古乡泥石流、培龙沟泥石流，全都相当有名。每逢夏天雨季，灾害事件此起彼伏，交通中断少则两月，多则半年，时有车毁人亡惨剧发生，折腾得交通部门疲于应对，劳民伤财，就像希腊神话中受罚的西西弗斯那样，年年修又年年毁，周而复始中，时间已然过去了半个世纪。

进入21世纪，情况大有好转，因灾断道的消息明显减少，即或有中断，也不像从前那样旷日持久。为什么？重要原因是西藏交通部门在国道318线改扩建中下了大功夫，依托山地所关键技术支撑，对滑坡和泥石流进行了系统整治。改扩建后的中尼公路，很少出现因山地灾害而断道的记录；川藏公路呢，也由过去的路阻数月缩短到7天左右。行之有效，鼓舞了西藏人，他们说，西藏各地尚有大量县乡公路亟须改扩建，山地所的减灾技术在造福基层百姓方面，还有好大的空间。

公路沿线治理卓有成效，刚刚才要松一口气，国道末端樟木口岸的隐忧却空前凸显，又让人心弦紧绷起来。是口岸也是城镇，樟木镇实为边境重镇，与中尼公路“聂—友”段同处希夏邦马南坡，强烈新构造运动作用之下。尤为危殆处，是基础欠牢靠：这座现代化小城立足之地，恰是超大型滑坡——现代滑坡底下尚有历次古滑坡。最初几十年里倒还相安无事，20世纪80年代中期至今，潜在风险变而为显见灾情，从当地到西藏自治区政府为之焦虑。遂求助于中科院，寻求应对之策，于是山地所再次领命出征。这一次披挂上阵、担当重任的，是崔鹏带出的博士陈宁生研究员。从一线现场勘查到室内模拟计算，奋战8个月，拿出樟木口岸滑坡“勘查评估”和“综合治理”两份报告，结论为“可防可治”，无须搬迁。对此西藏地方和中科院俱表满意。

地质灾害既属自然现象，那么山地灾害治理中，就不存在一劳永逸的好事儿，就像九寨沟泥石流防治30余年，迄今仍是山地所关注的重点区域之一，汶川地震后加强了监测，游勇和陈晓清两位研究员长期承担九寨沟灾害防治任务。崔鹏院士认为：任何防治工程都是有条件的、有限度的，相关设计也是有前提和标准的，对于规模超过防治标准的特大灾害防治，还需要探讨新途径。为此他特别注重潜在灾害的判识、监测预警工作及相应防治对策的制定。在参与孙鸿烈院士主持的院士咨询工作中，力主在西藏主要干线公路和主要城镇建设泥石流滑坡监测预警系统，开展综合防治工程，“因地制宜，以防为主，综合治理”，监测、治理和减灾管理多管齐下，力争以较小投入，把危害减少到最低限度。

——行文至此，读者诸君可能注意到了，已改称崔鹏为“院士”。没错，上述这番话是他以中科院新晋院士身份所做第一个学术报告中讲到的。时间是在2013年12月20日，他当选院士第二天，地点在青藏高原研究会本年度（厦门）学术年会上，报告标题《特大山洪泥石流形成机理与风险分析和管理》。本节小标题“山地环境守护神”，就是作为听众的我现场想到的。同时想到的还有，作为山地灾害治理专家当选院士第一人，已不仅仅是一种荣誉，尤其不限于个人荣誉，可以理解为我们国家对整个团队、整个学科，进而广及应用研究领域的充分肯定和莫大激励，连我这样的局外人也跟着欢欣鼓舞。再看讲坛上，人还是那个人，一如既往的谦和稳健，改变的只是头衔中的一个，不变的更多：肩头的责任，心中的悲悯，科学家的担当，尤其是，对于减灾事业岗位的毕生坚守。

交卷"命题作"

命题者是西藏自治区人民政府，交卷者是中国科学院。2012年8月间，中国科学院院长白春礼院士与时任自治区政府主席白玛赤林在拉萨会面时，白主席向白院长提出，可否请科学家帮忙解决本区环境与发展三问题：提交一份西藏生态环境报告，一份樟木口岸滑坡治理方案，以及如何使农牧民增收的建议。为此，中科院科学发展局将三项任务分别下达青藏所、山地所和地理资源所牵头完成。项目总称为"西藏区域创新集群平台建设"，私下里被参与者简称为"两白任务"。一两年时间里，陆续提交答卷。

吉纳村坐落在雅鲁藏布江南岸，贡嘎机场以西20公里远，下辖4个自然村，农户260家，人口过了千，这在贡嘎县岗堆镇算得上一大行政村。统计在册的庄稼地2000余亩，实有耕地面积多出一倍，典型的河谷农作区，全都是上好水浇地。另有江边滩地人工开垦的草地，曾见数十万平方米的紫花苜蓿连片种植。了解到该村地理位置、自然环境和交通条件，就知道为什么一直被看好，历来的相关项目都将之作为示范基地。2012年"促进农牧民增收的西藏农牧结合技术体系构建与示范"项目启动，又成为拉萨站精挑细选出的三个示范点之一，面向藏南河谷，提供农区畜牧业高效发展样板。另二示范点，一在半农半牧区的林周县，一在藏东南农牧林复合区的林芝县。环境背景和工作内容有区别，几大创新亮点却是共同的，那就是农牧结合新技术的推广以及产业链的完善，土地使用权的流转，尤其是新型专业合作社集约化经营，旨在使农牧民真正成为增产增收的参与主体。

慕名参访"贡嘎县岗堆镇吉欧种养殖专业合作社"，是在2015年夏天。同行者有《经济日报》驻拉萨记者代玲和拉萨站专家武俊喜博士，他俩是吉纳村合作社知情者：代记者做跟踪报道，武博士更是常相往来。该村项目负责人孙维说他就不跟来了，以便我们的所见所闻更客观一些。接待方是岗堆镇镇长和吉纳村村支书，难得的是这两位均为科班出身，分别毕业于拉萨农校和林芝农牧学院农学专业——了解到这一点，可知在选点考虑中，是加了分的：镇长多布杰长期工作在本县乡镇基层，历来重视科学种田种草，自然会是这个农牧民增收项目的坚定支持者；村支书多吉次仁年仅26岁，吉纳村是他毕业后的第一站，大学生村官当了三年，村支书是新职务，合作社总经理是另一新身份。其人其社自有新光环：2013年底，在北京召开的"第三届中国县域现代农业发展高层论坛"上，多吉次仁荣获"县域农村合作组织杰出人物奖”，吉纳村合作社荣获“县域农村合作组织最佳示范带动奖”——要知道，全国也仅有 15 家得到本届论坛这一荣誉。

此刻我们实地参观的草地牛羊和房舍，都是合作社的资产了。353 亩牧草地是村民入社的股本，这片人工草场原本是在自治区农业开发项目扶持下，村民在河滩地上拓荒而成，看似大面积连片种植，实已承包至各家户。以草地入股，必得自愿，动员会上多数人家无异议，少数人有疑虑，主要是缺乏信心，合作社前途如何？办垮了的话草地还能收回吗？多吉次仁说，他和专家们每晚走家串户做工作，一个星期时间，问题解决。人工草地中未占份额的无股可参，也兼顾到了，以劳务方式参与，当临时工挣工钱。

多年生苜蓿需要大肥大水的精细管护，加之历时多年已明显退化，正好可以翻耕以后，率先让研发成果的混播技术“落地”：箭筈豌豆或芫根与燕麦混播，都是一年生高产牧草品种，当年即见焕然一新。随之在吉纳村推广的还有复种技术——与其说是一项技术，不如说是一种观念更贴切：随着气候暖化，适合作物生长的时间加长，早熟青稞收割后，使用免耕播种机，再复种一茬饲草作物。这样一来，拉萨站的复种技术也得以“落地”，示范推广同时进行。贡嘎机场就在不远处，每天飞机往返起降，每年秋冬之际的饲草复种可以减少裸地扬尘，体现的还有生态效应。

养殖场是合作社的新资产，砾石滩上建成的棚圈初具规模，两百多只绵羊刚刚剪过毛，正在院坝里闲逛。从本村各家收购而来，也有邻村的，平时靠半舍饲育肥，进食的也尽是青草干草，初秋就可以到割完草的草场上去了；入冬时节连同各家的羊，一两千只经由合作社进入交易市场，虽然头一年仍沿袭了传统的卖活羊，收入不算高，还是让村民看到了希望：合作社成立一年后的首次分红，吉纳村像过节一样热闹，成捆的百元大钞摞在一起，入社农户笑逐颜开领现金，总计发放 20 多万元；加上 3 个固定工、500 多人次的临时工工资，吉纳村农户总计从合作社获得 33 万余元。体现在现金增收部分，户均增收 1234 元，是常规收入以外的进项。

这期间还有一些小插曲，是听孙维讲的。由于本地按承载量分配了减畜任务，村民是愿意提供三岁羊的，心疼的是羔羊，生怕被转卖了即遭宰杀。孙维就请他们去养殖场看望，亲见果然是被养起来，方才安心。不过转念一想，养到三岁还是难逃一劫，终究还是杀生太多。什么时候不再说了？分红以后。分红以后还有一个改变：以前称呼孙维“草老板”“羊老板”，多少有些揶揄的意思，现在改口叫“孙老师”，系尊称。

看过羊圈看牛圈，镇长说他更看好养奶牛。现有 18 头奶牛是合作社的“基础牛”，前年他亲自到隆子县选购的优质改良奶牛“黑白花”，去年产下 15 头牛犊。养奶牛为做酸奶，眼

2013 年 5 月 16 日，在贡嘎县岗堆镇吉纳村召开动员大会，科研人员就合作社运营、社员入股、利益分配等农牧民群众关心的话题进行详细讲解，引导村民集中力量开展畜牧业适度规模经营

采用可越障式免耕补播机，在中度退化放牧草地上进行补播作业 孙维 / 供图

下销路不愁：仅岗堆镇就有三所中心校，300 多名小学生，营养餐每人每天 3 块钱，现有存量奶牛足可“包圆”。他设计的理想前景是：养殖场基础奶牛发展到 50 头，再向本村每户推广一头改良牛，然后本村至少建起两个挤奶站，让村民每天牵奶牛来现场操作，确保奶源，更确保质量。未来再进一步，周边乡村依样成立合作社，本镇成立合作联社，整体推进！

问起为什么必须推广改良牛，恰好邻家一头两岁的本地牛过来“串门儿”，镇长示意说，你看它身架，比起刚满一岁的“黑白花”第二代，是不是矮小太多？若论产奶量，更是少了过半。改良牛产奶期长，每年 9 到 10 个月，每头日产牛奶五六十斤，这对村民来说，可是好大一笔收入呢！

酸奶车间建好了，国产先进设备就位，正打算请人来安装调试，再从自治区农科院请来师傅，传授酸奶制作技术，年内即可投产。至于酥油加工，需待进一步扩大养殖规模以后再考虑。镇长说，看好发展前景，但不知这理想能实现多少。

合作社组织机构已经完善，村委会和 4 个自然村各推选 2 人，组建理事会和监事会，选聘了会计和技术员。至此，项目如期完成，合作社经营权可以移交了吧，只是市场营销并非朝夕之功，扶上马还需再送一程。为此孙维身兼设计师和推销员，网上网下十分努力，从等同于卖原材料的活羊，到常温生鲜加工再到冷鲜真空包装，一年一尝试。去年以“特提斯”品牌参展深圳“第十六届高新技术成果交易会”，来自吉纳村吃草长大的、带着草香的羊肉获得优秀产品奖，但这与打开销路是两码事。环境无污染、饲料零添加、终极原生态，他认为纯天然的三岁藏羊品质最佳，理当秉持高端路线，体现更高的市场价值，让农牧民真正享

2014 年 11 月 22 日，西藏自治区人大调研组莅临合作社检查指导工作 孙维 / 供图

2013 年 11 月 22 日，加入合作社的社员参与利润分红。合作社本年度出栏藏羊 1200 余只，年底向入社社员分发红利 24.75 万元；入股人工草地折合每亩现金收入 700 元 陈林 / 摄影

受到产业链后端的高额利润。为此，他连在内地城市开办实体餐饮店、在北京开办旗舰店的想法都有了——不光展示来自高原的极品美味肉类，连带保健食品青稞、艾玛岗红皮土豆等等西藏特色食材也将一并亮相。

合作社取名“吉欧”，对应的汉语是生态、原生态。“贡嘎县岗堆镇吉欧种养殖专业合作社”作为样板的示范推广目标初步实现，带动作用正在显现：各地市前来观摩者络绎不绝，以合作社为载体的经营模式被普遍认同，其中日喀则市正欲打造“岗巴羊”经济圈，11 个县份加盟，请余成群团队帮忙谋划，意在效仿吉纳村合作社模板，且是扩大版的一步到位。然而，经验可以借鉴，模式可以复制，创业者们面对的是同样的难题挑战，也是未来突破点：打造品牌、开拓市场。

相比吉纳村工作内容，同一项目中的另两个示范点特色各具。据武俊喜博士介绍，他负责的林周县白朗村省去了动员村民以地入股的环节，因为本村草场系集体财产，直接转成合作社资产，可以放手推广草场治理多项技术，不仅对农牧兼作区，对于更广大的牧区草原也有示范意义。项目实施头一年，先将 400 亩重度退化草地建植为黑麦草和箭筈豌豆混播的优质人工草地，两个月后长势大好，村民惊喜，没想到几成废地的草场可以焕发如此生机。当下他也遇到了新问题：原先以每户 600 元作价加入合作社，现在却有村中富裕户要求投入几万元增加股本，说来算是好事情，但涉及权益分配，需要好生考虑。

交卷之作《中科院“促进农牧民增收的西藏农牧结合技术体系构建与示范”项目工作成

效及相关建议》，在项目总结的基础上，就农牧民增收问题提出若干建议，2014 年初经由科学院以专报信息形式直达最高层，国家领导人看了都说好，自治区领导和科学院领导相继做批示——拉萨站圆满完成任务。

再看第二题，关于樟木口岸可否治理的问题。看似事关技术与工程，实则牵涉面甚广，影响到其地命运前途，否则也不会作为重大事项委托科学院助力决策。

318 国道中尼公路尽头，是跨越波曲河的友谊桥；过桥 90 公里路程，抵达尼泊尔首都加德满都。所以说，“桥头堡”樟木口岸虽属边境小镇，但名号却相当响亮：是西藏唯一的国家一类陆路通商口岸，连接中尼两国，是经济文化交流看得见的实体通道，因而也是西藏最大的开放口岸和边境贸易中心。小镇常住人口 3000 人，每天的流动人口倒有上千人。镇属村庄分布周边，其中就有夏尔巴人新村。若说大环境喜马拉雅南坡风光何其秀美，2300 米海拔高度的樟木镇像极了一颗宝石点缀其间，只是有一点让人心惴惴：基座不牢，原始的山体坡面已被后来居上的层层滑坡体覆盖，不见了真容。起初还不觉得有何不妥，可是随着时间推移，自然界变化和人为工程因素叠加，自 20 世纪 80 年代中期起，灾象渐渐显露：地面有倾斜，房屋有开裂，都是可以察觉到的“变形记”。为此 90 年代中后期曾经实施过加固工程——在地表兴建排水系统，局部重点地段辅以重力式抗滑挡土墙，浇注混凝土、钢筋混凝土全都用上，以应对降雨为主要诱因的蠕滑变形——要知道，受高喜马拉雅大地形影响，直面亚热带季风降水，此地多年平均降水量高达 2800 多毫米。

然而有效也有限，修修补补不足以抵挡大型地质灾害，当地人心头蒙上阴影，生怕哪一天跟着小镇整体“滑落”波曲河也说不定。

究竟有救还是根本没治，搬迁还是不搬，这是个问题，自治区决策层为此大伤脑筋。接受委托，中科院院长白春礼院士专程赶往樟木口岸视察，“挂”在山坡上，是这个美丽边城给予他的第一印象，遂将“西藏樟木口岸滑坡勘查评估与综合防治方案”项目作为应急任务下达。

山地所作为牵头单位责无旁贷，副所长韦方强研究员领命做了项目负责人，合作单位有中科院地质与地球物理研究所、武汉岩土力学研究所、青藏高原研究所、遥感与数字地球研究所以及西藏自治区地质调查院、西藏自治区地质环境监测总站等近 10 家院内外机构，联手攻关。一线主力陈宁生研究员，跟踪考察这一地区多年，重返现场，这一次研究得最为彻底：原先猜想最底层为石质古滑坡，得到证实，并且测出这一特大型岩质滑坡面积约 1.23 平方公里，年代约 2.45 万年，以及初始和现存的厚度、体积各是多少；原先对于历次滑坡堆积物的认识有了改变，上千年前的洪冲积物有了年代学证据。最终明确了樟木滑坡的多层结构和多期活动特点：岩质古滑体上发育有两个堆积层古滑坡，之上又发育有多个现代滑坡。

这一勘查结果听上去很“悬”，但结论却是“可防可治”好消息，给西藏方面先开出一剂“定心丸”。依据是，最早的岩质古滑坡历经数万年自然过程，已与原始山体贴合，基本稳定；后续的多期古滑坡堆积，经沉降压实，比较稳定；需要对付的主要是欠稳定的现代滑坡。在这方面，山地所拥有丰富经验，根据樟木镇具体情况，经过紧张的室内工作，陈宁生拿出综合治理方案。距白玛赤林主席提出这一“命题作”一年后，2013年6月“交卷”，白院长致函白主席，对樟木滑坡治理提出建议为：采取“主体灾体重点整治，周边灾体辅助治

这就是樟木镇　张捷／摄影

有道是人算不如天算，2015年4月25日尼泊尔8.1级特大地震影响所及，为确保生命安全，政府组织口岸小镇连同周边村庄数千人整体撤离，安置在喜马拉雅北坡安全地带，两年后这座空城仍由边防军守卫。正待启动的治理工程随之中止。何时返回家园，何时重启工程，还在等待中。

理；市政建筑加强加固，贸易新区分流减压；治理工程专业监测，城镇建设科学管控”的综合治理手段，并进行分期分区分级治理。评价称“项目组设计的这套综合防治方案在方法上有突破，在技术上有创新”。

这期间，中科院科技促进发展局组织相关专家对“西藏樟木滑坡勘查评估与综合防治方案”中的“西藏樟木滑坡勘查报告”进行了现场验收。提供给专家组审阅复核的勘查报告和附件计有：综合工程地质图、滑坡勘查地质剖面图 39 幅、测量报告、钻孔柱状图 100 幅、岩土特征测试报告、滑坡稳定性计算报告、滑坡变形监测报告、扎美拉山崩塌勘查报告、樟木沟泥石流勘查报告、电厂沟泥石流勘查报告、次仁玛错冰湖溃决洪水风险评估报告和野外勘查照片集等等。完成现场考察、听取报告和资料审核，专家组认为勘查范围选择合理，勘查工作符合相关规范的要求，勘查手段先进，勘查资料翔实，数据可靠，结论科学合理，一致同意通过现场验收。

2014 年，在中国科学院《西藏樟木镇滑坡勘查评估与综合防治方案》基础上，国家正式批准“西藏樟木口岸滑坡防治项目”，计划总投资 38.87 亿元。

再看第三题，提交一份环境变化评估报告。任务听来简单，交由青藏所承担再合适不过，牵头人姚檀栋院士本就是这一领域的专家权威，大半个世纪以来尤其近几十年间所积累的科考资料和量化数据，加之气象台站、生态监测网点所能提供的海量信息，作为热点议题，相关研究论文为数甚多且探讨程度较深——都是答卷依据。可是为什么历时近三年最后一个交卷？不置身其中，难以确知工作量之大：数十专业、上百位专家参与，非为学术争鸣，而是围绕同一命题，面向社会包括决策层面和大众层面，拿出共识性的科学说法和建议，无疑一次临场“大考”。置身其中，我参加了这一过程上半场的几次讨论，读过该报告的一稿和二稿，深知其中之大不易。不过话又说回来，任务完成过程，对于青藏研究这个超级团队而言，不啻于一次业务检阅和思路梳理，当任务完成，交出专著《青藏高原环境变化科学评估》，多难的撰写过程都可以忽略不计了。

《青藏高原环境变化科学评估》从气候、水体、生态系统、陆表环境、人类活动影响和灾害风险 6 个方面所涉及的温度、降水、冰川、积雪、湖泊等 26 项指标，综合评估了青藏高原过去 2000 年以来、重点在近几十年来的环境变化，并预估了未来 100 年的环境变化。主要结论为：

青藏高原气候变化的突出特征是变暖和变湿。在过去 2000 年的时间尺度上，青藏高原的温度出现了时间长度不等的冷、暖变化，但整体上呈波动上升趋势。20 世纪以来气候快速变暖，近 50 年来的变暖超过全球同期平均升温率的 2 倍，是过去 2000 年中最温暖的时段。与此同时，青藏高原降水在南部和北部的变化方式存在显著差异，北部呈明显增加趋势，南部有减少趋势。青藏高原近期（现今—2050 年）和远期（2051—2100 年）气候仍以变暖和变湿为主要特征。

由此导致水循环正在加强。进入 20 世纪温暖期，青藏高原冰川整体后退，其中以喜马拉雅山和藏东南地区冰川后退最为显著。但由于同期降水增加，喀喇昆仑和西昆仑地区的冰川较为稳定，甚至有冰川前进的现象；青藏高原湖泊在 20 世纪 90 年代以前较为稳定，之后普遍出现扩张趋势，2000 年以后湖泊扩张加速，但存在显著的南北差异：北部湖泊水位显著上升，南部的雅鲁藏布江流域湖泊水位出现下降。就陆表环境而言，冻土退化和沙漠化加剧是其主要特征，水土流失总体呈现先加剧后略微减轻的趋势；就灾害风险而言，主要是滑坡、泥石流、山洪、堰塞湖、雪灾等，具有突发性、季节性、准周期性、群发性、地带性等特点。在气候变暖和人类活动加强的背景下，青藏高原自然灾害将趋于活跃，特别是冰湖溃决灾害增多，冰川泥石流趋于活跃，特大灾害频率增加，巨灾发生概率增大，潜在灾害风险进一步增加。

然而青藏高原生态系统总体趋好，是环境变化的重要特征。主要表现在高寒草原面积增加，返青期提前，枯黄期推后，生长期延长，净初级生产力总体呈增加态势；农区两季作物适种的潜在区域也在扩大，复种指数增加，拓展了农牧业结构调整空间，有利于增加农牧民收入——过去 50 年来，农作物 ≥ 0℃ 的生育期平均每 10 年延长 4 ~ 9 天，≥ 10℃ 的生育期平均每 10 年延长 4 天。但同样存在不平衡：高寒草甸和沼泽草甸显著萎缩，西部地区变暖变干，生产力呈下降态势；青藏高原森林面积和储蓄量在 1998 年以前明显减少，天然林保护工程实施后，面积与蓄积量双增长；青藏高原湿地总体呈退化态势，其中以三江源地区湿地退化最为明显。进入 2000 年以来，退化幅度明显减缓，局部地区出现逆转。

涉及人类活动影响，有正有负。负面影响是农牧业发展对生态系统格局与功能的影响、矿产开发和城镇发展对局部地区的环境质量影响，以及不断加剧的周边地区污染物排放的影响等。正面影响主要表现为，处于青藏高原核心地区的西藏自治区的能源消费以清洁能源为主、产业结构以服务业为主，其污染物环境背景值明显低于人类活动密集区，与北极相当，仍为全球最洁净的地区之一；尤其是自 1960 年以来不断实施的各类环境和生态建设工程使得环境的负面影响得到遏制，环境质量呈现逐步改善的趋势。

（摘引自《光明日报》2015 年 6 月 9 日报道，戴玉凤据《青藏高原环境变化科学评估》整理）

评估报告交卷时，西藏自治区政府业已换届，不变的是依托中科院国家队作为科技支撑、提供决策咨询的传统持之以恒。新任政府主席洛桑江村秉持科学发展、绿色发展、可持续发展理念，早在20年前主政拉萨市工作期间，就格外重视生态环境保护，他所倡导的拉鲁湿地保护工程，现在已成拉萨城市之“肺”，拉鲁湿地自然保护区也已升格为国家级别；10多年前担任自治区政府副主席期间，环境保护仍是分管工作之一，从政府层面首倡构建西藏高原生态安全屏障的设想，并牵头规划制定，最终获得国家批准。为西藏生态文明建设和环境保护发挥了重要作用的这项超级工程，从立项到实施，中科院专家们固然参与始终，但项目实施的主体仍是西藏。就这一意义而言，与其说是中科院一方完成了西藏政府交办的“命题作”，不如说是由院、地双方合作，向西藏高原山川大地和人民交出了同一份答卷——专家们主要负责对西藏生态与环境进行科学评估，而评估结论中所言西藏地区生态系统“总体趋好”，“环境改善”，是“全球最洁净的地区之一”云云，则凝聚了西藏全区从政府到各职能部门到人民群众的多年努力。

保卫西藏的碧水蓝天

《西藏高原国家生态安全屏障保护与建设规划（2008—2030）》（简称《规划》）实施，造福于西藏的山川和人民，惠及高原以外广大地区，是西藏环保事业进展中里程碑式的重大工程。2005年初，自治区领导层借鉴正在进行中的青海省三江源保护工程经验，反观西藏相关工作还处于各单位分散在做，亟待整合各方资源，统筹规划，整体推进，分管副主席洛桑江村指示环保部门认真研究，提交一个涵盖全区范围的生态环保大思路。当时的环保局还算是个新单位，从建设厅隶属之下升格为政府直属机构没几年，职责所在，业已组织完成一系列基础大项目：西藏生态环境现状调查，西藏三大生态功能区划，正在进行的是土壤质量调查、建立西藏土壤标本馆和数据库的工作。之所以事半功倍，皆因走了一条“捷径”——借助中科院和本区科研部门多年考察积累，邀请成都山地所团队牵头完成。此刻接到自治区政府下达的这项光荣任务，不仅全局上下总动员，协作单位原班人马也作为主力担当了《规划》起草重任。2015年夏季我在西藏环保厅采访，张天华副厅长忆起10年前往事，还是止不住的兴奋激动，尤其是第一次面见孙鸿烈先生的情景，言说起来依然动情：由山地所老所长钟祥浩陪同“带路”，直奔北京，登门求教求援。孙先生和郑度先生的办公室同在地理资源所，两位院士一起听取汇报，对于自治区政府的这一决策立表支持，当即做出相应安排。随后自治区人民政府成立《规划》编制领导小组，洛桑江村任组长，聘请孙鸿烈院士担任总顾问，聘请由孙先生提名的十数位院士和研究员担任咨询专家组成员。项目名称定位于“国家生态安全屏障”这一高度，也是由科学家们敲定的。

钟祥浩先生不在咨询组，他在土壤调查和《规划》编制一线，带领山地所和自治区环科所等单位50多位科研人员组成的团队，奔走西藏各地调研。自从几年前他从山地所所长、党委书记位置退下来，反倒“退”上了高原，在西藏找到新岗位。应西藏地方之请，项目一个接一个做下来，随着对西藏区情全面深入的了解，构建生态西藏的设想渐渐清晰起来——这个生态安全屏障保护与建设项目的动议，正是最早由钟先生提出。在保护中求发展，在发展中进一步促进保护，是他一向秉持的理念。

接下来的几年里，《规划》编制历经多番论证评审、一改再改数易其稿，从国家各部委到中科院各研究所，更多机构更多专家参与进来。2009年2月经由国务院批准实施，只是完成了第一阶段的工作，虽然是极其重要的关键一步。接下来的步骤是由自治区政府主导布局，时任常务副主席郝鹏担任《规划》实施的领导小组组长，从发展改革委到环保、科技、农牧林及财政等政府各职能部门总动员，紧锣密鼓进行了一系列子项目的近期目标实施计划的编制和安排——“西藏高原国家生态安全屏障保护与建设”工程正式上马。

按照《规划》设定的总目标，是要通过对三大生态功能区的保护与建设，构建起西藏生态安全屏障，包括藏北高原和藏西山地以草甸—草原—荒漠生态系统为主体的屏障区，藏南及喜马拉雅中段以灌丛、草原生态系统为主体的屏障区，藏东南和藏东以森林生态系统为主体的屏障区。《规划》任务分解为三大类 10 项工程，一类是以保护自然生态系统为主的重点保护工程共 5 项，包括天然草地保护、森林保护、重要湿地保护、野生动植物保护及自然保护区建设、农牧区传统能源替代；一类是以退化生态系统修复、重建为主的重点建设工程共 4 项，包括防护林体系建设、人工种草与天然草地改良、防沙治沙、水土流失治理；一类是支撑保障体系建设，即生态安全屏障监测工程。实施方案对各类各项工程近期至 2015 年、远期至 2030 年目标任务均设置了细化指标，例如支撑保障体系建设中的监测网络，就准备在重点项目区陆续建成 10 个观测站、100 个观测点。

介绍到这里，张天华特别提到了中科院专家在论证期间和后续实施过程中的持续参与。不限于表态支持和原则指导，而是亲自上阵一如当年——中国科学院学部和西藏自治区发展咨询委员会联合成立项目组，共同就“青藏高原冰川冻土变化对区域生态环境影响评估与对策”开展咨询调研工作，下设 5 个课题和若干热点专题。由孙鸿烈院士亲率“院士团”，于 2006 和 2007 连续两年在西藏各地考察；随后于 2007 年和 2008 年分别在北京和西藏林芝举办第 315 次和第 328 次香山科学会议，总计召开 7 次咨询工作研讨会，最后形成综合咨询报告和 6 份专题报告，围绕青藏高原冰川冻土变化及其影响提出了有针对性的应对措施与建议。

实施过程中，最先建成也是条件最艰苦的申扎站，仍由山地所承担，其余 9 个地面生态监测站，也拟与中科院青藏所和环保部科研机构共建；更大范围的草地和自然保护区的生态监测工作，则由地理资源所张镱锂团队负责。几年里合作共事，科学家们从奉献精神到业务能力都让张天华感佩不已。

科学院与地方合作共建的申扎站，位于羌塘腹地申扎县境内，冈底斯山脉与色林错大湖之间的高寒草原—湖盆区，海拔 4700 米的地方。主要面向那曲、阿里两地所在的藏北高原和藏西山地，兼及可可西里；监测内容以草地为主，兼及湿地，谓之“高寒草原与湿地观测试验站”，站长是山地所王小丹研究员。几年前申扎站建成时我曾采访过他，听他一开口就讲指导思想，遵循的正是孙鸿烈先生一贯倡导的科研工作“要与经济社会发展密切结合”，志在为西藏做实实在在的事情。虽说同时也从事宏观生态学方面的工作，例如承担了环保部

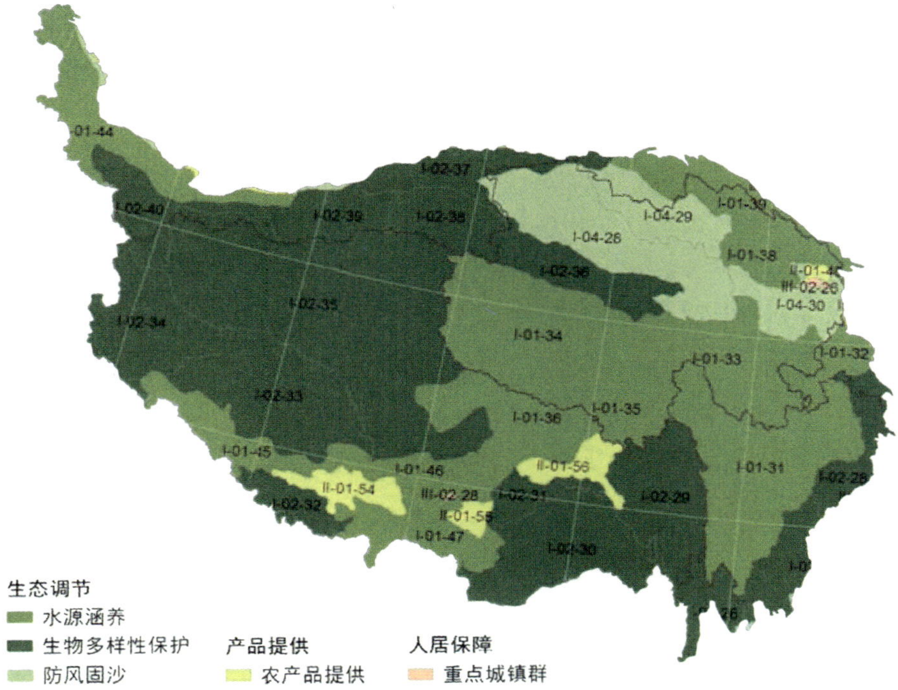

青藏高原生态功能示意图 引自环境保护部、中国科学院，《全国生态功能区划（修编版）》，2015

下达的“西藏生态十年 2000—2010”评估任务，并且承担着青藏专项子课题“西藏生态安全屏障优化与对策建议”，着眼于全区，但他强调说自己更专注于点上的、微观的工作，从小处着手，针对生态屏障建设中的具体问题，拿出解决方案。当时他正在做的其中一项工作，是关于网围栏成效评估的——在广大牧区，无论禁牧、休牧之地，通常皆被大面积、长时间围封，但细察下来，发现网栏使用期限并非越久越好，亟待在时序和格局两方面提出优化方案。

3 年后再见，已经拿出了量化数据——以典型高寒草原紫花针茅群落为研究对象，选取自由放牧、围封 4 年和围封 8 年的 3 块样地做比较，结论是后两者较之自由放牧，围栏内的地上生物量分别增长了 2 倍和 5 倍，其中围封 4 年的优势种紫花针茅和青藏苔草总生物量增长显著；而围封 8 年的样地虽然营养元素储量和生物生产量最高，但是作为优势种群同时作为优质牧草的紫花针茅和青藏苔草优势不再，而牲畜不喜吃的杂类草反倒占据了优势，虽说取得了生态效益，却有悖草地围封工程以改善草原退化趋势的初衷。小丹解释说，涉及“适度放牧”理论，合理放牧，适当的踩踏和啃噬有助于优质牧草生长。文见 2015《草业科学》，《放牧和围封对藏北高寒草原紫花针茅群落生物量分配及碳、氮、磷储量的影响》，作者洪江涛、吴建波、王小丹。

作为当年中科院和西藏自治区联合成立的项目组成员之一，张镱锂研究员参与了“院士团”西藏考察和咨询报告的撰写。在此基础上发表的论文《青藏高原国家生态安全屏障保护与建设》[孙鸿烈、郑度、姚檀栋、张镱锂，《地理学报》，2012，67(1)]，是一篇“把论文写在大地上”的典范。论文观点被学者广泛认可引用，部分建议被国家重点科技规划采用；先后被评为2012年度“领跑5000”优秀论文，被中国地理学会评为2016年“首届最具影响力中国地理期刊优秀论文”。同年荣获中国科技期刊2016年度优秀论文奖，专家推荐意见是这样评价的：系统梳理了青藏高原对我国乃至亚洲生态安全屏障作用的主要体现；明确了屏障功能面临的突出生态与环境问题；总结了屏障保护与建设的主要进展；提出了“加强基础科学与支撑技术研究，增强气候变化应对能力；部署生态屏障功能动态监测体系建设，开展生态安全屏障保护与建设成效综合评估”等高原生态安全屏障保护与建设的对策建议。论文观点获得地学、生态与资源和环境领域学者的认可，为国家科技规划提供了重要的咨询借鉴。论文为系统提升国家生态安全屏障的总体功能，在应对全球变化中占据主动地位做出了前瞻性思考。

2006年咨询组“院士团”考察在卡惹拉冰川。第二排左起为姚檀栋、袁道先、冯宗炜、孙鸿烈、郑度5位院士和武素功研究员

2007年8月“院士团”考察珠峰冰川与冰湖 张镱锂/摄影

拉萨市湿地分布图（局部） 张镱锂等编制，行政区划等资料依据国家基础地理信息中心 2012 年 (arcgis shp) 全国电子地图编绘

拉萨河流域和拉萨地区的主要湿地面积 3317.21 平方公里，西藏地区湿地面积 43820.49 平方公里，青藏高原湿地面积 131900 平方公里，分别占西藏高原和青藏高原湿地面积的 7.6% 和 2.5%。拉萨地区湿地类型丰富，包括河流、湖泊、草丛沼泽、灌丛沼泽、沼泽化草甸等，涵盖了青藏高原湿地的主要类型。

从质量上看，青藏高原内部多处湿地出现退化或者消失的现象，1969—2004 年青藏高原高寒湿地面积萎缩 10% 以上，1976—2006 年拉萨河流域自然湿地面积减少 9%，湖泊斑块密度降低。

“拉萨河流域高原湿地保护与修复技术研究与示范”，是国家“十一五”科技支撑计划项目“西藏高原国家生态安全屏障保护与建设关键技术研究与示范”课题之一。项目主管单位为西藏科技厅，课题主持单位为中科院地理资源所，合作单位有西藏高原生物所、西藏农牧学院、东北师范大学、拉鲁湿地国家级自然保护区管理局。课题成果：在野外调查与监测、试验与示范基础上，阐明了拉萨河流域湿地类型、分布现状及变化特点，开展了适合高原湿地的保护与修复技术的研发，建立了典型湿地保护与修复示范区，研制了高原湿地管理信息系统，为湿地系统保护与修复提供了科技支撑。

在林周湿地越冬的黑颈鹤　张捷／摄影

拉萨拉鲁湿地得到很好的保护，成为名副其实的拉萨之“肺”　胡祖信／摄影

拉鲁湿地国家级自然保护区是国内各大城市中幸存的最大天然湿地。该湿地在调节拉萨气候、吸尘防沙、美化拉萨市区环境、增加市内空气湿润程度和补充氧气、保护鸟类多样性、维护生态平衡、促进拉萨市城市生态系统的良性循环和城市环境质量的改善等方面都具有十分重大的意义。此外，拉萨属于世界历史文化名城，拉萨市区内众多历史文化古迹，与拉鲁湿地及周边湿地已经融为一体，形成了独特的自然人文景观。所以，对该湿地的保护不但具有环境意义，而且具有社会与文化价值。

事业成长，人才成长，“70后”的王小丹，毕业于重庆西南大学资源环境学院土壤专业，在山地所读硕、读博期间，跟着导师钟祥浩上高原，做项目，被视为钟先生的“西藏事业接班人”；他在山地所担任室主任的西藏生态环境与发展研究室，也是伴随着《规划》实施应运而生的。就像他当年的硕、博士论文都是在西藏项目进行中完成的那样，他带出的硕、博弟子，也以高原大地为课堂，完成了毕业论文。一群年轻人建功立业在高原，把申扎站建成院、地优势互补、科技合作典范。

相比较而言，地理资源所张镱锂团队的业务面向有所不同，特点是覆盖面广。广到什么程度？包括本项工程又不限于西藏，参与《规划》论证评审期间，作为中科院代表，又实际参与了由环保部牵头的《青藏高原区域生态建设与环境保护规划（2011—2030）》研究与起草工作，这是个一统青、藏及相邻诸地的国家大项，于2011年经国务院批准实施后，由姚檀栋院士担当首席科学家的青藏专项启动，张镱锂团队又承担了其中一课题“青藏高原生态安全屏障建设的环境效应评价与优化建议”，旨在全面监测，从土壤到植被，凡地表以上的植被及其生物量分布和格局及其变化，悉数纳入宏观大视野；不光提供监测数据，发现问题所在，提出应对之策，既为完成课题之必需，亦属国家队职责担当。不过，访谈仍从一个具体项目开始：从遥感解译、实地调研，到亲力亲为做实验，直至拿出可供示范推广的关键技术，全套流程做下来的课题有一例：“拉萨河流域高原湿地保护与修复技术研究与示范”。

从拉萨的环保厅到北京的地理所，继续着生态西藏建设的话题。一走进张镱锂研究员的办公室，就被一幅挂图吸引：拉萨市与拉萨河流域湿地分布图——专业地图也可以做得如此雅致富有装饰性啊！细看之下，不仅市属各县连同藏北河源区的湿地分布一目了然，就连湿地类型也被逐一标注：河流、湖泊、水库、坑塘之外，尚有蒿草沼泽草甸、杂类草沼泽草甸、芦苇及水生杂草沼泽、金露梅灌丛沼泽、漫滩草地及漫滩沙棘林、砾石漫滩等等。借助《规划》实施，拉萨河流域的湿地有史以来第一次被清查建档，重要湿地有了科学档案，保护和修复有了依据。

随着气候变暖和人类活动增加，数十年间拉萨河流域乃至整个青藏高原的湿地普遍处于退化、碎片化趋势。《规划》实施以来，至少在遏制退化方面取得显效，随着湿地的水面扩容和环境改善，不用等待很久，水生动植物便恢复了生机，候鸟们也重新回到宜居之地。海拔最高、面积最大的城市沼泽湿地——拉鲁湿地国家自然保护区的变化有目共睹；位于墨竹工卡县境的甲玛湿地也是课题组选定的三处示范区之一，2010年出现的新风景，是成群的赤麻鸭来此孵化后代；而每到冬天，越来越多的黑颈鹤在河谷湿地越冬，初夏时节再飞临藏北高原深处。当年为吸引鸟类亲手设置巢箱和投食台，都是很愉快的经历，说到记忆中的美好时刻，是某个春天的清晨，在林周县某处湿地观察黑颈鹤。但见这群珍稀尤物临水而栖，在结有薄冰的水边做“金鸡独立”状。当太阳刚刚升起的时候，领头的一只率先有了动静，冰面随之发出轻微的脆响；当它优雅地展开双翅起飞，整个鹤群紧随其后，依次飞翔……

拉萨河流域湿地研究只是张镱锂团队工作内容之一，贯穿多个科研大项，瞄准并持续跟进的典型地区，拉萨河流域以外，还有雅鲁藏布江流域、藏北高原、珠峰地区、青藏铁路沿线，以及三江源区（长江、黄河、澜沧江）、大渡河上游等地。针对全球变化背景下青藏高原土地与生态领域的突出问题，在监测样点、样带、典型区域及高原整体等多空间尺度上，通过实地调查与遥感分析相结合、实验测试与模型模拟相结合、过程监测与要素监测相结合等技术手段，分析高原土地系统格局与过程的变化及其影响，探索人类活动和自然要素对土地系统变化的驱动机制、贡献程度及其不确定性，研究气候变化背景下高原区域的适应对策……概而言之，旨在为协调高原人地关系，促进区域可持续发展，稳定与提升高原生态安全屏障功能，提供理论基础和技术支持。

最初拟定采写青藏高原土地变化与区域适应研究组，本意是将其作为青藏事业中基础应用研究领域新锐力量的代表团队，如何沿着老青藏们的未竟之旅开拓前进；把领军人物张镱锂研究员作为“老青藏精神”传承人的代表之一，也是恰当的，何况是从形式到实质的一脉“真传”——就其形式而言，他担任主任的土地科学与生物地理研究室，正是孙、郑二院士工作过的岗位的延伸。然而尽管与张老师平素多有交流，读过他主编和撰写的多篇（部）论文论著，但是如何用文字来结构和表现这个综合性很强的团队，一直不得要领。即使本次唯一的正式采访，居然也未列提纲，意在随机发现吧！果然，就从一幅湿地分布图，了解到一个课题的科研过程；从一份外业日程表，一窥工作内容之一斑；最后是凭借一本年度总结报告，得以完成文字描述。不过，鉴于这个团队专业面向之广，至少在空间方面覆盖了几乎整个青藏高原，已成专节文字的内容不得已被拆分，弥散状分布于本书不少于 5 章之中。

青藏高原土地变化与区域适应研究组 2015 年野外工作信息表

区域	时间	领队	学术指导	项目关系
青藏铁路（公路）沿途水－土－植被调查（植被、土壤、水、土地利用）	7 月 24 日—8 月 11 日	王兆锋	张镱锂	重点基金后续监测调查 专项 B
雅江流域土地利用调查（农业土地利用、耕地分布变化）	7 月 20 日—8 月 20 日	李士成	张镱锂 阎建忠	专项 B 面上基金（阎）
长江源当曲流域与羌塘高原土地调查（土壤、湿地与土地覆被变化）	8 月 11 日—10 月 2 日	刘林山 王兆锋	郑度 张镱锂 朱立平	基础专项 专项 B 面上基金（郑）
珠峰地区土地覆被与利用调查（土地利用与覆被变化、区域适应）	8 月 20 日—9 月 10 日	张镱锂	郑度	面上基金（张） 专项 B
珠峰南坡（尼泊尔境内）土地利用与区域适应调查（围绕土地利用变化与区域适应进行住户调查）	11 月 11 日—12 月 20 日	Basanta Paudel	张镱锂	国际合作项目 面上基金（张）
珠峰南坡（尼泊尔境内）土地覆被与植被垂直分异调查（土地利用与覆被分布、植被垂直分布变化、区域适应）	10 月 25 日—11 月 15 日	张镱锂	郑度	面上基金（张） 国际合作项目 专项 B

重点基金、面上基金指国家自然科学基金委资助的重点项目与面上项目，基础专项指国家科技基础性工作专项，专项 B 指中科院战略性科技先导专项“青藏高原多层圈相互作用及其资源环境效应”，国际合作项目即“柯西河流域”项目。

京城采访这一天，已有 3 个小组活跃在高原野外的长江源、雅江畔和青藏铁路沿线，张镱锂老师也即将率队再赴珠峰地区。数月后到了年终，见到研究组汇编的 2015 年《年报》，厚厚一本，集中了团队成员年内公开发表的中英文论文，野外各组也将课题进展见诸简报——

对长江源和羌塘高原土地的调查，隶属国家科技基础性工作专项重点项目“青藏高原资料匮乏区综合科考”。在主流观点中，以始发于各拉丹冬姜古迪如冰川的沱沱河为长江正源，当曲为南源。然而鉴于当曲流程较之沱沱河更长更远，为之“正名”的呼声多年未断。而以郑度先生为代表的老青藏们更为关切的是对于当曲流域的研究程度不够，一直念兹在兹。这一次由刘林山博士率队、由地理所和植物所专家组成的“中国科学院长江源区当曲流域科学考察队”，以青海省杂多县查旦乡为野外基地，分别向南、北、西三个方向，多线穿越当曲流域，历时 52 天。考察路线覆盖了流域内各土地覆被类型，对土地利用、土壤质量和湿地类型进行了调查及生物量采集，并获取了研究区多个土壤温湿度监测和气象观测的高精度数据。

关注青藏铁路沿线，贯穿于 2001 年格尔木至拉萨段动工前后以及通车之后（见第 9 章）。此次由王兆锋博士率领的考察组，是在通车 10 周年之际的第三次大规模调查与采集，室内工作尚在进行中。按张老师的说法，沿途的植被—土壤—水质等生态与环境特征，无论不变还是有所改变，都具有重要的科学和实践意义。

珠峰南坡尼泊尔境内土地及覆被状况调查，兵分两路进行，显见为本年度工作重点，延续的是“柯西河流域”项目，体现的是跨境的国际合作特点（见第 8 章）；不在列表内的工作内容也持续进行，团队骨干刘峰贵教授主要从文献中发掘资源数据，孜孜以求于“青藏高原典型区域历史时期土地利用格局变化重建”（见第 3 章）；未见于列表的常规工作还有一些，例如本团队年内共有 5 名自然地理学专业的研究生毕业，例行答辩也以简报形式体现在年报上。其中有张镱锂老师的两位学生，两篇博士论文分别为《气候变化对青藏高原高寒草地主要建群种分布的影响》和《羌塘高原自然地理特征与寒旱核心区范围探讨》，均属基础理论研究范畴。前者关注面广及末次冰期以来，高寒草地上 18 个主要建群种分布格局如何随气候冷暖干湿的轮回而变化迁移，后者则针对当年西昆仑考察中郑度先生所提出的命题予以论证（见第 7 章）。设置这一论题，为解决自然地理方面一个科学问题，同时也使这一资料匮乏区相关数据丰富起来。

既未见于列表也未见于年报的工作也有，为尼泊尔境内突发“4 · 25”大地震向有关部门提交灾情报告及建议。通常这类工作无须等来指令才去做，国家队，职责所在，何况团队在应对重大突发灾情方面也富有经验，汶川地震、舟曲泥石流、玉树地震，都曾亲临现场——2008 年汶川“5 · 12”大地震，从遥感到实地，做震前震后土地变化调研，评估耕地受损程度，提出灾民和产业转移多种预案建议。一连三个月的劳心劳力，也是蛮拼的，首先拼上的是眼睛，原先700的近视度变成了800，同时提前迈进“老花”。张老师说，类似的应急任务还有一些，例如一般的国家咨询，仅涉数据资料的，往往一两天赶出交稿；参与撰写评估报告或对外发布的报告，花费时间多一些；参与院士咨询项目调研、讨论和撰写，又像是跟在先生们身后的工作班子……

说到国家队，荣誉感与责任感一体两面。每有学生或新成员加入，张老师总要例行“国家队教育”，最典型一句是：直达上听的每一份报告建议，可说是字斟句酌。此话怎讲？因为即便同属高原，各地情况也差别极大，需要十分用心，努力确保不同区域的不同对策；作为政策制定依据的报告建议若有偏差，执行过后再予以纠正，已经造成的负面影响恐怕再过10年也难以挽回。

名副其实“国家队”，承担工作之繁多，研究内容之宽泛，一年下来，多年下来，忙碌且从容，想必贵团队阵容相当可观吧！

听到的回答却在意料之外：核心成员10名，以平均每人带4名研究生计算，总共不超过50人的队伍，只是每有课题可以联合院、地科研机构一同进行，尤其是背后的学术指导团队相当强大，孙鸿烈院士、郑度院士、姚檀栋院士和傅伯杰院士都在其中。言传身教、耳提面命，即便毕业论文答辩场合，三代同堂，算得上相关研究方向的小型但深入的学术研讨会。介绍到这里，讲话的人难掩幸福感，听讲的人呢，也难免羡慕之情，并且由此联想到“薪继火传”一词不再概念化，而是可以情景再现，是有迹可寻的啊！

始建于1998年的青藏高原土地变化与区域适应研究组，是我国青藏高原土地利用与土地覆被变化及区域响应与适应研究的一支重要力量，主要由国内致力于青藏高原表生环境研究的专家学者，通过长期研究和合作逐步形成的。以张镱锂、刘峰贵、阎建忠等为代表的专家队伍，成员多来自于中国科学院地理科学与资源研究所、北京大学、浙江大学、西南大学、江西师范大学、青海师范大学、西藏自治区气象局等国内多家科研单位和高校。同时，团队与中科院青藏所、西北高原生物所、成都山地所、成都生物所，与西藏大学，与国际山地综合发展中心（ICIMOD）、尼泊尔特里布文大学等单位保持密切合作。

研究主题包括：土地利用和土地覆被变化的格局、过程与驱动因素；土地利用和土地覆被变化的环境与生态效应；土地覆被对气候变化和人类活动的响应及其区域差异；区域自然灾害风险管理与适应；生态建设与区域生态功能变化评估；气候变化背景下高原农牧民自适应与区域适应途径，模型模拟和政策评估。

最后的提问多为闲话兼个人化，与张老师重名的人想来不会多，原因在于他父亲是位化学老师，从元素周期表上悉心选来两种银白色软金属，均为生僻字，其中一字现已普及，人手在握；另一字依然稀见。家学渊源影响到学业，在北师大读植物学，做花粉与染色体研究；1987 年毕业分配到地理所，研究华北植物，拟探索细胞地理学，然而最终的走向和面向却是又高又远，所以在张镱锂成长经历中，从微观到宏观跨度可观。当然成长经历中的一应所学对现在从事的主业都很有用，主业之外的新发现也有一例：1998 年第一次上昆仑，就发现了毛茛科翠雀属 2 新种，其中 1 种次年被王文采院士以发现者名字命名，“镱锂翠雀花”，听起来像是金属与草本的组合。

回到本节主题，保卫西藏的碧水蓝天，按照《西藏高原国家生态安全屏障保护与建设规划（2008—2030）》愿景蓝图，近期目标基本实现，正如《西藏日报》记者益西加措于 2015 年 8 月所做报道《西藏生态安全屏障保护与建设工程成效显著》，以“永葆我国阳光净土，构建美丽生态家园”为眉题，回顾《规划》实施以来，共落实国家投入 78 亿元，所取得的明显的生态效益、民生效益、社会效益和经济效益。其中列举的数据富有意味，例如全区 66.5% 的区域植被覆盖度增加；与退牧还草工程区外相比，工程区内植被覆盖度提高 9.9%

镱锂翠雀花模式标本 1998

镱锂翠雀花，新种

Delphinium zhangii W. T. Wang

本种与喀什翠雀花在亲缘关系上相近，但本种的茎较高，高约 40 厘米；叶较大，叶片长 3 ~ 4 厘米，宽 5 ~ 6 厘米；总状花序有约 12 花。见于新疆阿克陶、奥依塔克、木吉、恰特等海拔 3500 ~ 3700 米地区。

图文引自王文采《植物分类学报》，1999

至 22.5%，生物量平均提高 24.25%，累计增加牧草产量 388 万吨；全区沙化土地面积减少 10.71 万公顷；珍稀野生动物种群增加显著，黑颈鹤数量达 8000 只左右，占全球 80% 以上；新型清洁能源使用率达 65.6%，每年减少二氧化碳排放量达 341.2 万吨……

阶段性成果所展现的，正是我们所期待的，那是净土之上、净空之下、净水之滨，众生安好的吉祥图景。其实无须走出太远，就近在拉萨市区，足以明显感受到短短几年里快速的向好转变。我还记得上世纪八九十年代之交，拉萨居民骤见河南岸一向荒芜的山坡泛起绿茵，惊喜莫名，说，老辈的人也没见过南山长成草坡啊！如果说那还只是气候转暖附赠的礼物，那么如今再看，让拉萨人自豪不已的是什么：老辈人没见过也不敢想的树木林地也在南山成片出现啦！而林木之下，傍城而过的拉萨河水面开阔，竟成湖光潋滟景色……诸如此类的新视野，并非上天赐予，而是来自切实的人为努力，来自一个人的非凡创意。

齐扎拉主政拉萨 5 年多，直观可见的政绩除了“河变湖”“树上山”，还有一个“暖入户”，即利用清洁能源为八廓街民房采暖，从此告别冬季烧牛粪、烧草皮取暖的历史，连带老城改造，同属生态环保工程项目。不是拍脑袋做出的决定，是经过了科学论证、引来了先进的技术和管理的结果，当然也经受了质疑——现在好了，且看已经上了山的沙棘、枸杞和云杉、冷杉等 70 多个树种在南山成活了成长了，已经占据了大片领地还在持续扩张；靠近城区的拉萨河“演变”而为偌大湖泊，利用丰水季节“挽留”下来的河水，即使在冬季依然汪洋……涵养了水土，优化了环境，都是前所未有的好事情。前所未有的还表现在市政府颁布为时 10 年的禁渔令，保护了野生鱼类，正在吸引越冬鸟类前来觅食。从拉鲁湿地到甲玛湿地的拉萨河谷，当候鸟筑起新巢，当黑颈鹤乘着朝阳的第一缕光芒翩然起飞的时候，2017 年刚刚启幕，这位曾经创造了“香格里拉奇迹”、由于擅长开拓创新而被媒体称为“西藏勇士”的齐扎拉，履新西藏自治区政府主席，从拉萨河的一河之“长”，升任全西藏江河的“总河长”。可以想见，有了这样一位引领者，西藏生态安全屏障保护与建设连同他所倡导的“净土健康产业”实践，将要开创一个怎样的新局面，值得期待。

响应本书第 1 章开头一段，正如刘东生先生所言——当我们穿越时间隧道，回望过“史前”拓荒时代的形单影只，科学大发现时代的成群结队，相伴走过专题研究与理性认识的深化阶段，一路跟进到当下“后现代时期”的青藏研究，起初是渐渐地，后来是蓦然地，就见那格局、那声势、那节奏，自成一番大气象，早已不复往昔任何时候的光景！

可以把一项原本该做的填补区域空白与资源评价的外业任务，演变升华而为地球科学的宏图大业；从开始时的一支综合科学考察队，成长壮大而为中国地学和资源环境科学的“第一方阵”，可知这项事业无论研究者和研究对象，无不自带能量，善作善成。在这最后一章里，重点叙写作者为采写本书数次进藏的直观见闻，其中两次跟随考察调研团队西行阿里，东去雅鲁藏布大峡谷，其余时间坐镇青藏所拉萨部随机访问。作为置身现场的旁观者，直到迎来新一轮科考大行动启幕，目送“第二次青藏科考”的队列重装再出发。

第 16 章　以“第三极环境”计划为标志

2009 年正式开展的“第三极环境”（TPE）国际计划，由中国科学家主导，联合具有地缘优势的周边国家和具有科技优势的西方国家，联合相关国际科学计划和国际科学组织，实施区域性的多边国际合作，致力于揭示该地区环境变化与机制，提高人类应对环境变化的适应能力，特别是服务于环境灾害防治、生态保护和农牧民增收等亟须解决的重大需求，努力实现人与自然的和谐发展。

2016 年由中国科学院立项实施的“泛第三极环境”（PTPE）国际计划，是已经成功实施的“第三极环境”（TPE）国际计划的进一步深化和扩展，是 TPE 服务于国家“一带一路”战略的新使命。依托机构为中科院青藏高原地球科学卓越创新中心。“泛第三极”专指受第三极环境变化影响显著的地区，包括东亚、东南亚、南亚、中亚、东欧等“一带一路”核心地带和全球人口分布最密集区，面积约 2000 万平方公里，20 多个国家，30 亿人口。因而本计划将联合南极和北极科学研究计划，以泛第三极环境变化的远程效应和对人类活动的影响为重大科学问题，形成全面的多平台综合组网观测体系和地球科学大数据集，产出里程碑式的重大科学成果，创新发展地球系统科学理论，志在为“一带一路”资源环境管理和可持续发展做出重大贡献。

中国科学院青藏高原地球科学卓越创新中心
CAS CENTER FOR EXCELLENCE IN TIEBTAN PLATEAU EARTH SCIENCES

2014 年成立的中科院青藏高原地球科学卓越创新中心，主要依托青藏高原研究所建设，参与单位有中科院地质与地球物理研究所、成都山地所、兰州寒旱所、地理资源所。该中心以中科院在青藏高原地球科学前沿领域已取得的领先优势为基础，通过会集最具创新活力的青藏高原研究优秀人才，建设世界一流的青藏高原科学研究平台，组织国内和国际重大研究计划，营造创新、开放、竞争、流动的新机制。以青藏高原多圈层关键过程和相互作用为主线，针对基础研究和应用研究领域诸重大科学问题，形成我国青藏高原地球科学研究重大成果的发源地，做出原创的、里程碑式的科学成果，成为特色鲜明、国际公认、引领若干前沿研究的地球科学研究中心，为区域生态环境管理和社会可持续发展提供科技支撑。

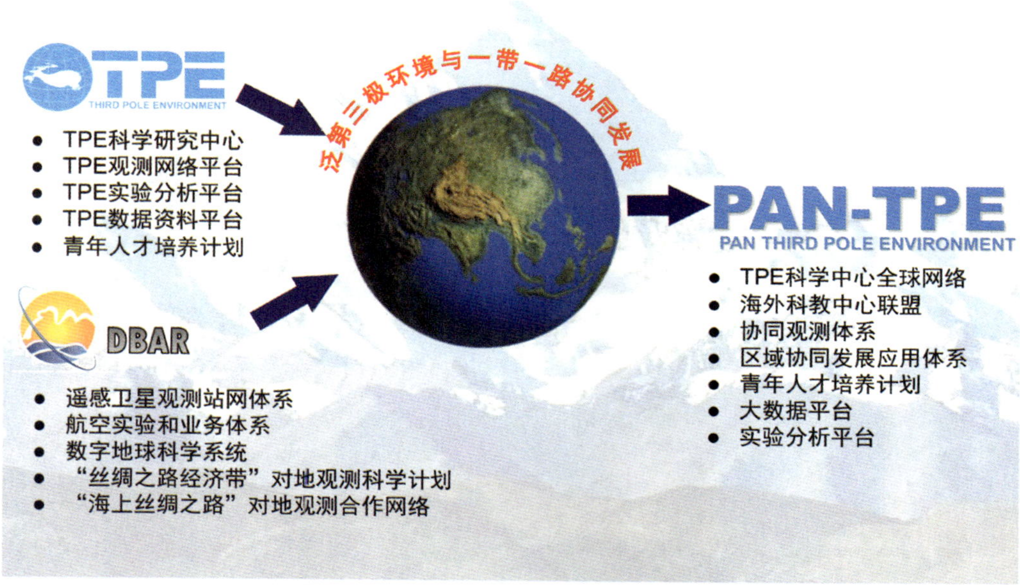

“泛第三极环境与一带一路协同发展”（PTPE）总体布局　徐柏青 / 供图

600 ~ 601 页本章标题页组图补充说明

“青藏高原研究事业继承和发展的里程碑”以一组 Logo 示意，但并未包括 2017 年 8 月正式启动的第二次青藏高原综合科学考察研究（简称“第二次青藏科考”）项目。一来是因标识图案尚在推敲中，更重要的是作为青藏研究重大进展需要专题简介如下：

预期为 10 年的第二次青藏科考的总体目标是：因应国家重大需求和国际科学前沿，揭示过去 50 年来青藏高原环境变化的过程与机制及其对人类社会的影响，预测这一地区地球系统行为的不确定性，评估资源环境承载力、灾害风险，提出亚洲水塔与生态屏障保护、第三极国家公园（群）建设和绿色发展途径的科学方案，为生态文明建设和“一带一路”国家战略服务。为实现上述目标，第二次青藏科考拟开展亚洲水塔动态变化与影响、生态系统与生态安全、人类活动影响与环境安全、生态安全屏障功能与优化体系、生物多样性保护与可持续利用、西风 - 季风相互作用及其影响、高原生长与演化、资源能源与远景评估、地质环境与灾害、区域发展与绿色发展途径等 10 大科学考察研究任务，并组建相应的 10 大综合交叉研究团队和野外观测、大数据、新技术研发和成果应用转化等支撑保障团队，拟设约 60 个专题考察研究分队。将系统考察研究受西风和季风两大环流影响的亚洲水塔区、喜马拉雅区、横断山高山峡谷区、祁连山 - 阿尔金区、天山 - 帕米尔区等 5 大综合考察研究区内的 19 个关键区。

综上所述，第二次青藏科考与泛第三极环境专项、第三极环境国际计划同为中科院青藏所统筹推进的三件大事，三者目标任务有交叉，主要区别在于：青藏科考主要研究我们青藏高原自己的事，泛第三极环境专项主要侧重“一带一路”周边国家的事，第三极环境国际计划主要是国际引领的事。

组建跨国界科学联盟

中科院青藏所拉萨部大门

中国科学院青藏高原研究所拉萨部承担起本所野外考察和野外台站运行保障职责。截止到2016年，青藏所已建成野外监测研究体系和室内分析体系计有：

1个中科院综合观测研究中心：墨脱综合观测研究中心。

3个中科院院级野外台站：纳木错多圈层综合观测研究站、珠穆朗玛大气与环境综合观测研究站、藏东南（林芝鲁朗）高山环境综合观测研究站。

3个青藏所所级野外台站：阿里荒漠环境观测研究站、慕士塔格西风带环境综合观测研究站、双湖极端环境综合观测研究站。

3个重点实验室：环境变化与地表过程重点实验室、大陆碰撞与高原隆升重点实验室、高寒生态学与生物多样性实验室。

2015 年 8 月的青藏所拉萨部比往年夏季热闹许多，除去在实验室工作的人，出野外经停的人，在拉萨附近有考察任务的人，一年一度的大学生夏令营也以此为基地，不时外出归来。不算孙鸿烈先生率队的中科院西藏调研组，稀客也有，陈宜瑜院士来了，随行者是科技部和中科院地理所等单位的大队人马。陈院士的特殊身份一在身为青藏队老队员，一在青藏所筹建阶段的操办人，说是稀客仍是自家人。世纪之初担任中科院副院长期间，他和时任中科院资环局局长秦大河亲至拉萨，与自治区政府接洽建所诸事宜。后来陈院士调任国家自然科学基金委当主任，秦院士也履职为中国气象局局长，而这一边，青藏所的办公实验大楼则在拉萨西郊矗立起来，所址正在当年随军进藏的首批农学家们亲手参建的七一农场、现今自治区农科院无偿提供的百亩土地上。因为有了“中国科学院青藏高原研究所”的醒目标识，正门前面的南北通道亦被命名为“科研路”。

陈宜瑜院士此番进藏，本为参加在拉萨召开的中科院生态系统研究网络会议，所长姚檀栋不失时机发出邀请，请老领导前来视察。身份不一样，心情有不同。从当年几十个人组成的青藏队，一路走来，演变而为中国地学界一支劲旅，正在世界范围内形成主导青藏研究的第一方阵，变化之大，如何不发出今非昔比之叹！陪同参观、听取汇报过程中我也在场，正是从陈先生那里，第一次听到“第一方阵”的评价，不禁心有所动——没错，是实体也是载体，青藏所领军国内青藏研究，以创建“中国科学院青藏高原地球科学卓越创新中心”为标志；搭建国际研究平台，以主导“第三极环境”计划为标志。

“第三极”地区以青藏高原为主体，包括青藏高原周边喜马拉雅—兴都库什—喀喇昆仑—帕米尔高原境外部分，平均海拔超过 4000 米，总面积 500 余万平方公里，是地球上除南极和北极之外面积最大、海拔最高的地理单元，是对全球气候变化反应最敏感的地区之一。其冰冻圈—大气圈—水圈—生物圈—岩石圈，包括人类圈等等多圈层之间错综复杂的相互作用，对于区域乃至全球的气候、水循环和生物多样性具有重要意义，并显著影响中国、印度、尼泊尔、塔吉克斯坦、巴基斯坦、不丹、阿富汗、孟加拉国和缅甸等国的社会和经济发展，直接或间接影响到该地区超过 15 亿人口的生产和生活。

“第三极环境”（TPE）计划，是一项致力于第三极地区环境可持续性和区域发展的国际科学计划。作为青藏事业的必然延伸，既是以往整合国内研究资源之经验的“放大版”，也是数十年来国际合作之实践的“升级版”——体现在空间范围，由 250 万平方公里扩展为 500 万平方公里；体现在学者阵容，吸纳了周边诸国现有力量之外，欧美等西方科学家参与踊跃；体现在研究内容，八大关键科学问题概括了共同的专注与关切。所以说，它还是以青藏研究范式推动综合学科进展的“加强版”。21 世纪伊始，以“第三极环境”计划为标志，青藏研究翻开新章节，史无前例的科学大联盟时代开启。

这项泛青藏、跨国界计划得以问世，取决于需求与可能的高度契合，以至于一呼百应。这里涉及该项计划缘起，不妨先从为什么成为“可能”说起。首要的、必备的基础条件可说是准备了大半个世纪，从面上考察的宏观把握，到专题研究的深化精细化，到学科交叉乃至学科的大综合，无论研究领域还是规模阵容，无不堪称空前。以至于举国之力和后来居上，成为中国科学界青藏研究两大特点，承担起主力和主导之责的条件已然成熟；然后是关键的一步，有赖于青藏高原研究所于 2003 年在拉萨挂牌成立，姚檀栋院士担任所长。这个在国内各省区最晚建立的中科院分支机构生机勃勃，领军人物雄心勃勃，在高起点上，姚檀栋为本所工作提出“三高”目标：高精度数据的观测，高分辨率信息的提取，高水平成果的产出。几年时间里，以相当快捷的速度，相继建成多个野外观测站和重点实验室，坐拥好大一份家当；再与中科院内外各研究机构野外台站合纵连横，同构几乎覆盖整个青藏高原的网络平台——这是中外科研团队所乐见的，因为无论从哪里来，做什么课题，尽可以现成地借助和共享。在功能齐全的野外台站，做一些需要长时间定点观测和现场实验的项目，就连食宿也可以一并解决。正像俗话说的那样，“种下梧桐树，引得凤凰来”。

再说到“需求”，无疑是双向的。外部，有西方科学家百余年来的孜孜以求，有周边诸国研究者翘首以待，亟待整合，只差“执牛耳”者。在内部，青藏研究进展至今，也刚好面临转折，姚院士心存的愿望由来已久：守着偌大一个高原，研究全球变化最佳场所，却每每止步于国境线，而从地下的岩石圈，到地面的生物圈，到上空的大气圈，何曾隔绝——解决科学大问题，必得跨界大协作。尤其是，沿边各国皆为发展中国家，让他们从基础 + 应用的科研成果中受益，也是科学工作者应尽之责。而今青藏高原研究所建在拉萨，真正做到立足青藏，当诸事俱备，是时候面向世界发出倡议了。

国内国外，相向而来。随后几年是酝酿磋商阶段，与周边国家和西方同行探讨该计划可行性，名称问题，需要解决的科学问题，各国参与方式和具体操作问题，哪一样不需要反复讨论呢！单是名称问题，涉及历史习惯，久议不决——此前对于这片凸起的大陆，并无统一称谓，旧称各异，各国均以就近山脉高地名之，“青藏高原”以外，尚有“大喜马拉雅”“兴都库什”“帕米尔”等等之谓，另有某些带有殖民色彩和容易引起歧义的多个名称。本来这其中或有“高亚洲”及“亚洲高地”可供选用，遗憾的是百余年来它已成中亚地区特指。反复讨论的结果，姚院士提议的“第三极”以其超越并且响亮，获得最终认同，并由《自然》杂志以醒目标题予以报道——与南极和北极并列，作为高极大陆，实至名归。说到底，看似单纯的名称取舍，实为思想视界的基本定位。

《自然》杂志2008年7月24日关于TPE的报道。其醒目标题为THE THIRD POLE。这是该杂志第一次将青藏高原提到与南极、北极同等重要的地位，突出强调了第三极环境与地表过程的重要意义

"第三极环境"（TPE）计划八大关键科学问题：

1. 处于中低纬度特殊地理位置和极高海拔的第三极地区如何影响北半球乃至全球的气候系统?
2. 第三极地区的环境变化如何影响冰冻圈（冰川、积雪和冻土）、大气圈、水圈和生物圈?
3. 过去不同时间尺度上第三极地区曾发生了哪些重大生态环境变化事件，是怎样变化的?
4. 第三极地区的能水循环及其组成部分有哪些特征? 与印度季风和西风有什么联系?
5. 全球变暖背景下，第三极地区（特别在高海拔区域）的生态系统将发生怎样的变化?
6. 冰川退缩和冰川物质平衡变化将如何影响能水循环，其对第三极地区环境变化有何影响?
7. 人类活动在多大程度上影响第三极地区的环境变化?
8. 如何恰当应对第三极地区的环境、生态和灾害等问题对社会发展的影响?

2009年在北京，第一次研讨会召开，来自15个国家的70多名科学家与会，正式宣告"第三极环境"计划启动。组织架构包括由多国科学家组成的TPE科学委员会和项目办公室。首席科学家姚檀栋院士与另两位国际知名学者担任联合主席——一位是我们已经熟悉的美国伯德极地研究中心朗尼·汤姆森教授，另一位是德国国家自然博物馆馆长、古生物学家福克·莫斯布鲁格教授。同处高原地带的10个国家：中国、印度、巴基斯坦、尼泊尔、缅甸、不丹、孟加拉国、阿富汗、塔吉克斯坦、吉尔吉斯斯坦无一例外，悉数参与该项计划，首先保证了形式上的国际大联合格局。

TPE计划实施，在周边各国及国际上受重视程度，是空前的。体现在尼泊尔和塔吉克斯坦等国，该计划的分中心相继建立，并配备了实验室，从场地到设施等硬件有了保障；体现在学术期刊，相关工作多次被《自然》《科学》作为亮点报道；体现在2010年以来，美国和欧洲的地球物理联合会（AGU和EGU）一年一度学术年会上，特设TPE专题分会场，为涉及青藏—第三极地区研究者提供平台，各学科进展得以及时展示交流。高层次、大规模，是

第三极环境计划（TPE）三位联合主席芝加哥会议合影。右一为姚檀栋，左一为汤姆森，中为莫斯布鲁格

TPE 冰岛会议上，姚檀栋与东道主科学家们合影　游超 / 供图

这两个地球科学领域最具影响力的国际大会之特点。以欧洲地球物理联合会为例，2014 年大会在奥地利维也纳举行，来自上百个国家和地区的上万名科研人员参会。TPE 国际计划组织的有关“第三极环境”水文气象过程的专题分会由青藏所马耀明和张凡两位研究员与 4 位欧洲科学家担任联合召集人。2016 年美国地球物理联合会在旧金山召开的大会更是盛况空前，约 3 万名科学家来自 100 多个国家和地区。在 TPE 分会场，三位联合主席姚檀栋、汤姆森、莫斯布鲁格和张凡研究员担任召集人，来自中、美、加拿大、瑞士、尼泊尔等国的 10 多位学者作了口头报告，20 多位学者以展板形式与参会者分享了各自研究成果。

每年召开一次国际资深专家研讨会，成为例会，各国轮流做东道主，2009 北京会议之后，在尼泊尔，在印度，甚至在德国和美国等地轮番举办。其中 2011 年 8 月在冰岛召开的研讨会尤其值得一提。按说该国相距第三极地区甚远，非参与国，什么情况？原来是冰岛总统听说了这一计划，希望能与北极研究结合起来，特别发出了邀请——毕竟全球变化热点问题，各国政府都在关注。从这一点也可说明该计划的影响之广和寄望之高。

TPE 计划实施，在各国科学家那里的受欢迎程度，显而易见。按说该计划不属于实体项目，只把现成的各相关课题全都装进这个“大篮子”里，其实并无科研经费资助，各国研究者不论单独进行还是与中方合作，仍需照前从所在国相关机构申报立项。可是自打 2012 年联合国教科文组织、环境规划署和环境问题科学委员会将这一计划列入共同支持的旗舰项目，起到核心支撑作用，一似品牌效应，附加了增益效果，听说关联课题因之顺风顺水，于所在各国获得支持容易了许多。

实质性的大协作落实在接下来的联合考察活动中。往往同一年里，就在周边国家尼泊尔、印度、巴基斯坦、塔吉克斯坦等地同时铺开。科考重点包括5个断面：柯西河—希夏邦马断面、柯西河—珠穆朗玛断面、帕米尔断面、喀喇昆仑断面和冈仁波齐断面。其中有一项基础工作是共同的和必做的：在各国山地建立统一标准的野外观测台站，共建第三极环境数据库。这个任务并不轻松，需要在人迹罕至的高山地带架设自动气象站，用以观测记录气温、湿度、太阳辐射及风向风速；在冰川与河流安装仪器，长时期监测冰川径流及水文变化。这些地方上无卫星信号覆盖，下无公路交通可达，仪器可以自动记录，数据却需人工取回。2012年5月尼泊尔境内考察，冰川学家田立德与尼泊尔科学家第三次联合进行野外考察，历时一个多月，其中有7天全靠徒步，从喜马拉雅南坡的两处自动气象站回收一年来的观测数据。此后年复一年，都会有人做同样的事情，辛苦往返于喜马拉雅南北。

虽说TPE计划并非实体项目，但也绝非务虚性的松散联盟，因为设在中科院青藏所的TPE计划办公室的工作卓有成效，承担着协调计划相关内容的实施，包括上述资深专家研讨会的组织、联合野外考察的筹备，以及与各国科学家及国际组织的联络。张凡研究员的专业在水文方面，兼任中外合作联络官，她主持其中一项意义深远的工作，是把青年人才培训班开办得有声有色：首届培训班2011年在尼泊尔举办，与第二届“中德青藏高原研究暑期班”合并进行。学员中有10人来自尼泊尔、印度和巴基斯坦，25人来自中国和德国，特邀12名中、英、德、尼科学家授课。2012年在北京，举办了为时3周的“上海合作组织国家科学院青年科学家暑期培训班”，参与国家更多，俄罗斯、哈萨克斯坦、吉尔吉斯斯坦、乌兹别克斯坦、蒙古、尼泊尔、缅甸和中国的青年学者参与了本轮培训。

短训班之外，第三级地区青年人才培养还有一个长效机制：面向周边国家招收留学生。从2009年姚檀栋院士最先带上尼泊尔籍博士生开始，逐年扩招，截止到2016年，总计招收来自14个国家的留学生76名，大多为参与“第三极环境”计划各国，尼泊尔、孟加拉、缅甸、印度、伊朗、巴基斯坦、塔吉克斯坦、乌兹别克斯坦、吉尔吉斯斯坦等，所读专业主要为自然地理和生态学。又不限于此，还有来自南半球肯尼亚和埃塞俄比亚，主修大气物理；来自瑞士和美国的各有一名，分别主修环境学和构造地质。所读学位也从博士扩展至硕士。现已毕业的13名博士，有的留在青藏所做博士后，有的回国进入国家级研究机构，或在高校担任了教授、副教授——就像达瓦迪成为尼泊尔第一位树轮学博士并很快晋升为副教授那样，成为发展中国家学子榜样的，还有一位巴桑塔·捺督（春晖）。当这位地理学博士完成土地科学专业，以“北京优秀毕业生”载誉归去，在本国同样引发小小轰动：中国国际广播电台尼泊尔语节目和尼泊尔声誉良好的《坎提普尔国家日报》分别采访报道了他的留学生涯和研究成果，同时发布于网络。有关春晖博士的事迹见于本书第 8 章珠峰地区“柯西河流域”项目。

以 TPE 计划、青藏所博士点和中科院奖学金为依托，为周边国家和地区培养高层次科学人才，也为该项计划的可持续造就后备力量，实属互惠双赢之举。这里有一个现成的范例：2013 年在尼泊尔特里布文大学建成“第三极环境”计划的分中心，还只是青藏所与该校水文气象系的合作成果；然而有了这一实体基础，仅隔了两年，一个院级机构随之问世——2016 年 4 月间，中科院院长白春礼院士出席“中国科学院加德满都科教中心”揭牌仪式。作为中科院正在建设中的 9 个海外科学教研基地之一，姚檀栋担任科教中心主任，梁尔源担任执行主任，达瓦迪博士担任副主任。以此为依托，青藏所 2016 年加大招生力度，硕士留学生 24 名、博士留学生 7 名中，尼泊尔籍学生就占了 20 名，其他周边国家学生 11 名。同年 11 月，以科教中心名义首次组织了一项较大规模行动：对尼泊尔中部安纳布尔纳地区进行野外考察。梁尔源研究员担任总领队，中方人员由该中心共建单位青藏所、地理所、（北京）植物所、昆明植物所、西北生态环境资源研究院（原寒旱所）专家组成，特里布文大学方面则派出水文气象系、地理系、植物系和微生物系的师生参与。留学中国的达瓦迪和春晖等人成为其中骨干。为选择长期的季风—植被—环境综合监测断面，考察路线从喜马拉雅南坡海拔 5450 米至 700 米，科考队沿途对冰川及冰湖、不同海拔梯度植被类型与物种进行了考察，一路采集表土，收集河流水体同位素样本。一路同行，中尼两国科学家还就共同感兴趣的合作主题与科学问题进行了深入探讨，中科院加德满都科教中心的工作有了一个良好开局。

“赠人玫瑰，手留余香”，从中反映的义利观，颇富中国特色——大而言之，睦邻友好是我们秉持的传统，主张和平、环保、科学发展，是我们倡导的现代理念；具体说来，既然共同拥有一个第三极高地，随着综合国力渐强，理应肩负起推动地区发展进步的国际义务。在 TPE 计划框架下实施的“泛第三极环境”（PTPE）计划，进一步体现了“授人以渔”式的人才培养模式，招生范围更是扩展到西亚和东南亚各国。

在国内招收研究生，为青藏研究培养后备力量的工作也是提前布局，自有妙招。2013 年盛夏，我从阿里回到拉萨，一进青藏所大门，就见满院子的年轻人，红红蓝蓝的冲锋衣，青春亮色一片。原来是青藏所组织的全国大学生夏令营，在西藏各地活动结束，正待返回内地。听领队吴薇老师介绍夏令营创意，主旨是让大学生们通过参访本所野外台站和重点实验室，听取多学科方向的研究人员就青藏高原隆升、植物、生物、冰川、湖泊等科学问题所作

青藏所组织的 2017 年大学生夏令营活动中，年轻人来到枪勇冰川，与观测站点工作人员合影
吴薇 / 供图

的学术报告，对青藏所工作有一个直观了解，激发其对青藏研究事业的兴趣；具体目标也有：为研究生院吸引优秀生源。本次夏令营 22 名营员来自全国 18 所大学，清一色大三学生，所学皆为地球科学领域且学业优异、身体健康——能从众多报名者中被选中，不光是凭运气。当然这也是一个双向选择，对于大学生来说，亲身感受高原野外的艰苦、眼见耳闻青藏研究者的奉献，可以掂量一下自己能否做得到，至少是能否适应这样的海拔高度，然后是精神高度，再决定是否报考青藏研究名下各学科。无论是否投身其中，相信这次夏令营活动都是年轻人的难忘经历，对于人生规划和事业发展，都将是良性激励。

隔了一年的 2015 年夏季，在青藏所拉萨部又见到一拨夏令营的大学生们，并且跟着他们听系列讲座：丛志远讲冰冻圈大气环境，刘景时讲水循环与水资源，周石硚介绍纳木错野外站工作，还观看了特为筹建中的西藏自然博物馆制作的专题片《青藏高原的形成与隆升》。地质学家丁林接受委托，主持了编导、撰稿、制作全过程。没想到从内容设计到技术表现，居然十分专业。

青藏所成立满 10 年，2014 年 1 月 21 日，中国科学院青藏高原地球科学卓越创新中心（简称青藏卓越中心）成立，姚檀栋院士任主任。该“卓越创新中心作为重大任务的载体、重大成果的发源地、杰出人才的聚集地、体制改革的试验田，中科院将出台一系列倾斜政策和激励措施，在人员经费、考核与激励、人才计划、平台建设等方面给予个性化的政策支持”云云，让我这个将中科院大半个世纪以来青藏研究历程一路看过的旁观者，不禁心生感慨：从艰难前行到领跑世界，直奔卓越，进展何其之迅！

2016 年底，中科院对各卓越中心等“率先行动计划”试点机构进行评估，青藏卓越中心在强者丛林中取得排名第二的好成绩。一举夺魁的是谁？量子中心！

确认四条国际河流正源

与藏北高原日渐暖湿的境遇不同，西部阿里持续暖干，旱象毕露。开春以来直到最暖月的7月，没下过一场像样的雨。当地人发愁说，确曾盼来过雨云，但飘然而过，地皮尚未湿透呢，随即蒸发殆尽。所以，草场迄未返青，生机仅见于沿河湿地一线。从拉萨飞往阿里的航线末端，置身狮泉河源区上方，但见多汊的河道弯来绕去，任意随形，如多条旋舞的绿绸，装饰在荒原高地，即使“傻瓜”相机业余水平，也可以俯拍出惊艳效果。

时在2012年夏季，追访青藏科考十数年的我，终于跟着出了一趟野外。此行由姚檀栋院士亲自带队，出动的专家阵容好生壮观：冰川学家田立德、杨威、才东，植物学家杨永平，张寅生和苏凤阁同为水文学家，具体研究方向一在寒区地表水文过程，一在大江大河径流领域，此刻都带了各自的在读博士生，多学科团队总计17人。野外作业项目说来单纯：在阿里地区各大江河源头布设自动气象站、河流水文和冰川径流的观测设备——这正是由姚院士倡导、中国科学家主导、联合高原周边十国参与、西方科学家加盟的“第三极环境”（TPE）国际计划基础工作之一。作为“看客”的我，此行算是见证了这一宏伟计划的实施片段，同时见证的还有，对发源于中国西藏阿里地区四条跨境河流正源的追寻和确认，可以算得上始料未及的惊喜。

按说确认江河源并不在此行计划任务中，何以临时起意？来自阿里人请托。出于对本地区摸清“家底”和自我宣传的需要，当地区领导得知姚院士带队来阿里，安排了座谈，提出了请求，话里话外还有一层意思：希望能在阿里境内找到雅鲁藏布江源——公认的正源在日喀则地区。

受托一方之所以欣然受命，另有一层考量：几十年间的青藏科考，确认多条河流正源一事从未被正式列入议题，实为缺憾，何不结合此次出行，“顺便”定位这四大国际河流正源的经纬度和海拔高度，同时“顺访”源区及沿途冰川积雪水文现状。何况行前为自动气象站寻找最佳位置，张寅生研究员已经花费一个月时间做案头，对照卫星图、航测图，已大致标示出各源头位置，只差实地踏勘，“按图索骥”。

孔雀河源。孔雀河流程短、流域面积小，从发源地到汇流出境，仅限于普兰一县之地，尽管如此，仍是多源。我们曾在两天时间里查看过三处源头。那是在到达阿里第一天，从昆莎机场换乘越野车，直奔普兰县最南端的中印边境雪山——航测图明示，此处好大一片冰川，被预定为架设观测器械的首选地；加之这片冰川区从未被冰川学家实地考察过，首次涉足，令人期待。山丛中的土路直上海拔 5000 多米，沿途可见溪水潺潺，但拟想中的冰川流却始终未见，直到流出“第一滴水”的地方，别提有多失望：山野虽有雪冰斑驳，全都是死冰与残雪，图纸上的冰川呢？全都消失无踪了。与之形成反衬的是，远眺境外，山丛环护的默尔穆冰川安在，巍峨依然。

众专家徒然兴叹一番，遂决定改道前往中尼边境冰川区——普兰县距离印度和尼泊尔可真近啊，就在同一个下午，左盘右旋又抵达了同样海拔 5000 多米的中尼边境。然而当冰川在望，道路已是尽头，再度无功而返。

第二天从普兰出发，这一次很顺利，在纳木那尼峰下的冰川融水中安放了仪器。隔着碧波荡漾的玛旁雍错，纳木那尼的连绵雪山与冈仁波齐雪峰真正相望于江湖，让它们所在的喜马拉雅和冈底斯两大山脉以不可思议的近距离，同构了两山一湖经典美景的极致。我们的冰川学家熟悉这座高峻美丽的雪山，多年来多番往返考察采样。2006 年与美国科学家合作，在纳木那尼峰 6100 米处钻取了 3 支总计 400 多米的冰芯。那两个月里，为雇牦牛，田立德他们跑遍了周边村庄。

相距纳木那尼峰约 20 公里远的多玛村，也是支援过牦牛的地方。有村民热心引导，专家们在村旁湿地安装了自动气象站。孔雀河这条支流穿行村中，是开春后流来的冰川水，可提供农田灌溉，冬季则有泉水代为保障生活所需。这一次跟着冰川学家，方知随处可见的皆为冰川遗迹，以往千篇一律的山野忽然生动起来。这座名副其实的“红石村”，背倚暖色调的缤纷群山，山坡卵石遍布，是冰川漂砾吗？

姚院士现场讲解：这叫冰水砾石，初步判断为数十万年前的冰期遗物——想当年，纳木那尼的冰川流一直漫延到数十公里开外呢！再往前，又见断崖裸露出地层纹理，姚院士说，这是湖泊沉积，想来若干万年前此地尚在玛旁雍错湖底吧！

还不止于此，往下走，冰川的遗物越发古老，初步判断可能有上百万年，已黏结呈现铁锈色，由此解释了普兰、札达两县何以留下如此众多的洞窟土窑，可供古人居住，尤其作为众多佛教洞窟艺术的载体——对于这类景观我们已经熟悉，但知其然不知其所以然，从科学家那里得到解释，可算是头一遭。姚老师说，土林中的疏松土层可供挖掘，而洞窟依然牢固，就因冰川作用形成的固结层自然形成了顶盖。直面那些早已弃用的窑洞群，联想到几千年来相继存亡过的象雄文明、古格文明，联想到现今仅存区区数千人的象泉河谷，鼎盛时居然养育过“十万之众”（藏文古籍语），姚院士感慨说，冰川融水是这一带的生命源，难以想象当冰川全部消融，自然界生栖于此的各物种包括人群何以为继。

两天里所见三源，皆非孔雀河正源，就连传说中的源头“孔雀口”，后来也只见到了图片。是在我们离开阿里后，由田立德率队重返普兰，从县城西北的仁贡村骑马上山。海拔4312米高处的孔雀泉，以巨型玛尼堆为圣地标志，经幡哈达招展在红柳丛中；泉口出水量又大又清澈，流过青苔覆盖的泉华石丘，造就一个花红柳绿的小环境，与荒山野岭大背景形成大反差。但是显然的，孔雀泉也非源点，向导说，溯源而上还需马程三天，就没再深入了。借助遥感图像，田老师测得正源距仁贡村尚有56公里，那儿是一座无名分水岭，有降水融雪形成的小湖泊。

象泉河源。当地口碑中的象泉河源，位于噶尔县门士乡顿久寺近旁。离开219国道，就告别了农作区，源头总在上方。顿久寺坐落在大草原深处，素享河源圣地美誉。寺僧说，山形如象，名为“朗钦”大象山，象泉河由此得名。相传河源曾有108个泉眼，现在大部分干涸，只剩下不多的几处出水口和一汪汪水泊了。

这片源区湿地依然保留着曾为冰谷又曾为湖泊的痕迹：卵石的冰水阶地形成天然堤坝，环绕着下方清浅水面和青葱草甸。草甸丰饶，有紫色的太阳花成片开放，娇小的黄色花名叫水生毛茛，星星点点从湿地蔓延至水面。水面上有禽类旺族的黄鸭、灰鸭，更有珍稀的黑颈鹤，遵循了时令飞临，群居在这个美好的栖息地，叽叽咕咕，此呼彼应，让这个大荒原上的小生境充满光影声色。

当然这里并非源点，尚有一条绿色轨迹自神山冈仁波齐方向延伸而来。循迹而行，但见宽谷草原上的水流，时而浮现时而潜没，一路引领我们驶向宽谷尽头，拐进一条窄谷河床，却陡见流向改变——本来是溯源而上，现在则是顺流而下，不经意间已从象泉河流域踅进玛旁雍错流域；行政地理方面，也从噶尔县越界到普兰县境了。从游牧人那儿打听到，此地山名为“穹苍”——大鹏鸟巢，游牧点地名为“直热”——牦牛圈，隶属普兰县巴嘎乡，距冈峰不足20公里。于是，我们这群人就在百米范围内低头细察，终于在一小片止水中发现了两大水系分水点——如此的不起眼啊！干涸的、近乎平坦的河床上，分明是从同一泉眼涌出，仿佛犹豫片刻，向左呢还是向右？方才缓缓地背向而去——所谓“分水岭”，竟在咫尺方寸间！

按照河源认定三准则：河源唯远、水量唯大、历史习惯，大象山河源符合第三条；若论河长及水量，待我们走出鹏巢山、牦牛圈，上了219国道，只见西南向流淌的另一象泉河上源，河道深切，水势汹涌，遂追踪而去，直到被河流阻断了道路，眼见它隐身于冈仁波齐雪峰背后。当地人说，这条河来自神山以北地名为“杜钦”的地方，流程更远。据此姚院士认为，象泉河可确定为双源，一为大象山地下水，一为冈仁波齐冰川水。

狮泉河源。颠覆了分水“岭”概念的，集中在狮泉河源区探访中。同属冈底斯山脉，由于山势地貌有别，人为造就了或圣或凡之躯：你看冈仁波齐多么神奇，水平砾岩层叠而上，俨如金字塔造型，其上肩冰被雪，在周遭样貌平庸、多为乱石的群山簇拥下，彰显了与众大不同，连同玛旁雍错，自古便被西藏和南亚四大古老宗教苯教、佛教、耆那教、印度教尊奉为神山圣湖，且是神圣中的最神圣。不过，神山以北那片貌似凡俗的山群，却以一处处冰斗冰川和地下高水位，一举孕育了狮泉河—印度河的同时，还补充着玛旁雍错和昂拉仁错两大流域水系。同源而分流，归宿大不同，我们仅见其中一处分流。

那一天清晨，专家们完成了在玛旁雍错湖中设置水文仪的工作，径直从巴嘎乡驶向冈仁波齐峰东侧的县乡公路，一路向北，与岗龙河相向而行。岗龙河源于神山，南流入圣湖，所以沿途 50 公里都算是玛旁雍错流域。但当又一座湖泊在望，忽见河水已改流向，进入久玛错。是从哪里分野的呢？于是停车察看，姚院士带了助手登山而去。这位助手不是别人，正是藏族第一位冰川学家才东，从挪威留学归来，任教于西藏大学，此时正在青藏所做博士后。

湖面海拔 5368 米的久玛错隐逸于冈仁波齐东北，之间隔了好几个山头。此地已在阿里地区革吉县亚热乡，纯牧业区，山坡湖畔有牛羊，一群牦牛涉足湖中，在齐腹处嬉水；湖水外流成河，供鱼类孵育后代，迁徙往返；河水流向昂拉仁错，那是最终归宿——与狮泉河同源而伫留本土，归属于高原闭合流域。

才东返回报信：找到了，分水点找到了！

我们在卵石阵中快步上行，围观 5418 米山腰处，出露地表的一泓清泉，如何在短短距离中南北分流。想来在上方源区，叶脉状的清泉溪流纵横，时而交集时而分离，是外流入海还是固守家园，一切悉遵缘分。

此行只是接近了源区。对于狮泉河源头的踏勘，是在后来，在重新做过案头，由张寅生研究员绘制图示，将经纬度精准到“秒”的小数点后面两位数。田立德研究员率队于次年 8 月沿狮泉河上行考察，到达源点：狮泉河发源于冈底斯山北部山地，海拔 5400 ~ 5500 米的冰川槽谷地带，以冰川融水、冰斗湖和降水、地下水补给，两个小流域出山汇合，形成源头。时值盛夏时节，即使在源区，河水依然生猛，清浅溪流不久便浊浪滔滔了。大功告成的同时，听田老师讲过程，此行还遇有两桩趣事，一是在源头附近的荒凉地带，居然邂逅一群五只狼；二是在源头山壁上，居然发现了自然天成之像，其貌若狮面，大家称奇，未知狮泉河大名是否由此而来。

雅鲁藏布江源。由于交通的便捷，藏于深山的河源如今可以轻易抵达了。即使雅鲁藏布江源杰马央宗冰川，从前给人的感觉是比实际距离更遥远，现在也将开辟为旅游景点，公路

孔雀泉，泉华成丘，泉边玛尼堆上经幡垂挂，当地人视其为河源圣地　田立德／摄影

借助卫星图片，看孔雀河源　田立德／供图

孔雀河，藏语“马甲藏布”，出喜马拉雅，在尼泊尔称格尔纳利河，汇入恒河主要支流卡克拉河。

象泉河流出冈底斯山丛　向文军／摄影

象泉河上源　车刚／摄影

象泉河，藏语“朗钦藏布”，出喜马拉雅，称萨特累季河，流经印度，在巴基斯坦境内汇入印度河。

冈底斯山丛孕育了狮泉河源区
向文军／摄影

狮泉河，藏语“森格藏布”，沿喜马拉雅—冈底斯之间西北行，出境后直到进入巴基斯坦北部地区的巴尔蒂斯坦（别名“小西藏”），仍沿用森格藏布之名；至吉尔吉特南下，始称印度河。

狮泉河流过狮泉河镇
车刚／摄影

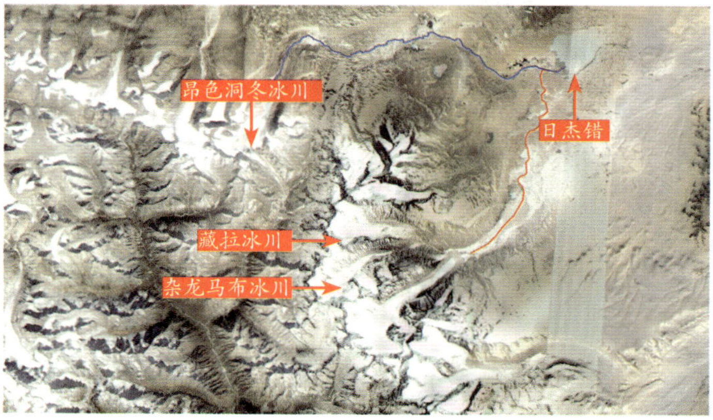

雅鲁藏布江源头卫星图片，昂色洞冬冰川之源为最新发现
田立德／制图

到达昂色洞冬冰川前　田立德 / 摄影

科考队员首次到达昂色洞冬冰川。发现该冰川较杰马央宗冰川更容易到达，而且是开展冰川变化研究较理想的冰川。

杰马央宗，雅鲁藏布江源头　车刚 / 摄影

雅鲁藏布江，其上源称“当却藏布”，即马泉河。与喜马拉雅平行，东部环绕南迦巴瓦峰急转直下，出境后称布拉马普特拉河。

藏文古籍和民间口碑皆有云：冈仁波齐神山和玛旁雍错圣湖周边发源了以吉祥动物命名的四条大河——从马嘴流出的是马泉河（当却藏布—雅鲁藏布江），从大象口中流出象泉河（朗钦藏布），从狮子口中流出狮泉河（森格藏布），从孔雀口中流出孔雀河（马甲藏布）。所言不虚。这四条大河的确是环绕了神山圣湖，在直线距离不过百公里处出发，各奔前程，从喜马拉雅的这里那里出境，流经孟加拉、印度、尼泊尔、巴基斯坦诸国，分别进入孟加拉湾，进入阿拉伯海——在同一大洋中再聚首时，已然各自完成了数千公里长途奔波。

犹似积雪覆盖，杰马央宗冰川之下广袤的冰川粉沙地上，顽强地生长着多种耐旱植物　杨永平 / 摄影

边赫然竖起路标，指示前往江源从此处分道。这儿已在日喀则地区仲巴县境，雅江上游河段名为“当却藏布”——马泉河。说是河谷，宽敞如同大草原，大约气候变暖的缘故，杰拉乡的游牧点几乎扩展到杰马央宗冰川下。我们的车队驶向草原纵深，不时可见游牧点上三几户帐篷人家，各家坐拥辽阔牧场。外人看来大草原颠连一片，其实各有分属，沿途地名叫果松，叫古格，叫措扎，只有当地人明白分界线在哪里。翻过最后一道山梁，杰马央宗冰川犹如横空出世，清洌河水在宽谷中流淌，虽然未见牛羊，却见沼泽草甸中倒卧一辆游牧人的摩托车。

杰马央宗，意为沙子堆成的“卍”图案，“卍”字汉语读音为“万”，藏语为“雍仲”，均为永恒不变之意，它还是藏地古老苯教的徽记。“杰马”意为沙子。的确，目之所及，整个源区宽谷尽为白色细沙覆盖，乍看如积雪，蓬蓬簇簇的旱生苔草针叶，像极了从雪被下钻将出来。细沙的科学名词为冰川粉沙，由冰川裹挟来的漂砾与冰床基岩摩擦形成，其间所经历的岁月，用铁杵磨针、水滴石穿之类工夫，全都不足以喻其漫长。至于如何形容眼前这座著了名的巨型冰川，考虑过恢宏、壮美、圣洁之类字眼，也全都不足以喻其伟岸，倒是“富态”一词更妥帖——没错，它体量丰盈，仪态端方，气度雍容，富丽堂皇，正面冰山之巅半隐于云雾中，两厢敞开等高的岩山，冰川流在三山环护中保持了静态的汹涌之势，属经典的山谷冰川样貌。

姚院士率领七勇士攀上冰墙，为安放仪器选址，往返一趟花费了五六个小时，真正辛苦。这一晚，我们扎营在终碛垄前海拔 5000 米处，在溪流与溪流之间的草地上，度过了一个雨夜。

关于雅鲁藏布江源的争论百年不休，最早的探源者是百多年前的斯文·赫定，他以库比藏布为源；其后由印度学者修正为杰马央宗，这一观点在 1976 年的西藏科考中得以确认。杰马央宗冰川符合河源认定三原则中的水量唯大和历史习惯，似已实至名归，但若论“唯远”，则另有其地。在阿里人的请求并引导下，由冰川学家田立德带队的探源小组，从玛旁雍错以东、杰马央宗以西的公珠错湖畔，直插昂色洞冬冰川。以冰川为源的河流长度，从冰川末端的终碛垄起算，野外踏勘与地图测算的结果，昂色洞冬、杰马央宗两大冰川之融水，各自流向同一座冰湖日杰错，但是，昂色洞冬冰川水源流程，较之杰马央宗冰川，整整远出 10 公里。

据此，姚院士认为雅鲁藏布江亦可取双源说，杰马央宗和昂色洞冬，双源皆冰川。这一方面反映了事实，另一方面，也呼应了四条国际河流皆从阿里、从神山冈仁波齐周边发源的传统心理。而在所有河流中，雅鲁藏布在西藏境内流程最长，流域最广，上游宜牧，中游宜农，下游则为林区，横贯西藏南部，浩荡东向两千余公里。不曾听说它被纳入神圣河流之列，从苯教到藏传佛教，似乎不曾有过像印度教的恒河那样的圣河崇拜，但雅鲁藏布惠及两岸稼禾生灵，催生了历史人文，可谓功德无量，不言神圣，是不是更亲近，亲近如母亲。

西藏的五花草甸

2012 西藏行，从西部阿里到藏南藏北，得以一路辨识花草，学习相关知识，端赖与植物学家杨永平同行。而杨老师正是采访者最喜欢的类型：不仅耐心地有问必答，且是举一反三的循循善诱。1990 年他在学生时代就参与了大规模青藏科考最后一幕的可可西里考察，然后长期工作在中科院昆明植物所——也只有在这个中国植物学界的制高点，才有可能出现像蔡希陶、吴征镒这样的植物学大家。当年可可西里考察队队长武素功，年轻时就曾背负标本夹紧随吴老先生其后，作为“老青藏”骨干成员，参与了青藏科考全程。到了可可西里荒原阶段，轮到杨永平背负标本夹，紧随武素功其后，听他耳提面命了——青藏研究事业就是这样传承下来的。

杨永平时任青藏高原研究所副所长，兼该所昆明部负责人，从云贵高原到青藏高原，对高山植物再熟悉不过。现场速成式教学，助我梳理了以往积累，不时有惊奇惊喜。夏季的原野正值生长季，牧草青青，群芳缤纷。从宏观到微观，举其大端，便知奇与喜从何而来。

终于弄清了草甸与草原的分别，在于地势水热条件的不同啊！前者位于较为湿润地段，以莎草科的嵩草为主，如毡似毯；后者为半干旱地区，以禾草科的紫花针茅为优势种群，长势略稀疏；更为干旱的荒漠草原就只有沙生针茅了。试举纳木错地区例：以紫花针茅为主要建群种的高寒草原，是纳木错流域分布最广、面积最大的植被类型，广泛分布于海拔 5100 米以下排水良好的平缓山坡、河流阶地和湖成平原上，是该流域山地植被垂直分布的基带，也是主要的牧场所在；高寒草甸主要见于水分条件好的区域，如湖边、溪流边以及海拔 5200 米以上和高山冰缘植被以下的地区，是优良的牧场。同处湖滨地带，另有面积较小、呈星散分布的沼泽草甸和荒漠草原，就面貌看来反差很大，究其原因在于水分条件优劣不等。永久积雪带与植被连续分布带之间的流石滩上，是高山冰缘植被带，植株稀疏，茕茕孑立，难以形成群落，耐寒耐瘠苦的多刺绿绒蒿和多种风毛菊就生长在那里……总而言之，不同类型景观集成于纳木错流域，可做教学基地了。

——待西藏归来途中，在青海贵德参加一个文学会，从西宁乘车途经青海湖，一路可以向作家同行们指点介绍了，这叫草甸，那才是草原。加之随身带有杨永平参与编制的高原植物普及图册，每见花草便翻阅，“对号入座”，可收立竿见影之效，重复着开心一刻。

具体到花草的识别，从前印象中，学名和俗名呈分离状，这一次面对实物，总算验明了正身：草甸上一墩墩簇集的白色小花，藏北牧民将之形象地称为“鸟的奶渣”，学名正是垫状点地梅；邦锦梅朵呢？委陵菜之一种！红柳有一个好听的大名“秀丽水柏枝”，在阿里狮泉河镇第一次见到它粉色如桃的一树繁花；最大的收获是确认了藏名“嘎布叫”的灌木，原来就是匍匐水柏枝啊！多年前在藏北采访，听到当地有关它的拟人化传说，是对它出色到卓越品质的赞美：南方森林王国意欲扩张领土到高寒藏北，征召勇士，何人愿往？一众乔木畏寒，都不肯报名，只有勇敢的水柏枝挺身而出，远征苦寒高地。为此它至少在形象方面做出了巨大牺牲：为抵御严寒与朔风，一改挺拔英俊模样，伏于地面，根部深植，盘根错节成地下丛林——总算是代表了森林王国在不可能的地方，哪怕是象征性的占领。人们传颂它的事迹，赞美它的勇敢的同时，也感念它造福了当地，为荒天漠地增色，惠及了牧人，提供着宝贵的柴薪。

由此引出高原植物的生存策略话题。杨老师说，植物乃至整个生物界，毕生只做两件事：一为生存，一为繁衍。因环境恶劣而高度特化的青藏高原植物，在这两方面表现得尤为努力。想想看，第四纪冰期的严寒不知灭绝了多少物种，幸存下来的必是好样的！尤其是伴随着青藏高原强烈隆升，环境改变，适应演化过程中，它们想出各种各样的解决办法，可说是各有秘籍绝技，以最节省也最有效的方式存活下来。比较普遍的做法是“放下身段”，海拔越高体量越小，不做乔木做灌木，身形缩微的不限于匍匐水柏枝，藏传佛教信众用于“煨桑”敬神佛的香柏——“趴地柏”，原本属于高大且古老的圆柏一族；同属柳树的还有一种名叫青藏垫柳的，顾名思义，也是紧贴地面的。变了形状却不改性状，照样遵循时令扬花飞絮，看着叫人心疼又感动。正所谓大有大的难处，小的是好的。木本之外，众多草本植物更是各显神通。变小之外，为保温保湿，许多植物采取改变叶片形状或增加叶片蜡质层的办法，或让枝叶裹上绒毛——高山雪莲通体毛茸茸，即其中一例。极端环境中，为在短暂的生长季抓紧完成一个轮回，一年生的冰岛蓼只争朝夕，从生长到开花到籽粒成熟的周期，不过四十几天时间。

生存有道，繁衍有术。高寒之地，作为授粉最佳媒介的昆虫并非旺族，开花植物为招蜂引蝶，可谓煞费苦心，从色彩到形态，竞相怒放的同时，力求与众不同——只是我们无从得知，它们是如何“看”见或感知别个花朵的长相，从而刻意标新立异的。进一步设想，以美为美，蜂蝶的复眼与人类的目光在审美判断方面何以如此趋同。绿绒蒿、马先蒿、报春和龙胆并称为青藏高原四大名花，前往纳木错沿途，海拔 5000 米处，蓝花的绿绒蒿和黄花的马先蒿成聚落生长。就近察看，花瓣薄如蝉翼，丝绢质感，格外娇俏动人。绿绒蒿是地质第三纪孑遗物种，全世界总共49种，仅有一种长在阿尔卑斯山脉，其余全部集中在青藏高原及其周边地区，可见其耐高寒特质。欧洲人称绿绒蒿为“蓝罂粟”，早年从横断山区引种了去，已成庭院名花。

说到物种为授粉而特化的经典案例，非马先蒿莫属：叫一声马先蒿，应者云集，可是花色花形却大相径庭，竟达七八百种之多，果然奇葩！以至于我们这些外行人根本不可能把这一株、那一朵认作同类。

那么，在昆虫难以光顾的更为高寒和贫瘠之地又当如何？

这的确是个问题。杨老师说，高原植物始终面临无性或有性繁殖的选择。无性繁殖即自我复制，例如从根部生发新枝。这样做是容易的，有助于保持群落规模，但先天缺陷是，无益于遗传多样性；唯有开花结果一途，方有可能产出优于母体的后代并利于种群扩张。所以说，高原植物全都在“赌博”——明知也许十年中仅有某一年授粉成功，且水热条件适宜，种子才有望成熟，但它们还是奋力一搏，挤出有限的资源供年年开花。杨永平的专业方向集中在高山植物繁殖系统及分子生物地理学研究，曾专题研究过珠芽蓼的繁殖策略。这种蓼科植物只在北极地区和青藏高原生长，名贵药材冬虫夏草的成虫阶段即以此为食。极端环境，极限生存，珠芽蓼采取了绝妙的“双保险”策略：在同一株穗状花序的下半部，“胎生”即无性繁殖出若干芽苗，让它随风而去，或可落地生根；上半部分，则簇拥花朵，至于能否引来传媒的昆虫，籽粒是否有机会成熟，则听天由命了。

为有效吸引传粉昆虫，塔黄学会了充分利用“视觉”和“嗅觉”两方面的机制：体现在吸引注意力方面，大而乳黄色的苞片在流石滩上就像“旗帜”一样，强化了视觉展示，让传粉昆虫大老远就见某处的花枝正在招展；体现在气味方面，塔黄开花期间挥发特殊的化合物，对迟眼蕈蚊具有明显的诱导作用。类似的互利共生现象也在同样具有苞片结构的另一大黄属植物——苞叶大黄中发现，但却没在其他无苞片结构的大黄属植物中发现，说明这种特化的苞片可以增加传粉昆虫的拜访，有助传粉成功。

青藏科考历时数十年，植物学界先行者吴征镒院士、李文华院士，以及学生辈的武素功、李渤生等一众专家，业已完成了面上考察，清理过高原植物家当，更年轻的孙航、杨永平们所承袭的，不仅仅是拾遗补缺，不仅仅是深化精细化的工作，而是大有拓展的空间。例如基因学、分子生物学，通过研究高寒植物的性状，从中提取优良基因，培育出格外耐寒抗旱的牧草品种，正是杨永平和他的学生们的理想，下一步研究内容。已经在做的另一项工作，是开启并实践着中国的民族植物学，或曰植物人类学。

海拔4300米的珠峰站所在村庄，有一片老干虬枝的沙棘林，世代村民爱惜有加，视同

珠峰脚下的“圣树林”

圣地，就连枝条也从不砍伐。这正是民族植物学家所瞄准的“圣树林”。小生境欣欣向荣，一眼望去，就可以在大树底下数出几十种草本植物：开紫花的是荆芥、黄芪，开黄花的叫毛茛、蒲公英、坛萼泡囊草，开蓝花的有二月蓝，草类有早熟禾、蓝舌草、汤生草，等等。茄科的山莨菪，黄花如杯盏，承接了雨露，是为养育果实。杨老师曾对它进行过实验室分析，还调研过这一物种的传播路径及功能，注意到在西藏地区，它的生存轨迹沿日喀则—山南—昌都古道一线，初步认定与藏传佛教萨迦派在元代的传播路线有关。山莨菪是提取阿托品的原材料，藏族农民习惯将它晒干冬储，添加在喂牛的饲料里，据说如同兴奋剂特别提神。从植物的功能利用到传播史研究，皆属民族植物学的功课。

正是在这片沙棘林中，我接受了民族植物学的启蒙教育。这门在我国新兴的学科或曰跨学科，综合了诸如植物学、人类学、社会学、医学和农学等等传统科学领域，为人地关系研究开辟了新路径——不限于自然科学内部的多学科交叉，而是外延扩展到社科领域。在这方面，自然科学界显然已走在前头了。不由得联想到，从认知植物的生存智慧开始，不妨重新思考先民时代的万物有灵观念；人类的理性和感情，是否应当在更高层面，回归到对于自然的崇尚与敬畏。

纳木错湖畔罕见的风景

若论纳木错科考史，须从一个单骑走天湖的背影讲起。气象学家徐近之受竺可桢先生委派，于20世纪30年代初随同国民政府致祭十三世达赖喇嘛的专使进藏，在藏总共三年。他在拉萨八廓街的房顶建起西藏地区有史以来第一个气象观测站，随后策马北上纳木错，以28天时间绕湖一周，详察沿途水文、气候、流域生物资源乃至当地风土人情，写下《西藏之大天湖》，可谓功在开辟。新中国成立后，专业考察群体接踵而至，多属填补空白式的本底调查，其中以1976年前后中科院青藏科考队的多学科综合考察较具规模和系统。那之后几十年里，从地质到地理，多少个研究团队在此扎帐拔帐，来而复往，直到2005年定点观测场站安营扎寨，游击战转而为阵地战，单骑、单兵种转而为多兵种、集团军阵容，标志着纳木错地区长期的、连续的监测和国际前沿水平的科研时代开启。

中科院纳木错多圈层综合观测研究站坐落在湖滨宽展的草原上，与念青唐古拉7162米的主峰隔湖相望。珠峰站以气候系统研究为主，纳木错站则负责监察地球系统各圈层——大气圈、冰冻圈、水圈、土壤圈、生物圈，概言之，举凡天上地下，看得见的自然物象、看不见的风向微尘，皆在“法眼”注视下。纳木错流域上万平方公里面积如同天然实验场，通过了解大气、河流、湖泊、冰川、冻土、湿地、高山草甸等等一系列介质的现代环境过程，同时揭示全球变化背景下各圈层间的相互作用。单科的，综合的，做课题者可以三年五载为一阶段周期，长期的、连续不间断的监测记录则是本站常规工作——现在进行时的信息之所以

纳木错站冬日 黄宗琥／摄影

2005年纳木错建站以来，依托该站已经开展了30多项科研项目，各专业学科由此积累了大量第一手资料，发表科技论文上百篇，并出版专著《青藏高原纳木错流域现代环境过程和变化》（康世昌、杨永平、朱立平、马耀明编著，气象出版社，2011），完成了纳木错站科研成果的阶段性总结。

重要，就在于它是示踪过去、预知未来的指标依据，舍此何以凭借。

念青唐古拉山脉主脊线大致为西南—东北走向，若乘坐拉萨—西宁的航班，即可从空中俯瞰坚冰的峰峦，巨大巨长的体量何其壮观，犹似银甲壁垒，正好阻挡了南来暖湿气流锋芒，分野了农区的藏南谷地和牧区的藏北高原。接合部，分界线，正因地处过渡带，念峰西段冰川有别于同一山脉东部和藏南地区的季风型海洋性冰川，有别于藏北腹地及以北山地西风带下的大陆性冰川，从而归类为亚大陆性冰川。纳木错站划定的研究区内，冰川总面积 170 多平方公里。冰川研究在本站是强项，因为首任站长康世昌是冰川学家，青藏研究事业中一员年轻的骁将，正是曾任 2005 珠峰科考队队长兼冰川组组长的那位。冰川研究本为“勇敢者的事业”（施雅风语），工作在极高山，以其他专业的终点为起点，所以同一研究区内多学科观测中，冰川学家总是高高在上：定点在扎当冰川，帐篷扎在海拔 5400 米处，沿着冰川雪原直上海拔 5800 米，一路竖测杆，挖雪坑，定时观测动态变化，或者提取分析样品。康世昌的弟子张国帅博士承担这项艰苦工作，每年足有一半时间坚守岗位，在多个观测点之间，在本站驻地和野外之间往返。没有背后的台站依托，要完成这样长期的跟踪监测，是不可想象的。听小张博士讲，气候变暖导致冰川消融剧烈，冰川末端退缩年均可达 10 米；不过，随着降水增加，2008 年这一年居然出现了正平衡，积累大于消融！

冰川学家张国帅在念青唐古拉的工作环境　张国帅 / 供图

雪窟里的工作场面　黄宗琥 / 摄影

冰川融水成为湖泊补充的重要来源。夏季丰水时节，总计超过60条大小河流注入纳木错，入湖河流不仅提供水源，也给这座内陆湖泊的鱼类提供了洄游产卵的生命通道。专家们在其中3条较大河流安放了流速仪、水位计等设备，用于来水流量及河流、湖水的理化监测，各相关课题都可以从中获取所需数据。有了固定的野外台站，相关工作方便多了，起码有条件住得下待得住，观测研究结果就与路线考察时的偶尔一来有不同。这里有一个特别的例子，或称一个未解之谜，就是这样被发现的。青藏所周石砾研究员从事水量平衡研究多年，发现纳木错湖中水量严重不平衡，表现在收入与支出方面，最典型的当数2008年5月到10月，通过降水和径流量的收入，减去蒸发量和上涨量的支出，一年里仍有应当高出湖面上千毫米的水量不知去向。如此巨量的不平衡大大超出误差范围，周石砾据此大胆推断，不存在出水口的封闭湖泊纳木错，应当存在地下渗漏，可能来自湖底断层，并且计算出渗漏速率为120 ~ 190立方米每秒，相当于每天5 ~ 8毫米的湖面深度，也相当于一条较大河流的流量！

观测研究结果刊登在英文杂志《水文学期刊》，不久后有记者闻讯采访，发表在2013年5月2日《中国科学报》，从标题到提示都很吸引眼球，《纳木错湖水上哪去了》，“专家认为，湖泊扩张已成事实，地下渗漏只是假设，个中谜团有待证实”。报道同时引证了一个相关话题，早几年河海大学陈建生教授有关“青藏高原存在地下水深循环”的假设。陈教授认为，西藏内流区每年有超过500亿立方米的冰雪融水渗漏，远程输送到中国北方鄂尔多斯、华北平原与内蒙古高原一带，包括渭河、泾河、洛河、汾河等数十条河流与湖泊，都有青藏高原渗漏而来的水量补给。

随后各网站纷纷予以转载，“湖水去哪儿了”，中国北方“地下水位”、自家所喝的水中果真有来自高原的冰雪之水？的确令大众好奇，好奇之后进一步会想，这个世界究竟有多少是我们不了解的。

想要证实并不容易，但也不是完全没办法，周石砾说，需要时间和高科技新手段。

有了固定的野外台站，对于整座湖泊的全方位研究也得以从容进行：青藏所专研湖泊的朱立平团队完成了湖底地形测量大工程，首次获得水深95米的数据。其后湖泊沉积研究成为主题，在湖底钻取岩芯10余支，经实验室分析，分别恢复了2.6万年和8400年以来这一地区的气候环境变化。

不过浅岩芯所揭示的主要在晚近历史及现代过程，古湖变迁研究者另有人在，中国地质科学院的团队揭示了纳木错前身——“古羌塘湖”沧桑：仅仅10多万年前，这座超级大湖浩浩荡荡覆盖藏北数十万平方公里；仅仅3万~ 4万年前，虽然湖面缩小，时值又一轮丰水期，纳木错与色林错相连为一湖，面积仍有数万平方公里。看来亘古不变的山川湖泊其实变动不居。在地质史上的大起大落之后，在数千年来高原湖泊持续退缩之后，纳木错面积以1970年发布的1941平方公里，长期以来稳居西藏第一大湖之位，并在最近二三十年里再度扩容，湖面迄已超过2000平方公里。不过，若论湖泊扩张幅度，尚不及邻近的色林错，听说那座湖泊在最近的30年里，扩大了600多平方公里，致使湖面超过2300平方公里，一举跃居西藏第一，只是由于纳木错最大水深近百米，论水量仍居众湖之冠。

可见藏北高原气候变化正如科学家们所预测的那样，正朝向暖湿方向发展。进入夏季最热月的草原，所见一派湿漉漉的绿意盎然。树轮学家们得出了香柏生长受制于干旱胁迫的结论，这一规律普适于藏北植被。变暖加上降水增多，生物生长量普遍提高，这与饱受干旱煎熬的阿里地区形成强烈反差。青藏所昆明部于建站的第二年，纳木错站还处在活动板房阶段，从2006年到2008年，连续3年进行了纳木错流域的植物考察，采集种子植物含变种、亚种共计310种，为本站积累了基础资料，副产品是编成普及版《纳木错常见植物图册》（陈家辉、杨永平编著），由气象出版社2011年出版。

正值旅游旺季，这山这湖本为进藏游必至之处，从拉萨通往纳木错两百多公里的青藏线上，满载游客的车辆络绎于途。此时也是国内外科学家集中驻站时段。这一天我们到达纳木错站已是正午，直奔餐厅，就见满员——哪里像是置身于苦寒的藏北！从建筑、设施到各色人等的样貌衣饰谈吐，无不充满了前卫的时尚感。而且女性科学家可真不少，与我们同桌的就有来自美国高校的两位美女专家。前一天到达的三位德国专家中也有一位女士，他们正准备在此放飞高空探测气球。还有一位国家气象局的王瑛，长期坚守在观测场地内的气象小屋。听说就在这几年里，纳木错站接待的国内外合作者和访问者已达千人之多。黄先生说，夏天里经常多到爆满，工作人员不时需要让出宿舍，就在场院里搭帐篷住。

站长康世昌不在，由副站长黄宗琥驾车接送、全程陪同参观。黄先生何许人也？微博主“黄家院士”是也。这一谑称并非凭空而起，皆因半生追随了院士：先是施雅风，其后秦大河，现在跟从姚檀栋了。学过专业，又进修摄影摄像，还是社会活动家，名副其实的“杂家”。有了这样的向导，话题自然海阔天空，但三句话不离本站，足以表达钟爱之情。例如谈及建站创业所经历的军用帐篷—活动板房—现代建筑的过程；例如在神山圣湖建站，需要做的群众工作，尤其当观测场竖起55米高的大气边界层塔时，当地牧民担心山神生气降下灾难，于是解释工作在所难免。从那时起便形成固定的工作模式：与乡村小学和县中学建立联系，赠书啊讲课啊邀请前来参观之类，进行科普教育，通过孩子影响家长。现在，纳木错站与县、乡、村关系融洽，康世昌站长还当选为当雄县政协委员，可为该县发展建言献策了。另外，每年还从网上招聘志愿者，在旅游季节协助纳木错站举办各类科普、环保公益活动，

作者此行留影

2015 年秦大河院士视察纳木错站　黄宗琥 / 摄影

让这个以基础科学研究为主的专业台站充满人间烟火，活色生香。

驱车绕湖而行，参观湖边的各种仪器设施，科考船下水的码头。紧邻东北岸的名为白玛纳木错——“莲花天湖”的小湖，因与主体隔绝而彻底封闭，没了洄游产卵条件，小湖中一尾鱼也不见。在此，黄先生又向我们科普了一项知识：河水在带来有机物质提供湖中生物养分的同时，也带来土壤中的重金属元素，汞类首先在纳木错低营养级水生无脊椎动物那里富集，继而在食物链上端的鱼体内富集，所以人们印象中的最佳美食多年生冷水鱼，其实饱含汞类等重金属污染物，吃不得，或尽量少吃。对这一警示我非常乐意转达传播，于身体健康是保护，于生存大不易的高原鱼类而言，何尝不是强力保护。并非危言耸听，从现象到机理，分析有据——

汞是一种可以全球传输的对人体有害的重金属，本来青藏高原的大气、水体、土壤等环境介质中汞的含量很低，因而被视为全球汞分布的背景区域之一，但在青藏所联合香港科技大学开展的青藏高原野生鱼类汞含量调研中却发现，在高原水体汞含量总体非常低的背景下，野生鱼体的汞含量却相当高，具有显著的富集作用。其中林芝地区八一镇附近雅鲁藏布江的 3 尾黄斑褶鮡的甲基汞含量之高，可达我国野生淡水鱼汞含量的最高纪录！分析样本采自包括纳木错在内的 13 处河流和湖泊，13 种鱼类共计 166 尾，年龄普遍在 5 年以上，最高者已经活过 32 年，致使高原鱼类在漫长的生命史中得以积累大量的汞。另一方面，高原水生生态系统可能具有较其他地区不同的汞富集与传递机制，也使得这条食物链本身即含高效的甲基汞富集，从而导致青藏高原野生鱼类汞含量显著。这一研究成果发表在 2014 年美国化学学会《环境科学与技术》杂志。

正是在科考船下水的码头，黄先生向我们描述冬季湖面冰涛之惊心动魄：保持了汹涌澎湃之势，仿佛于刹那间凝固，蓝天艳阳下，晶莹剔透，一派琼瑶。后来从图片上领略到这一奇观，纳木错站建筑物内部张挂的湖光山色的摄影精品，专业水平，大都出自黄先生之手。

访问纳木错站第二年，在拉萨见到冰川学家邬光剑研究员，他刚从藏色岗日冰原钻采冰芯归来，马上要去纳木错站接替康世昌当站长。康站长呢？调回寒旱所，接替秦大河做了冰冻圈国家重点实验室主任。秦院士呢？职责更重大了，刚刚当选为中国科学院学术委员会主任。看起来，冰川学出身的专家成长进步都很快。这之后的几年里，每见小邬老师，总要家常式问问站上情况，说黄宗琥先生退休离开了，说大雪压坍了温室，修好了——170 平方米的温室，在如此高的海拔地带，为本站食堂常年提供蔬菜，几十个品种长势罕见，当年所见香菜，竟然可以长到 1 米高！

在为时几千年的传统定位中，念青唐古拉神山和纳木错圣湖扮演着从拉萨到藏北的守护神角色，现如今它们不仅身为西藏首屈一指的旅游胜地，同时还是负有高原环境监测功能的科学宝地，纳木错站也成为古老山湖的守望者，成为地标建筑。我们离开纳木错站的那天傍晚，雨后的天际一道彩虹祥光嫣然而现，黄先生赶忙抢拍——作为偶尔来此一走的访客游人，我们错过的何止这一瞬间，只有不畏艰辛常年守候于此者，才配享如此壮阔的风起云涌、日出月落、雨雪雹霜，配享这可遇不可求的天地之大美——纳木错站本身，就是风景中的风景。

纳木错站，彩虹映照下的国旗和所旗

彩虹下的纳木错站与观测场地　黄宗琥 / 摄影

重返大峡谷

终于成行的大峡谷之旅，应当从空中航程的末端起算。通往藏东南林芝的航线开通有年，在我却是新鲜经验。从兰州绕道成都，机场住一晚，晨光乍现时分登机，转眼间已在横断山的群峰之上。这段航程当与飞往拉萨的线路重叠，不知多少回往返，每每想到其实是将广义横断山系“七脉说”亦即“七山夹六江”依次掠过，总还抑止不住心动的感觉。可是突然间，惊喜袭来——所谓惊喜，正是在无所期待、猝不及防时让你心花瞬间怒放的巅峰体验。这个触发点，就在将要到达目的地时的一眼望去：飞行高度降低，仿佛触手可及，大面积的银白覆被了峰峦沟壑，一众雪山上部端举着的是粒雪盆，是形似圈椅的冰斗冰川；往下似流非流的是冰河，是经典的山谷冰川。青灰色山脊峭拔其上，那是裸露的基岩，一列列形似尖而薄的锯齿，术语称“刃脊”。在初升朝阳的映照下，层次饱满，明暗有致——从藏北高原纳木错西南崛起，延展千数里，念青唐古拉东端尾闾正当消失时，竟会一举捧献出如此壮丽到奢侈的冰雪奇观！惊喜袭来时，就连同机的冰川学家们也都缺乏思想准备，此前或许有知，但遥感资料是平面的，当下竟可以就近饱览，亲手“航拍”，真可谓意外之喜，特别是康世昌，纳木错湖畔守望念青唐古拉主峰多年，到今天总算领略了这一巨大山系的冰川全貌——西部为亚大陆冰川，这儿则是典型的季风型海洋性冰川。另一位专家任贾文，自从 1985 年赴南极考察冰川，主研方向定位于遥远大陆，彼一冰雪世界雄浑壮阔，全不似当下山地冰川的奇崛瑰丽，此刻也算大饱眼福，只是不像小康老师那样形之于色。

银白之后是苍翠。当林海的仪仗接替了冰雪的阵列，尼洋河的流水、河畔的山野村庄、房舍田畴渐渐明朗起来的时候，外来人完成了对广义大峡谷地理与生境的初步印象。

取道成都同机前来的三位冰川学家还有一位是秦大河院士，刚刚走下舷梯就被热情的西藏人包围。迎候者中有几位自治区气象局的退休专家，专程从拉萨赶来，就为了久别后的早几天重逢。趁着在米林机场稍事等待之机，拥围在秦院士身边，说些什么不重要，重要的是藏式的亲情表达——真正“专程”，当日即返，候在拉萨，再陪这位国家气象局的老领导去日喀则，去阿里。

稍事等待，是因孙鸿烈和姚檀栋搭乘的北京—林芝首航的班机随后到达。所以 2015 年 7 月 23 日这一天，还是民航史、地方史上具有纪念意义的日子。继北京直飞之后，听说国内若干大城市的直达航班将要陆续开通。

此次由孙院士带队的专家组，原计划是前往中国科学院位于西藏各地的野外观测站作例行巡视，但是西藏自治区政府闻讯，重视极了，视同一家的表现，是从米林机场接机开始，悉数“接管”，全程陪同，由政府副秘书长带队，政策研究室和自治区环保厅干员组成的接待方，显见也是一个工作班子；专家组更名为“中科院赴藏调研组”，广义大峡谷四县林芝、米林、波密、墨脱沿途各处，提前准备了县情简介，安排了视察重点，涉及经济发展和旅游发展诸热点问题，又显见工作内容被“加码”。从前说中科院和西藏地方的关系是院、地合作的典范，多少带些概念化，现在总算亲眼见到并且亲身感受到了。孙先生长期应请担任自治区政府经济发展的首席顾问，此番更兼三院士同行，理当高规格接待吧！

一行 8 辆越野车驶离机场，直奔派镇。这个单名“派”的地方，是传统的大峡谷入口处，当年青藏队出征第一站，剑指藏东南，正是从这里用双脚走进大峡谷的。孙鸿烈先生故地重游，中间隔了 42 年。说是“重返”，江山依旧，只是旧时痕迹难觅——荒僻之地已成游览胜地，辨识不出哪儿是古道，哪儿曾是扎过帐篷的营地。旅游旺季才刚开始，八方来客已然如织。步往观景台，偌大一广场，从这儿可以遥观重峦叠嶂中的南迦巴瓦峰，以及其下绕山而行的雅鲁藏布江。然而此刻，积雪的峰顶在云雾中时隐时现，而著名的“马蹄形大拐弯”也仅能显露出蜿蜒一角，这对于远道而来的游客已经足够，看那些红男绿女们兴奋喜悦、忘情流连的形神就知道了。只有孙先生意犹不足，认为这一视野尚不足以体现大峡谷的壮观程度。听闻此言，想想也在情理之中，徒步走过大峡谷的人，心中自有大丘壑，对于其中内涵丰度的认知和情感成分，岂是我等到此一游的人所能体会的。

派镇大峡谷入口处旅游景区从无到有不足十年创业史，能有如今的规模实属不易。听说经营方西藏旅游股份有限公司“三步走”战略中，继观光大峡谷、人文大峡谷之后，对于知性大峡谷制定了中长期规划，拟建科学博物馆，开展科考游、营地教育等等，令人期待。我还曾向公司高管建议过，可否考虑将当年青藏队扎营遗址纳入其中，再现科考历程，尤其是将青藏研究事业中成长起来的院士们的名字事迹予以昭彰——中科院，工程院，两院院士 40 余位，虽然并不全是专研大峡谷，但肯定大都来过。有了这些履历，必能为大峡谷知性之旅添彩，潜移默化中，又将影响到多少青少年的励志成长。

通车的路到了派镇就到了尽头，继续深入的公路尚在修建中，所以第二天前往墨脱，需要绕道波密。几年前开通的札（木）—墨（脱）公路，起点在波密县城札木镇，穿过 3000 多米长的嘎隆拉隧道，省去了翻山而过的时间和难度，117 公里到达墨脱县城，车程区区三小时，较之当年青藏队从派镇取道多雄拉山，直下背崩村，再沿江上行至墨脱县城，脚程用去整整三天时间，不由得感叹变化何其之大！发出这声感叹的是我，这其中还包含了一层意思：本以为此生再也无缘大峡谷，没想到如此轻易就实现啦！

说到车程和脚程，孙先生听了不以为意，反而解释说，走上三天不光为赶路，沿途采集植物和土壤标本，是需要花工夫的。如此说来，倒像是当年行路不那么难似的。转念一想，科考队员首先是健走者，徒步山野，习以为常，不以为苦，也在情理中，那么真正的艰苦体现在哪里呢？

孙先生略作追忆便回答了一点，其实是重复了共性化一细节，那就是每天收工归来，第一要务是清理浑身上下：尽管扎紧了领口和裤腿，蚂蟥还是有机可乘，防不胜防。对这一野外生涯中的特别经历印象深刻，其实并不特别，但凡到过大峡谷的专家，无不谈之色变，蚂蟥之外，名列叮螫咬人清单上的，还有蚊子的军团、毒性甚大的蜂、蠓虫小咬、蜱虫即俗名“草爬子”之类，连跳蚤那一档次的，居然都排不上号，常常忘记提起。

此次随行专家们进藏，是在历时 4 年刚刚完成本书初稿之际，设想中是穿越了时间，重走青藏科考队走过的路，哪怕只是局部路段；期待着老队长随处指点，重温当年，多么有意义。然而比设想更好的是，这一路竟被安排与孙、姚二位院士同车而行！有那么一个瞬间，忽然意识到狭小空间，竟是青藏事业半个世纪的高浓度缩影，极富象征意味：两位代表人物，一为青藏队老队长，一为现任青藏研究首席科学家，好一似事业承继的时空连续，薪火相传的前后接力，而当下的我，忝为这一历程的记录者——空间狭小而张力无限，这想法盘桓不去，每念及此，心情难免激动好一阵子。

虽然很快就发现，面对一个目光远大、胸怀全局的科学战略家，重温生动细节的要求是过于强求了，那就不设题目，海阔天空漫谈吧！较之全凭已知线索的设问，漫谈的好处在于不经意间可以捕获前所未知的新线索，大事如西藏正在进行的生态安全屏障建设的国家级重大工程，在发起和立项过程中孙先生所起到的关键作用；小事如事业起步阶段的姚檀栋，如何得到孙先生的特别扶持：是在上世纪 90 年代初，中美合作西昆仑古里雅冰芯钻取项目进行中，听说资金有缺口，孙先生便从自己掌控的院长基金中拨出 8 万元，确保了任务完成。古里雅冰芯是何概念？且不说当年以其反映的数十万年以来的气候变化序列让人惊叹，即便 20 多年后的今天，犹是令国际冰川学界众目所向的前沿制高点——距此两个月后，姚檀栋还将率队再上古里雅，中美再度联手钻取冰芯。

此刻姚老师心存感念地提起，孙先生却已忘怀。进一步追问他担任副院长期间，还曾扶持过哪些类似有“出息”的年轻学者和有潜力项目，哪里还记得。许多大事小情都已淡忘，就连当年走进墨脱必经之路，必经之路上的显著地标解放大桥，一时之间也都没能辨认出来，还是通过当地人指点，方才弄清大致方位，再转述给我们：看到右前方那条山谷了吗？当年从派镇动身，翻过多雄拉山，不时跟随雅江支流多雄河前行，出了谷口，河水汇入大江，我们走过铁索桥，就到了背崩——只记得当时桥身摇摇晃晃。

说来也难怪，当年的铁索桥已不复存在，是在 2000 年 6 月间，波密境内易贡湖溃决，洪水沿河道奔泻而下，背崩一带江水陡涨 15 米，老桥瞬间被毁；次年由部队出动，新修一座更加坚固的解放大桥，而今又在新桥侧旁另建一座规模宏伟的斜拉式跨江大桥，正待完工。我们就站在雅鲁藏布江畔，青藏队当年大峡谷之行终点的背崩村，见证着建桥过程的这一时刻。陪同的县领导说，从林芝派镇出发的公路在建中，将要通过新建的解放大桥，预计明年底即可通车。这样一来，通往墨脱的道路就将贯通增益，可以环游峡谷腹地了。

刚刚进入盛夏的雅鲁藏布江大峡谷景色，一个字尽可覆盖——绿。山花烂漫的春光卸妆完毕，距离红黄斑驳的秋景尚远，青青一色充溢天地之间，原本就是终其一年的本底色调，此刻充满视线所及，浩荡，深邃，浓酽，怎一个“绿”字了得，真真让张望它的人也是醉了。近年间公路通达，天堑不再，沿途时见自驾游和徒步游的人车往返。墨脱县境内的旅游开发由本县自主经营，县领导高度重视这一新兴产业，但目前看来仍处于初级开发和粗放管理阶段，游客一般仅住三天，能够带回的土特产品也很有限，说真的，与大峡谷所拥有的极品旅游资源不相匹配。为此专家们利用各种场合，与县领导沟通交流，返程中也一直在讨论将要起草的相关建议书内容——长期积累加上外业调研，孙先生牵头的一系列院士咨询报告，看来就是这样完成的。不唯墨脱，对于刚刚改行署为市级建制的林芝市的旅游业发展，同样具有指导意义。林芝市所辖大峡谷四县以外，尚有察隅、朗县、工布江达诸县，风光民情同属绝品；境内 318 国道上的多处高山易塌方路段新辟了隧道，通往拉萨的高速公路已经竣工，未来还将有铁路火车通行，加上多条空中航线，大峡谷，藏东南，势必迎来一个旅游业蓬勃发展的新局面。

83 岁，一般概念中的耄耋高龄，与孙先生形象完全不符。但见他精神矍铄，从早到晚倦意全无，随手一只海拔表，一个小本子，随处记录高程、里程、地貌、岩石及植被变化情况，格外注重垂直带上每一层次的界线；将当日所见所得加以整理，则是每晚必做的功课，就这样日积月累。先生解释说这是早年养成的习惯，来自刘东生先生的言传身教，并以此为楷模，教导自己的学生野外观察都要盯紧了，不光记录 A 点、B 点，两点之间如何过渡尤其重要。这一路并无植物学家同行，孙先生教我辨认何为高山松，何为云、冷杉：冷杉的针叶簇生并上举，像是平托于枝条的臂掌之上，看起来够美够优雅。受教的还有草原与草甸的区别，主要在水分湿度和其上生长草种的不同。这些都是这位土壤地理学家在长期的综合科考中与兄弟学科交流而来。所以野外观察只是基本功，学习途径可以有多种。

1993年1月在墨脱县政府留影　孙航／供图

当年青藏科考队走过的墨脱县解放大桥
李明森摄于1974年

没能找到40年前的墨脱县城旧照，只找到20多年前孙航率队越冬考察时在县政府大门前的合影。而当年青藏科考队走过的这座铁索吊桥，也已毁于2000年易贡湖溃决的洪灾中。

也有一些不认得的科属种。将要到达墨脱县城的时候，所见一片林木极高大，泛白的树干极光滑，驾车的藏族师傅示意说，这就是“猴子哭”，门巴语，意谓连猴子都爬不上去。记得曾听民俗学家廖东凡老师说起，此为当地人的“面包树”，饥荒时拿树根研磨来果腹。岂知这句话被孙先生认真记下来，而拉萨来的司机不知其事。当晚赶紧查资料，查来查去没查到，还好查到了学名，与墨脱季风雨林代表种“小果紫薇”对上了“号”，总算见识到这一著名的第三纪孑遗物种活化石的真容。

描述这一细节，是为传达一个普遍经验：无论何种身份的游客行进在大峡谷还是西藏的什么地方，难免感觉自然常识的匮乏，一时间希望身边若有个植物学家该多好，一时间又感觉需要有地质学家指点，还有这个学家那个学家，当然最好有一个全知全能的导游陪伴。而当下，与正在倡导的生态游知性之旅差距甚大，基础软件并不配套。这一点也成为专家们的议论话题，如何在欣赏大美河山的同时，让感性与知性融合为一，而所需多学科知识在科学家那里是现成的，所缺只是一些完成的步骤。另有一点共识为：不应将这块宝地“炒”得过热，高端旅游理念需要提倡，相关设计势在必行。

而我们此行最不缺的，就是冰川学家，且是国际一流的冰川—冰芯超级团队领军人物。所以此行沿原路返回途中，在大峡谷顶端嘎隆拉隧道两侧，两度停车瞻仰冰川。说来波密这地方甚是奇异，准东—西方向的喜马拉雅和念青唐古拉在这里终止，并非与一般山脉那样余脉绵绵、余音袅袅，而是戛然而止，硬生生“撞”上准南—北向的横断山群最西侧的伯舒拉岭，更兼各方推挤之力而竞相“飙”高。当然了，这一地貌格局来自人为区分，地图标注，若按山脉肌理，整个横断山系构成，何尝不是大高原东—西走向的大山脉，在这里齐步右转。

三大山族就这样集中于大峡谷水汽通道，所谓得天独厚，补充丰沛，以至于蔚成全世界罕见的中低纬度高海拔冰川群奇观。空中俯瞰，但见冰峰雪岭连绵；地面行走，只觉得山高峡深，反而是在地图上，借助人工痕迹，方可大致分辨出此山彼山，不期然而然地竟为山野分界画了线——318 国道川藏段，穿越横断山，从藏东昌都的八宿县城南下，至波密境内然乌湖畔作一锐角急转，穿过波密县城的时候，划界完成：东为伯舒拉岭，北为念青唐古拉，南为喜马拉雅。说人工也是天成，这里面有一法则在：公路总喜欢沿着江河前行，而江河往往发育在山系之间深大断裂带上，谓之“逢河必断”。

北望嘎隆拉，雪山巍峨，碧蓝之下、苍翠之上的大色块银白格外醒目。其中多条冰川已被中科院青藏所的专家们编码入册，常来常往，定点

作者与秦大河、姚檀栋合影

一别 40 年，重返大峡谷

墨脱县城的早晨，采访孙鸿烈先生

考察组在大峡谷途中合影

定时监测。这一路秦大河院士身体不适，血压本来就高，说是脉搏少到每分钟三四十下，一面又是无序乱跳——高山反应导致的早搏现象严重，以至于在较低海拔的墨脱县城，也还连夜“光顾”过医院。然而此刻一见壮美冰川，顿时精神抖擞，快步迎向，恨不能距离近些再近些。姚院士拦下他，笑说看起来很近，实则足有几十公里远呢！

评说起来，秦大河院士算得上是一位最具明星效应的科学家。在鲁朗的藏东南站，碰巧遇上青藏所组织的大学生夏令营活动，院士们集体现身，无疑为年轻人未来可能选择的青藏研究事业增添了魅力吸引力。大学生们一并参会，听取汇报和讨论，格外激动并深感荣幸。站长朱立平不在，委托梁尔源研究员作汇报，讲本站情况，也讲本团队依托该站所取得的一系列研究成果。在这里，我记下了专家们的指导意见，颇受教益，是关于气候变暖之后，树线会否上移的问题。正如前文所述，经过为时 10 年的观察，发现此地树线并未随气温持续上升而上移，究其原因，梁尔源团队认为主要来自杜鹃丛的竞争。孙先生依据土壤学等方面的专业知识，认为制约因素众多，即使不存在杜鹃之类阻碍，树线也不会轻易上移。对此秦先生补充说，凡涉及气候变化种种，非经 30 年观察，不宜轻下结论。

重返大峡谷，主角是孙先生。行前拟定的采访提纲之外，还准备一路记下名言警句什么的，但旅程行将结束，才发现所听所记的话语极平实。另有一个采写过程中久存的疑问，临了也没有发问，那就是青藏队以来40年间，从无间断，从几十个人一个团队，发展壮大到今天，青藏所，野外站，平台网络，项目种种，好大一摊子家业，究竟存在怎样一种驱动力，有何“玄机”，使得从填补空白式的区域考察，演化而成一项国际地学界都为之瞩目的事业的。不再发问，其实不言自明——一个人，一辈子，一份坚持；不改初衷，方见始终，孙鸿烈先生真就活成了一种象征。

此行于高潮中结束，是在拉萨，自治区政府主席主持的座谈会上。就像前任主席白玛赤林那样，时任政府主席洛桑江村又向科学家们提出一项“命题作”，意在效仿40年前青藏队科考模式，建议在已有资料基础和高层面起点上，结合正在实施的《西藏高原国家生态安全屏障保护与建设规划》，由院、地携手合作，在全藏范围内，对森林、草地、冰川、河湖等等自然资源及环境变化，再度组织一次综合科考大行动！

这项提议得到一如既往的热情回应。就在乘车返回青藏所拉萨部途中，曾经的青藏科考队老队长和当今的青藏研究领军人——孙鸿烈院士和姚檀栋院士，就已经展开热烈讨论，构思第二次青藏大科考。作为现场旁听者，我有幸见证了这一历史时刻，感觉像极了某些类型的影视作品结尾：艰巨任务才刚完成，新的指令下达，主人公们打起背包转赴新战场。

往下的工作节奏同样一如既往地紧张有序。由中科院青藏所牵头，经过充分论证和周密准备，2017年3月24日，中国科学院院长白春礼与西藏新一届政府主席齐扎拉签署战略合作协议。与当初政府提议两相比较，预期为10年的本轮科考从内涵到外延更其扩大充实，亮点颇多。其中有一项，是将建立“第三极国家公园”从设想变为现实！6月份，进行江湖源科考的队伍先期开赴藏北高原；足以体现国家高度重视及高调出征的场面，是同年8月19日在青藏所拉萨部，5支科考分队上百位科研人员整装待发，“第二次青藏高原综合科学考察研究启动仪式”隆重举行，党和国家最高领导人发来贺信予以勉励，姚檀栋院士双手接过科考队蓝色队旗——间隔40余年，“青藏队”再出发，直指西部阿里，进行河湖源科考，之后还将在本年度内开展跨越国界的中巴走廊综合科考和南亚通道综合科考。

在追述了首次青藏科考20年历程，并且一路跟进到青藏研究学科进展的当下，不意间收笔于此情此景，不由得生发“今时不同于往昔”之叹——这本书完成的只是对于过往并不全面的记录，而对于青藏高原的探索努力来说，或将是永远的未完待续。

2015年12月初稿，2017年8月终稿于北京

青春将永放光芒

刘东生

当我们谈到青藏高原科学考察的时候，每个参加者都有自豪感。“我参加过青藏考察”已经成为中国科学院工作者的一种光荣。这并非少数人的成就感，也不是到过青藏高原人的专利，这是探索大自然奥秘的梦。这是渴望美好未来的魂。这是青春的光芒。这是青藏高原考察的永恒效应。我们所熟悉的青藏高原寒来暑往、春华秋实的自然规律从未终止，城市乡村、男女老幼生活的进步日新月异。在流动的时间中科考队员们用自己全部的精力去寻找青藏高原发生的变化；青藏高原也像它矗立着的珠穆朗玛峰那样在不停地注视着一次又一次科学考察队成绩簿上的得分。

早在 20 世纪 50 年代以前，要“话说青藏高原”需要阅读德文、法文、俄文、英文的书籍，而我们自己的先行者们所留下的脚印是那样稀少而难以寻找。1950 年代之后我们对青藏高原的科学考察连续不断。一批一批的科学考察队员们，在默默前进的旅途中，在艰苦的攀登中，在寻探生命进化的沉思中，在风餐露宿的惊险行程中，已经一步一步地把青藏高原变成为世界上科学研究的一个亮点。

现在世界都在讨论青藏高原如何隆起成为地球的第三极，世界都在讨论动植物怎样从这里起源和扩散，世界都在讨论这里如何触发了全球气候变化，世界都在注视这里的环境已经发生了哪些变化和正在发生着哪些变化，世界都在注视着青藏高原将往何处去，青藏高原的生态环境会不会成为人类最后的“生命环境的试验田”。

这一切问题的提出和工作进展应归功于中国科学院和其他在青藏高原上进行科学研究的单位。1973 年成立了“中国科学院青藏高原综合科学考察队”。它的成立使青藏科学研究有了继承过去并延伸到未来的依托。中国科学院前自然资源综合考察委员会，现在的地理科学与资源研究所和孙鸿烈院士、郑度院士等对青藏高原的深刻理解，科考队员对青藏研究的信心，成为青藏高原研究不断深入发展的重要动力。

难得的是青藏高原综合科学考察队已连续工作了 30 年。这宝贵的“承前启后，继往开来”的 30 年所形成的科学工作思想和凝聚力，我们曾称之为“青藏效应”。

凝聚起来的普普通通的科考队员们和别人不同的地方是每当面对青藏高原时，我们的心中知道“我们来了，我们还会再来”。

因为我们不是匆匆的过客，我们是这块土地的儿女，我们是这块土地的开拓者，我们是这个世界的发现者。所以当我们完成自己的使命以后，我们可以毫不夸张地说，我们带来的是科学，我们留在青藏高原的是青春。

“我参加过青藏考察”，这是科考队员们做出的令人羡慕的抉择，因为青藏高原意味着奉献。奉献崇高的价值在于需要。青藏高原需要我们，就是我们最大的光荣。我们做出这样的抉择因为我们正值青春。

那是我们永不再回来的青春。这些藏在科考队员们心中的青春，对于很多人来说已经是不需要再多想的往事了，但它却是人们永远不会忘记的青春。

年轻的姚檀栋和他的伙伴们在希夏邦马峰7000米海拔高度的冰川上为取得几百米长的冰芯而战斗在冰雪中的身影，使我顿时想起30多年前，在1964年和他差不多一样年轻的冰川学家施雅风、谢自楚和他们的群体在希夏邦马峰6000多米冰川上用手摇钻杆取得几米冰芯时的干劲。

仿佛时间凝固了。希夏邦马峰的阳光并没有消逝。大自然传递了永远不会消逝的青春。那是永放光芒的青藏高原的青春。科考队员们在追寻自己的梦，青藏高原是中国科学家的梦。梦也是人发展的动力。

青藏高原的综合考察仍在继续前进之中。未来30年或更远将是怎样一个青藏高原，虽然现在还没有人能准确地说出未来的情景，但是可以预期以后的青藏高原考察和研究将做出更多的贡献，让人们看到永远是青春的青藏高原。对于过去的30年，今天已是一个终点，但对于未来，今天乃是一个起点，青藏高原充满着希望。

作者刘东生先生（1917 — 2008）为中国科学院院士，著名地质学家，2003年度国家最高科学技术奖获得者。本文原为纪念青藏高原综合科学考察队30周年散文结集《追寻青藏的梦》所写序言，略有删节。

青藏高原研究的科学范式、效应及其精神内涵

郑度

青藏高原素称“世界屋脊”，是全球高海拔的一个独特地域单元，它的隆起是新生代以来地球史上最重大的事件之一。青藏高原是研究岩石圈形成演化、探讨地壳运动机制的理想区域；晚新生代以来高原的隆起对其自身及毗邻地区自然环境的演化和分异有深刻影响；作为独特的自然地域单元，高原的自然环境和生态系统在全球占有特殊席位，并且与全球环境变化息息相关，区域响应明显。因此，青藏高原是中国地学、生物学、资源与环境科学有特色的研究领域，对解决岩石圈地球动力学和全球环境变化有重要意义，对高原区域可持续发展有着广阔的应用前景。

一、青藏高原科学考察历程

自 19 世纪下半叶起，一些外国探险家和科学家在青藏高原地区进行过各种考察和调查。1930 年代我国科学家刘慎谔、孙健初、徐近之等曾分别在高原对植物、地质和地理进行考察。这一阶段的考察对于科学地认识高原的自然界有积极意义，但由于比较零散和局限，青藏高原的大部分地区仍处于科学空白状态。

回顾自 1950 年代以来，青藏高原科学考察研究大致经历了 3 个阶段[1]。

第一是开拓阶段，大致从 1950 年代初至 1960 年代末。国家对青藏高原环境和资源的调查考察极为重视，要求查明并评价高原的自然条件和自然资源，探讨自然灾害及其防治，以适应高原建设的需要。中央和地方，科研和生产部门多次组织对青藏高原的各种科学考察和调查，并在青海和西藏建立机构，从事观测、试验与研究工作。其中规模较大的综合科学考察有：1951—1953 年，政务院西藏工作队进藏开展科学考察，1950—1960 年代对西藏东部和中南部、青海与甘肃的祁连山、柴达木盆地、昆仑山、横断山等地区的考察；结合登山活动对珠穆朗玛峰和希夏邦马峰地区进行的登山科学考察等。

第二是拓展阶段，1972 年制订了“中国科学院青藏高原 1973—1980 年综合科学考察规划”，提出青藏高原科学考察的中心任务是：“阐明高原地质发展的历史及上升的原因，分析高原隆起后对自然环境和人类活动的影响，研究自然条件与自然资源的特点及其利用改造的

方向和途径”。1973年组建成立的中国科学院青藏高原综合科学考察队开始了新阶段的科学考察工作：1973—1976年对西藏自治区进行全面系统的综合科学考察；1980年代起对横断山区、南迦巴瓦峰地区、喀喇昆仑山—昆仑山地区和可可西里地区的综合科学考察等。

第三是深化阶段，自1990年代以来“青藏高原形成演化、环境变迁与生态系统研究”（1992—1996）和“青藏高原形成演化及其环境资源效应”（1998—2003）、“青藏高原环境变化及其对全球变化的响应与适应对策”（2005—2010）等，被分别列入国家攀登计划和国家重点基础研究计划项目。从区域发展方面看，则以西藏“一江两河”资源开发和经济发展规划为开端进行科学考察研究。与1950—1980年代的前两阶段研究工作相比较，本阶段针对国际研究领域的前沿和传统区域性路线考察的薄弱环节，强调了从以定性为主向定量、定性相结合研究，从静态、现象和类型研究向动态、过程和机制研究，从单一学科研究向综合研究，从区域研究向与全球环境变化相联系的研究转化和深入。

总之，青藏高原早期的综合考察具有填补空白、积累基本科学资料的特点。随着科学考察工作的深入，逐步发展到围绕中心课题开展研究，从单学科的专业考察到多学科的综合研究，从基础性研究到结合高原建设实践的应用课题，从专题的应用研究到区域性的开发整治和建设规划。在研究方法和手段上，从传统的路线调查考察到结合遥感遥测开展宏观分析与微观论证，野外考察与室内实验相结合；面上考察和定位、半定位试验观测相结合。

60多年来，我国科学家在青藏高原研究领域积累了大量科学资料，发表了数以千计的论文、报告、图件和专著。在高原岩石圈结构与形成演化，高原隆起过程与环境变迁，生物区系与人类对高原环境的适应，高原自然环境及其地域分异，以及资源、灾害与区域发展等基础及应用研究方面都取得了举世瞩目的成就。由“青藏高原科学考察丛书”和《珠穆朗玛峰地区科学考察报告》等组成的“青藏高原隆起及其对自然环境与人类活动影响的综合研究”项目于1987年获得国家自然科学奖一等奖。

二、青藏高原研究的科学范式

1950年代以来我国对青藏高原的综合科学考察，在时间上它基本上是连续的，在空间上考察地区由藏东南向西部、北部扩展，由点到线到面逐渐扩大，在参加人员的组成和学科结构上也在不断拓展。所以，在世界自然科学考察的历史上有它自己的地位。这一科学实践无论从其自然科学的特点，还是从其组织形式和进行的过程都是一项没有先例的、成功的、具有世界意义的科学活动。在庆祝青藏高原科学考察50周年纪念会上，刘东生先生用“青藏效应”一词，精辟地概括了20世纪50年代以来我国青藏高原科学考察活动形成的科学范式。他指出，“这一科学实践无论从其自然科学的特点，还是从其组织形式和进行的过程都是一项没有先例的、成功的、具有世界意义的科学活动”[2]。它具有如下的特点：

长期基础研究的平台 科学考察以青藏高原大自然为实验室，是认识自然的科学研究中一项基本的科学活动。60多年来青藏高原的科学考察在阶段性的基础上建立了连续性，人们越来越认识到青藏高原研究不是一个以短期目标的完成为目的的科学活动。青藏研究向四周扩大的趋势说明青藏高原的研究不是一个仅限于高原本身的局部问题。青藏高原科学考察所产生的效应使人们认识到区域性即全球性这一地球科学基础研究的根本性问题，区域性的深化研究是连接全球、与国际接轨的桥梁。

传播科学知识的过程 我们把基层的科学实验本身和其上层的科学思考作为科学考察的组成部分。科学考察不仅是它和自然的对话，在科学考察活动的同时，它也是一种传播知识的过程，不同学科及科学家之间的知识传播，互相启发、交流和渗透。所以，青藏高原的科学考察更像一个网络，它们相互依存，彼此促进，协同发展。这种网络所构成的存在于不同学科、不同科学家之间共同的科学认识，是青藏高原科学考察中知识传播过程所取得的成果。

出成果又出思想 青藏高原综合科学考察属于抓实际科研工作的类型，但它又具有出思想的一面。如1970年代提出“青藏高原隆起及其对自然环境和人类活动的影响”是出思想，21世纪初提出“青藏高原环境变化及其对全球变化的响应与适应对策”也是出思想。它不仅是一个项目的名称，而且代表了研究的方向和趋势，可以影响一段时间和一批人的研究工作，包括参加项目与不参加项目的在青藏高原科学网络中的单位和个人的研究。从青藏高原科学考察60多年的历程看，出思想和出成果同样是推动科学发展的力量。出思想对于基础性研究还有另外一种作用，就是有的科学思想可以在当前实现，有的科学思想可以在以后实现，它也是科学创新的种子。

三、青藏科学研究的效应

青藏研究科学范式有如下几方面的明显结果，即探索自然奥秘的凝聚效应、不同学科的相互渗透效应、人才涌现的催化效应和不断扩展的社会效应，可简称为“青藏效应”[2]。

探索自然奥秘的凝聚效应 青藏高原是全球独特的地域单元，地球科学、宏观生物学都有许多奥秘蕴藏其中，高原自然界的各种现象密切相关，甚至互为因果。不同学科的学者奔向高原、走到一起，互相切磋、共同研讨。青藏高原的科学考察通过知识相互传播过程所取得的共同认识，拓展了学者们的科研视野，促进各自领域研究的深化，吸引人们将新思想投入到高原研究中来。“青藏效应”的特点是青藏高原科学考察巨大的凝聚力，这种凝聚效应来源于科学家探索自然奥秘的兴趣，来源于青藏高原科学考察知识的传播过程与作用。

学科之间的相互渗透效应 不同学科之间知识的传播过程和作用，加强了青藏高原科学考察中学科之间的互相渗透和转化，促进了科学新思想的萌生，吸引了并发挥出他们的智慧和才干。多年来科学界提倡学科之间的相互渗透，但收效甚微，究其原因并非完全是人的主观因素，常由于学科渗透环境的不适，或是渗透的时间不够而未能成熟。青藏高原科学考察持续60多年提供了时间，高原250万平方公里的广阔区域提供了条件，在青藏高原研究中超越各自领域的工作不断出现，为创新开辟了道路。

人才涌现的催化效应 青藏高原科学考察知识的传播过程与作用，为人才的涌现起到催化剂的效应，是一个凝聚广大科学技术力量的象征。科考队员们来自不同的学科，不同的单位，参加高原野外考察以后又回到原来的学科，回到原来的单位。青藏高原的科学考察研究工作似乎给每个成员都带来提高与成功的机会。参加青藏高原科学考察的队员们现在有40多位成为中国科学院院士和中国工程院院士（有关青藏高原的研究工作是他们科研成果的重要组成部分），这是十分令人高兴和发人深思的青藏效应。青藏高原科学考察造就了许多中年科研骨干和学术带头人，涌现出一些优秀的研究群体和一批国家杰出青年基金获得者，还吸引了许多研究生不断加入到青藏高原研究的行列中来。

不断拓展的社会效应 青藏高原科学考察作为一种知识传播过程还会产生一种放大作用。随着经济的不断发展，社会文化的逐渐提高，使我们看到受科技影响的社会发展趋势。生态文明时代的到来，使人们（包括我们自己）对青藏高原产生了新的认识和新的热爱。现在人们通过登山、旅游、夏令营，通过环境和生物多样性保护，通过科学技术进步和劳动者素质的提高，通过传统优秀文化的继承和发展，一个新的认识青藏高原的时代正在形成。我们看到青藏高原科学考察的成果从资源合理利用、农牧业发展、自然环境和生物多样性保护以及生态安全屏障建设等方面正逐步产生更为普遍和全面的社会影响。

四、体制与文化创新

几十年来青藏高原科学考察研究之所以能取得令人瞩目的成果，并培养造就了一大批优秀的科学家，除了上述青藏研究的科学范式外，国家的支持、体制的改革、学术自由的氛围以及加强国际合作等体制和文化创新是非常重要的[3,4]。

国家支持及地方、部队的协助 几十年来青藏高原科学考察研究工作能够取得显著的成绩是与国家的长期支持和投入分不开的。1950—1970年代，在国家经济还比较困难的条件下，能够积极支持对青藏高原的基础研究是有远见卓识的。1980年代以来，随着科研体制和拨款制度改革，国家自然科学基金委等部门仍然以各种形式积极支持对青藏高原的基础研究工作。1990年代科技部又先后将青藏高原研究列入国家攀登计划和国家重点基础研究发展规划项目予以支持。由于青藏高原自然条件严酷、交通不便，科学考察工作和生活都会遇到许多困难，地方政府、部队和当地群众在解决物资供应，组织民工、畜力协助运输，提供安全保障等方面给予了大力支持和帮助。

开放、联合、流动的体制 青藏高原科学研究队伍是由来自不同部门的科研人员组成，既有科研院所、高等院校的，也有来自生产部门和地方有关单位的。以中国科学院青藏高原综合科学考察队为例，累计有来自数十个单位的上千科研人员参加，同一学科也常由不同单位的人员组成。考察队领导、学科组长或课题组负责人均由来自不同单位能够团结协作、有组织能力的中青年学术骨干担任。自1980年代后期起，研究课题由单一学科向多学科的综合研究转变，不同部门单位、不同学科专业之间的联合更加密切。随着时间的推移和科研人员年龄的增长，科研队伍也不断更新流动。在科研人员的组成结构上，我们十分重视老中青相结合，这样既能发挥有丰富学识和经验的中老年科学家的作用，又能使学术思想活跃敏捷、善于掌握新技术方法手段的青年科学家得到施展才华的机会，将继承与创新很好地结合起来。

学术探索自由、鼓励百家争鸣 青藏高原科学考察研究面对的是大自然实验室，研究对象是复杂的圈层系统，涉及时间跨度长、空间范围广，且具有非线性和不确定性等特点。学者们对科学问题的观点不同、认识有别，是完全可以理解的。如对高原夷平面与隆升时代的观点不一，我们就组织不同学科看法不一的学者坐在一起，摆出考察发现的事实和现象，探讨存在的分歧和进一步研究的思路，促进了这一领域的深化探索与综合研究。对第四纪是否存在大冰盖也有相左的认识，中国科学家多数持否定的观点，但在1990年代我们主持的两次国际学术研讨会均曾邀请德国科学家库勒（M. Kuhle）与会，阐述他的大冰盖观点，这有利于该领域科学问题的深入探索和研究。

走向世界、加强国际合作 作为我国具有特色和优势的研究领域，青藏高原也是国际科学界瞩目的关键区域。通过国际合作和交流，使我们了解国际上的最新动态与进展，开拓研究视野；收集到更丰富的第一手资料、数据和样品；利用国外先进的技术装备、实验室条件，使我们掌握新的方法手段，提高分析测试质量和效率；通过到毗邻地区和全球高山区域去考察，有利于互相比较，加强宏观整体的综合研究。所有这些都促进我们研究水平的提高。以冰芯研究为例，从与国外科学家合作开始，借助对方的资金、设备和实验室条件，合作钻取冰芯样品，而发表文章只能屈居第二，到后来以我为主，独立钻取冰芯，国外学者有求于我们，从而在高原冰芯研究上取得可与两极冰芯研究相媲美的成果。

五、青藏效应的精神内涵

青藏高原科学考察具有如此巨大的凝聚力，产生显著的、意义深远的“青藏效应”，蕴藏在“青藏效应”中有以下几点突出的精神内涵[3,14]。

创新意识，瞄准国际前沿 青藏高原是我国有特色的优势研究领域，而地学和宏观生物学普遍性规律的认识则是和区域性密切结合的，具有鲜明的本土型特点。因此，必须抓准有区域特色又有全球意义的基础科学问题。1966—1968 年对珠穆朗玛峰地区的综合科学考察，明确提出以“喜马拉雅山的隆起及其对自然界与人类活动的影响”为中心课题，在探讨高原地质发展历史和自然特征方面取得显著进展和较大突破。1970 年代中国科学院青藏高原综合科学考察队以“青藏高原的隆起及其对自然环境和人类活动的影响”为中心问题，在高原地区开展了持续的科学考察研究，研究成果于 1980 年在北京举行的“青藏高原国际科学讨论会”上引起国际学术界的瞩目，促进了国际合作与交流，使高原的基础研究得以进一步深化。在青藏高原宏观区域尺度研究的基础上，1990 年代以来针对国际前沿领域的动态趋势，深化过程的研究，更注重精细的分析测试和定年，强调跨学科的综合集成，将青藏高原区域与全球环境变化研究密切结合，取得有国际影响的可喜进展。

立足实地，取得原创数据信息 过去受条件限制，青藏高原科学资料很少。我们从一开始就开展区域考察，不同学科专业都根据各自的特点布设考察路线，进行剖面观测记录，收集大量标本、样品，组织鉴定和分析测试。按照学科专业进行研究总结，填补了科学空白，初步揭示了青藏高原宏观的区域规律。在此基础上，发现并提出需要深入探讨的科学问题，选择重点区域和典型剖面开展研究；建立半定位和定位试验站对表生过程进行观测；钻取树轮、冰芯和湖泊岩芯，经过室内分析测试，建立演化序列和年表；对东喜马拉雅山南翼进行越冬考察等。以冰芯研究为例，需要在海拔 6000—7000 米以上高寒缺氧地区工作 50 多天，其困难是可以想象的。布设地球物理研究剖面进行综合观测，取得可靠的科学数据也同样要付出极其艰辛的劳动。离开这些实地考察收集的第一手数据资料，很难得出任何创新的科学认识和进展。

提倡协作，加强综合集成 随着青藏高原科学考察的不断深入，涌现出许多超越本学科领域的科学问题，仅靠一两门学科无法解决，需要发挥集体的力量和多学科的优势，组织综合研讨和论证。例如在 1977 年末我们曾专门组织新构造、第四纪地质、地层、地貌、古植物、古脊椎动物、生物区系等十多个学科，从不同角度和侧面针对“青藏高原隆起时代、幅度和形式问题”进行学术交流和综合研究，使对高原隆起问题的认识达到了一个新的水平。如鱼类学家根据高原隆起对鲤科裂腹鱼类演化影响的分析研究，认为裂腹鱼类三个特化主干属的演化发展和分布高度反映出高原隆起的阶段性。这一观点恰好与新构造及地貌演化等的研究结果互相印证。1990 年代根据对岩石圈地球物理和大地构造、岩石抬升年龄、侵入体剥离速度等的研究结果，与从新生代地层、湖芯和夷平面等所获得的信息作了比较，揭示青藏高原的隆升是多阶段、非均匀的不等速过程。

由于青藏高原的基础研究涉及领域广，参加单位多，中科院青藏队一直强调课题之间、学科之间的密切协作和相互配合。例如 1976 年和 1987 年曾分别组织小分队对北羌塘无人区进行考察，前往的少数队员相互协作，为未能参加考察的学科和专业采集标本和样品，进行观测等。考察队不同岗位的成员之间相互理解、彼此尊重与合作，野外考察和室内分析研究也紧密结合。

结合实际，服务高原建设　青藏高原是我国开发程度低、经济尚不发达的边陲区域。在开展基础研究工作的同时，我们注意结合高原建设的需求和问题进行考察研究，为高原自然资源的合理利用，自然灾害的防治，生物多样性与自然保护以及区域发展等提供科学依据。例如 1970 年代对拉萨附近羊八井热田的调查证实，它是我国大陆上第一座蒸汽高温热田，具有工业开发价值。根据考察队建议，西藏自治区和有关部门已建成有较大容量的地热电站，向拉萨市输电供生产和民用。1980 年代末以来，承担了西藏自治区“一江两河”地区发展规划、尼洋河区域资源开发与经济发展综合规划以及昌都地区发展规划等任务。有关高原冻土影响及其防治的试验研究工作，对青藏公路和青藏铁路建设做出了积极贡献。近几年，对横断山区山地森林过度砍伐和高原高寒草甸草场超载过牧引起的土地退化和环境问题进行调查，结合有关定位、半定位试验研究成果，提出促进山地森林恢复更新和发展高原畜牧业的对策措施，促进了高原区域的生态建设与自然保育。进入 21 世纪，我们又对青藏高原区域发展战略，农牧业结构调整，冰川冻土变化的环境效应及其对策，青藏铁路与西藏经济社会发展，高原区域主体功能区划分以及高原生态安全屏障建设等问题开展咨询调研工作。

持之以恒，献身青藏事业　基础研究具有系统性、长期性的特点，需要保持研究工作的连续性。由于过去对青藏高原的研究程度很低，首先需要积累基本科学数据和资料，在此基础上探索自然规律。如果计划有变动，工作不连续，队伍不稳定，所得数据资料零星分散，当然拿不出高水平的成果。我国对青藏高原的科学考察工作也有过教训，如 1950—1960 年代曾多次组织对青藏高原的考察，由于各种原因，未能持续进行。1970 年代开始的青藏高原综合科学考察研究，是在极其困难的“十年动乱”中启动的，由于汲取了过去的教训，排除各种干扰，克服重重困难，一直坚持下来。1980 年代在完成对西藏境内的考察研究后，及时转移到横断山区，1986 年起又开始策划对喀喇昆仑山—昆仑山地区的考察工作。连续稳定的研究不仅获得了系统的成果，也培养了一批青藏高原研究的专家，他们的事业和高原结下了不解之缘。

青藏高原地区自然条件严酷，高寒缺氧、辐射强烈。由于高山反应，考察队员身体不适或功能失调，长期外出也给家庭带来不少困难。可喜的是这一研究集体的广大成员热爱高原科考事业，不畏艰难险阻，执着追求。当年参加“喀喇昆仑山—昆仑山地区综合科学考察”项目评审的老科学家风趣地形容这是“三五牌”的项目，就是指一批 50 岁上下被称为“老青藏”的中年科学工作者为骨干，要在海拔 5000 米的高山高原地区奋斗工作，实施为期五年的重大项目。无论是海拔 6000 ~ 7000 米以上的雪原冰川，还是旷无人烟的高原腹地无人区，或是深切的雅鲁藏布江峡谷，到处都留下了科学家的足迹。随着定位试验研究的深入，不少中青年科学家承受着生活和工作条件差、待遇低等困难，长期坚持进行各种观测试验研究，取得了许多新进展。正如生物学家夏武平先生为海北站的题词所写：“忍处恶劣的条件，啃食低矮的青草，提供浓郁的乳汁，充当高原的舟船，不畏艰苦，忍辱负重，不计报酬，但求贡献。这种牦牛精神正是我们科技工作者的追求。”

恰恰是上述瞄准前沿的创新意识、立足实地的辛勤工作、大协作的集体主义思想、重视建设需求的务实原则以及献身高原科学事业的崇高精神，使几代科学家汇集在青藏高原研究的旗帜下，形成具有强大凝聚力的“青藏效应”，使青藏高原的科学考察研究事业得以持续发展，不断攀登新的科学高峰。

参考文献

[1] 孙鸿烈 . 青藏高原科学考察研究的回顾与展望 . 资源科学，2000，22（3）: 6-8.

[2] 刘东生 . 青藏高原科学考察五十年的启示——试谈青藏高原科学考察效应 . 资源科学，2000，22（3）: 1-5.

[3] 刘东生，孙鸿烈，郑度 . 青藏研究的科学范式、效应及其精神内涵——几代科学家与青藏高原 . 收录于《青藏高原形成环境与发展》，河北科学技术出版社，2003，1-6.

[4] 郑度 . 青藏科学研究范式与效应 . 自然杂志，2009，31（5）: 249-253.

2016 年 12 月 7 日

作者为中国科学院院士，著名地理学家，第一次青藏科考领导骨干，曾任“973”计划青藏项目首席科学家

附录

参考书目

《青藏高原研究学科发展报告 2009—2010》，中国青藏高原研究会编，中国科学技术出版社，2010.

《青藏高原研究学科发展报告 2012—2013》，中国青藏高原研究会编，中国科学技术出版社，2014.

《第四纪环境》，刘东生等编译，科学出版社，1997.

《刘东生文集》，刘东生著，安芷生主编，科学出版社，1997.

《纪念刘东生院士》，纪念文集，商务出版社，2009.

《地理环境与冰川研究》，施雅风著，科学出版社，1998.

《上善若水 厚德载物——施雅风先生纪念文集》，甘肃科学技术出版社，2012.

《造山的高原——青藏高原地体拼合、碰撞造山及隆升机制》，许志琴、杨经绥等著，地质出版社，2007.

《青藏高原的形成演化》，孙鸿烈主编，上海科学技术出版社，1996.

《青藏高原形成演化与发展》，孙鸿烈、郑度主编，广东科技出版社，1998.

《青藏高原隆升与环境效应》，郑度、姚檀栋等著，科学出版社，2004.

《神奇的青藏高原》，潘裕生编著，气象出版社，2004.

《青藏铁路沿线生态与环境安全》，郑度、张镱锂等著，浙江科学技术出版社，2009.

《青藏高原土地利用与覆被变化及区域适应研究》，张镱锂编，气象出版社，2012.

《青藏高原科考访谈录（1973—1992）》，孙鸿烈等口述，温瑾访问整理，湖南教育出版社，2010.

《青藏高原地图集》，中国科学院地理研究所主编，科学出版社，1990.

《冰冻圈科学辞典》，秦大河主编，气象出版社，2014.

《中国冰川图鉴》，刘时银等编著，上海科学普及出版社，2014.

《横断山考察文集》，中国科学院青藏高原综合科学考察队编著，北京科学技术出版社，1986.

《南迦巴瓦峰登山综合科学考察》，杨逸畴、高登义、杜泽泉主编，科学出版社，1993.

《青藏高原腹地——可可西里综合科学考察》，可可西里综合科学考察队编，上海科学技术出版社，1994.

《雅鲁藏布江大峡弯河谷地区种子植物》，孙航、周哲昆著，云南科技出版社，2002.

《横断山高山冰缘带种子植物》，徐波、李志敏、孙航著，科学出版社，2014.

《西藏自然保护区》，刘务林编，西藏人民出版社，1987.

《中国西藏山川植被》，徐凤翔著，江苏科学技术出版社，1994.

有关青藏高原科普类、纪实类图书，见本书第 74 页。

后记

回想2012年夏季跟从中科院青藏所专家西行阿里出野外，本书采写工作算是正式启动。其时正值中科院战略性先导专项“青藏高原多层圈相互作用及其资源环境效应”开局之年，到2017年初，随着这个被简称为“专项B”的项目任务结束，各课题陆续通过验收之际，本书几乎同时竣稿，进入图文排版及审校流程又是一年。时近时远一路跟过来的，当然不止这一期项目。正像科研进展重在长期积累、需要接力前行那样，为完成本书所做的准备工作，可以上推到将近20年前《青藏苍茫——青藏高原科学考察50年》的采写；再往前推，40多年前本人进藏工作之始的1976年，正赶上青藏科考队在全西藏范围内大规模考察，科学发现说“丰年”！从此后科考活动及其研究成果累见报道，而对于大高原自然奥秘的每一揭示，无不令人振奋激动，可以让我们在那个没有互联网的时代，真正做到去“奔走相告”，去“口耳相传”。

只是当年不可能想到的是，后续故事可以这样进展——看一看本书第16章标题页那组极富内涵张力的Logo，就知道1973年起步的一支科考队，至少在形式上“走”出了怎样的一番光景；尤其没想到的是，当年作为一名科普受益者的文学青年，居然能够数十年跟进这项伟业，从《青藏苍茫》到《青藏光芒》，可以一写再写，如何不从心底生发“何其有幸”之叹！

跟进一项事业，最终跟进的还是人，一代又一代拥有真才实学兼具奉献精神的高尚纯粹之人。所以从中受教的，不止于各门学识，思想方法和工作范式；从中受教的，是精神品格大气象，犹见人生境界高标杆！而当这样的一群研究者与拥有地球科学优质资源的青藏高原相遇，建树卓越怎能不成为必然。既有内生驱动力，外加多方“神助攻”，于是我们就看到了当年那支小小科考队如何“走”成当今的千军万马——自带能量，善作善成；砥砺奋进，终成大业！

本书记录得已经够多，未及涉笔的更多。回想初衷，拟定的是一个相当庞大的计划，想要全方位展示新中国成立以来，以中科院为主导又不限于科学院一家的青藏研究“全纪实”，然而这想法早在案头工作阶段就被放弃：由于范围太广，一再压缩之后，那些长期参与这项事业的地质、测绘、气象、农林牧水等等各相关研究机构和高校，只得以有限篇幅提及；即便中科院内部，同样一再简化，突出的仅有几家研究所，所涉专业也很不平衡。

具体到团队和个人业绩，未能体现的就更多了。这还只是就科学机构“国家队”而言。250多万平方公里的青藏高原涵盖了多个省区，将近70年的科考历程尤其是服务于当地建设的应用科学研究方面，所在各地的科研机构“地方军”贡献巨大，从早年的资源普查到当今的各项生态工程，各地政府和科研部门、人民群众皆为参与主体建设者，为此作者也曾进行过采访，但落实到字面的依然不成比例。以此故，最终将书名副题限定为“中国科学院青藏高原研究进行时”。

每一部纪实作品都不是作者独立完成的，文笔所向的主体才是“源”与“本”，后记中理当予以答谢。所以第一个想要感谢的，是这项事业，是开创和参与了青藏研究事业的所有科学家。此刻浮现在脑海的，有一个一个具象人物，更有一组一组群体形象：黑白影像是早年的科考队员，彩色影像是当今活跃在高原的年轻面孔。感谢提供资料、接受采访和对初稿进行审改把关的专家们，跨度为半个多世纪的照片为纪实文学弥补了现场感，而不同时期的各类专业图件又为本书平添了地图之美。特别感谢为本书作序的孙鸿烈先生、姚檀栋先生，他们分属两代科学家，分别为第一次和第二次青藏科考队队长，正好象征了所擎旗帜的交接传递。刘东生先生和郑度先生的文章是作为正文的重要补充收录进来的。特别感谢郑度先生应作者之请，在此前已发表论文的基础上作以补充，对他们一代人开创的青藏研究科学范式、效应及其精神内涵进行了全面梳理、总结和阐释，其高度是作者难以企及的。这四位院士都是青藏研究领军人，其中三位依旧面向高原，刘东生先生虽已仙逝，但并未离去，他高高在上，并将千秋万世地烛照：在太空深处，正以3.66年的周期绕日运行，瞩望地球，中国，瞩望黄土高原，青藏高原——鉴于他在古气候领域的卓越贡献，在刘先生去世当年，中国科学院国家天文台于2008年11月13日通知国际社会，将一颗发现于1997年的小行星，正式命名为“刘东生星”。

2017年7月初稿

2017年岁末改定

图书在版编目(CIP)数据

青藏光芒 / 马丽华著 . —北京：北京十月文艺出版社；拉萨：西藏人民出版社，2018.3

ISBN 978-7-5302-1749-8

Ⅰ . ①青… Ⅱ . ①马… Ⅲ . ①纪实文学－中国－当代 Ⅳ . ① I25

中国版本图书馆 CIP 数据核字（2017）第 259486 号

审图号：藏 S（2017）016 号

青藏光芒

QINGZANG GUANGMANG

马丽华 著

出　版 北京十月文艺出版社
　　　　西藏人民出版社
地　址 北京北三环中路 6 号
邮　编 100120
网　址 www.bph.com.cn
发　行 新经典发行有限公司
　　　　电话（010）68423599
经　销 新华书店
印　刷 北京盛通印刷股份有限公司
版　次 2018 年 3 月第 1 版
　　　　2019 年 7 月第 2 次印刷
开　本 787 毫米 × 1092 毫米　1/16
印　张 41.5
字　数 600 千字
书　号 978-7-5302-1749-8
定　价 99.80 元
质量监督电话 010-58572393